GOLDMANN SCHOTT

Dieter Rexroth wurde 1941 in Dresden geboren. Er studierte Musikwissenschaft, Germanistik und Philosophie in Bonn und Wien und promovierte in Bonn mit einer Arbeit über *Arnold Schönberg als Theoretiker der tonalen Harmonik*. Seit 1972 bei der Hindemith-Stiftung und Leiter des Paul-Hindemith-Instituts in Frankfurt/Main. Musikjournalistische Arbeiten für Rundfunkanstalten und Zeitschriften; wissenschaftliche Veröffentlichungen über Hindemith, Liszt, Wagner, Mahler, Schönberg u. a.; Werkmonographien zu Beethovens *9. Symphonie* und Mozarts *Eine kleine Nachtmusik* in der Taschenbuch-Reihe Goldmann/Schott.

Beethoven

Monographie
von Dieter Rexroth

Originalausgabe

Wilhelm Goldmann Verlag
Musikverlag B. SCHOTT'S Söhne

Dem Andenken meines Vaters

Made in Germany 5/82 · 1. Auflage · 118

Umschlaggestaltung: Heinz-Jürgen Kropp, Mainz
Satz: Filmsatz Schröter GmbH, München
Druck: Presse-Druck, Augsburg
Verlagsnummer: 33019
Lektorat: Lothar Friedrich (Schott-Verlag)/Gerda Weiss
Herstellung: Gisela Ernst
ISBN 3-442-33019-X

Inhalt

Vorwort

Über die Bedeutung und die Weltgeltung der Musik von Ludwig van Beethoven gibt es keinen Zweifel. Nicht wenige Komponisten kennt unsere Musikgeschichte, die ihm an Reichtum der Erfindung und kompositorischer Fertigkeit gleichstehen. Wer wollte ihm gegenüber Händel, Bach, Haydn und Mozart, oder auch Schubert, Debussy, Strawinsky nachstellen? Trotzdem wird man dem Schaffen Beethovens eine ganz eigene und unvergleichliche Qualität in Konzeption und Wirkung zugestehen. Etwas Bezwingendes geht von seiner Musik aus, und nicht nur von jenen Werken wie der 3., 5., 7. oder 9. Sinfonie, in denen die Idee des »Durchbruchs« und des »Überwindens« im Verbund mit einer starken humanitären Gesinnung so überzeugend auskomponiert ist, daß man als Zuhörer davon kaum unberührt bleiben kann. Auch Werke wie die 4., die 6. oder 8. Sinfonie, die Konzerte, die Quartette, die Duo-Sonaten und die Klavierwerke bis zu den Bagatellen – sie alle in ihrer Verschiedenheit haben jeweils den Charakter des Besonderen und des Einmaligen.

Dieses wahrlich bedeutsame Moment, das nämlich auch besagt, daß Beethoven sich in seinen Werken eigentlich nie wiederholt hat, daß jedes Werk seine eigene »Welt« vorstellt, ist eng an den Anspruch und Willen des Komponisten geknüpft, die Eigengesetzlichkeit, die Autonomie, die eigene Wirklichkeit der Kunst zu behaupten und zur Geltung und Wirkung zu bringen. Beethovens künstlerische Zielsetzungen aber fallen mit seinen Ansprüchen auf eine unabhängige und freie, gleichwohl sozial gebundene Existenz zusammen. Die beiden Bereiche Kunst und Leben stehen in einem kausalen Zusammenhang. Das hat in der Vergangenheit zu Legendenbildungen aller Art, zur Heroisierung und auf dieser Basis oft zu beliebig sich ergehenden Werkinterpretationen und Auslassungen geführt. Im notwendigen kritischen Gegenzug dazu hat man die Werkanalyse auf strenge Weise von biographischen Betrachtungen getrennt und freigehalten. Die »eigentliche« Aussage des analytischen und beurteilten Werkes liegt bei solchen Untersuchungen gleichsam in der besonderen Logik seiner Bauform, seiner konstruktiven Eigenart.

Andere wiederum, ausgehend von der Frage nach den sozialkritischen Implikationen von Kunst, stellen Beethoven und seine Musik in den Untersuchungszusammenhang, inwieweit seine Haltung und sein Werk die progressiven bürgerlichen Ideale verkörpert bzw. die Praxis des Bürgertums und die politischen Verhältnisse der Zeit durch Beethoven »kritisch gesehen« werden.

Heute wiederum kann man feststellen, daß – entsprechend einem »neuen« Interesse an Lebensschicksalen und an der ganz konkreten Verwurzelung solcher Lebensläufe in den Bedingungen und Normen des Alltags – die Frage nach den Zusammenhängen von Leben und Werk Beethovens einen neuen Herausforderungscharakter gewonnen hat. Besonders Harry Goldschmidts Bestandsaufnahme *Um die unsterbliche Geliebte* ist hier zu erwähnen. Entscheidend bei solchen Untersuchungen ist nicht nur die schwierige Spurensicherung des Biographischen im Werk, sondern ist zunächst – als Bedingung dafür, daß diese Spurensicherung überhaupt gelingen kann –, eine genauere Auseinandersetzung mit der Biographie und zugleich die Auseinandersetzung mit dem komplizierten Abhängigkeitszusammenhang. Denn bei künstlerisch produktiven Menschen ist die Kunst nicht nur abhängig vom Leben, sondern umgekehrt zeigen sich deren Daseinsform und -verlauf auch bestimmt durch die künstlerische Produktivität und deren inhaltliche Motivationen. Das überzeugende Beispiel einer biographischen Arbeit, in der nicht so sehr den Zusammenhängen zwischen Kunst und Leben nachgegangen wird, in der aber die gleichsam »inneren« Motive des Lebens von Ludwig van Beethoven aufgespürt werden, bietet Maynard Solomons wichtiges Beethoven-Buch von 1977.

Alle diese Auseinandersetzungen mit Beethoven aus älterer und jüngerer Zeit bieten im Grunde Lesarten des Phänomens Beethoven. Was sie voneinander unterscheidet, liegt im Wandel der Einstellungen der Hörer und Liebhaber begründet. Die Beziehungen zwischen dem Werk Beethovens bzw. unter Einschluß dessen, was wir über sein Leben wissen, seiner Gesamterscheinung und dem Rezipienten ändern sich und ändern sich ständig. Dieses Verhältnis wird aber nicht nur unter den sich wandelnden Bedingungen, unter denen ein Interessent sich dem Phänomen Beethoven und seiner Musik nähert, modifiziert. Auch die Musik selbst ist einem Wandel unterworfen. Wir können Beethovens Musik heute nicht mehr so hören wie seine Zeitgenossen, auch wenn wir das wollten. Die vermeintlich »werktreuen« Wiedergaben, die suggerieren möchten, daß es eine Annäherung an das Werk gäbe, die zu verschiedenen Zeiten gleich bleibe, ändern daran nichts. Denn die Geschichte hat Beethovens Musik mit Deutungen überzogen, die gleichsam zu Bestandteilen des Werkes geworden sind.

Die hier vorgelegte Beethoven-Monographie wendet sich in erster Linie an den Musikliebhaber, an den Laien im guten Sinne, der sich über Beethovens Leben und Werk unterrichten möchte und Anregungen gern aufgreift, um sie zum Ausgangspunkt weiterer Fragen und Bemühungen zu machen. Das Buch enthält als ersten Teil eine Biographie, in der bei gebotener Knappheit versucht wurde, über die äußeren Lebensstationen hinaus einige Grundaspekte der inneren Lebensproblematik Beethovens zu beleuchten. Im Mittelpunkt der Monographie steht eine Sammlung von Dokumenten. Sie umfaßt Briefe, Auszüge aus den Konversationsheften, diesen einmaligen Gesprächsdokumenten, und schließlich die aus der Zeit von 1812 bis 1818 stammenden »Tagebuch«-Aufzeichnungen, die in der Abschrift von Joseph Fischhoff überliefert sind und deren Wert *zur Verfolgung von Beethovens inneren Lebensspuren* (Harry Goldschmidt) außerordentlich groß ist. Diese Dokumente sind wiedergegeben nach der Ausgabe *Beethovens sämtliche Briefe von* 1923, herausgegeben von Emerich Kastner und Julius Kapp, nach der von Karl-Heinz Köhler und Grita Herre besorgten Edition der Konversationshefte und nach der 1921 von Albert Leitzmann herausgegebenen Publikation *Ludwig van Beethoven. Berichte der Zeitgenossen, Briefe und persönliche Aufzeichnungen.*

Der zweite Teil der Dokumente besteht aus Zeugnissen von Zeitgenossen über Beethoven, sowie aus einer Reihe von Werkrezensionen, die in der in Leipzig erschienenen, 1798 gegründeten und von Friedrich Rochlitz herausgegebenen hochbedeutenden und einflußreichen *Allgemeinen Musikalischen Zeitung* erschienen sind. Die Texte der zeitgenössischen Berichte folgen den Ausgaben von Friedrich Kerst: *Die Erinnerungen an Beethoven* von 1913 und Albert Leitzmann, sowie der Biographie von Thayer/Deiters/Riemann (1866–1911).

Diese werk- und biographiebezogenen Dokumente wollen den Weg Beethovens als Künstler, seinen stetig wachsenden Ruhm und seine Bedeutung für die bürgerliche Öffentlichkeit nachvollziehbar machen. Sie möchten aber auch die Aufmerksamkeit darauf lenken, wie sehr die persönlichen Momente einer Künstlerexistenz, wie sehr die Privatsphäre nach 1800 an öffentlicher Relevanz gewonnen hat. Das ist ohne Frage eine Folge der Ablösung der bürgerlichen Gesellschaft von den vormaligen feudalen Herrschaftsstrukturen und charakterisiert gerade auch im Falle von Beethoven auf signifikante Weise die Entstehung der bürgerlichen Öffentlichkeit. Diese entwickelte sich nach Jürgen Habermas eben *in dem Maße, in dem das öffentliche Interesse an der privaten Sphäre der bürgerlichen Gesellschaft nicht mehr nur von der Obrigkeit wahrgenommen, sondern von den Untertanen als ihr eigenes in Betracht gezogen wird.* Indem die Zeitgenossen Beethovens private Lebenssphäre zum Gegenstand ihres Interesses machten, weil ihnen daran die souveräne Bedeutung des »Ich« erfahrbar wurde, verknüpfte sich mit diesem Interesse am Privaten ein öffentlicher Anspruch.

Das Gewicht der Beethovenschen Musik ist erdrückend. Eine Darstellung des Gesamtwerks müßte zu sehr pauschalen Beschreibungen greifen. Das erschien unangemessen, vor allem angesichts der wertvollen Studien, die in den letzten Jahren vorgelegt wurden, auf die deshalb auch hingewiesen sei (siehe Literaturverzeichnis, S. 539). In drei analytischen bzw. essayistischen Beiträgen wird eine Annäherung an das musikalische Werk Beethovens versucht, die vielleicht dazu dienen und anregen kann, der Musik Beethovens mit geschärfter Neugierde zu begegnen.

Zeittafel

1770 Ludwig van Beethoven, das zweite Kind des Hofmusikers Johann van Beethoven und seiner Frau Magdalena, wird im Dezember des Jahres in Bonn geboren. Am 17.12. wird das Kind in der Pfarrkirche St. Remigius getauft.
Mozart befindet sich auf Reisen in Italien. Lessings *Emilia Galotti*, Herders *Ursprung der Sprache* erscheinen. Im selben Jahr werden Friedrich Hölderlin, Georg Wilhelm Friedrich Hegel und Friedrich Wilhelm III. geboren. Louis XVI. heiratet Marie Antoinette. Bernhard Schott gründet in Mainz seinen Musikverlag.

1773 Beethovens Großvater Louis van Beethoven stirbt am 24. Dezember.
Goethes *Götz von Berlichingen* und Bürgers *Leonore* erscheinen. Ludwig Tieck und Clemens Fürst von Metternich werden geboren.

1774 Am 8. April wird Kaspar Anton Karl van Beethoven getauft. Erster Musikunterricht Beethovens.
Glucks *Iphigenie in Aulis* wird erstmals aufgeführt. Goethes *Werther* erscheint. Ludwig XV. von Frankreich stirbt.

1776 Nikolaus Johann van Beethoven geboren, am 2. Oktober getauft.
E.T.A. Hoffmann geboren. Unabhängigkeitserklärung der USA und Erklärung der Menschenrechte.

1778 Am 26. März tritt Beethoven erstmals als Pianist öffentlich auf.
Rousseau und Voltaire gestorben. Clemens Brentano geboren.

1779 Im Oktober kommt Christian Gottlieb Neefe (1748–1798) nach Bonn.
Lessing: *Nathan der Weise.*

1781 Beethoven erhält von Neefe Unterricht in Klavierspiel und Komposition. Reise mit der Mutter nach Holland.
Lessing gestorben. Kant: *Kritik der reinen Vernunft.* Reformen Josephs II.: Abschaffung der Leibeigenschaft und der Folter, Religionsfreiheit.

1782 Beethoven lernt Franz Wegeler und die Familie Breuning kennen. Von Götz (Mannheim) werden Beethovens Variationen über einen Marsch von Dressler gedruckt.
Mozarts *Entführung aus dem Serail.* Joh. Chr. Bach gestorben. Letzte Hexenhinrichtung (Schweiz).

1783 In Cramers *Magazin der Musik* erscheint Neefes Notiz über Beethoven. Boßler in Speyer verlegt die drei Kurfürsten-Sonaten WoO 47. Kurfürst Max Friedrich stirbt. Max Franz, jüngster Sohn Maria Theresias († 1780), wird sein Nachfolger. Beethoven wird als besoldetes Mitglied der Bonner Hofkapelle geführt.
Erster Ballonaufstieg.
England erkennt die Unabhängigkeit der USA an.

1785 Beethoven Hoforganist.
Friedrich II. gründet den Fürstenbund, um den Kaiser Joseph II. am Erwerb Bayerns zu hindern.
Schiller: *Die Schaubühne als moralische Anstalt.*

1786 Mozart: *Die Hochzeit des Figaro.* Carl Maria von Weber geboren.
Friedrich II. gestorben. Friedrich Wilhelm II. König von Preußen. Erste Versuche mit Gasbeleuchtung in Innenräumen.

1787 Im Frühjahr reist Beethoven nach Wien. Anfang Juli Rückreise. Am 17. Juli stirbt die Mutter.
Mozart: *Don Giovanni;* Goethe: *Iphigenie;* Schiller: *Don Carlos;* Gluck gestorben. Krieg Rußland gegen die Türkei. Bundesverfassung der USA. Erste Nationalverfassung der neueren Geschichte.

1788 Carl Philipp Emanuel Bach gestorben. Schopenhauer geboren. Goethe: *Egmont.*

1789 Beethoven wird Vormund seiner Brüder.
Beginn der Französischen Revolution. Goethe: *Torquato Tasso.*
Schiller: Antrittsvorlesung in Jena. Zerlegung des Wassers in Wasserstoff und Sauerstoff durch elektrischen Strom.

1790 Joseph II. stirbt. Als sein Nachfolger wird Leopold II. zum Kaiser gekrönt. Beethoven komponiert aus Anlaß der Ereignisse zwei Kantaten.
Kants *Kritik der Urteilskraft* und Goethes *Metamorphose der Pflanzen* erscheinen. In England erstes mit Dampfkraft betriebenes Walzwerk.

1791 Reise der Bonner Hofkapelle nach Mergentheim. Zusammentreffen Beethovens mit Abbé Sterkel.
Mozart: *Zauberflöte;* Mozart am 5. Dezember gestorben. Goethe wird Leiter des Weimarer Hoftheaters. Grillparzer geboren.

1792 Im November reist Beethoven nach Wien. Am 18. Dezember stirbt der Vater Johann van Beethoven.
Frankreich erklärt Österreich den Krieg. Ausrufung der Republik Frankreich. Kanonade von Valmy.

1793 Beethoven nimmt Unterricht bei Haydn und Schenck.
Louis XVI und Marie-Antoinette guillotiniert. »Schreckensherrschaft« der Jakobiner. Jean Paul Marat erstochen. 2. Teilung Polens.

1794 Beethoven nimmt Unterricht bei Albrechtsberger und Salieri. Er wohnt bei Lichnowsky.
Sturz und Hinrichtung Robespierres. Beginn der Freundschaft Goethes und Schillers. Lange Hosen werden Mode.

1795 Am 29. März erstes öffentliches Auftreten von Beethoven mit Klavierkonzert B-Dur op. 19. Die Klaviertrios op. 1 erscheinen. Beethovens Brüder treffen in Wien ein.
Goethe: *Wilhelm Meisters Lehrjahre;* Schiller: *Über naive und sentimentalische Dichtung*. Einführung des Metermaßes in Frankreich. Erste Pferdeeisenbahn (England).

1796 Beethoven reist nach Prag und Berlin. Klaviersonate op. 7.
Napoleons Feldzug gegen Italien. Pockenschutzimpfung.

1797 Drei Klaviersonaten op. 10.
Schubert und Heine geboren. Friedrich Wilhelm II. gestorben. Friedrich Wilhelm III. preußischer König.
Goethe: *Hermann und Dorothea;* Hölderlin: *Hyperion* (I. Bd.). Das Steindruckverfahren (Lithographie) wird erfunden.

1798 Beginn des Gehörleidens. Neefe gestorben.
Allgemeine Musikalische Zeitung Leipzig erscheint. Haydn komponiert *Die Schöpfung*.
Bonaparte in Ägypten. Krieg der Koalition England, Rußland, Österreich, Türkei, Neapel und Kirchenstaat gegen Frankreich. Serienfertigung von Gewehren.

1799 »Sonate pathétique« op. 13.
Schiller: *Wallenstein*. Napoleon Konsul. Kriegserklärung Frankreichs an Österreich. Balzac geboren. Erste Dampfmaschine. In der Frauenmode: antik-griechische Gewandung.

1800 2. April: erstes eigenes Konzert von Beethoven im Hofburgtheater. Erstaufführung der 1. Sinfonie und des Septetts op. 20. Sonate op. 22; sechs Streichquartette op. 18; 3. Klavierkonzert op. 37.
Schiller: *Lied von der Glocke;* Novalis: *Hymnen an die Nacht.* Fichte: *Der geschlossene Handelsstaat.* Erstes elektrisches Element von Volta. Attentat auf Napoleon.

1801 Briefe an Wegeler und Amenda wegen Gehörleiden. *Prometheus*-Ballett erstaufgeführt. Beethovens Jugendfreunde Stephan von Breuning und Anton Reicha sowie Ferdinand Ries kommen nach Wien. Sonaten op. 26, 27, 28; Violinsonaten op. 23, 24.
Haydn: *Die Jahreszeiten.* Schlegel: Shakespeare-Übersetzungen. Novalis und Chodowiecki gestorben. Entdeckung der ultravioletten Strahlen. Erste deutsche Zuckerrübenfabrik. Friede zu Luneville zwischen Österreich und Frankreich. Alexander I. Zar von Rußland.

1802 6. und 10. Oktober: Heiligenstädter Testament. Klaviersonaten op. 31; Violinsonaten op. 30; die Violinromanzen; 2. Sinfonie op. 36.
Hölderlin wird geisteskrank. Napoleon wird Konsul auf Lebenszeit; stiftet Orden der Ehrenlegion. Streik der Schiffbauer in England. Versuch der Einführung des 12-Stunden-Tages für Lehrlinge in der Textilindustrie in England. Alexander von Humboldt besteigt den Chimborasso (Equador).

1803 Arbeit an der Eroica. Beginn der Unterweisung von Erzherzog Rudolph (Klavier und Theorie).
Schiller: *Braut von Messina.* Der Architekt Gottfried Semper geboren. Seekrieg England – Frankreich. Säkularisierung der geistlichen Fürstentümer in Deutschland.

1804 Private Aufführung der »Eroica«. Sonaten op. 53, 54 und 57; Tripelkonzert op. 56. Arbeit an der Oper *Leonore.*
Schiller: *Wilhelm Tell;* Jean Paul: *Flegeljahre.* Moritz von Schwind geboren. Kant gestorben. Napoleon wird Kaiser. Code Napoléon.

1805 Erste öffentliche Aufführung der »Eroica« (7. April). 20., 21. und 22. November: *Fidelio* im Theater an der Wien. Arbeit am 4. Klavierkonzert und den Streichquartetten op. 59.
Schiller gestorben. Stifter geboren. Koalition gegen Frankreich. Schlacht bei Austerlitz. Polizeiagenten in England eingeführt. Das Morphium wird entdeckt.

1806 29. März/10. April: Aufführung der 2. Fassung des *Fidelio.* 23. Dezember: Violinkonzert op. 61 erstaufgeführt durch den Geiger Franz Clement. 4. Klavierkonzert op. 58; Streichquartette op. 59; 4. Sinfonie op. 60.
Arnim und Brentano: *Wunderhorn*-Sammlung. Hegel: *Phänomenologie des Geistes.* Napoleon siegreich gegen Rußland und Preußen. Franz II. legt Kaiserkrone nieder. Deutschland hat 29 Millionen Einwohner.

1807 Arbeit an 5. und 6. Sinfonie op. 67 und 68. Messe op 86.
Fichte: *Reden an die deutsche Nation.* Kleist: *Amphitryon.* Friede zu Tilsit zwischen Frankreich, Rußland und Preußen. Napoleon besetzt Spanien und Portugal. Königreich Westfalen. Steinsche Reformen in Preußen. Aufhebung der Leibeigenschaft.

1808 22. Dezember Erstaufführung der 5. und 6. Sinfonie. Chorfantasie op. 80; Violoncellosonate op. 69; zwei Klaviertrios op. 70. Ruf als Kapellmeister nach Kassel.
Goethe: *Faust* I; Kleist: *Penthesilea.* Goethe trifft in Erfurt Napoleon. Goya: *Der 3. Mai;* C.D. Friedrich: *Das Kreuz im Gebirge.* Friedrich Schlegel wird katholisch. Napoleon hebt Inquisition in Frankreich auf. USA verbieten Sklaveneinfuhr. Wellencharakter des Lichts bewiesen. Ausgrabungen in Pompeji.

1809 Beethoven schließt mit Erzherzog Rudolph, Lobkowitz und Kinsky Vertrag über eine jährliche Rente in Höhe von 4000 Gulden. Klaviersonaten op. 78, 79 und 81 a; Streichquartett op. 74.
Goethe: *Wahlverwandtschaften.* Goya: *Erschießung spanischer Freiheitskämpfer.* Haydn gestorben; Mendelssohn geboren. Napoleon belagert und besetzt Wien. Tiroler Bauernaufstand unter Andreas Hofer. Fürst Metternich wird österreichischer Außenminister.

1810 Musik zu Goethes *Egmont;* Streichquartett op. 95.
Schumann und Chopin geboren. Runge gestorben. Goethe: Farbenlehre; Kleist: *Berliner Abendblätter.*
Napoleon heiratet Marie-Luise. Hardenberg preußischer Staatsminister. Gewerbefreiheit in Preußen.

1811 Arbeit an 7. und 8. Sinfonie; Klaviertrio op. 97. Erstaufführung des 5. Klavierkonzerts in Leipzig.
Liszt geboren. Kleist gestorben. Goethe: *Dichtung und Wahrheit* (I. Bd.). Gründung der Krupp-Werke in Essen.

1812 Brief an die Unsterbliche Geliebte. Vom 19. bis 31. Juli trifft Beethoven in Teplitz mehrmals mit Goethe zusammen. Violinsonate op. 96. Gesellschaft der Musikfreunde in Wien.
Brüder Grimm: Märchen. Rußlandfeldzug Napoleons. Judenemanzipation in Preußen.

1813 Völkerschlacht bei Leipzig. Die Franzosen werden aus Spanien vertrieben und räumen Deutschland bis zum Rhein. Beethoven komponiert die Schlachtsinfonie *Wellingtons Sieg oder die Schlacht bei Vittoria.* Aufführung dieser Sinfonie und der 7. Sinfonie am 8. Dezember.
Wieland gestorben. Wagner, Verdi und Hebbel geboren. Der Walzer beginnt, sich als Gesellschaftstanz durchzusetzen.

1814 Am 23. Mai Aufführung der 3. Fassung des *Fidelio.* Klaviersonate op. 90. Zahlreiche »Gelegenheitskompositionen«. Bekanntschaft mit Anton Schindler.
6. April Abdankung Napoleons. 18. September: Beginn des Wiener Kongresses. E.T.A. Hoffmann: *Phantasiestücke in Callots Manier.* In London Einführung der Straßenbeleuchtung durch Gaslaternen.

1815 Kantate *Meeresstille und Glückliche Fahrt* op. 112 und die beiden Violoncellosonaten op. 102. Vergleich mit den Erben Kinskys und Lobkowitz'. Der Bruder Karl stirbt.
Erste Gesamtausgabe der Werke Schillers. Goya: *Desastres de la Guerra* (1808–1815). Eichendorff: *Ahnung und Gegenwart.* Napoleon »Herrschaft der hundert Tage« und Verbannung nach St. Helena. Die »Heilige Allianz«. Wiederherstellung des Kirchenstaates.

1816 Beethoven wird Vormund seines Neffen. Es entstehen die Klaviersonate op. 101 und der Liederkreis *An die ferne Geliebte* op. 98.
Schubert: *Der Erlkönig;* Rossini: *Der Barbier von Sevilla.* Goethe: *Italienische Reise;* E.T.A. Hoffmann: *Die Elixiere des Teufels. Rheinischer Merkur* von Görres verboten.

1817 Beethoven dirigiert im Redoutensaal die 8. Sinfonie.
Byron: *Manfred;* Grillparzer: *Die Ahnfrau.* Wartburgfest.

1818 Beethoven führt einen Prozeß gegen die Mutter seines Neffen Karl. Komposition der »Hammerklaviersonate« op. 106. Hegel nach Berlin berufen. Grillparzer: *Sappho.* Bernadotte wird König von Schweden. Karl Marx geboren. Gründung der deutschen Burschenschaft in Jena.

1819 Weitere Probleme im Zusammenhang mit der Vormundschaft. Beethoven benutzt in Gesprächen Konversationshefte. Schindler tritt in Verbindung mit Beethoven. Arbeit an der *Missa solemnis*.
Schopenhauer: *Die Welt als Wille und Vorstellung;* Jakob Grimm: *Deutsche Grammatik;* Goethe: *West-östlicher Divan*. Kotzebue ermordet. Die Karlsbader Beschlüsse. Arbeiterunruhen in England. Ozeanüberquerung mittels Raddampfer.

1820 Nach langen Verhandlungen Entscheidung des Appellationsgerichts zugunsten Beethovens in der Angelegenheit der Vormundschaft. Klaviersonate op. 109.
E.T.A. Hoffmann: *Lebensansichten des Kater Murr*. Unruhen in Italien (Carbonari).

1821 Beethoven erkrankt an Gelbsucht. Sonate op. 110.
Weber: *Freischütz*. Baudelaire, Dostojewski, Flaubert geboren. Napoleon gestorben. Freiheitskampf der Griechen gegen die Türken. Metternich wird österreichischer Staatskanzler (bis 1848). Faraday entdeckt das Grundprinzip des Elektromotors.

1822 Wiederaufnahme *Fidelio*. Eröffnung des Josephstädter Theaters mit Ouvertüre *Die Weihe des Hauses* op. 124; Klaviersonate op. 111; Bagatellen op. 119; Arbeit an der 9. Sinfonie op. 125.
Schubert: »Unvollendete« Sinfonie, »Wandererphantasie« für Klavier; Kleist: *Der Prinz von Homburg*. E.T.A. Hoffmann gestorben. Griechenland unabhängig von der Türkei.

1823 Schreiben Beethovens an hohe Persönlichkeiten mit der Bitte um Subskription der *Missa solemnis*. Diabelli-Variationen op. 120; Bagatellen op. 126; Arbeit an der 9. Sinfonie.
Schubert: Liederzyklus *Die schöne Müllerin;* Weber: *Euryanthe;* Spohr: *Jessonda*.
Revolution in Spanien. Mexiko wird Republik.

1824 6. April Erstaufführung der *Missa solemnis* in St. Petersburg; 7. Mai Erstaufführung der 9. Sinfonie im Kärntnertor-Theater. Streichquartett op. 127.
Lord Byron gestorben; Bruckner geboren. Grabbe: *Don Juan und Faust*. Karl X. König von Frankreich.

1825 23. Mai Aufführung der 9. Sinfonie beim Niederrheinischen Musikfest. Streichquartette op. 130 und 132. Schwierigkeiten mit dem Neffen.

Grillparzer: *König Ottokars Glück und Ende.* Jean Paul gestorben. Nikolaus I. Zar von Rußland. Erste Eisenbahnlinie (in England).

1826 Anfang des Jahres krank. Selbstmordversuch des Neffen am 30. Juli. Reise zum Bruder Johann nach Gneixendorf (29. September). Beethoven wird krank, kehrt am 2. Dezember nach Wien zurück. Streichquartette op. 131 und op. 135 sowie neues Finale zu op. 130.
Schubert: Streichquartett *Der Tod und das Mädchen;* Weber: *Oberon;* Mendelssohn: Ouvertüre zum *Sommernachtstraum.* Weber gestorben.

1827 Beethoven schreibt sein Testament am 3. Januar. Am 26. März stirbt er. Leichenbegängnis am 29. März.
Heine: *Buch der Lieder.* Pestalozzi gestorben.

Biographie

Ludwig van Beethoven um 1786
Silhouette von Joseph Neesen

Bewegte Zeiten

Das 18. Jahrhundert gehört zu den unruhigsten und bewegtesten Jahrhunderten der Menschheitsgeschichte. Das politische Mächtespiel in Europa war in ein neues Stadium getreten, nachdem der Spanische Erbfolgekrieg (1701–1714) und schließlich die Teilung der gewaltigen Ländermassen des habsburgischen Spanien ein neues Kräfteverhältnis in Europa heraufgeführt hatten. Den entscheidenden Machtzuwachs verzeichnete England, das zur weltbeherrschenden Kolonialmacht avancierte und die Auseinandersetzungen mit Frankreich in der Folgezeit für sich entscheiden konnte. Aber auch in Europa selbst versuchten die Staaten, ihren Machtraum auszudehnen. So brachten die erfolgreichen Auseinandersetzungen mit den Türken den Österreichern die beherrschende Stellung im Südosten Europas. Das war in den Jahren 1714–18, als auch im Norden Krieg herrschte und Rußland unter Peter dem Großen die Großmachtstellung Schwedens im Ostseeraum zu brechen suchte. Peter der Große, mit Hilfe der Engländer Sieger dieser Konfrontation, stieß mit seiner Machtpolitik allerdings nicht nur das »Fenster nach Europa« auf, er sorgte darüber hinaus für eine ganz neue Machtkonstellation; fortan gab es vier Großmächte in Europa: die alten Gegner Frankreich und Österreich sowie England und Rußland. Doch mit diesem Spannungsverhältnis war es noch nicht genug; ein neuer Konflikt brach auf, nämlich der innerdeutsche zwischen Österreich und Preußen, der sich in dem denkwürdigsten Kriege des 18. Jahrhunderts, dem Siebenjährigen Krieg zwischen Friedrich dem Großen und Maria Theresia, entlud und alle Großmächte in seinen Strudel riß. Preußen verschaffte sich durch diesen Krieg eine gleichberechtigte Position im europäischen Mächtespiel; zugleich aber wurde damit über Deutschland der Dualismus Preußen–Österreich verhängt, der bis ins 20. Jahrhundert kulturprägend sein sollte. Berlin und Wien bildeten fortan die Pole jenes Spannungsraumes, in dem sich deutsche Politik und Kultur abspielte.

Der Siebenjährige Krieg offenbarte jedoch noch einen zweiten Aspekt, bewies er doch im Hinblick auf England und Frankreich, wie eng die Kolonialinteressen mit den innereuropäischen Ansprüchen verknüpft wurden. Den europäischen Ereignissen wuchs, indem sie für die Verteilung von Kolonialbesitz entscheidend wurden, eine weltpolitische Dimension zu. Andererseits aber sollte sich bald zeigen, daß die überseeischen Länder nicht nur Pfandobjekte in der Hand der Kolonialherren darstellten. 1776 erklärten die dreizehn vereinigten Staaten Nordamerikas ihre Unabhängigkeit vom Mutterland England. Das bedeutete eine erneute Veränderung der politischen Weltkarte, signalisierte darüber hinaus aber vor allem, daß den Befreiungs- und Emanzipationsprozessen, die bereits im ganzen Jahrhundert gärten, keine Barrieren mehr entgegenzusetzen waren. Das gilt mehr als für die politischen Bewegungen noch für die wirtschaftliche und soziale Entwicklung, an deren Ende die industrielle Revolution und der Sturz des »Ancien régime« mit der Erklärung der Menschenrechte stehen.

Es sind im wesentlichen drei Kräfte, denen diese Entwicklung zu danken ist und deren Dynamik zu einer ganz entscheidenden Veränderung des Menschenbildes und der Gesellschaftsverhältnisse führte. Diese bestimmenden Kräfte waren:

das mathematisch-naturwissenschaftliche Denken mit einer Fülle von technischen Errungenschaften im Gefolge, wodurch die Lebensverhältnisse entscheidend verändert und neu geprägt wurden,

der kritische und aufklärerische Intellektualismus sowie schließlich

die mit immer leidenschaftlicherem Engagement vertretene Idee von einer humanen menschlichen Gesellschaft und der Einsatz für die Erziehung des Menschen zur Humanität.

Das Wort »Erziehung« – »Education« war damals ein Zauberwort, mit dem man die anthropologischen Probleme in sozialer, ethischer und ökonomischer Sicht zu lösen hoffte. Das Individuum aller Gesellschaftsschichten wie das Volk im ganzen sollte durch die Philanthropie liebevoll erzogen werden. Es war die Zeit Rousseaus und Pestalozzis, in der die Menschen vom Fortschritt träumten – von einem Fortschritt durch Erziehung – und in der sie, in ihrem Bewußtsein disponiert durch die optimistische Vorstellung von der mathematisch-naturwissenschaftlichen Ausmeßbarkeit der Welt, an die Erreichbarkeit einer humanen Gesellschaftsordnung und sozialer Glückseligkeit glaubten.

Die Bedeutung, die dem Erziehungsgedanken zukommt, ist engstens verknüpft mit jenem im 17. Jahrhundert wurzelnden

»neuen« Selbstverständnis des Menschen, das sich begrifflich in dem auskristallisierte, was wir »Aufklärung« nennen. *Was ist Aufklärung?* – unter diesem Titel erschien 1784 eine Schrift von Immanuel Kant, in der er versuchte, einen Begriff zu definieren, der als der wesentliche ideologische Programmpunkt des ökonomisch und geistig sich emanzipierenden Bürgertums zu werten ist[1]:

> *Aufklärung ist der Ausgang des Menschen aus seiner selbstverschuldeten Unmündigkeit. Unmündigkeit ist das Unvermögen, sich seines Verstandes ohne Leitung eines anderen zu bedienen. Selbstverschuldet ist diese Unmündigkeit, wenn die Ursache derselben nicht am Mangel des Verstandes, sondern der Entschließung und des Mutes liegt, sich seiner ohne Leitung eines anderen zu bedienen. Sapere aude! Habe Mut, dich deines Verstandes zu bedienen! ist also der Wahlspruch der Aufklärung.*

Der Aufklärungsgedanke barg in sich epochalen Zündstoff; er propagierte das Ideal der Selbstverwirklichung des Menschen und der darauf gegründeten menschlichen Gesellschaft, damit also die neue Idee vom Menschen als Individuum; und er erhob die Vernunft und den mutigen Gebrauch der Vernunft zum höchsten Maßstab menschlichen Handelns. Gerade dies machte die »Aufklärung« zum entschieden dynamischen Faktor einer gesellschaftlichen Bewegung, welche die überkommenen Lebensformen und Institutionen, die alte Feudalordnung und ihre ideologische Machtstütze, nämlich die Kirche, außer Kraft setzte. Freilich gilt es dabei, zwei Aspekte des »Aufklärungs«-Komplexes mitzubedenken. So bedeutete Aufklärung keineswegs die ausschließliche Emanzipation von allen Traditionen und die rückhaltlose *Apologie des heute so genannten bloß bürgerlichen Individualismus und Subjektivismus*[2]. Aufklärung verlangt nach Lessing und Kant vielmehr ein Doppeltes[3]:

> *die unbedingte Anerkennung der Würde und Freiheit des Menschen als Person und Subjektivität durch transformierte und reformierte Lebensformen, Institutionen und religiöse und philosophische Orientierungssysteme sowie gleichzeitig die*

[1] Immanuel Kant: *Was ist Aufklärung?*, zitiert nach *Kant-Brevier,* hrsg. von Joh. Pfeiffer, Hamburg 1956, S. 30

[2] Willi Oelmüller: *Die unbefriedigte Aufklärung,* Frankfurt/Main 1979, S. XVII

[3] ebenda, S. XVI

freie und begründete Anerkennung dieser Lebensformen und Institutionen durch die Person und Subjektivität.

Die Aufklärungsidee behauptete und verlangte also nicht eine gleichsam absolute Emanzipation und abstrakte Freiheit des Menschen. Sie meinte vielmehr Subjektivität im Rahmen neuer politisch-sozialer Einrichtungen, bezog Subjektivität auf neue Ordnungen, durch die zugleich die Ansprüche des Individuums auf seine freie Entfaltung gewährleistet sein müßten[4].

Der zweite Punkt betrifft die Aufklärungsprozesse in ihren verschiedenen nationalen Ausprägungen. Die Aufklärung war ein gesamteuropäisches Phänomen; sie führte allerdings zu unterschiedlichen realgesellschaftlichen Entwicklungen. So gab die ökonomische Macht des Bürgertums in England der Aufklärungsidee eine breite ideologische Gewichtigkeit, während in Frankreich die Aufklärung zu einer sozialrevolutionären Bewegung führte, die in den Revolutionsereignissen von 1789 kulminierte und damit den Umsturz der gesellschaftlichen Verhältnisse auslöste.

Anders in Deutschland, das im 18. Jahrhundert keine politische Einheit bildete, sondern kaum mehr als ein ethnographischer Begriff war. Deutschland bestand aus einer Fülle von kleinstaatlichen Gebilden. Die Bürger in den zahlreichen kleineren und größeren Residenzstädten waren meistens vom Hof abhängig und hatten noch lange nicht jene ökonomische Machtstellung inne, die für das Bürgertum in England und Frankreich kennzeichnend war. Folglich beschränkte sich denn auch das Gedankengut der Aufklärung auf eine recht kleine soziale Schicht von Intellektuellen, die allerdings kaum Einfluß auf die Öffentlichkeit besaß und bei den Bürgern auf nur wenig Rückhalt rechnen konnte. Wirklich problematisch aber wurde die Situation der Intelligenz in Deutschland durch die Vorgänge der 90er Jahre im Gefolge der Französischen Revolution, die zunächst durchaus einhellig mit Zustimmung bedacht worden war. Große Unsicherheit aber entstand dann

[4] ebenda, S. XVIIf.: *Die Ambivalenz der bloß subjektiven Freiheit des bloß subjektiven Gewissens und der »sich in sich verhausenden Subjektivität«* [...] *ist Lessing, Kant und vor allem Hegel bewußt* [...] *Die abstrakte Freiheit der »sich in sich verhausenden Subjektivität« ist für Hegel, wie er an der Französischen Revolution und insbesondere an Robespierre zu erkennen glaubt, die »Furie des Zerstörens« oder führt, wie er am Phänomen der zeitgenössischen Kunst zu erkennen glaubt, zur kritiklosen Anpassung und Unterwerfung unter die Banalität des prosaischen Alltags.*

angesichts der grauenhaften Realität der folgenden Jahre. Der Probleme des Komplexes »Humanitätsidee – Revolution« versuchte man durch verstärkte reflektorische Anstrengungen und durch künstlerische Leistungen Herr zu werden, was letztlich zu dem führte, was man dann mit »Weimarer Klassik« und »Deutschem Idealismus« bezeichnet hat.

Ein wichtiges Charakteristikum der sozialgeschichtlichen Situation der Intelligenz war dabei, daß es vielfach zum Arrangement mit dem Adel kam. Notgedrungen gewissermaßen, da der Bevölkerung der Sinn für das aufklärerische Gedankengut und für die damit verbundenen Zielsetzungen politisch-gesellschaftlicher Reformen noch abging. Das bedeutete keineswegs, auch wenn dieser Schluß häufig gezogen wird, daß die Intelligenz in konservative Programme zurückgefallen wäre. Selbst für Goethe trifft das nicht zu, dessen bekannte Distanzierung von den Ereignissen der Revolution in Frankreich und dessen Tätigkeit als Staatsmann am Hof in Weimar gerne als Identifizierung mit dem »Ancien régime« gewertet werden. Goethes Lebenskonzept orientierte sich nicht an einem Denken in Alternativen, an dem Gegensatz: Ancien régime oder Revolution. Es bezog sich vielmehr auf eine *Gesellschaft anderer Art: einer, die der Dichter geschaffen hat*[5]. Und diese fiktive Gesellschaftswelt sollte als Bildungsangebot in die bürgerliche Welt hineinwirken und sie verändern. Daß dieses geistig-ästhetische Angebot im Spannungsfeld der politischen Problematik der Zeit zu sehen ist, bestätigt Friedrich Schlegels berühmtes Wort[6]:

> *Die Französische Revolution, Fichtes Wissenschaftslehre und Goethes Meister sind die großen Tendenzen des Zeitalters. Wer an dieser Zusammensetzung Anstoß nimmt, wem keine Revolution wichtig scheinen kann, die nicht laut und materiell ist, der hat sich noch nicht auf den hohen weiten Standpunkt der Geschichte der Menschheit erhoben* [...]

Es geht um die *Revolution der Gesinnungen und Vorstellungsarten*[7], wie es Friedrich Hölderlin ausdrückte; und auf diese hinzuwirken, das ist die Aufgabe der Erziehung als einer ästhetischen

[5] Walter Müller-Seidel: *Deutsche Klassik und Französische Revolution,* in: *Deutsche Literatur und Französische Revolution,* Göttingen 1974, S. 47

[6] Friedrich Schlegel: *Kritische Schriften,* hrsg. von W. Rasch, München 1956, S. 46

[7] Friedrich Hölderlin: Brief vom 10. Januar 1797 an Johann Gottfried Ebel, in Hölderin, *Sämtliche Werke* (Stuttgarter Hölderlin-Ausgabe), hrsg. von Friedrich Beissner, Bd. VI, S. 247

Erziehung. So lautete auch Friedrich Schillers Programm, ein Programm, das in der These begründet ist, daß *alle Reform, die Bestand haben soll, von der Denkungsart ausgehen muß*[8], und das in dieser Form durch die Erfahrung und die Einsicht motiviert und gerechtfertigt wird, nämlich daß die Menschen auf einen solchen Zustand der Freiheit und der Vernunft, wie ihn die Französische Revolution verhieß, aber nicht einlöste, noch lange nicht hinreichend vorbereitet sind.

Was bei den »Klassikern« als Bildungskonzept rein ästhetisch-theoretischer Art anmutet, ist tatsächlich mehr; es ist ein politisches Bildungskonzept. Daß sich in Deutschland kein politisches Reformprogramm von unmittelbarer Wirkung durchsetzen konnte, sondern die Konzepte zur Idee der Bildung und ästhetischen Erziehung des Menschen transformiert wurden, scheint ursächlich begründet in der sozialen Struktur. Die Abhängigkeit des Bürgertums vom Hof versetzte die aufgeklärte, kritische Intelligenz in eine Außenseiterposition, die durch die Verfolgungen und Zensur-Schikanen keineswegs gefahrlos vertreten werden konnte. Sollten aber unter den in jeder Hinsicht in Deutschland negativen Folgen der Französischen Revolution und unter der Bedingung des Existieren-Müssens die Ideale der Aufklärung lebendig gehalten werden, so verlangte das eine Modifizierung des Aufklärungsprogrammes zu einem Programm der ästhetischen Erziehung des Menschen, in dem die Idee von einem freien und humanen Leben enthalten ist. Dieser Wandel, bedingt durch äußere Verhältnisse, scheint jegliche Autonomie der Intelligenz unterbunden zu haben. In Wahrheit jedoch führten die aus der durchaus reflektierten Außenseiterposition der Künstler entworfenen Bildungskonzepte im Sinne eines universalen Menschheitsideals zu einer in der Geschichte einzigartigen Autonomie der schöpferischen Persönlichkeit und des geistigen Produkts dieser Persönlichkeit.

[8] Brief vom 13. Juli 1793 an Herzog Christian von Augustenburg, zitiert nach W. Müller-Seidel, a. a. O., S. 51 f.

Bonn – eine deutsche Residenzstadt

In der Geschichte der kleinstaatlichen Territorien in Deutschland spielten seit Jahrhunderten die drei Kursitze Mainz, Trier und Köln eine herausragende Rolle. Residenzstadt des Erzbischofs von Köln, der als Kurfürst gleichzeitig weltliche und kirchliche Macht verkörperte, war seit 1257 Bonn, gelegen in der *schönsten und fruchtbarsten Gegend der Welt,* wie Johann Hübner als Verfasser einer *Vollständigen Geographie* zu berichten wußte[9]. 1689 war die Stadt infolge von Kriegsereignissen in Trümmer gesunken. Im Zuge des Wiederaufbaus entwickelte sich Bonn dann zu einer glanzvollen, von reicher Architektur geprägten Residenzstadt. Vier Kurfürsten ist diese Entwicklung während ihrer jeweiligen Regierungszeit zu danken: dem Bayern Joseph Clemens (1689–1723), dessen Neffen Clemens August (1723–1761), dann dem aus dem schwäbischen Geschlecht von Königsegg Rothenfels stammenden Maximilian Friedrich (1761–1784) und schließlich Maximilian Franz, dem jüngsten Sohn Maria Theresias und Bruder Josephs II. von Österreich. Maximilian Franz regierte bis 1794, als er durch die Besetzung der linksrheinischen Lande durch die Soldaten der Revolution zur Flucht nach Münster gezwungen wurde. Damit war zugleich für Bonn das Ende als feudalstaatliche Residenzstadt besiegelt.

Es war weniger die Politik, die diesen Kurfürsten am Herzen lag, als die Kultur. Unter Clemens August erreichten die Bautätigkeit und die Prachtentfaltung mit ihrer Vielzahl von Hoffesten, Maskeraden und Aufführungen von Schauspielen, Balletten und Opern einen Grad, der an Verschwendung grenzte. Bonn glich auf typische Weise jenen barocken Residenzstädten, deren höfische Glanzentfaltung am französischen Hof Ludwigs XIV. orientiert war und den Fürsten dazu diente, ihre politische Autokratie unter Beweis zu stellen. Die Folgen der aufwendigen Hingabe an kulturelle Vergnügungsangebote waren in Bonn Schulden. Das führte unter dem Nachfolger Clemens Augusts, Maximilian Friedrich, und mehr noch schließlich unter Maximilian Franz zu Sparmaßnahmen, die allerdings keineswegs so weit gingen, daß darunter die Hofmusik und die Hofbühne zu leiden gehabt hätten.

[9] Ludwig Schiedermair: *Der junge Beethoven,* Leipzig 1925, S. 16

Bonn vom Beueler Ufer aus gesehen, um 1793
Radierung von unbekannter Hand

Ebenso verschont blieben von den Sparmaßnahmen, die dem ehrgeizigen Minister Baron Kaspar Anton von Belderbusch zu danken waren, alle jene Einrichtungen, die in Anlehnung an die Reformen Josephs II. der Humanität und Aufklärung galten. So kam es zur Verbesserung der Rechtsverhältnisse und 1777 zur Gründung einer wissenschaftlichen Akademie, die schließlich unter dem toleranten und dem Aufklärungsgedanken verpflichteten Maximilian Franz 1786 zur Universität umgewandelt wurde. Bonn stand in den 80er Jahren im Zeichen einer aufklärerischen Politik, was 1780 einen Beobachter der Verhältnisse zu der Behauptung veranlaßte: *die jetzige Regierung des Erzbistums Köln und des Bistums Münster ist ohne Vergleich die aufgeklärteste und tätigste unter allen geistlichen Regierungen Deutschlands*[10]. Wie zutreffend diese Beobachtung gewesen ist, beweist nicht zuletzt die Tatsache, daß Ende der 1780er Jahre an der Universität immerhin drei Professoren lehrten, deren Schriften Papst Pius VI. auf den Index setzte, was ihn dazu veranlaßte, Bonn *einen verpesteten Lehrsitz*[11] zu nennen.

Ebenso »fortschrittlich« wie die Regierungsverhältnisse nahm sich in jenen Jahren in Bonn das kulturelle Leben aus. Von besonderer Bedeutung ist die ins Jahr 1778 fallende Gründung einer Nationalbühne in Kurköln durch Maximilian Franz mit der am Vorbild der Mannheimer und Wiener Nationalbühne orientierten Zielsetzung, *die Schauspielkunst zu einer Sittenschule für das deutsche Volk zu erheben*[12]. Diese Bühne, für Schauspiel und Oper gleichermaßen zuständig, brachte in Bonn Werke von Molière, Voltaire, Goldoni und Gozzi, Shakespeare, Lessing und Schiller heraus. Auf dem Opernspielplan standen Werke von Monsigny, Philidor, Grétry und Piccini, Sarti, Salieri und Cimarosa. Auch das deutsche Singspiel Johann Adam Hillers und das Melodram von Joseph Benda wurden in Bonn gepflegt, und – nur ein Jahr nach der Wiener Uraufführung – wurde Mozarts Singspiel *Die Entführung aus dem Serail* aufgeführt.

Ein besonders wichtiger Kulturträger war die Bonner Hofmusik. Sie wurzelte in der traditionsreichen niederrheinischen Musikkultur. Ihr Aufschwung im 18. Jahrhundert beruhte auf dem Repräsentationsbedürfnis des Hofes. Die Haltung einer Hofkapelle,

10 ebenda, S. 12

11 Max Braubach: *Beethovens Abschied von Bonn* (= *Rheinisch-Westfälische Akademie der Wissenschaften. Vorträge G 166*), Köln-Opladen 1970, S. 7

12 Schiedermair, a. a. O., S. 50

Die kurfürstliche Residenz mit dem Hofgarten in Bonn

deren personelle Zusammensetzung durchweg international geprägt war, gehörte gleichsam zu den unabdingbaren Voraussetzungen der höfischen Kultur. Die Hofmusik war der Mittelpunkt einer intensiven Musikpflege, die schließlich ins Bürgertum hineinwirkte und von diesem dann im 19. Jahrhundert übernommen wurde.

Die Aufgaben der Bonner Hofmusiker erstreckten sich auf Kirchen-, Kammer- und Theaterdienst. Allenthalben herrschte, was bereits das Schauspiel- und Opernrepertoire verriet, die Neigung zum Modernen. In der Kirche kamen Messen, Motetten u. a. von Haydn, Caldara, Pergolesi, Rosetti zu Gehör, während die »alte« a-cappella-Kunst vergessen schien. Bei den Aufführungen von Instrumentalmusik galt die Vorliebe den Werken Haydns, Mozarts und der Komponisten der sogenannten »Mannheimer Schule«, deren homophone und auf Orchesterwirkungen abzielende Schreibart in den 1770er und 80er Jahren die beherrschende Rolle spielte und die für die Entwicklung der Instrumentalmusik bahnbrechend wirkte.

Kindheit und frühe Jugend

In dieser Blütezeit des Bonner Kultur- und Musiklebens kam Ludwig van Beethoven im Dezember 1770 in Bonn zur Welt. Seine Familie stammte aus Belgien. Die Generationenfolge läßt sich bis ins 15. Jahrhundert zurückverfolgen, da in dem flämisch-brabantischen Kampenhout ein Johann van Beethoven lebte. Über die Bedeutung des Namens »Beethoven« ist viel nachgedacht worden. Vorzugsweise wurde das Wort als Zusammensetzung des flämischen »Beet« (deutsch: Beete = Rübe) und »hoven« (deutsch: Hof) gelesen, was soviel bedeutet wie »vom Rübenhof«. Ein schlüssigerer Erklärungsversuch führt den Namen auf »Betho« zurück, den Namen eines bei Tongern gelegenen Schlosses. Dabei kam es nach verschiedenen Umformungen über »Betue«, »Betouwe«, »Betowe«, »Bethowe« und »Bethove« schließlich zu »Bethoven«. So gesehen und die Silbe »Bet« als Wurzel von »better« = besser gewertet, waren die Beethovens »die von der besseren Aue«[13].

Die Beethovens des 17. Jahrhunderts waren Kleinbauern und Händler. 1712 wurde dann in Mecheln ein Ludwig van Beethoven geboren, der als 6jähriger Knabe an die Chorknabenschule der Kathedrale St. Rombout geholt wurde, 1731 als Sänger und Chorleiter nach Löwen ging und zwei Jahre später als Bassist an

[13] Joseph Schmidt-Görg: *Beethoven und die Geschichte seiner Familie,* Bonn-Duisburg 1964, S. 24ff.

Das Haus Rheingasse Nr. 934 in Bonn,
in dem die Familie Beethoven seit 1776 wohnte

St. Lambert in Lüttich eine Anstellung fand. Schon im selben Jahr 1733 jedoch wechselte er die Stellung wieder. Er wurde von Clemens August in die Bonner Hofkapelle aufgenommen, in der er später vom Sänger zum angesehenen Kapellmeister aufstieg. Drei Jahre nach der Geburt seines Enkels Ludwig van Beethoven starb er am 24. Dezember 1773. Der Ehe mit Maria Josepha Poll entstammten drei Kinder, von denen zwei im frühesten Kindesalter starben. Vermutlich 1740 wurde Johann van Beethoven geboren, der den Beruf seines Vaters wählte und mit 16 Jahren zum Hofmusikus ernannt wurde. Erst ab 1762 bezog er Gehalt. Neben dem Dienst als Hoftenorist entfaltete Johann van Beethoven in seinen frühen Jahren in den Häusern des Bonner Adels und des Bürgertums eine rege Unterrichtstätigkeit. Er war ein durchaus angesehener und beliebter Mann. 1767 heiratete er die junge Ehrenbreitsteiner Witwe Maria Magdalena Leyen, eine Tochter des damals bereits verstorbenen Trierischen Oberhofkochs Johann Heinrich Keverich. Sieben Kinder gebar diese Frau zwischen 1769 und 1786; nur drei blieben am Leben.

Wann genau Ludwig van Beethoven geboren wurde, ist bis heute nicht bekannt. Wir wissen nur das Taufdatum, und dieses lautet: 17. Dezember 1770. Beethoven selbst war sich lange Zeit selbst über sein Geburtsjahr im unklaren; er hielt sich für zwei Jahre jünger. Als er sich 1810 mit ernsthaften Heiratsabsichten trug, bat er seinen Freund Franz Wegeler in Koblenz, ihm den Taufschein in Bonn zu besorgen und nach Wien zu schicken. Beethoven erhielt die beglaubigte Abschrift aus dem Taufregister, doch er mißtraute der Eintragung, wie seine Notiz verrät[14]: *1772. Es scheint der Taufschein nicht richtig, da noch ein Ludwig vor mir. Eine Baumgarten war glaube ich mein Pathe. Ludwig van Beethoven.* Er hielt also 1772 für sein Geburtsjahr. Diese irrtümliche Annahme mag psychologische Gründe haben, hat sich vielleicht aber auch dadurch in ihm festgesetzt, daß sein Alter sowohl bei seinem ersten Auftreten in Köln am 26. März 1778 als auch auf den Titeln der ersten im Druck erschienenen Werke um zwei Jahre jünger angegeben war.

Im übrigen gab die Frage nach Beethovens Herkunft wiederholt Anlaß zu den kühnsten Spekulationen. So wurde 1810 im *Dictionnaire historique des musiciens* Beethoven als 1772 geborener Sohn des preußischen Königs Friedrich II. ausgewiesen. Ähnlich kurios

[14] ebenda, S. 16

klingt die 1927 in einer Zeitung in Barcelona dargelegte These, Beethovens Vorfahren seien katalanischer Herkunft[15].

Das Geburtshaus des Komponisten war das Hinterhaus des Gebäudes Bonngasse Nr. 515 (heute Nr. 20). In den folgenden Jahren zog die Familie mehrfach um. 1774 wurde Beethovens Bruder Kaspar Anton Karl, 1776 Nikolaus Johann geboren.

Über die Kindheit Beethovens wissen wir nicht allzuviel. Aus den wertvollen Erinnerungen des Bäckermeisters Gottfried Fischer[16], in dessen Vaterhaus in der Rheingasse die Familie Beethoven lange Jahre wohnte, geht hervor, daß sie tatsächlich von manchen Problemen belastet war. Sie dürften vor allem darauf zurückzuführen sein, daß Johann van Beethoven sich nicht von der Autorität seines Vaters zu lösen vermochte und vergeblich versuchte, es diesem in der beruflichen Karriere gleichzutun. Die Ehe von Beethovens Eltern war wahrscheinlich wenig glücklich, was sich wohl auch im Umgang der Familienmitglieder kaum überspielen ließ, zumal es Johann van Beethoven trotz mancherlei Bemühungen nicht gelang, einen so wohlhabenden Haushalt wie sein Vater zu führen.

Daß sich Johann van Beethoven tatsächlich seiner Lebensform nicht sicher war und sich als Versager fühlte, dürfte dann auch der Grund gewesen sein, der ihn dazu brachte, sich krimineller Delikte schuldig zu machen und mehr und mehr dem Alkohol zuzusprechen. Nach dem Tod seiner Frau scheint er jeden Halt verloren zu haben. Hierzu fügt sich, daß auch das Bild des Vaters, das uns von seinem Verhalten dem Sohn gegenüber überliefert ist, ambivalente Züge aufweist. Labilität und autoritäre Strenge treffen da zusammen und dürften für die Gefühle, die der junge Ludwig für seinen Vater und seine Mutter empfand, sowie für seine Persönlichkeitsentwicklung von beträchtlichem Einfluß gewesen sein.

Es bezeichnet schon eine problematische Situation des jungen Beethoven, wenn Fischer davon berichtet, wie Ludwig und seine Brüder einerseits auf die Ehre der Eltern bedacht waren und den Vater vor Bloßstellungen in der Öffentlichkeit zu schützen versuchten, daß andererseits aber im Hause das Verhältnis zwischen Vater und Sohn eher spannungsvoll und getrübt war, wobei die Mutter nicht eingegriffen zu haben scheint.

[15] ebenda, S. 16ff.

[16] *Des Bonner Bäckermeister Gottfried Fischers Aufzeichnungen über Beethovens Jugend,* hrsg. von Joseph Schmidt-Görg, Bonn–München–Duisburg 1971

Ludwig war vier Jahre alt, als er vom Vater den ersten Unterricht am Klavier erhielt. »Mit unerbittlicher Strenge« ging der Vater dabei zu Werke, um, anscheinend nach dem Vorbild Leopold Mozarts, aus dem Knaben auf schnellstem Wege ein Wunderkind zu machen. Ludwig mochte darauf mit einer gewissen Verweigerung, wahrscheinlich aber auch aufgrund seiner Fähigkeiten nicht erwartungsgemäß reagiert haben, was wohl dann zu einem sukzessiv sich verstärkenden Aufbau von Spannungen geführt haben dürfte. In den Erinnerungen Fischers werden solche Spannungen wiederholt und unmißverständlich angesprochen[17].

> *Lutwig v: Beethoven erhielt weider* [!] *auch Täglich Lehrstunde auf der Fiolin. Lutwig spielte mal ohne Nohten, zufällig kam sein Vater herrein, sagt, was kratz du da nun wider Dummes Zeüg durcheinander, du weis das ich das gar nicht leiden kann, kratz nach den Nohten, sonsts wird dein kratzen wenig nutzen.*
>
> *Wenn Johann v: Beethoven zufällig Besuch erhielt und Lutwig v: Beethoven kam darüber herrein, streift er sich gewöhnlich um das Clavir herum, macht mit der rechte Hannd griff aufs Clavir, sagt sein Vater was sprutels du da nun wider, geh wäg, sonst geb ich dir Ohrfeige.*
>
> *Sein Vater wurte zuletz, wenn er ihn Fiolin spielen hört, aufmerksamm, er spielte wider nach seinem Sinn ohne Nohten, da kam sein Vater herrein, höhrs du dann gar nicht auf nach alle meine Sagen, er spielte wider, sagt zu seinem Vater, ist denn das nicht schön. sagt sein Vater, das ist nur was anders, allein aus deinem Kopf, dafür bist du noch nicht da, befleißige dich auf dem Clavir und Fiolin, mach schwinnt richtige angriff auf die Nohten, da ist mehr an gelegen. Wenn du es mal so weit gebracht hast, dann kanz du und muß du mit Kopf noch gnug arbeiten, aber dafür geb dich getz nicht damit ab, du bist noch nicht dafür da.*

Der Bericht läßt über das Konfliktverhältnis zwischen Vater und Sohn keinen Zweifel, wie es denn noch andere Zeugnisse gibt, die das bestätigen. Gewiß wird dabei eine Rolle gespielt haben, daß der Knabe den Erwartungen des Vaters nicht entsprach und ihn auch nicht als Autorität anerkennen wollte. Man sollte berücksich-

[17] ebenda, S. 32f.

tigen, daß es für einen Mann wie Johann van Beethoven, der sich im Vergleich mit seinem Vater nur Mißerfolge eingestehen mußte und der folglich wohl auch besondere Hoffnungen in seinen Sohn setzte, eine Enttäuschung bedeuten mußte, daß dieser Sohn keine ausbildungsfähige Stimme besaß und auf der Violine nur geringe Fertigkeiten entwickelte. In der Sicht des Hofmusikers – und sie war es, die Johann van Beethoven bestimmte – hieß das, daß sich das Begabungspotential des Kindes nicht im erwünschten Ausmaße zum Prestigegewinn nutzen ließ. Auf dieser Linie aber lagen die Erwartungen und Bemühungen des Vaters. Das geht vor allem auch aus der Konzertanzeige zu Beethovens nachweislich erstem öffentlichen Auftreten am 26. März 1778 in Köln hervor[18]:

Avertissement

Heut dato den 26ten Martii 1778. wird auf dem musikalischen Akademiesaal in der Sternengaß der Churköllnische Hoftenorist BEETHOVEN die Ehre haben zwey seiner Scholaren zu produciren; nämlich: Madlle. Averdonc Hofaltistin, und sein Söhngen von 6. Jahren.

Erstere wird mit verschiedenen schönen Arien, letzterer mit verschiedenen Clavier-Concerten und Trios die Ehre haben aufzuwarten, wo er allen hohen Herrschaften ein völliges Vergnügen zu leisten sich schmeichlet, um je mehr da beyde zum größten Vergnügen des ganzen Hofes sich hören zu lassen die Gnade gehabt haben. Der Anfang ist Abends um 5. Uhr.

Die nicht abonnirte Herren und Damen zahlen einen Gulden.

Die Billets sind auf ersagtem musikalischen Akademiesaal, auch bey Hrn. Claren auf der Bach im Mühlenstein zu haben.

Der Wunsch des Vaters, seinen Sohn als eine Frühbegabung der Öffentlichkeit vorzuführen, ist hier deutlich erkennbar. Solches Anliegen wird beispielsweise auch durch Bernhard Mäurer, ein Mitglied der Bonner Hofkapelle, bestätigt. Seinen Erinnerungen zufolge lud der *exaltierte Vater jeden ein, seinen Louis zu bewundern, der aber gegen jedes Lob gleichgültig blieb, sich zurückzog und für sich allein übte, am liebsten, wenn der Vater nicht zu Hause war*[19].

[18] Schiedermair: a. a. O., S. 130

[19] Friedrich Kerst (Hrsg): *Die Erinnerungen an Ludwig van Beethoven* (2 Bände), Stuttgart 1913, Bd. 1, S. 10. Im folgenden abgekürzt als Kerst (I oder II).

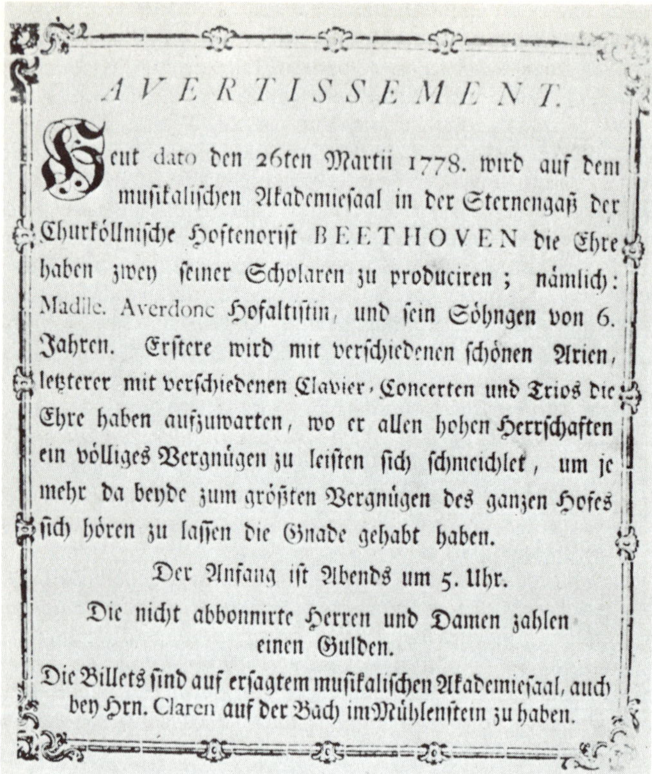

AVERTISSEMENT.

Heut dato den 26ten Martii 1778. wird auf dem musikalischen Akademiesaal in der Sternengaß der Churköllnische Hoftenorist BEETHOVEN die Ehre haben zwey seiner Scholaren zu produciren; nämlich: Madlle. Averdonc Hofaltistin, und sein Söhngen von 6. Jahren. Erstere wird mit verschiedenen schönen Arien, letzterer mit verschiedenen Clavier-Concerten und Trios die Ehre haben aufzuwarten, wo er allen hohen Herrschaften ein völliges Vergnügen zu leisten sich schmeichlet, um je mehr da beyde zum größten Vergnügen des ganzen Hofes sich hören zu lassen die Gnade gehabt haben.

Der Anfang ist Abends um 5. Uhr.

Die nicht abbonnirte Herren und Damen zahlen einen Gulden.

Die Billets sind auf ersagtem musikalischen Akademiesaal, auch bey Hrn. Claren auf der Bach im Mühlenstein zu haben.

Konzertzettel vom ersten öffentlichen Auftreten Beethovens am 26. März 1778

Es fügt sich durchaus in das Bild einer im frühen Stadium forcierten Musikerziehung zum Zwecke des Renommees bei Hofe, daß der Vater den Sohn von 1776 bis 1781 lediglich auf die Elementarschule gehen ließ. Schulbildung zählte nach seiner auf höfische Existenzform bezogenen Ansicht wenig. Beethoven selbst hat diesen Mangel seiner frühen Erziehung später immer wieder beklagt. Er hat sich allerdings nicht damit zufriedengegeben, sondern sich bereits in seinen Jugendjahren darum bemüht, Versäumtes nachzuholen.

Es ist schwer, über die musikalischen Fortschritte des jungen Beethoven ein genaues Bild zu gewinnen. Mit Sicherheit waren sie nicht besonders überzeugend, was den Vater dazu veranlaßte, mehrere Musiklehrer heranzuziehen, ohne auf eine gewisse Systematik bedacht zu sein. Es scheint, daß Johann van Beethoven schließlich an der musikalischen Ausbildung seines Sohnes das Interesse verlor, wohl deshalb, weil er sich in seinen Erwartungen getäuscht sah und der wachsenden Eigenwilligkeit des Sohnes nichts entgegenzusetzen hatte. Ab 1778 erhielt Ludwig von dem Hoforganisten Gilles van den Eeden (1710–1782) Unterricht am Klavier und an der Orgel. Ende 1779 wurde van den Eeden dann durch den Musiker und Schauspieler der Großmannschen Theatergruppe Tobias Friedrich Pfeiffer abgelöst. Hinzu kommen noch als Lehrer dieser Zeit der Geiger Franz Georg Rovantini, der Franziskanermönch und Stadtorganist Willibald Koch sowie der Minoritenpater Hanzmann und der Münsterorganist Zensen. Letztere konnte Beethoven bald im Orgeldienst vertreten. Im ganzen aber bleibt festzuhalten, daß die Unterrichtspraxis dieser Jahre nicht sehr systematisch und zielstrebig gewesen ist. Und es scheint, als habe die Problematik der Ausbildung im Zusammenhang mit den Spannungen zwischen ihm und dem Vater dazu beigetragen, daß Beethoven, wie viele Zeitgenossen zu berichten wissen, schon als Kind in sich gekehrt und ernsthaft, scheu und still erschien.

Wichtige Lehrjahre

Ich danke Ihnen für Ihren Rat, den Sie mir sehr oft bei dem Weiterkommen in meiner göttlichen Kunst erteilten. Werde ich einst ein großer Mann, so haben auch Sie Theil daran[20]. So schrieb Beethoven 1793 an Christian Gottlob Neefe. Neefe war es, der als Lehrer Beethovens den wichtigsten und nachhaltigsten Einfluß ausübte; er aber war es vor allem auch, der dem jungen Beethoven über die häusliche Enge hinaus eine Lebensperspektive und einen

[20] *Ludwig van Beethovens sämtliche Briefe. Herausgegeben von Emerich Kastner. Umgearbeitet und erweitert von Julius Kapp,* Leipzig 1923 (Unveränderter Nachdruck: Tutzing 1975), S. 20. Alle Briefzitate werden im folgenden nach dieser in deutscher Sprache vollständigsten Briefsammlung wiedergegeben (abgekürzt als: *Briefe*).

Christian Gottlob Neefe
Portrait eines unbekannten Malers

»neuen« Sinn der Kunst vermitteln konnte. In dieser Rolle wurde Neefe nicht nur zum entscheidenden Auslöser der schöpferischen Produktivkraft; was er Beethoven vermittelte, sollte fortan und lebenslang die Leitlinie von dessen künstlerischer Arbeit bilden.

Neefe, 1748 in Chemnitz geboren, hatte in Leipzig Rechtswissenschaften und bei Johann Adam Hiller Musik studiert. Als Musikdirektor der damals berühmten Seylerschen Theatergruppe dirigierte er seit 1776 in Leipzig und Dresden, wurde nach der Auflösung dieser Theatergesellschaft von der Großmannschen Truppe engagiert und kam 1779 nach Bonn. Obgleich Protestant, wurde Neefe 1782 als van den Eedens Nachfolger Hoforganist. Um diese Zeit, vielleicht auch etwas vorher, dürfte Beethoven sein Schüler geworden sein. Der Unterricht umfaßte Klavier- und Orgelspiel, wobei Beethovens Literaturkenntnisse jetzt entscheidend erweitert wurden. Schwerpunkte des Lehrprogramms waren das *Wohltemperierte Klavier* von Johann Sebastian Bach sowie die Klavierwerke von Philipp Emanuel Bach, dessen Kompositionsstil und dessen Lehrbuch *Versuch über die wahre Art das Klavier zu spielen*[21] damals eine beherrschende Rolle spielten und von nachhaltigem Einfluß auf den Stil des Komponierens und auf den musikalischen Geschmack der Zeit waren. Der Unterricht bei Neefe erstreckte sich über die praktischen Fächer hinaus auch auf theoretische Disziplinen. Wir dürfen annehmen, daß den entsprechenden Unterweisungen die Lehrbücher von Marpurg, Kirnberger, der *Gradus ad Parnassum*[22] von Johann Joseph Fux und vielleicht auch die damals moderne Harmonielehre von Jean Philippe Rameau[23] zugrunde lagen. Außerdem unterstützte Neefe seinen Schüler in seinen Kompositionsübungen. Entscheidend bei alledem dürfte gewesen sein, daß sich Neefes Unterricht jedoch nicht im Angebot und in der Lösung technischer Frage- und Problemstellungen erschöpfte, sondern daß er in Verbindung damit dem jungen Beethoven eine neue Anschauung und Auffassung von der Kunst vermittelte. Neefe sah, und darin vertrat er den Aufklärungs- und Humanismusgedanken seiner Zeit, die Ausbildung zum Künstler im Rahmen einer allgemeinen geistigen und moralischen Menschenbildung. Als Künstler war Neefe gewiß kein Genie; aber er war von der neuen Aufgabe der Kunst durchdrungen und vermochte seine Überzeugungen auf Beethoven zu übertragen. Den Idealen der Aufklärung verpflichtet, begriff er den Anspruch der Kunst aus der Sicht umfassender Lebenszusammenhänge und bemühte sich folglich auch um eine »allgemeine geistige Durchbildung« des jungen Beethoven. Selbst von vielseitigem Wissen, weckte er in dem Schüler Interesse an philosophischen, ästhetischen und kunstmoralischen Fragen. Damit vermittelte er

[21] Carl Philipp Emanuel Bach: *Versuch über die wahre Art das Clavier zu spielen, mit Exempeln und achtzehn Probestücken in sechs Sonaten erläutert,* 2 Teile, Berlin 1753 und 1762

[22] Johann Joseph Fux: *Gradus ad Parnassum, sive manuductio ad compositionem musicae regularem, methode nova* [. . .], in lateinischer Sprache erschienen in Wien 1725; in deutscher Übersetzung und mit Anmerkungen versehen von Lorenz Christoph Mizler, Leipzig 1742

[23] Jean-Philippe Rameau: *Traité de l'Harmonie réduite à ses Principes maturels,* Paris 1722. Rameau veröffentlichte noch zahlreiche theoretische Schriften, in denen er meistenteils die theoretischen Grundlegungen seiner bedeutenden Erstlingsschrift, die man als die erste Harmonielehre im modernen Sinne verstehen kann, kommentierte und ergänzte.

Beethoven jene Perspektive des Denkens und der Haltung, die fortan sein Selbstverständnis entscheidend bestimmen sollte: nämlich daß Musik eine Sprache des menschlichen Herzens sei und infolge des vernunftbezogenen Menschenbildes von moralischen Grundsätzen getragen werde.

Beethoven hat sich später mit allen Problemkreisen des Lebens, mit den Wissenschaften und der Kunst beschäftigt; er war ein eifriger Leser. Die Gespräche mit Neefe dürften dazu den Grundstein gelegt haben. Durch ihn wurde er an die Literatur und an Fragen der Zeit herangeführt, lernte Gellert, Klopstock, die Dichter des Hainbundes[24], Bürger und wohl auch schon Goethe kennen.

Neefe war feinfühlig genug, um bald zu erkennen, welch außergewöhnliche Begabung Beethoven gegeben war. Ihm ist der erste Bericht über den jungen Beethoven zu danken. Er erschien 1783 in Cramers Magazin[25]:

> *Louis van Betthoven, Sohn des obenangeführten Tenoristen, ein Knabe von 11 Jahren, und von vielversprechendem Talent. Er spielt sehr fertig und mit Kraft das Clavier, ließt sehr gut vom Blatt, und um alles in einem zu sagen: Er spielt größtentheils das wohltemperirte Clavier von Sebastian Bach, welches ihm Herr Neefe unter die Hände gegeben. Wer diese Sammlung von Präludien und Fugen durch alle Töne kennt, (welche man fast das non plus ultra nennen könnte,) wird wissen, was das bedeute. Herr Neefe hat ihm auch, sofern es seine übrige Geschäfte erlaubten, einige Anleitung zum Generalbaß gegeben. Jetzt übt er ihn in der Composition, und zu seiner Ermunterung hat er 9 Variationen von ihm fürs Clavier über einen Marsch in Mannheim stechen lassen. Dieses junge Genie verdiente Unterstützung, daß er reisen könnte. Er würde gewiß ein zweiter Wolfgang Amadeus Mozart werden, wenn er so fortschritte, wie er angefangen.*

[24] In Verbindung mit der Dichtung der Empfindsamkeit entstanden in der zweiten Hälfte des 18. Jahrhunderts zahlreiche literarische Kreise und Bünde. Einer der bedeutendsten literarischen Freundschaftsbünde war der »Hain« (genannt nach Klopstocks Ode *Der Hügel und der Hain*). Dem später von Johann Heinrich Voß als Hainbund bezeichneten Kreis gehörten die Dichter Boie, Voß, die Brüder Stolberg, Müller und Hölty an. Andere wie auch Claudius und Bürger standen diesem Kreis nahe.

[25] Zitiert nach Stephan Ley: *Beethoven. Sein Leben in Selbstzeugnissen, Briefen und Berichten,* Berlin 1939, S. 26

Noch im selben Jahr 1783 erschienen dann die dem Kurfürsten Max Friedrich gewidmeten drei *Sonaten für Pianoforte* WoO (Werk ohne Opuszahl) 47. Sie sind neben verschiedenen kleinen Arbeiten dieser Zeit die ersten größeren Kompositionen Beethovens; sie zeigen allerdings noch wenig eigene Züge, sind vielmehr dem Stil Carl Philipp Emanuel Bachs, vor allem aber auch den Komponisten der sogenannten »Mannheimer Schule« verpflichtet. Die den Sonaten beigegebene Widmung (vgl. Dokumente, S. 215) stammt mit Sicherheit aus der Feder von Neefe und dürfte vor allem auch dem Ziel gegolten haben, Beethoven zu einer besoldeten Stellung als Hofmusiker zu verhelfen. Das erschien jetzt um so notwendiger, als die Familie zunehmend in finanzielle Schwierigkeiten geriet, da der Vater seine Stimme verlor und mehr und mehr an Ansehen einbüßte. Hatte Beethoven schon 1782 seinen Lehrer an der Orgel vertreten, so erfahren wir aus der Besoldungsliste vom 27. Juni 1784, daß er nun als stellvertretender Organist der Hofmusik mit einem Jahresgehalt von 150 Florins geführt wird[26].

Beethovens Eintritt in den Hofdienst fällt zusammen mit dem Amtsantritt von Maximilian Franz als Kurfürst. Unter ihm, der zunächst intensiv darum bemüht gewesen war, Mozart nach Bonn zu holen, nahm das Musikleben einen neuen Aufschwung. Vor allem die »neue« Musik aus Wien und Mannheim wurde gepflegt; deren Kenntnis hat die Entwicklung Beethovens, der dann auch als Bratscher und bei Opernaufführungen als Cembalist in der Hofmusik mitwirkte, entscheidend gefördert.

Doch nicht nur als Musiker machte Beethoven neue Erfahrungen. Seine Persönlichkeitsentwicklung drängte aus der Familie hinaus. Er suchte jetzt Kontakte und Kommunikation mit anderen Menschen; er suchte und fand die Freundschaft mit Gleichgesinnten. Diese freundschaftlichen Beziehungen bereicherten das Leben des jungen Beethoven ganz entschieden. Sie halfen ihm auf dem Wege der Vertiefung seiner geistigen Interessen und Studien und legten zugleich den Grund zu jenem Bild von freundschaftlicher Verbundenheit und Geselligkeit unter Menschen, das Beethoven sein Leben lang bewahrte. Dessen Vermittlung mit der Praxis des Alltags, mit den Bedingungen der Wirklichkeit und mit

[26] Alexander Wheelock Thayer: *Ludwig van Beethovens Leben. Ins Deutsche übersetzt und weitergeführt von Hermann Deiters, beendet von Hugo Riemann,* 5 Bde., Berlin–Leipzig 1866–1908, Bd. 1, S. 198 (im folgenden abgekürzt als Thayer mit der römischen Ziffer als Angabe des Bandes).

Titelseite der Erstausgabe der sogenannten
»Kurfürstensonaten« mit Widmung an den Kurfürsten

den Erfahrungen individueller Not und Einsamkeit bereitete ihm später aber auch immer wieder Schwierigkeiten. Die Freundschaften blieben nicht auf den Kreis der Musikerkollegen aus der Hofkapelle beschränkt, von denen ihm besonders der böhmische Komponist und Flötist Anton Reicha nahestand. In ebendiese Zeit fällt auch die Begegnung mit dem aus dem Elsaß stammenden Studenten und späteren Professor der Medizin Franz Gerhard Wegeler (1765–1848), der den jungen Beethoven in den Familienkreis der seit 1777 verwitweten noch jungen Hofrätin Helene von Breuning einführte, wo man für die Kinder einen Musiklehrer suchte. Im Kreis der Familie Breuning fand Beethoven jenen Raum, der ihm gab, was ihm das eigene Elternhaus in diesem Maße nicht hatte geben können: das Gefühl der Geborgenheit, das Bewußtsein des eigenen Wertes und eine Atmosphäre der geistigen Regsamkeit.

Hier im Hause der Breunings lernte er die späterhin bekannten rheinischen Maler Gerhard und Karl Kügelgen und wahrscheinlich auch den Grafen Friedrich Ernst Waldstein von Dux kennen, über dessen Verdienst für die Entwicklung Beethovens Franz Wegeler in seinen Biographischen Notizen schrieb[27]:

> *Der erste und in jeder Hinsicht der wichtigste Mäcen Beethoven's war Graf Waldstein, Deutsch-Ordens-Ritter und, was hier Hauptsache, Liebling und beständiger Gefährte des jungen Kurfürsten, nachheriger Deutsch-Ordens-Commandeur zu Virnsberg und Kämmerer des Kaisers von Österreich. Er war nicht nur Kenner, sondern selbst Praktiker der Musik. Dieser war es, welcher unsern Beethoven, dessen Anlagen er zuerst richtig würdigte, auf jede Art unterstützte. Durch ihn entwickelte sich in dem jungen Künstler das Talent, ein Thema aus dem Stegreife zu variieren und auszuführen. Von ihm erhielt er mit der größten Schonung seiner Reizbarkeit, manche Geldunterstützung.*

Wenn Neefe bereits 1783 schrieb: *Dieses junge Genie verdiente Unterstützung, daß er reisen könnte* (siehe oben), so wird daraus ersichtlich, daß die künstlerische Entwicklung Beethovens rasche Fortschritte machte und ihn vor Probleme stellte, zu deren Lösung

[27] *Biographische Notizen über Ludwig van Beethoven von Franz Gerhard Wegeler und Ferdinand Ries,* Koblenz 1838, S. 13 (im folgenden abgekürzt als *Biographische Notizen*)

die Bonner Umgebung nichts mehr beitragen konnte. Mit Unterstützung von Neefe und dem Grafen Waldstein erhielt Beethoven 1787 schließlich Urlaub vom Hofdienst für einen Studienaufenthalt in Wien. Daß gerade diese Stadt, nicht aber Italien, das »klassische« Land für Studienreisen, sich anbot, liegt darin begründet, daß sich die Bonner Hofkreise politisch, aber auch in ihrer Kunstauffassung besonders eng der Kaiserstadt verbunden fühlten. In Bonn war zu diesem Zeitpunkt die Bedeutung Haydns und Mozarts bereits anerkannt und geschätzt, während man andernorts von deren Weltgeltung noch kaum rechte Vorstellungen hatte.

Wir wissen wenig Gesichertes über die Ende März angetretene Reise und den ungefähr drei Wochen währenden Aufenthalt Beethovens in Wien, der später im Hinblick auf die Begegnung mit Mozart und dessen prophetischen Ausspruch *Dieser Jüngling wird noch viel in der Welt von sich reden machen*[28] ein beliebter Gegenstand legendenhafter Ausschmückungen geworden ist. Wahrscheinlich verlief die Begegnung mit Mozart, der zu dieser Zeit mit der Komposition des *Don Giovanni* beschäftigt war, eher enttäuschend; und vielleicht hat sogar das Klavierspiel Mozarts anläßlich eines öffentlichen Auftretens für Beethoven bereits veraltet geklungen[29].

Die Nachricht von der Erkrankung der Mutter veranlaßte Beethoven bald wieder zur Heimreise. Sie führte ihn über Augsburg; dort schloß er Bekanntschaften mit Johann Andreas Stein, dem Erfinder der »deutschen Auslösungsmechanik« im Klavierbau und mit der Familie von Schaden, an die Beethoven von Bonn aus einen Brief schrieb, der als der frühest erhaltene angesehen werden muß (vgl. Dokumente, S. 216f.). Dieser Brief offenbart eine auffällig ernste Stimmungslage. Der Verlust der Mutter scheint Beethoven tatsächlich erstmals in vollem Umfang sein Bedürfnis nach einem Partner, der Geborgenheit vermittelt, vor Augen geführt zu haben. Das Verlusterlebnis hat Krankheit zur Folge, doch nicht nur eine organische, sondern auch – und Beethoven empfindet dies als bedrückender – eine psychische: die Resignation.

Am 17. Juli 1787 starb die Mutter, am 25. November desselben Jahres folgte die eineinhalbjährige Schwester Margarete. Die

[28] Zitiert nach: *Ludwig van Beethoven. Berichte der Zeitgenossen, Briefe und persönliche Aufzeichnungen, gesammelt und erläutert von Albert Leitzmann* (2 Bde.), Bd. 1, Leipzig 1921, S. 14

[29] Siehe Schiedermair, a. a. O., S. 185f.

finanziell mißlichen Umstände zwangen den Vater zu einer Bittschrift an den Kurfürsten, die jedoch abgewiesen wurde. Er verlor jede Lebenszuversicht und verfiel dem Trunk. Die Konsequenzen seitens des Kurfürsten waren Androhung der Strafversetzung und schließlich Dispensierung vom Dienst. Mit Hilfe von Franz Ries, der Ludwig van Beethoven im Geigenspiel unterrichtete, konnte die ärgste Not bestanden werden. Doch sie stellte den jungen Beethoven in der Folge vor neue Anforderungen und neue Verantwortung. Er übernahm die Vaterstelle in der Familie und sorgte für deren Unterhalt, was eine Erweiterung seiner dienstlichen Verpflichtungen durch Unterrichtstätigkeit mit sich brachte.

Die familiären Umstände und dienstlichen Belastungen dieser Jahre hinderten Beethoven allerdings keineswegs daran, die freundschaftlichen Beziehungen zu anderen Familien weiterhin zu pflegen. Er gehörte zum Freundeskreis, der sich regelmäßig im Weinhaus »Zehrgarten« der Frau Wittib Koch traf. Hier fanden sich Akademiker und Dilettanten, Vertreter des Adels ebenso wie Bürger und Künstler in geselliger Runde zusammen, um über die Ereignisse und Tendenzen der Zeit, *über Religion und Moral, über die beste Staatsform und das Fortschreiten der Menschen zu höheren Erkenntnissen und besseren Lebensformen*[30] zu sprechen.

In dieser Runde, die im kleinen so etwas wie eine aufgeklärte Gesellschaftsform und Lebenspraxis repräsentierte, wurden die Freiheitsideen und die Geschehnisse der Französischen Revolution ebenso diskutiert wie die Schriften und Dichtungen von Kant, Herder, Schiller, Klopstock, Wieland und Goethe. Diese Gemeinschaftsrunde im Zehrgarten, der aufgeklärte Vertreter der Bonner »Lesegesellschaft« und Illuminaten[31] angehörten und von der Professor Bartholomäus Fischenich, ein Freund Schillers, später sagte, daß sie der Mittelpunkt des geistigen und geselligen Vergnügens in Bonn gewesen sei, dürfte auf Beethoven einen kaum zu überschätzenden Einfluß ausgeübt haben[32]. So erscheint es auch

[30] Max Braubach: *Beethovens Abschied von Bonn (= Rheinisch-Westfälische Akademie der Wissenschaften. Vorträge G 166)*, Köln-Opladen 1970, S. 21

[31] Illuminaten (= Erleuchtete) nannten sich Ordensgemeinschaften, die um die Mitte des Jahrhunderts im Gefolge der Aufklärungsbewegung entstanden. Sie bildeten Geheimbünde, deren Mitglieder daran glaubten, daß die menschliche Gesellschaft nach Vernunftprinzipien zu gestalten sei. Die Illuminatenorden waren freimaurerisch geordnet und besaßen angesehene Anhänger.

[32] Max Braubach, a. a. O., S. 21f.

Eulogius Schneider

nicht zufällig, daß er sich am 14. Mai 1789 zusammen mit den Freunden Karl Kügelgen und Anton Reicha an der Philosophischen Fakultät der Universität einschrieb, um Vorlesungen über die Kantsche Philosophie und über griechische Literatur zu hören. Über letztere las Eulogius Schneider, ein Franziskanermönch und Sozialkritiker, der in Bonn eine überaus rege öffentliche Tätigkeit entfaltete und aus der revolutionären Entwicklung in Frankreich starke Impulse für seine kritischen Appelle und anklägerischen Gedichte bezog. 1790 veröffentlichte Schneider eine Gedichtsammlung, deren Attacke-Charakter und unüberhörbarer Klang der Revolutionsfanfaren in orthodoxen Kreisen heftige Empörung hervorriefen. Der materielle Ertrag des Buches war Schneiders in Armut lebenden Angehörigen, die in Franken ansässig waren, zugedacht. Im Verzeichnis der ca. 750 Subskribenten, darunter viele geistliche und weltliche Würdenträger aus den westlichen und südlichen Kleinstaaten, findet sich auch *Herr van Beethoven, Hofmusikus zu Bonn*[33].

Auch wenn Beethoven in jenen Jahren um 1790 *nicht zu den tonangebenden Persönlichkeiten des Musiklebens*[34] zählte, so drängte doch seine musikalische Entwicklung immer mehr zur spezifisch eigenständigen Profilierung. Seine Begabung, damals mehr noch sein Klavierspiel als seine Kompositionen, zogen das Interesse auf sich. Seine künstlerische Persönlichkeit begann eine schon sehr eigene und gemessen am Gewohnten neue Wirkung auszuüben, die in ihren Bann zog. So berichtet der später in Marburg wirkende Professor Wurzer über Beethovens Orgelspiel im Jahre 1790 oder 91 in Godesberg[35]:

> *B*[eethoven] *fing nun an, Themata, die ihm die Gesellschaft aufgab, zu variiren, so daß wir wahrhaft davon ergriffen wurden; aber was weit mehr war, und den neuen Orpheus verkündigte: gemeine Arbeitsleute, die unten in der Kirche das durch Bauen Beschmutzte rein machten, wurden lebhaft davon afficirt, legten vor und nach Ihre Werkzeuge hin, und hörten mit Staunen und sichtbarem Wohlgefallen zu.*

[33] Walter Grab: *Eulogius Schneider. Ein Weltbürger zwischen Mönchszelle und Guilottine,* in: G. Mattenklott und Klaus R. Scherpe (Hrsg.): *Demokratisch-revolutionäre Literatur in Deutschland: Jacobinismus,* Kronberg i. Ts. 1975, S. 72

[34] Schiedermair, a. a. O., S. 209

[35] ebenda, S. 210f.

In diese Zeit, in den Dezember 1790, fällt auch die erste Begegnung mit Joseph Haydn, der auf der Rückreise von England in Bonn Station machte. Beethoven legte ihm bei dieser Gelegenheit wahrscheinlich die *Cantate auf den Tod Joseph's des Zweiten* WoO 87, der im Februar 1790 verstorben war, vor. Nach Franz Wegeler soll Haydn das Werk besonders beachtet und den Verfasser zu fortlaufendem Studium ermuntert haben[36]. Im Herbst des Jahres 1791, als sich die Bonner Hofkapelle zusammen mit dem Kurfürsten aus Anlaß eines Kongresses des Deutschen Ritterordens in Mergentheim an der Tauber aufhielt, sollte diese Trauerkantate dann aufgeführt werden. Ihre Schwierigkeiten erwiesen sich freilich als zu groß. Ähnliche Probleme sollten später noch des öfteren auftreten.

Die zukünftige kompositorische Bedeutung ahnte damals auch im näheren Umkreis Beethovens allerdings noch kaum jemand. Geschätzt wurde er als genialer Klavierspieler, was insofern bedenkenswert ist, als er in diesem Fach ohne eigentliches Vorbild groß geworden war. Hatte er auf der Fahrt nach Mergentheim in Aschaffenburg die gefällige Manier, die elegante und auf glänzende Brillanz gerichtete Spielweise des damals berühmten Komponisten Abbé Johann Franz Xaver Sterkel bewundern und, wie die Freunde berichten, auch imitieren können[37], so rief Beethoven dann selbst in Mergentheim mit seiner »neuen« eigenwilligen Spielart eine Wirkung bei den Hörern hervor, die den Kaplan, dilettierenden Komponisten und Musikschriftsteller Carl Ludwig Junker zu einer hochbeachtlichen Stellungnahme und Charakterisierung des jungen Künstlers im Rahmen seines Briefberichts vom 23. November 1791 für *Boßlers Musikalische Korrespondenz* bewog[38]. Junker vergleicht in seinem Bericht den *lieben guten Bethofen* mit dem Abbé Vogler, einem Klavier- und Orgel-»Star« jener Jahre[39], und kommt zu dem Schluß: *Sein Spiel unterscheidet sich auch so sehr von der gewöhnlichen Art das Klavier zu behandeln, daß es scheint, als habe er sich einen ganz eigenen Weg bahnen wollen, um zu dem Ziel der Vollendung zu kommen, an welchem er jetzt steht.*

[36] Wegeler/Ries: *Biographische Notizen,* S. 29
[37] Schiedermair, a. a. O., S. 214f.
[38] zitiert nach Thayer I, S. 272
[39] Georg Joseph Vogler (1749–1814); Komponist und Musiktheoretiker. In den 80er Jahren trat Vogler auf Konzertreisen als Klavier- und Orgelvirtuose auf.

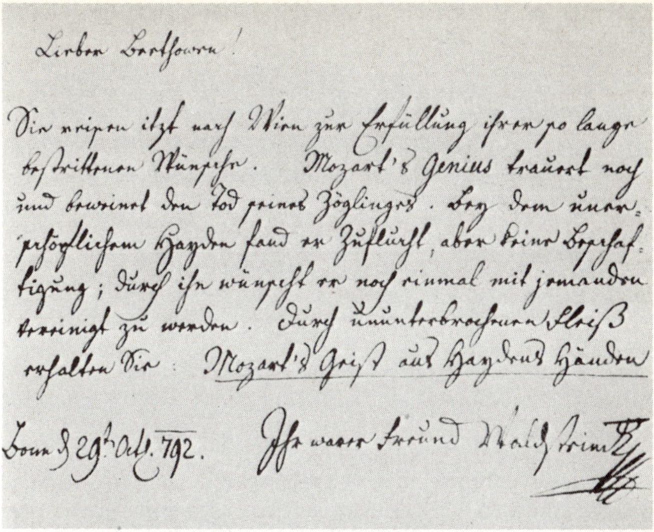

Lieber Beethoven!

Sie reisen itzt nach Wien zur Erfüllung ihrer so lange
bestrittenen Wünsche. Mozart's Genius trauert noch
und beweinet den Tod seines Zöglinges. Bey dem uner-
schöpflichen Haydn fand er Zuflucht, aber keine Beschäf-
tigung; durch ihn wünscht er noch einmal mit jemanden
vereinigt zu werden. Durch ununterbrochenen Fleiß
erhalten Sie: Mozart's Geist aus Haydens Händen.

Bonn d 29t Oct. 792. Ihr wahrer Freund Waldstein.

Stammbucheintragung des Grafen Waldstein
vom 29. Oktober 1792

Tatsächlich hatte Beethovens Entwicklung einen Grad der »ersten Vollendung« und der Reife erreicht, der für ihn wie für die Bonner Freunde die Frage der weiteren Ausbildung aufwarf. Eine zweite Studienreise nach Wien zu Joseph Haydn, der im Juli 1792 wiederum in Bonn Station machte, wurde ins Auge gefaßt (Mozart war am 5. Dezember 1791 gestorben). Wohl dank der Unterstützung des Grafen Waldstein gewährte der Kurfürst Beethoven schließlich im Herbst 1792 einen bezahlten Studienaufenthalt bei Aussicht auf den Hofkapellmeisterposten nach der Rückkehr.

Der Abschied wurde überschattet von den Kriegsereignissen. Die französische Revolutionsarmee unterwarf nach und nach die linksrheinischen Territorien und näherte sich Bonn, so daß der kaiserliche Gesandte am 23. Oktober 1792 nach Wien berichtete: *Alles packt und flüchtet, was und wie es kann*[40]. Am 2. oder 3. November verließ Beethoven Bonn. Die Freunde haben ihm in einem Stammbuch ihre Mahnungen und Wünsche mitgegeben.

[40] Braubach, a. a. O., S. 7

Darunter findet sich die prophetische Eintragung des Grafen Waldstein vom 29. Oktober 1792[41]:

Lieber Beethoven! Sie reisen itzt nach Wien zur Erfüllung Ihrer so lange bestrittenen Wünsche. Mozart's Genius trauert noch und beweinet den Tod seines Zöglings. Bey dem unerschöpflichen Haydn fand er Zuflucht, aber keine Beschäftigung; durch ihn wünscht er noch einmal mit jemandem vereinigt zu werden. Durch ununterbrochenen Fleiß erhalten Sie: Mozart's Geist aus Haydns Händen.

Ein neuer Lebensraum

Als Beethoven im November 1792 nach Wien kam, da betrat er eine Musik-Metropole, die sich entsprechend den politischen und gesellschaftlichen Verhältnissen im Umbruch befand. Seit dem 16. Jahrhundert hatten die Habsburger der Pflege der Musik nachhaltiges Interesse entgegengebracht und Förderung zuteil werden lassen. Das führte in den Kreisen der Hocharistokratie, aber auch des mittleren und kleinen Adels zu Nachahmungen. Wien und Österreich verdanken dieser breiten und intensiven Pflege und Förderung der Musik bis zur Regierungszeit Maria Theresias, die selbst eine ausgezeichnete Schauspielerin war und sehr gut Klavier spielte, eine glänzende und großzügige Musikkultur. Diese wirkte schließlich in das Bürgertum hinein und dehnte sich da auf äußerst vielfältige Weise und auf breiter Basis aus.

Schon unter Joseph II. aber begannen Hof und Aristokratie aus Sparsamkeitsgründen, vom Luxus übertriebener Repräsentation Abstand zu nehmen. Der Adel schloß seine Theater und reduzierte seine Hausorchester. Dieser Trend verstärkte sich noch unter dem Einfluß der Französischen Revolution und unter dem stetig anwachsenden ökonomischen und sozialen Druck des Bürgertums. Das führte nun allerdings weniger zu einem Abbau der musikalischen Kultur als vielmehr zu einer Akzentverlagerung. Man beschränkte sich auf die Verpflichtung kleiner Ensembles, arrangierte Hausquartette und pflegte das Musizieren bzw. die

[41] zitiert nach Schiedermair, a. a. O., S. 231

musikalische Unterhaltung in der privaten Atmosphäre des Salons. Zur Veranstaltung größerer Konzerte – sogenannter »Akademien« – aber schlossen sich die engagierten Vertreter unter den adeligen Mäzenen hin und wieder zu musikalischen Gesellschaften zusammen. Solche »öffentlichen« Konzerte waren jedoch gerade in den 90er Jahren in Wien nicht allzu häufig. Die Musikpflege, wenngleich sehr verbreitet, lag in privaten Händen und hatte primär häuslich-intimen Charakter. Ihr Mittelpunkt waren die Salons des kunstsinnigen Adels. Viele seiner Vertreter standen den Aufklärungsidealen und damit den humanistischen Idealen des aufstrebenden Bürgertums sehr nahe; und ebenso verstanden sie es, sich dessen ökonomisches Denken zunutze zu machen und sich auf diese Weise ohne Schaden in die Entwicklung zur Ausprägung der bürgerlichen Gesellschaft hin zu integrieren. Ja, man darf sogar sagen, daß diese Salons mit ihrer spezifischen Form und Intensität der Musikpflege in ganz erheblichem Maße zur Umwandlung der Adelskultur in eine bürgerliche Kultur und zur Metamorphose des standesbezogenen Denkens des Adels beitru-

Der Stephansdom in Wien vom Eisenplatz aus

Schloß Belvedere in Wien

gen. Durch die Tradition bedingt, gehörte die Pflege und Förderung der Kunst und der Musik gewissermaßen zur Existenzform des Adels. Andererseits aber war nicht zu verkennen, daß diese Kunst sich kaum mehr mit den ehemaligen Ansprüchen und dem Repräsentationsbedürfnis des Adels deckte, sondern sich in den Dienst des Ideals der Selbstverwirklichung des Menschen stellte. Damit förderte sie, auch wenn ihre vornehmliche Pflegestätte noch die Adelshäuser waren, zwangsläufig die Bewegung des nach ökonomischer, sozialer und geistiger Emanzipation drängenden Bürgertums. Schon rein äußerlich brachte das Veränderungen mit sich. Johann Friedrich Reichardt, Komponist, Schriftsteller und Anhänger der Revolutionsideale, hat uns ein Bild des Wiener Salons überliefert, an dem der gesellschaftliche Wandel, die Zurücknahme der alten Repräsentationskultur und so auch die »neue« Rolle der Musik greifbar werden[42]:

Das Größte und Reichste und Schönste aus der großen Wiener Welt war beim Fürsten Lobkowitz versammelt. Die fürstlichen Familien Schwarzenberg, Kinsky, Lichtenstein und viele andere, alle vom besten, freiesten gesellschaftlichen Tone. Welche Güte und Freundlichkeit in allem und wie durchaus keine Spur von Zwang und Rangordnung in der ganzen Gesellschaft! Zum Souper förmlich eingeladen, glaubt' ich mich in Gala setzen zu müssen, fand aber alles, vom ersten Fürsten bis zum letzten Künstler, ohne eigentlichen Putz.

Ein Klaviervirtuose von Rang

Beethoven war nach Wien gekommen, um zu lernen. Gleichwohl galt es für den 22jährigen, sich in der Kunstwelt zu behaupten und als Künstler eine Existenz aufzubauen. Der Raum, in dem ihm das nur möglich sein konnte, waren die Salons der Aristokratie, in die er dank der engen Verbindungen zwischen Bonn und Wien schnell Eingang fand. Beethoven brachte allerdings mehr als nur Empfehlungen mit. Er war ein Klaviervirtuose von Rang – und mehr noch:

[42] Johann Friedrich Reichardt: *Vertraute Briefe geschrieben auf einer Reise nach Wien* [. . .] (Amsterdam 1810), 2 Bände, München 1915, Bd. I, S. 140f.

Sein Klavierspiel zeigte entgegen der konventionellen elegant-spielerischen Art ganz neue Dimensionen des Technischen und Ausdruckshaften, denen sich die Zuhörer nicht entziehen konnten. Die Art, wie Beethoven entsprechend der damaligen Gepflogenheit über ein aufgegebenes Thema in Variationen improvisierte oder frei phantasierte, muß den zeitgenössischen Berichten zufolge tatsächlich außerordentlich faszinierend gewesen sein. In welchem Maße, das hat neben vielen anderen Carl Czerny, der spätere Schüler Beethovens, der als einer der wichtigsten Pianisten des frühen 19. Jahrhunderts sich besonders für Beethovens und Bachs Klavierkompositionen einsetzte, in seiner Autobiographie am Beispiel einer Geschichte aus dem Jahre 1799 erzählt[43]:

> *Ich erinnere mich noch jetzt, als eines Tages Gelinek meinem Vater erzählte, er sey für den Abend in eine Gesellschaft geladen, wo er mit einem fremden Clavieristen eine Lanze brechen sollte. »Den wollen wir zusammenhauen«, fügte Gelinek hinzu.*
>
> *Den folgenden Tag fragte mein Vater den Gelinek, wie der gestrige Kampf ausgefallen sey?*
>
> *»Oh!« – sagte Gelinek ganz niedergeschlagen, »an den gestrigen Tag werde ich denken! in dem jungen Menschen steckt der Satan. Nie habe ich so spielen gehört! Er fantasierte auf ein von mir gegebenes Thema, wie ich selbst Mozart nie fantasieren gehört habe. Dann spielte er eigene Compositionen, die im höchsten Grade wunderbar und großartig sind, und er bringt auf dem Clavier Schwierigkeiten und Effecte hervor, von denen wir uns nie etwas haben träumen lassen.«*

Daraus entnehmen wir, daß die musikalischen Abende gerne virtuosen Klaviersolisten gewidmet wurden und den Charakter von Wettbewerben hatten. Beethoven vermochte sich kraft der Originalität seines Spiels hierbei gegenüber seinem Konkurrenten erfolgreich durchzusetzen. Ganz unangefochten allerdings blieb sein Spiel auch nicht. Der von Beethoven sehr verehrte Komponist Luigi Cherubini charakterisierte es als »rauh«[44], und der Pianist

[43] Carl Czerny: *Erinnerungen an Beethoven,* hrsg. von Georg Schünemann in: *Neues Beethoven-Jahrbuch* Jg. 9/1939; in Auszügen unter dem Titel *Erinnerungen aus meinem Leben* in: *Carl Czerny: Über den richtigen Vortrag der sämtlichen Beethovenschen Klavierwerke,* hrsg. und kommentiert von Paul Badura-Skoda, Wien 1963, S. 10

[44] Kerst I, S. 65

Johann Baptist Cramer, den Beethoven gleichfalls sehr schätzte, meinte gegenüber Anton Schindler, dem späteren Sekretär Beethovens, im Jahre 1817[45]: *Das Spiel war nur wenig ausgebildet, nicht selten ungestüm, wie er selber, immer jedoch voll Geist.*

Beethovens Spiel mochte in der Tat vielen Zeitgenossen ungestüm, schroff und sonderbar in den Ohren geklungen haben, und es gab viele, nach deren Urteil das Schroffe und die herbe Brillanz seines Spiels als Negativpunkte im Vergleich etwa zu Joseph Wölffl, Muzio Clementi oder dem Mozartschüler Johann Nepomuk Hummel auch nicht durch die geistreiche Ideenfülle und die Ausdrucksintensität aufgewogen wurden. Ungeachtet dessen aber war Beethoven bald als die interessanteste und originellste Erscheinung des Wiener Musiklebens in den 90er Jahren angesehen; und es gab viele einflußreiche und tonangebende Persönlichkeiten des Musiklebens, die von Anfang an seine Bedeutung erkannten und sich auch des jungen Künstlers in verständnisvoller Weise annahmen.

Verehrer und Freunde

Zu diesem Verehrerkreis gehörten die einflußreichsten Vertreter der Wiener Aristokratie, wie der Baron Gottfried van Swieten, der auch in Haydns und Mozarts Leben eine bedeutende Rolle spielte, der aus schottischem Adelsgeschlecht stammende Graf Browne, Graf Moriz von Fries, Graf Apponyi, der Freiherr von Gleichenstein, die Komtesse Keglerich, die Komtesse Guicciardi oder der Fürst Franz Joseph Max Lobkowitz, der ein trefflicher Geiger und der Musik so leidenschaftlich verbunden war, daß er dafür sein gesamtes Vermögen opferte und schließlich durch das infolge des Staatsbankrotts erlassene Finanzpatent von 1811 völlig verarmte.

Im Laufe der Jahre gewann Beethoven immer wieder neue Verehrer und Förderer aus Adelskreisen. Die für die ersten Wiener Jahre jedoch wichtigsten Förderer waren der Fürst Carl Lichnowsky und seine Frau Christiane. Sie waren Beethoven so freundschaftlich verbunden, daß sie ihn einluden, in ihrem Palais zu wohnen. Beethoven nahm die Einladung an und wohnte von Ende

[45] Kerst I, S. 66

1794 bis Mitte 1796 in dem Lichnowskyschen Haus, in dem in diesen Jahren auch die meisten seiner Kompositionen aus der Taufe gehoben wurden und wo jeden Freitag die berühmten Quartett-Konzerte des Schuppanzigh-Quartetts stattfanden. Durch das gewiß sehr anregende Klima dieses Salons, in dem Haydn und Salieri verkehrten, dürfte Beethoven wieder entscheidende Impulse für seine eigenen kompositorischen Arbeiten empfangen haben. So erscheint es dann auch nur selbstverständlich, daß er sein Opus 1, nämlich drei Klaviertrios, dem Fürsten widmete, der die Drucklegung der Kompositionen im Verlag Artaria in Wien nicht nur anregte, sondern auch selbst ohne Wissen des Komponisten finanzierte.

Von gleicher Bewunderung erfüllt war der Graf Moritz von Lichnowsky, ein Bruder des Fürsten. Er war Schüler Mozarts gewesen und zeigte bis zu Beethovens Tod die innigste freundschaftliche Anhänglichkeit. Eine der eigenartigsten Freundesgestalten im Leben Beethovens war der Hofsekretär Nikolaus Zmeskall von Domanovecz, von dem Beethoven 1816 sagte: *Sie gehören zu meinen frühesten Freunden in Wien*[46]. Dieser Zmeskall von Domanovecz war Cellist und Musikenthusiast, der durch seine zahllosen Kontakte Beethoven den Zugang zu manchem Salon verschaffte und ihm auf völlig uneigennützige Weise bei der Besorgung der Alltagsgeschäfte behilflich war. Beethoven ging mit diesem Mann nicht gerade zimperlich um, nannte ihn: *Liebster Baron Dreckfahrer*[47] oder *nicht Musikgraf, sondern Freßgraf – Dineen, Supeen Graf*[48]. Doch Zmeskall ließ sich dadurch nicht beirren und hielt Beethoven unverbrüchlich die Treue. Ihre Freundschaft dauerte bis zu Beethovens Tod und gehört zu jenen ganz wenigen Beziehungen, die nie ernstlich durch Mißhelligkeiten überschattet wurden.

Um Freunde aus dem Adel, die ihm in den ersten Wiener Jahren durch Unterstützung behilflich waren, brauchte sich Beethoven also nicht zu sorgen. Daneben verbanden ihn herzliche Freundschaften mit Musikern wie Wenzel Krumpholz, der 1795 nach

[46] Brief vom 16. Dezember 1816, in: *Briefe,* S. 374

[47] Brief aus dem Jahr 1798; vgl. Dokumente, S. 221 f.

[48] Beethoven liebte die kräftige und oft bildhafte Ausdrucksweise. Darüber geben seine Briefe und die Schilderungen seiner Zeitgenossen hinreichend Auskunft. Nicht selten stieß er damit auf Verwunderung. Er wußte das. 1820 meinte er: *Mir entfällt manchmal ein herzliches freies Wort, dafür hält man mich für toll;* in: Friedrich Kerst: *Beethoven im eigenen Wort,* in: *Die Musik* IV/1904/05, S. 424

Nikolaus Zmeskall von Domanowecz (1759–1833)
Silhouette

Wien kam und Beethoven einige Zeit Violin-Unterricht gab, oder Ignaz Schuppanzigh, dem ersten Violinisten des nach ihm benannten Streichquartetts. Er war seiner Dickleibigkeit wegen das *Falstafferl*[49] für Beethoven. Höchst eigentümlich ist, daß die beiden über die förmliche Anrede »Er« verkehrten, trotz der gegenseitigen Hochschätzung während der ganzen Zeit ihrer Bekanntschaft bis zu Beethovens Tod. Erwähnt sei noch die ins Jahr 1799 fallende Bekanntschaft mit dem Pianisten Johann Baptist Cramer, mit dem Beethoven zeitweilig sehr engen Kontakt hatte und dessen Etüden er als höchst bedeutend einschätzte und *als die geeignetste Vorschule zu seinen eigenen Werken* bezeichnete[50].

[49] Koseform von Falstaff

[50] Anton Schindler: *Ludwig van Beethoven,* Münster 3/1927, S. 427. Vgl. dazu Harry Goldschmidt: *Beethovens Anweisungen zum Spiel der Cramer-Etüden,* in: *Die Erscheinung Beethoven,* Leipzig 1974, S. 115ff.

Ignaz Schuppanzigh (1776–1830)

Über mangelnde Geselligkeit, Kontakte, Verehrer und Bewunderer brauchte sich Beethoven wahrlich nicht zu beklagen. Wirkliche Freundschaften allerdings verbanden ihn nur mit sehr wenigen, so mit dem ihm von Bonn her vertrauten Franz Gerhard Wegeler, mit Stephan Breuning, der sich 1800 als Jurist in Wien niederließ, und später dann mit Ferdinand Ries, dem Sohn seines ersten Violinlehrers in Bonn, Franz Anton Ries. Besonderes Vertrauen faßte Beethoven 1798 zu dem beim Fürsten Lobkowitz als Vorleser angestellten Karl Amenda, der in der Familie der Witwe Mozarts Klavierunterricht erteilt hatte. Beethoven hob diesen Freund deutlich gegenüber seinem Wiener Bekanntenkreis ab. *Du bist kein Wiener Freund, nein, Du bist einer von denen, wie sie mein vaterländischer Boden hervorzubringen pflegt*[51], schrieb er ihm

[51] Brief vom 1. Juni 1801 an Karl Amenda, in: *Briefe,* S. 42; vgl. Dokumente, S. 225 ff.

Karikatur des Geigers Ignaz Schuppanzigh
um 1810

1800, nachdem Amenda, mit dem Beethoven eine Italienreise hatte unternehmen wollen, schon 1799 wieder in seine Heimat nach Riga zurückgekehrt war. Amenda gehört zu jenen Vertrauenspersonen, die Beethoven auch in seine Krankheiten einweihte.

Beethovens Freundschaften litten unter häufigen Mißhelligkeiten; dies gilt nicht nur für die in der Beethoven-Literatur oft überpointiert dargestellten Konflikte im Umgang mit Persönlichkeiten des Adels. Reibereien sind durchaus kennzeichnend für alle Freundschaften Beethovens, auch für seinen Umgang mit bürgerlichen Freunden. *Ich habe nur zwei Freunde in der Welt gefunden, mit denen ich auch nie in ein Mißverhältnis gekommen*[52], schrieb er am 24. Juli 1804 an Ferdinand Ries, um gleichsam in bitterer Einsicht in die Eigensinns-Komponente und Konfliktstruktur seines Wesens fortzufahren[53]: *Aber welche Menschen! Der eine ist tot, der andere lebt noch!*

Die Schwierigkeit im Umgang mit Menschen und in der Beziehung zu Freunden ist eine Grundkonstante in der Beethovenschen Lebensgeschichte. Deshalb greift auch die vor allem aus klassenideologischer Sicht so gerne getroffene Feststellung bei weitem zu kurz, daß Beethoven im Grunde seines Herzens ein »Jakobiner« gewesen sei, dem der Umgang mit der Aristokratie lästig gefallen sei und der sich deshalb auch zu vielfältigen Protestaktionen und Auflösungen von Beziehungen gezwungen sah. Allerdings muß festgehalten werden, daß der Umgang mit dem Adel sich in dem Maße komplizierter gestaltete, als Beethoven sich einerseits auf dessen Unterstützung angewiesen sah und diese Unterstützung auch selbstverständlich annahm, er andererseits aber im Gefühl der Ebenbürtigkeit und aus dem Wissen um seine zunehmende Mittelpunktstellung im Wiener Musikleben heraus ein starkes Unabhängigkeitsbedürfnis entwickelte, was jede Auflage oder Forderung von anderen in seinen Augen zur Provokation machte, auf die er mit stolzem Selbstbewußtsein oder mit dem Gefühl tiefster innerer Betroffenheit reagierte. So beschwerte er sich einmal, als die Zeit zum Mittagessen bei dem Fürsten Lichnowsky auf 4 Uhr festgesetzt war[54]: *Nun muß ich täglich um halb 1 Uhr zu Hause sein, mich etwas besser anziehen, für den Bart sorgen usw. – das halt' ich nicht aus!*

Gut, solche »Zwänge« waren noch auszuhalten. Zum ernsthaften Zerwürfnis aber soll es dann 1806 gekommen sein, als Beethoven auf Lichnowskys Schloß Grätz bei Troppau als Gast weilte und der Fürst ihn bat, bei einer Abendgesellschaft vor französischen Offizieren zu spielen.

[52] Brief vom 24. Juli 1804 an Ferdinand Ries, in: *Briefe,* S. 80; vgl. Dokumente, S. 242f.

[53] ebenda

[54] Wegeler/Ries: *Biographische Notizen,* S. 33

[Beethoven] *weigerte sich jedoch, obgleich der Fürst ihn dringend wiederholt darum ersuchte. Trotzdem hoffte er noch immer, den eigensinnigen Musikus zu überreden und lud auch den französischen General und andere vornehme Gäste zu der beabsichtigten Soiree ein. An dem bestimmten Abend versammelte sich die Gesellschaft und wartete auf den versprochenen Genuß, aber kein Beethoven ließ sich blicken. Der Fürst schickte einen Diener nach dem anderen ab, aber der Musikus wollte nicht kommen. Endlich brachte der an ihn abgesendete Haushofmeister die Nachricht, daß der Künstler das Schloß heimlich verlassen und man nur in seiner Wohnung einen Brief an den Fürsten gefunden habe, worin er erklärte, daß er vor dem Feinde seines Vaterlandes nicht spielen könne. Um allem ferneren Bitten und Drängen zu entgehen, war Beethoven in der kalten Wiener Nacht zu Fuß von Grätz geflohen; was, wie der alte Kastellan hinzufügte, nur ein klarer Beweis seiner Verrücktheit gewesen sei*[55].

Der Bericht trägt in dieser Form romanhafte Züge, dürfte aber insofern der Wahrheit nahe kommen, als Beethoven seinem Anspruch auf Gleichrangigkeit und auf Freihaltung seiner Kunst vom Ruch einer Dienstleistung jeden Preis zahlte, mochte ihn das auch noch so schwer ankommen.

Auch wenn die Freunde und Bekannten der Umgang mit Beethoven höchst schwierig anmuten mochte, so litt er selbst doch am meisten darunter, und er war es dann auch fast immer, der den ersten Schritt zur Versöhnung tat. Als Beispiel für das wechselhafte Verhalten Beethovens im Umgang mit seinen Freunden sei eine Episode aus dem freundschaftlichen Umgang mit Johann Nepomuk Hummel wiedergegeben, der als ehemaliger Mozart-Schüler 1795 noch einmal bei Beethoven Unterricht nahm. Hummel erhielt eines Tages von Beethoven, der sich anscheinend hintergangen fühlte, einen Brief mit folgendem Text[56]:

Komme er nicht mehr zu mir! er ist ein falscher Hund und falsche Hunde hole der Schinder.

Beethoven.

[55] Kerst I, S. 125
[56] Thayer II, S. 128f.

Doch Beethoven scheint sich seines Rechts und Gefühls nicht so sicher gewesen zu sein. Am folgenden Tag erhielt Hummel wieder einen Brief und las[57]:

Hertzens Natzerl!
Du bist ein ehrlicher Kerl und hattest Recht, das sehe ich ein; komm also diesen Nachmittag zu mir, du findest auch den Schuppanzigh und wir beide wollen Dich rüffeln, knüffeln und schütteln, daß du deine Freude daran haben sollst.

Dich küßt
Dein Beethoven
auch Mehlschöberl genannt.

Noch einmal Studien

Durch seine »phantastische« Art, Klavier zu spielen, gewiß aber auch bedingt durch das Zusammentreffen seiner interessanten und originellen künstlerischen Persönlichkeitsstruktur mit den Ansprüchen der Wiener Salonkultur fand Beethoven ziemlich rasch zur Anerkennung und damit auch zur Absicherung seiner Existenz. Dabei wollen wir aber nicht vergessen, daß die Wienreise ursprünglich nur Studienzwecken dienen sollte und durchaus an eine Rückkehr nach Bonn gedacht war. Am 18. Dezember 1792, also nur wenige Wochen nach der Abreise Beethovens aus Bonn, war sein Vater gestorben. Als dann die Kriegsereignisse und politischen Umstände im Jahre 1794 die Auflösung des Bonner Hofstaates herbeiführten, mußte sich Beethoven unversehens in der Situation eines Musikers erleben, dessen vorprogrammierte Vorstellungen von einer höfischen Musikerexistenz von der Wirklichkeit überholt worden waren.

Zunächst aber hatte sich Beethoven tatsächlich ganz auf einen Studienaufenthalt eingestellt und verfolgte auch dieses Programm. Von Anfang 1793 bis Anfang 1794 nahm er Unterricht bei Joseph Haydn. Haydn selbst war allerdings als Komponist zu sehr Autodidakt gewesen, um zur Theorie der Musik und zur Vermittlung ihrer Regeln hinreichend geeignet zu sein. Er unterrichtete nach dem

[57] ebenda, S. 129

damals weitverbreiteten und geschätzten *Gradus ad parnassum* von Joseph Fux und ließ seinen Schüler Übungen in kontrapunktischer Satzweise schreiben. Haydn und Beethoven taten sich allerdings schwer miteinander, und als Beethoven durch Johann Schenk, den Komponisten des *Dorfbarbier*, darauf aufmerksam gemacht wurde, daß Haydn seine Übungsbeispiele nicht sorgfältig genug korrigierte, nahm er bei Schenk zusätzlichen Unterricht, ohne daß dieser dafür eine Bezahlung annehmen mochte.

Als Haydn Anfang 1794 dann nach England reiste, wohin er seinen Schüler übrigens mitnehmen wollte, ging Beethoven zu Johann Georg Albrechtsberger (1736–1809), der 1790 ein Buch mit dem Titel *Gründliche Anweisung zur Komposition* veröffentlicht hatte und als Kapazität der Musiktheorie hoch geschätzt war. Der ungefähr 15 Monate dauernde Unterricht, der wiederum die verschiedenen Gattungen des Kontrapunkts zum Gegenstand hatte, verlief wohl recht gründlich und nach systematischen Gesichtspunkten. Beethoven soll seinen Lehrer einen »Musikpedanten« genannt haben[58]; umgekehrt hielt Albrechtsberger seinen Schüler für »einen exaltierten musikalischen Freigeist« und meinte später gegenüber einem Dritten[59]: *gehen Sie mit dem nicht um, der hat nichts gelernt und wird nie etwas ordentliches machen.*

Schließlich ist als Lehrer Beethovens noch Antonio Salieri (1750–1825) zu nennen, der heute fast nur noch seiner angeblichen Intrigen gegen Mozart wegen bekannt ist, als Opernkomponist jedoch zu jener Zeit in Wien hoch angesehen war. Beethoven scheint Salieri bald nach seiner Ankunft aufgesucht zu haben, um sich in der italienischen Gesangskomposition beraten zu lassen. Von geregeltem Unterricht kann dabei allerdings kaum gesprochen werden, doch hat Beethoven nachweislich bis 1802 bei Salieri Kompositionsübungen absolviert und stand bis 1809 mit ihm in Verbindung.

Beethoven war durchaus lernwillig, aber er war auch sehr eigensinnig und wahrscheinlich aus der Sicht seiner eigenen kompositorischen und künstlerischen Vorstellungen von offensichtlich skeptischer Distanz gegenüber seinen Lehrern. Ihr Urteil fiel, wie Ferdinand Ries zu berichten weiß, entsprechend aus[60]:

[58] Thayer I, S. 67
[59] Thayer I, S. 66
[60] Wegeler/Ries: *Biographische Notizen*, S. 86

Alle drei [Haydn, Albrechtsberger und Salieri] *schätzten Beethoven sehr, waren aber auch einer Meinung über sein Lernen. Jeder sagte: Beethoven sei immer so eigensinnig und selbstwollend gewesen, daß er manches durch eigene harte Erfahrung habe lernen müssen, was er früher nie als Gegenstand eines Unterrichts habe annehmen wollen. Besonders waren Albrechtsberger und Salieri dieser Meinung; die trockenen Regeln des Ersteren und die unwichtigen des Letzteren über dramatische Compositionen (nach der ehemaligen Italienischen Schule) konnten Beethoven nicht ansprechen.*

Auf dem Wege zu kompositorischer Selbständigkeit

In diesen Jahren des Lernens entstanden zugleich die ersten Kompositionen Beethovens, in denen seine künstlerische Selbständigkeit unverwechselbar und prägnant hervortrat. Beethoven war sich dabei durchaus seiner Persönlichkeit und des eigenständigen Wertes seiner Werke bewußt, und das mag ihn auch gerade gegenüber Haydn (in dessen Sicht) in gewissem Sinn überheblich und gleichzeitig argwöhnisch gemacht haben. 1795 beendete Beethoven die drei Klaviersonaten f-Moll, A-Dur und C-Dur, op. 2; er widmete sie Haydn und legte damit klar, daß er sich dem Rang und der Bedeutung dieses Komponisten als Vorbild verpflichtet fühlte. Überliefert ist allerdings auch[61]:

Haydn hatte gewünscht, daß Beethoven auf den Titel seiner ersten Werke setzen möchte »Schüler von Haydn«. Beethoven wollte dieses nicht, weil er zwar, wie er sagte, einigen Unterricht bei Haydn genommen, aber nie etwas von ihm gelernt habe.

Über den Wahrheitsgehalt dieser Überlieferung hat man sich schon viel den Kopf zerbrochen. Mag sein, daß sie in dieser pointierten Form unzutreffend ist, vor allem, wenn sie mit der Vorstellung verknüpft ist, zwischen Haydn und Beethoven habe ein im Grunde recht verdrießliches Verhältnis bestanden. Die Fakten, nämlich das nachweisbare Wohlwollen Haydns gegenüber

[61] ebenda

Titelseite der Erstausgabe der Klaviertrios op. 1

Beethoven einerseits und andererseits die durchaus aufrichtige Verehrung, die Beethoven auch späterhin gegenüber Haydn bewies, besagen eher das Gegenteil[62]. Gleichwohl bezeichnet die Anekdote etwas Richtiges: Beethoven scheint sich als Komponist keineswegs als Schüler Haydns verstanden zu haben, weshalb er auch seine Sonaten op. 2 nicht als Schülerarbeiten bezeichnet wissen wollte. Er bestand gleichsam auf dem Eigenwert seines Komponierens, wie ähnlich auch anläßlich der ersten Aufführung der drei Klaviertrios op. 1 auf einer Soiree im Palais Lichnowsky im Jahre 1794[63]:

> *Die Trios wurden gespielt und machten gleich außerordentliches Aufsehen. Auch Haydn sagte viel Schönes darüber, rieth aber Beethoven, das Dritte in C moll nicht herauszugeben. Dieses fiel Beethoven sehr auf, indem er es für das Beste hielt*

[62] Friedrich Blume: *Haydn und Beethoven – Bemerkungen zum Stand der Forschung*, in: *Kongreßbericht Bonn 1970*, S. 61 ff.
[63] Wegeler/Ries: *Biographische Notizen*, S. 85

[. . .] *Daher machte diese Aeußerung Haydns auf Beethoven einen bösen Eindruck und ließ bei ihm die Idee zurück, Haydn sei neidisch, eifersüchtig und meine es mit ihm nicht gut.*

Beethovens Selbstbewußtsein wuchs in den 90er Jahren in dem Maße, in dem er neben den erfolgreichen Auftritten als Pianist seine kompositorische Produktivität zu steigern vermochte und dabei die Erfahrung machen konnte, daß seine Werke vom Publikum äußerst günstig aufgenommen wurden. Ein Teil der Werke, die in Wien beendet und vorgestellt wurden – und dazu gehören vermutlich auch die Trios op. 1 –, war bereits in Bonn begonnen worden. Das ändert allerdings nichts daran, daß erst die neue Situation in Wien, und dann vor allem die durch die politischen Umstände erzwungene Veränderung der Lebens- und Berufsperspektive, die entscheidenden Impulse gewesen sind, die Beethovens spezifisches musikalisches Sprachvermögen freigesetzt haben.

Die Jahre bis 1800 waren außerordentlich fruchtbar, es entstanden neben den erwähnten Werken op. 1 und op. 2, die 1795–1796 im Druck erschienen, das Streichquintett in Es-Dur op. 4 und im Jahre 1796 die beiden Sonaten in F-Dur und f-Moll op. 5 für Violoncello und Klavier, die Beethoven dem König Friedrich Wilhelm II. von Preußen widmete.

Die Entstehung dieser beiden Sonaten muß im Zusammenhang mit der einzigen größeren Konzertreise gesehen werden, die Beethoven überhaupt von Wien aus unternahm. Sie führte ihn im Februar 1796, wahrscheinlich in Begleitung des Fürsten Lichnowsky, über Prag nach Berlin (vgl. Dokumente, S. 220f.), wo Beethoven dann mehrmals am Hofe spielte und dabei auch die erwähnten Sonaten op. 5 mit Pierre Duport, dem ersten Violoncellisten des Königs, uraufführte.

Der Aufenthalt in Berlin, der Beethoven die Bekanntschaft mit Karl Friedrich Zelter, Johann Friedrich Reichardt, dem Prinzen Louis Ferdinand und vielen anderen Größen des Musiklebens brachte, galt offensichtlich dem Ziel einer eventuellen Anstellung. Solche Erwartungen mochten sich darauf stützen, daß Friedrich Wilhelm II., der das Violoncello spielte, den neuen Entwicklungen in der Musik gegenüber sehr aufgeschlossen war und einen beträchtlichen Einfluß auf das Berliner Musikleben ausübte. Er veranlaßte zum Beispiel Aufführungen von Gluckschen und Mozartschen Opern und ließ in den Hofkonzerten Oratorien von Händel aufführen. Außerdem war nicht vergessen, daß er auch

Mozart nicht nur bewundert, sondern darüber hinaus an seinen Hof zu verpflichten versucht hatte. Der König starb 1797; damit dürfte Beethoven auch seine Hoffnungen, sofern er überhaupt ein Engagement in Berlin gewünscht hatte, aufgegeben haben.

Die größte Bedeutung unter den in den 90er Jahren bis 1800 komponierten Werken kommt den Klaviersonaten zu. Nach den drei Sonaten op. 2 entstand 1796/97 die Es-Dur-Sonate op. 7. Es folgten die der Gräfin Browne gewidmeten drei Sonaten op. 10 in c-Moll, F-Dur und D-Dur (1796/98), die »Sonate pathétique« in c-Moll op. 13, deren Widmungsträger der Fürst Karl von Lichnowsky ist, die beiden Sonaten in E-Dur und G-Dur, op. 14, und schließlich die 1799/1800 komponierte »Große Sonate« in B-Dur, op. 22. Die intensive Produktion von Klaviermusik und die Auseinandersetzung mit der Gattung der Klaviersonate sind vorgezeichnet; sie beruhen auf der Verbundenheit mit dem Instrument, das gleichsam Beethovens »natürliches« Ausdrucksmittel darstellte und auf dem er sich am sichersten um die Konkretisierung seiner musikalischen Ideen bemühen konnte.

Von Anfang an zeigt sich die Beethovensche Klaviersonate einem hohen Kunstanspruch verpflichtet. Ihre Adressaten sind die »Kenner«, in deren Kreis sich Beethoven damals bewegte. Gleichermaßen auf diesen Raum zugeschnitten sind die drei Sonaten für Klavier und Violine in D-Dur, A-Dur und Es-Dur op. 12, wie dann vor allem die sechs Streichquartette op. 18, die unter Benutzung früherer Entwürfe in den Jahren von 1798–1800 entstanden und dem Fürsten Lobkowitz gewidmet wurden.

Neben diesen Arbeiten beschäftigte sich Beethoven auch mit der Gesellschaftsmusik, also jenem Genre von Musik, das Unterhaltungszwecken dient. Hier sind in erster Linie die 12 Menuette WoO 7 und 12 deutschen Tänze WoO 8 zu nennen, die 1795 auf Bestellung der Gesellschaft der bildenden Künstler für deren jährlichen Ball im Redoutensaal am 22. November komponiert wurden und die dem Komponisten ein hohes Ansehen verschafften. Daneben entstand in diesen Jahren eine ganze Reihe von Werken wie beispielsweise die Serenade für Violine, Viola und Violoncello in D-Dur op. 8, die Serenade für Flöte, Violine und Viola in D-Dur op. 25 oder das Trio für zwei Oboen und Englisch Horn in C-Dur op. 87[64] von 1794 und schließlich das hochbedeu-

[64] Die hohen Opus-Zahlen erklären sich dadurch, daß diese Werke erst später veröffentlicht wurden.

Musikabend und Gesellschaft im Palais des Grafen Moriz von Fries
Radierung von J. Fischer

tende Septett in Es-Dur op. 20. Alle diese Werke zeigen eine ausgiebige und intensive Auseinandersetzung mit der Unterhaltungsmusik der damaligen Zeit. Dabei entscheidend aber ist, daß Beethoven den Typus der Divertimento-Musik, wie er auch in dem 6sätzigen Streichtrio op. 3 vorliegt, verwandelt. Was Mozart schon begonnen hatte, setzt Beethoven konsequent fort: Er unterstellt die Gattungen und Formen der Unterhaltungsmusik gehobenen kammermusikalischen und kompositorischen Ansprüchen und hebt sie damit auf die Ebene der »hohen« Musik. Im Septett op. 20 erscheint die aristokratische Gesellschaftsmusik der Vergangenheit noch einmal in verklärender Retrospektive. Eine Rolle spielt sie fortan nicht mehr, ebensowenig wie die Gattung des Streichtrios. Sie ist für Beethoven durch ihre Verwandlung in Kunstmusik insofern überflüssig geworden, als das Streichquartett dem Anspruch einer differenziert durchgestalteten Komposition adäquater erscheint.

Einen weiteren Komplex von Musik, die ein modisches Unterhaltungsbedürfnis der Zeit zufriedenstellt, bilden die zahlreichen

Klaviervariationen über damals beliebte Melodien aus Opern und Singspielen von Salieri, Grétry, Wranitzky, Paisiello, Dittersdorf, Weigl, Righini und anderen. Für uns heute sind diese Werke von zweitrangiger Bedeutung. Im 18. und frühen 19. Jahrhundert spielte die Gattung solcher Variationen allerdings eine wichtige Rolle. Sie machte die Wunschmelodien aus den populären Opern für den privaten Gebrauch verfügbar, und zugleich gab sie den Komponisten und Virtuosen Gelegenheit, ihr ganzes Repertoire an technischen Raffinessen, an Charakterisierungskunst und Phantasie, an Eleganz und Ausdrucksintensität zur Geltung zu bringen. Wenn Beethoven dieser Gattung so ausgiebig Reverenz erwies, dann nicht zuletzt deshalb, weil sie besonders geeignet war, sich ein breites Publikum zu gewinnen. In eben diesem Unkreis sind auch die 12 Variationen über *Ein Mädchen oder Weibchen* aus Mozarts *Zauberflöte* für Violoncello und Klavier op. 66 sowie das Rondo op. 51, Nr. 2 und das Rondo a capriccio in G-Dur einzuordnen. Letzteres Werk, das 1828 posthum als op. 129 veröffentlicht wurde, trägt in der Erstausgabe den heute populären Titel *Die Wuth über den verlorenen Groschen, ausgetobt in einer Caprice.* Daneben entstand eine Reihe von Liedern mit Klavierbegleitung, als deren bedeutendste das *Opferlied* WoO 126 und *Adelaide* op. 46 nach Gedichten von Friedrich von Matthison genannt seien (vgl. Dokumente, S. 223f.).

Überblickt man die Fülle der in den 90er Jahren entstandenen Kompositionen, so ergibt sich ein Bild von heterogener Vielfalt und Buntheit. Das hat häufig dazu veranlaßt, von gewissen Startschwierigkeiten im Kompositionsprogramm zu sprechen. Sieht man Beethovens Werke der 90er Jahre jedoch im Zusammenhang mit seiner keineswegs so geplanten, gleichsam freiberuflichen Situation und in Verbindung mit der Auflösung der traditionellen aristokratischen Kultur, so wird verständlich, daß ein neues und gleichsam verbindliches Kompositionsprogramm erst durch die Auseinandersetzung mit den vorgefundenen Gattungen und Funktionen, Formen, Techniken und Charakteren von Musik gewonnen werden mußte. Diese Auseinandersetzung trägt, auch wenn sie bereits, wie vor allem im Bereich der Klaviersonate und bei den Streichquartetten op. 18, zu reifen Ergebnissen führte, ausgeprägte Züge eines Experimentierens. Das dokumentieren auch die verschiedenen Umarbeitungen, wie die des 1792 entstandenen Bläseroktetts op. 103 in das Streichquintett op. 4 (1795/96) oder die des hochbedeutenden Quintetts für Klavier, Oboe, Klarinette,

Horn und Fagott in Es-Dur op. 16 von 1796 in ein Quintett für Klavier und Streicher. Gleichfalls der Umarbeitung unterzogen wurde 1798 das 1794/95 komponierte Klavierkonzert in B-Dur. Hierbei handelt es sich, nach einem Jugendkonzert in Es-Dur (1784, WoO 4), um Beethovens eigentlich erstes Klavierkonzert, das 1801 mit der Opus-Zahl 19 nach dem zwischenzeitlich entstandenen C-Dur-Konzert op. 15 als Nr. 2 veröffentlicht wurde. Wie wenig ausgereift und gültig Beethoven selbst seine beiden ersten Klavierkonzerte empfand, gab er 1801 in einem Brief an den Verlag Breitkopf & Härtel zu erkennen, wenn er darauf hinwies, daß er beide Werke nicht zu den besten seiner Arbeiten rechnete[65].

Erste öffentliche Erfolge als Komponist

Mit dem B-Dur-Konzert trat Beethoven am 29. März 1795 im Rahmen einer Akademie im Burgtheater erstmals in Wien öffentlich als Komponist auf. Er erntete den ungeteilten Beifall des Publikums. Auch an den folgenden Tagen, an denen er Mozarts d-Moll-Klavierkonzert (KV 466) mit einer eigenen Kadenz spielte und außerdem eine »große« Improvisation vortrug, wiederholte sich dieser Erfolg. Dies war der Beginn einer ganzen Reihe von öffentlichen Auftritten in den folgenden Jahren. Die Anerkennung, die Beethoven dabei zunächst als Klaviervirtuose, dann aber mehr und mehr auch als Komponist verbuchen konnte, mußte ihm die Richtigkeit seiner Entscheidungen bestätigen. Es sind Jahre der Zufriedenheit, ja sogar der Hochgestimmtheit darüber, daß es ihm gelang, in Wien Fuß zu fassen und in gewisser Weise sogar heimisch zu werden.

An so manchen Dingen wird dabei erkennbar, daß Beethoven sich in diesen Jahren zunächst durchaus auf die Forderung nach Anpassung eingelassen hat. Das verraten Äußerlichkeiten, wie etwa Kleidung und Lebensstil. Beethoven hielt in diesen Jahren sehr auf sein Äußeres, trug elegante, modische Kleidung und besaß sogar zeitweilig ein Reitpferd. Er paßte sich dem Lebensstil seiner adeligen Gönner und Freunde an, übernahm deren Allüren

[65] Brief vom 22. April 1801 an Breitkopf & Härtel, in: *Briefe,* S. 40

und entwickelte in dieser Zeit eine Art Adelsbewußtsein, eine Identifikation mit der Aristokratie, und er gab dem gewonnenen Machtgefühl durchaus auch Ausdruck:

Hol sie der Teufel, ich mag nichts von ihrer ganzen Moral wissen. Kraft ist die Moral der Menschen, die sich vor anderen auszeichnen, und sie ist kaum die meinige[66], schrieb er an Nikolaus von Zmeskall im Jahre 1798. Wenn Beethoven im Mai 1793 auf ein Stammbuchblatt das Schillersche Bekenntnis setzte: *Wohltun, wo man kann – Freiheit über alles lieben, Wahrheit nie – auch sogar am Throne nicht verleugnen!*[67] so verrät das noch die Sicht desjenigen, dem die Probleme der Bewältigung im Umgang mit den Menschen und die Absicherung der Existenz noch bevorstehen. Gut ein halbes Jahrzehnt später sieht die Welt für Beethoven anders aus. Konnte er schon 1796 an den Bruder Johann schreiben[68]: *Fürs erste geht mir's gut, recht gut. Meine Kunst erwirbt mir Freunde und Achtung, was will ich mehr,* so weiß er 1801 an den Freund Wegeler zu berichten[69]: *Meine Kompositionen tragen mir viel ein, und ich kann sagen, daß ich mehr Bestellungen habe, als fast möglich ist, daß ich befriedigen kann. Auch habe ich auf jede Sache sechs, sieben Verleger und noch mehr, wenn ich mir's angelegen lassen sein will: man akkordiert nicht mehr mit mir, ich fordere und man zahlt.*

[66] *Briefe,* S. 19
[67] Thayer II, S. 8
[68] *Briefe,* S. 16; vgl. Dokumente, S. 220f.
[69] *Briefe,* S. 39; vgl. Dokumente, S. 228ff.

Die Jahre 1800–1802 bilden in Beethovens künstlerischer Laufbahn ein sehr entscheidendes Stadium. Am 2. April 1800 fand im k.k. National-Hoftheater die erste Akademie[70] statt, die Beethoven auf eigene Kosten, aber auch auf eigenen Gewinn hin ausrichtete. Neben Werken von Haydn, dem Klavierkonzert op. 15 in C-Dur und dem Septett op. 20 stellte er seine erste Sinfonie op. 21 in C-Dur vor[71]. Dieses Werk markiert gewissermaßen den Abschluß der Lehrjahre und weist seinen Autor als Meister der Mozartschen und Haydnschen Sinfonie-Tradition aus. Im Sommer dieses Jahres 1800 entstand dann das dritte Klavierkonzert in c-Moll op. 37, das sich ebenso wie die im selben und den beiden folgenden Jahren entstandenen Klaviersonaten As-Dur op. 26, Es-Dur und cis-Moll op. 27 Nr. 1 und 2, D-Dur op. 28 und schließlich die drei Sonaten op. 31 deutlich von der Sprache der Tradition absetzt und eine neue Entwicklung signalisiert. Das gilt vielleicht nicht in dem gleichen Maße für das 1800/01 entstandene und am 28. März 1801 uraufgeführte und sehr erfolgreiche Ballett *Die Geschöpfe des Prometheus,* aber wieder für die Sonaten für Klavier und Violine op. 23, 24 und 30 (1800–1802), für die zweite Sinfonie in D-Dur op. 36 und schließlich für die beiden 1802 komponierten Variationen-Zyklen für Klavier op. 34 und 35 (letzterer bekannt als »Eroica-Variationen«; vgl. Dokumente, S. 238).

Welche Bedeutung Beethoven selbst diesen letztgenannten Werken beimaß, geht aus einem Brief vom 18. Oktober 1802 an das Verlagshaus Breitkopf & Härtel hervor[72].

> *Beide sind auf eine wirklich ganz neue Manier bearbeitet, jedes auf eine andere verschiedene Art* [. . .] *Jedes Thema ist darin für*

[70] In der Renaissance- und Barockzeit waren Akademien in Anlehnung an die klassisch-athenische Tradition Zentren des Humanismus. Man verstand darunter Gemeinschaften, die ohne Bindung an staaatliche oder kirchliche Institutionen die wissenschaftliche und künstlerische Bildung ihrer Mitglieder fördern wollten. Solche Akademien widmeten sich auch musikalischen Aufführungen, wobei bis weit ins 19. Jahrhundert hinein bei den Konzerten Berufsmusiker und Liebhaber (Dilettanten) zusammenwirkten. Das Wort Akademie steht im 18. Jahrhundert demnach oft für Konzert.

[71] Bereits Mitte der 90er Jahre hatte Beethoven die Komposition einer Sinfonie ins Auge gefaßt.

[72] *Briefe,* S. 57; vgl. Dokumente, S. 238

sich auf eine selbst vom anderen verschiedene Art behandelt. Ich höre es selbst nur von anderen sagen, wenn ich neue Ideen habe, indem ich es selbst niemals weiß. Aber diesmal muß ich Sie selbst versichern, daß die Manier in beyden Werken ganz neu von mir ist.

– *auf eine wirklich ganz neue Manier bearbeitet* bekannte Beethoven und gab damit zu verstehen, daß er die Absicht hatte, ganz bewußt musikalisches Neuland zu erobern. Das deckt sich mit dem, was er dem Bericht von Carl Czerny zufolge nach Beendigung der Klaviersonate op. 28 zu seinem Freund Krumpholz gesagt haben soll[73]: *Ich bin nur wenig zufrieden mit meinen bisherigen Arbeiten. Von heute an will ich einen neuen Weg einschlagen.*

Neue Selbsterfahrungen

Es scheint so, als habe sich Beethoven in dem Zeitraum von 1800 bis 1802 recht eigentlich erst im Zuge der geradezu eruptiv ausbrechenden Produktivität als Komponist entdeckt und diese Bestimmung auch angenommen. Doch die Entwicklung dahin verläuft keineswegs so bruchlos und konfliktlos linear, wie man aufgrund der stetig ansteigenden Erfolgskurve in den 90er Jahren des alten Jahrhunderts durchaus annehmen könnte. Vielmehr erscheint dieser entscheidende Schritt bedingt und ausgelöst durch ein persönlich hartes Geschick und damit zusammenhängend durch eine Existenz- und Ich-Erfahrung, die sich zur Krise zuspitzte, um schließlich in einer neuen Form des Sich-Selbst-Bewußt-Seins aufgehoben zu werden.

1796 bemerkte Beethoven gewisse Anzeichen von Schwerhörigkeit, die sich in den nächsten Jahren verstärkten. 1801 schließlich war er sicher, wenn nicht taub zu sein, so doch taub zu werden. Er weihte die Freunde Wegeler und Amenda, während er schon Hilfe bei den Ärzten suchte, in seinen Krankheitszustand ein (vgl.

Erste Seite des »Heiligenstädter Testaments« in der Handschrift Beethovens

[73] Thayer II, S. 70. Siehe 378f.

Für meine Brüder Carl und Beethowen

O ihr Menschen die ihr mich für Feindseelig störisch oder Misantropisch haltet oder erkläret, wie unrecht thut ihr mir, ihr wißt nicht die geheime ursache von dem, was euch so scheinet, mein Herz und mein Sinn waren von Kindheit an für das zarte gefühl des Wohlwollens, selbst große Handlungen zu verrichten dazu war ich immer aufgelegt, aber bedenket nur daß seit 6 Jahren ein heilloser Zustand mich befallen, durch unvernünftige Ärzte verschlimmert, von Jahr zu Jahr in der Hofnung gebessert zu werden, betrogen, endlich zu dem überblick eines daurenden übels (dessen Heilung vieleicht Jahre dauren oder gar unmöglich ist) gezwungen, mit einem feurigen Lebhaften Temperamente gebohren selbst empfänglich für die Zerstreuungen der Gesellschaft, muste ich früh mich absondern, einsam mein Leben zubringen, wollte ich auch zuweilen mich einmal über alles das hinausßezen, o wie hart wurde ich dan durch die verdoppelte traurige Erfahrung meines schlechten Gehör's dann zurückgestoßen, und doch war's mir noch nicht möglich den Menschen zu sagen: sprecht lauter, schreyt, denn ich bin Taub, ach wie wär es möglich daß ich dann die Schwäche eines Sinnes angeben sollte, der bey mir in einem vollkommenern Grade als bey andern seyn sollte, einen Sinn denn ich einst in der grösten Vollkommenheit besaß, in einer Vollkommenheit, wie ihn wenige von meinem Fache gewiß haben noch gehabt haben – o ich kann es nicht, drum verzeiht, wenn ihr mich da zurückweichen sehen werdet, wo ich mich gerne unter euch mischte, doppelt wehe thut mir mein unglück, indem ich dabey verkannt werden muß, für mich darf Erholung in Menschlicher Gesellschaft, feinere unterredungen, wechselseitige ergießungen nicht statt haben, ganz allein fast nur so viel als es die höchste Nothwendigkeit fodert, darf ich mich in gesellschaft einlassen, wie ein Verbannter muß ich leben, nahe ich mich einer Gesellschaft, so überfällt mich eine heiße Ängstlichkeit, indem ich befürchte in Gefahr gesezt zu werden, meinen Zustand merken zu laßen – so war es denn auch dieses halbe Jahr, was ich auf dem Lande zubrachte, von meinem Vernünftigen Arzte aufgefordert, so viel als möglich mein Gehör zu schonen, kam er fast meiner jezigen natürlichen Disposition entgegen, obschon, vom Triebe zur Gesellschaft manchmal hingerissen, ich mich dazu verleiten ließ, aber welche Demüthigung wenn jemand neben mir stund und von weitem eine Flöte hörte und ich nichts hörte, oder jemand den Hirten Singen hörte, und ich auch nichts hörte,

Dokumente, S. 225ff.) und steigerte sich in dieser Zeit in eine seelische Verzweiflung, die endlich im Jahre 1802 zu einer von Resignation und Panik gezeichneten Situation führte, in der er dann jenes Dokument niederschrieb, das, an seine Brüder gerichtet, als »Heiligenstädter Testament« berühmt geworden ist (vgl. Dokumente, S. 234ff.).

Dieses Dokument datiert vom 6. und 10. Oktober 1802, wurde in Heiligenstadt bei Wien verfaßt und fand sich nach Beethovens Tod unter seinen Papieren. Es handelt sich bei dem Text um eine offene Selbstäußerung und Rechtfertigung der Leidenssituation, für die als Grund die Ertaubung genannt wird. Als Konsequenz programmierte Beethoven für sich den Abschied von der Welt, was insofern eine auffällige Paradoxie darstellt, als er zur gleichen Zeit – äußerlich gesehen – eine Phase des Erfolgs, des geselligen Umgangs und sogar recht zuversichtlicher Initiativen zu einer Veränderung seiner Existenzform durchlebte.

1801 kam der Bonner Jugendfreund Stephan Breuning nach Wien, ein Jahr später Anton Reicha. Alte Freundschaften wurden erneuert, und neue kamen hinzu. Ferdinand Ries, der Sohn des Bonner Familienfreundes, wurde zu dieser Zeit sein Schüler und in der Folgezeit zum hilfreichen Freund. Bereits ins Jahr 1800 fielen die wichtigen Bekanntschaften mit den Familien Brunswick und Guicciardi. Über den Klavierunterricht hinaus, den er Josephine und Therese Brunswick und deren Cousine Giulietta Guicciardi gab, empfand Beethoven eine freundschaftliche Verbundenheit, die dazu führte, daß er häufig Gast dieser Familien war. Giulietta Guicciardi, der er dann die cis-Moll-Klaviersonate op. 27 Nr. 2 widmet, löste bei ihm tiefe Empfindungen aus und trug, wie er am 16. November 1801 Wegeler gegenüber bekannte, beträchtlich zur Veränderung seines misanthropischen Befindens bei; er nannte sie

> *ein liebes, zauberisches Mädchen* [. . .], *die mich liebt und die ich liebe; es sind seit zwei Jahren wieder einige selige Augenblicke, und es ist das erstemal, daß ich fühle, daß Heiraten glücklich machen könnte; leider ist sie nicht von meinem Stande – und jetzt – könnte ich nun freilich nicht heiraten; – ich muß mich nun noch wacker herumtummeln*[74].

Zwei Jahre später, 1803, heiratete Giulietta Guicciardi den Grafen Gallenberg, der als Komponist modischer Ballette zeitweilig recht

[74] *Briefe,* S. 48; vgl. Dokumente, S. 232ff.

erfolgreich war. Mag sein, daß Beethoven die Unerfüllbarkeit des Heiratswunsches bedrückte, doch resignierend und niedergedrückt klingt seine Mitteilung an Wegeler nicht. Ja umgekehrt, sie wird vom Willen zum Leben diktiert und erscheint durchaus im Lichte einer zuversichtlichen und starken Zukunftsperspektive. Im selben Brief von 1801 an Wegeler heißt es: *Für mich gibt es kein größeres Vergnügen, als meine Kunst zu treiben und zu zeigen* und *Jeden Tag gelange ich mehr zu dem Ziel, was ich fühle, aber nicht beschreiben kann. Nur hierin kann Dein Beethoven leben. Nichts von Ruhe!* und schließlich *O es ist so schön, das Leben, tausendmal leben!* Was hier programmiert wird, nämlich ein neues Leben, das wird schließlich zehn Monate später durch die extreme Leiderfahrung und Abrechnung mit dem eigenen Leiden zur unmittelbar bevorstehenden Realität – allerdings in einem ganz anderen Sinn.

Man kann annehmen, daß Beethoven unmittelbar vor der Niederschrift des »Heiligenstädter Testaments« das Trauma seiner Ertaubung durchlebte und damit zugleich bewältigte. Es ist auffallend, daß der objektive Befund seines Gehörleidens seiner subjektiven Einschätzung nicht entsprach. Noch auf Jahre hinaus hörte Beethoven durchaus gut. Ab 1812 nahm dann die Taubheit rapide zu, so daß es schwierig wurde, mit ihm zu sprechen, und *erst um das Jahr 1817 wurde die Taubheit so stark, daß er auch die Musik nicht mehr vernehmen konnte*[75]. Als Hilfsmittel benutzte Beethoven zunächst ein Hörrohr, ab 1818 führte er schließlich die sogenannten Konversationshefte[76] bei sich, in die seine Freunde und Besucher ihren Gesprächsanteil notierten. Außerdem ist bemerkenswert, daß Beethoven nach der Abfassung seines Testaments bis in die Jahre um 1810 hinein auf sein Gehörleiden so gut wie nicht mehr zu sprechen kam, auch wenn ganz offensichtlich die durchaus fortdauernden Gefühle von Einsamkeit und Resignation damit in

[75] Thayer IV, S. 74

[76] Ab Februar 1818 führte Beethoven Konversationshefte. Freunde und Bekannte schrieben ihren Gesprächsteil in Hefte, die Beethoven bei sich trug, um unter Verwendung dieses Hilfsmittels Konversationen führen zu können. In der Regel enthalten diese Hefte Beethovens Äußerungen nicht. Er hat sie allerdings häufig auch dazu benutzt, um Notizen zu machen oder Gedanken niederzuschreiben und festzuhalten. Sie bilden eine einzigartige Quellengattung. Nach Beethovens Tod gelangten etwa 400 Hefte in den Besitz von Anton Schindler. Leider hat dieser eine erhebliche Anzahl beseitigt. Nur 137 Hefte verkaufte er 1846 an die königliche Bibliothek in Berlin. Heute sind sie im Besitz der Deutschen Staatsbibliothek Berlin (Ost). Der Zeilensprung ist in den Zitaten durch Schrägstriche angegeben. In ⟨ ⟩ stehen Texte, die im Original ausgestrichen sind.

Verbindung stehen. Für seine Kunst bedeutete die Ertaubung fortan keine Einbuße: *Eben so wie du dich hier in den Strudel der Gesellschaft stürzest, eben so möglich ist's, Opern trotz allen gesellschaftlichen Hindernissen zu schreiben – kein Geheimnis sey dein Nichthören mehr – auch bey der Kunst*[77], notierte er 1806 zwischen den Skizzen zu dem Streichquartett op. 59 Nr. 3. So liegt tatsächlich die Annahme nahe, daß das »Heiligenstädter Testament« ein Zeugnis des Hinüberwechselns in ein neues Leben ist, in dessen Mittelpunkt eine neue Kunst steht. Neu aber ist diese Kunst nicht nur in ihren kompositionstechnischen Dimensionen. Deren Ausprägung steht vielmehr in einem kausalen Zusammenhang mit der Ausbildung und Ausformung eines neuen Verständnisses von Kunst. Schon 1801 hatte Beethoven an Wegeler geschrieben: [...] *meine Kunst* [soll] *sich nur zum Besten der Armen zeigen*[78]. In der Folgezeit schließlich wird immer offensichtlicher, daß dieses »neue« Denken und Komponieren nach einer »wirklich ganz neuen Manier« getragen wird von der Zielperspektive einer Welterneuerung, die Beethoven im Lichte der aufklärerischen Ideale und der ethisch humanen Postulate sieht.

Neue Lösungen – Kunst und Öffentlichkeit

In den 90er Jahren hatte Beethoven die idealistische und politische Dimension seines Denkens, zu der in Bonn der Grund gelegt worden war, gleichsam verdrängt – notgedrungen beiseitegeschoben; denn da galt alle Anstrengung zunächst der Erprobung und Durchsetzung der eigenen Fähigkeiten und der existentiellen Sicherung. In den ersten Jahren des neuen Jahrhunderts wird diese Dimension wieder – und jetzt neu – entdeckt, und sie wird zur Leitlinie einer sich mächtig entfaltenden Produktivität, deren Adressat nicht mehr primär das Publikum des privaten Salons, sondern vor allem die Öffentlichkeit ist.

Wie sehr Beethoven dabei politisch-ideologisch dachte, das geht schon aus einigen Werk-Widmungen hervor. Widmungen dienten Beethoven vorrangig dazu, Dankbarkeit oder auch Freundschaft

[77] Gustav Nottebohm, *Zweite Beethoveniana* Leipzig 1887, S. 89
[78] Brief vom 29. Juni 1801 an Wegeler, in: *Briefe,* S. 39; vgl. Dokumente, S. 228 ff.

gegenüber seinen Gönnern und Förderern zu bezeugen oder sich finanzielle Einkünfte zu erschließen. Die Widmungen der Klaviersonate op. 28 an den jüdischen Aufklärer und ehemaligen Ratgeber Josephs II., an Joseph von Sonnenfels, und dann der Sonaten für Klavier und Violine op. 30 an den jungen Zar Alexander I., der in dieser Zeit durch soziale Reformprogramme von sich reden machte, scheinen anders motiviert. Sie bekunden ein politisches, der Aufklärung verpflichtetes Bekenntnis und signalisieren dergestalt das Bedürfnis, sich aus der Umarmung der habsburgischen Aristokratie, der Beethoven seine Karriere zu danken hatte und in der er gleichsam heimisch geworden war, zu lösen.

Das entscheidende Ereignis auf diesem Wege, freilich nicht ohne paradoxe Züge, ist der Entwurf einer Bonaparte-Sinfonie im Jahre 1803. Ihre Entstehung fällt – unter kompositionsstilistischen Gesichtspunkten betrachtet – mit der Öffnung Beethovens gegenüber der zeitgenössischen französischen Musik zusammen. Kompositionen von Grétry, Kreutzer, Méhul und vor allem Cherubini waren für ihn Quelle zu neuen tonsprachlichen Erprobungen, die in Verbindung mit den »klassischen« Mitteln und Formmodellen den sogenannten »heroischen« Stil der folgenden Jahre bis 1813/14 begründen. Vielleicht hängt diese Wendung auch damit zusammen, daß Beethoven seine Existenzform in Wien nicht mehr weiter akzeptieren mochte und sich mit Plänen trug, nach Paris zu gehen und sich dort niederzulassen. Am 6. August 1803 schrieb sein Schüler Ferdinand Ries an Simrock in Bonn[79]: *Beethoven wird nun höchstens noch 1½ Jahre hier bleiben. Er geht dann nach Paris, welches mir außerordentlich leid ist.*

Es ist allerdings auch denkbar, daß Beethoven diesen Plan eines Wechsels nach Paris nur zum Schein erwog und daß es ihm im Innern darum ging, für seine Stellung in Wien und für seine künstlerischen Aufgaben neue Perspektiven zu gewinnen. Allerdings mußte seine Haltung zunächst einen Affront gegen Wien darstellen. Es ist nämlich zu berücksichtigen, daß sich Österreich, seit langem der Erzfeind Frankreichs, durch die Niederlagen in den Auseinandersetzungen und Kriegen mit Napoleon tief gedemütigt fühlte, und daß es aus der Sicht patriotischer Gesinnung geradezu unmöglich erschien, mit Frankreich zu sympathisieren. Zunächst hatte sich Beethoven, indem er in den 90er Jahren einige patriotische Kriegsgesänge komponierte, durchaus konform verhalten,

[79] Erich Müller: *Beethoven und Simrock,* in: *Simrock-Jahrbuch* 2/1929, S. 24

und es gab nichts, was auf eine besondere Verehrung Napoleons hingewiesen hätte. Immerhin hatte Beethoven nach 1802 Napoleon vorgeworfen, mit dem Papst das Konkordat über die katholische Religionsausübung in Frankreich geschlossen zu haben[80]. Seine Wendung und Öffnung gegenüber Frankreich und schließlich der Plan einer Bonaparte-Sinfonie mußten dann allerdings in den Augen der Wiener, vor allem des patriotischen Adels, als provokativer Akt erscheinen. Daß es letztlich nicht zur offenen Provokation kam, ist dem Entschluß Beethovens zu danken, den ursprünglichen Titel der 3. Sinfonie, nämlich: *Sinfonia Grande / Intitulata Bonaparte,* zu verwerfen und zu ersetzen durch: *Sinfonia Eroica composta per festeggiare il sovvenire di un grand' uomo.* Ferdinand Ries hat diese Titeländerung Beethovens überliefert und sogleich damit eine Legende in die Beethoven-Rezeption gebracht, die das Bild von Beethoven als Tyrannenhasser nachhaltig geprägt hat[81]:

> *Bei dieser Symphonie hatte Beethoven sich Buonaparte gedacht, aber diesen, als er noch erster Consul war. Beethoven schätzte ihn damals außerordentlich hoch und verglich ihn den größten römischen Consuln. Sowohl ich, als Mehrere seiner näheren Freunde haben diese Symphonie schon in Partitur abgeschrieben, auf seinem Tisch liegen gesehen, wo ganz oben auf dem Titelblatt das Wort »Buonaparte«, und ganz unten »Luigi van Beethoven« stand, aber kein Wort mehr. Ob und womit die Lücke hat ausgefüllt werden sollen, weiß ich nicht. Ich war der erste, der ihm die Nachricht brachte, Buonaparte habe sich zum Kaiser erklärt, worauf er in Wuth gerieth und ausrief: »Ist der auch nichts anders, wie ein gewöhnlicher Mensch! Nun wird er auch alle Menschenrechte mit Füßen treten, nur seinem Ehrgeize frönen; er wird sich nun höher, wie*

[80] Brief vom 8. April 1802 an den Verleger Franz Anton Hoffmeister, als dieser ihn aufforderte, eine Revolutionssonate zu komponieren: *Reit Euch denn der Teufel insgesamt meine Herren – mir vorzuschlagen eine solche Sonate zu machen? – Zur Zeit des Revolutionsfiebers – nun da wäre das so etwas gewesen, aber jetzt da sich alles wieder ins alte Geleis zu schieben sucht, Bonaparte mit dem Papste das Konkordat geschlossen – so eine Sonate? – Wär's noch eine Missa pro Sancta Maria à tre voci oder eine Vesper usw. – nun da wollt ich gleich den Pinsel in die Hand nehmen und mit großen Pfundnoten ein Credo in unum hinschreiben, – aber du lieber Gott eine solche Sonate zu diesen neu angehenden christlichen Zeiten – hoho! – da laßt mich aus, da wird nichts draus.* In: *Briefe,* S. 50f.

[81] Wegeler/Ries: *Biographische Notizen,* S. 78

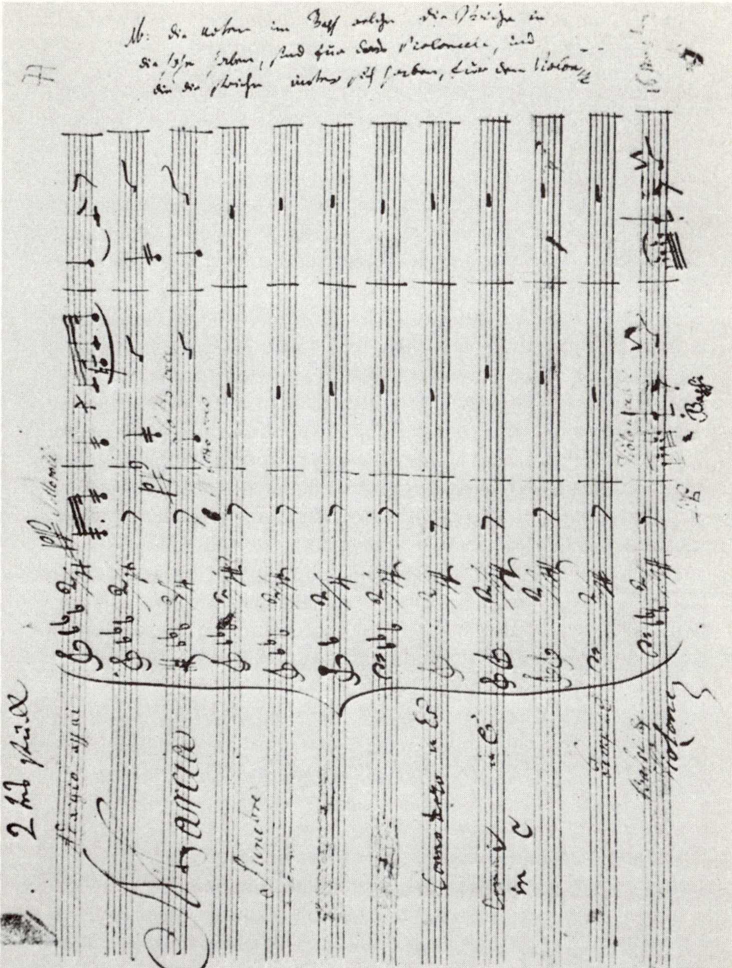

Anfang des II. Satzes der 3. Sinfonie
Abschrift mit Eintragungen von Beethovens Hand

alle Andern stellen, ein Tyrann werden!« Beethoven ging an den Tisch, faßte das Titelblatt oben an, riß es ganz durch und warf es auf die Erde. Die erste Seite wurde neu geschrieben und nun erst erhält die Symphonie den Titel: »Sinfonia eroica«.

Beethovens Verhältnis zu Napoleon war wahrscheinlich aber doch etwas komplizierter, als es der Bericht von Ries, der im Kern gewiß zutreffend ist, nahelegt. Immerhin heißt es in einem Brief vom 26. August 1804 noch: *Die Symphonie ist eigentlich betitelt Bonaparte*[82]. Es besteht kein Zweifel, daß die Bewunderung Beethovens für Bonaparte echt war. Das ist allerdings zu jener Zeit nichts Besonderes. Wir wissen, wie faszinierend die Gestalt Napoleons gerade auf die Intellektuellen wirkte, welche Verstörtheit allerdings unter diesen dann ausbrach, als sich Napoleon zum Kaiser krönte und in der Folge alle Hoffnungen in Europa auf eine Entwicklung zu republikanischen Verhältnissen nach dem Muster Frankreichs zunichte machte. Zu bedenken aber bleibt, daß die Hochschätzung Napoleons bei Beethoven tatsächlich wohl erst im Jahre 1803 einsetzte und daß zu diesem Zeitpunkt seine Huldigung in Wien als provokatorischer Akt verstanden werden mußte. So gesehen bedeutete das Bonaparte-Programm für Beethoven im Zusammenhang mit seinem »Heiligenstädter Testament« nichts anderes als eine Ab- und Loslösung von seinen an die Aristokratie gebundenen Lebensverhältnissen der 90er Jahre, wobei dann die Auslöschung des Bonaparte-Titels wiederum die Distanzierung zur realpolitischen Macht und Führung unter Beweis stellt.

Beethoven bleibt in Wien

Die damit verbundene Konsequenz war für Beethoven eine doppelte: erstens gab ihm die Absetzung von Napoleon die Möglichkeit, in Wien zu bleiben und sich als Künstler dem mächtig anwachsenden Patriotismus partiell zur Verfügung zu stellen. Darüber hinaus aber schaffte sich Beethoven durch die zweifache Ablösung von der Autorität politischer Mächte einen »neuen Freiraum« zu gleichsam eigenen heldischen Projektionen im

[82] *Briefe*, S. 82

Bereich des Ästhetischen. Diese Projektionen halten sich frei von allen Ansprüchen und Interessen realpolitischer Mächte. Vielmehr begegnete Beethoven solchen Ansprüchen mit seinem eigenen ästhetisch-idealistischen Programm einer humanen Welterneuerung. In der Tat scheint es so, als sei damit auch eine Entscheidung gegen jede Inanspruchnahme durch bestimmte realpolitische Interessen getroffen. Das heißt: die Kunst behauptet ihren eigenen Raum und ihr eigenes Interesse. Darauf deuten merkwürdig widersprüchliche Beispiele in seinem Verhalten hin. So galt Beethoven in den folgenden Jahren als erklärter Franzosenfeind, was unter anderen Lichnowsky zu spüren bekam, als er Beethoven aufforderte, vor französischen Offizieren zu spielen: dieser lehnte entschieden ab. Andererseits empfing Beethoven 1809 den Baron de Trémont, ein Mitglied des französischen Staatsrats, und gab ihm zu erkennen, daß er Napoleon durchaus bewunderte und sich glücklich schätzte, von ihm empfangen zu werden.

Noch interessanter ist, daß Beethoven im selben Jahr 1809 von Jérôme Bonaparte, dem Bruder Napoleons, das Angebot erhielt, an seinem Hofe in Kassel eine außerordentlich gut bezahlte Kapellmeisterstelle einzunehmen. Beethoven war durchaus willens, diesem Ruf zu folgen. Als er dann allerdings merkte, daß ihn seine aristokratischen Gönner und Freunde in Wien halten und sich dies sogar etwas kosten lassen wollten, nutzte er das Angebot aus Kassel als Druckmittel und handelte sich eine jährliche Rente in Höhe von 4000 Gulden aus, die ihm Erzherzog Rudolph, Fürst Lobkowitz und Fürst Kinsky zu seiner Existenzsicherung so lange zahlen wollten, bis er eine ebenso gut dotierte Anstellung in Wien fände.

Das Entscheidende an dem Vertrag (vgl. Dokumente, S. 254f.), der am 1. März 1809 unterzeichnet wurde, ist, daß Beethoven zu keinerlei Gegenleistung verpflichtet wurde und als Bedingung lediglich akzeptierte, in Wien zu bleiben. Diese Vereinbarung bezeichnet in der Tat in der Geschichte der sozialen Stellung des Künstlers eine interessante Übergangssituation: formal folgt sie noch den Gepflogenheiten des feudalen Mäzenatentums, mit denen Beethoven groß geworden war; inhaltlich aber hat sie mit dem alten Mäzenatentum nichts mehr gemein: Beethoven verfaßte selbst den Text und war aufs genaueste darauf bedacht, seine souveräne Unabhängigkeit gewahrt zu wissen.

Beethovens selbsttätige Befreiungsaktion durch das »Heiligenstädter Testament« im Oktober 1802 sowie die darauf folgende

Auseinandersetzung mit der »Eroica«-Thematik und die damit verbundene Ausprägung eines neuen Künstlerverständnisses setzten starke Schaffensimpulse frei; und beinahe alle Werke, die bis 1812 entstanden, weisen dabei überragende Qualität auf. Im Frühjahr 1803 entstand das Oratorium *Christus am Ölberg* op. 85. Darauf begann Beethoven mit der Arbeit an der »Eroica«-Sinfonie. Daneben beendete er die Sonate für Violine und Klavier op. 47 (»Kreutzer-Sonate«), die er selbst zusammen mit dem Geiger George August Polgreen Bridgetower im Mai 1803 uraufführte. Die 3. Sinfonie wurde erstmals im Palais des Fürsten Lobkowitz, dem das Werk auch gewidmet ist, aufgeführt. Die erste öffentliche Aufführung fand dann am 7. April 1805 im Theater an der Wien statt. Beethoven selbst dirigierte. Ein Erfolg allerdings war die Aufführung nicht. Das Publikum war ratlos, und die Kritik verhielt sich ablehnend. Man empfand das Neue und das Abweichende von der tradierten Sinfoniegattung. So hieß es in der *Allgemeinen Musikalischen Zeitung*[83]:

> *Eine ganz neue Sinfonie Beethovens* [...] *ist in einem ganz anderen Stil geschrieben. Diese lange, für die Ausführung äußerst schwierige Komposition ist eigentlich eine sehr weit ausgeführte kühne und wilde Phantasie.*

Welches Selbstbewußtsein Beethoven dagegenzusetzen hatte, verrät seine spätere Antwort an den Verlag der Zeitung[84]: *Wenn Sie glauben, daß Sie mir damit schaden, so irren Sie sich; vielmehr bringen Sie Ihre Zeitung durch so etwas in Mißkredit.*

Wachsende Popularität

Die anfängliche Ablehnung des »neuen Stils« verhinderte nicht, daß Beethovens Popularität in den folgenden Jahren außerordentlich anstieg. Er selbst gab jetzt regelmäßig erfolgreiche Orchesterkonzerte und konnte erleben, wie seine Werke immer häufiger in öffentlichen Konzerten aufgeführt wurden. Die nächste große Arbeit nach Abschluß der »Eroica«-Sinfonie war die Oper *Fidelio,*

[83] Leipziger *Allgemeine Musikalische Zeitung,* 1805, Sp. 321
[84] Brief vom 5. Juli 1806 an Breitkopf & Härtel, in: *Briefe,* S. 92

deren französisches Libretto, das Josef Sonnleithner ins Deutsche übertrug, von Jean Nicolas Bouilly stammte. Daneben entstanden in dieser Zeit die beiden großen Klaviersonaten in C-Dur op. 53 und f-Moll op. 57. Die ersten Aufführungen des *Fidelio* fanden dann am 20., 21. und 22. November 1805 im Theater an der Wien statt.

Die Begleitumstände waren denkbar schlecht. Napoleon residierte in Schönbrunn, französische Soldaten hielten die Stadt besetzt, und vor überwiegend französischen Armeeangehörigen fand dann auch die erste *Fidelio*-Aufführung statt. Sie war ein Mißerfolg. Auf Anraten der Freunde, vor allem Stephan von Breunings, kürzte und veränderte Beethoven die Partitur. Am 29. März 1806 kam es dann zur Aufführung der veränderten Fassung. Das Publikum schien jetzt gewogener, doch Beethoven geriet bald darauf mit dem Theaterleiter, Baron Braun, in Streit und zog kurz entschlossen sein Werk zurück. Erst 1814 sollte dann jene Wiederbelebung des erneut umgearbeiteten Werkes erfolgen, die der Oper den dauernden Erfolg sicherte.

Unstete Verhältnisse

Das vielleicht ergiebigste Schaffensjahr Beethovens ist das Jahr 1806. Für Klavier schrieb er die c-Moll-Variationen WoO 80, außerdem das Klavierkonzert in G-Dur op. 58, das Violinkonzert in D-Dur op. 61, die 4. Sinfonie in B-Dur op. 60 und schließlich die drei Streichquartette op. 59, die nach ihrem russischen Widmungsträger benannten »Rasumowsky-Quartette«, denen die Korrespondenz der *Allgemeinen Musikalischen Zeitung* am 27. Februar 1807 bescheinigte[85]: *Sie sind tief gedacht und trefflich gearbeitet, aber nicht allgemein faßlich.*

In den beiden folgenden Jahren 1807 und 1808 entstanden dann die *Coriolan*-Ouvertüre op. 62, die *Leonoren*-Ouvertüre Nr. 1, die C-Dur-Messe op. 86 und schließlich die 5. Sinfonie in c-Moll op. 67, die im Frühjahr 1808 fertiggestellt wurde. Unmittelbar anschließend begab sich Beethoven an die Fertigstellung der 6. Sinfonie, der »Pastorale«, in F-Dur op. 68. Die beiden Sinfo-

[85] zitiert nach Thayer II, S. 536

Die Takte 129–131 aus dem II. Satz
der 6. Sinfonie

nien wurden am 22. Dezember 1808 uraufgeführt – zusammen mit der Arie *Ah perfido* op. 65, einigen Sätzen aus der C-Dur-Messe und der Fantasie für Klavier, Chor und Orchester op. 80, deren Klavierpart Beethoven, da das Werk nicht fertig geworden war, bei dieser Aufführung improvisierte. Die Akademie im Theater an der Wien dauerte vier Stunden und stellte wegen der Kälte selbst die wohlwollendsten Beethovenfreunde auf eine harte Probe. Der Erfolg war gering.

Im Anschluß an diese sinfonischen Werke beschäftigte sich Beethoven dann vornehmlich mit Kammermusik und einigen Liedkompositionen. Noch ins Jahr 1808 fällt die Entstehung der Violin-Sonate in A-Dur op. 69. 1809 folgten die Klaviertrios in D-Dur und Es-Dur op. 70, das Streichquartett in Es-Dur op. 74 und die drei Klaviersonaten op. 78, 79 und 81a. Wir sehen, Beethoven wendete sich verstärkt wieder der Auseinandersetzung mit dem Klavier zu. Ein Höhepunkt dieser Auseinandersetzung ist das Klavierkonzert in Es-Dur op. 73, das unter den Eindrücken der Belagerung und schließlichen Besetzung Wiens durch die Franzosen entstand und in seinen apotheotischen Charakterelementen, aber auch in der monologischen Verinnerlichung des Mittelsatzes seine Entstehungszeit durchaus erkennen läßt. Danach nimmt die Schaffensfülle ab. Im Sommer 1810 entstand das Streichquartett in f-Moll op. 95, das dem Freund Zmeskall gewidmet wurde; außerdem arbeitete Beethoven am Klaviertrio in B-Dur op. 97, das er 1811 abschloß und dem Erzherzog Rudolph dedizierte, daneben entstanden mehrere Kompositionen zu Bühnenwerken, so die Musik zu Goethes *Egmont* op. 84, zu Kotzebues *Ruinen von Athen* op. 113 und zu *König Stephan* op. 117 aus Anlaß der Eröffnung des kaiserlichen Theaters in Pest. Gegen Ende des Jahres 1811 arbeitete Beethoven dann wieder an zwei Sinfonien. Im Mai des folgenden Jahres 1812 lag die 7. Sinfonie op. 92 abgeschlossen vor, im Oktober beendete er die 8. Sinfonie op. 93. Im selben Jahr komponierte Beethoven seine letzte Violin-Sonate in G-Dur op. 96. Sie wurde aber wahrscheinlich erst drei Jahre später nach einer Umarbeitung endgültig niedergeschrieben.

Die Jahre von 1804 bis 1812 stehen insgesamt wieder im Zeichen einer bewundernswerten Produktivität und stetig wachsender Erfolge. Diese Entwicklung läuft in etwa parallel mit einer Stabilisierung der Lebens- und Existenzverhältnisse. So wußte Beethoven seine Kontakte zu Mitgliedern des Adels zu erweitern, ohne dabei in irgendeine Form von Abhängigkeit zu geraten. Zu den wichtigsten Förderern während dieser Jahre gehören der Fürst Lobkowitz und der zaristische Gesandte in Wien, Graf Rasumowsky, in dessen Haus Beethoven über viele Jahre hinweg »Hahn im Korbe« war und der das neue Quartett von Ignaz Schuppanzigh unterhielt. Außerdem sind zu nennen Franz von Oppersdorff und schließlich der junge Erzherzog Rudolph, der vermutlich schon im Jahre 1803 als Klavierschüler zu Beethoven gekommen war und später von ihm auch Theorieunterricht erhielt.

Dieser Erzherzog Rudolph ist eigentlich die einzige Person des kaiserlichen Hofes, die sich an Beethoven interessiert zeigte und die für Beethoven in all den folgenden Jahren bis zu seinem Tod eine wichtige Bezugsperson darstellte. Nicht uninteressant für Beethovens ganz aus den eigenen Normvorstellungen hervorgehenden Umgang mit hochgestellten Persönlichkeiten ist die Anekdote, die Ferdinand Ries mitteilt[86]:

> *Etiquette, und was dazu gehört, hatte Beethoven nie gekannt, und wollte sie auch nie kennen. So brachte er durch sein Betragen die Umgebung des Erzherzogs Rudolph, als Beethoven anfänglich zu diesem kam, gar oft in große Verlegenheit. Man wollte ihn nun mit Gewalt belehren, welche Rücksichten er zu beobachten habe. Dieses war ihm jedoch unerträglich. Er versprach zwar, sich zu bessern, aber – dabei blieb's. Endlich drängte er sich eines Tages, als man ihn, wie er es nannte, wieder hofmeisterte, höchst ärgerlich zum Erzherzoge, erklärte grade heraus, er habe gewiß alle mögliche Ehrfurcht für seine Person, allein die strenge Beobachtung aller Vorschriften, die man ihm täglich gäbe, sei nicht seine Sache. Der Erzherzog lachte gutmüthig über den Vorfall und befahl, man solle Beethoven nur seinen Weg ungestört gehen lassen; er sei nun einmal so.*

Obgleich sich Beethoven im Grunde großer Anerkennung und Erfolge erfreute, scheint er doch nicht durchweg zufrieden gewesen zu sein. Im Herbst 1806, also in jenem Jahr, da er in einem wahren Schaffensrausch begriffen war, bemerkte Stephan von Breuning in einem Brief[87]: *Seine Gemüthsstimmung ist meistens sehr melancholisch.*

[86] Wegeler/Ries: *Biographische Notizen,* S. 111f.

[87] Franz Wegeler und Ferdinand Ries: *Biographische Notizen über Beethoven, Nachtrag.* Zitiert nach Solomon, S. 174

Melancholie gehörte durchaus zur Grundbefindlichkeit Beethovens. Es gibt allerdings zusätzliche Anlässe für Verstimmungen. So heiratete sein Bruder Caspar Karl am 25. Mai 1806 Johanna Reiss, was bei Beethoven aufgrund ihres in seinen Augen moralisch fragwürdigen Lebenswandels auf heftige Ablehnung stieß. Am 24. September desselben Jahres wurde der Neffe Karl geboren. Damit entstand eine Familienkonstellation, die später nach dem Tod des Bruders im Jahre 1815 zu schwerwiegenden Konflikten führen sollte.

Sorge aber bereitete Beethoven auch, daß seinen Bemühungen um eine feste Anstellung kein Erfolg beschieden war.

Als zu Beginn des Jahres 1807 ein neues Direktorium die Leitung des königlich-kaiserlichen Hoftheaters übernahm, glaubte er sich zu sicheren Erwartungen auf eine Position berechtigt und richtete ein Bewerbungsgesuch (vgl. Dokumente, S. 248ff.) an dieses neue Direktorium, dem unter anderen Lobkowitz und Esterházy angehörten. Er machte dabei das Angebot, gegen ein festes Gehalt jährlich eine neue Oper zu schreiben. Seine Hoffnungen erfüllten sich nicht, und das Maß seines Ärgers erreichte schließlich die Grenze des Erträglichen, als die erste Aufführung der C-Dur-Messe am Esterházyschen Hofe in Eisenstadt ein Mißerfolg wurde. Wiederum trug er sich mit Absichten, Wien zu verlassen. Eine Besserung seiner Lage trat dann ein, als die Einladung von Jérôme Bonaparte nach Kassel dazu führte, daß, wie bereits erwähnt, der Erzherzog Rudolph und die Fürsten Lobkowitz und Kinsky ihm eine Rente aussetzten, die ihm eine sichere Existenz gewährleistete. Wie wichtig für Beethoven die Klärung seiner existentiellen Sicherung war, ersehen wir daraus, daß sich seine Stimmung sofort besserte und er nun daran dachte, seine Lebensverhältnisse im Sinne einer Familiengründung endgültig zu stabilisieren. An den Baron Ignaz von Gleichenstein, der maßgeblich am Zustandekommen des Vertrages beteiligt war, schrieb er[88]: *Nun kannst Du mir helfen eine Frau suchen; wenn Du dort in Freiburg eine schöne findest, die vielleicht meinen Harmonien einen Seufzer schenkt.*

Der Wunsch Beethovens, eine Frau zu finden, ging allerdings ebenso wenig in Erfüllung wie die Hoffnung auf eine dauerhaft ruhige Lage. Das ganze erste Jahrzehnt schon hatte Napoleon die europäischen Staaten in Aufregung und Bewegung gehalten; und irgendwann in diesen Jahren mußte jeder Bürger in Europa einmal

[88] Brief vom 18. März 1809, in: *Briefe*, S. 134

damit rechnen, unmittelbar von dem Machtbedürfnis des französischen Kaisers und seinen Kriegen berührt zu werden. Bis 1806 hatte Napoleon viele Siege davongetragen; er hatte die Italiener, die Österreicher und die Preußen geschlagen. Im November 1806 verhängte er über England die Kontinentalsperre und rückte im Februar 1807 weiter nach Osten gegen die Russen vor. Napoleon blieb auch hier Sieger und schloß im selben Jahr mit Rußland und Preußen den Friedensvertrag zu Tilsit. Er schlug dabei Alexander I. von Rußland die Zweiteilung Europas vor, dessen westliche Hälfte er selbst, dessen östlichen Teil Alexander erhalten sollte. Die Aufteilung Preußens in Besatzungszonen, die Einrichtung des Königreichs Westfalen mit der Einführung des französischen Gesetzbuches, des »Code Napoléon«, die Stationierung französischen Militärs in allen deutschen Landen und nicht zuletzt die provokativen Machtdemonstrationen des Kaisers konnten auf Dauer für die Entwicklung von Unruhe und wiedererwachendem patriotischen Widerstand nur förderlich sein. Als der Krieg in Spanien im Frühjahr 1808 Frankreich schließlich die ersten Niederlagen einbrachte und Napoleon, die Zeichen einer für ihn schlechter werdenden Zeit erkennend, in Erfurt zusammen mit dem russischen Zar einen Kongreß veranstaltete, der die wachsenden Schwierigkeiten seiner Fremdherrschaft durch festlichen Herrschaftsglanz eintünchen sollte, da bedeutete dies den Auftakt zu wieder aufbrechenden Konfrontationen und Kriegen. 1809 nahmen die Österreicher den Kampf auf, doch sie mußten sich im April in fünf Schlachten wieder geschlagen geben. Im Juli 1809 kam es nach Zwischenerfolgen der Österreicher im Mai dann bei Wagram zur Entscheidungsschlacht. Sie endete mit dem Sieg der Franzosen.

Schon Anfang Mai hatte die kaiserliche Familie mit dem Erzherzog Rudolph die Hauptstadt verlassen, gleich vielen anderen wie Kinsky, Lobkowitz, Lichnowsky, Waldstein und auch der Gräfin Erdödy. Beethoven gelang dies nicht mehr. Er fand sich am 10. Mai, da die Franzosen einen Ring um die Stadt bildeten, eingeschlossen. Die Besetzung Wiens durch die Franzosen war mit vielen Auflagen an die Bevölkerung verbunden und brachte für Beethoven große Unannehmlichkeiten (vgl. Dokumente, S. 256ff.). Dazu zählte vor allem der Umstand, daß fast alle Freunde geflüchtet waren und über die Zurückgebliebenen ein wochenlanges Einsperren in die Stadt verhängt wurde. Das war für Beethoven, der zu dieser Jahreszeit regelmäßig das Land aufsuchte und diese Erholung auch dringend brauchte, eine Einschränkung, die ihm gewiß unerträglich vorkam. Diese Verhältnisse bilden auch den Hintergrund der berühmten Mitteilung, daß er eines Tages gegen einen vorübergehenden französischen Offizier die Faust geballt und ausgerufen habe[89]: *Wenn ich als General von der Strategie verstünde, was ich als Komponist vom Kontrapunkt verstehe, dann wollte ich euch schon etwas zu schaffen geben.*

Ende des Jahres, nach dem Friedensvertrag zwischen Frankreich und Österreich vom 14. Oktober 1809, bemerkte er gegenüber Breitkopf & Härtel[90]:

> *Nach der wilden Zerstörung einige Ruhe, nach allem unerdenklichen ausgestandenem Ungemach – arbeitete ich einige Wochen hintereinander, daß es schien mehr für den Tod als für die Unsterblichkeit.* [. . .] *was sagen Sie zu diesem toten Frieden? – Ich erwarte nichts Stetes mehr in diesem Zeitalter; Nur in dem blinden Zufall hat man Gewißheit.*

Der Wunsch nach der Ehe

Beethovens innere Reaktionen auf die belastenden Umstände, welche diese Zeit mit sich brachte, fielen sehr unterschiedlich aus. Die Frühjahrs- und Sommermonate dieses Jahres 1809 zeigten ihn nicht gerade schaffensfreudig. Im Herbst änderte sich dies. Er schrieb, wie schon erwähnt, das Streichquartett in Es-Dur op. 74, die drei Klaviersonaten op. 78, op. 79 und op. 81a. Das letztgenannte Werk, die sogenannte »Les Adieux«-Sonate, steht in Zusammenhang mit der Abreise, Abwesenheit und Rückkehr des Erzherzogs Rudolph, dem diese Komposition auch gewidmet wurde (ihre Veröffentlichung im Herbst 1811 bei Breitkopf & Härtel mit französischem Titel hat Beethoven, eingedenk der politischen Situation von 1809, zu heftigen Vorwürfen veranlaßt).

Zwei weitere Klavierwerke entstanden in diesen Herbstmonaten: die Fantasie op. 77 und die Variationen in D-Dur op. 76, *meinem Freunde Oliva gewidmet* – jenem Franz Oliva, der nicht lange vorher zu Beethoven in freundschaftlichen Kontakt getreten

[89] Thayer III, S. 141
[90] *Briefe,* S. 147f.

Konzert bei der Familie Malfatti
Ölgemälde der Baronin Ada von Gleichenstein

war. Bis 1812 verband sie, bedingt wohl auch durch die geschäftliche Hilfsbereitschaft Olivas, eine enge Beziehung, die sich bis 1820, als Oliva nach Petersburg ging, dann nach und nach auflöste. War die letzte Phase des Jahres 1809 also durch die Arbeitsintensität und eine erstaunliche Ausbeute an Werken recht zufriedenstellend verlaufen, so brachte das Jahr 1810 einen Umschwung. Das betraf aber nicht nur die künstlerische Arbeit, sondern auch wieder das allgemeine zur Resignation tendierende Befinden. Die Situation ist in jeder Hinsicht bedrückend[91]:

[91] Brief vom 4. Februar 1810 an Breitkopf & Härtel, in: *Briefe,* S. 157

Mit meiner Gesundheit geht's noch nicht fest. Wir werden mit schlechten Lebensmitteln versehen und müssen unglaublich zahlen. Mit meiner Anstellung geht's noch nicht ganz ordentlich [...] *Ich fürchte oder ich hoffe beinahe, ich werde das Weite suchen müssen, selbst vielleicht meiner Gesundheit wegen, lange dürfte es dauern, bis nur auch ein besserer Zustand als der jetzige, an den vorigen ist nie mehr zu denken.*

Das klingt tatsächlich sehr ernsthaft und läßt auf depressive Stimmungen und auf eine krankheitsähnliche Verfassung schließen. Doch Beethoven knüpfte an alte Wünsche an und verfolgte – vielleicht auch, um der sich ankündigenden Auflösung seiner relativ stabilen Lage vom Vorjahr Widerstand entgegenzusetzen – mit Anstrengung das Ziel der Ehe und der Familiengründung. Das Frühjahr 1810 sieht ihn in einem lebhaften und vertrauten Verkehr mit der Familie Malfatti. Der jungen Therese Malfatti, der Kusine seines Arztes und Freundes Dr. Johannes Malfatti, machte er durch Ignaz von Gleichenstein schließlich einen Heiratsantrag (vgl. Dokumente, S. 261ff.). Beethovens Begehren wurde abgewiesen[92]: *Deine Nachricht stürzte mich aus den Regionen des Glücks wieder tief herab* – schrieb er an Gleichenstein im April 1810. Und an Therese Malfatti im Mai darauf[93]: *erinnern Sie sich meiner und gern – vergessen Sie das Tolle –*

Mit dieser Abweisung hatten all die vergeblichen Werbungen und Versuche einer Familiengründung, die Beethoven in den zurückliegenden Jahren unternommen hatte, ihre konsequente Fortführung erfahren.

[92] *Briefe,* S. 164
[93] *Briefe,* S. 166

In den 90er Jahren hatte Beethoven der Sängerin Magdalena Willmann seinen Heiratswunsch angetragen – ohne Erfolg. 1801 war es dann Giulietta Guicciardi gewesen, deren Liebe er zu gewinnen trachtete. Sie allerdings zog ihm den Grafen Wenzel Robert Gallenberg vor, was Beethoven 1823 gegenüber Anton Schindler zu der ebenso von ehemaliger Betroffenheit zeugenden wie zynischen Bemerkung veranlaßte[94]: *Wenn ich hätte meine Lebenskraft mit dem Leben so hingeben wollen, was wäre für das edle, bessere geblieben?*

Ab 1804 warb Beethoven um die Liebe Josephine Brunswiks, deren erster Mann, Graf Joseph Deym, am 27. Januar 1804 gestorben war (vgl. Dokumente, S. 244ff.). Bis Herbst 1807 dauerte diese Beziehung zu Josephine, über die dreizehn Briefe vorliegen[95]. Aus ihnen geht hervor, daß Beethovens Liebe nicht einseitig war, sondern durchaus erwidert wurde. Josephine widersetzte sich allerdings ihren Kindern zuliebe einer Heirat. In welcher inneren Not sich Beethoven angesichts der Aussichtslosigkeit seiner Hoffnungen auf Josephine im Sommer 1807 kurz vor dem Abbruch der Beziehung befand, belegt ein privates Bekenntnis vom 27. Juli 1807[96]:

> *nur liebe – ja nur Sie vermag dir ein Glücklicheres leben zu geben – o Gott – laß mich sie – jene endlich finden – die mich in Tugend bestärkt – die mir erlaubt mein ist –*
>
> *Baden, am 27. Juli*
>
> *als die M. vorbeyfuhr und es schien als blickte sie auf mich –*

Aus dem Buchstaben M hat man häufig auf den Namen Marie Bigot zu schließen versucht. Wahrscheinlicher ist, daß das M für die Mutter von Josephine steht[97], Beethoven wohl durch die Mut-

[94] *Konversationshefte* II, S. 367

[95] Veröffentlicht 1957 von Joseph Schmidt-Görg: *Beethoven. Dreizehn unbekannte Briefe an Josephine Gräfin Deym geb. v. Brunsvik,* in: *Veröffentlichungen des Beethovenhauses in Bonn,* 1957; vgl. Dokumente, S. 244ff.

[96] *Ludwig van Beethoven. Berichte der Zeitgenossen, Briefe und persönliche Aufzeichnungen, gesammelt und erläutert von Albert Leitzmann,* 2 Bände, Leipzig 1921, Bd. II, S. 266

ter an Josephine erinnert wurde. Gleichwohl fällt in diese Zeit Beethovens Bekanntschaft mit der Familie Bigot, und tatsächlich scheint ihn Marie Bigot, die eine hervorragende Pianistin war, angezogen zu haben (vgl. Dokumente, S. 251 ff.). Er versuchte, sie in Abwesenheit ihres Gatten zu einer gemeinsamen Spazierfahrt einzuladen, was wohl Anlaß zu Vermutungen oder gar Unterstellungen bestimmter Absichten gab. Jedenfalls sah sich Beethoven zu einem Brief an das Ehepaar gezwungen, in dem er einen seiner *ersten Grundsätze* darlegte, nämlich: *nie in einem anderen als freundschaftlichen Verhältnis mit der Gattin eines anderen zu stehen,* und er beteuerte: *nie, nie werden Sie mich unedel finden, von Kindheit an lernte ich die Tugend lieben – und alles, was schön und gut ist*[98].

Der berühmte Brief

Beethoven scheint nach dem schlechten Ausgang seiner Werbung um Josephine in den folgenden Jahren bis 1810 keine konkreten Heiratspläne mehr gehabt zu haben. Das heißt aber nicht, daß er Frauen mied. Ab Herbst 1808 wohnte er für einige Zeit bei der Gräfin Marie Erdödy. Zu dieser Frau, die ihm auch in seinen geschäftlichen Angelegenheiten behilflich war, hatte er ein besonderes Vertrauensverhältnis (vgl. Dokumente, S. 255 f.). Er nannte sie seinen Beichtvater[99], und es ist gut möglich, daß die Gräfin von Beethoven sowohl über das Giulietta- wie Josephine-Verhältnis in Kenntnis gesetzt wurde[100]. Wie Therese Malfatti und noch viele andere Frauen gehört auch die Gräfin Erdödy zu jenen Beethoven nahestehenden Frauen, die zum Kreis der vermuteten Adressatinnen des berühmten Briefes an die »Unsterbliche Geliebte« gehören.

Dieser Brief ist neben dem »Heiligenstädter Testament« das bedeutendste biographische Zeugnis Beethovens (vgl. Dokumente, S. 273 ff.) und hat, da er weder Jahres- und Ortsangaben noch

[97] Harry Goldschmidt: *Um die Unsterbliche Geliebte. Eine Bestandsaufnahme* (= *Beethoven-Studien 2)* Leipzig 1977, S. 45f.
[98] *Briefe,* S. 120; vgl. Dokumente, S. 252f.
[99] Schindler, *Ludwig van Beethoven,* S. 248f.
[100] Goldschmidt, a. a. O., S. 137

Giuletta Gräfin Guicciardi
Miniatur auf Elfenbein

den Namen der Empfängerin aufweist, die Biographen Beethovens zu allen möglichen Mutmaßungen über die Identität der »Unsterblichen Geliebten« veranlaßt. Zunächst allerdings hatte die Autorität Anton Schindlers in Angelegenheiten der Beethoven-Biographie dazu geführt, daß man annahm, der Brief sei im Sommer 1806 geschrieben und an Giulietta Guicciardi gerichtet worden. Als Ludwig Nohl und Thayer dann aber die Stützen von Schindlers Behauptung zu Fall brachten, wurde das Thema »Unsterbliche Geliebte« zu einem Spekulationsfall von faszinierender Anziehungskraft, nicht zuletzt deshalb, weil die Vielzahl der Kontakte, die Beethoven zu Frauen hatte, zu zahlreichen Spielarten verführten. Heute steht mit Sicherheit fest, daß dieser Brief am 6. und 7. Juli 1812 geschrieben worden ist. Wer allerdings die Adressatin war und ob diese den Brief überhaupt jemals

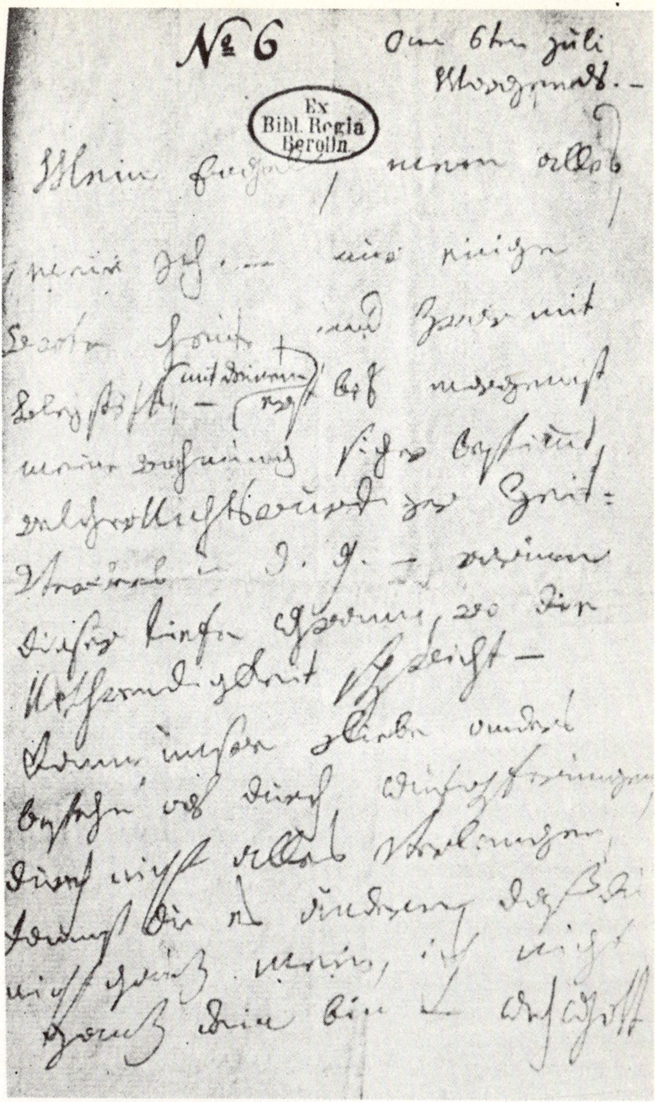
No 6 Am 6ten Juli
Morgends. —

Mein Engel, mein alles,
mein Ich. — nur einige
Worte heute, und zwar mit
Bleystift — (mit deinem) erst bis morgen ist
meine Wohnung sicher bestimmt
welcher Nichtswürdiger Zeit-
verderb in d. g. — warum
dieser tiefe Gram, wo die
Nothwendigkeit spricht —
kann unsere Liebe anders
bestehn als durch Aufopferungen,
durch nicht alles verlangen,
kanst du es ändern daß du
nicht ganz mein, ich nicht
ganz dein bin — Ach Gott

Erste Seite des Briefes an die »Unsterbliche Geliebte«

Josephine Gräfin von Brunsvik
Darstellung als Bacchantin laut Familienüberlieferung

erhalten hat, ist nach wie vor ungeklärt. Allerdings scheinen wirklich ernsthaft nur mehr zwei Adressatinnen in Frage zu kommen, nämlich Josephine Brunsvik und Antonie von Brentano. Beide waren verheiratete Frauen, ein Umstand, der nicht nur in Beethovens Forderung, *mache daß ich mit dir leben kann,* angesprochen wird, sondern der auch indirekt durch die Wertherdiktion des Briefstils zum Ausdruck kommt. Wir können an dieser Stelle die Frage nach der Unsterblichen Geliebten nicht im einzelnen aufrollen und weiterverfolgen. Zu diesem Thema liegt eine Bestandsaufnahme durch den Beethovenforscher Harry Goldschmidt vor[101], eine äußerst wertvolle Arbeit, in der es dem Autor nicht nur darum geht, die Adressatin ausfindig zu machen, sondern

[101] Siehe Goldschmidt, a. a. O.; siehe den Brief S. 273ff.

Antonia Josepha von Brentano
Unsignierte Miniatur

in der dieser Brief an die Unsterbliche Geliebte im Kontext größerer biographischer Zusammenhänge und in Bezug auf die gewiß immer problematische Frage nach den Zusammenhängen zwischen Biographie und Kunstwerk gesehen und ausgewertet wird.

Die Bedeutung dieses berühmten Briefes ist ohne Frage außerordentlich groß. Das geht schon daraus hervor, daß Beethoven ihn zeitlebens aufbewahrt hat. Wir wissen, daß Beethoven zu mehreren Frauen Beziehungen hatte und dem Umgang mit Frauen durchaus gewogen war. Ferdinand Ries hat davon gesprochen, daß Beethoven *sehr häufig verliebt* gewesen sei, *aber meistens nur auf kurze Dauer*[102]. Das besagt aber nicht, daß er einer dauerhaften

[102] Ferdinand Ries: *Biographische Notizen,* a. a. O., S. 117

Bindung in Form der Ehe aus Prinzip abgeneigt gewesen wäre. Eher ist das Gegenteil der Fall: zweimal immerhin hat Beethoven einen Heiratsantrag gestellt, beide Male wurde er jedoch abgewiesen. 1807 ließ er in seinem Rechtfertigungsbrief an das Ehepaar Bigot unmißverständlich erkennen, daß das gemeinsame Leben mit einer Frau ganz entscheidend zu seiner Lebensperspektive gehört[103]: *Nicht möchte ich durch so ein Verhältnis meine Brust mit Mißtrauen gegen diejenige, welche vielleicht mein Leben einst mit mir teilen wird, anfüllen – und so das schönste reinste Leben mir selbst verderben;* und aus demselben Jahr stammt das schon oben zitierte Bekenntnis und der Wunsch *nur liebe – ja nur Sie vermag dir ein Glücklicheres leben zu geben – o Gott – laß mich sie – jene endlich finden – die mich in Tugend bestärkt – die mir erlaubt mein ist –*[104]. (Vgl. S. 98)

Trotz des ernsthaften Bedürfnisses nach Heirat muß aber Beethoven der Ehe gegenüber eine ambivalente Einstellung gehabt haben, und gerade diese tritt in seinem Brief von Anfang Juli 1812 mit Deutlichkeit hervor. Kein Zweifel kann daran bestehen, daß die Frau, an die er gerichtet ist, nicht nur geliebt wird, sondern daß sie auch Beethoven liebt. Endlich scheint erreichbar, woran sich seine Hoffnungen klammerten, nämlich eine dauerhafte Bindung auf der Grundlage wechselseitiger Liebe. Doch es gibt ein Hindernis: Die »Unsterbliche Geliebte« ist durch Ehe und Mutterschaft gebunden. Gerade dies löst in Beethoven, der die römisch-republikanischen Bürgertugenden als vorbildhafte Leitlinie des eigenen moralischen Verhaltens betrachtete, den heftigsten Konflikt aus, der ihn in seinem Brief dazu treibt, jeder Liebesbeteuerung und begehrlichen Aufforderung zum gemeinsamen Leben eine Äußerung des Abwehrens und Verzichts folgen zu lassen. Er fühlt sich glücklich und unglücklich zugleich; und wo er ihrer Liebe sicher sein kann, da will er diese in ihrer realen Erfüllung nicht annehmen, ja weist gewissermaßen das Angebot zurück und empfiehlt dafür gleich den Trost[105]: *Kann unsre Liebe anders bestehen als durch Aufopferung, durch nicht alles verlangen. Kannst du es ändern, daß du nicht ganz mein, ich nicht ganz dein bin – ach Gott, blick in die schöne Natur und beruhige dein Gemüth über das müssende.*

[103] *Briefe,* S. 119; vgl. Dokumente, S. 252f.
[104] Leitzmann II, S. 266
[105] Siehe S. 273

Wie dem auch sei, ob primär Beethoven selbst den Status der Frau als gleichsam objektives Hindernis empfand oder ob aus der Sicht der Frau Beethoven, wenn auch geliebt, als Ehemann und Vater undenkbar erschien und ihm dies nicht verborgen bleiben konnte – die Komplikationen der Verhältnisse schließen den Verzicht ein. Die Versagung steht ihm ständig vor Augen; und um sie endgültig und gleichsam legitim zu machen, bezieht er sie auf den Anspruch seiner kreativen Persönlichkeitskomponente. Es ist, als wüßte er genau, daß seine Kreativität unter den Anforderungen und Bedingungen eines Ehelebens zu leiden habe, und als stünde hinter den Konflikten im Verhältnis zu der geliebten Frau als eigentlich ursächlicher Konflikt der Widerspruch zwischen dem Bedürfnis nach Selbstbestätigung als Mann durch das Glück einer erfüllten Lebensgemeinschaft einerseits und der Forderung seines künstlerischen Lebensplanes andererseits.

Gegen Ende des Briefes vom 7. Juli heißt es[106]: *Deine Liebe macht mich zum glücklichsten und unglücklichsten zugleich – in meinen Jahren jetzt bedürfte ich einiger Einförmigkeit, Gleichheit des Lebens, kann diese bei unserem Verhältniße bestehn?* – Und als ob er sich damit in der Preisgabe seines Inneren und in der Andeutung, daß es seine Kunst ist, die ihm letztlich den Verzicht abfordert, schon zu weit vorgewagt habe, bricht Beethoven plötzlich ab[107]: *Engel, eben erfahre ich, daß die Post alle Tage abgeht – und ich muß daher schließen, damit Du den B. gleich erhältst.*

Was dem noch folgt, sind Besänftigungen, Beteuerungen und schließlich flehentliche Beschwörungen, in denen zugleich die Bitte um Verzeihung mitschwingt – Verzeihung dafür, daß er die Liebe seiner Kunst opfern muß[108].

[106] Siehe S. 274
[107] Siehe S. 274
[108] Siehe Maynard Solomon: *Beethoven,* München 1979, S. 212

Das Erlebnis mit der »Unsterblichen Geliebten« bedeutete für Beethoven eine Grenzsituation, deren Bewältigung im Interesse seiner Kunst bei gleichzeitiger Festlegung auf ideelle Treue es ihm weiterhin verbot, sich auf neue Liebesverhältnisse und Heiratspläne einzulassen. Sein Brief ist ein Absagebrief, hinter dessen pathetischer Diktion die im Grunde nüchterne Einsicht steht, daß es illusorisch ist zu glauben, ein normales bürgerliches Eheleben sei mit den Ansprüchen seiner Kunst vereinbar, die als einer ihrer Prämissen des Leidens an der Wirklichkeit, an der eigenen Lebenswirklichkeit, bedurfte. Tatsächlich gibt es in Beethovens verbleibenden Lebensjahren weder eine ernste Liebesbeziehung noch den Gedanken an die Ehe. Als er in den Jahren 1817/18 einige Zeit lang sehr engen Umgang mit der Familie Giannatasio pflegte, in deren Institut er seinen Neffen Karl untergebracht hatte, verliebte sich die ältere Tochter Fanny in Beethoven und nährte, wie wir aus ihrem Tagebuch wissen, geheime Hoffnungen auf ein gemeinsames Leben mit ihm. Beethoven jedoch wehrte ihre stille Werbung ab, nannte sie *Frau Äbtissin*[109] und gab an ihrer Stelle der jüngeren, interessanterweise verlobten Schwester Anna den Vorzug seines vermeintlichen Interesses. Wie definitiv sein Verzicht war und wie sehr und erfolgreich er darum bemüht war, diesen Verzicht in einem positiven Lichte zu sehen, geht aus einem Tagebucheintrag Fanny Giannatasios von 1817 hervor[110]: Sie schrieb da, er habe *keine Ehe gekannt, von welcher nach einiger Zeit nicht das eine oder andere den Schritt bereut habe; und von wenigen* [einigen] *Mädchen, welche er in früheren Zeiten zu besitzen, als das höchste Glück erachtet habe, hat er in der Folge die Bemerkung gemacht, daß er sehr glücklich sei, daß keine von ihnen seine Frau geworden wäre.*

Fünf Jahre früher allerdings war die innere Lage Beethovens noch lange nicht so geklärt. Das Schmerzliche seiner Verzichtsentscheidung bedrückte ihn, und eine Tagebucheintragung von 1812 lautet[111]:

[109] Veröffentlicht wurden Fanny Giannatasios Tagebuchnotizen in: Ludwig Nohl: *Eine stille Liebe zu Beethoven;* größere Tagebuchauszüge enthält Thayer IV, S. 513–541

[110] Thayer IV, S. 540

[111] Leitzmann II; vgl. Dokumente, S. 278

Josephine Gräfin von Deym,
geb. von Brunsvik

Du darfst nicht Mensch seyn, für dich nicht nur für Andere für dich gibts' kein Glück mehr als in dir selbst, in deiner Kunst. – o Gott! Gib mir die Kraft, mich zu besiegen, mich darf ja nichts an das Leben fesseln. –

Die Sommermonate 1812 verbrachte Beethoven wie im Jahr zuvor in Böhmen, dessen Bäder Karlsbad und Teplitz um diese Zeit die besten Voraussetzungen zu Begegnungen und Freundschaften boten. 1811 hatte ihm Dr. Malfatti eine Kur in Teplitz empfohlen, um auf diese Weise den heftigen und langanhaltenden Kopfschmerzen Einhalt zu gebieten. Franz Oliva hatte ihn dorthin begleitet, wo er mit dem Dichter Christoph August Tiedge, dem Ritter von Varena aus Graz, vor allem mit dem jungen Varnhagen von Ense und seiner Braut Rahel Levin in freundschaftliche Verbindung trat. Man fand so viele geistige Gemeinsamkeiten, daß Varnhagen sogar ein französisches Theaterstück für Beethoven als Opernlibretto einrichten wollte. In diesen Kuraufenthalt fiel auch die Bekanntschaft mit der Sängerin Amalie Sebald, deren weibliche Anziehungskraft Beethoven wieder einmal in inneren Gefühlsaufruhr brachte.

Die Sommerferien 1812, in die die Abfassung des Briefes an die »Unsterbliche Geliebte«, die womöglich vorangegangene Begegnung mit dieser Frau und das persönliche Kennenlernen Goethes fielen, sahen Beethoven an mehreren Orten: in Karlsbad, wo er zusammen mit einem Künstler namens Polledro zugunsten der Verunglückten und Geschädigten der Brandkatastrophe von Baden (26. Juli 1812) ein Wohltätigkeitskonzert gab; dann in Franzensbad bei Eger; wieder in Karlsbad und schließlich ab Mitte September in Teplitz, wo er vielleicht hoffte, die Beziehung zu Amalie Sebald wieder aufnehmen zu können und darin Befriedigung zu erfahren.

Zum Zeitpunkt seiner Ankunft in Teplitz scheint sich Beethoven gesundheitlich reichlich unwohl gefühlt zu haben. Doch er muß sich bald wieder erholt haben. Ende September oder Anfang Oktober 1812 machte er sich auf die Rückreise. Sie führte allerdings nicht nach Wien, sondern nach Linz, wo man sich über *das längst schon gewünschte Vergnügen* freute, *den Orpheus und größten musikalischen Dichter unsrer Zeit* [...] *in unserer Hauptstadt zu besitzen*[112]. Der Grund freilich, der Beethoven nach Linz führte, war sein Bruder Johann, der dort eine Apotheke besaß und sich,

[112] Thayer III, S. 341

gemessen an seinem Alter, eine respektable Existenz aufgebaut hatte. Eine Tagebuchnotiz Beethovens lautet[113]: *1812 war ich in Linz wegen B.* Was ihn zu dieser Reise veranlaßte, war die Tatsache, daß der Bruder Nikolaus Johann in einem außerehelichen Verhältnis mit Therese Obermayer lebte. In den Augen Beethovens war dies ein untragbarer Zustand, und er verlangte von seinem Bruder die Auflösung dieser Beziehung. Es kam schließlich sogar, als der Bruder sich nicht fügen wollte, zu tätlichen Auseinandersetzungen. Durch den Widerspruch gereizt, wandte sich Beethoven an den Bischof und an die Behörden; und er erreichte, daß die Frau Linz zu verlassen habe, sollte sie an ihrer Beziehung zu Nikolaus Johann festhalten. Dieser klärte die Situation, indem er am 8. November 1812 Therese Obermayer heiratete.

Es gehört zu den Geheimnissen des schöpferischen Menschen, daß Beethoven in dieser miserablen Stimmung seine 8. Sinfonie op. 83 zu komponieren und fertigzustellen vermochte, nachdem er im Mai vorher die 7. Sinfonie abgeschlossen hatte. Nach Beendigung der Arbeit an der Sinfonie und nach der Beilegung des Konflikts mit dem Bruder scheint Beethoven allerdings den Stau an innerer Spannung nicht mehr ausgehalten zu haben. Er verfiel in einen krankheitsähnlichen, verwirrten Zustand und dürfte sogar ernsthaft an Selbstmord gedacht haben. Sein Gemütszustand spiegelte sich in der äußeren Verwahrlosung, die den Freunden und Bekannten um so mehr auffallen mußte, als Beethoven zuvor auf sein Erscheinungsbild durchaus bedacht war.

Damit dürfte auch in Verbindung stehen, daß Beethoven in dieser Zeit seiner Maxime eines tugendhaften und moralischen Lebens untreu wurde. Er lebte seine sexuellen Bedürfnisse im Umgang mit Prostituierten aus, mit den *Festungen,* wie sie in den Briefen an Zmeskall genannt wurden, der wahrscheinlich dabei die Rolle des Vermittlers spielte. Wie zwiespältig es dabei in Beethoven ausgesehen haben muß, gibt er selbst zu erkennen: zeugt es einerseits von Ekelgefühl und Selbstverachtung, wenn er seinem Tagebuch anvertraut[114]: *Sinnlicher Genuß ohne Vereinigung der Seelen ist und bleibt viehisch,* so deutet es andererseits auf Selbstrechtfertigung und Rationalisierung der eigenen Bedürfnisse,

[113] Thayer III, S. 343
[114] Leitzmann II, S. 261

Die Takte 13–19 aus dem Schlußsatz der 8. Sinfonie
in Beethovens Handschrift

wenn er schreibt[115]: *Die Schwachheiten der Natur sind durch die Natur selbst gegeben.* Am entschiedensten aber äußerte sich die innere Verstörtheit jetzt darin, daß er scheinbar nicht mehr zu komponieren vermochte. Von einigen unwichtigen Gelegenheitsarbeiten abgesehen, entstand im Jahre 1813 nichts.

Das Jahr 1812 markiert in Beethovens Biographie so wie das Jahr 1802 eine Krisensituation. Das entscheidende Ereignis dieses Jahres war der Brief an die »Unsterbliche Geliebte« – und dies insofern, als die daran geknüpfte Entscheidung, nämlich definitiv auf ein persönliches Liebesglück zu verzichten, tief in Beethovens

[115] ebenda, S. 262

Lebensauffassung und Lebenswünsche eingriff. Die Folgen dieser Entscheidung waren nicht im mindesten vorhersehbar – weder in bezug auf die persönliche Lebenssphäre und die psychische Befindlichkeit noch in Hinblick auf die schöpferische Leistungsfähigkeit. Wenngleich letztere durchaus nicht unbedingt von biographischen Impulsen abhängig sein muß und, wie wir sehen werden, in Beethovens Entwicklung in diesem Punkt noch andere Bestimmungsfaktoren maßgebend werden, so ist doch unverkennbar, daß die persönliche Krise von 1812 ganz entscheidend mit für die Wendung im Bereich der künstlerischen Arbeit verantwortlich ist. Die mit dem Erlebnis vom Juli 1812 verbundenen seelischen Veränderungen weiteten sich zu einer so umfassenden Veränderung der gesamten Persönlichkeitsstruktur, daß davon die musikalische Arbeit gar nicht unberührt bleiben konnte[116]. Das will nun nicht sagen, daß das Jahr 1812 einen scharfen Einschnitt darstellte und Beethoven aus dieser Krise mit einer neuen Lebensperspektive und mit neuen künstlerischen Konzepten hervorgetreten wäre. Es ist eher so, daß im Blick auf Beethovens künstlerische Entwicklung 1812 einen Krisenpunkt bildet, zu dem in der Folgezeit noch mehrere hinzukommen – so die Erfahrungen im Zusammenhang mit der politischen und kulturellen Entwicklung nach dem Wiener Kongreß von 1814/15 und schließlich wieder eine private Krise, nämlich die Problematik der Vormundschaft über den Neffen Karl und des Versuchs, eine Vater-Sohn-Beziehung aufzubauen.

Alle diese »Krisen« zusammen erst dürfen auf eine legitime Weise mit dem stilistischen Wandel, mit der Wende zum Spätstil in einen kausalen Zusammenhang gebracht werden. Hier klare Grenzen zu ziehen, erscheint allerdings unmöglich und hieße, die drei Perioden des Beethovenschen Schaffens – die Frühphase bis 1802, die heroisch determinierte Periode und die späte Periode – durch Stichdaten festlegen zu wollen. Die Übergänge sind fließend. So treten die Züge und Merkmale des Spätstils, wofür als zeitlich früheste Werke die Sonaten für Klavier und Violoncello op. 102 und die Klaviersonate op. 101 von Anfang des Jahres 1815 einstehen, durchaus nicht plötzlich und unvorbereitet auf. In der Klaviersonate e-Moll op. 90 und in der Violinsonate op. 96 von 1812 ist bereits ebensoviel an Abstand zum sogenannten »heroi-

[116] Goldschmidt, a. a. O., S. 304

schen« Stil bemerkbar, wie andererseits Späteres schon vorweggenommen erscheint[117].

Richten wir noch einmal den Blick auf das Jahr 1812, so stellen wir fest, daß es im Bereich der inneren Lebenssphäre außerordentlich ereignisreich war. Dabei läßt sich mit gutem Gewissen nicht behaupten, daß es primär negativ verlaufen sei. Stellen wir nämlich die in diesem Jahr entstandene Fülle von Werken der inneren Problemlage gegenüber, so ergibt sich ein merkwürdig doppelgesichtiges, so gar nicht in sich stimmiges Bild. Doch dies gehört vielleicht tatsächlich zu den geheimnisvollen Rätseln, vor die der Mensch immer wieder diejenigen stellt, die ihn zu begreifen versuchen.

Eine epochale Begegnung

Zu den äußeren Ereignissen des Sommers 1812 ist noch ein wichtiger Nachtrag anzufügen – ein Nachtrag, der uns Anlaß und Ausgangspunkt zu einer weiteren Betrachtung der Persönlichkeit Beethovens sein soll.

Nur wenige Tage nach der Abfassung des Briefes an die »Unsterbliche Geliebte« ging ein langgehegter Wunsch Beethovens in Erfüllung. Am 19. Juli 1812 und in den Tagen danach kam es in Teplitz zu mehreren Begegnungen mit Goethe. Vermittelt hatte diese Begegnung Bettina Brentano (vgl. Dokumente, S. 267ff.), die Beethoven zwei Jahre vorher im Hause ihrer Schwägerin Antonie in Wien kennengelernt hatte. Er brachte dieser Frau außerordentlich herzliche Gefühle entgegen und war tief beeindruckt von ihrer geistigen Regsamkeit und ihrem weitgespannten, engagierten Interesse, das dem traditionellen Rollenverständnis der Frau eine emanzipatorische Wirkung entgegensetzte. Diese Bettina Brentano besaß eine so wunderbare Dreistigkeit, daß sie mit geradezu koboldartigem Übermut beständig die bestehenden konventionellen Schranken, die ihr als Frau eigentlich gesetzt waren, übersprang und vor keiner »Größe« Hemmungen kannte. Ihr Gespür für geistige und künstlerische Größe war freilich von seltener Ausgeprägtheit, und wenn sie sich für einen Menschen begeisterte, dann stürzte sie sich geradezu auf ihn und mißachtete

[117] Siehe hierzu Goldschmidt, a.a.O.

jede Förmlichkeit. In diesem Punkt traf sie bei Beethoven auf einen gleichgestimmten Nerv. Von Förmlichkeit ist an dieser Beziehung nichts spürbar. Gegenseitiges Verstehen und Erkennen, daß der andere versteht – dies ist vielleicht der Kern der Beziehung zwischen diesen beiden Menschen gewesen.

Bettina Brentano, wie gesagt, hatte bereits die Begegnung vor allem auf seiten Goethes vorbereitet. Reichlich reserviert hatte dieser im Vorjahr reagiert, als ihm Beethoven am 12. April 1811 geschrieben hatte. Als es dann schließlich zu dem Treffen kam, scheinen der Dichter und der Komponist doch festgestellt zu haben, daß sie mehr trennte als verband. Bettina Brentano hat dies sehr genau empfunden und in einer Erzählung über den Kontakt zwischen Goethe und Beethoven, vielleicht überspitzt, aber doch in der Aussage unmißverständlich und treffend, zum Ausdruck gebracht. Sie erzählt, wobei sie sich auf einen in seiner Echtheit allerdings in Zweifel gestellten Brief Beethovens stützt, daß Goethe und Beethoven zusammen ausgegangen seien[118]:

Indem kam auf dem Spaziergang ihnen entgegen mit dem ganzen Hofstaat die Kaiserin und Herzoge, nun sagte Beethoven: »Bleibt nur in meinem Arm hängen, sie müssen uns Platz machen, wir nicht.« – Goethe war nicht der Meinung, und ihm wurde die Sache unangenehm; er machte sich aus Beethoven's Arm los, und stellte sich mit abgezogenem Hut an die Seite, während Beethoven mit untergeschlagenen Armen mitten zwischen den Herzogen durchging, und nur den Hut ein wenig rückte, während diese sich von beiden Seiten theilten, um ihm Platz zu machen, und ihn alle freundlich grüßten; jenseits blieb er stehen, und wartete auf Goethe, der mit tiefen Verbeugungen sie hatte an sich vorbei gelassen. – Nun sagte er: »Auf Euch hab' ich gewartet, weil ich Euch ehre und achte, wie Ihr es verdient, aber jenen habt Ihr zu viel Ehre angethan.«

Goethe schrieb in einem Brief vom 2. September 1812 an Friedrich Zelter über die Begegnung und seinen Eindruck[119]:

Sein Talent hat mich in Erstaunen gesetzt; allein er ist leider eine ganz ungebändigte Persönlichkeit, die zwar gar nicht unrecht hat,

[118] zitiert nach Thayer III, S. 327. Den Anlaß zu dieser »Erzählung« gab ein Brief von Beethoven, von dem allerdings vielfach angenommen wird, daß er unecht ist. *Briefe,* S. 227f.; vgl. Dokumente, S. 275f.

[119] Thayer III, S. 321

wenn sie die Welt detestabel findet, aber sie freilich dadurch weder für sich noch für andere genußreicher macht. Sehr zu entschuldigen ist er hingegen und sehr zu bedauern, da ihn sein Gehör verläßt, was vielleicht dem musikalischen Theil seines Wesens weniger als dem geselligen schadet. Er, der ohnehin lakonischer Natur ist, wird es nun doppelt durch diesen Mangel.

Diese Beobachtung ist treffend, läßt aber im Zusammenhang der gesamten Mitteilung an Zelter auch deutlich erkennen, wie sehr Goethe hier auf Distanz hält. Auch Beethoven scheint durch die Begegnung (unabhängig von dem Bericht in seinem Brief an Bettina Brentano, dessen Echtheit fragwürdig ist) Eindrücke empfangen zu haben, die eher enttäuschend waren, als daß sie sein Erwartungsbild bestätigten. Recht lakonisch stellte er in seinem Brief vom 9. August 1812 an Breitkopf & Härtel fest[120]:

Goethe behagt die Hofluft zu sehr, mehr als es einem Dichter ziemt. Es ist nicht viel mehr über die Lächerlichkeiten der Virtuosen hier zu reden, wenn Dichter, die als die ersten Lehrer der Nation anzusehen sein sollten, über diesem Schimmer alles andere vergessen können.

Die persönliche Begegnung mit Goethe war Beethoven sehr wichtig, unabhängig davon, daß sie den hohen Erwartungen, die er in sie gesetzt hatte, nicht gerecht wurde – und auch gar nicht gerecht werden konnte, da die beiden Künstler doch zu verschieden waren. Beethoven verehrte seit langem den Weimarer Dichter und hatte eine Reihe von seinen Dichtungen vertont: *Mailied* op. 52 Nr. 4, *Marmotte* op. 52 Nr. 7, *Mignon* op. 75 Nr. 1, *Neue Liebe, neues Leben* op. 75 Nr. 2, *Es war einmal ein König* op. 75 Nr. 3 und anderes mehr. Dazu kamen die Schauspielmusiken zu *Egmont* und später die Kantate *Meeresstille und glückliche Fahrt* op. 112.

[120] *Briefe*, S. 226

Neben Schiller war Goethe von den zeitgenössischen Dichtern derjenige, den Beethoven am höchsten schätzte und dessen Werke ihn lebenslang begleiteten, inspirierten und immer wieder zu kompositorischen Plänen, wie etwa auch zur Vertonung des *Faust*, anregten. Beethovens Interesse an Literatur aber greift sehr viel weiter aus. Lesen gehörte für ihn zum täglichen Bedürfnis. Und dieses steht ganz offensichtlich in Verbindung mit dem Anspruch des progressiven Bürgertums auf geistige Emanzipation in Form einer umfassenden Bildungsaneignung. Anders als noch Haydn und Mozart sah Beethoven – und hierin zeigte er sich ganz als Schüler seines Lehrers Christian Gottlob Neefe – in der Beschäftigung mit allen geistigen Tendenzen und Regungen der Zeit eine unabdingbare Voraussetzung zur Entwicklung der künstlerischen Persönlichkeit. *Noch eins!* schrieb er am 2. November 1809 an Breitkopf & Härtel in Leipzig, nachdem er im August zuvor um die Zusendung von Schiller-, Goethe- und Wieland-Ausgaben gebeten hatte[121]:

> *Es gibt keine Abhandlung, die sobald zu gelehrt für mich wäre; ohne auch im mindesten Anspruch auf eigentliche Gelehrsamkeit zu machen, habe ich mich doch bestrebt von Kindheit an, den Sinn der Besseren und Weisen jedes Zeitalters zu fassen. Schande für einen Künstler, der es nicht für seine Schuldigkeit hält, es hierin wenigstens so weit zu bringen.*

Beethovens literarische Interessen waren, wie angedeutet, weit verzweigt und sehr vielseitig. So las er Gesamtdarstellungen der Weltgeschichte, schätzte Reisebeschreibungen wie beispielsweise *Iwan Simonows Beschreibung einer neuen Entdeckungsreise in das Südliche Eismeer*[122] und interessierte sich für Bücher aus dem Bereich der Biologie. Vogelkunde, Bienenkunde, Pflanzenkunde und dergleichen mehr erweckten seine Aufmerksamkeit. Entsprechend zur Vorliebe der Zeit findet sich auch bei ihm die Neigung

[121] *Briefe,* S. 148; vgl. Dokumente, S. 260

[122] Siehe Karl-Heinz Köhler: *Beethovens literarische Kontakte – Ein Beitrag zum Weltbild des Komponisten,* in: *Bericht über den Internationalen Kongreß 10.–12. Dezember 1970 in Berlin,* Berlin 1971, S. 485

zur Astronomie. Kants *Naturgeschichte und Theorie des Himmels*[123] in einer Ausgabe von 1798 zählte zu seinen Buchbeständen.

Einen besonderen Stellenwert im literarischen Interessenfeld nahm die *Lecture der griechischen und römischen Klassiker* ein, die er in den besten Übersetzungen hatte[124]. Diese tatsächlich offenkundige Vorliebe vor allem für griechische Autoren ging auf die Anregungen zurück, die Beethoven in Bonn empfangen hatte, wo er zusammen mit seinem Freund Anton Reicha Vorlesungen über griechische Literatur von Eulogius Schneider besucht hatte.

Beethovens besondere Bewunderung gehörte dabei Homer, wobei er wiederum der *Odyssee* den Vorzug vor der *Ilias* gab. Großer Beliebtheit bei ihm erfreuten sich die Biographien des Plutarch. Außerdem las er Schriften von Platon und Aristoteles. Die Lektüre verband Beethoven immer mit der Absicht, dadurch auch Anregungen und Aufklärungen zu empfangen, und so hielt er es denn auch so, daß er *alle auf sein Denken und Fühlen, auf seine Kunst wie auf seine Lebensverhältnisse und Zustände nahe Beziehung habenden Stellen bei der Lectüre anstrich*[125]. Als Beispiel einer solchen Unterstreichung, die Beethovens besonderes Interesse an der Gestalt des Dulders Odysseus und seine Identifizierung mit dieser literarischen Figur beleuchtet, seien zwei Verse aus dem 7. Gesang angeführt[126]: *Kennt ihr einen, der euch der Unglückseligste aller Sterblichen scheint, ich bin ihm gleich zu achten an Elend.*

Die Identifizierung mit Odysseus ist kein Einzelfall. Immer wieder nahm Beethoven die Götter und Helden der antiken Mythologie als Figuren, um deren Taten und Schicksale mit den eigenen Lebenserfahrungen in Verbindung zu bringen. Sein Ich-Verständnis vollzog sich gleichsam in Projektionen, in der auf die eigenen Lebenssituation bezogenen Vergegenwärtigung von Schicksalen, die er in plastischer Bildhaftigkeit literarisch vermittelt bekam. So fühlte er sich in seiner Künstlerrolle als *Priester des Apoll*[127], oder er verglich sich in einer Lage, da ihn seine sexuellen Bedürfnisse wieder einmal zu den Prostituierten gehen hießen, mit *Herkules bei der Königin Omphale*[128].

[123] ebenda
[124] Schindler: *Ludwig van Beethoven,* S. 266
[125] ebenda, S. 25
[126] Leitzmann II, S. 269
[127] Brief an den Verleger Schlesinger vom 15. Juli 1825, in: *Briefe,* S. 777
[128] Brief aus dem Jahre 1817, in: *Briefe,* S. 455. Drei ??? setzte Beethoven hinter dieses »Bild«!

Die Begeisterung für die klassische Antike teilte Beethoven mit vielen Zeitgenossen. Dabei waren diese antiken Bilder, Geschichten und Gedanken für das aufstrebende Bürgertum bzw. dessen Intelligenzschicht keineswegs bloß historische Requisiten. Sie dienten vielmehr dazu, das erwachende Selbstbewußtsein und Selbstverständnis des Bürgertums auf eine vormals gegebene geschichtliche Phase der Menschheit zu beziehen und umgekehrt auch die neuen und modernen bürgerlichen Ideale durch den Rückbezug auf eben jene selben Ideale in der antiken Welt zu legitimieren. Die Lebenspraxis der Antike sah man zu Beethovens Zeit im Lichte von Sittlichkeit, Freiheit, Selbstbewußtsein und Menschlichkeit – von Idealen also, die um 1800 eine eminent aktuelle Bedeutung hatten und durch deren Umsetzung in die Realität des Lebens die bürgerlichen Intellektuellen eine Erneuerung der Gesellschaft, Kultur und Kunst erreichen wollten. Orientiert war dieses Erneuerungskonzept an einem Bild der Antike, das vielfach die Züge eines schönen Traumes hatte. Welcher ideologischen Selbsttäuschung man sich da auslieferte, blieb vielen Zeitgenossen durchaus nicht verborgen. Doch diese Einsicht führte nur dazu, die Bemühungen um ein positives und in sich harmonisches Bild von der antiken Gesellschaft und Kultur zu verstärken. Dazu bot die Literatur der griechischen und römischen Antike hervorragendes Material, da in ihm die Idee von einer freien Gemeinschaft von Privateigentümern, von Republikanern, von Tyrannen- und Despotenhassern einen gewichtigen Stellenwert besaß.

Die Faszination der Antike

Vor diesem geistesgeschichtlichen Hintergrund und unter der Voraussetzung der Idealität seiner Gesellschafts- und Zukunftsvorstellungen ist Beethovens intensive Auseinandersetzung und Rezeption der antiken Geisteswelt zu sehen. Sie durchdringt sein Weltbild und seine Kunstauffassung – und dies in einem so starken Maße, daß man sagen kann: die Idealität seines Denkens bedurfte, um in sein Werk eingehen zu können, geradezu der historischen Perspektive und der positiven Rezeption der Antike. *Ich brauche einen Text, der mich anregt; es muß etwas Sittliches, Erhabenes sein*

– meinte Beethoven später im Gespräch mit Gerhard Breuning[129]. Diesen Anspruch sah er immer in engstem Zusammenhang mit antiken Stoffen, und daran hielt er unverbrüchlich fest – trotz der Einwände der Freunde und Berater, die sich später darum bemühten, ihm gegenüber die Stoffe aus dem griechischen und römischen Altertum als verbraucht und von der Aktualität überholt hinzustellen. Beethoven selbst kümmerten solche Argumente wenig. Er vertonte Stoffe der Antike mit heroischem Inhalt, und er plante bis in seine letzte Schaffensphase solche Vertonungen.

1800/01 entstand das Ballett *Die Geschöpfe des Prometheus* op. 43; aus dem Jahre 1803 ist ein Partiturentwurf zu einer heroischen Oper *Vestas Feuer* nach Emanuel Schikaneder erhalten geblieben. 1807 komponierte Beethoven die Ouvertüre op. 62 zu dem Trauerspiel *Coriolan* von Heinrich Joseph von Collin, 1811 die Musik zu August von Kotzebues Festspiel *Die Ruinen von Athen* op. 113 (vgl. Dokumente, S. 270f.) und 1813 einen Marsch zum Trauerspiel *Tarpeja* von Christoph Kuffner.

Recht zahlreich waren die nicht ausgeführten Opern- und Oratorienpläne: ein *Nero*-Oratorium (1803), ein Melodram *Die Ruinen von Babylon* in der Bearbeitung durch Georg Friedrich von Treitschke (1811), *Ulysses Wiederkehr* auf das Libretto von Theodor Körner (1812, vgl. Dokumente, S. 271f.). Im Jahre 1815 erwog Beethoven gleich drei Projekte: *Romulus und Remus* von Treitschke, *Bacchus* als eine lyrische Oper von Rudolph von Berge und *Brutus,* dessen Text Eduard Bauernfeind schreiben sollte. Ins Jahr 1823 fallen der Plan zu *Die Apotheose im Tempel des Jupiter Ammon* von Johann Sporschil und dann die mit Franz Grillparzer vereinbarte Umarbeitung der *Ruinen von Athen* als Solidaritätsbekundung zum griechischen Freiheitskampf gegen die türkische Fremdherrschaft. 1825 äußerte Beethoven schließlich noch Pläne zur Vertonung von *Antigone, Belisar* und *Orestes;* außerdem erwog er mit Christoph Kuffner ein *Saulus*-Oratorium.

[129] Kerst: *Beethoven im eigenen Wort,* in: *Die Musik* IV Leipzig–Berlin 1904, S. 34

Die heroischen Stoffe der Vergangenheit und ihrer Helden besaßen für Beethoven fraglos aktuelle Bedeutung. Darin war er Kind seiner Zeit; und wie vor allem die Franzosen nach der Revolution hatte er eine besondere Vorliebe dafür, zeitgeschichtliche Ereignisse und Gestalten auf die Geschichte und auf die repräsentativen Figuren der »römischen Republik« zu beziehen. So ist denn auch die Brutus-Büste, die auf Beethovens Schreibtisch stand, weit mehr als ein äußeres Dekor. Sie verkörperte für ihn republikanischen Geist, der seine politischen Anschauungen prägte und der ihn in den Augen seiner Zeitgenossen zu einem *ausgesprochenen Republikaner* machte[130]. Ganz präzise ist der Zusammenhang zwischen dem Leitbild, das die römische Gesellschaft bot, und der Gegenwart darin zum Ausdruck gebracht, daß Beethoven um 1800 Napoleon mit den größten römischen Consuln verglich oder später dann in einem Brief an Camille Pleyel in Paris sich an einen römischen Helden erinnert fühlte, der er selbst gerne sein wollte, um Napoleons Großmachtstreben Einhalt zu gebieten[131]:

> *Mein lieber Camillus; so hieß, wenn ich nicht irre, der Römer, der die bösen Gallier von Rom wegjagte. Um diesen Preis möchte ich auch so heißen, wenn ich sie allenthalben vertreiben könnte, wo sie nicht hingehören.*

Auch wenn die »antiken« Schriftsteller und Dichter in Beethovens Interesse einen fast beherrschenden Platz einnahmen, so bedeutete das doch nicht, daß ihm anderes fremd geblieben wäre. Petrarca, Dante, Hans Sachs und dann die jüngeren Dichter Klopstock, Gellert, Wieland, Herder und viele andere mehr beschäftigten ihn. Vor allem aber bewegten ihn die Dramen Shakespeares, in denen er reichlich Nahrung für seine eigenen Gedankenprozesse fand. Ebenso wie in den Schillerschen Dramen begegnete er hier auch den eigenen politischen und ethischen Vorstellungen. Sein inniges Vergnügen an großen Geistesprodukten, wie er 1825 an Luigi Cherubini schrieb[132], kannte keine

[130] Baron de Trémont: *Ludwig van Beethoven,* in *Guide musical,* Paris 1892. In deutscher Fassung in: *Gespräche mit Komponisten von Gluck bis zur Elektronik,* hrsg. von Willi Reich, Zürich 1965

[131] Brief vom 26. April 1807, in: *Briefe,* S. 104

[132] *Briefe,* S. 800

Grenzen. Auch diese Einstellung teilte er mit vielen Zeitgenossen, so daß ihm auch der Zugang zu orientalischem und asiatischem Gedankengut nicht verschlossen blieb. Dazu wäre freilich anzumerken, daß dieser Zugang meist durch von Beethoven so geschätzte Dichter wie Herder, Goethe oder auch Schiller vermittelt wurde. Auf welchen inneren Widerhall diese Gedanken aus anderen Kulturen oftmals bei ihm stießen, belegt die Aufschrift aus dem Tempel der Göttin Neith, die er gerahmt auf seinem Schreibtisch bewahrte[133]:

Ich bin was da ist. Ich bin alles, was ist, was war und was sein wird. Kein sterblicher Mensch hat meinen Schleier aufgehoben.

Und 1816 notierte er unter der Überschrift *Aus der indischen Literatur* in sein Tagebuch[134]:

Gott ist immateriell, deswegen geht er über jeden Begriff; da er unsichtbar ist, so kann er keine Gestalt haben. Aber aus dem, was wir von seinen Werken gewahr werden, können wir schließen, daß er ewig, allmächtig, allwissend, allgegenwärtig ist.

In solchen Sätzen ist eine Gottesauffassung ausgesprochen, die Beethovens eigener religiöser Grundhaltung entsprach, die er auch mehrfach mit anderen und eigenen Worten dargelegt hat. Entscheidend daran aber, daß Beethoven auf solche Texte reagierte und sich durch sie zum »Nachdenken« herausgefordert sah – entscheidend daran ist, daß sich hier ein Bedürfnis artikulierte, nämlich Aufschluß über die Bestimmungen des Seins zu gewinnen. In diesem Zusammenhang ist das zu Beethovens Zeit weit verbreitete theologische Erbauungsbuch *Betrachtungen über die Werke Gottes im Reiche der Natur und Vorsehung auf alle Tage des Jahres* von Christoph Christian Sturm aus dem Jahre 1785 von besonderer Bedeutung[135]. Dieses Buch – Beethoven besaß es in der Ausgabe von 1811 – gibt für jeden Tag des Jahres eine Art fromme Betrach-

[133] Leitzmann II, S. 266
[134] ebenda, S. 252
[135] Vgl. Joseph Schmidt-Görg: *Missa solemnis. Beethoven in seinem Werk,* in: *Bericht über den Internationalen Musikwissenschaftlichen Kongreß Bonn 1970,* Kassel o. J. S. 13ff.; Karl-Heinz Köhler, *Beethovens literarische Kontakte – Ein Beitrag zum Weltbild des Komponisten,* in: *Bericht über den Internationalen Beethoven-Kongreß 10.–12. Dezember 1970 in Berlin,* Berlin 1971, S. 483ff.

tung, wobei diese Betrachtungen und Meditationen sich fast durchwegs an Erscheinungen in der Natur orientieren. Das Weltbild, das in diesem Buch zum Ausdruck kommt, trägt deistische Züge[136]. Für Beethoven muß die Schrift, den Gebrauchsspuren und den zahlreichen Anstreichungen nach zu urteilen, tägliche Pflichtlektüre gewesen sein. Hier schien er immer wieder das angesprochen zu finden, was ihn selbst innerlich bewegte; hier fand er ausgedrückt, was seiner eigenen Lebenssituation, seiner Notlage, aber auch letztlich seiner unbeugsamen Zuversicht und Hoffnungsfähigkeit sowie seinem Bedürfnis nach Vervollkommnung entsprach. So lautet eine der angestrichenen Stellen[137]:

> *Ich wünsche, daß ich in allen diesen Stücken einem Baum ähnlich sein möge. Möchte ich doch an jeder Tugend hoch emporwachsen, möchte ich nach Maßgabe des Standortes, wo ich mich befinde und der Fähigkeiten, die mir Gott gegeben hat, obwärts Früchte tragen! Möchte ich aber zu gleicher Zeit mit Festigkeit der Seele niederwärts wachsen, um meinem ganzen practischen Leben Richtung und Stärke zu geben, auch gegen alle Stürme des Unglücks in Sicherheit zu stehen, und mich der nöthigen Demuth zu erhalten! Desto mehr aber zittere ich davor, alten Bäumen gleich zu werden, daß ich durch meine wachsenden Wurzeln immer fester an die Erde gefesselt werde. Je näher ich dem Grabe komme, desto weiter sey es von mir entfernt, mich in der Welt fest zu wurzeln.*

In diesem Text wird ein inneres Bedürfnis des Menschen angesprochen, das für Beethoven äußerst charakteristisch ist, aber auch immer wieder zu schwer auszuhaltenden Spannungen führte: So wie die realistische Perspektive der eigenen Existenz unter dem Gesichtspunkt einer ethischen Entfaltung der künstlerischen Kräfte nie aufgegeben wurde, so sehr litt Beethoven doch immer wieder unter den realen Bedingungen des Lebens, stellten sich diese Bedingungen doch angesichts der Ertaubung, der bald

[136] Unter Deismus versteht man eine in der englischen und französischen Aufklärung vorherrschende religiöse Anschauung. Derzufolge gibt es einen von der Welt verschiedenen Gott, der aber weder in den Lauf der Welt eingreift noch durch Offenbarungen spricht. Der Deismus sieht Gott im übrigen auch nicht als eine persönliche Natur an.

[137] zitiert nach Schmidt-Görg, a. a. O., S. 20f.

zunehmenden Krankheiten und vor allem auch aufgrund seiner Neigung zur Misanthropie und zu Konflikten als außerordentlich schwierig dar. Und zu dem, was ihm an Bedingungen des realen Lebens widerfuhr, gehörten auch die vielen Enttäuschungen – Enttäuschungen durch Freunde, Enttäuschungen aber, die er vielleicht gerade deshalb brauchte, um verhindern zu können, daß er immer fester an die Erde gefesselt wurde. Im April 1810 erlebte er im Falle des vertrauten Ignaz von Gleichenstein eine solche Enttäuschung, als dieser ihm einen wichtigen Bescheid (wahrscheinlich die abschlägige Antwort der Familie Malfatti auf seinen Heiratsantrag) nicht persönlich übermitteln wollte. Beethoven sah sich in Verbindung mit dem Zusammenbruch all seiner Hoffnungen wieder einmal als »Dienstbote« des Adels; das veranlaßte ihn zu der bitteren, aber eben auch für ihn äußerst charakteristischen Bemerkung[138]:

> *Ich kann also nur wieder in meinem eigenen Busen einen Anlehnungspunkt suchen, von außen gibt es also gar keinen für mich – Nein, nichts als Wunden hat die Freundschaft und ihr ähnliche Gefühle für mich. So sei es denn, für Dich armer Beethoven gibt es kein Glück von außen. Du mußt Dir alles in Dir selbst erschaffen, nur in der idealen Welt findest Du Freunde.*

Leiden und Lebensverzicht

Hier wird doch auf eine auffallende Weise deutlich, worin Beethoven tatsächlich die Bedingungen für seine »ideale Welt« in der Kunst sah: in der Hinnahme von Enttäuschungen, in einem Leiden, das ihm die Realität auferlegte, das er aber auch willentlich auf sich nahm, weil er wußte, daß dies der Preis sein mußte, der im Interesse seiner Kunst und seiner Vorstellung von einem freien und unabhängigen Leben zu bezahlen war. Ohne »Resignation« aber ging das nicht ab. Nicht zufällig ist dieses Wort für Beethoven ein Schlüsselwort, wenngleich auch nicht in dem Sinne, daß es einen Zustand bezeichnete, aus dem kein Herauskommen mehr möglich wäre: *Traurige Resignation,* so hatte er schon im Jahre 1801 an den Freund Amenda geschrieben, *zu der ich Zuflucht*

[138] *Briefe,* S. 164; vgl. Dokumente, S. 262

nehmen muß; ich habe mir freilich vorgenommen, mich über alles das hinauszusetzen; aber wird es möglich sein?[139]

In jener frühen Phase war sich Beethoven vielleicht noch nicht darüber im klaren, welches schöpferische Potential sich da in seinen Leidenssituationen und in seiner Hingabe an das ihm oft einzig übrigbleibende *elende Zufluchtsmittel* Resignation ansammelte[140]. Später wurde ihm der innere Zusammenhang deutlich, wurde ihm bewußt, welche Produktivität in seiner Resignation enthalten war und wie unverzichtbar letztlich für ihn auch die Entsagung auf ein Lebensglück und die Leidenserfahrungen waren, sollte die Optimierung des künstlerischen Daseins vor dem Horizont des selbstgestellten ethischen Lebenskonzepts gelingen.

> *Wir Endliche mit dem unendlichen Geist sind nur zu Leiden und Freuden geboren, und beinahe könnte man sagen, die Ausgezeichneten erhalten durch Leiden Freude*[141].

So schrieb Beethoven 1815 an die Gräfin Erdödy, und später sollte er zu Anton Schindler, seinem Sekretär, sagen[142]:

> *Und wenn ich hätte meine Lebenskraft mit dem Leben so hingeben wollen, was wäre für das Edle, Bessere geblieben?*

Der »Lebensverzicht«, der hier eingestanden wird, erklärt vielleicht auch, weshalb die Literatur für Beethoven einen so hohen Stellenwert einnehmen konnte. Die Figuren, Stoffe und Gedanken, die sie ihm bot, vermittelten ihm eine Welt, in der er zu leben vermochte, wenn er sich mit ihren Repräsentanten verglich und gewissermaßen mit ihnen Umgang pflegte. Und dies tat Beethoven ausgiebig. Die Erfahrung des zunehmenden und schließlich gänzlichen Gehörverlustes mag diesen Lebensverzicht noch gefördert haben; und er darf im Sinne der kompensatorischen Funktion seiner künstlerischen Arbeit als eine durchaus produktive Kraft angesehen werden.

Beethovens Lebensverzicht und produktiver Vereinsamungszwang hatten aber bei allen positiven Konsequenzen, die er daraus für seine schöpferische Arbeit ziehen konnte, auch eine negative Seite. Bildete das »Leiden« den gleichsam stimulierenden Impuls

139 *Briefe*, S. 43; vgl. Dokumente, S. 225ff.

140 Brief vom 29. Juni 1801 an Wegeler, in: *Briefe*, S. 48; vgl. Dokumente, S. 228ff.

141 *Briefe*, S. 323

142 Schindler: *Ludwig van Beethoven*, S. 124

In den Wallanlagen an der Bastei

seiner schöpferischen Aktivität, so warf die damit verbundene Einsamkeit doch eine schwerwiegende Problematik auf: *Wie ein Verbannter muß ich leben* – hatte er im Heiligenstädter Testament geschrieben; und später klagte er[143]: *Das Alleinleben ist wie Gift für dich bei deinem gehörlosen Zustande.*

Beethoven wußte, die Einsamkeit konnte zu ausweglosen und unaushaltbaren Qualen führen, wenn der Verlust der Kommunikation mit der Gesellschaft und die Preisgabe einer sozialen Existenz ersatzlos hingenommen würden. Die Gefahr war groß, daß die gänzliche Individuation zerstörend in die Identität seiner Persönlichkeit eingriff; und sie erschien um so bedrohlicher, als diese Individuation immer wieder auch die Kunstproduktion in ihren tödlichen Bannkreis ziehen konnte. – Wie nämlich sollte der Anspruch seiner Musik im Sinne eines kommunikativen Mediums zugunsten der Entfaltung und Mobilisierung der ethischen Kräfte

[143] Leitzmann II, S. 262

im Menschen aufrechterhalten werden und einlösbar bleiben, wenn der kommunikative Aspekt im eigenen Leben und in der eigenen Vorstellungswelt vollkommen ausgelöscht sein sollte? Wo aber war eine Möglichkeit der Ersatzbeziehung gegeben? Wer bot sich als Bezugsperson und damit als Hilfe an, die Qual der Vereinsamung, die Resignation und die Fixierung auf die eigene Innenwelt zu bestehen und an der Zuversicht festhalten zu können, mit dem künstlerischen Schaffen der Welt anzugehören? Wer garantierte die Sinnhaftigkeit des Festhaltens an der Devise, den Menschen als Lebensperspektive die »Freude« zu vermitteln und ans Herz zu legen? Und wer schließlich konnte helfen, bei der fortgesetzten Spannung zwischen Lebensverzicht einerseits und der Anstrengung andererseits, den Kontakt mit der Umwelt nicht zu verlieren, noch so etwas wie die Hoffnung auf Frieden und Ruhe aufrechtzuerhalten? –

Natur und Religion

Aus dem Jahre 1815 ist folgende Aufzeichnung von Beethoven erhalten[144]: *Allmächtiger im Walde! Ich bin selig, glücklich im Wald; jeder Baum spricht durch dich. O Gott! welche Herrlichkeit! In einer solchen Waldgegend, in den Höhen ist Ruhe, Ruhe, ihm zu dienen.*

Immer wieder haben die Freunde und Bekannten Beethovens von seiner großen Naturverbundenheit berichtet. Vielleicht hat die zunehmende Ertaubung dazu beigetragen, daß Beethoven gegenüber der Lebendigkeit und den Schönheiten der Natur eine verstärkte Sensibilität entwickelte. Sicher jedenfalls ist – das geht aus der Aufzeichnung hervor –, daß für Beethoven die Natur einen Zufluchtsort darstellte, der Ruhe und Glücksempfinden gewährte. Aber mehr noch: Beethoven erlebte die Natur wohl auch als göttliche Offenbarung, als einen Raum, dessen Lebendigkeit und Schönheiten ihm »Gott« zur Gewißheit machten, ja deren Wahrnehmung und Empfindung ihn seine Nähe spüren ließen. Der innere Zusammenhang zwischen Natur und Gott im Sinne einer

[144] ebenda, S. 254

Gegenwelt zur notgedrungen konventionell-gesellschaftlichen Lebensform wird wiederholt zum Ausdruck gebracht – in ausgesprochenen Fluchtwünschen und Phantasien von einem »alternativen« Leben. So heißt es[145]: *Ein kleiner Hof, eine kleine Kapelle, von mir in ihr der Gesang geschrieben, aufgeführt, zur Ehre des Allmächtigen, des Ewigen, Unendlichen.* Später, im September 1824, notierte er in ein Konversationsheft[146]: *Vößlau oder / ein anderes, im / Winter fort / fort weit von / den (Stadt) Mensch*[en] / *Hinter dem / Vößlauischen / Garten ein / Bauren Hauß / geschaffen / um nur dem / Unendlichen / zu leben.*

Man kann diese Äußerungen Beethovens, die Zeugnisse seiner Religiosität darstellen, durchaus mit dem Naturidealismus der deutschen Klassik in Verbindung sehen. Seine Grundgedanken, etwa in der Äußerungsform Schillers in den *Philosophischen Briefen* von 1786, dürften ihm vertraut gewesen sein. Und trotzdem erscheint es unzureichend, das Gottesverständnis Beethovens einzig auf den Begriff Naturidealismus zu bringen. Der »Gott«, der da von Beethoven angesprochen wird, hat etwas von einer sehr persönlichen Erscheinung und Gestalt. Das bestätigen die entsprechenden Aufzeichnungen vor allem dadurch, daß sie da, wo von Gott die Rede ist, oft den Charakter von Gebeten und von Hilferufen haben: *O Gott! gib mir Kraft, mich zu besiegen!* heißt es 1812[147]. Ein Jahr später[148]: *O Gott, Gott, sieh auf den unglücklichen B. herab, laß es nicht länger so dauern!* Und wieder später – 1816[149]: *Hart ist der Zustand jetzt für dich, doch der droben, der ist; ohne ihn ist nichts!* 1818 schließlich[150]: *Gelassen will ich mich also allen Veränderungen unterwerfen und nur auf diese unwandelbare Güte, o Gott! mein einziges Vertrauen setzen.* Und noch einmal[151]: *Gott, Gott! mein Hort, mein Fels, o mein Alles! du siehst mein Inneres ... O höre, stets Unausprechlicher, höre mich, deinen unglücklichen, Unglücklichsten aller Sterblichen!*

Gott – oder besser gesagt: das Göttliche hatte in Beethovens Gedankenwelt schon immer eine bedeutende Rolle gespielt, vor allem in seiner Kunstauffassung; und dies in einem doppelten Sinn:

145 ebenda, S. 247
146 *Konversationshefte* VII, S. 363
147 Leitzmann II, S. 242
148 ebenda
149 ebenda, S. 256
150 ebenda, S. 265
151 ebenda, S. 264

ebenso nämlich, wie die Kunst unter dem Aspekt ihrer Idealität als Mittlerin des Göttlichen aufgefaßt wurde, diente sie auch als Medium »schöpferischer Freiheit« dazu, den Menschen zur Gottheit zu erheben. Vom Juli 1812 sind die so wichtigen Sätze, die hierfür zeugen[152]: *Fahre fort, übe nicht allein die Kunst, sondern dringe auch in ihr Inneres, sie verdient es. Denn nur die Kunst und die Wissenschaft erhöhen den Menschen bis zur Gottheit.* – So in einem Brief an eine junge Verehrerin.

Das Göttliche im Menschen und das Göttliche in der Kunst bildeten von früh an die Grundpfeiler in Beethovens Menschenbild und Kunstauffassung; und die Berufung darauf dürfte mit eine entscheidende Antriebskraft für seine schöpferische Arbeit und die damit verbundene Zielsetzung, *der armen leidenden Menschheit* [...] *mit meiner Kunst zu dienen*[153], gewesen sein. Doch ab 1812 tritt eine Akzentverschiebung in Beethovens Gott-Vorstellung ein. Gott wird gleichsam als Partnerfigur gesucht und angesprochen – als Bezugsperson und Vatergestalt, die den durch den Verlust der sozialen Existenz leer werdenden Lebensraum füllen muß. Gott ist die einzige Vertrauensperson – *o Gott! mein einziges Vertrauen*[154] – und ermöglicht in dieser Funktion zugleich das Vertrauen in die eigene schöpferische Aktivität und deren moralische Funktion.

In der engen und persönlichen Beziehung zu Gott schuf sich Beethoven, so dürfen wir sagen, gewissermaßen Ersatz für den endgültigen Verzicht auf die gelebte Liebesbeziehung zur Frau und für den durchaus auch damit zusammenhängenden Abbau des natürlichen Umgangs mit der Gesellschaft. Das bedeutet allerdings nicht, daß durch diese Hinwendung zu Gott, die seit Herbst 1812 festzustellen ist[155], die Gewähr für ein konfliktfreies Leben gegeben gewesen wäre. Gerade das Gegenteil werden wir aus dem Fortgang der Biographie erfahren. – Beethovens Lebens- und Liebesbedürfnis, sein Drang nach sozialer Existenz, zu der die Gewinnung eines »unabhängigen Lebens« in seinen Augen beileibe nicht in Widerspruch stand, waren zu stark, als daß er sich in die Einsamkeit einer klösterlichen Zelle hätte zurückziehen kön-

[152] Brief vom 17. Juli 1812 an Emilie M. in H., in: *Briefe,* S. 224; vgl. Dokumente, S. 272f.

[153] Brief vom Dezember 1811 an Joseph von Varena, in: *Briefe,* S. 205

[154] Siehe Anm. 150

[155] Vgl. Goldschmidt: *Die Unsterbliche Geliebte,* S. 310

nen, um dort die begehrte Ruhe und Freiheit zu finden[156]. Dieses Lebensbedürfnis war vielleicht, auch wenn es zugunsten der Kunst geopfert werden mußte, die unabdingbare Voraussetzung dafür, schöpferisch tätig sein zu können; insofern nämlich, als es durch den Konflikt mit dem erzwungenen Rückzug von der Welt und dem Zwang zur Vereinsamung Produktivität auslöste und vor allem auch dieser Produktivität ihre inhaltliche Bestimmung gab. Diese Bestimmung blieb gebunden an den Anspruch auf Vermittlung eines elendfreien Lebensbildes, erreichbar durch Widerstand und Überwindung. Aus der Sicht der eigenen Lebensvorstellungen und -bedürfnisse aber bleibt das Thema der Beethovenschen Kunst die »Hoffnung« – die Hoffnung auf eine wirkliche Lebenserfüllung und auf die Einlösung des Liebeswunsches. Diese Hoffnung wird jetzt nach 1812 geradezu kategorisch gefordert. Ihre Erfüllung – sie bleibt der Entscheidung Gottes vorbehalten.

Wie wichtig für Beethoven diese Klarstellung war, nämlich an seiner Sehnsucht nach einem Leben in sozialer Realität festhalten zu können und doch das in ihr enthaltene Versuchungsmoment durch die Hinwendung zu Gott abzuwehren, dürfte aus der Vertonung des Gedichts *An die Hoffnung* von Christoph August Tiedge hervorgehen. 1811 hatte Beethoven dieses Gedicht bereits in strophischer Form komponiert und Antonie Brentano gewidmet. 1815 schuf er dann eine ganz neue zweite Fassung in Form eines Rezitativs mit Arie. Diese Arbeit muß – eben in Hinblick auf das Thema »Hoffnung« – für Beethoven von großer Bedeutung gewesen sein. In welchem Maße sie die Veränderungen in der inneren Lebenssituation reflektiert, dies ist ablesbar an der Erweiterung des Liedes durch die Einbeziehung der ersten Strophe des Gedichts. In der ersten Fassung war diese Strophe unberücksichtigt geblieben. Jetzt hieß es:

Ob ein Gott sei? Ob er einst erfülle,
Was die Sehnsucht weinend sich verspricht?
Ob vor irgend einem Weltgericht
Sich dies rätselhafte Sein enthülle?
Hoffen soll der Mensch! er frage nicht!

Ein Ende der Hoffnung auf Liebe hatten der Brief an die Unsterbliche Geliebte und die Hinwendung zu Gott als Vertrauen schen-

[156] Aufzeichnung von 1817: *Ruhe und Freiheit sind die größten Güter.* In: Leitzmann II, S. 261

kende Bezugsperson wohl also noch nicht gesetzt! Doch es sollte schwieriger werden, guten Gewissens an der »Hoffnung« festzuhalten. – Zu Beethovens Lieblingsbüchern gehörte in den späteren Jahren Goethes *West-östlicher Divan.* Er besaß das Buch in der Ausgabe von 1820. Zahlreich sind hier die Anstreichungen. Goethes Lesebuch aus dem Buch der Liebe scheint auf Beethoven besonders nachhaltig gewirkt zu haben – viele Zeilen hat er sich besonders vermerkt und so auch die[157]:

> *wunderlichstes Buch der Bücher / Ist das Buch der Liebe, / Aufmerksam hab ich's gelesen: / Wenig Blätter Freuden, Ganze Hefte Leiden, / Einen Abschnitt macht die Trennung, / Wiedersehn! ein klein Kapitel / [. . .] / Doch am Ende / Hast den rechten Weg gefunden; / Unauflösliches, wer löst es? / Liebende, sich wieder findend. (??!!!)*

Zwei Fragezeichen, drei Ausrufezeichen hat Beethoven hinter die Verse Goethes gesetzt. Zu entscheiden, ob angesichts der Zeit, die verstrichen ist, der Erfahrungen, die gemacht worden sind, und der inzwischen geleisteten Neuorientierung die Zweifel inzwischen stärker geworden sind als die Hoffnung oder ob gar der Gedanke an eine doch noch glückliche Erfüllung des Wunsches nach einer geliebten Frau schon in weite Ferne gerückt und gar nicht mehr aktuell ist – dies zu entscheiden ist schwer, vielleicht gar nicht möglich.

Kein Ende der Schwierigkeiten

Um nach diesen Exkursen in unserer Darstellung der Biographie Beethovens den Faden wieder aufzunehmen, begeben wir uns noch einmal in das Jahr 1813. Es war ein Jahr, das nach all den Spannungen und dem psychischen Kräfteverschleiß der Vorjahre eine Art Zusammenbruch brachte. Im Dezember 1813 schrieb Beethoven an Erzherzog Rudolph die sehr bemerkenswerten Sätze[158]:

157 ebenda, S. 279f.
158 *Briefe,* S. 237

Was meine Gesundheit anbelangt, so ist's wohl dasselbe, um so mehr, da hierauf moralische Ursachen wirken, die sich so bald nicht scheinen heben zu wollen; um so mehr, da ich nur alle Hilfe bei mir selbst suchen und nur in meinem Kopf die Mittel dazu finden muß; um so mehr, da in der jetzigen Zeit weder Wort, weder Ehre, weder Schrift jemanden scheint binden zu müssen.

Beethoven wußte wahrscheinlich, daß er in einer ernsten und wohl auch sehr gefährlichen Krise steckte. Und wie fast immer: das persönliche Lebensempfinden fällt mit einem entsprechenden sozialen Lebensverständnis zusammen. Wie im Bereich des Privaten brechen für Beethoven sämtliche »Bindungen« sozialer Art zusammen: weder Wort, weder Ehre, noch Schrift – nichts gilt in dieser Zeit und in dieser Welt, in der er leben muß, als verbindlich. Was die Entfaltung einer sozialen Dimension der Existenz in seinem Verständnis ermöglichen könnte – all dies zählt nichts mehr.

Beethovens Zustand scheint 1813 zeitweilig so fatal gewesen zu sein, daß er sogar dem Selbstmord nahe war[159]. Doch mit den eigenen Schwierigkeiten war es noch nicht genug. Hatte im Herbst 1812 der Bruder Nikolaus Johann Probleme bereitet, so gab jetzt der Bruder Kaspar Anton Karl zu Sorgen Anlaß. Für Beethoven waren das nicht irgendwelche Probleme, die andere auszustehen hatten und an denen er gerade in dem Maße Anteil nahm, wie es bei Verwandten üblich ist. Seit seiner Jugend, seit dem Tod der Mutter hatte er sich für seine Brüder verantwortlich gefühlt – und dies in einem Umfang, daß er deren Probleme zu eigenen machte oder auch den Brüdern an Problemen etwas zuschob, was eigentlich seine eigene Sache war – so im Falle seiner Einmischung in deren Verhältnisse zu Frauen.

Im Falle des Bruders Karl lagen diesmal allerdings andere, Sorgen bereitende Umstände vor. Karl war 1809 in die Position eines »Liquidations-Adjunkten« aufgestiegen. Als kleiner Beamter war er allerdings durch die miserable wirtschaftliche Situation in Österreich und durch das sogenannte »Finanzpatent« von 1811, das eine Geldabwertung brachte, die viele ruinierte, in eine finanzielle Notlage geraten. Beethoven unterstützte die Familie seines Bruders, was ihm zu diesem Zeitpunkt Anfang 1813 schon schwerfiel, da er selbst nach für ihn einigermaßen guten Zeiten in finanzielle Schwierigkeiten geriet. Mit dafür verantwortlich waren

[159] Vgl. Solomon: *Beethoven,* S. 251f.

einerseits der überraschende Tod Kinskys und andererseits der Ruin des Fürsten Lobkowitz, was den Ausfall der vereinbarten Beiträge zu seiner Jahresrente zur Folge hatte[160] (vgl. Dokumente, S. 278ff.).

Zur Verschlechterung der finanziellen Lage kam schließlich noch hinzu, daß der Bruder Karl schwer erkrankte und bald alle Anzeichen dafür sprachen, daß keine Besserung mehr zu erwarten wäre. In dieser Situation kam es zu einer testamentarischen Bestimmung, die vorsah, daß Beethoven im Falle des Ablebens des Bruders die Vormundschaft über seinen Neffen Karl übernehmen sollte. Der gesundheitliche Zustand des Bruders besserte sich jedoch dann ebenso wie seine finanzielle Lage, so daß diese Sorgen bald ausgestanden waren.

Neue Initiative

War Beethovens Situation in der ersten Jahreshälfte 1813 also keineswegs erfreulich, so ist doch auf der anderen Seite festzustellen, daß gerade in dieser Zeit seine Popularität außerordentlich anstieg. Wie Ironie mutet dies an, bedenkt man, daß er keine rechte Einstellung zum Komponieren zu finden schien. Zufall oder Schicksalsfügung! – man mag es sehen, wie man will, ein Impuls von außen veränderte die Lage: die in den Spätsommer 1813 fallende Begegnung mit dem Konstrukteur mechanischer Musikinstrumente Johann Nepomuk Mälzel (1772–1838) löste in Beethoven neue Initiativen aus. Da sie zusammenfielen mit einer gesteigerten Popularität, die seine Musik in der Öffentlichkeit genoß, sollte dies dafür sorgen, daß sein Name und sein Ruf bald weit über Wien hinaus weltbekannt wurden. Mälzel, der 1808 den Titel eines kaiserlichen Hofkammermaschinisten verliehen bekam, war zur damaligen Zeit aufgrund seiner Erfindung des Panharmonikon[161] eine europäische Berühmtheit. Heute ist er nur mehr bekannt durch die allerdings keineswegs auf ihn allein zurückgehende Erfindung des Metronoms. Mälzel machte Beethoven den Vor-

[160] Darauf bezieht sich auch Beethovens Beschwerde, daß in der jetzigen Zeit weder Wort, weder Ehre, weder Schrift bindend seien. In: *Briefe,* S. 237

[161] Unter Panharmonikon ist ein mechanisch betriebener Orchesterapparat zu verstehen.

schlag zu einer Musik, die den Sieg Wellingtons in der Schlacht bei Vittoria am 21. Juni 1813 verherrlichen sollte. Der Anlaß war aktuell. Mit dem Sieg der Alliierten wurde dem Expansionswahn des Kaisers Napoleon ein jäher Sturz bereitet. Damit kündigte sich eine neue Zeit an. Welche Zeit, das ahnten freilich gerade die, die den Sieg über Napoleon am begeistertsten feierten, am wenigsten. –

Beethoven ging überraschend auf Mälzels Vorschlag ein und komponierte *Wellingtons Sieg oder die Schlacht bei Vittoria.* Das Werk wurde in einer zugunsten der in der Schlacht bei Hanau verwundeten österreichischen und bayerischen Soldaten gegebenen Akademie am 8. Dezember 1813 unter Mitwirkung der besten Musiker Wiens aufgeführt. Die Begeisterung war groß; der Komponist selbst aber, der in dieser Akademie noch die 7. Sinfonie erstmals aufführte, sah sich unversehens als patriotischer Komponist anerkannt und geschätzt.

Dreimal wurde die Schlachtensinfonie noch mit Erfolg wiederholt. Am 2. Januar, am 27. Februar und am 25. März 1814. Die Aufführungen waren für Beethoven nicht nur finanziell erfolgreich, sie lösten in ihm auch neue Schaffensimpulse aus, und am 13. Februar 1814 schrieb er an den Grafen Brunswick: *So rette ich mich nach und nach aus meinem Elend*[162].

Die wichtigste Tat dieses Jahres war zweifellos die zusammen mit dem Dichter Georg Friedrich Treitschke vorgenommene erneute und jetzt endgültige Umarbeitung der Oper *Fidelio.* Deren Wiederaufführung wurde dadurch nahegelegt, daß Beethovens Musik zu dieser Zeit so außerordentlich populär war. Am 23. Mai 1814 wurde *Fidelio* in der neuen Fassung vorgestellt. Der Erfolg war beispiellos und veranlaßte Beethoven im Gefühl der Versöhnung mit seinem Publikum, aber wohl auch aus Zufriedenheit über seine Situation, zu einer Zeitungsmitteilung an seine Verehrer[163]:

> *Ein Wort seinen Verehrern. Wie oft haben sie, im Unmuth, daß seine Tiefe nicht genügend anerkannt werde, gesagt, van Beethoven dichte nur für die Nachwelt! Von diesem Irrtum sind sie gewiß, wenn auch erst seit der allgemeinen Begeisterung, welche die unsterbliche Oper Fidelio erweckt hat, zurückgekommen, überzeugt, daß das wahrhaft Große und Schöne*

[162] *Briefe,* S. 263
[163] Thayer III, S. 433f.

auch in der Gegenwart verwandte Geister und fühlende Herzen finde, ohne der Nachwelt den geringsten ihrer gerechten Ansprüche zu entziehen.

Hochstimmung und Enttäuschung

Im September 1814 begann der Wiener Kongreß. Er dauerte bis in den Juli 1815. Politisch ging es dabei nicht nur um einen Friedensvertrag unter den europäischen Nationen; entscheidender und für die nächsten Jahrzehnte von erheblicher Tragweite war, daß die Politiker eine »neue Ordnung« Europas vorsahen, die grundsätzlich restaurativ geprägt sein sollte, die auf eine Wiederherstellung der alten Staatenverhältnisse und gesellschaftlichen Strukturen vor der Revolution von 1789 abzielte. Das mußte zwangsläufig aufgrund der dynamischen Kräfte, die den gerade im Kampf gegen Napoleon mobilisierten nationalen und liberalen Bewegungen zuwuchsen, zu heftigen Konflikten führen. Es sollte allerdings nicht lange dauern, bis durch die sogenannten Karlsbader Beschlüsse vom 20. September 1819 jedem »Bürger« klar werden mußte, daß die restaurative Politik des Fürsten Metternich keine Spur von Liberalismus duldete. Überall, wo freiheitlicher Geist vermutet wurde, und das waren vor allem die Universitäten, wurde von staatlicher Seite aus dagegen vorgegangen.

Aus Anlaß des Wiener Kongresses 1814/15 versammelte sich die deutsche Intelligenz zusammen mit den Politikern noch in Wien, um mit der Niederlage Napoleons zugleich die Geburt eines freiheitlichen Europas zu feiern. Damals konnte man noch nicht glauben, daß sich wenige Jahre später über Deutschland und Österreich die drückende Schwere der Friedhofsruhe legen sollte. 1814/15 war Wien erfüllt vom Taumel der Freude, in dem sich das Gefühl der Befreiung von der Napoleonischen Herrschaft und den jahrelangen Schrecken des Krieges Luft machte. Das Angebot an Unterhaltung war schier unübersehbar und umfaßte von festlichen Bällen über Volksbewirtungen, Sportveranstaltungen, Opern-, Theater- und Ballettvorführungen bis zu Revuen und großen Schauveranstaltungen alles, was Zerstreuung bot. Beethoven stand diesem Treiben nicht fern. Im Gegenteil: Er lieferte zu diesem Totalangebot an Amusement seinen Beitrag, komponierte

Märsche, Einlagen zu dem patriotischen Drama *Leonore Prohaska* des preußischen Kabinettsekretärs Friedrich Duncker WoO 96 und die Kantate *Der glorreiche Augenblick* op. 136. Er ließ sich dafür den Monarchen und den Vertretern des Hochadels vorstellen, um Geschenke entgegenzunehmen und sich, wie er später nicht ohne einen *gewissen Stolz* sagte, *von den hohen Häuptern die Cour machen*[164] zu lassen.

Sein Ruhm erreichte in dieser Zeit über Wien hinaus den zu seinen Lebzeiten höchsten Grad. Allerdings sollte diese Welle der Begeisterung und Hochschätzung seiner Kunst nur von kurzer Dauer sein. Als am 29. November 1814 im Wiener Redoutensaal die Kantate *Der glorreiche Augenblick* zusammen mit *Wellingtons Sieg* und der 7. Sinfonie aufgeführt wurde, da gehörten zu dem ca. 5000 Köpfe zählenden Publikum die höchsten Vertreter der Politik, selbst König Friedrich Wilhelm III. von Preußen war anwesend. Die Begeisterung war groß. Das zweite Konzert nur wenige Tage später war allerdings nurmehr halb besetzt, und eine dritte Wiederholung mußte abgesagt werden.

Beethovens Name galt zweifellos viel, doch in Verbindung mit der veränderten politischen Situation, die der Wiener Kongreß einleitete, und mit deren Folgen auf die geistige Einstellung der Zeitgenossen traten bald neue kulturelle Entwicklungen in den Vordergrund, die schnell die Gunst des Publikums fanden, den musikalischen Sprachstil Beethovens aber überholt und nicht mehr aktuell erscheinen ließen. Nicht mehr Beethovens heroische Thematik war gefragt, sondern biedermeierliche Genrekunst und die dunkle Irrationalität der romantischen Oper, deren Mystizismus bestens dazu geeignet war, die politische Wirklichkeit zu verdrängen und die Not der realen Unfreiheit durch die Hingabe an die Traumbereiche, die die Musik heraufzauberte, zu vergessen. Am stärksten aber entfaltete sich ein Bedürfnis nach brillanter Unterhaltungs- und Virtuosenkunst großen Stils; und die wußte der Italiener Gioacchino Rossini mit seinen Opern ebenso in reichlicher Fülle zu bieten, wie beispielsweise Niccolo Paganini mit seiner virtuosen Geigenkunst die Sensationslust zu befriedigen vermochte.

Ab 1816 versetzte Rossini die Wiener in einen wahren Taumel, der 1822 dann seinen Höhepunkt erreichte. Daß diese musikalische »Vergnügungsindustrie« durchaus im Sinne der Politiker war,

[164] Schindler: *Ludwig van Beethoven,* S. 202

mag man daraus ersehen, daß Rossini in diesem Jahr 1822 auf Bestellung Metternichs zu dem in Verona stattfindenden »Kongreß der Nationen« vier Kantaten komponierte, in denen die Heilige Allianz besungen wurde. Noch im Jahr 1814 war Beethoven erfolgreich, ja, dieses Jahr darf äußerlich gesehen als Höhepunkt seines öffentlichen Wirkens angesehen werden. Beethoven ließ sich diesen Erfolg auch gefallen, doch er wurde keineswegs darüber blind. Es ist immerhin auffällig, daß er in dieser Zeit neben den Huldigungskompositionen für die Kongreßfeierlichkeiten

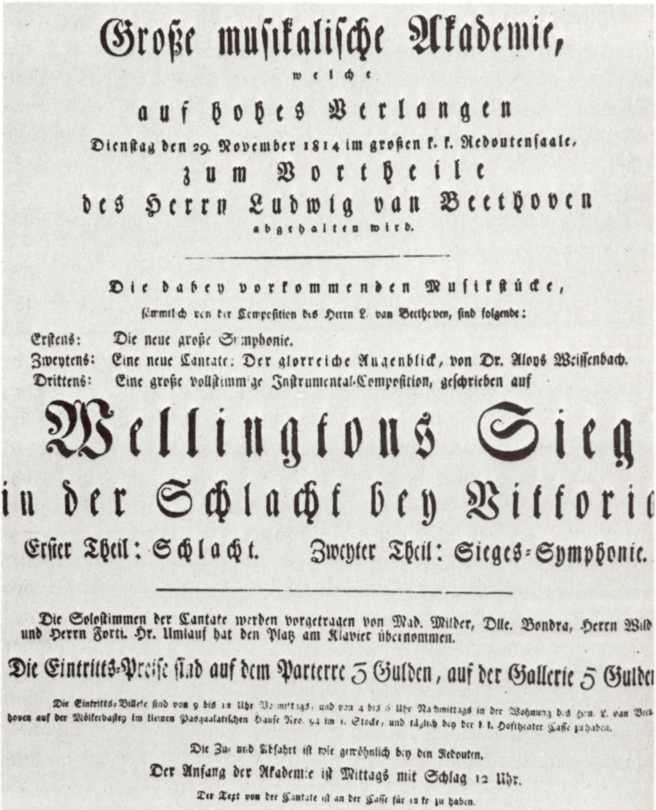
Große musikalische Akademie,
welche
auf hohes Verlangen
Dienstag den 29. November 1814 im großen k. k. Redoutensaale,
zum Vortheile
des Herrn Ludwig van Beethoven
abgehalten wird.

Die dabey vorkommenden Musikstücke,
sämmtlich von der Composition des Herrn L. van Beethoven, sind folgende:

Erstens: Die neue große Symphonie.
Zweytens: Eine neue Cantate: Der glorreiche Augenblick, von Dr. Aloys Weissenbach.
Drittens: Eine große vollstimmige Instrumental-Composition, geschrieben auf

Wellingtons Sieg
in der Schlacht bey Vittori[a]

Erster Theil: Schlacht. Zweyter Theil: Sieges-Symphonie.

Die Solostimmen der Cantate werden vorgetragen von Mad. Milder, Dlle. Bondra, Herrn Wild und Herrn Forti. Hr. Umlauf hat den Platz am Klavier übernommen.

Die Eintritts-Preise sind auf dem Parterre 3 Gulden, auf der Gallerie 5 Gulde[n]

Die Eintritts-Billete sind von 9 bis 12 Uhr Vormittags, und von 4 bis 6 Uhr Nachmittags in der Wohnung des Hrn. L. van Beethoven auf der Mölkerbastey im kleinen Pasqualatischen Hause Nro. 94 im 1. Stocke, und täglich bey der k. k. Hoftheater Casse zu haben.

Die Zu- und Abfahrt ist wie gewöhnlich bey den Redouten.

Der Anfang der Akademie ist Mittags mit Schlag 12 Uhr.

Der Text von der Cantate ist an der Casse für 12 kr zu haben.

Programm der Akademie am 29. November 1814

Werke in Angriff nahm wie die Klaviersonate in A-Dur op. 101 und die beiden Violoncellosonaten op. 102, in denen bereits die ersten Schritte zum Spätstil hin gemacht werden. Vor allem auffallend ist eine innere Distanz zu dem, was um ihn herum vorging. Derselbe Mensch, der später sagen durfte, er habe sich damals von den gekrönten Häuptern Europas *die Cour machen* lassen (s. o.), und der durchaus auch die Erwartungen seines Publikums zufriedenzustellen wußte, notierte 1814 in sein Tagebuch[165]: *Gegen alle Menschen äußerlich nie die Verachtung merken lassen, die sie verdienen, denn man kann nicht wissen, wo man sie braucht.* Es wurde ihm offensichtlich immer schwerer, sich in Stimmung und Einstellung mit seinem Publikum und der Wiener Gesellschaft zu arrangieren und zu versöhnen. Schon früher mißhagte ihm die anpasserische, nach seiner Meinung einzig auf sinnlichen Genuß bedachte Natur der Wiener. Jetzt, da er merkte, welche reaktionären politischen Entwicklungen zu erwarten waren und wie die Wiener statt in Widerstand sich in Vergnügungen übten, mußte er sich völlig fremd in dieser Wirklichkeit fühlen.

Rückzug in die Einsamkeit

Entscheidend mitverantwortlich dafür allerdings, daß er in Abwehrstellung ging bzw. sich zurückzog, war auch, daß sich jetzt sein Gehörleiden doch erheblich verschlechterte. Damit wuchsen seine Menschenscheu, sein Mißtrauen, vor allem aber auch seine Einsamkeitsgefühle. Gerade letzteres wurde noch dadurch verstärkt, daß sich die Reihen der Freunde und Weggenossen der zurückliegenden Jahre lichteten. Bereits Ende 1812 war Fürst Kinsky verunglückt. 1814 starb Lichnowsky, 1816 Fürst Lobkowitz, in dessen Palais viele Jahre hindurch zahlreiche Werke Beethovens erstmals aufgeführt worden waren. Am 31. Dezember 1814 brannte das Palais Rasumowskys nieder. Der Fürst verließ daraufhin im Februar 1815 Wien und ließ wenig später den Geiger Schuppanzigh nach Rußland nachkommen. Weitere Freunde schieden in den folgenden Jahren, und Beethoven litt, auch wenn

[165] Leitzmann II, S. 246; vgl. Dokumente, S. 281

er neue Freunde gewann, spürbar unter Einsamkeit und Isolierung. Was ihn schließlich vollends seine Lebenssituation als unerträglich empfinden ließ, waren die sich häufenden Krankheiten, vor allem Unterleibsbeschwerden, und die ständigen Geldschwierigkeiten.

Die Fürsten Lobkowitz und Kinsky sowie Erzherzog Rudolph hatten 1809, wie wir wissen, mit Beethoven eine vertragliche Regelung über eine Leibrente getroffen. Als Ende 1811 durch das sogenannte »Finanzpatent« eine starke Entwertung der österreichischen Währung erfolgte, verlor die Beethoven zustehende Rente beträchtlich an Kaufkraft. Erzherzog Rudolph setzte seine Zahlungen entsprechend herauf, Kinsky und vor allem Lobkowitz gerieten allerdings selbst in Finanzschwierigkeiten. Es kam zu Aussetzungen der Zahlungen. Im Falle Kinsky wäre gewiß eine annehmbare Vereinbarung zustande gekommen, doch Kinsky stürzte im Herbst 1812 unglücklich vom Pferd und starb. Die Erben wollten die Zahlungen einstellen; es kam zur Verhandlung vor Gericht (vgl. Dokumente, S. 278ff.), das zugunsten Beethovens entschied. Neben dieser Leibrente besaß Beethoven acht Bankaktien, die er aus den beträchtlichen Einkünften von 1814 erworben hatte. Die ihm daraus zustehenden Dividenden bildeten mit der Leibrente die einzigen feststehenden Einkünfte. Sie allerdings reichten lange nicht aus, um die Kosten seiner Lebenshaltung, der Prozesse, die er um seinen Neffen Karl führte, und der Internate, in denen er diesen unterbrachte, zu decken. Die Folge war, daß Beethoven Geld lieh oder sich für Auftragskompositionen auszahlen ließ, ohne die Werke zu liefern oder an Rückzahlung zu denken. Seine Schulden wuchsen und veranlaßten ihn zu geradezu kriminellen Hintergehungen seiner Verleger, indem er es auf doppelten Verkauf der Werke anlegte. Die aber wohl am schwersten wiegende Beeinträchtigung seines inneren Gleichgewichts ging von den jahrelangen Auseinandersetzungen um den Neffen Karl aus. Die damit verbundenen Probleme beschäftigten Beethoven bis zu seinem Lebensende, ja dürften dieses sogar mit vorzeitig herbeigeführt haben.

Der Kampf um ein Kind

Am 15. November war Beethovens Bruder Kaspar Anton Karl gestorben. Seine Ehe mit Johanna Reiss war wenig harmonisch verlaufen; 1811 war es sogar zur gerichtlichen Auseinandersetzung gekommen, als Karl seine Frau wegen Gelddiebstahls verklagt hatte, was ihr als Schuldurteil einen Monat Hausarrest eintrug. Einen Tag vor seinem Tode verfaßte Karl ein Testament, in dem es hieß[166]: *Nebst meiner Gattin bestimme ich zum Mitvormund meinen Bruder Ludwig van Beethoven.* Beethoven aber zwang seinen Bruder zu einer Abänderung in dem Sinne, daß ihm die alleinige Vormundschaft zufallen sollte. Das veranlaßte den Bruder zu der nachträglichen Verfügung, *daß ich durchaus nicht will, daß mein Sohn Karl von seiner Mutter entfernt werde, sondern daß derselbe immerhin und in solange es seine künftige Bestimmung zuläßt, bei seiner Mutter zu verbleiben habe, daher denn dieselbe so gut wie mein Bruder die Vormundschaft über meinen Sohn Karl zu führen hat*[167].

Nach dem Tode seines Bruders bemühte sich Beethoven in Form mehrerer schriftlicher Eingaben an das k.k. niederösterreichische Landrecht um die ausschließliche und alleinige Vormundschaft, wobei er nicht davor zurückschreckte, seiner Schwägerin die für die Erziehung eines Kindes notwendigen *moralischen* und *intellektuellen* Eigenschaften abzusprechen[168]. Am 9. Januar 1816 entschied der Gerichtshof zugunsten Beethovens. Am 2. Februar wurde der Neffe von seiner Mutter getrennt und in das Erziehungsinstitut des Kajetan Giannatasio del Rio gegeben. Wenige Tage später schrieb Beethoven über seinen merkwürdigen Sieg an Antonie Brentano[169]: *Derweil habe ich gefochten, um ein armes, unglückliches Kind einer unwürdigen Mutter zu entreißen, und es ist gelungen – Te deum laudamus.* Nach dem Willen Beethovens sollte der Mutter jeder Kontakt mit ihrem Sohn untersagt werden, doch das Gericht entschied, daß sie ihr Kind besuchen könne, allerdings

[166] Dagmar Weise: *Beethoven: Entwurf einer Denkschrift,* Bonn 1953, S. 12f. Vgl. Solomon, *Beethoven,* S. 268

[167] Thayer III, S. 518

[168] Schiedermair: *Neue Schriftstücke in Beethovens Vormundschaft über seinen Neffen,* in: *Neues Beethoven-Jahrbuch* VIII/1938, S. 62

[169] *Briefe,* S. 338 (Brief vom 6. Februar 1816)

Der Neffe Karl van Beethoven
Unsignierte Miniatur auf Elfenbein

nur in Begleitung Beethovens oder eines von ihm bestellten Vertrauensmannes.

In seinem Innern war sich Beethoven über die Richtigkeit und die Moral seiner Handlung offenbar gar nicht so sicher, wie es nach außen hin den Anschein hatte, auch wenn er wahrscheinlich fest davon überzeugt war, im Interesse des Neffen eine Art Rettungsaktion vollbracht zu haben. Es ist auffällig, wie sehr er darum bemüht war, Gründe zu finden, die seine Schwägerin in seinen Augen endgültig diskreditieren und gleichzeitig seine Rolle als Retter des Knaben unter Beweis stellen sollten. So dichtete er ihr die Vergiftung ihres Mannes an und dachte sie sich als Prostituierte[170]:

Diese Nacht ist diese Königin der Nacht bis 3 Uhr auf dem Künstlerball gewesen, nicht allein mit ihrer Verstandesblöße, sondern auch mit ihrer körperlichen – für 20 fl, hat man sich in die Ohren gesagt, daß sie zu haben sei! Oh schrecklich! Und unter diesen Händen sollen wir unseren kostbaren Schatz nur einen Augenblick vertrauen? Nein, gewiß nicht!

In welchem Maße Beethovens Realitätssinn in dieser Angelegenheit schwand, belegt schließlich die wachsende Einbildung, selbst der Vater Karls zu sein. So schrieb er am 6. September 1816 an Kanka[171]: *Ich bin wirklich leiblicher Vater von meines verstorbenen Bruders Kind.* Und wie sehr er sich damals der Illusion hingab, mit der Eroberung des Neffen gleichzeitig eine Art Familie gegründet zu haben, offenbarte er indirekt in einem Brief von Ende September 1816 an Wegeler[172]: *Du bist Mann, Vater – ich auch, doch ohne Frau.* Sieht man den hier sich aussprechenden Wunsch nach Familie in Zusammenhang mit den heftigen und oft grundlos bösartigen Ausfällen gegen Johanna, so darf man annehmen, daß Beethovens Verhältnis zu seiner Schwägerin in Wirklichkeit höchst kompliziert war. So könnte die Einschätzung der Frau als Prostituierte Ausdruck sexuellen Verlangens, andererseits jedoch auch Folge der Abwehr gegenüber der Unkontrollierbarkeit und überschwemmenden Gewalt des potentiellen eigenen Gefühls sein.

Ebenso könnten ihm die »vorgegebene« Rettung des Neffen und die »eingebildete« Liebe zu dem Knaben dazu gedient haben, sich selbst vor der eigenen Begierde und dem Verlangen nach der Frau, die durch den Tod des Bruders in seiner Vorstellung gewissermaßen ihm zugefallen war, zu schützen[173]. Beethoven war sich gewiß nicht im klaren über die inneren Beweggründe seines Verhaltens und seiner Handlungen; doch die Problematik und das zutiefst Fragwürdige an seiner Einstellung müssen ihn häufig bedrückt und ihm das Gefühl auswegloser Verstrickung vermittelt haben. 1816 notierte er in sein Tagebuch[174]:

170 Brief vom 17. Februar 1816, in: *Briefe,* S. 340; vgl. Dokumente, S. 286
171 *Briefe,* S. 359
172 *Briefe,* S. 364
173 Siehe auch Solomon: *Beethoven,* S. 269
174 Leitzmann II, S. 260

Gott helfe! Du siehst mich von der ganzen Menschheit verlassen, denn Unrechtes will ich nichts begehen. Erhöre mein Flehen, doch für die Zukunft nur, mit meinem Karl zusammen zu sein, da nirgends sich jetzt eine Möglichkeit dahin zeigt. – O hartes Geschick! o grausames Verhängnis! nein, nein, mein unglücklicher Zustand endet nie!

Und wie unausweichlich er sein Leben vor dem Horizont der Schuld begriff, zeigen jene Tagebucheintragungen, die Fluchtwünsche zum Ausdruck bringen, wird aber auch greifbar z.B. daran, daß sich Beethoven die Schlußverse aus Schillers Braut von Messina notierte[175]: *Dies eine fühl' ich und erkenn' es klar: das Leben ist der Güter höchstes nicht, der Übel größtes aber ist die Schuld.*

Vater ohne Frau

Immerhin versuchte Beethoven, zu seiner Schwägerin eine einigermaßen erträgliche Beziehung zu entwickeln, und er hatte bis Mitte 1817 sogar einen recht regen Kontakt zu ihr, den er allerdings gegenüber seiner Umwelt geheimzuhalten trachtete. Auch wenn Beethoven von sich sagte, Vater ohne Frau zu sein, so gibt es doch im Zusammenhang mit der Vormundschaft über den Neffen Anzeichen dafür, daß er »Ersatzfrauen« bzw. »Ersatzfamilien« in seinen Lebenskreis zu ziehen versuchte, an denen sich die Illusion von einem »ganzen« und normalen bürgerlichen Leben nähren ließ. Von besonderer Bedeutung in den Jahren 1817–1818 war Nanette von Streicher, die bereits im Kindesalter als Pianistin Aufsehen gemacht hatte und seit 1794 mit dem Inhaber einer Klavierfirma, Johann Andreas von Streicher, verheiratet war. Beethoven kannte das Ehepaar seit den frühen 90er Jahren, war ihm sehr freundschaftlich verbunden und hatte dort mehrfach in depressiven Phasen Trost erfahren. Nanette von Streicher war von Anfang 1817 an ein knappes Jahr lang Beethovens Ratgeberin und Vertrauensperson. Sie stand ihm in allen Fragen der Haushaltsführung und der Ausbildung des Neffen mit ihren Erfahrungen zur Seite; darüber hinaus vertraute Beethoven ihr seine Nöte, Ängste

[175] ebenda

und Sorgen an. Allerdings brachten es die häufigen Besuche und Begegnungen mit sich, daß man in der Umgebung von einem Verhältnis der beiden sprach. Sie stellten daraufhin Ende 1817 die Besuche ein, und die enge Beziehung flaute langsam ab.

Nicht weniger wichtig als die Fürsorglichkeit von Nanette von Streicher war in dieser Zeit für Beethoven der häufige, fast tägliche Besuch bei den Giannatasios. Das Familienleben mit den beiden bereits erwachsenen Töchtern mochte ihn besonders behaglich anmuten. Fanny, die ältere Tochter, deren Tagebuch voller feiner Beobachtungen ist, verliebte sich in Beethoven und hätte sich, ohne daß sie ihre Gefühle diesem gegenüber preisgab, glücklich geschätzt, für ihn als seine Frau sorgen zu dürfen. Beethoven scheint Fannys Gefühle durchaus bemerkt zu haben. Er ging jedoch in Abwehrstellung, indem er vorgab, sich für die jüngere Tochter zu interessieren, die allerdings bereits verlobt war. Bei gemeinsamen Familienabenden sprach Beethoven wiederholt über seine Kindheit und Jugend in Bonn sowie über seine negative Einstellung zur Ehe.

Trotz des vertrauten Umganges kam es doch auch immer wieder zu Konflikten mit den Giannatasios. Beethoven stand deren Erziehungsmethoden mißtrauisch gegenüber. Am 24. Januar 1818 nahm er den Neffen zu sich ins Haus und ließ ihn durch einen Privatlehrer unterrichten. Er glaubte, auch im Vertrauen auf die Redlichkeit seiner Erziehungsvorstellungen, damit ein Stück Familienexistenz mehr verwirklichen zu können. Wie zuversichtlich er der Zukunft eines gemeinsamen häuslichen Lebens mit dem Neffen entgegensah, läßt sich seinem Brief vom 23. Januar an Nanette von Streicher entnehmen[176]:

> *Morgen trifft Karl ein und ich habe mich in ihm geirrt, daß er vielleicht doch vorziehen würde da zu bleiben. Er ist frohen Muts und viel aufgeweckter als sonst und zeigt mir jeden Augenblick seine Liebe und Anhänglichkeit; übrigens hoffe ich, daß Sie sehen, daß ich in einem einmal etwas fest Beschlossenem nicht wanke und es war so gut!*

[176] *Briefe*, S. 460

Beethoven sah die Situation zu optimistisch und verkannte wohl vollkommen, welche Probleme er sowohl seinem Neffen als auch der Schwägerin geschaffen hatte. Auf Karl mußte die ständige Präsenz des Onkels mit seinen erzieherischen Zielen und hochgesteckten Erwartungen bedrückend wirken, was ihn dazu brachte, Möglichkeiten zu suchen, um sich dem Onkel zu entziehen oder ihm durch Trotz Widerstand zu leisten. Es hat schon seinen Grund, wenn Karl später sagte: *Ich bin schlechter geworden, weil mich mein Onkel besser haben wollte*[177]. Johanna aber mußte die neue Situation als untragbar empfinden, weil ihr der Sohn mehr denn vorher entzogen war und weil sie wiederholt bestätigt fand, daß Beethoven den Jungen unangemessen streng behandelte. Es kam zum Bruch des vorherigen, im Grunde sich günstig auswirkenden Arrangements. Johanna wandte sich im September 1818 wieder an das Landrecht mit dem Antrag, Beethoven die Vormundschaft abzusprechen. Sie wurde abgewiesen; ebenso beantwortete man ihre Bitte, Karl auf das staatliche Universitäts-Konvikt zu schikken, abschlägig.

Hinter diesen Gerichtsbescheiden standen ohne Frage Freunde Beethovens. Ende des Jahres 1818 spitzte sich dann der Konflikt dramatisch zu. Es begann damit, daß Karl, der seit November eine öffentliche Schule besuchte, am 3. Dezember zu seiner Mutter floh. Er wurde von dort durch die Polizei in das Institut der Giannatasios gebracht. Johanna ging daraufhin erneut vor Gericht. Es kam am 11. Dezember 1818 zur Verhandlung, die für Beethoven mit einer doppelten Niederlage endete: Als der Neffe nach dem Grund seiner Flucht und seiner Weigerung, zu Beethoven zurückzukehren, gefragt wurde, erklärte er, Angst *vor Mißhandlungen* gehabt zu haben und daß *ihn sein Onkel zu erdrosseln drohte*[178]. Im Verlauf der Anhörung von Beethoven selbst kam es dann zur Frage nach der adeligen Herkunft der Familie Beethoven und nach den entsprechenden urkundlichen Belegen. Da Beethoven eine Urkunde nicht vorlegen konnte, gab das Landrecht den Fall an den Magistrat ab, der für die Rechtsangelegenheiten der Bürger zuständig war.

[177] zitiert nach Willy Hers: *Beethoven,* Winterthur 1957, Neuauflage 1976, S. 217
[178] Thayer IV, S. 551

Für Beethoven war diese Wendung ein niederschmetternder Schlag. Er fühlte sich aufs tiefste verletzt. Doch damit nicht genug. Am 11. Januar 1819 kam es zur Verhandlung vor dem Magistrat, und der entschied gegen Beethoven (vgl. Dokumente, S. 296ff.). Gut zwei Monate später wurde er vom Gericht aufgefordert, die Vormundschaft ganz niederzulegen. Beethoven ging darauf in der Form ein, daß er seinerseits bat, an seiner Stelle als Vormund Matthias von Tuscher einzusetzen. Über diesen versuchte er nun, den Neffen, der zunächst in die Anstalt von Joseph Gudlich und dann in das Erziehungsinstitut von Joseph Blöchlinger gegeben wurde, auf eine Auslandsschule zu schicken, was der Magistrat allerdings ablehnte.

Es ging Beethoven ganz offensichtlich darum, die Begegnung zwischen Mutter und Sohn unter Einsatz aller erdenklicher Mittel zu verhindern. Diese Situation beeinflußte freilich auch seine Haltung dem Neffen gegenüber. Er warf ihm *Verstocktheit, Undankbarkeit, Gemüthslosigkeit* vor[179] und reagierte rachsüchtig darauf, daß der Neffe ihm nach seiner Einschätzung jede Zuneigung versagte[180]:

> *meine Geduld hat ein Ende, ich habe ihn aus meinem Herzen ausgestoßen, viele Tränen um ihn, diesen Nichtswürdigen, geweint, nur wenn er von selbst den Weg finden wird, sich mir zu nahen, und daß ich erst Proben habe, daß sein schlechtes Herz gebessert ist, will ich sehen, ob ich ihn wieder anerkennen werde, meine Liebe zu ihm ist fort, er braucht sie, ich habe der seinigen nicht nötig, und seit er in dieser Pesterfüllten Nähe war, und jetzt wieder ist; will ich nichts mehr von ihm wissen, als daß ich für ihn bezahle und sonst sorge.*

Am 17. September 1819 wurde Beethoven und Tuscher durch den Magistrat die Vormundschaft abgesprochen. Sie ging über auf Johanna und den städtischen Beamten Leopold Nußböck. Beethoven reagierte zunächst verwirrt, er erwog sogar eine Entführung Karls nach Salzburg, wandte sich dann jedoch unter Mithilfe seines Anwalts Johann Baptist Bach an den Magistrat, um eine Aufhebung des Entscheids zu erreichen.

Er zeigte sich in seinem Schreiben sogar zu dem Entgegenkommen bereit, die Vormundschaft gemeinsam mit seiner Schwägerin

[179] *Briefe,* S. 538
[180] *Briefe,* S. 512f.

auszuüben. Das Gericht ging auf Beethovens Eingabe und seine beiden nachfolgenden Proteste vom 4. November und 20. Dezember nicht ein. Anfang Januar 1820 richtete Beethoven daraufhin ein Schreiben an das k. k. niederösterreichische Appellationsgericht und bat darin, ihm die Vormundschaft über seinen Neffen wieder zu übertragen. Seine Haltung schien jetzt etwas gemäßigter, was wohl auf das behutsame Einwirken von Johann Baptist Bach zurückzuführen ist.

Ein vorläufiges Ende der Konflikte

Angesichts der bevorstehenden Verhandlungen verfaßte Beethoven dann mit Datum vom 18. Februar 1819 eine umfangreiche Denkschrift an das Appellationsgericht (vgl. Dokumente, S. 304ff.). Darin rollte er den ganzen Fall aus seiner Sicht noch einmal auf, berichtete über die zahlreichen Details, die gegenseitigen Schuldzuweisungen, die immer wieder in der Auseinandersetzung dazu gedient haben, sich gegenseitig das Recht auf die Vormundschaft streitig zu machen. Bedenklich aber sind dann wieder die gehässigen Ausfälle gegen Johanna, *dieses Ungeheuer von Mutter, die immer alles erschaffene Gute zu ersticken suchte*[181] und von der sich Beethoven geradezu verfolgt fühlte. Generell scheint Beethoven tatsächlich in dieser Zeit darunter gelitten zu haben, alle Menschen um sich her nurmehr mit den Augen eines verfolgten Opfers sehen zu können[182]: *Ich gestehe, man soll sich nie vom Zorn hinreißen lassen, denn ich bin auch ein Mensch, von allen Seiten gehetzt wie ein wildes Tier, verkannt, öfters auf die niedrigste Art von dieser pöbelhaften Behörde behandelt* [...]; und an anderer Stelle seiner Denkschrift heißt es[183]: *Mich, seinen Wohltäter, Ernährer, Erhälter, kurz seinen Vater im wahren Sinne des Wortes, sucht sie durch die abscheulichsten Intrigen, Kabalen, Verleumdungen herabzusetzen, allem, dem Unschuldigsten selbst ihr moralisches Gift anzudichten.*

181 *Briefe,* S. 554
182 ebenda
183 *Briefe,* S. 552

Zu den Verleumdungen gehörte nach Beethovens Einschätzung auch, daß Johanna der Meinung war, ihr Schwager sei in sie verliebt. Beethoven bezeichnete dieses Gerücht als *Gewäsch*[184], doch dürfte der leidenschaftliche Haß gegen Johanna dieser im Innersten auch ein Gefühl davon vermittelt haben, daß hinter Beethovens Haß und Anfeindungen die Abwehr starker erotischer und sexueller Erregungen stand. Seltsamerweise wurde Johanna im März dieses Jahres 1820 schwanger, zu der Zeit, als die Rechtsangelegenheit durch die Einflußnahme maßgeblicher politischer Leute, die auf seiten Beethovens standen, sich zu ihren Ungunsten entwickelte. Am 29. März 1820 kam es zur erneuten Verhandlung, am 8. April 1820 entschied das Appellationsgericht zugunsten Beethovens, dem als Mitvormund Dr. Karl Peters beigegeben wurde. Johanna versuchte daraufhin, den Kaiser für ihre Not zu gewinnen, doch vergeblich. Mit Datum vom 24. Juli 1820 erklärte der Magistrat den Fall als abgeschlossen. Gegen Jahresende 1820 gebar Johanna ein Mädchen, das den Namen Ludowika, also die weibliche Form von Ludwig erhielt. Vater dieses Kindes soll der Finanzrat Johann Hofbauer gewesen sein. Gleichwohl verrät die Namensgebung, daß es bei dem Kampf um den Neffen wahrscheinlich noch um etwas anderes ging, nämlich um die Bewältigung jener gefährlich erscheinenden Antriebe in Beethoven, die Frau des Bruders an dessen Stelle besitzen zu wollen. Johanna dürften diese Antriebe in Beethoven nicht verborgen geblieben sein, wenn sie auch nicht in ihr Bewußtsein geholt wurden. Die äußeren Auseinandersetzungen hatten mit dem Gerichtsentscheid ein Ende gefunden; die innere Tragödie, die Beethovens Anspruch auf die Vormundschaft und Vaterrolle ausgelöst hatte, war damit allerdings keineswegs gebannt.

[184] *Konversationshefte* I, S. 115

Beethovens Erfolgskurve als Komponist – wir sprachen es bereits an – sank ab 1815 ziemlich rasch. So manche Veränderung vollzog sich in seiner Lebensführung und an seinem Erscheinungsbild. Die Auseinandersetzungen um den Neffen Karl spielen in diesem Zusammenhang gewiß eine Rolle. Doch wahrscheinlich bilden sie weniger die Voraussetzung für die Veränderungen in Beethovens Leben und künstlerischer Orientierung, als daß die problematische Haltung Beethovens im Falle der Neffen-Geschichte selbst auch nur Ausdruck einer Zwangssituation ist. Worin könnte diese Zwangssituation für Beethoven bestanden haben?

Wir müssen dazu noch einmal zurückgehen ins Jahr 1812. Es ist ein Krisenjahr, das für Beethoven den Verzicht auf persönliches Liebesglück bedeutete. Das wiegt vor allem deshalb so schwer, weil für Beethoven Liebe, schöpferische Arbeit und Lebenszugewandtheit in einen unlöslichen Zusammenhang gestellt sind[185]. Dieser Zusammenhang scheint 1812 für Beethoven zerstört worden zu sein. Derjenige, der 1801 geschrieben hatte, *der Mensch repräsentiert einzeln ebenso das Gesamtleben der Gesellschaft, wie die Gesellschaft nur ein etwas größeres Individuum vorstellt*[186], mußte nun die Erfahrung machen, daß sein individuelles Leben mit seiner gesellschaftlichen Existenz nicht mehr zusammenstimmen wollte. Die Liebe und das eheliche Verhältnis zwischen Mann und Frau waren für Beethoven gleichsam natürliche Grundbestimmungen des gesellschaftlichen Organismus. Wo sie jetzt wegfielen, war mehr in Kauf zu nehmen als der Verzicht auf Liebe: Nicht allein als Liebender fühlte er sich im Lebensnerv getroffen, als menschliches Gattungswesen sah er seine Bestimmung verletzt und verstümmelt[187]. Welche Not das tatsächlich bedeutete, bezeugt eine Tagebuchnotiz aus dem Jahre 1812[188]:

> *Du darfst nicht Mensch sein, für dich nicht, nur für andre: für dich gibts kein Glück mehr als in dir selbst, in deiner Kunst. O Gott! gib mir Kraft, mich zu besiegen! Mich darf ja nichts an das Leben fesseln.*

185 vgl. Goldschmidt: *Die Unsterbliche Geliebte,* S. 305
186 Kerst I, S. 71
187 Goldschmidt: *Die Unsterbliche Geliebte,* S. 305
188 Leitzmann II, S. 242; vgl. Dokumente, S. 278

Hier wird deutlich, welcher Anstrengung es bedurfte, um angesichts des zerrissenen Welt- und Lebensbildes wieder Halt zu finden. Doch die Situation sollte sich noch verschärfen. Immerhin wußte sich Beethoven in seinem Selbstverständnis als Künstler noch eins mit dem Zeitgeist. Doch dies sollte sich bald gründlich ändern. Mit dem Wiener Kongreß wandelten sich die politischen Verhältnisse, und die stellten neben anderen Künstlern auch Beethoven vor die kritische Frage einer Neufundierung seiner Kunst und seines Anspruches als Künstler.

Der Impetus des Aufbruchs, gezündet durch die Französische Revolution und die mit ihr verbundenen Kriege, der die Gesellschaft bis tief in ihre Fundamente erschüttert, alte Werte in Frage gestellt, aber zugleich auch neue Wertvorstellungen gestiftet hatte – dieser Impetus einer ganzen Künstlergeneration ging dahin, wurde unterdrückt und schließlich erstickt. Tatsächlich mußten nach 1814 die Zeitgenossen annehmen, das Rad der Geschichte solle zurückgedreht werden. Überall wo es möglich war, versuchten die Vertreter des Wiener Kongresses von 1814/15, das aus den Siegermächten England, Rußland, Österreich und Preußen bestehende »Komitee der Vier«, die Herrscherhäuser und Regierungen aus der Zeit vor der Revolution wieder an die Macht zu bringen. So setzte der Kongreß die Bourbonendynastie nicht nur in Frankreich, sondern auch in Spanien und im Königreich Neapel wieder ein. Doch überall regte sich Widerstand. Um diesen zu brechen, kam es 1815 auf Vorschlag von Alexander I. von Rußland zum Abschluß einer »Heiligen Allianz«, eines Bundes der Herrscher gegen die Völker. Die von Rußland, Österreich und Preußen unterzeichnete Urkunde verpflichtete die Staaten, »im Namen der Religion« bei der Unterdrückung von Revolutionen einander zu helfen. Mit Ausnahme Englands, des türkischen Sultans (der kein Christ war) und des Papstes (der ohnehin zu ihren Grundsätzen stand) schlossen sich alle Monarchen dieser »Heiligen Allianz« an. Als sich in Deutschland vor allem an den Universitäten Widerstand regte und es 1817 zum Wartburgfest kam, auf dem die Jugend ihren Anspruch auf freiheitliche gesellschaftliche Verhältnisse anmeldete, da bedeutete dies im Gegenzug Polizeiterror durch den Fürsten Metternich und zugleich den Beginn der biedermeierlichen Restauration. Das geistige Klima erkaltete nicht nur, es vereiste. Die Aufbruchbewegungen, welche die Zeit um und nach 1800 bestimmt hatten, an denen die Intelligenz und auch die Romantiker wie Novalis, Wackenroder, Tieck oder Maler wie

Philipp Otto Runge beteiligt gewesen waren, wurden durch ein lähmendes Philistertum erstickt.

Daß dieser Impetus von vormals so plötzlich und schnell aufgelöst wurde, mag vielleicht auf den Schock zurückzuführen sein, der in diesen Jahren die junge Generation befiel. Die Napoleon-Zeit mit ihren Kriegen und ihrer Besatzungspolitik hatte inspirierend gewirkt, indem sich in Deutschland ein durchaus den Idealen der französischen Revolution verpflichteter Patriotismus entwickelte, der letztlich die Napoleonische Fremdherrschaft zu Fall brachte. Die »Befreiungskriege« aber erfüllten die junge Generation auch mit großen Zukunftserwartungen. Um so schmerzlicher mußte die Täuschung durch die Politiker wirken: *Das deutsche Volk,* sagte ein Student in seiner Ansprache beim Wartburgfest am 18. Oktober 1817, *hat schöne Hoffnungen gefaßt, sie sind alle vereitelt; alles ist anders gekommen, als wir erwartet haben*[189].

Den »Befreiungskriegen« folgte keineswegs die Befreiung, von der alle die, die für die Kriege gegen Napoleon in Wort und Tat eingetreten waren, geträumt hatten. Was nach 1817 folgte, war eine schlimmere Unterdrückung als die französische Okkupation, derer sich die Deutschen entledigt hatten.

Erziehung

Für Beethoven mußten die Folgen des Wiener Kongresses, mußte die Veränderung der politischen Verhältnisse ein einschneidendes Ereignis bedeuten. Seine politische Gedankenwelt war von der Aufklärung und den Idealen der Französischen Revolution beeinflußt und geprägt; zudem hatte ihm die Durchsetzung seiner Kunst und der damit verbundenen Ansprüche auf eine eigene und unabhängige Existenz so viele Bewährungsproben abverlangt, daß sein daraus resultierendes Selbstbewußtsein sich unmöglich den Auflagen der restaurativen Politik beugen konnte. So stehen denn auch die Veränderungen, die in diesem Zeitraum um 1815 in und an Beethoven stattfinden und durchaus auch wahrnehmbar sind, in einem kausalen Zusammenhang mit der restaurativen Zeitenwende. Beethoven selbst gibt dafür die eindrücklichsten Zeug-

[189] Georg Hermann: *Das Biedermeier im Spiegel seiner Zeit,* Oldenburg 1961, S. 261

nisse, hat er doch seine Situation als Künstler, aber auch die nun schnell zunehmende Verschlechterung seines Gehörs und die Häufung von Krankheiten immer wieder in Verbindung mit der politischen Lage und mit dem für ihn offensichtlichen Kulturverfall gebracht.

1815, also noch im Jahr des Wiener Kongresses, in dem die Zeitverhältnisse schon illusionslos gesehen wurden, notierte Beethoven in sein Tagebuch[190]: *Wie der Staat eine Konstitution haben muß, so der einzelne Mensch für sich selber eine!* Dieser Gedanke ist dem Staatsmodell des griechischen Philosophen Platon verpflichtet, dessen Dialog *Der Staat* neben Aristoteles' *Politik* und den Schriften des Plutarch und des Cicero in jenen Jahren zum immer wieder zu Rate gezogenen Lesestoff wurde. Was Beethoven an Platon anzog, das war wohl die Auffassung von einer Entsprechung zwischen einem republikanisch-demokratischen Staatskonzept einerseits und einem individuell-persönlichen Lebensentwurf andererseits. Tugendhaftigkeit, Sittlichkeit und Bildung stellen die Leitaspekte dieses Konzepts dar und werden somit als Faktoren gedacht, die das staatliche Gefüge stabilisieren. Beethoven hat seine Funktion als Künstler in diesem Sinne aufgefaßt, d.h., es ging ihm darum, mittels Musik die staatsbürgerlichen Ideale des aufstrebenden Bürgertums zu formulieren. In welchem Maße er von dieser Auffassung von bürgerlicher Erziehung zur staatsbürgerlichen Moral beherrscht war, läßt sich unschwer ersehen aus Bemerkungen zu seinem Erziehungsanspruch im Falle des Neffen. 1818 schrieb er an das Niederösterreichische Landrecht Wien[191]: [...] *so habe ich vor allen Dingen durch Wort und Beispiel dahin zu wirken gestrebt, ihn* [den Neffen] *zu einem guten Menschen und tüchtigen Staatsbürger zu bilden und ihn die nötigen Kenntnisse erwerben zu lassen.*

Daß diese Erziehungsvorstellungen und Moralgedanken tatsächlich durch die Lektüre der klassischen Texte gestützt wurden bzw. Beethoven sich in Anlehnung an die antiken Menschen- und Gesellschaftsideale als politisch Handelnder in allen Lebensbereichen verstand, darüber gibt ein Passus aus dem Brief an den Wiener Magistrat vom 1. Februar 1819 Auskunft[192]:

[190] Leitzmann II, S. 257

[191] Brief vom 15. Dezember 1818, in: *Briefe,* S. 486

[192] *Briefe,* S. 494; vgl. Dokumente, S. 296ff.

[. . .] *nie handelte ich wohlthätiger und größer, als eben wo ich meinen Neffen zu mir genommen und selbst seine Erziehung besorgt; hat (nach Plutarch) ein Philippus seiner nicht unwert geachtet, die Erziehung seines Sohnes Alexander selbst zu leiten und ihm den großen Aristoteles zum Lehrer zu geben, weil er die gewöhnlichen Lehrer hierzu nicht geeignet fand, hat ein Laudon selbst die Erziehung seines Sohnes geleitet, warum sollten dgl. schöne erhabene Erscheinungen nicht auch aus andern wieder hervorgehen.*

Der Verlust der Öffentlichkeit

Im familiären Bereich glaubte Beethoven anscheinend, sein Erziehungskonzept durchführen zu können. Hier freilich stellt sich eine Frage: gewinnt für ihn der Neffe als Objekt, an dem sich seine idealistische Weltanschauung entfalten ließ, vielleicht deshalb so große Bedeutung, weil die Öffentlichkeit nicht mehr von der Art war, daß sich zu ihr von den bürgerlichen Idealen, von Befreiung und von den Ansprüchen der eigenen emanzipatorischen Bedürfnisse in Stellvertretung für die Rechte des Menschen auf seine Subjektivität sprechen ließ? Mußte sich Beethoven eingestehen, daß jetzt, da den Bürgern jedes Freiheitsbedürfnis durch staatliche Maßnahmen ausgetrieben wurde und die bürgerliche Schicht sich tatsächlich darein schickte, ihre vormaligen Ideale zu vergessen, seine Kunst eigentlich das Gegenüber, den Partner verloren hatte, zu dem sie sprechen konnte? Es gibt genug Zeugnisse, so die Kritik an den »Leuten«, an deren Interesselosigkeit und Hang zum bloßen Wohlleben[193], die dafür sprechen und anzeigen, daß er sich mit seinen Auffassungen und Idealen in einem Widerspruch zu der restaurativen Zeitenwende begriff; und dieser Widerspruch griff tatsächlich tief in Beethovens Befindlichkeit ein.

Er schuf eine ausgesprochene Leidenssituation, die sich immer wieder in heftigen Klagen, in resignativen Stimmungen und Krank-

[193] Brief vom 16. September 1812 an Amalie Sebald in: *Briefe*, S. 229. Kerst: *Beethoven im eigenen Wort*, a. a. O., S. 18. Beethoven über den Geschmack der Zeit in einem Gespräch mit dem Freund Breuning: *Lauter Kunst, zugestutzt wie die alten Reifröcke. Mir geschieht nur dann wohl, wenn ich in der freien Natur bin.*

heiten zum Ausdruck brachte. So schrieb Beethoven im Februar 1817 an Franz Brentano in Frankfurt/Main[194]: *Was mich anbelangt, so ist geraume Zeit meine Gesundheit erschüttert, wozu Ihnen auch unser Staatszustand nicht wenig beiträgt, wovon bis hierher noch keine Verbeßerung zu erwarten, wohl aber sich täglich Verschlimmerung desselben ereignet.* Zwei Jahre vorher hatte er bereits geklagt[195]: *Die elendesten alltäglichsten unpoetischen Szenen umgeben mich – und machen mich verdrießlich;* und im selben Jahr stellte er sarkastisch die Frage[196]: *Womit soll ich Ihnen in meiner Kunst dienen? Sprechen Sie, wollen Sie das Selbstgespräch eines geflüchteten Königs oder den Meineid eines Usurpators besungen haben – oder das Nebeneinanderwohnen zweier Freunde, welche sich nie sehen?*

Die Frage enthält Ratlosigkeit: nur mehr negative Dinge wären zu besingen, und dies ist Beethovens Sache nicht. Er wollte seinen Zeitgenossen mit seiner Kunst dienen, in dem Sinne, daß er seine Arbeit als ein Programm zur sittlichen Erziehung des Menschen verstand. Die »sittliche Natur« des Menschen vermittels schöner Gestaltung anzusprechen und unter dem Aspekt ihrer gesellschafts- und staatsbildenden Wirksamkeit zu verstärken, dies kennzeichnet das Verständnis Beethovens von der gesellschaftlichen Funktion seiner Musik. Wirklich tragfähig und motivierend für die eigene Produktivität vermag eine derart für die persönliche Lebenspraxis konstitutive Welt- und Kunstanschauung jedoch nur zu sein, wenn sie auf Widerhall, auf Resonanz bei den Zeitgenossen rechnen kann.

Kritik und Klagen

Gerade dies aber wurde für Beethoven nach 1815 in einem extremen Maße in Frage gestellt. Immer schon hatte er mit den Wienern, mit deren leichter Lebensweise und moralischer Haltlosigkeit Schwierigkeiten gehabt. Der bei den Wienern verbreitete Hang zu Zerstreuung, Trägheit und billigem Zeitvertreib hatte seit je seine Kritik herausgefordert. So hatte er bereits 1794 an Niko-

194 *Briefe,* S. 405
195 *Briefe,* S. 317
196 *Briefe,* S. 306

laus Simrock geschrieben[197]: *man sagt, es hätte eine Revolution ausbrechen sollen. Aber ich glaube, solange der Oesterreicher noch braun's Bier und Würstel hat, revoltiert er nicht.* Später nannte er die Wiener *Phäaken*[198]. Dabei verstand er diese Bezeichnung in Anlehnung an Friedrich Schiller als Charakterisierung eines inhaltsleeren und verflachten Kulturzustands. Nach 1815 vertieften sich die Gefühle der Ablehnung noch mehr; sie wandelten sich fast zu Widerwillen und Verachtung. Karl von Bursy berichtete in seinen Erinnerungen[199]:

> *Er erzählte mir viel von Wien und seinem Leben hier. Gift und Galle wütet in ihm. Allem trotzt er, mit allem ist er unzufrieden und flucht besonders über Österreich und namentlich über Wien* [...] *Über die jetzigen Zeiten klagte er, und zwar aus mehreren Gründen. Die Kunst steht nicht mehr so hoch über dem Gemeinen, ist nicht mehr so geachtet und besonders nicht so geschätzt in bezug auf die Belohnung* [...] *Mich fesseln die Verhältnisse hier, aber es geht hier lumpig und schmutzig zu. Es kann nicht ärger sein. Von oben bis unten alles Lumps. Niemand kann man trauen. Was man nicht schwarz auf weiß hat, das tut und hält kein Mensch. Sie wollen, man soll arbeiten, und sie bezahlen wie die Lumpe, und nicht einmal das Verabredete* [...] *Die Musik ist hier sehr im Verfall. In Wien tut man nichts. Der Kaiser tut nichts für die Kunst, und das übrige Publikum nimmt mit allem vorlieb.*

Überall sah Beethoven Mißstände um sich, und er begriff sie als Mißstände, die einschließlich der eigenen Krankheiten und Schwierigkeiten der Produktivität in einem Abhängigkeitsverhältnis zueinander standen. Seiner individuellen Not entsprechen politische, soziale und kulturelle Mißverhältnisse, die auch von Beethoven als solche erlitten werden, die aber auch immer wieder zu heftigen Regungen und eigenartigen Verhaltensweisen führen,

[197] *Briefe*, S. 22

[198] Beethoven hat die Wiener wiederholt als Phäaken bezeichnet, wobei entscheidend ist, daß die Vorstellung von diesem legendären Volk, bei dem Odysseus vor seiner Heimkehr Zuflucht fand, negativ besetzt ist. Trägheit und einseitig sinnliche Genußsucht bilden die wesentlichen Charaktermerkmale der Phäaken. Beethoven hat womöglich diese Sicht von Schiller übernommen. Jedenfalls sah er angesichts des von ihm häufig kritisierten Kulturverfalls und der lumpigen und schmutzigen Verhältnisse die Wiener als Phäaken.

[199] Thayer III, S. 511f.

die fast anmuten wie Ersatzhandlungen für Opposition. Unter diesem Gesichtspunkt ließe sich auch der Kampf um den Neffen Karl sehen. Vielleicht wurde der Neffe eben deshalb in den Jahren der »Not« zum zentralen Lebensinhalt, weil er jenen Raum kompensatorisch füllen mußte, der durch die Umstände leer geworden war. Und leer war es um Beethoven geworden; viele der alten Freunde nahmen in diesen Jahren Abschied, manche verließen Wien, manche schieden aus dem Leben. Beethoven spürte Einsamkeit um sich, die durch die schließlich vollständige Ertaubung und die vielen Krankheiten ins bisweilen Unerträgliche gesteigert wurde. Das Gefühl der Isolierung brachte es mit sich, daß er zunehmend mißtrauisch gegenüber seinen Mitmenschen wurde. Charakteristisch für die Problematik seines Umgangs ist der Gebrauch von Konversationsheften. Ab 1819 dienten sie ihm dazu, daß sich die Gesprächspartner auf schriftliche Weise ihm verständlich machen konnten[200]. Aus heutiger Sicht stellen Sie freilich ein einzigartiges Dokument dar.

Reden und Urteile über Beethoven

Durch die Taubheit, die Krankheiten und Einsamkeitsgefühle scheint aber insbesondere auch der Wesenszug nun besonders stark gefördert worden zu sein, der an Beethovens Persönlichkeit von früh an zu beobachten ist: seine Launenhaftigkeit und Unberechenbarkeit. Niemand, der ihn besuchte, wußte zu sagen, wie ihm Beethoven begegnen würde. Und dies führte bald zu der verbreiteten Meinung, er empfange nur sehr ungern Besuche, und wenn, dann sei sein Verhalten unberechenbar. Als der Musikkritiker Friedrich Rochlitz im Jahre 1822 Beethoven aufsuchen wollte, sagte ihm der Verleger Haslinger[201]:

> *Seine unglückliche Taubheit hat ihn nach und nach ganz menschenscheu gemacht. Er weiß, daß Sie hierher haben kommen wollen, er wünscht Ihre persönliche Bekanntschaft; gleichwohl sind wir nicht sicher, daß er nicht, siehet er uns ankommen, davonläuft; denn, wie zuweilen die frischeste*

[200] Siehe Seite 346f.
[201] Thayer IV, S. 283

Fröhlichkeit, so überläuft ihn öfters heftigste Verstimmung, urplötzlich, ohne Grund, und ohne daß er widerstehen könnte.

Immerhin geht daraus hervor, daß Beethoven durchaus nicht gänzlich Welt und Leute mied, sondern sie suchte. Aufschlußreich ist der Eindruck, den Rochlitz selbst von Beethoven gewann. Daran wird nämlich deutlich, wie ambivalent das Bild war, das der Komponist seinen Zeitgenossen vermittelte. Rochlitz schrieb über seinen Besuch[202]:

Beethoven schien sich zu freuen, doch war er gestört. Und wär' ich nicht vorbereitet gewesen: sein Anblick würde mich gestört haben. Nicht das vernachlässigte, fast verwilderte Aeußere, nicht das dicke, schwarze Haar, das struppig um seinen Kopf hing, u. dgl., sondern das Ganze seiner Erscheinung. Denke Dir einen Mann von etwa fünfzig Jahren, mehr noch kleiner als mittlerer, aber sehr kräftiger, stämmiger Statur, gedrängt, besonders von starkem Knochenbau [...] *und besonders von vollem, runderem Gesicht; rothe, gesunde Farbe; unruhige, leuchtende, ja bei fixiertem Blick fast stechende Augen; keine oder hastige Bewegungen; im Ausdruck des Antlitzes, besonders des geist- und lebensvollen Auges, eine Mischung oder ein, zuweilen augenblicklicher Wechsel von herzlichster Guthmüthigkeit und von Scheu; in der ganzen Haltung jene Spannung, jenes unruhige besorgte Lauschen des Tauben, der sehr lebhaft empfindet; jetzt ein froh und frei hingeworfenes Wort: sogleich wieder ein Versinken in düsteres Schweigen.*

Die Stimmungsschwankungen, denen Beethoven unterlag, waren mit Sicherheit groß. Doch immer erkennbar bleibt – auch wenn die Legende dazu neigt, in ihm in den Jahren ab 1815 einen Misanthropen zu sehen –, daß Beethoven beileibe nicht willens war, sich in eine einsame Existenzform und in düsteren Trübsinn zurückzuziehen und zu verlieren. Es gibt viele Beispiele, die für die besondere Aufgeschlossenheit und Herzlichkeit zeugen, die Beethoven seinen Gästen entgegenbrachte, und die die *herzlichste Gutmüthigkeit* bescheinigen, die Friedrich Rochlitz so berührte. Carl Maria von Weber schrieb über seinen Besuch am 4. Oktober 1823[203]:

[202] ebenda
[203] Leitzmann I, S. 291

Wir waren mehrmals bei ihm gewesen, doch er hatte sich immer nicht sprechen lassen. Er war unwohl, menschenscheu, trübsinnig. Endlich gelang es uns, eine günstige Stunde zu treffen. Wir traten ein: er saß am Arbeitstisch; nicht eben freundlich stand er auf. Er hatte mich vor Jahren schon gut gekannt, und so kamen wir bald in trauliches Gespräch. Da trat er plötzlich dicht vor mich hin, legte beide Hände auf meine Schultern, schüttelte mich kräftig und herzlich und rief: »Du bist ein braver Kerl geworden!« und dann küßte er mich mit wahrer Freundschaft und Liebe.

Ein neuer Freundeskreis

Trotz der ab 1815 zurückgezogenen Lebensweise und der vielen Klagen über seine Vereinsamung darf man nicht annehmen, daß sich nun tatsächlich alle Welt von Beethoven abgewandt und ihn seinem Schicksal überlassen hätte. Viele der alten Freunde hatte er verloren, und die Welt um ihn hatte sich verändert. Doch es bildete sich ein neuer Freundeskreis, und Beethoven versuchte durchaus, bei den veränderten Verhältnissen seine Identität zu bewahren. Er schätzte auch weiterhin freundschaftliche Verbindungen, und er pflegte, soweit ihm das sein immer schlechter werdender Gesundheitszustand und dann auch die Arbeitsbelastungen erlaubten, Formen der Geselligkeit und der Kommunikation. Gerne verkehrte er bei den Wiener Musikverlegern Anton Diabelli, Sigmund Anton Steiner und Tobias Haslinger, um dort das Gespräch mit Musikern, Schriftstellern und Künstlern zu pflegen. Umgekehrt haben viele der neuen Freunde und Bekannten solche Gelegenheiten genutzt, um Beethoven zu treffen und ihm ihre Bewunderung entgegenzubringen.

Auffallend an dem neuen Freundeskreis ist, daß er kaum mehr, wie in früheren Jahren, aus Vertretern des Adels besteht. Es sind vorwiegend Bürgerliche und dabei wieder vor allem Musiker und Künstler, die jetzt zu Beethovens Freunden zählen. Ignaz Schuppanzigh, der 1823 wieder nach Wien zurückkehrte, gehört dazu, Carl Czerny, Karl Holz, Josef Böhm, Joseph Linke. Sie sind allesamt Musiker. Zu den Freunden und Bekannten zählen dann die Journalisten und Schriftsteller Karl Bernard, Friedrich August

Kanne, Johannes Schickle und auch Franz Grillparzer, mit dem Beethoven 1823 eine Oper *Melusine* plante. Zu nennen sind schließlich als Beethoven nahestehende Personen Karl Peters, Hofrat und Erzieher im Hause Lobkowitz, der von 1820 bis 1825 gemeinsam mit Beethoven Vormund des Neffen Karl war, dann der Anwalt Johann Baptist Bach und Joseph Blöchlinger, ein Schüler Pestalozzis, dessen Erziehungsanstalt der Neffe Karl von Juni 1819 bis August 1823 besuchte.

Besondere Erwähnung im Rahmen dieser Betrachtung des Freundeskreises verdient Anton Felix Schindler. Der ehemalige Jurastudent machte 1814 erstmals die Bekanntschaft Beethovens. 1815 wurde er infolge seiner politischen Gesinnung in vorübergehende Haft genommen. Ab 1817 arbeitete er in der Kanzlei des Beethoven-Freundes Johann Baptist Bach. Später widmete er sich der Musik, war Orchestergeiger am neugegründeten Josephstädter Theater und ging 1825 an das Kärntnerthor-Theater. Von Ende 1821 bis Frühjahr 1824 war er Beethovens Gehilfe und Faktotum in allen lebenspraktischen Angelegenheiten. In ähnlicher Funktion war danach der junge Geiger Karl Holz für Beethoven tätig. Anders als im Falle Schindlers, den Beethoven oft als Prügelknaben behandelte, was dann auch zum Zerwürfnis führte, schien Beethoven dem jungen Holz, der nach Thayer geschäftsgewandt, belesen und gescheit, musikalisch gebildet, *bestimmt in seinen Äußerungen und Ansichten und von einnehmendem Wesen* war und Beethoven die höchste Verehrung entgegenbrachte[204], in einem schon persönlichen Sinne freundschaftlich verbunden[205]. Ende August 1826 bestimmte Beethoven Holz zu seinem offiziellen Biographen[206]. Holz kam allerdings dieser Aufgabe nicht nach, wahrscheinlich weil er sich dafür nicht als geeignet ansah. Erst als 1840 Schindlers *Biographie von Ludwig van Beethoven* erschienen war, äußerte sich Holz. Er trat 1843 seine Verpflichtung an Ferdinand Simon Gassner in Karlsruhe ab, den Herausgeber der *Zeitschrift für Deutschlands Musikvereine und Dilletanten*, und versprach, *ihm alle seine Beiträge abzutreten und dafür zu sorgen, daß die in den bisher erschienenen mangelhaften Biographien verbreiteten Irrtümer berücksichtigt werden*[207].

[204] Thayer IV, S. 184f.

[205] Siehe D. W. Mac Ardle: *Beethoven und Karl Holz,* in: *Die Musikforschung* 20/1967, S. 22

[206] Brief vom 29. August 1826 an Karl Holz, in: *Briefe,* S. 818

[207] Thayer V, S. 190. Siehe Mac Ardle, a. a. O., S. 25f.

Von Jugend an spielte für Beethoven der Freundeskreis eine bedeutende Rolle. Wir erinnern uns an die Bonner Zehrgarten-Runde oder an die dann leider kurzlebige Freundschaft mit Karl Amenda. Die Bedeutung der Freundschaft ist in den Jahrzehnten um 1800 besonders groß. Erinnert sei an die Romantiker-Freundschaften oder auch an den Freundschaftsbund der Nazarener. Freundschaft – das bedeutete Halt durch einen in der Gesinnung gleichgerichteten Partner; und sie gab dem Leben einen Raum von emotionaler Wärme.

Nicht zufällig gedeiht der Freundschaftskult gerade in so bewegten Zeiten, wie sie die napoleonischen Kriegsjahre für Europa darstellten. Die Freundeskreise waren gleichsam die Horte der kritischen Auseinandersetzung mit den politischen Ereignissen und den Zeitverhältnissen. Die restaurative Entwicklung verstärkte noch die Bedeutung der »bürgerlichen« Freundeskreise. Jetzt bildeten sie eine Art Schutzzone gegenüber der politischen Wirklichkeit, der man sich mehr oder weniger ablehnend, wenn auch ohne Möglichkeiten zum effektiven Widerstand gegenübersah.

Der jugendbewegte Zug, die ungestüme Schwungkraft des jugendlichen Enthusiasmus, wodurch sich die geistigen Bewegungen seit den 90er Jahren des 18. Jahrhunderts auszeichneten, herrschte freilich in diesen Freundeskreisen nicht mehr. Besonders charakteristisch ist die Reaktion der sogenannten Romantiker auf die Restauration. Schon immer stand im Mittelpunkt der Romantik die Rückbesinnung auf die »schöne« Zeit des Mittelalters, schon immer galten ihr Geborgenheit in schöner Natur, naive Religiosität und ungebrochene Empfindung als die wesentlichen Merkmale eines erfüllten und ganzen Lebens. Doch jetzt gewannen romantische Ansprüche den faden Geschmack eines reaktionären Anpassertums. So manche Dichter haben diese Problematik sehr deutlich begriffen, Eichendorff beispielsweise, E. T. A. Hoffmann und vor allem Heinrich Heine. Ihm erschien die deutsche Romantik mit ihrer Sehnsucht nach dem Mittelalter und ihrer Nähe zum Katholizismus als reaktionärer Mummenschanz. Seine Sicht ist die des politischen Menschen, der im Frankreich Napoleons den Hort eines fortschrittlichen und gesellschaftserneuernden Rationalismus sah. Heine übte seine Kritik an den politischen Verhältnissen von Paris aus. Das war möglich. Ungleich schwieriger war die Lage in Deutschland und Österreich selbst, wo eine funktionierende Zensur dafür sorgte, daß jeder geistige Widerstand im Keim erstickt wurde.

Auch in Beethovens Kreis hatte man darunter zu leiden, wie die vielen Ausfälle gegen die Zensur zeigen. Wenn Grillparzer verbittert klagte[208]: *Die Zensur hat mich umgebracht. – Man muß nach Nordamerika reisen, um seinen Ideen freien Lauf zu lassen,* so läßt das erkennen, welchen Repressionen alle Intellektuellen ausgesetzt waren, die es wagten, einen liberalen Gedanken zu denken.

Reden gegen die Regierungen

Für Beethoven und seinen Kreis gehörten Kritik und Schmähungen gegenüber den politischen Verhältnissen zur Tagesordnung. Dabei ist interessant, daß diejenigen, die sich daran beteiligten, oft sogar Positionen im Staatsdienst innehatten; dies hinderte sie keineswegs daran, ihrem Unmut freien Lauf zu lassen – wenn auch nicht in der Öffentlichkeit. Wie man in Beethovens Kreis dachte, mag eine Bemerkung von Karl Bernard aus dem Jahre 1820 im Konversationsheft bezeugen[209]:

> *Vor der französischen Revolution herrschte eine ⟨großte⟩ / große Denk- und politische / Freyheit; das durch die Revolution herbeigeführte / Mißtrauen der Regierun- / gen und des Adels gegen das / Volk hat die jetzige Un- /* [ter] *drückung nach u. nach herbey- / geführt. –*
>
> *Die Regierungen, wie sie sich jetzt wieder machen wollen / sind nicht im Verhältniß / zum Bedürfniß der Zeit; / darum werden sie sich wohl / endlich modifizieren, oder / bequemen müssen, ein / wenig anders zu werden.*

Das Letzte ist, bedenken wir die folgenden Jahrzehnte bis 1848, reichlich optimistisch gesprochen. Ein andermal – im April 1820 – notierte derselbe Gesprächspartner[210]: *Ganz Europa ist auf dem Hund. Man hätte den N.* [apoleon] *ausleihen sollen auf 10 Jahre.* Und darauf noch einmal[211]: *Wir sind in allem herabgekommen.* Aus

[208] Kerst II, S. 292

[209] *Konversationshefte* II, S. 172

[210] *Ludwig van Beethovens Konversationshefte,* hrsg. von Georg Schünemann (3 Bände), Berlin 1941–43, Bd. 2, S. 58

[211] ebenda, S. 59

solchen Bemerkungen ist zu ermessen, in welch innerem Widerspruch gefangen sich viele Zeitgenossen begreifen mußten: gerade denjenigen, den sie vormals abschüttelten und mit dessen Besiegung sie die Hoffnung auf Befreiung verbanden – gerade den ersehnten sie jetzt zu ihrer Befreiung herbei. Daß Beethoven ähnliche, ja noch aggressivere Reden führte, daran kann kein Zweifel bestehen. Peters schrieb einmal[212]: *Sie sind ein Revolutionär, ein Carbonaro.* Damit setzte er ihn mit den italienischen bürgerlichen Revolutionären gleich, die dafür kämpften, Italien vom Druck der Fremdherrschaft zu befreien. Beethoven schien sich sogar sehr offenherzig in seiner Kritik zu äußern. Nicht grundlos dürfte die Sorge des Neffen Karl gewesen sein, der ihn wiederholt um Zurückhaltung bat[213]: *Der Baron ist Kammerherr beym Kaiser. Ich meine nur, du sollst nichts gegen die Regierung mit ihm reden.*

Von wunderlicher Eigenart

Immer schon hatte es zu den Eigenarten Beethovens gehört, sich offen und freimütig zu äußern; und seit Beginn seiner Wiener Existenz hatte er – gleichsam unter Berufung auf seinen künstlerischen Rang – seinen Lebensstil nach eigenen Vorstellungen eingerichtet und es abgelehnt, sich Verhaltensformen vorschreiben zu lassen. Das brachte ihm bei seinen Zeitgenossen so manches verwunderte Kopfschütteln ein. Nachdem in Wien dann bekannt wurde, unter welchen Umständen er auf der alleinigen Vormundschaft über seinen Neffen bestand, glaubten die Wiener in ihm einen Halbverrückten sehen zu müssen. *Einige sagen er ist ein Narr,* berichtete Friedrich Zelter 1819 an Goethe[214]. Diese Einschätzung durch die Öffentlichkeit hatte freilich auch ihre gute Seite. So wurde die Offenheit, in der sich Beethoven im Kreise von Freunden in Gasthäusern oder gegenüber Besuchern über die polizeistaatlichen Verhältnisse und gegen den Adel aussprach, als Zeichen dafür genommen, daß er nicht ganz normal sei. Der

212 *Ludwig van Beethovens Konversationshefte,* Bd. 3, S. 159. Schünemann hat das undeutlich geschriebene Wort als »Carlomane« übertragen.

213 ebenda, S. 284

214 zitiert nach Thayer IV, S. 163

Tatsache, daß man ihn für einen wirren Sonderling hielt, daß man aber auch wußte, daß der Erzherzog Rudolph letztlich seine schützende Hand über ihn halten würde, hatte es Beethoven wohl zu danken, daß er unbehelligt blieb.

Kaum einem Besucher in jenen Jahren blieb verborgen, von welch wunderlicher Eigenart das Charakterbild Beethovens geprägt war. In welcher Weise sich das äußerte, davon hat der Musikkritiker Rochlitz eine recht anschauliche Schilderung gegeben; er berichtet über ein Gasthausgelage Beethovens und seines Freundeskreises[215]:

> *Beethoven saß umgeben von Mehreren seiner Bekannten, die mir fremd waren. Er schien wirklich froh zu sein. So erwiderte er meinen Gruß: aber absichtlich ging ich nicht zu ihm. Doch fand ich einen Platz, wo ich ihn sehen und, weil er laut genug sprach, auch großentheils verstehen konnte. Es war nicht eigentlich ein Gespräch, das er führte, sondern er sprach allein, und meistens ziemlich anhaltend, wie auf gut Glück ins Blaue hinaus. Die ihn Umgebenden setzten wenig hinzu, lachten bloß oder nickten ihm Beifall zu. Er – philosophierte, politisierte auch wohl, in seiner Art. Er sprach von England und den Engländern, wie er nämlich Beide in unvergleichlicher Herrlichkeit sich dachte – was zum Theil wunderlich genug herauskam. Dann brachte er mancherlei Geschichten von Franzosen aus der Zeit der zweimaligen Einnahme Wiens. Diesen war er nicht grün. Alles trug er vor in größter Sorglosigkeit und ohne den mindesten Rückhalt; Alles auch gewürzt mit höchst originellen, naiven Urtheilen oder possirlichen Einfällen. Er kam mir dabei vor, wie ein Mann von reichem, vordringendem Geist, unbeschränkter, nimmer rastender Phantasie* [...]

Beethoven entging nicht, wie verwunderlich, ja »toll« er seinen Zeitgenossen erscheinen mußte. Doch das veranlaßte ihn keineswegs zu einem kontrollierten Verhalten. Dazu war er wohl auch infolge seiner Konstitution, seiner Selbsteinschätzung einerseits, aber vor allem aufgrund seiner subjektiv empfundenen Leidenssituation andererseits auch gar nicht in der Lage. Das Schlimme war aber dabei, daß er sich selbst durch seine Verdrießlichkeit und durch sein launisches Verhalten in immer schwierigere Lebensver-

[215] zitiert nach Thayer IV, S. 284f.

hältnisse brachte. Davon zeugen die schließlich reichlich desolate Haushaltsführung und die Vernachlässigung seines äußeren Erscheinungsbildes. Nachdem sich bis 1817 Nanette Streicher um seinen Haushalt gekümmert hatte, war Beethoven dann wieder auf Dienstpersonal angewiesen. Ständig fühlte er sich dabei hintergangen und betrogen. Endlos waren die Streitereien und die Klagen über die unerträglichen Mahlzeiten. Beethovens grundsätzliches Mißtrauen dürfte es allerdings auch unmöglich gemacht haben, es ihm einigermaßen recht zu machen. Die Folge war ein ständiger Wechsel der Bediensteten, für die Beethoven nicht nur so entehrende Titel wie *Frau Schnaps, busige Betrügerin* oder *schlechtes Schönheitsgesicht* fand, sondern mit denen es auch zu handgreiflichen Auseinandersetzungen kam. So warf er einmal einer Bedienerin zu Neujahr ein halbes Dutzend Bücher an den Kopf und bemerkte daraufhin zu ihrer Verhaltensänderung, durch Zufall müsse davon etwas in ihr Gehirn oder in ihr schlechtes Herz geraten sein. Einen für ihn schlechteren Ausgang nahm eine andere Tätlichkeit, von der Fanny Giannatasio in ihrem Tagebuch vermerkte[216]: *Beethoven erschien mit zerkratztem Gesicht und klagte uns, daß er mit seinem Bedienten, der zum Austreten ist, einen Auftritt gehabt! »Sehen Sie«, sagte er, »so hat er mich zugerichtet!«*

Die Ursache für die Unleidlichkeiten und Ungerechtigkeiten, mit denen Beethoven jenen begegnete, von denen er eigentlich Hilfe erwartete, liegt gewiß in seinen Krankheiten und in seinem Mißtrauen. Im Grunde hätte er eine sorgsame Pflege und bei seinen chronischen Magen- und Darmbeschwerden eine Diätkost nötig gehabt. Statt dessen hielt er es in diesen Dingen mit der Sorglosigkeit. Wahrscheinlich trank er auch zuviel Alkohol, ohne daß man sagen dürfte, er sei wie sein Vater zum Trinker geworden. Die ab 1820/21 bemerkbaren Symptome einer Lebererkrankung bestätigen allerdings die spätere Mitteilung von Karl Holz, daß Beethoven bei Tisch viel Wein getrunken, allerdings auch viel vertragen und sich in lustiger Gesellschaft hin und wieder bekneipt habe[217]. Die Uneinsichtigkeit in Fragen seiner Gesundheit lag wohl auf seiner Seite. Weder auf den Rat der Freunde noch auf das Hilfeangebot der Ärzte mochte er hören. Man kann durchaus

[216] Ludwig Nohl: *Eine stille Liebe zu Beethoven,* Leipzig 1875, S. 85; vgl. Dokumente, S. 385ff.

[217] Thayer V, S. 187f.

sagen, daß er sich in die desolate Lebensführung, in einen verwahrlosten Zustand und in die Existenz eines Sonderlings irgendwie treiben ließ. Welche Folgen das mit sich brachte, mag daraus geschlossen werden, daß der Neffe sich wiederholt schämte, sich mit seinem Onkel auf der Straße sehen zu lassen. Gelegentlich kam es infolge von Beethovens Vernachlässigung seines Äußeren zu recht grotesken Ereignissen. So wurde er 1821 oder 1822 in der Wiener Neustadt eines Abends von der Polizei verhaftet, weil man ihn seines Aussehens wegen für einen Landstreicher hielt[218]. Nicht selten auch wurde er zum Spottobjekt von Kindern, wenn er in seinem verwilderten Äußeren und, nach seiner Art heftig mit seinen musikalischen Einfällen beschäftigt, einem halb Verrückten glich. Wiederholt legte er sich auch in Gasthäusern mit den Kellnern an.

Beethoven wußte, wie schon gesagt, wahrscheinlich sehr genau, was man in der Öffentlichkeit über ihn dachte. Er litt unter der Einschätzung und fühlte sich mißverstanden. So berichtet Ludwig Schlösser über seinen ersten Besuch bei Beethoven[219]:

»Und was hielt Sie denn ab, zu mir selbst zu kommen?« sprach er, »da hat man Ihnen gewiß wieder eine Menge von Ungereimtheiten erzählt, mich als einen Unbequemen, Launenhaften und Hochmütigen geschildert, dessen Musik man wohl genießen, seine Person aber meiden müsse. Ich kenne diese bösen, lügenhaften Zungen; weil ich selten nur Menschen begegne, die mein Fühlen und Denken verstehen, und darum mit wenigen Freunden mich begegne, hält mich die Welt für herzlos: man tut mir unrecht.«

218 Thayer IV, S. 224f.
219 Leitzmann I, S. 246

Kein Wunder, daß er bei diesem Gefühl, sich unrecht und falsch eingeschätzt zu erleben, den Wienern auch vorhielt, seine Musik nicht hören zu wollen. Rochlitz weiß von seinem Gespräch aus dem Jahre 1822 zu berichten[220]:

> *Er kam auf sich: Von mir hören Sie hier gar nichts. »Jetzt, im Sommer!« schrieb ich. Nein, rief er, im Winter auch. Was sollten Sie hören? Fidelio? Den können sie nicht geben und wollen ihn auch nicht hören. Die Symphonien? Dazu haben sie nicht Zeit. Die Konzerte? Da orgelt jeder nur ab, was er selbst gemacht hat. Die Solosachen? Die sind hier längst aus der Mode, und die Mode thut Alles.*

Es ist schon richtig: Beethovens Werke wurden im Vergleich zu früheren Jahren weniger gespielt, vor allem aber hatten die Aufführungen, da sie bereits bekannten Werken galten, nicht mehr einen so spektakulären Charakter. Doch genau besehen, wurden Beethovensche Werke im öffentlichen Konzertleben Wiens recht häufig gespielt; eine besondere Stellung kam seinen Werken hierbei in den 1815 beginnenden »Gesellschaftskonzerten« der 1812 gegründeten »Gesellschaft der Musikfreunde« zu. Kein anderer Komponist, auch Haydn und Mozart nicht, wurde so oft aufgeführt wie Beethoven. Besonders bemerkenswert dabei ist, wie Eduard Hanslick später feststellte, *daß in dem Zeitraume von 1815–1830 beinahe jede Wohltätigkeitsakademie mit einer der Ouvertüren von Beethoven eingeleitet oder geschlossen wurde*[221]. Solche »Wohltätigkeitsakademien« fanden vornehmlich zu Weihnachten oder Ostern statt und wurden zugunsten bestimmter Zwecke, z. B. der Künstlerhilfe, veranstaltet. Ihre Programme mußten populär sein, ging es doch darum, ein möglichst großes Publikum anzusprechen. Der Maßstab solcher Konzerte war also, wie Hanslick feststellte, die *Popularität.* Wenn Beethovens Musik aber *dem Publikum gefiel und es anlockte*[222], dann kann dies nur heißen, daß Beethovens abfälliges Urteil über das Wiener Musikleben nicht so ganz

[220] Thayer IV, S. 285
[221] Eduard Hanslick: *Geschichte des Concertwesens in Wien,* Wien 1869, S. 277
[222] ebenda. Vgl. auch John Knowles: *Die letzten Jahre,* in: *Beethoven. Mensch seiner Zeit,* hrsg. von Siegfried Kross, Bonn 1980, S. 120

der Wirklichkeit entsprach und wohl aus seiner subjektiven Sicht gefällt war.

Allerdings ist dabei zu bedenken, daß die Werke Beethovens, die aufgeführt wurden, meist vor 1810 entstanden waren. Neuere Werke konnten aber auch gar nicht aufgeführt werden, da Beethovens schöpferische Produktivität ab 1815 in einem ganz auffallenden Maße zurückging und zeitweilig, wie in den Jahren 1817/18, sogar völlig zu versiegen schien. So entstand in der Öffentlichkeit bald der Eindruck, daß sich Beethoven »ausgeschrieben« habe. 1821 stand in der Leipziger *Allgemeinen Musikalischen Zeitung* zu lesen[223]: *Beethoven beschäftigt sich, wie einst Haydn, mit Motiven schottischer Lieder; für größere Arbeiten scheint er gänzlich abgestumpft zu seyn.*

Man erwartete von Beethoven *keine große Musik mehr*[224] und glaubte, sein Werk sei abgeschlossen. Daß dieses Meinungsbild entstehen konnte, hatte gewiß einen entscheidenden Grund auch in dem Umstand, daß Beethovens Laufbahn als öffentlich auftretender Pianist im Jahre 1815 endete. Am 25. Januar 1815 gab er sein letztes Konzert vor der russischen Zarin. Auch wenn Beethoven in den späteren Jahren gelegentlich noch als Dirigent auftrat, so wog das doch keineswegs genug, um ihn in den Augen der Öffentlichkeit noch als produzierenden Künstler existent erscheinen zu lassen. Zur Zeit Beethovens orientierte sich eben – anders als heute – das Urteil der Zeitgenossen über die Produktivität eines Komponisten an der Präsenz seiner Tätigkeit als ausübender Musiker. Bedenkt man, daß die Karriere Beethovens in Wien in einem entscheidenden Maße die Folge seiner Auftritte als Pianist war, so nimmt es nicht wunder, daß man mit seinem Rücktritt als Pianist aus der öffentlichen Musikszene auch die Vorstellung von einem Abschluß seiner schöpferischen Arbeit verband.

Das Bemerkenswerte an dieser Situation nach 1815 bis in die zwanziger Jahre hinein ist nun aber, daß sich in der öffentlichen Meinung mehr und mehr eine große Verehrung gegenüber Beethoven bemerkbar machte. Zelter schrieb am 14. September 1819 an Goethe[225]: *Trotz des mannigfaltigen Tadels dessen Beethoven sich schuldig macht oder nicht, genießt er eines Ansehns das nur vorzüglichen Menschen zugeht.* Beethovens Bedeutung als Kom-

[223] Leipziger *Allgemeine Musikalische Zeitung*, Jg. 23/1821, Sp. 539
[224] *Konversationshefte* VI, S. 113
[225] zitiert nach Thayer IV, S. 164

ponist wurde vielen Zeitgenossen immer deutlicher bewußt und führte schließlich dazu, daß man in ihm den ersten Komponisten der Zeit sah. Das wird bestätigt beispielsweise durch eine Kritik aus dem Januar 1819 in der *Wiener Allgemeinen Musikalischen Zeitung*. Es heißt da[226]: *Heil ihm und uns! Wir nennen ihn den unsern, den größten Tonsetzer Europas und Wien erkennt dankbar, was es an ihm besitzt.* Diese Hochschätzung Beethovens bleibt nicht nur auf Wien beschränkt. Sie ist gleichermaßen charakteristisch für Deutschland und andere Länder wie vor allem England. So konnte es auch nicht ausbleiben, daß ihm Kompositionsvorschläge gemacht wurden, daß man ihn anzuregen suchte, neue Werke zu komponieren und der Öffentlichkeit vorzustellen.

»Ich sitze und sinne und sinne«

Nun, Beethoven war nicht untätig oder ausgeschrieben. Das war nicht der Grund, daß sich seine Produktion so auffallend verkleinerte. Er hatte aber wohl Probleme, sich über seinen weiteren Weg als Komponist wirklich klar zu werden. Die Zielsetzung, die sich für ihn mit dem Komponieren verband, konnte aufgrund der veränderten Zeitverhältnisse nicht mehr die »alte« sein, und trotzdem galt es für ihn, an den Ansprüchen, die er an seine künstlerische Arbeit als eine ethische Tätigkeit stellte, festzuhalten und ihnen treu zu bleiben. Die Aufgabe der Kunst und die Rolle des Künstlers waren zum ernsthaften und kritischen Problem geworden, und dies in dem Maße, da die bedrückenden politisch-gesellschaftlichen Restaurationserscheinungen mit ihrem kulturellen Verfall im Gefolge die moralische Funktion der Kunst recht eigentlich bewußt machten. – *»das Moralische / Gesetz in unß, / u. der gestirnte / Him̄el über unß« / Kant!!! –*[227] notierte Beethoven 1820 in ein Konversationsheft. Und eine andere Bemerkung aus dieser Zeit lautet[228]:

Die Welt ist ein König, / u. sie will geschmeichelt seyn, / Soll sie sich günstig zeigen – / Doch wahre Kunst ist / eigensinnig, ⟨läßt

[226] *Wiener Allgemeine Musikalische Zeitung*, Jg. 3/1819, S. 45
[227] *Konversationshefte* I, S. 235
[228] ebenda, S. 326

sich / nir nicht [?]⟩ *läßt sich / nicht in Schmeichelnde / Formen zwängen –.*

Diese »Eigensinnigkeit« zu bewahren, bedurfte des verstärkten Kraftaufwandes und der Veränderung der kompositorischen Konzeptionen. Das bedeutete für Beethoven erhebliche Mühen und langwierige Prozesse. Wie sehr er sich darüber im klaren war, daß das Komponieren für ihn erheblich schwieriger geworden war, gibt er Friedrich Rochlitz im Jahre 1822 zu erkennen[229]:

ich trage mich schon eine Zeit her mit drei andern großen Werken. Viel dazu ist schon ausgeheckt; im Kopfe nämlich. Diese muß ich erst vom Halse haben; zwei große Symphonien, und jede anders; und ein Oratorium. Und damit wird's lange dauern; denn, sehen Sie, seit einiger Zeit bring' ich mich nicht mehr leicht zum Schreiben. Ich sitze und sinne und sinne; ich habs lange: aber es will nicht aufs Papier. Es grauet mir vor'm Anfange so großer Werke. Bin ich drin: Da geht's wohl [...]

Als Beethoven dies sagte, 1822, da war freilich die Phase, in der seine Produktivität zu erlahmen schien, längst zu Ende. Da deuteten sich bereits die Ergebnisse langwieriger Neukonzeptionen an. Doch gehen wir zunächst ins Jahr 1815 zurück. Es entstanden in diesem Jahr als einzige Instrumentalkompositionen die beiden Sonaten für Klavier und Violoncello op. 102. Vollendet wurden die 1814 begonnene Kantate op. 112 *Meeresstille und glückliche Fahrt* nach Goethe, dann die gleichfalls 1814 begonnene Ouvertüre in C-Dur (*Zur Namensfeier*) op. 115 und die 1813 liegengebliebene zweite Vertonung des Gedichts *An die Hoffnung* von Christoph August Tiedge op. 94.

Im folgenden Jahr 1816 komponierte Beethoven den Liederkreis *An die ferne Geliebte* op. 98 und die Klaviersonate in A-Dur op. 101; außerdem entstanden die Bearbeitungen schottischer Volkslieder op. 108 und 18 der insgesamt 23 *Lieder verschiedener Völker* WoO 58. Der Ertrag von 1817 war dann entschieden geringer: zwei Lieder, ein Kanon, ein Männerchor und eine kleine Fuge für Streichquintett op. 137; dazu die Umarbeitung des Klaviertrios in c-Moll op. 1 Nr. 3 zu einem Streichquintett. Den Tiefstand bringt schließlich das Jahr 1818. Lediglich zwei kleine Gelegenheitsarbeiten wurden fertig. Doch die eigentliche Arbeit galt

[229] Thayer IV, S. 286f.

der großen »Hammerklaviersonate« in B-Dur op. 106, die Ende 1817 in Angriff genommen wurde und im Frühjahr 1819 abgeschlossen werden konnte. 1819 begann Beethoven dann die »Diabelli-Variationen« für Klavier op. 120, und er arbeitete an der 1818 angefangenen *Missa solemnis* op. 123, die zunächst als »Gelegenheitswerk« zur Inthronisation des Erzherzogs Rudolph zum Erzbischof von Olmütz am 4. Juni 1819 gedacht war. Doch die Arbeit an der Messe-Komposition wuchs weit über den ersten Plan hinaus. 1820 und 1821 komponierte er – gleichsam als »Nebenarbeiten« – seine drei letzten Klaviersonaten in E-Dur op. 109, As-Dur op. 110 und c-Moll op. 111, 11 Bagatellen für Klavier op. 119 und das *Abendlied unterm gestirnten Himmel* WoO 150, das unmittelbar nach Abschluß des Vormundschaftsprozesses entstanden ist und wohl einen Niederschlag der damit verbundenen Stimmungen und Gefühle darstellt. Erst Anfang 1823 beendete Beethoven die große und tief verpflichtende Arbeit der *Missa solemnis*. Im Herbst zuvor hatte er sich nach mehreren Anläufen an die Ausarbeitung der 9. Sinfonie begeben. Sie beschäftigte ihn nach Beendigung der »Diabelli-Variationen« das Jahr 1823 hindurch. Anfang Februar 1824 lag die Chorsinfonie dann endlich abgeschlossen vor.

In diesen Jahren nach 1820 hatte Beethoven die Krise endgültig überwunden. Das hieß nun keineswegs, daß er eifrigst bemüht gewesen wäre, die Öffentlichkeit auch von seiner Leistungsfähigkeit zu überzeugen. Er ließ sich nicht drängen. Seine Popularität schien auch die neuen Kompositionen gar nicht zu benötigen. Es kam allerdings zu mehreren Kompositionsangeboten. So wollte die Londoner Philharmonische Gesellschaft gerne eine neue Sinfonie von Beethoven haben, wofür sie dem Komponisten 50 £ anbot. Aus Petersburg meldete sich der Fürst Galitzin. Er bot ein ansehnliches Honorar für ein oder mehrere Streichquartette. Von besonderem Interesse aber war für Beethoven auch das Angebot des Kärntnerthor-Theaters zu einer neuen Oper, nachdem die Wiederaufführung des *Fidelio* im Jahre 1822 zu einem großen Erfolg geworden war. Allerdings hat diese Einstudierung auch endgültig klargestellt, daß Beethoven nicht mehr fähig war, öffentliche Aufführungen zu leiten. Er wollte seine Oper selbst dirigieren und tat dies auch – mit dem Ergebnis, daß bei der Hauptprobe schon kurz nach Beginn alles ins größte Durcheinander geriet, da er nichts hörte und seine Weisungen Verwirrung stifteten[230].

230 Vgl. Thayer IV, S. 315 f.

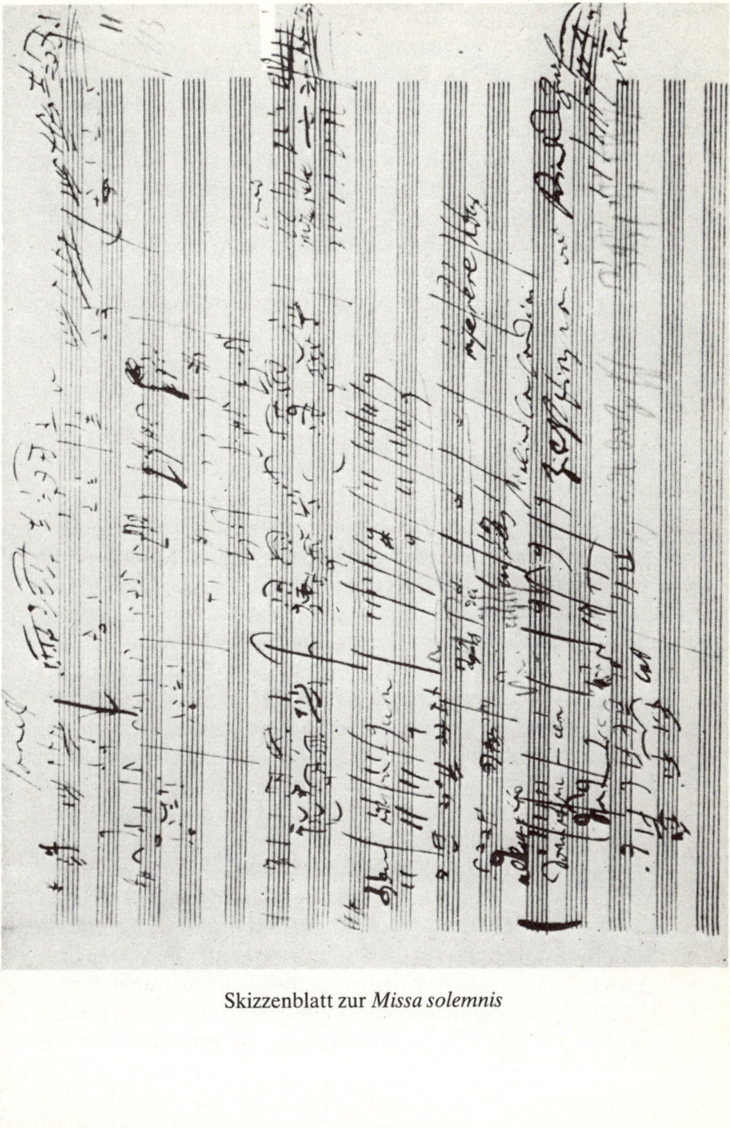

Skizzenblatt zur *Missa solemnis*

Für Beethoven war dies ein erschütterndes Erlebnis. Seinen Tatendrang als Komponist berührte es freilich nicht. Der Opernplan *Melusine* gemeinsam mit Franz Grillparzer bestätigt das ebenso wie die Aussage gegenüber dem Kritiker Rochlitz, in der von zwei großen Sinfonien und einem Oratorium die Rede ist, deren Pläne ihn beschäftigten. Er hatte sein Selbstbewußtsein und sein Selbstverständnis als Komponist in vollem Maße zurückgewonnen: *Denn Beethoven kann schreiben,* so ließ er am 20. Dezember 1822 seinen ehemaligen Schüler Ferdinand Ries in London wissen; *Gott sei Dank! – sonst freilich nichts in der Welt. Gibt mir nur Gott meine Gesundheit wieder, welche sich wenigstens gebessert hat, so kann ich allen den Anträgen von allen Orten Europa's, ja sogar aus Nordamerika Genüge leisten und ich dürfte noch auf einen grünen Zweig kommen*[231].

Geldsorgen

Dieses »auf einen grünen Zweig kommen« bedeutete für Beethoven etwas ganz Profanes, aber nichtsdestoweniger Existenzwichtiges. Er erhoffte sich eine materiell sichere Existenz. Davon aber schien er in jenen Jahren nach seiner eigenen Einschätzung weit entfernt. Seine Einkünfte waren gering; sie bestanden aus der Leibrente der Fürsten und aus den Dividenden seiner acht Bankaktien. Seine Ausgaben waren demgegenüber erheblich. Er mußte seine Dienstleute entlohnen, er beglich die Internatskosten des Neffen Karl, und er hatte Gerichtskosten. Da er die Bankaktien nicht angreifen wollte – sie waren seinem Neffen als Erbe zugedacht –, mußte er Geld leihen. Auch hier entstanden Probleme, als er das Geld nicht zurückzahlen konnte. Er verstrickte sich immer mehr in Schulden, so daß er schließlich versuchte, neu entstandene Werke mehrfach zu verkaufen. Am weitesten ging Beethoven dabei im Falle der *Missa solemnis*. Er bot die Partitur zunächst dem Verlag Simrock in Bonn zur Veröffentlichung an und schloß eine Art Vorvertrag. Beethoven ließ sich 900 Gulden durch seinen Bekannten Franz Brentano in Frankfurt auszahlen, der bei diesem Geschäft den Vermittler spielen sollte. Darauf verhandelte er mit

[231] *Briefe,* S. 628

dem Verlag C. F. Peters in Leipzig und ließ sich 1000 Gulden für die Veröffentlichungsrechte der Messe zahlen. Nun glaubte Beethoven wohl, das moralisch Fragwürdige seiner Strategie dadurch mildern zu können, daß er Brentano und Simrock als Hartherzige hinstellte. Er forderte von ihnen ein höheres Honorar. Sollten sie ihm dieses nicht zugestehen, würde er die Messe an anderer Stelle verlegen lassen. Als Brentano daraufhin auf Vertragserfüllung oder Rückzahlung bestand und als darüber hinaus noch andere Gläubiger mit Nachdruck bei Beethoven vorstellig wurden, verkaufte er eine Bankaktie und zahlte Brentano einen Teil des Honorars für die Messe zurück. Trotz seiner Bemühungen gelang es Brentano jedoch nicht, den gesamten Vorschuß zurückzuerhalten. Beethoven ließ erst wieder von sich hören, als er Brentano für Kurierdienste nach London benötigte; er schrieb am 2. August 1823[232]:

> [...] *ich hoffe Ihre Gemahlin befindet sich ebenfalls wohl, wie auch überhaupt alle Ihre Kinder und Geschwister, denn alle von Ihrer Familie sind mir ewig teuer, möchte ich nur im stande sein, ihnen meinen Dank auf die wünschenswerteste Art erkennen geben zu können.*

Diese Erfahrung hielt nun Beethoven keineswegs von weiteren Doppelverhandlungen ab. Die Geldsorgen veranlaßten ihn zu weiteren geschäftlichen Spekulationen; er verhandelte mit den Verlegern Diabelli, Probst, Schlesinger und schließlich mit dem Schott-Verlag in Mainz, dem er 1825 die Messe-Partitur für 1000 Gulden überließ. Dazwischen versuchte er noch auf anderem Weg, aus dem Werk finanziellen Gewinn zu ziehen. Er ließ handgeschriebene Kopien der Partitur anfertigen und bot sie zu 50 Golddukaten je Exemplar den Kaisern und Königen Europas an. Außerdem schrieb er an Goethe und Cherubini, um sie zur Subskription zu bewegen (vgl. Dokumente, S. 323f.). Der Gewinn dieses Subskriptionsunternehmens belief sich schließlich auf 1600 Gulden.

[232] ebenda, S. 287

Beethoven bekam in diesen Jahren alle Schwierigkeiten einer freien Künstlerexistenz zu spüren. Diese Probleme nahmen ihn natürlich erst recht gegen Wien und gegen die herrschende musikalische Mode ein, und er klagte, *daß, um einige Zeit für ein großes Werk zu gewinnen, ich immer vorher so viel schmieren um des Geldes willen muß*[233].

Welch mißliche Situation diese ständigen Geldsorgen zur Folge hatten und wie sehr ihn der Gedanke beschäftigte, produzieren zu müssen, um leben zu können, das ließ er den Verlag Breitkopf & Härtel schon 1810 wissen, als er schrieb[234]:

> *Ich habe nicht zum Endzweck, wie Sie glauben, ein musikalischer Kunstwucherer zu werden, der nur schreibt, um reich zu werden, o bewahre! Doch liebe ich ein unabhängiges Leben. Dieses kann ich nicht anders als ohne ein kleines Vermögen* [. . .] *Sie als ein humanerer und weit gebildeterer Kopf als alle anderen musikalischen Verleger dürften auch zugleich den Endzweck haben, den Künstler nicht bloß notdürftig zu bezahlen, sondern ihn vielmehr auf den Weg zu leiten, daß er alles das ungestört leisten könne, was in ihm ist und man von außen von ihm erwartet.*

Ein unabhängiges Leben als Künstler im Interesse der Kunst setzte soziale Sicherheit voraus. Doch gerade die mußte, und dies ist das geschichtlich Neue an Beethovens bürgerlicher Künstlerexistenz, über die Einkünfte aus den Kunstwerken gewonnen werden. Wie schwierig es fortan aber werden sollte, die Konzession an das Publikum mit dem künstlerischen Anspruch *wahre Kunst ist eigensinnig, läßt sich nicht in schmeichelnde Formen zwängen*[235] zu verbinden, das ist bei Beethoven bereits in vollem Ausmaße erkennbar. An die Stelle der Abhängigkeit von feudalen Verhältnissen ist die Abhängigkeit vom Publikumsgeschmack und vom Markt getreten; und diese Abhängigkeit stürzte denn auch Beethoven in einen tiefen Zwiespalt, wie seine Bemerkung vom April 1823 zeigt[236]:

[233] ebenda
[234] ebenda, S. 175
[235] *Konversationshefte* I, S. 326
[236] *Ludwig van Beethovens Konversationshefte* III, S. 149

ich schreibe nur das nicht, was ich am liebsten möchte, sondern des Geldes wegen, was ich brauche. Es ist deswegen nicht gesagt, daß ich doch bloß ums Geld schreibe – ist diese periode vorbej, so hoffe ich endlich zu schreiben, was mir u. der Kunst das Höchste ist – Faust.

Große Werke

Anfang 1824 konnte Beethoven auf eine beachtliche Schaffensausbeute der letzten Jahre zurückblicken. Das Entscheidende daran war aber nicht so sehr die Quantität der Werke als vielmehr ihre neue Qualität. Beethoven war sich darüber völlig im klaren, vor allem bei der *Missa solemnis* und der 9. Sinfonie. Beide Kompositionen weisen schon rein äußerlich Dimensionen auf, die nichts Vergleichbares hatten. Vor allem aber demonstrieren sie doch eine neue künstlerische Haltung. Die *Missa solemnis* läßt unmißverständlich erkennen, daß mit im Zentrum der Beethovenschen Gedankenwelt nun die Religion steht. Damit war allerdings nicht die institutionalisierte Macht der christlichen Kirche gemeint. Das religiöse Weltverständnis Beethovens greift weiter aus. *Von Herzen – möge es wieder zu Herzen gehen* – so hatte er über den ersten Satz der Messe geschrieben; und zu Andreas Streicher hatte er geäußert, daß es seine *Hauptabsicht war, sowohl bei den Singenden als bei den Zuhörenden religiöse Gefühle zu erwecken und dauernd zu machen*[237].

Beethovens Konzeption bezieht also in die religiöse Perspektive die gleichsam humanistische Utopie nichtentfremdeter gesellschaftlicher Beziehungen mit ein. Ihren Zentralpunkt, ihre Mitte hatte Beethovens Gedankenwelt nicht mehr allein in der Idee der Vernunft, die ihm durch die Aufklärung vermittelt war, sondern darüber hinaus in Gott, der, wie er an Erzherzog Rudolph in einem Brief vom 18. Juli 1821 schrieb, *mein Inneres kennt und weiß, wie ich als Mensch überall meine Pflichten, die mir die Menschlichkeit, Gott und die Natur gebieten, auf das Heiligste erfülle*, und der *mich wohl endlich wieder einmal diesen Trübsalen entreißen*[238] wird.

[237] *Briefe*, S. 726
[238] *Briefe*, S. 598

Die 9. Sinfonie stellt in gewisser Weise, im Blick auf die auch hier enthaltene religiöse Perspektive, eine Ergänzung zur *Missa solemnis* dar. Einer ihrer entscheidenden Impulse aber ist der der Rückschau[239]. Beethoven kehrt zum heroischen Stil zurück, d.h. weniger zum Stil der früheren Phase als zum nie preisgegebenen Anspruch auf eine humane, von Repressionen freie gesellschaftliche Wirklichkeit. Das Werk bildet einen Gegenentwurf zur politischen Realität der Restauration, wobei die Einbeziehung des gesungenen Wortes, die Vertonung der Ode *An die Freude* von Friedrich Schiller mit allem Nachdruck den programmatischen Aspekt hervorheben will: das Postulat nach der im Kunstwerk zum Vorschein gebrachten möglichen, auf keinen Fall aus dem Blick zu verlierenden Einlösung eines freiheitlichen und menschenwürdigen Gesellschaftszustandes.

Anfang des Jahres 1824, als die Arbeit an der 9. Sinfonie ihrem Ende zuging, erwog Beethoven eine Akademie. Er schien allerdings Bedenken zu haben. Vor allem hatte er wohl seine Zweifel daran, ob es sinnvoll wäre, dem Wiener Publikum die neuen großen Werke vorzuführen. Er versuchte über eine Anfrage die Aussichten auf eine Aufführung in Berlin in Erfahrung zu bringen. Die Antwort aus Berlin war zustimmend. Als diese Aktion den Freunden und Anhängern Beethovens in Wien zu Ohren kam, löste das eine erstaunliche Maßnahme aus. Man verfaßte eine Schrift, eine »Adresse«, in der man Beethoven darum bat, seine neuen Werke in Wien uraufzuführen; und man versicherte ihm[240]:

> *Sie allein vermögen den Bemühungen der Besten unter uns einen entscheidenden Weg zu sichern. Von Ihnen erwarten der vaterländische Kunstverein und die deutsche Oper neue Blüthen, verjüngtes Leben, und eine neue Herrschaft des Wahren und Schönen über die Gewalt, welchem der Modegeist des Tages auch die ewigen Gesetze der Kunst unterwerfen will.*

Die Schrift, unterzeichnet von dreißig Musikern, Verlegern und Musikfreunden Wiens, war Appell und Huldigung zugleich. Sie verfehlte ihre Wirkung auf Beethoven nicht. Nach recht aufregenden Vorbereitungen kam es schließlich am 7. Mai 1824 im Kärntnerthor-Theater zur Akademie. Auf dem Programm standen die Ouvertüre op. 124 *Die Weihe des Hauses,* das *Kyrie, Credo* und

[239] Vgl. Solomon: *Beethoven,* S. 352
[240] zitiert nach Thayer V, S. 69

Agnus Dei der *Missa solemnis* und schließlich die 9. Sinfonie. Probleme gab es im Falle der Sätze aus der Messe. Da religiöse Werke nicht in öffentlichen Konzerthäusern aufgeführt werden durften, war eine Sondergenehmigung der kaiserlichen Zensurbehörde erforderlich. Um Schwierigkeiten zu vermeiden, wurden die drei Sätze in den Ankündigungen als *Hymnen* bezeichnet.

Das Konzert war ein großer Erfolg. *Ich habe nie im Leben so / einen wüthenden u. doch / herzlichen Applaus gehört / als heute,* bemerkte Anton Schindler anschließend[241]. Doch für Beethoven verlief dieses große Unternehmen keineswegs zur reinen Zufriedenheit. So war die kaiserliche Familie trotz seiner persönlichen Einladung der Akademie ferngeblieben. Entscheidender aber war, daß die finanzielle Bilanz so wenig erfreulich aussah. 420 Gulden blieben Beethoven nach Abzug aller Kosten. Er fühlte sich betrogen und sah in Schindler den Schuldigen für den finanziellen Mißerfolg. Am 23. Mai 1824 kam es dann zur zweiten Akademie, die anstelle zweier Sätze aus der Messe eine Arie von Rossini und ein Gesangsterzett von Beethoven aufwies. Dahinter steckte die Absicht, durch populärere Stücke vor allem den Adel ins Konzert zu locken. Diese Strategie wurde freilich in der Öffentlichkeit durchschaut und kam Beethoven nicht gerade zugute[242]: *Das Publikum / lacht und höhnt Sie selbst / indem es sagt, seht er / muß doch den Rossini zu Hilfe nehmen.* Ungeachtet des Versuchs, durch die Programmauflockerung mehr Publikum anzuziehen, war dieses Konzert am 23. Mai ein Mißerfolg. Die meisten Wiener waren bereits in die Sommerferien abgereist.

Die Mißgunst dieser Stunde traf Beethoven hart; sie konnte allerdings seiner stetig wachsenden Berühmtheit keinen Abbruch tun. Im Gegenteil. Es kam in der Folge zu einem verstärkten Interesse an Aufführungen Beethovenscher Werke – und dies nicht nur in Wien, sondern auch in vielen Städten Deutschlands, in Frankreich und in London. Obgleich die nun bekannter werdenden späten Werke Beethovens auf nur begrenztes Verständnis stießen, ja vielfach von der Kritik sogar als Irrweg bewertet wurden, hinderte das nicht, daß die Verehrung Beethovens immer größer wurde. Oft genug begegnet man höchst zwiespältigen Stellungnahmen, die nicht zuletzt gerade in ihrer Weigerung, die »Kühnheiten« der 9. Sinfonie anzuerkennen, zu verstehen geben,

[241] *Konversationshefte* VI, S. 160
[242] ebenda, S. 215

daß sie im Grunde die musikalische Aussage Beethovens sehr genau rezipieren. So schreibt der Kritiker der *Berliner Allgemeinen Musikalischen Zeitung* nach der ersten Aufführung der 9. Sinfonie in Leipzig am 6. März 1826[243]:

> *Er stösst durch seine Kraft ebenso feindlich ab, als er anzieht und erfreut, er spannt, betäubt und ermüdet, und lässt den Zuhörer seiner Gedankenfülle nicht recht froh werden, und das Alles – wie es scheint, will er so.*

Und an anderer Stelle, in der *Leipziger Allgemeinen Musikalischen Zeitung* heißt es unter Bezug auf die Aufführung dieser letzten Sinfonie am 23. Mai 1825 beim Niederrheinischen Musikfest in Aachen[244]: *Auch in der Verirrung – gross!*

Von Illusionen und Aussöhnungsversuchen

Beethovens Lebensverhältnisse verloren nach Abschluß des Prozesses im Jahre 1820 die ständige Unruhe. Das war gut so, bildete doch die innere Beruhigung nach den jahrelangen Auseinandersetzungen um den Neffen vielleicht die notwendige Voraussetzung dafür, daß Beethoven die großen Werke vollenden konnte. Wir stellen auch hier wieder die für Beethoven charakteristische Parallelität bzw. Koinzidenz seiner verschiedenen Lebensvollzüge fest: um 1820, da die Bemühungen um den Neffen einen für ihn (allerdings nur zunächst) guten Ausgang nahmen, wurde der Weg zu den teilweise schon lange konzipierten Werken endlich beschritten und auch bewältigt. Die Bewältigung dieser Arbeit und der damit verbundenen Probleme aber hat Beethoven ganz offensichtlich auch frei gemacht. Er suchte sich von den zwanghaften Vorstellungen zu lösen, die er von seinen Familienangehörigen hatte; er baute seine Feindbilder ab und – das hat Mainard Solomon hervorgehoben: Beethoven bezieht nun seiner eigenen Vergangenheit und Herkunft gegenüber eine veränderte und das heißt: eine immer mehr der Illusion entsagende Haltung. Jetzt spricht er plötzlich von der *Hoffnung, vielleicht künftiges Jahr meinen vater-*

[243] *Berliner Allgemeine Musikalische Zeitung* Jg. 3/1826, S. 204

[244] Leipziger *Allgemeine Musikalische Zeitung* Jg. 27/1825, Sp. 447

ländischen Boden betreten zu können und die Gräber meiner Eltern zu besuchen[245].

Der Plan, nach Bonn zu reisen, blieb lebendig, wurde allerdings nicht realisiert. Trotzdem ist erkennbar, daß Beethoven sich seiner tatsächlichen familiären Vergangenheit zu nähern suchte. In seiner Sicht – denken wir an den Vater und an Beethovens Verhältnis zu ihm – lagen über dieser Vergangenheit dunkle Schatten, und er scheint die schmerzlichen Erfahrungen seiner Kindheit lange dadurch verdrängt zu haben, daß er sich in die Vorstellung flüchtete, in Wirklichkeit nicht der Sohn seiner Eltern zu sein. Wir haben schon eingangs darauf hingewiesen, daß das merkwürdige Gerücht umging, Beethoven sei in Wirklichkeit der Sohn des preußischen Königs Friedrich Wilhelms II. Beethoven hat dieses öffentliche Gerücht nie wirklich dementiert; ja er schien sogar bis in seine letzten Lebensmonate diesen Wahn irgendwie für sich aufrechthalten zu wollen. – Liegt hier vielleicht das Motiv dafür, daß er die 9. Sinfonie dem König Friedrich Wilhelm III., dem Sohn seines vermeintlichen Vaters, widmete? Kann man vielleicht auch hier eine Erklärung dafür finden, daß Beethoven gerade in seinen letzten Lebensjahren so begierig auf Ehrbezeugungen und Ordensverleihungen war? Boten ihm diese etwa die Bestätigung dafür, ein Mitglied des Adels, ein Mensch höherer Abstammung zu sein? Es hat schon etwas Merkwürdiges, wenn Beethoven am 7. Oktober 1826 an den Bonner Freund Franz Wegeler zunächst schreibt, er solle *die Rechtschaffenheit meiner Eltern und meiner Mutter insbesondere der Welt* bekanntmachen, er selbst habe es sich *zum Grundsatz gemacht, nie* [...] *etwas über mich selbst zu schreiben,* um sich anschließend in einer langen Aufzählung der Orden und Ehrungen zu ergehen, die ihm zuteil geworden sind[246].

Wie gefährlich nahe Beethoven tatsächlich Wahnvorstellungen kam, wenn es um die Familie und um seine Stellung in ihr ging, wissen wir aus seinen Zeugnissen, in denen er seine Vaterschaft bekundete und dabei doch ganz offensichtlich der Selbsttäuschung sich hingab: *Du bist Mann, Vater, – ich auch, doch ohne Frau*[247]. – So hatte er 1816 an den Bonner Freund geschrieben.

Dies ist der Hintergrund – ein Hintergrund voller Wahnvorstellungen und fixer Ideen – vor dem sich die Ausprägung des späten

245 *Briefe,* S. 588
246 *Briefe,* S. 826
247 *Briefe,* S. 364

musikalischen Stils von Beethoven vollzog und damit zugleich aber auch ein Aufbrechen seiner wahnhaften Wünsche und Selbsttäuschungen anbahnte. In den Jahren nach 1820 schien zwischen Beethoven und seinem Neffen eine fast ungetrübte Beziehung bestanden zu haben. Die Umstände waren günstig: Karl war Zögling des Instituts Blöchlinger, verbrachte mit Beethoven seine freien Tage und Ferien und stand ihm sogar als Sekretär zur Verfügung. Daß das Verhältnis jetzt oft geradezu harmonische Züge annehmen konnte, lag aber auch daran, daß Beethoven ganz und ausschließlich seiner kompositorischen Arbeit zugewandt war. Sie beanspruchte ihn in einem nie zuvor gekannten Ausmaße, und das machte ihn gelegentlich sogar gleichgültig gegen alles, was von außen kam. Das konnten und mußten auch andere erfahren, Freunde beispielsweise wie der Cellist Bernhard Romberg, der im Februar 1822 in Wien ein Konzert gab, zu dem Beethoven nicht erschien, weil ihn, wie er sagte, seine *fortgesetzten Beschäftigungen* daran hinderten[248].

Auffallend an Beethovens Verhalten nach dem Prozeß war aber auch, daß er versuchte, eine Art Aussöhnung mit seiner Schwägerin Johanna zu finden. Daß das nicht gelingen konnte, ist angesichts der Verletzungen, die der Schwägerin von ihm zugefügt worden waren, verständlich. Sie wollte von Beethoven nichts mehr wissen. Er seinerseits aber schien das Bedürfnis zu haben, sich Johanna erkenntlich zu zeigen. 1822 übernahm er einen Teil ihrer Schulden, *da ich ihr gern alles Gute erzeige, insofern Karl dadurch nicht gefährdet wird*[249].

Bemerkenswert ist schließlich auch sein Brief vom 8. Januar 1824, in dem er seine Neujahrsgrüße an die Schwägerin mit dem Angebot verbindet, ihr finanziell nach besten Möglichkeiten behilflich zu sein. Der Brief schließt[250]: *Wir wünschen Ihnen alles erdenkliche Gute, Karl sowohl als ich. Ihr bereitwilligster L. v. Beethoven.*

Nicht weniger wichtig erschien Beethoven die Aussöhnung mit seinem Bruder Nikolaus Johann (vgl. Dokumente, S. 324f.). Seit 1812 hatte es kaum Kontakte gegeben. Als der Bruder im Frühjahr 1822 von Linz nach Wien übersiedelte, kam es kurz darauf zur

[248] Brief vom 12. Februar 1822 an Bernhard Romberg, in: *Briefe,* S. 604; vgl. Dokumente, S. 322f.

[249] Brief vom 31. Juli 1822 an den Bruder Karl, in: *Briefe,* S. 615

[250] *Briefe,* S. 702

Verständigung zwischen den Brüdern. Für Beethoven war diese Aussöhnung offensichtlich von großer Bedeutung[251]: *Gott gebe nicht,* so schrieb er, *daß das natürliche Band zwischen Brüdern wieder unnatürlich zerrissen werde.* Könnte es sein, daß ihm in Zusammenhang mit den Anstrengungen und inneren Kämpfen, seinem Neffen die Mutter zu nehmen, bewußt geworden war, wie »unnatürlich« seine Familiensituation, wie haltlos im Grunde die Rolle war, in die er sich hineinmanövriert hatte und in die er sich nun hineinzuleben versuchen mußte? Er brauchte, wie es scheint, die Gewißheit von einer »natürlichen« familiären Beziehung – und eben vielleicht gerade deshalb, weil ihm die Problematik seiner angemaßten Vaterschaft, das Unnatürliche an dem Beziehungsgefüge »Neffe – Schwägerin – er selbst« nicht aus dem Kopf ging.

Es ist auffallend, daß Beethoven jetzt willens war, die Rechte des Bruders zu akzeptieren, also auch seine Einwände gegen dessen Frau fallenzulassen, und gleichzeitig sich bemühte, den Bruder fest an sich zu binden, indem er ihn eine Art Geschäftsführer spielen ließ. Die Basis dieser Beziehung war, daß Beethoven sich von seinem Bruder Geld lieh und ihm dafür die Rechte an seinen Kompositionen einräumte.

Vielleicht war Beethoven die Annäherung an seinen Bruder jetzt aber auch deshalb möglich, weil er ihm gegenüber den gleichen Status vorweisen konnte. Er hatte jetzt in seinen Augen eine Familie, wenn auch ohne Frau; damit hatte er sich abgefunden. Der Eifersucht auf den Bruder war dadurch – erinnern wir uns an das Jahr 1812 – eine entscheidende Voraussetzung genommen.

Doch war die Beziehung zwischen den Brüdern zu labil, um auf Dauer tragfähig sein zu können. Störungen blieben denn auch nicht aus, da Beethoven den Lebenswandel seiner Schwägerin nicht mit ansehen und folglich sich auch nicht enthalten konnte, auf den Bruder einzuwirken. Am 19. August 1823 schrieb er an Nikolaus Johann[252]:

> [...] *denn so wenig du es um mich verdienst, so werde ich nie vergessen, daß Du mein Bruder bist, und ein guter Geist wird noch über Dich kommen, der Dich von diesen beiden Canaillen scheidet, diese vormalige und jetzige Hure, wobei während Deiner Krankheit ihr Kerl nicht weniger als dreimal geschlafen hat*

[251] *Briefe,* S. 657; vgl. Dokumente, S. 324f.
[252] *Briefe,* S. 689

und die noch obendrein Dein Geld gänzlich in Händen hat, o verruchte Schande, ist kein Funke Mann in Dir?!!!!

Sexuelle Handlungen spielen, wie es scheint, nach wie vor ihre gewichtige Rolle in Beethovens Phantasien, und er nutzte das moralisch Verwerfliche und in seinen Augen Verachtenswerte daran – ähnlich wie im Falle seiner Schwägerin – dazu, seinen Anspruch auf den Bruder zum Ausdruck zu bringen. Wie aus dem Prozeß um den Neffen bekannt, sieht er sich auch hier in der Rolle des Retters, des »guten Geistes«. Am Ende des Briefs an den Bruder heißt es[253]:

Soll ich mich so erniedrigen, in solcher schlechten Gesellschaft zu sein, vielleicht läßt sich aber diese vermeiden und wir können doch einige Tage mit Dir zubringen?! [. . .] *Unsichtbar schweb' ich um Dich und wirke durch andere, damit Dir die Canaillen den Hals nicht zuschnüren – Wie immer Dein treuer Bruder.*

Fast gewinnt man hieraus den Eindruck, als habe Beethoven insgeheim versucht, im Bund mit dem Bruder und dem Neffen eine Art Familie unter seiner »väterlichen« Regie zu sehen, in der er selbst sich sicher und unbedrängt von den Vorstellungen, die sich für ihn mit Frauen verbanden, aufgehoben fühlen konnte. Tatsächlich muß man bei dem Verhalten Beethovens und bei seinen Anstrengungen, Familienmitglieder an sich zu binden, fragen, ob die Ursache dafür nicht darin zu sehen ist, daß er in der Beziehung zwischen Familienangehörigen den inneren Halt und die Gewähr dafür suchte, der Einsamkeit zu entgehen und den durch die Taubheit bedingten Verlust des sozialen Kontakts zu kompensieren. Wie ungemein fragwürdig aber für ihn Beziehungen grundsätzlich waren, mit welchem Mißtrauen er allen Menschen um sich herum begegnete und in welchem Maße dieses Mißtrauen ihn immer wieder dazu verleitete, seine Freunde und Familienangehörigen gegenseitig auszuspielen, im Glauben, den Partner dadurch fester an sich binden zu können, das geben die Briefe aus den letzten Jahren mitunter auf bestürzende Weise zu erkennen. Die Praktiken in seinem Privatleben sind ähnlich denen, auf die er sich im Umgang mit seinen Verlegern einließ. Die verheerende Folge aber ist, daß Beethoven sich letztlich gerade in die Beziehungslosigkeit und Einöde verliert, der er gerade zu entkommen suchte.

[253] ebenda

Am 4. August 1825 versuchte er sogar, seinen Bruder zu erpressen[254]:

> *Ich ersuche Dich [...], daß Du schon in einigen Tagen erscheinst, sonst müßte ich Hr. Schindler wieder aufnehmen, der auch schon hier war und mir die Hand geküßt hat.*

Wiederholt sprach Beethoven im Falle Johanns von »Pseudobruder«, auch dem Neffen Karl gegenüber. Dabei wird die Absicht spürbar, solche Abschiebung und verächtliche Distanzierung vom Bruder als Angebot an den Neffen verstanden zu wissen; er soll daraus entnehmen, daß er die seinem Herzen und Interesse nächste und naheste Person ist.

Was aber bleibt schließlich? Am 28. August 1826 schickte Beethoven an Johann Nikolaus ein Absagebriefchen[255]: *Ich komme nicht. Dein Bruder????!!!! Ludwig.* Von der Gewißheit, mit der er drei Jahre zuvor versicherte: *So werde ich nie vergessen, daß Du mein Bruder bist* (s. o.), war nichts als höchste Ungewißheit und Unsicherheit geblieben. Verwunderlich war das nicht. – Die Ereignisse dieses Sommers 1826 hatten seine innere Vorstellungswelt, sein idyllisches Familienwunschbild gründlich zerstört.

Schwierigkeiten mit dem Neffen

Einige Zeit sah es zunächst so aus, als wären im Falle des Neffen alle Probleme gelöst und als könnte das Leben nach Beethovens Wünschen verlaufen. Das änderte sich, als Karl im Spätsommer 1823 das Erziehungsinstitut Blöchlinger verließ, um daraufhin an der Universität zu studieren. Karl wollte die Militärlaufbahn einschlagen; doch Beethoven, der die Durchsetzung und Verfolgung seiner Erziehungsideale im Sinn hatte und darauf bedacht war, auch ganz die Früchte seiner Maßnahmen zu ernten, beharrte auf dem Universitätsstudium der Philologie. Karl wohnte zudem jetzt bei seinem Onkel, was zwangsläufig zu gegenseitigen Belastungen führte. Der Neffe versuchte, den Schwierigkeiten aus dem Wege zu gehen, indem er sich – mit Sicherheit auch bedingt durch seine

[254] *Briefe,* S. 781 f.
[255] *Briefe,* S. 816

Bedürfnisse als inzwischen 18jähriger – Beethoven zu entziehen trachtete. So ging er im Sommer 1824 nicht mit in die Sommerferien. Was aber schlimmer wog: der Neffe blieb wiederholt über Nacht von zu Hause weg, er pflegte einen freundschaftlichen Umgang, den Beethoven überhaupt nicht billigen wollte, und, was natürlich die Spannungen verschärfen mußte, er versuchte, seine Rechte gegenüber dem Onkel zu behaupten. So verteidigte er beispielsweise im Herbst 1824 seinen Freund Niemetz, einen in den Augen Beethovens *lästigen Gast, dem es gänzlich an Wohlstand und Anstand fehlt,* mit den Worten[256]: *Für meinen Teil werde ich nicht aufhören, ihn zu lieben, wie ich meinen Bruder lieben könnte, wenn ich einen hätte.*

Die Auseinandersetzungen und Streitereien nahmen kein Ende; konnten nicht, da Beethoven zunehmend von Eifersucht beherrscht wurde, die ihn zu ständigen Verdächtigungen und Unterstellungen veranlaßte. Einen ersten Höhepunkt erreichten die Spannungen im Frühjahr und Sommer 1825 (vgl. Dokumente, S. 327ff.). Zunächst hatte es so ausgesehen, als könnte sich noch einmal alles zum Besseren wenden. Beethoven hatte nämlich sein Einverständnis dazu gegeben, daß Karl das Studium wechselte. Ab April 1825 besuchte er das polytechnische Institut. Um diese Zeit aber geriet Beethoven in ernste gesundheitliche Schwierigkeiten. Eine schwere Darmentzündung hatte ihn befallen. Dadurch wurden wieder einmal Reisepläne zunichte gemacht, hatte ihn doch Anfang des Jahres die Philharmonische Gesellschaft in London eingeladen. Der gesundheitliche Zustand verschlechterte sich schließlich so sehr, daß Beethoven auf Empfehlung seines Arztes Dr. Braunhofer Anfang Mai nach Baden ging. Er verbrachte dort den ganzen Sommer und Frühherbst bis Mitte Oktober 1825. Die Entfernung von seinem »Sohn«, das Gefühl des Alleinseins und vor allem auch das Gefühl und die Auffassung, nicht mehr zu Kräften zu kommen, stürzten ihn in einen Strudel von Phantasien und Verlustängsten. Unablässig schrieb er Briefe an Karl mit geschäftlichen Anweisungen, Verhaltensmaßregeln und Klagen. Es scheint so, als wollte er dem 19jährigen Neffen in der Verpflichtung zum Studium und zur interessanterweise daran geknüpften Forderung nach Dankbarkeitsbezeugung Fesseln anlegen. Am 18. Mai 1825 schrieb er[257]:

256 Thayer V, S. 509
257 *Briefe,* S. 762

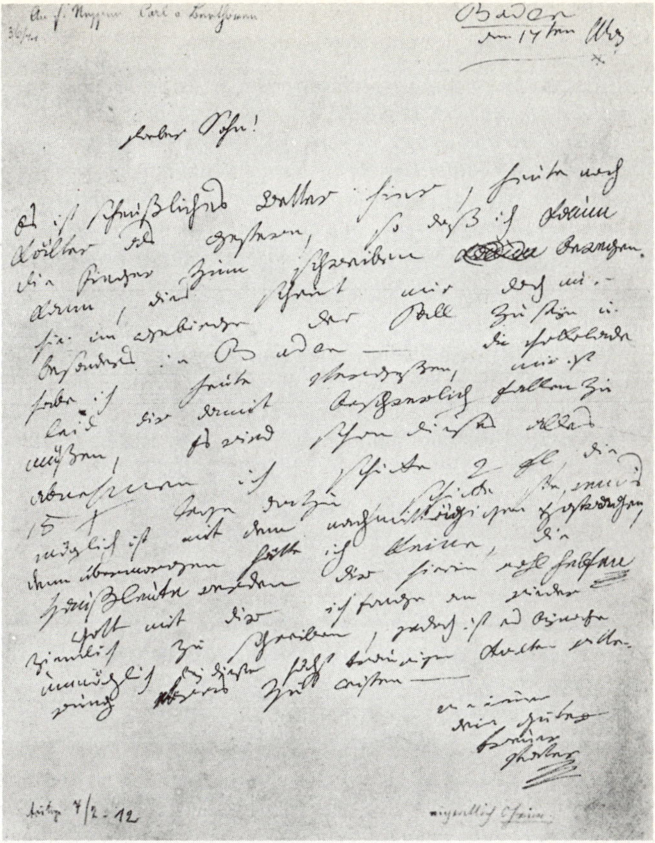

Brief Beethovens an den Neffen
vom 17. Mai 1825

[. . .] *studiere tüchtig und stehe morgens früh* [auf], *wo Du auch selbst manches, was vorfiele, für mich zu tun versuchen könntest; – einem nun bald 19jährigen Jüngling kann es nicht anders als wohl anstehen, mit seinen Pflichten für seine Bildung und Fortkommen auch gegen seiner Wohltäter, Ernährer zu verbinden. – Habe ich doch dieses bei meinen Eltern vollführt. – Eiligst Dein treuer Vater.*

Kurz darauf brach die lange Zeit notdürftig in Funktion gehaltene Abwehr gegenüber den andrängenden Ängsten.

> *Bisher nur Mutmaßungen,* schrieb er am 22. Mai 1825, *obschon mir von jemand versichert wird, daß wieder geheimer Umgang zwischen Dir und Deiner Mutter. – Soll ich noch einmal den abscheulichen Undank erleben?! Nein, soll das Band gebrochen werden, so sei es; Du wirst von allen unparteiischen Menschen, die diesen Undank hören, gehaßt werden* [. . .] *– ich überlasse Dich der göttlichen Vorsehung; das meinige habe ich getan und kann deswegen vor dem allerhöchsten aller Richter erscheinen*[258].

Die Drohung mit dem Bruch, mit dem Entzug von Liebe und Fürsorge – sollte sie bei dem Neffen jene Ängste stiften, denen er selbst sich ausgeliefert erlebte?

An den Kanzlei-Beamten Mathias Schlemmer, bei dem Karl in dieser Zeit in Kost und Wohnung gegeben war, schrieb Beethoven[259]:

> *Es ist mir auffallend, daß Karl beinahe gar nirgend in eine Schöne Gesellschaft, wo er sich in dieser Zeit auf das anständigste belustigen könnte, zu bringen ist. Es könnte den Verdacht erwecken, daß er vielleicht doch abends oder gar nachts sich erlustigte in gewiß nicht so guter Gesellschaft. Ich ersuche Sie hierauf acht zu haben und unter keinem Vorwande Karl nachts außer dem Hause zu lassen, wenn Sie von mir nichts Schriftliches durch Karl hierüber erhalten.*

Beethoven hegte ganz offensichtlich die schlimmsten Befürchtungen hinsichtlich des Lebenswandels von Karl und legte es darauf an, durch Verbote und Auflagen seinen Neffen von allen Gelegenheiten, die in seinen Augen gefährliche Versuchungen darstellten, fernzuhalten. Es gehörte lange zu den Selbstverständlichkeiten der biographischen Beethoven-Literatur, das Verhalten Beethovens seinem Neffen gegenüber als Ausdruck seiner großen Liebe und Besorgnis zu werten und den Neffen selbst als einen oberflächlich veranlagten, zu Vergnügungen, ja zu Ausschweifungen neigenden jungen Mann hinzustellen, der seinem Onkel die letzten Lebensjahre schwer gemacht habe. Solche Wertungen sind heute nicht mehr aufrechtzuhalten. Karl war, wie sowohl die Konversationen

[258] *Briefe,* S. 763
[259] ebenda

als auch die Zeugnisse von Dritten belegen, gar nicht so verständnislos, so oberflächlich oder gar liederlich und in moralischem Sinne »unwürdig«, wie man das gerne sehen wollte. Das war die Sicht von Beethoven; und die war tatsächlich begründet in seiner eigenen inneren Konfliktsituation und Problematik sowie in dem wahrhaft verwickelten familiären Beziehungsgefüge.

Es ist hier nicht der Ort, eine Analyse zu geben. Doch mit Sicherheit läßt sich sagen, daß der Neffe Karl letztlich auch mit das Opfer von Beethovens Impulsen, Verdrängungen, Projektionen und Konfliktentlastungen war. Wir haben darauf hingewiesen, daß Beethoven in einem starken Maße von sexuellen Bedürfnissen besetzt war, aber in ebenso starkem Maße sich verpflichtet fühlte, ein tugendhaftes Leben zu führen. Der Kampf um den Neffen gegen die Schwägerin gab ihm gewissermaßen die Gelegenheit und Möglichkeit, in der Schwägerin die Macht seiner erotischen Phantasien zu bekämpfen. Doch mit dem Prozeßende von 1820 war der Konflikt keineswegs bereinigt. Mit dem Älterwerden des »Sohnes« entfalteten die verdrängten Impulse wieder ihre Macht. Und wie stark sie waren, läßt sich daraus ersehen, daß Beethovens Phantasie nicht nur die Mutter von Karl wieder einholte, sondern daß auch die Frau und die Tochter des Bruders wieder ihr Gegenstand wurden. Es ist aus dieser Sicht gewiß auch kein Zufall, daß Beethoven in dieser Zeit so häufig zu erotischen Schimpfwörtern griff. Im Schimpfen wird ebenso die Abwehr all der Bereiche deutlich, welche das Ideal eines tugendhaften Lebens gefährden, wie zugleich die Projektion der eigenen verdrängten erotischen und sexuellen Phantasien und Bedürfnisse auf den »Sohn« Karl die Möglichkeit gibt, diese überhaupt auszuleben – und zwar in Form einer Ersatzbefriedigung. Die Folge war, daß auf den Jungen dann all die Bestrafungsaktionen und Einengungen an Bewegungsmöglichkeiten und Freiheit niedergingen, die eigentlich Beethoven auf sich selbst bezog.

Doch dies ist wahrscheinlich nur ein Aspekt in dieser Beziehung. Ein anderer betrifft vielleicht Karls Rolle in Beethovens idealistischem Erziehungsplan und Lebenskonzept. Als der Prozeß entschieden war, Karl noch die Schule besuchte und zeitweilig Sekretärsarbeiten für seinen Onkel verrichtete, bestand ein weitgehend ungetrübtes Verhältnis. Die Schwierigkeiten begannen, als Karl auf die Universität ging und gegen den eigenen Willen, aber nach den Vorstellungen seines Vormunds Philologie studieren mußte. Ein halbes Jahr später allerdings, als sich herausstellte, daß Karl den Anforderungen des Studiums nicht gewachsen war, weil er nicht wollte, brach damit auch Beethovens Projektion des eigenen Ich-Ideals auf den »Sohn« zusammen. Ganz offensichtlich war dieser Zusammenbruch verbunden mit der Erfahrung des Verlustes von Autorität. Das betraf nicht allein die Tatsache, daß Karl sich in Beethovens Sicht gleichsam erfolgreich gegen das ihm aufdiktierte Studium zur Wehr gesetzt hatte. Auch im Falle des Freundes Niemetz und bei anderen Gelegenheiten bewies Karl, daß er nicht gewillt war, den aus seiner Sicht unzulänglichen und ungerechtfertigten Vorhaltungen des Onkels Folge zu leisten.

Eine belastete Beziehung

Karl leistete nicht nur Widerstand, er war darin auch – so mußte es Beethoven erleben – erfolgreich. Der Einbruch an Autorität, den Beethoven dadurch erlitt, dürfte tatsächlich gar nicht zu überschätzen sein. Er bedeutete wahrscheinlich in den Augen Beethovens nichts weniger, als daß seine Beziehung zum Neffen gänzlich in Frage gestellt wurde. Wir müssen hierbei berücksichtigen, daß Beethoven taub war und sich – wie gerade bei dieser Beeinträchtigung an Kontakt mit der Umwelt üblich – in einem hohen Maße immer wieder vereinsamt fühlte, zugleich aber auch, da er eben doch mit seiner Umwelt in Kontakt stand, daß er ein starkes Mißtrauen gegenüber den ihn Umgebenden entwickelte. Unter dieser Bedingung war die Beziehung zum Neffen wahrscheinlich ursächlich autoritativ geprägt; nur als solche nämlich bot sie Beethoven die Gewähr, vor dem Verlust des »Sohnes« als Bezugsperson sicher zu sein und den Jungen als Helfer in seine Auseinandersetzung mit dem Problem der sozialen Isolation einspannen zu können.

Aus dieser Sicht ist es durchaus verständlich, daß Beethoven im Frühjahr 1825 von Baden aus den Neffen mit Briefen und Vorwürfen überschüttete. Das Zwanghafte daran verweist genau auf das, was dadurch unter Beweis gestellt und wieder zurückgewonnen werden sollte: auf den Anspruch und die Macht über den Neffen. Aber die äußere Trennung von Karl vollzog letztlich nur nach, was vorher schon stattgefunden hatte: den Bruch und die Auflösung der auf Autorität beruhenden Beziehung; und sosehr sich Beethoven bemühte, durch seine Auflagen und Moralpredigten diese verlorene Autorität wieder zurückzuholen und zugleich damit auch die Abwehr gegen die Macht der Phantasie intakt zu halten, so unverkennbar geht doch dann aus seinen brieflichen Eingeständnissen hervor, wie aussichtslos alle Bemühungen waren, aus dieser inneren wie äußeren Konfliktsituation herauszukommen.

Gott ist mein Zeuge, ich träume nur, von dir und von diesem elenden Bruder und dieser mir zugeschusterten abscheulichen Familie gänzlich entfernt zu sein. Gott erhöre meine Wünsche, denn trauen kann ich Dir nie mehr. Leider dein Vater oder beßer nicht dein Vater.

– So schrieb er am 31. Mai 1825 an den Neffen Karl[260].

Für Karl wurden die ständigen Vorhaltungen, Überwachungen und Unterstellungen schließlich unerträglich. Er muß Anfang Oktober Beethoven so ernsthaft mit Tätlichkeit oder Weggehen gedroht haben, daß dieser einlenkte und erst einmal von seiner Umgangsart Abstand nahm. *Tausend mal umarme ich dich und küsse Dich, nicht meinen verlorenen, sondern neugeborenen Sohn* – heißt es in einem Brief vom 5. Oktober 1825[261].

Die darauf folgende Zeit verlief relativ ruhig. Am 15. Oktober kehrte Beethoven, leidlich erholt, nach Wien zurück und bezog Wohnung in dem sogenannten Schwarzspanierhaus. Es sollte seine letzte Wohnung sein, nachdem ihn die Wohnungsfrage all die Wiener Jahre hindurch über die Maßen beansprucht hatte. Ständig wechselte Beethoven in seiner Wiener Zeit die Quartiere; nirgends fühlte er sich wohl. Immer wieder gab es Streitigkeiten mit den Vermietern und Nachbarn, wobei meist er selbst den Ausschlag gab. In seinen letzten Lebensjahren fühlte er sich vor allem von der Zudringlichkeit und Neugierde der Leute belästigt. Jedenfalls schien er immer auf der Suche nach einer geeigneten Wohn- und Arbeitsstätte zu sein. Bei diesem ständigen Wechsel innerhalb der Stadt und zwischen dem Land und Wien kam es auch vor, daß eine neue Wohnung gemietet wurde, ohne daß die alte gekündigt war. Solche Umstände trugen dann nicht gerade zur guten Laune bei, zumal neben solchen Sorgen die Dienstbotenfrage und die Misere der täglichen Haushaltsführung geradezu unablässig für Ärgernisse sorgten.

[260] *Briefe,* S. 765

[261] *Briefe,* S. 794; vgl. Dokumente, S. 334

In der Nähe der Familie Breuning

Verbunden mit dem Umzug ins Schwarzspanierhaus Mitte Oktober 1825 war die Wiederbelebung der freundschaftlichen Beziehung zu dem Jugendfreund Stephan Breuning, der mit seiner Familie in unmittelbarer Nähe Beethovens wohnte (vgl. Dokumente, S. 336). Der Kontakt zwischen den beiden war nie ganz abgebrochen; doch offensichtlich war eine gewisse Entfremdung eingetreten; wodurch im einzelnen verursacht, ist schwerlich genau zu sagen. Der späte freundschaftliche Verkehr zwischen Beethoven und Breuning wurde ausgelöst durch eine zufällige Begegnung im August 1825, als Beethoven kurz von Baden aus die Stadt aufsuchte. Er bat bei dieser Gelegenheit auch Frau von Breuning, *dann seine sehr schlecht bestellte Hauswirtschaft endlich einmal zu ordnen und dann fortan überwachen zu wollen*[262]. Das geschah tatsächlich auch, so daß in Beethovens Haushalt leidlich gute Verhältnisse einkehrten. Daß freilich sein chaotischer äußerer Lebensstil nicht mehr zu ändern war – auch nicht in einer Wohnung, die endlich seine Ansprüche erfüllte –, läßt sich daraus erkennen, daß seine Einladung an die Breuningsche Familie, zum Essen zu kommen, von Frau von Breuning wohl auf diplomatische Weise abgeschlagen wurde, da ihr der Staub und die Unordnung die Freude an einem solchen Zusammentreffen unmöglich machten. Das hinderte allerdings keineswegs, daß Beethoven für Frau von Breuning eine besondere Verehrung hegte und nach ihrer Ansicht, wie ihre Kinder Marie und Gerhard übereinstimmend berichteten, ihr sogar eine Zeitlang den Hof machte.

Wie dem auch sei – vielleicht sah er in ihr seine letzte mütterliche Freundin, deren er viele gehabt hatte und die ihm so wichtig waren. Was Beethoven gewiß den freundschaftlichen Umgang mit den Breunings so wertvoll machte, war die Familienatmosphäre und damit die Möglichkeit, durch die Teilhabe daran der eigenen Existenz ein wenig von deren Wärme zuzuführen. Es ist bezeichnend in diesem Zusammenhang, daß er eine besondere Zuneigung zu dem Sohn Gerhard Breuning empfand, die dieser auch voll und ganz erwiderte[263]. Recht aufschlußreich aber ist auch Anekdoti-

[262] Kerst II, S. 164
[263] Gerhard Breuning schrieb später seine Erinnerungen an diese Zeit nieder. Sie erschienen im Jahre 1874 in Wien unter dem Titel *Aus dem Schwarzspanierhause.*

sches. So schickte er öfter den Breunings Fisch, den er besonders gerne aß, um ihn zubereiten zu lassen und dann zu teilen. Vielleicht sah er dergleichen als eine bescheidene Gelegenheit, so etwas wie »häusliches Glück« zu empfinden. Darauf verweist auch eine Erinnerung der Tochter Marie von Breuning[264]:

> *Meine Mutter äußerte oft gegen meinen Vater, wie das Spucken im Zimmer, die vernachlässigte Kleidung und das extravagante Wesen Beethovens denn doch nichts Anziehendes Habe. – Mein Vater entgegnete ihr immer: »und dennoch hat er gerade bei Frauen sehr viel Glück.« – Beethoven sprach sich oft gegen meine Mutter darüber aus, daß er sich sehr nach häuslichem Glück sehne, und es sehr sehr bedaure, nie geheirathet zu haben.*

Bewundert und verehrt

Den Herbst dieses Jahres 1825 scheint Beethoven insgesamt in recht guter Stimmung verbracht zu haben. Das mag, wie gesagt, mit den neuen Wohnverhältnissen und mit der Erneuerung der alten Freundschaft und den daraus erwachsenen Folgen zu tun gehabt haben. Sicher mit dafür verantwortlich war aber auch, daß er in seiner kompositorischen Arbeit in dieser Zeit gut vorwärtskam[265]. Im Sommer hatte er das a-Moll-Streichquartett op. 132 vollendet, dessen langsamen Satz er mit *Danksagung für die Genesung eines Kranken* überschrieben hatte; damit nahm er Bezug auf die ernste Stimmung, in die ihn sein schlechter Gesundheitszustand im Frühjahr versetzt hatte und die zu der Bemerkung an den Neffen führte[266]:

Ein Neudruck dieser Erinnerungen kam 1907 in Berlin und Leipzig heraus. Davon wiederum liegt seit 1970 (Hildesheim / New York) ein reprographischer Nachdruck vor.

264 Thayer V, S. 256

265 Karl Holz erinnerte sich später: *Während des Komponierens der drei vom Fürsten Galitzin gewünschten Quartette strömte aus der unerschöpflichen Phantasie Beethovens ein solcher Reichtum neuer Quartettideen, daß er beinahe unwillkürlich noch das Cis-Moll- und F-Dur-Quartett schreiben mußte. »Bester, mir ist schon wieder was eingefallen«, pflegte er scherzend und mit glänzenden Augen zu sagen, wenn wir spazieren gingen.* Zitiert nach: Kerst II, S. 187

266 Brief vom 15. Juni 1825 an Karl, in *Briefe*, S. 767

das beständige Alleinsein schwächt mich nur noch mehr, denn wirklich grenzt meine Schwäche oft an Ohnmacht. O kränke [mich] *nicht mehr, der Sensemann wird ohnehin keine lange Frist mehr geben –*

Zurück in Wien begab sich Beethoven an die Arbeit des B-Dur-Streichquartetts op. 130. Mit dem Abschluß dieses Werks noch vor Jahresfrist war der aus dem Jahre 1822 stammende Auftrag des Fürsten Galitzin aus Petersburg erfüllt. Beethoven blieb weiter bei der Quartettkomposition und begann noch vor Jahresende das cis-Moll-Streichquartett op. 131. Außerdem nahmen ihn in diesen Herbstmonaten auch die Vorbereitungen zur ersten öffentlichen Aufführung des a-Moll-Quartetts op. 132 in Anspruch. Diese fand am 6. November durch das Schuppanzigh-Quartett statt und war außerordentlich erfolgreich.

Beethovens Ruf als Komponist stand um diese Zeit außerordentlich hoch; er reichte weit über Wien hinaus und zog viele an, die dann nach Wien kamen, um Beethoven ihre Bewunderung zu bezeugen. Obgleich nicht immer zugänglich, schien es Beethoven doch viel Genugtuung zu bereiten, die Anerkennung von Künstlerkollegen zu erfahren. Viele kamen damals und erlebten ihn schon Ende Juli und in den darauf folgenden Monaten, die er noch in Baden verbrachte – ganz im Unterschied zu dem Eindruck, den seine Briefe an den Neffen vermitteln –, in aufgeräumter, ja sogar ausgelassener Stimmung. So suchte ihn am 2. September 1825 der deutsch-dänische Komponist Friedrich Kuhlau zusammen mit Karl Holz, dem Verleger Haslinger und einigen anderen Musikerkollegen auf. Die Runde beließ es nicht bei Spaziergängen und anschließenden Mahlzeiten. Es kam zu musikalischen Scherzen in Form von improvisierten Kanons auf den Namen BACH durch Kuhlau und Beethoven – und dies bei kräftigem Alkoholgenuß.

Ich muß gestehen, schrieb Beethoven am nächsten Tag[267], *daß auch mir der Champagner gar sehr zu Kopf gestiegen, und ich abermahls die Erfahrung machen mußte, daß dergleichen meine Wirkungskräfte eher unterdrücken als befördern; denn so leicht ich sonst doch auf der Stelle zu antworten imstande bin, so weiß ich doch gar nicht mehr, was ich gestern geschrieben habe –*

[267] *Briefe,* S. 288

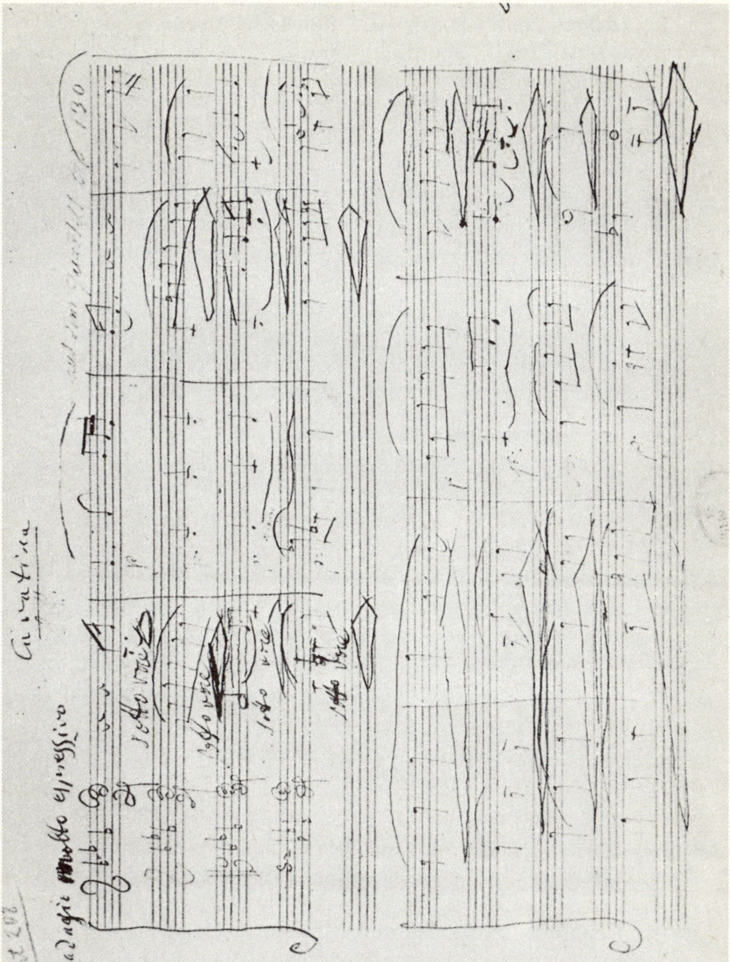

V. Satz (Cavatina) aus dem
Streichquartett B-Dur op. 130

Besonders erwähnenswert ist der Besuch des Verlegers Moritz Schlesinger aus Paris kurz nach dieser Begebenheit. Er besprach mit Beethoven den Plan einer Gesamtausgabe seiner Werke, ein Vorhaben, das den Komponisten schon 1824 beschäftigt und über das er in der Zwischenzeit bereits mehrfach mit anderen Verlegern wie Peters und Artaria verhandelt hatte.

Es ist auffallend, daß Beethoven – worauf an anderer Stelle schon hingewiesen wurde – den meisten Besuchern mit »bezaubernder Freundlichkeit« gegenübertrat und wie gelöst er sich bei solchen Begegnungen geben konnte. Von Übellaunigkeit war da meist nichts zu spüren. Souveränität und kritische Distanziertheit kennzeichnen seine Äußerungen, die vielfach die Besucher aufgrund der »Legenden«, die über ihn umgingen, verblüfften. *Den Gegenstand unseres Gesprächs bildete natürlich die musikalische Kunst und ihre Jünger,* erzählte später der Breslauer Organist Karl Gottlieb Freudenberg, der im Juli 1825 zu Gast in Baden war[268]:

> *Den damals vergötterten Rossini, glaubte ich, würde Beethoven verspotten; mit nichten, er räumte ein, Rossini sei ein Talent und melodievoller Komponist, seine Musik passe für den frivolen sinnlichen Zeitgeist und seine Productivität brauche zur Composition einer Oper so viel Wochen, wie die Deutschen Jahre. Spontini habe viel Gutes, den Theatereffekt und musikalischen Kriegslärm verstände er prächtig. Spohr sei zu dissonanzenreich und durch seine chromatische Melodie würde das Wohlgefallen an seiner Musik beeinträchtigt. Seb. Bach hielt Beethoven sehr in Ehren; nicht Bach, sondern Meer sollte er heißen* [...]

Beethoven hatte seinen Weg als Komponist wieder gefunden und die langjährige Krise nach 1815 überwunden. Damit verbunden aber war für ihn noch mehr. Jahrelang hatte er den Zwang zur Einsamkeit im Dienste der Aufgabe, diesen Weg zu finden, auf sich genommen. Er hatte sich dieser bis zur Selbstzerstörung reichenden Anstrengung aber letztlich nicht nur im Interesse seiner Kunst unterworfen, sondern gewiß damit auch die Zielsetzung verfochten, für sich und seine Kunst, wie er sie verstand, den Kontakt mit der Gesellschaft unter den veränderten Bedingungen der Zeit auf eine neue Weise lebendig zu machen. Und genau dies war ihm gelungen, wurde es ihm doch täglich durch die Besucher

[268] zitiert nach Thayer V, S. 224

Beethovens Arbeitszimmer im Schwarzspanierhaus

und durch die ihm entgegengebrachte Verehrung bestätigt. Seine gesellschaftliche Absonderung durch Isolation, die oftmals geradezu zwanghafte Vereinsamungsstrategie, der er sein Leben unterworfen hatte, hatte sich in doppeltem Sinn als produktiv erwiesen: sie führte zu »neuen« Kompositionen; und zugleich damit wurde über die in der Öffentlichkeit stattfindende Rezeption der Beethovenschen Musik und seiner als außerordentliches Phänomen gewürdigten Schaffenskraft die subjektiv empfundene Vereinsamungsnot und gesellschaftliche Isolation aufgehoben.

Dafür stehen in einem ganz konkreten Sinn die zahlreichen Kontakte und gesellschaftlichen Ereignisse in diesen Monaten, die Beethoven mit Sicherheit – noch dazu nach überwundener Krankheit – das Gefühl einer »sozialen Existenz« vermittelten. Es ist in diesem Zusammenhang besonders aufschlußreich, daß er sich am 11. September 1825 im Rahmen einer großen Gesellschaft im Hotel »Zum wilden Mann« im Anschluß an die zweite private Aufführung des a-Moll-Quartetts und die sich daran anschließende äußerst vergnügte Feier bei Essen und Trinken sogar dazu herbeiließ, auf dem Klavier zu phantasieren[269]:

> [. . .]*er that es 20 Minuten lang in einer ganz außerordentlichen Weise, zuweilen im vollen Fortissimo, aber voll von Genie; er war in hohem Grade erregt beim Ende seines Spiels.*

So erinnerte sich Sir George Smart, der Londoner Freund.

Die Katastrophe

Das gute Befinden war allerdings nicht von langer Dauer. Bereits in den Wintermonaten 1825/26 bahnte sich eine Entwicklung an, die nichts Gutes verhieß. Im Januar 1826 klagte Beethoven wieder über Beschwerden. Die vielen Besuche seines Arztes Dr. Braunhofer und die Mischung aus Ratlosigkeit und beständiger Mahnung von dessen Seite, auf Wein und Kaffee zu verzichten, zeigten an, daß die Ursache des schlechten Gesundheitszustandes wohl sehr tief saß und die schon erwähnte Leberzirrhose war, die von Zeit zu Zeit und nun immer häufiger ihre Symptome zeigte.

Hinzu aber kam, daß sich das Verhältnis zwischen Beethoven und seinem Neffen wieder verschärfte und schließlich im Sommer 1826 zu einem dramatischen Höhepunkt führte, der dann in Beethovens Leben eine letzte »Grenzüberschreitung« bedeuten sollte.

Karl scheint mit seinem neuen Studium auf dem Polytechnikum recht zufrieden gewesen zu sein. Man bescheinigte ihm Fleiß und

[269] zitiert nach Thayer V, S. 344

Interesse, *gesunde Ansichten* und *gute Fähigkeiten*[270]. Er hatte aber auch als Zwanzigjähriger Verlangen nach Vergnügungen und Geselligkeit und unternahm damit in Verbindung den natürlichen Versuch, sich aus der engen Umarmung seines Onkels zu befreien. Beethoven wollte und konnte letzteres aber gar nicht verstehen und bewertete Karls Neigungen aus seinem tiefen Mißtrauen heraus als leichtfertig und moralisch fragwürdig. Anhaltspunkte dafür lieferten in Beethovens Augen vor allem auch die Geldausgaben Karls. Die Folge waren ständige Vorwürfe, Bespitzelung und Beaufsichtigung. Die Auseinandersetzungen verschärften sich. Karl Holz suchte zu vermitteln, sprach sich oft für den Neffen aus und hielt Beethoven davon zurück, sich in seiner Rolle als Vormund bloßzustellen. Doch von anderer Seite her wurde das Mißtrauen wiederum geschürt, so auch von Anton Schindler, der wieder zum Kreis der »Freunde« gehörte. Rivalitätsgefühle und Abneigung gegen Holz waren dabei gewichtig im Spiel.

Die Spannungen und Verstimmungen wurden schließlich unauflösbar, als Karl sein bislang immer noch nachgiebiges Verhalten ablegte und nun trotzig reagierte und sich verteidigte. Es kam immer häufiger zu Streitereien, die sogar in Tätlichkeiten ausarteten. Die Folge waren auf beiden Seiten zunehmende Irritation und zugleich Verhärtung. Die verzweiflungsvolle Ausweglosigkeit, in der sich Karl gefangen sah, wird deutlich, wenn er sich durch Beethovens Bruder verleumdet fühlte und schrieb[271]:

> *Der Bruder ist ein elender Mensch, der mich eher noch verleiten möchte, um dann über mich schimpfen zu können, kann also keine Autorität sein. Meine Unschuld bin ich im Stande, wenn es darauf ankommt, zu beweisen, ich glaube aber nicht, daß schon jetzt von so etwas die Rede sein könnte.*

Im Juni dieses Jahres 1826 erreichte die Spannung schließlich einen solchen Siedepunkt, daß sich Karl überfordert fühlte und im Begriffe stand, eine folgenschwere Tätlichkeit – vielleicht gegen seinen Onkel, vielleicht aber auch gegen sich selbst – zu vollbringen. Sie konnte vermieden werden; Beethoven schrieb[272]:

[270] Thayer V, S. 344
[271] ebenda, S. 349
[272] *Briefe*, S. 811

Schon um dessentwillen, daß Du mir wenigstens gefolgt bist, ist alles vergeben und vergessen, mündlich darüber mit Dir. Heute ganz ruhig. – Denke nicht, als daß ein anderer Gedanke in mir als nur Dein Wohl herrsche, und hieraus beurteile mein Handeln. – Mache ja keinen Schritt, der dich unglücklich macht und mir das Leben früher raubte. Erst gegen 3 Uhr kam ich zum Schlafe, denn die ganze Nacht hustete ich. – Ich umarme dich herzlich, und bin überzeugt, daß du mich bald nicht mehr verkennen wirst, so beurteile ich auch Dein gestriges Handeln. Ich erwarte dich sicher heute um 1 Uhr, mach' mir nur keinen Kummer und keine Angst mehr, leb indessen wohl. Dein wahrer und treuer Vater.

Zu retten war freilich nichts mehr. Beethovens Mißtrauen war zu groß und zu fest, um noch abgebaut werden zu können. Er versuchte Karl in allem zu kontrollieren, wollte genau wissen, wie und wo er seine Zeit verbrachte, und holte ihn sogar vom Polytechnikum ab. Karl wiederum sann auf Wege, diesen Nachstellungen zu entgehen; er suchte wieder seine Mutter auf und scheint auch den Kontakt zu seinem Freund Niemetz erneut enger geknüpft zu haben. Schließlich war *die Gefangenschaft bei Beethoven*[273], wie Karl später seine Situation bezeichnete, nicht mehr auszuhalten. Er verschaffte sich eine Pistole. Sein Selbstmordplan wurde entdeckt. Karl entfloh, kaufte zwei neue Pistolen und ging nach Baden. Das war am 30. Juli 1826. Er schrieb noch zwei Briefe an Beethoven und Niemetz und richtete dann die Pistole gegen sich. – Ein Fuhrmann fand ihn verwundet. Karl wurde nach Wien zu seiner Mutter gebracht.

Der Schlag, den diese Tat für Beethoven bedeutete, konnte nicht härter, nicht schlimmer sein. *Auf den Tod. Von dem verstorben*[en] *Beethoven* notierte er nach der Katastrophe in ein Konversationsheft[274]. Was heißt das? – Doch nichts weniger, als daß er sich selbst tödlich getroffen fühlte. Daran, daß der Neffe ihn eben nicht als »Vater« anerkannte und annahm, konnte kein Zweifel mehr bestehen. Jede Selbsttäuschung, jede Illusion darüber, zusammen mit dem Neffen als angenommenem Sohn ein Familienleben zu führen und zugleich damit ein »sicheres« Liebesobjekt zu besitzen,

[273] Thayer V, S. 353
[274] zitiert nach Goldschmidt: *Die Unsterbliche Geliebte,* S. 345

war gänzlich unmöglich geworden. Zehnjährige Bemühungen waren vergeblich gewesen.

> *Ich bin ermüdet und lange wird mich die Freude fliehen, die jetzo und noch künftigen schicklichen Ausgaben müssen mir Sorge machen, alle Hoffnungen verschwinden! Ein Wesen um mich zu haben, welches ich hoffte, wenigstens in meinen besseren Eigenschaften mir zu gleichen –*

schrieb er getroffen am 9. September 1826 an Karl Holz[275].

Beethoven wußte, an dieser Entwicklung war nichts zurücknehmbar, nichts korrigierbar. Er fügte sich ins Unvermeidliche, auch wenn er zunächst mit Trotz reagieren zu können glaubte, indem er dem Neffen heftige Vorwürfe machte und von einem *liederlichen Menschen* und *Lumpen* sprach. Auch schien er zunächst keineswegs geneigt, in der Regelung der Vormundschaft eine Änderung herbeizuführen.

In dieser Situation erwies sich Stephan von Breuning als außerordentlich hilfreich (vgl. Dokumente, S. 338f.). Er schlug vor, Karls Wünschen entgegenzukommen und ihn zum Militär gehen zu lassen; und schließlich erklärte sich Breuning nach anfänglicher Ablehnung auch dazu bereit, die Mitvormundschaft zu übernehmen, die der Direktor des polytechnischen Instituts Reisser niedergelegt hatte.

Am 25. September wurde Karl aus dem Krankenhaus entlassen[276]. Noch vorher hatte er mit Entschiedenheit seine Position gegenüber Beethoven dargelegt und vertreten. Er blieb bei seinem Wunsch, zum Militär zu gehen, und bekannte sich zu seiner Mutter. Zugleich aber gab er seinem Onkel zu verstehen, daß er gewillt sei, auch seinen Wünschen und Bedürfnissen entgegenzukommen[277]:

> *Ich kann ihr also in diesen Tagen bis zum Eintritt in das Regiment um so weniger den Wunsch zu versagen, um mich zu sein, da ich wahrscheinlich so bald nicht hierher kommen werde; es versteht sich von selbst, daß dies auch kein Hinderniß ist, daß wir uns sehen so oft du willst.*

275 *Briefe,* S. 821
276 Am 7. August war Karl durch die Polizei in ein Krankenhaus eingeliefert worden.
277 Thayer V, S. 378

Diese entschiedene Haltung und das Einverständnis Beethovens zum Militärstand schufen tatsächlich klare und entspannte Verhältnisse. *Freu dich des Lebens* notierte sich Beethoven am 30. September[278]. Der Sarkasmus, der in dieser Reaktion steckt, ist offensichtlich. – Zu diesem Zeitpunkt rüstete er zusammen mit dem Neffen zur Fahrt auf das Gut des Bruders in Gneixendorf. Johann hatte ihn, wie Ende August schon einmal, eingeladen. Die Hoffnungen liefen dabei vielleicht auf eine endgültige Entkrampfung der Beziehungen, auf eine Versöhnung hinaus. Vor allem aber sollte der Landaufenthalt auch der Erholung dienen. Die hatte Beethoven dringend nötig, denn krank fühlte er sich schon das ganze Jahr über.

Zunächst schienen sich die Versprechungen auch zu erfüllen. Nachdem im ersten Halbjahr 1826 das cis-Moll-Streichquartett entstanden und danach der Umstände wegen ans Komponieren nicht zu denken war, fühlte er sich in Gneixendorf wieder zum Arbeiten aufgelegt. Bereits Anfang Juli hatte er das Streichquartett in F-Dur op. 135 konzipiert. Dieses Werk wurde nun fertiggestellt. Dazu kamen der neue Schlußsatz für das B-Dur-Quartett op. 130, der auf den Wunsch des Verlegers Artaria an die Stelle der »Großen Fuge« treten sollte. Von dieser »Großen Fuge« hatte Beethoven übrigens im ersten Halbjahr ein Arrangement für zwei Klaviere geschrieben. Außerdem beschäftigte er sich in diesen Herbstmonaten mit einem Streichquintett, das Diabelli in Auftrag gegeben hatte. Nur ein Entwurf dazu ist uns überkommen und erhalten geblieben.

Es scheint kein Zufall, daß Beethoven jetzt endlich auch Zeit findet, den Brief seines Freundes Wegeler vom 28. Dezember des Vorjahres zu beantworten (vgl. Dokumente, S. 339ff.). Es ist ein bedeutendes Dokument, das viel von der Freundschaftsbedürftigkeit Beethovens, von der Problematik seiner Familie und seines sozialen Status als Künstler zu erkennen gibt und darüber hinaus zum Ausdruck bringt, daß seine Gedanken wohl oft in die Bonner Heimat schweiften[279].

[278] ebenda, S. 384

[279] Brief vom 7. Oktober 1826, in: *Briefe*, S. 825ff.

Wie sehr ihn die jugendliche Vergangenheit in diesen Tagen beschäftigte, bestätigt auch sein Brief vom 13. Oktober an den Schott-Verlag in Mainz[280]:

> *Die Gegenden, worin ich mich jetzt aufhalte, erinnern mich einigermaßen an die Rheingegenden, die ich so sehnlich wiederzusehen wünsche, da ich sie schon in meiner Jugend verlassen.*

In den gleichen Zeitraum fällt auch die Abfassung des Briefes an König Friedrich Wilhelm III. von Preußen, in dem sich Beethoven dafür bedankte, daß der König die Zueignung der 9. Sinfonie angenommen hat[281]:

> *Ew. Majestät sind nicht bloß Vater allerhöchst Ihrer Untertanen, sondern auch Beschützer der Künste und Wissenschaften; um wieviel mehr muß mich also Ihre allergnädigste Erlaubnis erfreuen, da ich selbst so glücklich bin, mich als Bürger von Bonn, unter Ihre Untertanen zu zählen.*

Im Juli dieses Jahres 1826 war die Widmung an den König von Preußen nach langen Überlegungen beschlossene Sache. Ihre Motivation mag tatsächlich mit Beethovens innerem Anspruch auf adlige Herkunft zusammenhängen; und in seinen Augen mag – bedenken wir die damals umlaufende Legende, er sei der Sohn Friedrich Wilhelms II. – die Zueignung vielleicht wirklich die Bedeutung einer Handreichung unter »Verwandten« bedeutet haben. Vielleicht meinte diese Verwandtschaft in seinem Sinne aber auch vor allem die Verbundenheit unter Menschen allgemein; war die Widmung also auch eine Art Herausforderung? – gemäß dem Anspruch, den er mit der Schillerschen Freudenode verband. Die inneren Zusammenhänge, die Beethovens Widmung, ja allen seinen Zueignungen zugrunde liegen, haben etwas unauflösbar Komplexes und lassen auf jeden Fall immer wieder faszinierende Aspekte durchscheinen. So mochte sich Beethoven vielleicht auch, indem er an den König dachte und sich selbst als Bonner Bürger sah, daran erinnert haben, daß die Vertonung der »Freudenode« ja

280 *Briefe,* S. 829
281 *Briefe,* S. 824f.

doch ein altes Anliegen war, die Erfüllung eines Wunsches, der in die Bonner Jahre 1792/93 zurückging und in der aufklärerischen Atmosphäre der damaligen Residenzstadt seine Wurzeln hatte. Mit Unterwerfung unters Gebot der Zeit, mit Anpassung oder gar Anbiederung an die restaurativen Verhältnisse hat diese Widmung nichts, aber auch nicht das geringste zu tun. Das vertrug schon gar nicht die fast durchgehend ungebrochene Aktivität seiner Persönlichkeit, die ihn gebieterisch sagen ließ[282]: *Unser Zeitalter bedarf kräftiger Geister, die diese kleinsüchtigen, heimtückischen, elenden Schufte von Menschenseelen geißeln.* Wie sich Beethoven unter gerade diesem Gesichtspunkt in seinem Verhältnis zum preußischen König sah, das verrät eindrucksvoll eine Mitteilung von Karl Holz: Beethoven hatte eigentlich als Gegengabe des Königs einen Orden erwartet. Solche Ehrungen waren ihm wichtig. Als er dann nur einen Ring erhielt und sich auch noch herausstellte, daß es sich um einen *sehr mäßigen Ring* mit billigem Stein handelte, da war Beethoven *indigniert.* Er sagte zu Holz: *Das ist kein königlich Geschenk! Verkaufen Sie ihn!* Auf den Einwand von Holz, es sei doch das Geschenk eines Königs, sagte Beethoven: *Ich bin auch ein König*[283].

Beethoven erkrankt unheilbar

Verliefen die ersten Tage in Gneixendorf anscheinend zu aller Zufriedenheit, so kam es doch bald zu Verdruß und Verstimmungen. Das konnte bei den Gewohnheiten Beethovens, bei seiner Reizbarkeit und vor allem bei der Verschlechterung seines Gesundheitszustandes gar nicht ausbleiben. Am 1. Dezember 1826 reiste er mit seinem Neffen unter höchst ungünstigen Bedingungen schließlich wieder nach Wien zurück. Er mußte unterwegs übernachten: *in einem Dorfwirtshause* [. . .], *worin er außer dem elenden Obdach nur ein ungeheiztes Zimmer ohne Winterfenster antraf. Gegen Mitternacht empfand er den ersten erschütternden Fieberfrost*

[282] zitiert nach H. Goldschmidt: *Die Erscheinung Beethoven (= Beethoven-Studien 1)*, Leipzig 1974, S. 22
[283] Kerst II, S. 183

[...] So schrieb später Dr. Wawruch[284], der nach der Ankunft in Wien, da Dr. Braunhofer und Staudenheim die Behandlung abgelehnt hatten, gerufen wurde und in der Folgezeit Beethoven behandelte. Beethovens Befinden besserte sich zunächst. Doch die Hoffnungen bewahrheiteten sich nicht. Ab Mitte Dezember setzte in der Krankheit ein rascher Fortschritt ein: es *entwickelte sich die Wassersucht, die Urinaussonderung wurde sparsamer, die Leber bot deutliche Spuren von harten Knoten, die Gelbsucht stieg*[285]. Am 20. Dezember kam es, nachdem auch von Staudenheim zur ärztlichen Beratung hinzugezogen worden war, zum »Bauchstich«, um Flüssigkeit abzulassen. Drei weitere derartige Operationen folgten, doch sie brachten keine Besserung.

Am 2. Januar des neuen Jahres 1827 verließ dann der Neffe Karl seinen Onkel, um zu seinem Regiment zu fahren. Den ganzen Dezember über scheint er für den Kranken gesorgt zu haben und kaum von seiner Seite gewichen zu sein. Die Katastrophe ihrer Beziehung war bewältigt. Unmittelbar nach Karls Abreise schrieb Beethoven an Dr. Bach seinen testamentarischen Willen nieder (3. Januar 1827)[286]:

> *Ich erkläre vor meinem Tode Karl van Beethoven, meinen geliebten Neffen, als meinen einzigen Universalerben von meinem Hab' und Gut.*

Dem »Neffen« selbst schrieb er nicht mehr; von Karl sind zwei Briefe an Beethoven erhalten. Beidemale sind sie unterzeichnet mit *Dein Dich liebender Sohn Carl*[287].

Eine wichtige Entscheidung und Veranlassung stand allerdings noch im Zusammenhang mit dem Neffen Karl aus. Das cis-Moll-Streichquartett op. 131 sollte dem reichen Tuchhändler, großen Verehrer und Freund Johann Nepomuk Wolfmayer gewidmet werden. Doch Beethoven entschied sich schließlich doch noch anders: *Es muß,* schrieb er am 20. März, also nur wenige Tage vor seinem Tod, an den Mainzer Schott-Verlag[288], *dem hiesigen Feldmarschalleutnant Baron von Stutterheim, dem ich große Verbindlichkeiten schuldig bin, gewidmet werden.* Die Angelegenheit

[284] Kerst II, S. 211
[285] Kerst II, S. 212
[286] *Briefe,* S. 833; vgl. Dokumente, S. 342
[287] Die Briefe sind vom 3. Januar und 4. März 1827; in: Thayer V, S. 440ff.
[288] *Briefe,* S. 841

betraf den Neffen, war doch von Stutterheim sein Vorgesetzter, der in den Augen Beethovens die Vaterstelle zu vertreten hatte. Das letzte Streichquartett op. 135 widmete Beethoven dann Wolfmayer.

Als im Januar in Beethovens Krankheitszustand keinerlei Besserung eintrat, sondern im Gegenteil seine Lage immer aussichtsloser wurde, schlug der auf Wunsch Beethovens zur Behandlung hinzugezogene Dr. Malfatti – er hatte Beethoven bereits früher behandelt, doch es war von Beethovens Seite aus zum Zerwürfnis gekommen – ein neues Verfahren vor. Es wurde *Punschgefrorenes* verordnet. Auch hier trat zunächst eine gute Wirkung ein. Doch das änderte sich schnell wieder zum Schlechten hin und es war bald klar, daß Beethoven nicht mehr zu retten war, auch wenn er selbst noch einige Zeit voller Zuversicht war. An den Schott-Verlag schrieb er und bat um *sehr guten alten Rheinwein* oder *Moselwein,* den ihm der Arzt verordnet habe. Das war am 22. Februar[289]. Am 17. März 1827 notierte er an Schindler, der sich in den letzten Monaten wieder um Beethoven sorgte und auch von ihm aufgenommen wurde[290]: *Wunder, Wunder!* Er selbst schien zu begreifen, daß sein Leben nicht mehr zu retten war, auch wenn er von *Malfattis Wissenschaft* dieses Wunder noch erhoffen zu können glaubte.

Zeichen der Freundschaft

Es wurde in den letzten Wochen nun keineswegs ruhig um den kranken Beethoven. Fast das Gegenteil ist der Fall. Viele Freunde waren täglich um ihn: Schindler, Holz, der Bruder, die Breunings und Sali, seine letzte Hauswirtschafterin. Und viele kamen wiederholt zu Besuch, die Verleger Haslinger und Diabelli, Schuppanzigh, Bernard, der ihm einen Oratoriumstext geschrieben hatte, der ihm nicht gefiel, Moritz von Lichnowsky und Ignaz von Gleichenstein, den er vor Jahren gebeten hatte, ihm in Freiburg eine *schöne Frau* zu suchen. Der Freund Johann Nepomuk Hummel besuchte ihn mit seiner Frau und seinem damals 15jährigen Schüler

[289] *Briefe,* S.837f.
[290] *Briefe,* S. 843

Ferdinand Hiller, der später von den Begegnungen eindrucksvolle Schilderungen niedergeschrieben hat. Andere, die nicht kommen konnten, schrieben ihm und zeigten ihm so ihre Anteilnahme an seinem Schicksal. Im Dezember 1826 hatte ihm der Londoner Harfenfabrikant Johann Andreas Stumpff *sämtliche Händelschen Werke, bestehend in 40 Bänden* als Geschenk zugeschickt, was bei Beethoven, der Händels Musik außerordentlich hoch schätzte, eine große Freude auslöste. Als nun im Februar 1827 Beethoven neben seinem schlechten Gesundheitszustand auch noch in finanzielle Not geriet, schrieb er an Stumpff, sowie gleichzeitig an Ignaz Moscheles und an Sir George Smart mit der Bitte, doch darauf hinzuwirken, daß die Philharmonische Gesellschaft in London ihre schon vor einigen Jahren gemachte *schöne Offerte* einlöse, nämlich *zu meinem Besten ein Concert zu veranstalten*[291]. Die Freunde halfen. Die Gesellschaft stellte sofort hundert Pfund zur Verfügung und sagte weitere Unterstützung zu.

Auf eine ganz eigene Art zeigte sich Baron von Pasqualati, der frühere Hauswirt Beethovens, als Freund. Er schickte Speisen und Wein und bereitete mit diesen *Gesundheitsgeschenken* dem Kranken noch einmal wahrhaft kindliche Freuden.

Schließlich sei noch an den alten Freund Baron von Zmeskall erinnert. Er war gichtleidend und folglich ans Haus gefesselt. Er schrieb Beethoven mehrfach. Die Antwort[292]:

> *Mein sehr werter Freund! Tausend Dank für Ihre Teilnahme; ich verzage nicht, nur ist alle Aufhebung meiner Tätigkeit das Schmerzhafteste. Kein Übel, welches nicht auch sein Gutes hat. Der Himmel verleihe nur ihnen auch Erleichterung ihres schmerzhaften Daseins. Vielleicht kommt uns beiden unsere Gesundheit entgegen, und wir begegnen und sehn uns wieder freundlich in der Nähe. – Herzlich ihr alter teilnehmender Freund Beethoven.*

[291] Brief vom 8. Februar 1827 an Andreas Stumpff, vom 22. Februar an George Smart und Ignaz Moscheles, in: *Briefe,* S. 834f. vgl. Dokumente, S. 343

[292] Brief vom 18. Februar 1827, in: *Briefe,* S. 836; vgl. Dokumente, S. 343

Ans Komponieren war tatsächlich nicht mehr zu denken, auch wenn die Herren Verleger bei ihren Besuchen es nicht versäumen wollten, ihn dazu zu bewegen. Allerdings scheint Beethoven in den Februartagen noch einmal einen Arbeitsversuch gemacht zu haben; er beschäftigte sich mit der 10. Sinfonie, zu der er Ende 1825 und dann 1826 einige Skizzen niedergeschrieben hatte. Dieser Arbeitsversuch steht sicherlich in Zusammenhang mit der Geldsendung der Londoner Philharmonischen Gesellschaft, für die er ja seit langem eine Sinfonie schreiben sollte. Diese Aufgabe war freilich nicht mehr einzulösen. Ebensowenig war daran zu denken, das der Gesellschaft der Musikfreunde zugesagte Oratorium noch zu komponieren. Der Text *Der Sieg des Kreuzes* von Carl Joseph Bernhard hatte ihm nicht zugesagt. Es kam erst zu Überarbeitungsvorschlägen und schließlich zu einem neuen Plan: Christoph Kuffner schlug *Saul* als Oratorium vor und traf damit genau, was Beethoven als Sujet für ein solches Vorhaben vorschwebte. Die Erörterungen dieses Projekts fallen in das Frühjahr 1826; die Ereignisse des Sommers ließen es scheitern, aber es scheint so, als habe die in dieser Zeit so intensive Beschäftigung mit Händel ihren ganz konkreten Grund in diesem Oratoriumsprojekt gehabt.

Vieles blieb nur Vorhaben und Plan, so auch die gemeinsame Oper mit Franz Grillparzer, der freilich nach den Einwänden Beethovens gegenüber dem romantischen Stoff der *Melusine,* wie Karl Holz zu Beethoven bemerkte, *nicht leicht einen Operntext* wußte, *der in musikalischer und scenischer Rücksicht so passend wäre*[293]. Auch an ein *Requiem* – im Auftrag des Verehrers und Freundes Johann Nepomuk Wolfmayer – war gedacht. Der Freund wurde schließlich durch die Zueignung des Streichquartetts op. 135, des letzten vollendeten Werkes Beethovens, entschädigt[294].

Bemerkenswert an diesen Projekten ist, daß es sich fast ausschließlich um »große« Kompositionen handelt. Es ist also keineswegs so, daß der Schwerpunkt von Beethovens Interesse in der letzten Lebensphase auf der Kammermusik gelegen hätte,

[293] Thayer V, S. 331

[294] Thayer, S. 328f. Wolfmeyer hatte Beethoven als Darangabe 1000 Gulden gegeben.

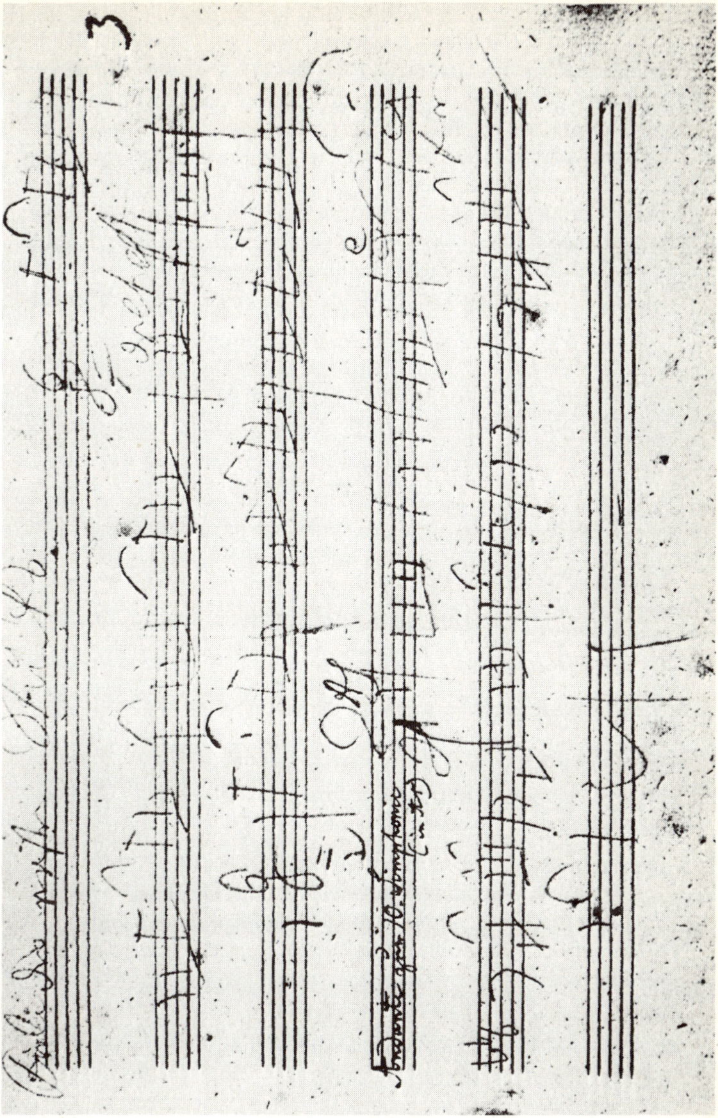

Skizzenblatt zur 10. Sinfonie

obgleich der tatsächliche kompositorische Ertrag dieser letzten Phase mit den drei letzten Klaviersonaten (1820–22), den Diabelli-Variationen für Klavier op. 120 (1819–22), den *Bagatellen* für Klavier op. 119 (1820–22) und op. 126 (1823/24) und dann den fünf Streichquartetten op. 127, 130, 131, 132 und op. 135 diesen Eindruck hervorruft. Mehrfach sind diese großen Pläne, worunter auch eine Ouvertüre über BACH zu zählen ist, bezeugt; und seinen Freunden war seine Absicht bekannt, in Zukunft *nicht mehr Opern und Klaviersachen, sondern Oratorien zu schreiben*[295]. Karl Holz machte in diesem Zusammenhang die Mitteilung,

Beethoven habe mit Rücksicht auf die letzten Sonaten, die er für das letzte, aber auch Beste erklärt, was er für Klavier geschrieben habe, gesagt: Es ist und bleibt ein ungenügendes Instrument. Ich werde künftig nach der Art meines Großmeisters Händel jährlich nur ein Oratorium und ein Concert für irgendein Streich- oder Blasinstrument schreiben, vorausgesetzt, daß ich meine zehnte Symphonie (C moll) und mein Requiem beendet habe[296].

Letzte Klärungen

Viele Pläne waren es, wie gesagt, die unausgeführt blieben; viele Vorhaben blieben unerledigt. Aber andere wichtige Dinge konnte er noch regeln. So war der Brief an den Freund Wegeler vom Vorjahr liegengeblieben. Von diesem gemahnt, holte er die Sendung nach und schrieb dazu am 17. Februar 1827[297]:

Wie viel möchte ich Dir heute noch sagen, allein ich bin zu schwach; ich kann daher nichts mehr als Dich mit Deinem Lorchen im Geiste umarmen. Mit wahrer Freundschaft und Anhänglichkeit an Dich und die Deinen Dein alter treuer Freund Beethoven.

Aufschlußreich im Hinblick auf sein Bedürfnis, mit all denen aus seiner Vergangenheit, mit denen er sich in Konflikt sah und die ihn

[295] Thayer V, S. 326
[296] ebenda
[297] *Briefe,* S. 835; vgl. Dokumente, S. 342 f.

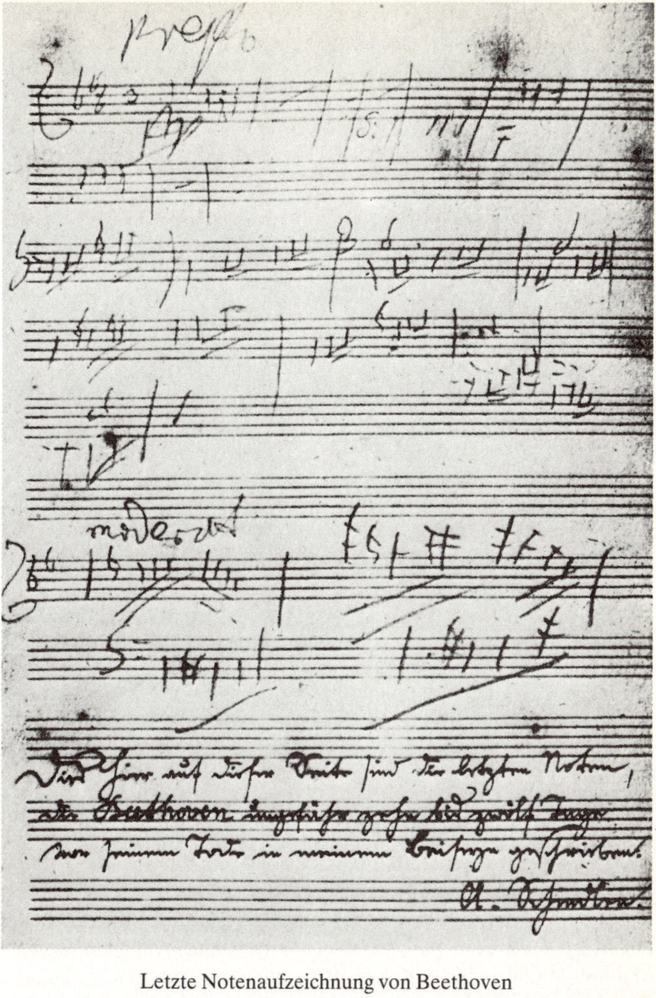

Letzte Notenaufzeichnung von Beethoven

dazu angehalten hatten, seine Arbeit immer auch als eine Herausforderung zu sehen, die es ihm aber auch schwer gemacht hatten, die eigene Herkunft anzuerkennen, ist eine Bemerkung dem jungen Gerhard Breuning gegenüber: Als ihm Diabelli die Lithogra-

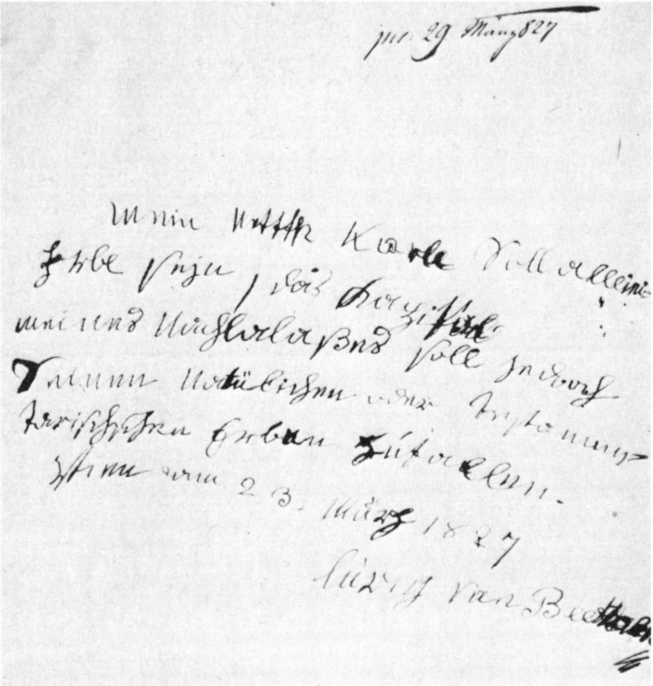

Letztes Testament Beethovens vom 23. März 1827

phie von Joseph Haydns Geburtshaus in Rohrau gebracht hatte, sagte er[298]: *Sieh, das habe ich heute bekommen. Sieh mal das kleine Haus, und darin ward ein so großer Mann geboren.* Die Freude über das Bild, das gerahmt und aufgehängt werden mußte – war es, die über die Aussöhnung mit seiner künstlerischen Vaterfigur, die ihn lange Zeit zum provokativen Widerstand und zum Besser-Machen-Wollen angehalten hatte? – und war es vielleicht auch die über die endlich gewonnene, so lange abgewehrte Anerkennung der eigenen Herkunft aus »kleinem Haus«? War ihm vielleicht endlich aufgegangen, daß die sich in seinem Leben immer wieder stellende Frage nach seinem »Selbstwert« gar nicht durch den

[298] Gerhard von Breuning: *Aus dem Schwarzspanierhause,* a. a. O., S. 98

Beethoven in seinen letzten Stunden, Zeichnung von J. E. Teltscher

Selbstbetrug von einer höheren, adligen Geburt beantwortet werden konnte und auch gar nicht mußte? War seine Freude die über die späte, aber immerhin doch noch erlangte Erkenntnis eines »Wunders«, nämlich *daß Größe mit niederer Herkunft nicht unvereinbar war*[299]?

Am 23. März gab Beethoven seinem Testament die endgültige, von Breuning mit ihm durchgesprochene und auch vorgeschriebene Form, die verhindern sollte, daß unter Umständen die Mutter des Neffen zur Nutznießerin seines Vermögens würde. – Es sollte zu dieser Form kommen, aber es kam nicht. Noch einmal wollte und handelte Beethoven anders, als die ihn Umgebenden es erwar-

[299] Solomon: *Beethoven,* S. 330

tet hatten. Zugleich aber war dieser letzte »Widerspruch« ein Angebot der Aussöhnung mit der Schwägerin. Beethoven schrieb[300]:

Mein Neffe Karl soll Alleinerbe sein. Das Kapital meines Nachlasses soll jedoch seinen natürlichen oder testamentarischen Erben zufallen. Ludwig van Beethoven.

Damit hatte er seine »Feindin«, seine »Königin der Nacht« zur potentiellen Erbin seiner Hinterlassenschaft gemacht. Alle Einwände der Freunde waren vergeblich. Er hatte endgültig mit seinem Leben abgeschlossen. *Plaudite, amici, comoedia finita est* – soll er am selben Tag gesagt haben[301].

Am 24. März erhielt er die Sterbesakramente. Gegen Abend fiel er in Bewußtlosigkeit. Zwei Tage später – am 26. März am späten Nachmittag nach fünf Uhr starb Ludwig van Beethoven.

Der Bruder Johann, Stephan und Gerhard Breuning, Schindler und Anselm Hüttenbrenner waren in den letzten Stunden bei ihm. Eine Frau – Karls Mutter oder die Frau des Bruders Johann – soll noch zugegen gewesen sein. Wer von den beiden? – es bleibt unklar[302].

Am 29. März 1827 wurde der Leichnam Beethovens unter großer Anteilnahme und Schaulust der Wiener auf dem Währinger Kirchhof beerdigt. Die Grabrede – sie wurde von dem Schauspieler Heinrich Anschütz vorgetragen – hatte Franz Grillparzer verfaßt –: *Ein Künstler war er, aber auch ein Mensch, Mensch in jedem, im höchsten Sinn*[303].

Am 5. November 1827 wurde Beethovens Habe – seine Autographe, Skizzenbücher, Werkfragmente, Briefe, Aufzeichnungen, Noten und Bücher – versteigert. Darunter war auch das »Heiligenstädter Testament«, der Brief an die Brüder aus dem Jahre 1802. Den anderen, seinem Autor so wichtigen Brief, den an die »Unsterbliche Geliebte«, hatte Anton Schindler zusammen mit etwa 400 Konversationsheften, Notenmanuskripten und anderen Dingen – Brillen, Hörrohren, Statuetten und der Büste des verehrten Brutus – unmittelbar nach Beethovens Tod an sich genommen und weggeschleppt.

[300] *Briefe*, S. 845
[301] Thayer V, S. 485f.
[302] Thayer V, S. 490
[303] Kerst II, S. 251

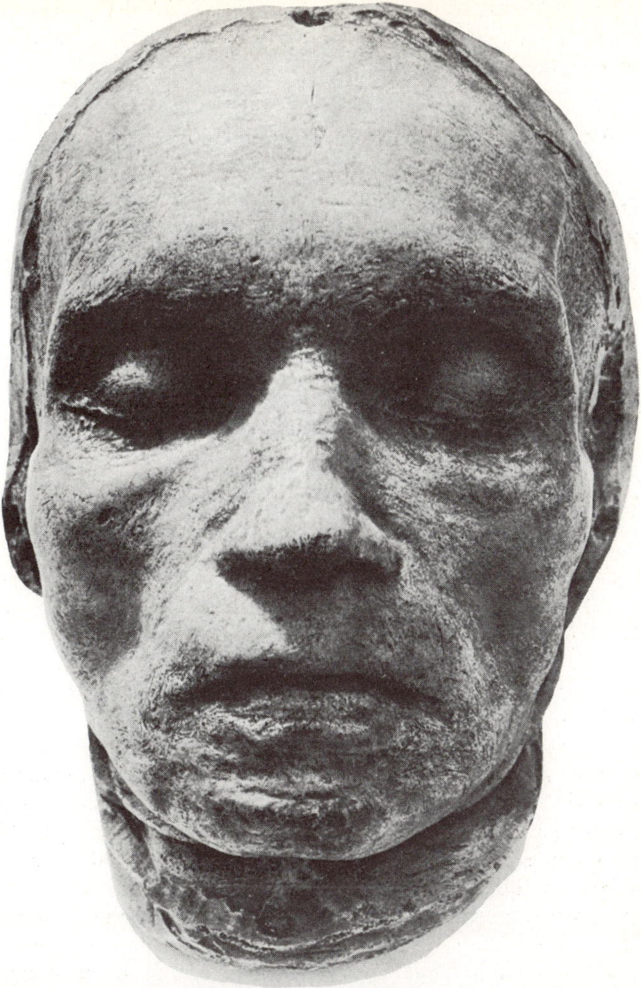

Beethovens Totenmaske
von Joseph Danhauser

Dokumente

Lebenszeugnisse
Briefe · Tagebuchnotizen

Die ersten Werke Beethovens wurden im Jahre 1783 veröffentlicht – neben den Klaviervariationen über einen Marsch von Dressler als dem ersten gedruckten Werk auch die *Drei / Sonaten / fürs / Klavier / dem / Hochwürdigsten Erzbischofe / und / Kurfürsten zu Köln / Maximilian Friedrich / meinem gnädigsten HERRN / gewidmet und verfertiget / von Ludwig van Beethoven / alt eilf Jahr.* Die Widmung selbst schrieb Beethoven mit Unterstützung seines Lehrers Neefe (vgl. Biographie, S. 45):

[1783.]

Erhabenster!

Seit meinem vierten Jahre begann die Musik die erste meiner jugendlichen Beschäftigungen zu werden. So frühe mit der holden Muse bekannt, die meine Seele zu reinen Harmonien stimmte, gewann ich sie, und wie mir's oft wohl deuchte, sie mich wieder lieb. Ich habe nun schon mein elftes Jahr erreicht; und seitdem flüsterte mir oft meine Muse in den Stunden der Weihe zu: »Versuch's und schreib einmal deiner Seele Harmonien nieder!« Elf Jahre – dachte ich – und wie würde mir da die Autormiene lassen? und was würden dazu die Männer der Kunst wohl sagen? Fast ward ich schüchtern. Doch meine Muse wollt's – ich gehorchte und schrieb. Und darf ich's nun, Erlauchtester! wohl wagen, die Erstlinge meiner jugendlichen Arbeiten zu Deines Thrones Stufe zu legen? und darf ich hoffen, daß Du ihnen Deines ermunternden Beifalles milden Vaterblick wohl schenken werdest? – O, ja! fanden doch von jeher Wissenschaft und Künste in Dir ihren weisen Schützer, großmütigen Beförderer und aufsprießendes Talent unter Deiner holden Vaterpflege Gedeihn. – Voll dieser ermunternden Zuversicht wag' ich es, mit diesen jugendlichen Versuchen mich Dir zu nahen. Nimm sie als ein reines Opfer kindlicher Ehrfurcht auf und sieh mit Huld, Erhabenster! auf sie herab und ihren jungen Verfasser

Ludwig van Beethoven.

In das Frühjahr des Jahres 1787 fällt Beethovens erster Aufenthalt in Wien. Die Nachricht von der schweren Erkrankung der Mutter veranlaßte ihn zur vorzeitigen Rückreise. In Augsburg suchte er den berühmten Klavierfabrikanten Johann Andreas Stein auf und lernte wohl durch dessen Vermittlung die Familie von Schaden kennen. Beethovens Mutter starb am 17. Juli 1787. Die folgenden Herbstmonate standen im Zeichen tiefer Bedrückung.

Bonn, 15. Herbstmonat 1787.

Hochedelgeborner, insonders werter Freund!

Was Sie von mir denken, kann ich leicht schließen; daß Sie gegründete Ursachen haben, nicht vorteilhaft von mir zu denken, kann ich Ihnen nicht widersprechen; doch ich will mich nicht eher entschuldigen, bis ich die Ursachen angezeigt habe, wodurch ich hoffen darf, daß meine Entschuldigungen angenommen werden. Ich muß Ihnen bekennen: daß, seitdem ich von Augsburg hinweg bin, meine Freude und mit ihr meine Gesundheit begann aufzuhören; je näher ich meiner Vaterstadt kam, je mehr Briefe erhielt ich von meinem Vater, geschwinder zu reisen als gewöhnlich, da meine Mutter nicht in günstigen Gesundheitsumständen wäre; ich eilte also so sehr ich vermochte, da ich doch selbst unpäßlich wurde; das Verlangen, meine kranke Mutter noch einmal sehen zu können, setzte alle Hindernisse bei mir hinweg und half mir die größten Beschwernisse überwinden. Ich traf meine Mutter noch an, aber in den elendsten Gesundheitsumständen; sie hatte die Schwindsucht, und starb endlich, ungefähr vor sieben Wochen, nach vielen überstandenen Schmerzen und Leiden. Sie war mir eine so gute, liebenswürdige Mutter, meine beste Freundin; o! wer war glücklicher als ich, da ich noch den süßen Namen Mutter aussprechen konnte, und er wurde gehört, und wem kann ich ihn jetzt sagen! Den stummen ihr ähnlichen Bildern, die mir meine Einbildungskraft zusammensetzt? Solange ich hier bin, habe ich noch wenige vergnügte Stunden genossen; die ganze Zeit hindurch bin ich mit der Engbrüstigkeit behaftet gewesen, und ich muß fürchten, daß gar eine Schwindsucht daraus entsteht; dazu kommt noch Melancholie, welche für mich ein fast ebenso großes Übel als meine Krankheit selbst ist. – Denken Sie sich jetzt in meine Lage, und ich hoffe Vergebung für mein langes Stillschweigen von Ihnen zu erhalten. Die außerordentliche Güte und Freundschaft, die Sie hatten, mir in Augsburg drei Karolin zu leihen, muß ich Sie bitten noch einige Nachsicht mit mir zu haben; meine Reise hat mich viel gekostet, und ich habe hier keinen Ersatz, auch nicht den geringsten zu hoffen; das Schicksal hier in Bonn ist mir nicht günstig. Sie werden verzeihen, daß ich Sie so lange mit meinem Geplauder aufgehalten; alles war nötig zu meiner Entschuldigung. Ich bitte Sie, mir Ihre verehrungswürdige Freundschaft weiter nicht zu versagen, der ich nichts so sehr wünsche, als mich Ihrer Freundschaft nur in etwas würdig zu machen.

Ich bin mit aller Hochachtung Ihr gehorsamster Diener und Freund

L. v. Beethoven, Kurf. Kölnischer Hoforganist.

Eine Eintragung in das Stammbuch von A. Vocke aus Nürnberg. Das Bekenntnis enthält in seinem ersten Teil ein Zitat aus Schillers *Don Carlos*.

22. Mai 1793.

Ich bin nicht schlimm – heißes Blut ist meine Bosheit – mein Verbrechen Jugend – schlimm bin ich nicht – schlimm wahrlich nicht – wenn auch oft wilde Wallungen – mein Herz verklagen – mein Herz ist gut. – Wohltun, wo man kann – Freiheit über alles lieben, Wahrheit nie – auch sogar am Throne nicht verleugnen! Denken Sie auch ferner Ihres Sie verehrenden Freundes

Ludwig Beethoven
aus Bonn im Kölnischen.

Eleonore von Breuning ist vielleicht die erste Frau in Beethovens Leben, zu der er eine tiefe Zuneigung empfand. Das schloß Zerwürfnisse nicht aus. Wie sehr ihn das beschäftigte, zeigt der folgende Brief, etwa ein Jahr nach seiner Abreise aus Bonn geschrieben. Bei den Eleonore gewidmeten Werken handelt es sich um die Variationen über *Se vuol ballare* aus Mozarts Oper *Le nozze di Figaro* (WoO 40) und um das Rondo WoO 41 für Klavier und Violine.

[November 1793.]

Äußerst überraschend war mir die schöne Halsbinde, von Ihrer Hand gearbeitet. Sie erweckte in mir Gefühle der Wehmut, so angenehm mir auch die Sache selbst war. Erinnerung an vorige

Zeiten war ihre Wirkung, auch Beschämung auf meiner Seite durch Ihr großmütiges Betragen gegen mich. Wahrlich, ich dachte nicht, daß Sie mich noch Ihres Andenkens würdig hielten. O hätten Sie Zeuge meiner gestrigen Empfindungen bei diesem Vorfall sein können, so würden Sie es gewiß nicht übertrieben finden was ich Ihnen vielleicht hier sage, daß mich Ihr Andenken weinend und sehr traurig machte. – Ich bitte Sie, so wenig ich auch in Ihren Augen Glauben verdienen mag, glauben Sie mir, meine Freundin (lassen Sie mich Sie noch immer so nennen), daß ich sehr gelitten habe und noch leide durch den Verlust Ihrer Freundschaft. Sie und Ihre teure Mutter werde ich nie vergessen. Sie waren so gütig gegen mich, daß mir Ihr Verlust so bald nicht ersetzt werden kann und wird, ich weiß, was ich verlor und was Sie mir waren, aber – ich müßte in Szenen zurückkehren, sollte ich diese Lücke ausfüllen, die Ihnen unangenehm zu hören und mir, sie darzustellen, sind.

Zu einer kleinen Wiedervergeltung für Ihr gütiges Andenken an mich, bin ich so frei, Ihnen hier diese Variationen und das Rondo mit einer Violine zu schicken. Ich habe sehr viel zu tun, sonst würde ich Ihnen die schon längst versprochene Sonate abgeschrieben haben. In meinem Manuskript ist sie fast nur Skizze, und es würde dem sonst so geschickten Paraquin selbst schwer geworden sein, sie abzuschreiben. Sie können das Rondo abschreiben lassen und mir dann die Partitur zurückschicken. Es ist das einzige, das ich Ihnen hier schicke, was von meinen Sachen ungefähr für Sie brauchbar war, und da Sie jetzt ohnedies nach Kerpen reisen, dachte ich, es könnten diese Kleinigkeiten Ihnen vielleicht einiges Vergnügen machen.

Leben Sie wohl, meine Freundin. Es ist mir unmöglich, Sie anders zu nennen, so gleichgültig ich Ihnen auch sein mag, so glauben Sie doch, daß ich Sie und Ihre Mutter noch ebenso verehre wie sonst. Bin ich imstande, sonst etwas zu Ihrem Vergnügen beizutragen, so bitte ich Sie, mich doch nicht vorbeizugehen; es ist noch das einzig übrigbleibende Mittel, Ihnen meine Dankbarkeit für die genossene Freundschaft zu bezeigen.

Reisen Sie glücklich und bringen Sie Ihre teure Mutter wieder völlig gesund zurück. Denken Sie zuweilen

an Ihren Sie noch immer verehrenden Freund
Beethoven.

1794/95 weilte der Bonner Jugendfreund Franz Gerhard Wegeler in Wien, um dort Medizin zu studieren. Er gehörte zu Beethovens engsten Freunden, was allerdings Konflikte oder gar Zerwürfnisse keineswegs ausschloß. Der Grund der in dem Brief zum Ausdruck gebrachten Mißstimmung ist unbekannt. Bis zu Beethovens Lebensende gehörte Wegeler, der nach seiner Rückkehr nach Bonn Eleonore von Breuning heiratete, zu den engsten Vertrauenspersonen.

[1795.]

Liebster, bester!

In was für einem abscheulichen Bilde hast Du mich mir selbst dargestellt; o ich erkenne es, ich verdiene Deine Freundschaft nicht. Du bist so edel, so gutdenkend, und das ist das erstemal, daß ich mich nicht neben Dir stellen darf, weit unter Dir bin ich gefallen. Ach! ich habe meinem besten edelsten Freund acht Wochen lang Verdruß gemacht. Du glaubst, ich habe an der Güte meines Herzens verloren, dem Himmel sei Dank: nein! Es war keine absichtliche, ausgedachte Bosheit von mir, die mich so gegen Dich handeln ließ, es war mein unverzeihlicher Leichtsinn, der mich die Sache nicht in dem Lichte sehen ließ, wie sie wirklich war. – O wie schäm' ich mich für Dir, wie für mir selbst. – Fast traue ich mich nicht mehr, Dich um Deine Freundschaft wieder zu bitten. – Ach Wegeler! nur mein einziger Trost ist, daß Du mich fast seit meiner Kindheit kanntest. Und doch, o laß mich's selbst sagen, ich war doch immer gut und bestrebte mich immer der Rechtschaffenheit und Biederkeit in meinen Handlungen. Wie hättest Du mich sonst lieben können! Sollte ich denn jetzt seit der kurzen Zeit auf einmal mich so schrecklich, so sehr zu meinem Nachteil geändert haben? – Unmöglich! Diese Gefühle des Großen, des Guten sollten alle auf einmal in mir erloschen sein? Mein Wegeler, lieber, bester, o wag' es noch einmal, Dich wieder ganz in die Arme Deines B. zu werfen, baue auf die guten Eigenschaften, die Du sonst in ihm gefunden hast. Ich stehe Dir dafür, den neuen Tempel der heiligen Freundschaft, den Du darauf aufrichten wirst, er wird fest, ewig stehen, kein Zufall, kein Sturm wird ihn in seinen Grundfesten erschüttern können. – Fest – ewig – unsere Freundschaft; – Verzeihung – Vergessenheit! – Wiederaufleben der sterbenden sinkenden Freundschaft! – O Wegeler, verstoße sie nicht diese Hand zur Aussöhnung, gib die Deinige in die meine. – Ach Gott! – Doch nichts mehr. – Ich selbst komme zu Dir, und werfe mich in Deine Arme und bitte um den verlorenen Freund, und Du gibst Dich mir, dem reuevollen, Dich liebenden, Dich nie vergessenden

Beethoven wieder.

Jetzt eben habe ich Deinen Brief erhalten, weil ich erst nach Hause gekommen bin.

Eine Tagebuchnotiz vom Dezember 1795:

Mut. Auch bei allen Schwächen des Körpers soll doch mein Geist herrschen. Fünfundzwanzig Jahre, sie sind da, dieses Jahr muß den völligen Mann entscheiden. Nichts muß übrigbleiben.

In den ersten Monaten des Jahres 1796 reiste Beethoven zusammen mit dem Fürsten Lichnowsky nach Prag, Dresden und Berlin. Der Aufenthalt in Prag scheint in jeder Beziehung zufriedenstellend gewesen zu sein.

An Johann van Beethoven.

Prag, 19. Febr. [1796.]

Lieber Bruder!

Um daß Du doch wenigstens nur weißt, wo ich bin und was ich mache, muß ich Dir doch schreiben. Fürs erste geht mir's gut, recht gut. Meine Kunst erwirbt mir Freunde und Achtung, was will ich mehr. Auch Geld werde ich diesmal ziemlich bekommen. Ich werde noch einige Wochen verweilen hier, und dann nach Dresden, Leipzig und Berlin reisen. Da werden wohl wenigstens sechs Wochen dran gehen, bis ich zurückkomme. Ich hoffe, daß Dir Dein Aufenthalt in Wien immer besser gefallen wird. Nimm Dich nur in acht vor der ganzen Zunft der schlechten Weiber. Bist Du schon bei Vetter Elfs gewesen? Du kannst mir einmal hieher schreiben, wenn Du Lust und Zeit hast.

Fürst Lichnowsky wird wohl bald wieder nach Wien [kommen], *er ist schon von hier weggereiset, wenn Du allenfalls Geld brauchst, kannst Du keck zu ihm gehn, da er mir noch schuldig ist. Übrigens wünsche ich, daß Du immer glücklicher leben mögest, und ich wünsche, etwas dazu beitragen zu können. Leb' wohl, lieber Bruder und denke zuweilen an Deinen*

wahren treuen Bruder L. Beethoven.

Grüß Bruder Caspar.

Meine Adresse ist: im goldenen Einhorn auf der Kleinseite.

[Außen:] *Prag, den 19ten Februar. An meinen Bruder Nikolaus Beethoven. – Abzugeben in der Apotheke beim Kärntner Tor. Herr von Z. hat nur die Güte diesen Brief dem Perückenmacher zu übergeben, der ihn bestellen wird.*

Albumblatt für den Jugendfreund Stephan von Breuning, der ebenfalls nach Wien übersiedelte und dann in den letzten Lebensjahren Beethovens zu einer wichtigen Hilfe wurde.

Wien, 1. Okt. 1797.

Die Wahrheit ist vorhanden für den Weisen
Die Schönheit für ein fühlend Herz:
Sie beide gehören für einander. *(Schiller.)*

Lieber guter Breuning!

Nie werde ich die Zeit, die ich sowohl schon in Bonn als wie auch hier mit Dir zubrachte, vergessen. Erhalte mir Deine Freundschaft, so wie Du mich immer gleich finden wirst.

Dein wahrer Freund L. v. Beethoven.

Zahlreich sind Beethovens Beziehungen zu Adeligen. Von Freundschaft kann im Falle von Nikolaus Zmeskall von Demanovecz gesprochen werden (vgl. Biographie, S. 61 f.). Dieser musikverständige und musikbegeisterte Mann war auf geradezu einzigartige Weise in der Lage, Beethovens Launen zu ertragen. Ihre Freundschaft hielt lebenslang.

[1798.]

Liebster Baron Dreckfahrer!

Je vous suis bien obligé pour votre faiblesse de vos yeux. Übrigens verbitte ich mir ins künftige, mir meinen frohen Mut, den ich zuweilen habe, nicht zu nehmen; denn gestern durch Ihr Zmeskall-Demanoveczisches Geschwätz bin ich ganz traurig geworden. Hol' Sie der Teufel, ich mag nichts von Ihrer ganzen Moral wissen. Kraft ist die Moral der Menschen, die sich vor anderen

auszeichnen, und sie ist auch die meinige; und wenn Sie mir heute wieder anfangen, so plage ich Sie so sehr, bis Sie alles gut und löblich finden, was ich tue. (Denn ich komme zum Schwane, im Ochsen wär's mir zwar lieber, doch beruht das auf Ihrem Zmeskalischen Domanoveczischen Entschluß.) (Reponse.)
Adieu Baron Ba . . . ron ron / nor / orn / rno / onr /

(Voila quelque chose aus dem alten Versatzamt.)

An N. v. Zmeskall.

[1798.]

An seine Hochwohl-Wohl-Wohlstgeboren des Herrn von Zmeskall, kais. und königl. wie auch königl. kaisl. Hofsekretär!

Seine Hochwohlgeboren, seine des Herrn von Zmeskall Zmeskallität haben die Gewogenheit zu bestimmen, wo man Sie morgen sprechen kann.

Wir sind Ihnen ganz verflucht ergeben.

Beethoven.

An die Sängerin Christine Gerardi in Wien:

[1798.]

Meine liebe Fräulein G., ich müßte lügen, wenn ich Ihnen nicht sagte, daß die mir eben von Ihnen überschickten Verse mich nicht in Verlegenheit gebracht hätten. Es ist ein eigenes Gefühl sich loben zu sehen, zu hören und dann dabei seine eigene Schwäche fühlen wie ich. Solche Gelegenheiten betrachte ich immer als Ermahnungen, dem unreichbaren Ziele, das uns Kunst und Natur darbeut, näher zu kommen, so schwer es auch ist. – Diese Verse sind wahrhaft schön bis auf den einzigen Fehler, den man zwar schon gewohnt ist bei Dichtern anzutreffen, indem sie durch die Hilfe ihrer Phantasie verleitet werden, das was sie wünschen zu sehen und zu hören, wirklich hören und sehen, mag es auch weit unter ihrem Ideal zuweilen sein. Daß ich wünsche den Dichter oder die Dichterin kennen zu lernen, können Sie wohl denken; und nun auch Ihnen meinen Dank für Ihre Güte, die Sie haben

für Ihren Sie verehrenden L. v. Beethoven.

Besonders freundschaftlich war der Kontakt mit Carl Amenda (vgl. Biographie, S. 63f.). Er verließ Wien allerdings schon 1799 wieder. Ihm widmete Beethoven das Streichquartett op. 18 Nr. 1.

Wien, 25. Juni 1799.

Lieber Amenda!

Nimm dieses Quartett als ein kleines Denkmal unserer Freundschaft, so oft Du Dir es vorspielst, erinnere Dich unserer durchlebten Tage und zugleich, wie innig gut Dir war und immer sein wird

Dein wahrer und warmer Freund
Ludwig van Beethoven.

1796 komponierte Beethoven »Adelaide« op. 46, eine Kantate für Singstimme und Klavier auf den Text von Friedrich von Matthison. Erst vier Jahre später schickte Beethoven die Komposition an den Dichter.

Wien, 4. Aug. 1800.

Verehrungswürdigster!

Sie erhalten hier eine Komposition von mir, welche bereits schon einige Jahre im Stich heraus ist und von welcher Sie vielleicht zu meiner Schande noch gar nichts wissen. Mich entschuldigen und sagen, warum ich Ihnen etwas widmete, was so warm von meinem Herzen kam und Ihnen gar nichts davon bekanntmachte, das kann ich mich vielleicht dadurch, daß ich anfänglich Ihren Aufenthalt nicht wußte, einen Teil auch wieder meine Schüchternheit, daß ich glaubte, mich übereilt zu haben, Ihnen etwas gewidmet zu haben, wovon ich nicht wußte, ob es Ihren Beifall hat.

Zwar auch jetzt schicke ich Ihnen die Adelaide mit Ängstlichkeit. Sie wissen selbst, was einige Jahre bei einem Künstler, der immer weiter geht, für eine Veränderung hervorbringen; je größere Fortschritte in der Kunst man macht, desto weniger befriedigen einen seine älteren Werke. Mein größester Wunsch ist befriedigt, wenn Ihnen die musikalische Komposition Ihrer himmlischen Adelaide nicht ganz mißfällt und wenn Sie dadurch bewogen werden, bald wieder ein ähnliches Gedicht zu schaffen, und fänden Sie meine Bitte nicht unbescheiden, es mir sogleich zu schicken, und ich will dann alle meine Kräfte aufbieten, Ihrer schönen Poesie nahezukommen. – Die Dedikation betrachten Sie teils als ein Zeichen des Vergnügens, welches mir die Komposition Ihrer A. gewährte, teils als ein Zeichen meiner Dankbarkeit und Hochachtung für das selige Vergnügen, was mir Ihre Poesie überhaupt immer machte und noch machen wird.

Erinnern Sie sich bei Durchspielung der A. zuweilen

Ihres Sie wahrhaft verehrenden Beethoven.

An den Verleger Franz Anton Hoffmeister in Leipzig. Das Angebot, das Beethoven zu machen hat, verrät die produktive Arbeitsphase (vgl. Biographie, S. 71–76).

Wien, 15. Dez. 1800.

Geliebtester Herr Bruder!

Ich habe dero Anfragen schon mehrmalen beantworten wollen, bin aber in der Briefstellerei erschrecklich faul und da steht's lange an, bis ich einmal statt Noten trockene Buchstaben schreibe. Nun habe ich mich endlich einmal bezwungen, dero Begehren Genüge zu leisten. – Pro primo ist zu wissen, daß es mir sehr leid ist, daß Sie, mein geliebter Herr Bruder in der Tonkunst, mir nicht eher etwas zu wissen gemacht haben, damit ich Ihnen meine Quartetten hätte zu Markt bringen können, sowie auch viele andere Sachen, die ich nun schon verhandelt. Doch wenn der Hr. Bruder ebenso gewissenhaft sind als manche andere ehrliche Stecher, die uns arme Komponisten zu Tod stechen, so werden Sie schon auch wissen, wenn sie herauskommen, Nutzen davon zu ziehen. – Ich will in der Kürze also hersetzen, was der Herr Bruder von mir haben könnte: 1. ein Septett per il violino, viola, violoncello, contra Bass, clarinett, corno, fagotto; – tutti obligati. (Ich kann gar nichts unobligates schreiben, weil ich schon mit einem obligaten Akkompagnement auf die Welt gekommen bin.) Dieses Septett hat sehr gefallen. Zum häufigeren Gebrauch könnte man die drei Blasinstrumente: Fagotto, clarinetto und corno, in noch eine Violine, noch eine Viola und noch ein Violoncello übersetzen. – 2. eine große Symphonie mit vollständigen Orchester. – 3. ein Konzert fürs Klavier, welches ich zwar für keins von meinen besten ausgebe, sowie ein anderes, was hier bei Mollo herauskommen wird (zur Nachricht an die Leipziger Rezensenten), weil ich die besseren noch für mich behalte, bis ich selbst eine Reise mache, doch dürfte es Ihnen keine Schande machen, es zu stechen. – 4. eine große Solosonate. – Das ist alles, was ich in diesem Augenblick hergeben kann; ein wenig später können Sie ein Quintett für Geigeninstrumente haben, wie auch vielleicht Quartetten, und auch andere Sachen, die ich jetzt nicht bei mir habe. – Bei Ihrer Antwort können Sie mir selbst auch Preise festsetzen und da Sie weder Jud' noch Italiener, und ich auch keins von beiden bin, so werden wir schon zusammen kommen. – Geliebtester Hr. Bruder, gehaben Sie sich wohl und sein Sie versichert von der Achtung

Ihres Bruders L. v. Beethoven.

An Carl Amenda.

[1801.]

Wie kann Amenda zweifeln, daß ich seiner je vergessen könnte – weil ich ihm nicht schreibe oder geschrieben, – als wenn das Andenken der Menschen sich nur so gegeneinander erhalten könnte!

Tausendmal kommt mir der Beste der Menschen, den ich kennen lernte, in Sinn; ja gewiß unter den zwei Menschen, die meine ganze Liebe besaßen und wovon der eine noch lebt, bist Du der dritte – nie kann das Andenken an Dich mir verlöschen. – Nächstens erhältst Du einen langen Brief von mir über meine jetzigen Verhältnisse und alles, was Dich von mir interessieren kann.

Leb' wohl, lieber, guter, edler Freund, erhalte mir immer Deine Liebe, Deine Freundschaft, sowie ich ewig bleibe

Dein Freund Beethoven.

Carl Amenda und Franz Wegeler machte Beethoven im Juni 1801 als ersten Mitteilung über die beginnenden Hörschwierigkeiten (vgl. Biographie, S. 78).

An Carl Amenda.

Wien, 1. Juni 1801.

Mein lieber, mein guter Amenda, mein herzlicher Freund. Mit inniger Rührung, mit gemischtem Schmerz und Vergnügen habe ich Deinen letzten Brief erhalten und gelesen. Womit soll ich

Beethoven um 1800
Ölgemälde eines unbekannten Malers

Deine Treue, Deine Anhänglichkeit an mich vergleichen! O, das ist recht schön, daß Du mir immer so gut geblieben, ja ich weiß Dich auch mir vor allen bewährt und herauszuheben, Du bist kein Wiener Freund, nein, Du bist einer von denen, wie sie mein vaterländischer Boden hervorzubringen pflegt; wie oft wünsche ich Dich bei mir, denn Dein Beethoven lebt sehr unglücklich, im Streit mit Natur und Schöpfer; schon mehrmals fluchte ich letzterem, daß er seine Geschöpfe dem kleinsten Zufalle ausgesetzt, so daß oft die schönste Blüte dadurch vernichtet und zerknickt wird; wisse daß mir der edelste Teil, mein Gehör, sehr abgenommen hat, schon damals, als Du noch bei mir warst, fühlte ich davon Spuren, und ich verschwieg's, nun ist es immer ärger geworden; ob es wird wieder können geheilt werden, das steht noch zu erwarten, es soll von den Umständen meines Unterleibs herrühren; was nun den betrifft, so bin ich auch fast ganz hergestellt, ob nun auch das Gehör besser werden wird, das hoffe ich zwar, aber schwerlich, solche Krankheiten sind die unheilbarsten. Wie traurig ich nun leben muß, alles, was mir lieb und teuer ist, meiden; und dann unter so elenden, egoistischen Menschen wie [. . .] *usw. – Ich kann sagen, unter allen ist mir Lichnowsky der erprobteste; er hat mir seit vorigem Jahre 600 fl. ausgeworfen; das und der gute Abgang meiner Werke setzt mich in den Stand, ohne Nahrungssorgen zu leben; alles, was ich jetzt schreibe, kann ich gleich fünfmal verkaufen und auch gut bezahlt haben. – Ich habe ziemlich viel die Zeit geschrieben; da ich höre, daß Du bei* [. . .] *Klaviere bestellt hast, so will ich Dir dann manches schicken in dem Verschlag so eines Instrumentes, wo es Dich nicht so viel kostet.*

Jetzt ist zu meinem Trost wieder ein Mensch hergekommen, mit dem ich das Vergnügen des Umgangs und der uneigennützigen Freundschaft teilen kann, er ist einer meiner Jugendfreunde. Ich habe ihm oft schon von Dir gesprochen und ihm gesagt, daß, seit ich mein Vaterland verlassen, Du einer derjenigen bist, die mein Herz ausgewählt hat; – auch ihm kann der [. . .] *nicht gefallen, er ist und bleibt zu schwach zur Freundschaft, und ich betrachte ihn und* [. . .] *als bloße Instrumente, worauf ich, wenn's mir gefällt, spiele; aber nie können sie volle Zeugen meiner inneren und äußeren Tätigkeit, ebensowenig als wahre Teilnehmer von mir werden; ich taxiere sie nur nach dem, was sie mir leisten. O, wie glücklich wäre ich jetzt, wenn ich mein vollkommenes Gehör hätte, dann eilte ich zu Dir; aber so, von Allem muß ich zurückbleiben, meine schönsten Jahre werden dahinfliegen, ohne alles das zu wirken, was mich mein Talent und meine Kraft geheißen hätten! – Traurige Resignation, zu der ich meine Zuflucht nehmen muß; ich habe mir freilich vorgenommen, mich über alles das hinauszusetzen; aber wie wird es möglich sein? Ja, Amenda, wenn nach einem halben Jahre mein Übel unheilbar wird, dann mache ich Anspruch auf Dich, dann mußt Du alles verlassen und zu mir kommen; ich reise dann (bei meinem Spiel und Komposition macht mir mein Übel noch am wenigsten, nur am meisten im Umgang) und Du mußt mein Begleiter sein, ich bin überzeugt, mein Glück wird nicht fehlen; womit könnte ich mich jetzt nicht messen! Ich habe seit der Zeit Du fort bist, alles geschrieben, bis auf Opern und Kirchensachen. Ja, Du schlägst mir's nicht ab, Du hilfst Deinem Freund seine Sorgen, sein Übel tragen. Auch mein Klavierspielen habe ich sehr vervollkommnet, und ich hoffe, diese Reise soll auch Dein Glück vielleicht noch machen, Du bleibst hernach ewig bei mir. – Ich habe alle Deine Briefe richtig erhalten; so wenig ich Dir auch antworte, so warst Du doch immer mir gegenwärtig und mein Herz schlägt so zärtlich wie immer für Dich. – Die Sache meines Gehörs bitte ich Dich als ein großes Geheimnis aufzubewahren und niemand, wer es auch sei, anzuvertrauen. – Schreibe mir recht oft, Deine Briefe, wenn sie auch noch so kurz sind, trösten mich, tun mir wohl und ich erwarte bald wieder von Dir, mein Lieber, einen Brief. – Dein Quartett gib ja nicht weiter, weil ich es sehr umgeändert habe, indem ich erst jetzt recht Quartetten zu schreiben weiß, was Du schon sehen wirst, wenn Du sie erhalten wirst. – Jetzt leb' wohl! lieber Guter; glaubst Du vielleicht, daß ich Dir hier etwas Angenehmes erzeigen kann, so versteht sich's von selbst, daß Du zuerst Nachricht davon gibst*

Deinem treuen, Dich wahrhaft liebenden L. v. Beethoven.

An Franz Wegeler.

Wien, 29. Juni [1801].

Mein lieber, guter Wegeler!

Wie sehr danke ich Dir für Dein Andenken an mich; ich habe es so wenig verdient und um Dich zu verdienen gesucht, und doch bist Du so sehr gut, und läßt Dich durch nichts, selbst durch meine unverzeihliche Nachlässigkeit nicht abhalten, bleibst immer der treue, gute, biedere Freund. – Daß ich Dich und überhaupt euch, die ihr mir einst alle so lieb und teuer waret, vergessen könnte, nein, das glaube nicht; es gibt Augenblicke, wo ich mich selbst nach euch sehne, ja bei euch einige Zeit zu verweilen. – Mein Vaterland, die schöne Gegend, in der ich das Licht der Welt erblickte, ist mir noch immer so schön und deutlich vor meinen Augen, als da ich euch verließ; kurz ich werde diese Zeit als eine der glücklichsten Begebenheiten meines Lebens betrachten, wo ich euch wiedersehen, und unseren Vater Rhein begrüßen kann. Wann dies sein wird, kann ich Dir noch nicht bestimmen. – Soviel will ich euch sagen, daß ihr mich nur recht groß wiedersehen werdet; nicht als Künstler sollt ihr mich größer, sondern auch als Mensch sollt ihr mich besser, vollkommener finden, und ist dann der Wohlstand etwas besser in unserem Vaterlande, dann soll meine Kunst sich nur zum Besten der Armen zeigen. O glückseli-

ger Augenblick, wie glücklich halte ich mich, daß ich dich herbeischaffen, dich selbst schaffen kann! – Von meiner Lage willst Du was wissen; nun, sie wäre eben so schlecht nicht. Seit vorigem Jahr hat mir Lichnowsky, der, so unglaublich es Dir auch ist, wenn ich Dir es sage, immer mein wärmster Freund war, und geblieben ist (kleine Mißhelligkeiten gab es ja auch unter uns, und haben nicht eben diese unsere Freundschaft mehr befestigt?) eine sichere Summe von 600 Fl. ausgeworfen, die ich, solange ich keine für mich passende Anstellung finde, ziehen kann; meine Kompositionen tragen mir viel ein, und ich kann sagen, daß ich mehr Bestellungen habe, als fast möglich ist, daß ich befriedigen kann. Auch habe ich auf jede Sache sechs, sieben Verleger, und noch mehr, wenn ich mir's angelegen sein lassen will: man akkordiert nicht mehr mit mir, ich fordere und man zahlt. Du siehst, daß es eine hübsche Lage ist, z. B. ich sehe einen Freund in Not, und mein Beutel leidet eben nicht, ihm gleich zu helfen, so darf ich mich nur hinsetzen und in kurzer Zeit ist ihm geholfen. – Auch bin ich ökonomischer, als sonst; sollte ich immer hier bleiben, so bringe ich's auch sicher dahin, daß ich jährlich immer einen Tag zur Akademie erhalte, deren ich einige gegeben. Nur hat der neidische Dämon, meine schlimme Gesundheit, mir einen schlechten Stein ins Brett geworfen, nämlich: mein Gehör ist seit drei Jahren immer schwächer geworden und zu diesem Gebrechen soll mein Unterleib, der schon damals, wie Du weißt, elend war, hier aber sich verschlimmert hat, indem ich beständig mit einem Durchfall behaftet war, und mit einer dadurch außerordentlichen Schwäche, die erste Veranlassung gegeben haben. Frank wollte meinem Leibe den Ton wiedergeben durch stärkende Medizinen, und meinem Gehör durch Mandelöl, aber prosit! daraus ward nichts, mein Gehör ward immer schlechter und mein Unterleib blieb immer in seiner vorigen Verfassung; das dauerte bis voriges Jahr im Herbst, wo ich manchmal in Verzweiflung war. Da riet mir ein medizinischer Asinus das kalte Bad für meinen Zustand, ein Gescheiterer das gewöhnliche lauwarme Donaubad; das tat Wunder; mein Bauch ward besser, mein Gehör blieb, oder ward noch schlechter. Diesen Winter ging's mir wirklich elend; da hatte ich wirklich schreckliche Koliken und ich sank wieder ganz in meinen vorigen Zustand zurück, und so blieb's bis vor ungefähr vier Wochen, wo ich zu Vering ging, indem ich dachte, daß dieser Zustand zugleich auch einen Wundarzt erfordere, und ohnedem hatte ich immer Vertrauen zu ihm.

Ihm gelang es nun fast gänzlich, diesen heftigen Durchfall zu hemmen; er verordnete mir das laue Donaubad, wo ich jedesmal noch ein Fläschchen stärkender Sachen hineingießen mußte, gab mir gar keine Medizin, bis vor ungefähr vier Tagen Pillen für den Magen und einen Tee fürs Ohr, und darauf kann ich sagen, befinde ich mich stärker und besser; nur meine Ohren, die sausen und brausen Tag und Nacht fort. Ich kann sagen, ich bringe mein Leben elend zu, seit zwei Jahren fast meide ich alle Gesellschaften, weil's mir nicht möglich ist den Leuten zu sagen: Ich bin taub. Hätte ich irgendein anderes Fach, so ging's noch eher, aber in meinem Fache ist das ein schrecklicher Zustand; dabei meine Feinde, deren Zahl nicht gering ist, was würden diese hierzu sagen! – Um Dir einen Begriff von dieser wunderbaren Taubheit zu geben, so sage ich Dir, daß ich mich im Theater ganz dicht am Orchester anlehnen muß, um den Schauspieler zu verstehen. Die hohen Töne von Instrumenten, Singstimmen, wenn ich etwas weit weg bin, höre ich nicht; im Sprechen ist es zu verwundern, daß es Leute gibt, die es niemals merkten; da ich meistens Zerstreuungen hatte, so hält man es dafür. Manchmal auch hör' ich den Redenden, der leise spricht, kaum, ja die Töne wohl, aber die Worte nicht; und doch sobald jemand schreit, ist es mir unausstehlich. Was es nun werden wird, das weiß der liebe Himmel. Vering sagt, daß es gewiß besser werden wird, wenn auch nicht ganz. Ich habe schon oft den Schöpfer und mein Dasein verflucht; Plutarch hat mich zu der Resignation geführt. Ich will, wenn's anders möglich ist, meinem Schicksale trotzen, obschon es Augenblicke meines Lebens geben wird, wo ich das unglücklichste Geschöpf Gottes sein werde. Ich bitte Dich, von diesem meinem Zustande niemanden, auch nicht einmal der Lorchen etwas zu sagen, nur als Geheimnis vertrau' ich Dir's an; lieb wäre mir's wenn Du einmal mit Vering darüber briefwechseltest. Sollte mein Zustand fortdauern, so komme ich künftiges Frühjahr zu Dir; Du mietest mir irgendwo in einer schönen Gegend ein Haus auf dem Lande, und dann will ich ein halbes Jahr ein Bauer werden. Vielleicht wird's dadurch geändert. Resignation! welches elende Zufluchtsmittel, und mir bleibt es doch das einzig übrige. Du verzeihst mir doch, daß ich Dir in Deiner ohnedem trüben Lage noch auch diese freundschaftliche Sorge aufbinde. Steffen Breuning ist nun hier und wir sind fast täglich zusammen; es tut mir so wohl, die alten Gefühle wieder hervorzurufen. Er ist wirklich ein guter, herrlicher Junge geworden, der was weiß und das Herz, wie wir alle mehr oder weniger, auf dem rechten Fleck hat. Ich habe eine sehr schöne Wohnung jetzt, welche auf die Bastei geht und für meine Gesundheit doppelten Wert hat. Ich glaube wohl, daß ich es werde möglich machen können, daß Breuning zu mir komme. Deinen Antiochum sollst Du haben, und auch noch recht viele Musikalien von mir, wenn Du anders nicht glaubst, daß es Dich zuviel kostet. Aufrichtig, Deine Kunstliebe freut mich doch noch sehr. Schreibe mir nur, wie es zu machen ist, so will ich Dir alle meine Werke schicken, das nun freilich eine hübsche Anzahl ist und die sich täglich vermehrt. – Statt des Porträts meines Großvaters, welches ich dich bitte, mir sobald als möglich mit dem Postwagen zu schicken, schicke ich Dir das seines Enkels, Deines Dir immer guten und herzlichen Beethoven, welches hier bei Artaria, die mich hier darum oft ersuchten, sowie viele andere, auch auswärtige Kunsthandlungen, herauskommt. – Stoffel will ich nächstens schreiben und ihm ein wenig den Text lesen über seine störrige Laune. – Ich will ihm die alte Freundschaft recht ins Ohr schreien, er soll mir heilig versprechen, euch in euren ohnedem trüben Umständen nicht noch mehr zu kränken. Auch der guten Lorchen will ich schreiben. Nie habe ich auch einen unter euch lieben Guten vergessen, wenn ich auch gar nichts von mir hören ließ: aber Schreiben, das weißt Du, war nie meine Sache: auch die besten Freunde haben jahrelang keine Briefe von mir erhalten. Ich lebe nur in meinen Noten, und ist das eine kaum da, so ist das andere schon angefangen. Sowie ich jetzt schreibe, mache ich oft drei, vier Sachen zugleich. – Schreibe mir jetzt öfter; ich will schon Sorge tragen, daß ich Zeit finde, Dir zuweilen zu schreiben. Grüße mir alle, auch die gute Frau Hofrätin und sag' ihr, daß ich noch zuweilen einen »raptus han«. Was Kochs angeht, so wundere ich mich gar nicht über deren Veränderung. Das Glück ist kugelrund und fällt daher natürlich nicht immer auf das Edelste, das Beste. – Wegen Ries, den mir herzlichst grüße, was seinen Sohn anbelangt, will ich Dir näher schreiben, obschon ich glaube, daß, um sein Glück zu machen, Paris besser als Wien sei; Wien ist überschüttet mit Leuten, und selbst dem besseren Verdienst fällt es dadurch hart, sich zu halten. Bis den Herbst oder bis zum Winter werde ich sehen, was ich für ihn tun kann, weil dann alles wieder in die Stadt eilt. – Leb wohl, guter, treuer Wegeler! Sei versichert von der Liebe und Freundschaft

Deines Beethoven.

An Franz Wegeler.

Wien, 16. Nov. [1801].

Mein guter Wegeler!

Ich danke Dir für den neuen Beweis Deiner Sorgfalt um mich, um so mehr, da ich es so wenig um Dich verdiene. – Du willst wissen, wie es mir geht, was ich brauche; so ungern ich mich von dem Gegenstand überhaupt unterhalte, so tue ich es doch noch am liebsten mit Dir.

Vering läßt mich nun schon seit einigen Monaten immer Vesikatorien auf beide Arme legen, welche aus einer gewissen Rinde, wie Du wissen wirst, bestehen. – Das ist nun eine höchst unangenehme Kur, indem ich immer ein paar Tage des freien Gebrauchs (ehe die Rinde genug gezogen hat) meiner Arme beraubt bin, ohne der Schmerzen zu gedenken; es ist nun wahr, ich kann es nicht leugnen, das Sausen und Brausen ist etwas schwächer, als sonst, besonders am linken Ohre, mit welchem eigentlich meine Gehörkrankheit angefangen hat, aber mein Gehör ist gewiß um nichts noch gebessert; ich wage es nicht zu bestimmen, ob es nicht eher schwächer geworden. – Mit meinem Unterleibe geht's besser; besonders wenn ich einige Tage das lauwarme Bad brauche, befinde ich mich acht, auch zehn Tage ziemlich wohl; sehr selten einmal etwas Stärkendes für den Magen; mit den Kräutern auf den Bauch fange ich jetzt auch nach Deinem Rate an. – Von Sturzbädern will Vering nichts wissen; überhaupt aber bin ich mit ihm sehr unzufrieden; er hat gar zu wenig Sorge und Nachsicht für so eine Krankheit; komme ich nicht einmal zu ihm, und das geschieht auch mit viel Mühe, so würde ich ihn nie sehen. – Was hältst Du von Schmidt? Ich wechsle zwar nicht gern, doch scheint mir, Vering ist zu sehr Praktiker, als daß er sich viel neue Ideen durchs Lesen verschaffte. – Schmidt scheint mir hierin ein ganz anderer Mensch zu sein und würde vielleicht auch nicht gar so nachlässig sein. – Man spricht Wunder vom Galvanism; was sagst Du dazu? Ein Mediziner sagte mir, er habe ein taubstummes Kind sehen sein Gehör wiedererlangen (in Berlin) und einen Mann, der ebenfalls sieben Jahre taub gewesen und sein Gehör wiedererlangt habe. – Ich höre eben, Dein Schmidt macht hiermit Versuche. –

Etwas angenehmer lebe ich jetzt wieder, indem ich mich mehr unter Menschen gemacht. Du kannst es kaum glauben, wie öde, wie traurig ich mein Leben seit zwei Jahren zugebracht; wie ein Gespenst ist mir mein schwaches Gehör überall erschienen, und ich floh die Menschen, mußte Misanthrop scheinen und bin's doch so wenig. – Diese Veränderung hat ein liebes, zauberisches Mädchen hervorgebracht, die mich liebt, und die ich liebe; es sind seit zwei Jahren wieder einige selige Augenblicke, und es ist das erstemal, daß ich fühle, daß Heiraten glücklich machen könnte; leider ist sie nicht von meinem Stande – und jetzt – könnte ich nun freilich nicht heiraten; – ich muß mich nun noch wacker herumtummeln. Wäre mein Gehör nicht, ich wäre nun schon längst die halbe Welt durchgereiset und das muß ich. – Für mich gibt es kein größeres Vergnügen, als meine Kunst zu treiben und zu zeigen. – Glaub' nicht, daß ich bei euch glücklich sein würde. Was sollte mich auch glücklicher machen? Selbst eure Sorgfalt würde mir wehe tun, ich würde jeden Augenblick das Mitleiden auf euern Gesichtern lesen und würde mich nur noch unglücklicher finden. – Jene schönen vaterländischen Gegenden, was war mir in ihnen beschieden? Nichts, als die Hoffnung auf einen besseren Zustand; er wäre mir nun geworden – ohne dieses Übel! O die Welt wollte ich umspannen von diesem frei! Meine Jugend, ja ich fühle es, sie fängt erst jetzt an; war ich nicht immer ein siecher Mensch? Meine körperliche Kraft nimmt seit einiger Zeit mehr als jemals zu und so meine Geisteskräfte. Jeden Tag gelange ich mehr zu dem Ziel, was ich fühle, aber nicht beschreiben kann. Nur hierin kann Dein Beethoven leben. Nichts von Ruhe! – Ich weiß von keiner anderen, als dem Schlaf, und wehe genug tut mir's, daß ich ihm jetzt mehr schenken muß, als sonst. Nur halbe Befreiung von meinem Übel, und dann – als vollendeter, reifer Mann, komme ich zu Euch, erneuere die alten Freundschaftsgefühle. So glücklich, als es mir hienieden beschieden ist, sollt Ihr mich sehen, nicht unglücklich. – Nein, das könnte ich nicht ertragen, ich will dem Schicksal in den Rachen greifen; ganz niederbeugen soll es mich gewiß nicht. – O es ist so schön, das Leben, tausendmal leben! – Für ein stilles Leben, nein, ich fühl's, ich bin nicht mehr dafür gemacht. – Du schreibst mir doch sobald als möglich. – Sorget, daß der Steffen sich bestimmt, sich irgendwo im deutschen Orden anstellen zu lassen. Das Leben hier ist für seine Gesundheit mit zuviel Strapazen verbunden. Noch obendrein führt er ein so isoliertes Leben, daß ich gar nicht sehe, wie er so weiter kommen will. Du weißt, wie das hier ist; ich will nicht einmal sagen, daß Gesellschaft seine Abspannung vermindern würde; man kann ihn auch nirgends hinzugehen überreden. – Ich habe einmal bei mir vor einiger Zeit Musik gehabt wo ausgesuchte Gesellschaft war; unser Freund Steffen blieb doch aus. – Empfehle ihm doch mehr Ruhe und Gelassenheit, ich habe auch schon alles angewendet; ohne das kann er nie weder glücklich noch gesund sein. – Schreib' mir nun im nächsten Briefe, ob's nichts macht, wenn's recht viel ist, was ich Dir von meiner Musik schicke; Du kannst zwar das, was Du nicht brauchst, wieder verkaufen, und so hast Du Dein Postgeld – mein Porträt auch. – Alles mögliche Schöne und Verbindliche an die Lorchen – auch die Mama – auch Christoph. – Du liebst mich doch ein wenig? Sei sowohl von dieser als auch von der Freundschaft überzeugt Deines

Beethoven.

Das sogenannte »Heiligenstädter Testament« (vgl. Biographie, S. 80ff.).

Heiligenstadt, 6. Okt. 1802.

Für meine Brüder Carl und Beethoven.

O ihr Menschen, die ihr mich für feindselig, störrisch oder misanthropisch haltet oder erkläret, wie unrecht tut ihr mir, ihr wißt nicht die geheime Ursache von dem, was euch so scheinet. Mein Herz und mein Sinn waren von Kindheit an für das zarte Gefühl des Wohlwollens, selbst große Handlungen zu verrichten, dazu war ich immer aufgelegt. Aber bedenket nur, daß seit sechs Jahren ein heilloser Zustand mich befallen, durch unvernünftige Ärzte verschlimmert, von Jahr zu Jahr in der Hoffnung gebessert zu werden, betrogen, endlich zu dem Überblick eines dauernden Übels (dessen Heilung vielleicht Jahre dauern oder gar unmöglich ist) gezwungen, mit einem feurigen lebhaften Temperamente geboren, selbst empfänglich für die Zerstreuungen der Gesellschaft, mußte ich früh mich absondern, einsam mein Leben zubringen; wollte ich auch zuweilen mich einmal über alles das hinaussetzen, o wie hart wurde ich durch die verdoppelte traurige Erfahrung meines schlechten Gehörs dann zurückgestoßen, und doch war's mir noch nicht möglich den Menschen zu sagen: Sprecht lauter, schreit, denn ich bin taub; ach wie wär es möglich, daß ich dann die Schwäche eines Sinnes angeben sollte, der bei mir in einem vollkommenern Grade als bei andern sein sollte, einen Sinn, den ich einst in der größten Vollkommenheit besaß, in

Beethoven um 1800
Stich von Johann Neidl nach einer Zeichnung
von Gandolph Ernst Stainhauser von Treuburg

einer Vollkommenheit, wie ihn wenige von meinem Fache gewiß haben noch gehabt haben. – O ich kann es nicht, drum verzeiht, wenn ihr mich da zurückweichen sehen werdet, wo ich mich gerne unter euch mischte, doppelt wehe tut mir mein Unglück, indem ich dabei verkannt werden muß; für mich darf Erholung in menschlicher Gesellschaft, feinere Unterredungen, wechselseitige Ergießungen nicht statthaben, ganz allein fast nur soviel als es die höchste Notwendigkeit fordert, darf ich mich in Gesellschaft einlassen, wie ein Verbannter muß ich leben; nahe ich mich einer Gesellschaft, so überfällt mich eine heiße Ängstlichkeit, indem ich befürchte in Gefahr gesetzt zu werden, meinen Zustand merken zu lassen. – So war es denn auch dieses halbe Jahr, was ich auf dem Lande zubrachte; von meinem vernünftigen Arzte aufgefor-

dert, soviel als möglich mein Gehör zu schonen, kam er fast meiner jetzigen natürlichen Disposition entgegen, obschon, vom Triebe zur Gesellschaft manchmal hingerissen, ich mich dazu verleiten ließ. Aber welche Demütigung, wenn jemand neben mir stund und von weitem eine Flöte hörte und ich nichts hörte oder jemand den Hirten singen hörte, und ich auch nichts hörte; solche Ereignisse brachten mich nahe an Verzweiflung, es fehlte wenig, und ich endigte selbst mein Leben. – Nur sie, die Kunst, sie hielt mich zurück, ach es dünkte mir unmöglich, die Welt eher zu verlassen, bis ich das alles hervorgebracht, wozu ich mich aufgelegt fühlte, und so fristete ich dieses elende Leben – wahrhaft elend, einen so reizbaren Körper, daß eine etwas schnelle Veränderung mich aus dem besten Zustande in den schlechtesten versetzen kann. – Geduld – so heißt es, sie muß ich nun zur Führerin wählen; ich habe es. – Dauernd, hoffe ich, soll mein Entschluß sein, auszuharren, bis es den unerbittlichen Parzen gefällt, den Faden zu brechen; vielleicht geht's besser, vielleicht nicht; ich bin gefaßt. – Schon in meinem 28. Jahre gezwungen Philosoph zu werden, es ist nicht leicht; für den Künstler schwerer als für irgend jemand. Gottheit! du siehst herab auf mein Inneres, du kennst es, du weißt, daß Menschenliebe und Neigung zum Wohltun drin hausen. O Menschen, wenn ihr einst dieses leset, so denkt, daß ihr mir unrecht getan, und der Unglückliche, er tröste sich, einen seinesgleichen zu finden, der trotz allen Hindernissen der Natur, doch noch alles getan, was in seinem Vermögen stand, um in die Reihe würdiger Künstler und Menschen aufgenommen zu werden. – Ihr meine Brüder Carl und   , sobald ich tot bin und Professor Schmidt lebt noch, so bittet ihn in meinem Namen, daß er meine Krankheit beschreibe, und dieses hier geschriebene Blatt füget Ihr dieser meiner Krankengeschichte bei, damit wenigstens soviel als möglich die Welt nach meinem Tode mit mir versöhnt werde. – Zugleich erkläre ich Euch beide hier für die Erben des kleinen Vermögens (wenn man es so nennen kann), von mir, teilt es redlich, und vertragt und helft Euch einander; was Ihr mir zuwider getan, das wißt Ihr, war Euch schon längst verziehen; Dir Bruder Carl danke ich noch insbesondere für Deine in dieser letzteren späteren Zeit mir bewiesene Anhänglichkeit; mein Wunsch ist, daß Euch ein besseres sorgenloseres Leben, als mir, werde, empfehlt Euren Kindern Tugend, sie nur allein kann glücklich machen, nicht Geld, ich spreche aus Erfahrung; sie war es, die mich selbst im Elende gehoben, ihr danke ich nebst meiner

Kunst, daß ich durch keinen Selbstmord mein Leben endigte. – Lebt wohl und liebt Euch, – allen Freunden danke ich, besonders Fürst Lichnowsky und Professor Schmidt. – Die Instrumente von Fürst L. wünsche ich, daß sie doch mögen aufbewahrt werden bei einem von Euch, doch entstehe deswegen kein Streit unter Euch; sobald sie Euch aber zu was Nützlicherem dienen können, so verkauft sie nur, wie froh bin ich, wenn ich auch noch unter meinem Grabe Euch nützen kann. – So wär's geschehen – mit Freuden eil' ich dem Tode entgegen; – kömmt er früher als ich Gelegenheit gehabt habe, noch alle meine Kunstfähigkeiten zu entfalten, so wird er mir trotz meinem harten Schicksal doch noch zu frühe kommen, und ich würde ihn wohl später wünschen. – Doch auch dann bin ich zufrieden, befreit er mich nicht von einem endlosen leidenden Zustande? – Komm, wann du willst, ich gehe dir mutig entgegen. – Lebt wohl und vergeßt mich nicht ganz im Tode, ich habe es um Euch verdient, indem ich in meinem Leben oft an Euch gedacht, Euch glücklich zu machen; seid es. –

Ludwig van Beethoven.
[Siegel]

Heiligenstadt am 6ten Oktober 1802.

Für meine Brüder Carl und nach meinem Tode zu lesen und zu vollziehen.

Heiligenstadt, am 10ten Oktober 1802. – So nehme ich den Abschied von Dir – und zwar traurig. – Ja die geliebte Hoffnung, – die ich mit hierher nahm, wenigstens bis zu einem gewissen Punkt geheilet zu sein, – sie muß mich nun gänzlich verlassen; wie die Blätter des Herbstes herabfallen, gewelkt sind, so ist – auch sie für mich dürr geworden; fast wie ich hierher kam – gehe ich fort. – Selbst der hohe Mut, – der mich oft in den schönen Sommertägen beseelte, – er ist verschwunden. – O Vorsehung – laß einmal einen reinen Tag der Freude mir erscheinen! – Solange schon ist der wahren Freude inniger Widerhall mir fremd. – O wann – o wann, o Gottheit – kann ich im Tempel der Natur und der Menschen ihn wieder fühlen? – Nie? nein! – o es wäre zu hart.

An den Verlag Breitkopf & Härtel in Leipzig. Die Ausführungen betreffen die beiden Variationen-Zyklen für Klavier op. 34 und op. 35 (vgl. S. 77f.), letztere bekannt auch als »Eroica-Variationen«.

Wien, 18. Okt. 1802.

Indem Ihnen mein Bruder schreibt, füge ich noch folgendes bei. Ich habe zwei Werke Variationen gemacht, wovon man das eine auf acht Variationen berechnen, und das andere auf 30. Beide sind auf eine wirklich ganz neue Manier bearbeitet, jedes auf eine andere, verschiedene Art. Ich wünschte sie vorzüglich bei Ihnen gestochen zu sehn, doch unter keiner anderen Bedingung als für ein Honorar für beide zusammen etwa 50#. Lassen Sie mich Ihnen nicht umsonst den Antrag gemacht haben, indem ich Sie versichere, daß diese beiden Werke Sie nicht gereuen werden. Jedes Thema ist darin für sich auf eine selbst vom anderen verschiedene Art behandelt. Ich hör es sonst nur von anderen sagen, wenn ich neue Ideen habe, indem ich es selbst niemals weiß. Aber diesmal muß ich Sie selbst versichern, daß die Manier in beiden Werken ganz neu von mir ist.

Was Sie mir einmal von dem Versuch des Abgangs meiner Werke schreiben, das kann ich nicht eingehen. Es muß wohl ein großer Beweis für den Abgang meiner Werke sein, wenn fast alle auswärtigen Verleger beständig mir um Werke schreiben, – und selbst die Nachstecher, worüber Sie sich mit Recht beklagen, gehören auch unter diese Zahl, – indem Simrock mir schon einigemal um eigene für sich allein besitzende Werke geschrieben und mir bezahlen will, was nur immer jeder andere Verleger auch. Sie können es als eine Art von Vorzug ansehen, daß ich Ihnen von allen selbst diesen Antrag gemacht, indem Ihre Handlung immer Auszeichnung verdient.

Ihr L. van Beethoven.

Öffentliche Anzeige Beethovens, gerichtet gegen die zeitübliche Praxis der Bearbeitung und Transkription von Kompositionen.

20. Okt. 1802.

Ich glaube es dem Publikum und mir selber schuldig zu sein, öffentlich anzuzeigen, daß die beiden Quintetten aus C- und Es-Dur, wovon das eine (ausgezogen aus einer Sinfonie von mir) bei Herrn Mollo in Wien, das andere (ausgezogen aus dem Septett von mir Op. 20) bei Herrn Hofmeister in Leipzig erschienen ist, nicht Originalquintetten, sondern nur Übersetzungen sind, welche die Herren Verleger veranstaltet haben. – Das Übersetzen überhaupt ist eine Sache, wogegen sich heutzutage (in unserem fruchtbaren Zeitalter – der Übersetzungen) ein Autor nur umsonst sträuben würde; aber man kann wenigstens mit Recht fordern, daß die Verleger es auf dem Titelblatte anzeigen, damit die Ehre des Autors nicht geschmälert und das Publikum nicht hintergangen werde. – Dies um dergleichen Fällen in Zukunft vorzubeugen. – Ich mache zugleich bekannt, daß ehestens ein neues Originalquintett von meiner Komposition aus C-Dur Op. 29 bei Breitkopf und Härtel in Leipzig erscheinen wird.

Ludwig van Beethoven.

Über das Problem der Transkription schrieb Beethoven an den Verlag Breitkopf & Härtel in Leipzig.

[Wien, 18. Dez. 1802.]

Statt allem Geschrei von einer neuen Methode von Variationen, wie es unsere Hrn. Nachbarn die Gallo-Franken machen würden, wie z. B. ein gewisser fr. Komponist Fugen präsentiert après une nouvelle methode, welche darin besteht, daß die Fuge keine Fuge mehr ist usw. – so habe ich doch gewollt den Nichtkenner darauf aufmerksam machen, daß sich wenigstens diese V. von anderen unterscheiden; und das glaubte ich am ungesuchtesten und immerklarsten mit dem kleinen Vorbericht, den ich Sie bitte, sowohl für die kleinen als die größeren V. zu setzen, in welcher Sprache oder in wie vielen, das überlasse ich Ihnen, da wir arme Deutsche nun einmal in allen Sprachen reden müssen.

Hier der Bericht selbst:

Da diese Variationen sich merklich von meinen früheren unterscheiden, so habe ich sie, anstatt wie die vorhergehenden nur mit einer Nummer (nämlich z. B. Nr. 1. 2. 3. usw.) anzuzeigen, unter die wirkliche Zahl meiner größeren musikalischen Werke aufgenommen, um so mehr, da auch die Themas von mir selbst sind.

Der Verfasser.

N. B. Finden Sie nötig, etwas zu ändern oder zu verbessern, so haben Sie völlige Erlaubnis.

An den Verlag Breitkopf & Härtel in Leipzig über die Klaviervariationen op. 34 und op. 35.

Wien, 8. Apr. 1803.

Schon lange wollte ich Ihnen schreiben, aber meine zu vielen Geschäfte erlauben mir überhaupt zu wenig, auch nur eine kleine Korrespondenz zu führen. In Ansehung der Variationen, daß Sie glauben, daß nicht soviel seien, ist wohl ein Irrtum; nur konnten sie nicht so angezeigt werden, wie z. B. in den großen, wo drei Variationen zusammengeschmolzen sind im Adagio, und die Fuge freilich keine Variation genannt werden kann, sowie auch der Eingang von diesen großen Variationen, welcher, wie Sie selbst schon gesehen, mit dem Baß des Themas anfängt, dann zu zwei, zu drei und zu vier Stimmen endlich wird und dann erst das Thema kommt, welches man wieder keine Variation nennen kann etc. *Sollten Sie jedoch nicht klug daraus werden, so schicken Sie mir nur, sobald ein Exemplar gedruckt ist, eine Probekorrektur nebst dem Manuskripte, damit ich sicher vor Konfusionen bin. Überhaupt würden Sie mir eine große Gefälligkeit erweisen, wenn Sie die Dedikation an Abbé Stadler auf den großen Variationen ganz weglassen wollten, und statt dessen diese, die ich hier beifüge, machen wollten, nämlich:* dediées etc. A Monsieur le comte Maurice Lichnowski. *Er ist der Bruder des Fürsten Lichnowsky und hat mir erst kürzlich eine unerwartete Gefälligkeit erzeigt, und anders habe ich keine Gelegenheit, jetzt ihm etwas Angenehmes zu erzeigen. Sollten Sie schon die Dedikation an Abbé Stadler gemacht haben, so will ich gern die Unkosten von dem, was das Titelblatt zu verändern kostet, tragen. Sie brauchen sich darin gar nicht zu scheuen; schreiben Sie mir nur, was es kostet, ich bezahle es mit Vergnügen. Ich bitte Sie recht sehr darum, wenn sonst keine verschickt sind.*

Bei den kleinen Variationen bleibt es, daß sie der Fürstin Odescalchi dediziert werden.

Für die schönen Sachen von Sebastian Bach danke ich Ihnen recht sehr; ich werde sie aufbewahren und studieren. Sollte die Fortsetzung folgen, so schicken Sie mir doch auch diese. Wenn Sie einen schönen Text zu einer Kantate oder sonst eines Singstücks besitzen, so teilen Sie mir ihn mit.

Ihr Sie wahrhaft schätzender Beethoven.

Beethoven 1803
Miniatur auf Elfenbein von Christian Hornemann

Notiz auf einem Skizzenblatt.

2. Juni 1804.

Finale [Leonore] *immer simpler. Alle Klaviermusik ebenfalls. – Gott weiß es, warum auf mich noch meine Klaviermusik immer den schlechtesten Eindruck macht, besonders wenn sie schlecht gespielt wird.*

An den Kapellmeister Gottlieb Wiedebein.

Baden, 6. Juli 1804.

Es freut mich, daß Sie, mein Herr, ein Zutrauen zu mir gefaßt, obschon ich bedaure, Ihnen nicht ganz mit Hilfe entgegen kommen zu können. So leicht Sie sich vorstellen, sich hier durchbrin-

gen zu können, so würde es doch immer schwer halten, indem Wien angefüllt ist mit Meistern, die sich vom Lektiongeben nähren. Wäre es jedoch gewiß, daß ich meinen Aufenthalt hier behielte, so wollte ich Sie auf Glück hierher kommen lassen. Da ich aber wahrscheinlich den künftigen Winter schon von hier reise, so würde ich selbst alsdann nichts mehr für Sie tun können. Auf das Ohngefähr eine Stelle auszuschlagen, kann ich Ihnen unmöglich raten, indem ich Ihnen dafür keinen Ersatz versprechen kann. Daß man sich aber nicht auch einigermaßen in Braunschweig sollte bilden können, scheint mir eine etwas überspannte Meinung zu sein; ohne mich im mindesten Ihnen als ein Muster vorstellen zu wollen, kann ich Ihnen versichern, daß ich in einem kleinen unbedeutenden Ort gelebt und – fast alles, was ich sowohl dort als hier geworden bin, nur durch mich selbst geworden bin. Dieses Ihnen nur zum Trost, falls Sie das Bedürfnis fühlen, in der Kunst weiter zu kommen. Ihre Variationen zeugen von Anlage, doch setze ich dran aus, daß Sie das Thema verändert haben, warum das? Was der Mensch lieb hat, muß man ihm nicht nehmen; auch heißt das verändern, ehe man noch Variationen gemacht hat. – Sollte ich sonst imstande sein, etwas für Sie zu tun, so werden Sie, wie in allen solchen Fällen, mich auch für Sie bereitwillig finden.

Ihr ergebenster Ludwig van Beethoven.

Beethoven war leicht zu verstimmen und reagierte in solchen Fällen dann meist heftig. Die folgenden Briefe an Ferdinand Ries und Stephan Breuning beziehen sich auf einen Streit und auf die Wiederversöhnung mit Stephan Breuning. Ursache des Streits war wohl die Verzögerung einer Wohnungskündigung durch Breuning.

Baden, 24. Juli 1804.

– – – Mit der Sache von Breuning werden Sie sich wohl gewundert haben; glauben Sie mir, Lieber! daß mein Aufbrausen nur ein Ausbruch von manchen unangenehmen vorhergegangenen Zufällen mit ihm gewesen ist. Ich habe die Gabe, daß ich über eine Menge Sachen meine Empfindlichkeit verbergen und zurückhalten kann; werde ich aber auch einmal gereizt zu einer Zeit, wo ich empfänglicher für den Zorn bin, so platze ich auch stärker aus als jeder andere. Breuning hat gewiß vortreffliche Eigenschaften,

aber er glaubt sich von allen Fehlern frei, und hat meistens die am stärksten, welche er an anderen Menschen zu finden glaubt. Er hat einen Geist der Kleinlichkeit, den ich von Kindheit an verachtet habe. Meine Beurteilungskraft hat mir fast vorher den Gang mit Breuning prophezeit, indem unsere Denkungs-, Handlungs- und Empfindungsweise zu verschieden ist; doch habe ich geglaubt, daß sich auch diese Schwierigkeiten überwinden ließen; – die Erfahrung hat mich widerlegt. Und nun auch keine Freundschaft mehr! Ich habe nur zwei Freunde in der Welt gefunden, mit denen ich auch nie in ein Mißverhältnis gekommen, aber welche Menschen! Der eine ist tot, der andere lebt noch. Obschon wir fast sechs Jahre hindurch keiner von dem anderen etwas wissen, so weiß ich doch, daß in seinem Herzen ich die erste Stelle, sowie er in dem meinigen einnimmt. Der Grund der Freundschaft heischt die größte Ähnlichkeit der Seelen und Herzen der Menschen. Ich wünsche nichts, als daß Sie meinen Brief lesen, den ich an Breuning geschrieben habe und den seinigen an mich. Nein, nie mehr wird er in meinem Herzen den Platz behaupten, den er hatte. Wer seinem Freunde eine solche niedrige Denkungsart beimessen kann und sich ebenfalls eine solche niedrige Handlungsart wider denselben erlauben, der ist nicht wert der Freundschaft von mir. Vergessen Sie nicht die Angelegenheit meines Quartiers. Leben Sie wohl; schneidern Sie nicht zuviel, empfehlen Sie mich der Schönsten der Schönen; schicken Sie mir ein halbes Dutzend Nähnadeln. –

Ich hätte mein Leben nicht geglaubt, daß ich so faul sein könnte, wie ich hier bin. Wenn darauf ein Ausbruch des Fleißes folgt, so kann wirklich was Rechtes zustande kommen.

Vale! Beethoven.

[1804.]

Hinter diesem Gemälde, mein guter lieber Steffen, sei auf ewig verborgen, was eine Zeitlang zwischen uns vorgegangen. Ich weiß es, ich habe Dein Herz zerrissen. Die Bewegung in mir, die Du gewiß bemerken mußtest, hatte mich genug dafür gestraft. Bosheit war's nicht, was in mir gegen Dich vorging. Nein, ich wäre Deiner Freundschaft nie mehr würdig, – Leidenschaft bei Dir und mir; aber Mißtrauen gegen Dich ward in mir rege, es stellten sich Menschen zwischen uns, die Deiner und meiner nie würdig sind.

Mein Porträt war Dir schon lange bestimmt; Du weißt es ja, daß ich es jemandem bestimmt hatte, – wem könnte ich es wohl so mit dem wärmsten Herzen geben, als Dir, treuer, guter, edler Steffen! – Verzeih mir, wenn ich Dir wehe tat, ich litt selbst nicht weniger. Als ich Dich solange nicht mehr um mich sah, empfand ich es erst recht lebhaft, wie teuer Du meinem Herzen bist und ewig sein wirst. Du wirst wohl auch wieder in meine Arme fliehen wie sonst.

Im Mai 1799 lernte Beethoven die Familie Brunsvick kennen. Mit dem Sohn Franz und den beiden Töchtern Josephine und Therese verband ihn eine herzliche Freundschaft. Im selben Jahr noch heiratete Josephine Brunsvick den Grafen Deym, in dessen Haus Beethoven in den darauffolgenden Jahren häufiger Gast war, auch wenn der Hausherr der Musik gegenüber keine besondere Vorliebe zeigte. Graf Deym starb Ende Januar 1804. Im darauffolgenden Winter 1804/5 entwickelte sich zwischen Beethoven und Josephine eine Herzensbeziehung (vgl. Biographie, S. 98f.), die auf seiten Beethovens durch stürmische Werbung, auf seiten Josephines aber doch durch eine gewisse Zurückhaltung gekennzeichnet war. Am Ende der Beziehung stand für Beethoven der Verzicht. Josephine heiratete den Freiherrn von Stackelberg, wurde allerdings in ihrer zweiten Ehe nicht glücklich. Die Beziehung zwischen Josephine und Beethoven fällt in die Zeit der Arbeit an der Oper »Leonore« und wird belegt durch dreizehn Briefe Beethovens an Josephine von Deym. Die Briefe gelangten 1949 durch Kauf in die Beethoven-Sammlung Bodmer in Zürich und wurden 1957 erstmals durch Joseph Schmidt-Görg der Öffentlichkeit bekanntgemacht.

Der Briefwechsel erstreckt sich von frühestens Sommer oder Herbst 1804 bis gegen Ende des Jahres 1807. Die meisten Briefe sind undatiert. Die nachfolgend wiedergegebenen fünf Briefe sind wahrscheinlich zwischen Herbst 1804 und Frühjahr 1805 geschrieben worden.

Wie ich sagte die Sache mit L. ist nicht so arg meine Geliebte J. als man sie ihnen machte – L. hatte durch Zufall das Lied an die Hoffnung bei mir liegen sehen, ohne daß ich es bemerkte, und er auch nichts darüber sagte, er schloß aber hieraus, daß ich wohl nicht ganz ohne Neigung für sie sejn würde, und als nun Zmeskall in der Angelegenheit von ihnen und Tante Gu: zu ihm kam, fragte er ihn, ob er nicht wüste, ob ich öfter zu ihnen gehe, Zmeskall sagte nicht ja und nicht nein, im Grunde konnte er auch nichts sagen, da ich seiner Wachsamkeit mich so sehr als möglich entzogen hatte – Lichnowsky / sagte, er glaube bemerkt zu haben, daß ich nicht ohne Neigung für sie durch einen Zufall (das Lied), Wovon er aber wie er mich hoch und theuer versicherte Z. nichts gesagt hatte. – und Z. solle mit der Tante Gui- reden, daß sie mit ihnen spräche, daß sie mich mehr aufmunterten meine oper zu vollenden, indem er glaube, daß das viel gutes Wirken könne, indem er sicher wüste, wie Viel Achtung ich für sie hätte – das ist das ganze Factum – Z – vergröserte es – und Tante Gu – ebenfalls – unterdessen – können sie nun ruhig sejn, indem Niemand als diese zwei Personen in Anschlag kommen – /

L. sagte selbst, daß er selbst zu sehr mit Delikatesse Bekannt sej, als daß er auch nur ein Wort gesagt hätte, wenn er für gewiß ein engeres Verhältniß vorausgesetzt hätte – im Gegentheil wünsche er nichts so sehr, als daß ein solches Verhältniß zwischen ihnen und mir entstehen möge, wenn es möglich wäre, indem, so viel man ihm von ihrem Kharakter berichtet habe, dieses nicht anders als Vortheilhaft für mich sejn könne. – basta cosi – Es ist nun Wahr, ich bin nicht so thätig als ich hätte sein sollen – aber ein innerer Gram – hatte mich lang – meiner sonst gewöhnlichen Spannkraft beraubt, einige Zeit hindurch als das Gefühl der Liebe in mir für sie angebetete J. / zu keimen anfing, vermehrte sich dieser noch – sobald wir einmal wieder ungestört bejsammen sind, dann sollen sie von meinen wirklichen Leiden und von dem Kampf mit mir selbst zwischen Tod und leben, den ich einige Zeit hindurch führte unterrichtet sejn – Ein Ereigniß machte mich lange Zeit an aller Glückseeligkeit des Lebens hienieden zweifeln – nun ist es nicht halb mehr so arg, ich habe ihr Herz gewonnen, o ich weiß es gewiß, welchen Werth ich drauf zu legen habe, meine Thätigkeit wird sich wieder Vermehren, und – hier verspreche ich es ihnen hoch und theuer, in kurzer Zeit werde ich meiner und ihrer Würdiger da stehn – o mögen sie doch einigen Werth drauf legen, durch ihre Liebe meine Glückseeligkeit zu gründen – zu Vermehren – o geliebte J., nicht der Hang zum andern Geschlechte zieht mich zu ihnen, nein nur sie ihr ganzes Ich mit allen ihren Eigenheiten – haben meine / Achtung – alle meine gefühle – mein ganzes Empfindungsvermögen an sie gefesselt – als ich zu ihnen kam – war ich in der festen Entschlossenheit, auch nicht einen Funken Liebe in mir keimen zu laßen, sie haben mich aber überwunden – ob sie das wollten? – oder nicht wollten? – diese Frage könnte mir J. wohl einmal auflösen – Ach Himmel, was mögt ich ihnen noch alles sagen – wie ich an sie denke – was ich für sie fühle – aber wie schwach wie armseelig diese sprache – wenigstens die meinige – /

Lange – Lange – Dauer – möge unsrer Liebe werden – sie ist so edel – so sehr auf wechselseitige Achtung und Freundschaft gegründet – selbst die große Ähnlichkeit in so manchen sachen, im Denken und empfinden – o sie laßen mich hoffen, daß ihr Herz lange – für mich schlagen werde – das meinige kann nur – aufhören – für sie zu schlagen – wenn – es gar nicht mehr schlägt – geliebte J. leben sie Wohl – Ich hoffe aber auch – daß sie durch mich ein wenig glücklich werden – sonst wär ich ja – eigennüzig

Von ihr – der einzig Geliebten – warum giebt es keine Sprache die das Ausdrücken kann was noch weit über Achtung – weit über alles ist – was wir noch nennen können – o wer kann Sie aus sprechen, und nicht fühlen daß so viel er auch über Sie sprechen möchte – das alles nicht Sie – erreicht – – nur in Tönen – Ach bin ich nicht zu stolz, wenn ich glaube, die Töne wären mir williger als die Worte – Sie Sie mein Alles meine Glückseeligkeit – Ach nein – auch nicht in meinen Tönen kann ich es, obschon du Natur mich hierin nicht karg beschenktest, so ist doch zu wenig für Sie. Stille schlage nur armes Herz – weiter kannst du nichts –. Für Sie – immer für Sie – nur Sie – ewig Sie – bis ins Grab nur Sie – Meine Erquickung – mein Alles o Schöpfer wache über Sie – Seegne ihre Tage – eher über mich alles ungemach

nur Sie – Stärke seegne tröste Sie – in dem armseeligen und doch oft glükseeligen Daseyn, der Sterblichen Menschen – –

wäre auch Sie nicht die mich wieder an das Leben angekettet auch ohne dieses wäre sie mir alles –

Liebe gute liebe, – – – J. – ich schicke ihnen hier derweil 6 flaschen kölnischen Wassers von dem Meinigen – sie können mir solche, wenn sie das ihrige von meinem Freunde dem Lumpen erhalten, wieder zurückgeben – ich versuche es diesen Abend ob ich sie geliebte liebe, liebe J. finde, ist es nicht, nun so fluche ich ihren Verwandten alle Übel an den Hals –

leben sie
wohl liebe
ich habe sie so
lieb, als sie
mich nicht liebhaben
ihr treuer
L v Beethowen /

Es darf wohl keines Beweises – wie gern ich heute zu ihnen gekommen – aber – nur überhäufung Von Arbeiten – und noch dazu erst diese Nacht um halb 3 – nach hause gekommen – sie waren so Traurig gestern Liebe J. – kann ich denn gar nichts auf sie wirken – da sie ja doch so sehr auf mich wircken – mich so glücklich machen – überlassen sie sich doch ja so sehr nicht ihrem Hange zur Traurigkeit, wie wehe thut mirs sie so zu sehen – und um so mehr, wenn man nicht weiß, wie oder wo mann helfen kann – hier ihr – ihr – Andante – und die Sonate – lassen sie doch den General Baß – sie brauchen ihn nicht – warten sie bis ich einmal nicht mehr um sie bin – dann studieren sie ihn in Gottes Namen mit einem schulmeister – Morgen Abend komme ich zu ihnen, sind sie anders nicht verhindert? – wollen sie zu ihrer Tante F – – Vorhergehen, so lassen sie mich's morgen frühe wissen, ich komme dann erst gegen 9 Neun uhr Abends, und sie haben denn den Vortheil, daß sie zwei interessante Menschen wie einen gewissen N – und mich an einem Abend sehen – leben sie Wohl Engel meines Herzens. /

Damit das liebste – was für mich auf der Welt ist – auch nicht einen Gedanken an mich fruchtloß haben soll – sage ich, daß – ich diesen Abend unsichtbar bleiben muß – mein theurer L. geht morgen fort, – trotz manchen unebenheiten, die sich auf dem weege dieser Freundschaft finden, fühle ich es doch bejm weggehen, wie lieb er mir ist – und wie viel ich ihm zu danken habe – florians Komödien brauche ich – Morgen Abend sehe ich die theure geliebte J. – sagen sie es ihr, daß sie mir über alles lieb und Werth ist –
Nb: diese Zeilen waren schon geschrieben vor dem Empfang ihres Briefes –

nun Brauche ich noch die Sonate in A ich muß sie noch zu guter lezt meinem L. vorspielen – leb wohl Engel – meines Herzens – meines Lebens. – /

Auf einem Skizzenblatt von 1806.

Ebenso wie du dich hier in den Strudel der Gesellschaft stürzest, ebenso möglich ist's Opern trotz allen gesellschaftlichen Hindernissen zu schreiben. Kein Geheimnis sei dein Nichthören mehr – auch bei der Kunst.

Ein Antragsschreiben an die k. k. Theaterdirektion in Wien (vgl. Biographie, S. 93).

[Dez. 1806.]

Löbliche k. k. Hof-Theatraldirektion!

Unterzeichneter darf sich zwar schmeicheln, während der Zeit seines bisherigen Aufenthaltes in Wien sich sowohl bei dem hohen Adel als auch bei dem übrigen Publikum einige Gunst und Beifall erworben, wie auch eine ehrenvolle Aufnahme seiner Werke im In- und Auslande gefunden zu haben.

Bei all dem hatte er mit Schwierigkeiten aller Art zu kämpfen und war bisher nicht so glücklich, sich hier eine Lage zu begründen, die seinem Wunsche, ganz der Kunst zu leben, seine Talente zu noch höherem Grade der Vollkommenheit, die das Ziel eines jeden wahren Künstlers sein muß, zu entwickeln und die bisher bloß zufälligen Vorteile für eine unabhängige Zukunft zu sichern, entsprochen hätte.

Da überhaupt dem Unterzeichneten von jeher nicht so sehr Broterwerb, als vielmehr das Interesse der Kunst, die Veredelung des Geschmacks und der Schwung seines Genius nach höheren Idealen und nach Vollendung zum Leitfaden auf seiner Bahn diente, so konnte es nicht fehlen, daß er oft den Gewinn und seine Vorteile der Muse zum Opfer brachte. Nichtsdestoweniger erwarben ihm Werke dieser Art einen Ruf im fernen Auslande, der ihm an mehreren ansehnlichen Orten die günstigste Aufnahme und ein seinen Talenten und Kenntnissen angemessenes Los verbürgt.

Demungeachtet kann Unterzeichneter nicht verhehlen, daß die vielen hier vollbrachten Jahre, die unter Hohen und Niederen genossene Gunst und Beifall, der Wunsch, jene Erwartungen, die

Beethoven um 1804
Ölbild von Joseph Willibrord Mähler

er bisher zu erregen das Glück hatte, ganz in Erfüllung zu bringen, und er darf es sagen, auch der Patriotismus eines Deutschen ihm den hiesigen Ort gegen jeden anderen schätzungs- und wünschenswerter machen.

Er kann daher nicht umhin, ehe er seinen Entschluß, diesen ihm werten Aufenthalt zu verlassen, in Erfüllung setzt, dem Winke zu folgen, den ihm Se. Durchlaucht, der regierende Herr Fürst von Lobkowitz, zu geben die Güte hatte, indem er äußerte, eine löbliche Theatraldirektion wäre nicht abgeneigt, den Unterzeichneten unter angemessenen Bedingungen für den Dienst der ihr unterstehenden Theater zu engagieren und dessen ferneren Aufenthalt mit einer anständigen, der Ausübung seiner Talente günstigeren Existenz zu fixieren. Da diese Äußerung mit des Unterzeichneten Wünschen vollkommen übereinstimmt, so nimmt sich derselbe die Freiheit, sowohl seine Bereitwilligkeit zu diesem Engagement, als auch folgende Bedingungen zur beliebigen Annahme der löblichen Direktion geziemendst vorzulegen:

1. Macht sich derselbe anheischig und verbindlich, jährlich wenigstens eine große Oper, die gemeinschaftlich durch die löbliche Direktion und durch den Unterzeichneten gewählt würde, zu komponieren; dagegen verlangt er eine fixe Besoldung von jährlich 2400 fl. nebst der freien Einnahme zu seinem Vorteile bei der dritten Vorstellung jeder solcher Oper.

2. Macht sich derselbe anheischig, jährlich eine kleine Operette oder ein Divertissement, Chöre oder Gelegenheitsstücke nach Verlangen und Bedarf der löblichen Direktion unentgeltlich zu liefern; doch hegt er das Zutrauen, daß die löbl. Direktion keinen Anstand nehmen werde, ihm für derlei besondere Arbeiten ebenfalls einen Tag im Jahre zu einer Benefiz-Akademie in einem der Theatergebäude zu gewähren.

Wenn man bedenkt, welchen Kraft- und Zeitaufwand die Verfertigung einer Oper fordert, da sie jede andere Geistesanstrengung schlechterdings ausschließt; wenn man ferner bedenkt, wie in anderen Orten, wo dem Autor und seiner Familie ein Anteil an der jedesmaligen Einnahme jeder Vorstellung zugestanden wird, ein einziges gelungenes Werk das ganze Glück des Autors auf einmal begründet; wenn man ferner bedenkt, wie wenig Vorteil der nachteilige Geldkurs und die hohen Preise aller Bedürfnisse dem hiesigen Künstler, dem übrigens auch das Ausland offensteht, gewähret, so kann man obige Bedingungen gewiß nicht übertrieben oder unmäßig finden.

Für jeden Fall aber, die löbliche Direktion mag den gegenwärtigen Antrag bestätigen und annehmen oder nicht: so füget Unterzeichneter noch die Bitte bei, ihm einen Tag zur musikalischen Akademie in einem der Theatergebäude zu gestatten; denn im Falle der Annahme seines Antrages hätte Unterzeichneter seine Zeit und Kräfte sogleich zur Verfertigung der Oper nötig und könnte also nicht für anderweitigen Gewinn arbeiten. Im Falle der

Nichtannahme des gegenwärtigen Antrages aber würde derselbe, da ohnehin die im vorigen Jahre ihm bewilligte Akademie wegen verschiedener eingetretener Hindernisse nicht zustande kam, die nunmehrige Erfüllung des vorjährigen Versprechens als das letzte Merkmal der bisherigen hohen Gunst ansehen, und bittet im ersten Fall den Tag an Mariä Verkündigung, in dem zweiten Falle aber einen Tag in den bevorstehenden Weihnachtsferien zu bestimmen.

Ludwig van Beethoven, m. p.

Notizen in den Skizzen zur 6. Sinfonie aus dem Jahre 1807.

Man überläßt es dem Zuhörer, die Situationen auszufinden. Sinfonia caracteristica – oder eine Erinnerung an das Landleben. Jede Malerei, nachdem sie in der Instrumentalmusik zu weit getrieben, verliert. – Sinfonia pastorella. Wer auch nur je eine Idee vom Landleben erhalten, kann sich ohne viele Überschriften selbst denken, was der Autor will. Auch ohne Beschreibung wird man das Ganze, welches mehr Empfindung als Tongemälde, erkennen.

Pastoralsinfonie keine Malerei, sondern worin die Empfindungen ausgedrückt sind, welche der Genuß des Landes im Menschen hervorbringt, wobei einige Gefühle des Landlebens geschildert werden.

Marie Bigot war eine bedeutende Pianistin und mit dem Bibliothekar des Hauses Rasumowsky verheiratet. Der »vertraute Umgang« führte zu Mißhelligkeiten (vgl. Biographie, S. 99).

[1808.]

Meine liebe, verehrte Marie!

Das Wetter ist so göttlich schön – und wer weiß, ob's morgen so ist? Ich schlage Ihnen daher vor, Sie gegen 12 Uhr heute mittags zu einer Spazierfahrt abzuholen. Da Bigot vermutlich schon aus ist, so können wir ihn freilich nicht mitnehmen – aber deswegen es ganz zu unterlassen, das fordert Bigot selbst gewiß nicht. – Nur die Vormittage sind jetzt am schönsten. Warum den Augenblick nicht ergreifen, da er so schnell verfliegt! – Es wäre der so aufgeklärten und gebildeten Marie ganz entgegen, wenn sie bloßen Skrupeln zu Gefallen mir das größte Vergnügen rauben wollte. O, was für Ursachen Sie auch anführen werden, wenn Sie meinen Vorschlag nicht annehmen, so werde ich es nichts anderes als dem wenigen Zutrauen, was Sie in meinen Charakter setzen, zuschreiben – und werde nie glauben, daß Sie wahre Freundschaft für mich hegen. – Karoline wickeln Sie ein in Windeln von Kopf bis zu Füßen, damit ihr nichts geschehe. – Antworten Sie mir, meine liebe M., ob Sie können – ich frage nicht, ob Sie wollen, – weil das letztere nur von mir zu meinem Nachteile wird erklärt werden; – schreiben Sie also nur in zwei Worten, ja oder nein. Leben Sie wohl und machen Sie, daß mir das eigennützige Vergnügen gewährt wird, mit zween Personen, an denen ich so viel teilnehme, den frohen Genuß der heiteren, schönen Natur teilen zu können. –

Ihr Freund und Verehrer L. v. Bthven.

An Herrn und Frau Bigot.

[1808.]

Liebe Marie, lieber Bigot!

Nicht anderes als mit dem innigsten Bedauern muß ich wahrnehmen, daß die reinsten unschuldigsten Gefühle oft verkannt werden können. – Wie Sie mir auch liebevoll begegnet sind, so habe ich nie daran gedacht, es anders auszulegen, als daß Sie mir Ihre Freundschaft schenken. – Sie müssen mich sehr eitel und kleinlich glauben, wenn Sie voraussetzen, daß das Zuvorkommen selbst einer so vortrefflichen Person, wie Sie sind, mich glauben machen sollte, daß ich gleich Ihre Neigung gewonnen. – Ohnedem ist es einer meiner ersten Grundsätze, nie in einem anderen als freundschaftlichen Verhältnis mit der Gattin eines anderen zu stehn; nicht möchte ich durch so ein Verhältnis meine Brust mit Mißtrauen gegen diejenige, welche vielleicht mein Geschick einst mit mir teilen wird, anfüllen – und so das schönste reinste Leben mir selbst verderben. – Es ist vielleicht möglich, daß ich einigemal nicht fein genug mit Bigot gescherzt habe, ich habe Ihnen ja selbst gesagt, daß ich zuweilen sehr ungezogen bin. – Ich bin mit allen meinen Freunden äußerlich natürlich und hasse allen Zwang; Bigot zähle ich nun auch darunter, wenn ihn etwas verdrießt von mir, so fordert es die Freundschaft von ihm und Ihnen, daß Sie mir solches sagen, – und ich werde mich gewiß hüten, ihm wieder wehe zu tun; – aber wie kann die gute Marie meinen Handlungen so eine böse Deutung geben? –

Was meine Einladung zum Spazierenfahren mit Ihnen und Karoline angeht, so war es natürlich, daß ich, da tags zuvor Bigot sich dagegen auflehnte, daß Sie allein mit mir fahren sollten, ich glauben mußte, Sie beide fänden es vielleicht nicht schicklich oder anstößig. – Und als ich Ihnen schrieb, wollte ich Ihnen nichts anderes als begreiflich machen, daß ich nichts dabei fände; wenn ich nun noch erklärte, daß ich großen Wert darauf legte, daß Sie es mir nicht abschlagen sollten, so geschah dies nur, damit ich Sie bewegen möchte, des herrlichen schönen Tages zu genießen; ich hatte Ihr und Karolinens Vergnügen immer mehr im Sinn, als das meinige, und ich glaubte Sie auf diese Art, wenn ich Mißtrauen von Ihrer Seite oder eine abschlägige Antwort als wahre Beleidigung für mich erklärte, fast zu zwingen, meinem Bitten nachzugeben. – Es verdient wohl, daß Sie darüber nachdenken, wie Sie mir es wieder gut machen werden, daß Sie mir diesen heiteren Tag sowohl meiner Gemütsstimmung wegen, als auch des heiteren Wetters wegen – verdorben haben. – Wenn ich sagte, daß Sie mich verkennen, so zeigt Ihre jetzige Beurteilung von mir, daß ich wohl recht hatte, auch ohne an das zu denken, was Sie sich dabei dachten, – wenn ich sagte, daß was übels draus entstünde, indem ich zu Ihnen käme, so war das doch mehr Scherz, der nur darauf hinzielte, Ihnen zu zeigen, wie sehr mich immer alles bei Ihnen anzieht, daß ich keinen größeren Wunsch habe, als immer bei Ihnen leben zu können; auch das ist Wahrheit. Ich setze selbst den Fall, es läge noch ein geheimer Sinn darin, selbst die heiligste Freundschaft kann oft noch Geheimnisse haben, aber – deswegen das Geheimnis des Freundes – weil man es nicht gleich erraten kann, mißdeuten – das sollten Sie nicht – lieber Bigot, liebe Marie; nie, nie werden Sie mich unedel finden, von Kindheit an lernte ich die Tugend lieben – und alles, was schön und gut ist. – Sie haben meinem Herzen sehr wehe getan. – Es soll nur dazu dienen, um unsere Freundschaft mehr und mehr zu befestigen. – Mir ist wirklich nicht wohl heute und ich kann Sie schwerlich sehen; meine Empfindlichkeit und meine Einbildungskraft malten mir seit gestern nach den Quartetten immer vor, daß ich Sie leiden gemacht. Ich ging diese Nacht auf die Redoute, um mich zu zerstreuen; aber vergebens, überall verfolgte mich Ihr aller Bild, immer sagte es mir: Sie sind so gut und leiden vielleicht durch dich. – Unmutsvoll eilte ich fort. – Schreiben Sie mir einige Zeilen. –

Ihr wahrer Freund Beethoven umarmt Sie alle.

Im Herbst 1808 erhielt Beethoven das Angebot, als Kapellmeister an den Hof des Königs Jêrome Bonaparte nach Kassel zu kommen. Als in Wien unter Beethovens Freunden und Gönnern bekannt wurde, daß er durchaus entschlossen sei, dem Ruf zu folgen, kam es zu Verhandlungen mit dem Erzherzog Rudolph und den Fürsten Kinsky und Lobkowitz. Bei den Beratungen hatte Beethoven in dem Baron Ignaz von Gleichenstein einen hilfsbereiten Freund. Es kam schließlich im Februar 1809 zu einem Vertragsentwurf und am 1. März zu einer verbindlichen Festlegung der Zahlungen und Bedingungen (vgl. Biographie, S. 87).

Vertragsentwurf.

[Febr. 1809.]

Es muß das Bestreben und das Ziel jedes wahren Künstlers sein, sich eine Lage zu erwerben, in welcher er sich ganz mit der Ausarbeitung größerer Werke beschäftigen kann und nicht durch andere Verrichtungen oder ökonomische Rücksichten davon abgehalten wird. Ein Tondichter kann daher keinen lebhafteren Wunsch haben, als sich ungestört der Erfindung größerer Werke überlassen und selbe sodann dem Publikum vortragen zu können. Hierbei muß er doch auch seine älteren Tage im Gesicht haben und sich für selbe ein hinreichendes Auskommen zu verschaffen suchen.

Der König von Westfalen hat dem Beethoven einen Gehalt von 600 Dukaten in Gold lebenslänglich, 150 Dukaten Reisegeld gegen die einzige Verbindlichkeit angetragen, bisweilen vor ihm zu spielen und seine Kammerkonzerte zu leiten, welches indessen nicht oft und jedesmal nur kurz zu geschehen hat. Dieser Antrag ist sicher ganz zum Vorteil der Kunst und des Künstlers.

Beethoven hat indessen so viel Vorliebe für den Aufenthalt in dieser Hauptstadt, so viel Dankbarkeit für die vielen Beweise von Wohlwollen, welches er darin erhalten hat, und so viel Patriotismus für sein zweites Vaterland, daß er nie aufhören wird, sich unter die österreichischen Künstler zu zählen, und daß er nie anderwärts seinen Wohnort nehmen wird, wenn ihm die gesagten Vorteile hier nur einigermaßen zustatten kommen.

Da ihn hohe und höchste Personen aufgefordert haben, die Bedingungen anzugeben, unter welchen er hier zu bleiben gesonnen wäre, so entspricht er diesem Verlangen mit folgendem:

1. Beethoven müßte von einem großen Herrn die Versicherung eines lebenslänglichen Gehalts erhalten, und wenn auch mehrere hohe Personen zur Summe dieses Gehalts beitrügen. Dieser Gehalt könnte bei der jetzigen Teuerung nicht unter 4000 fl. jährlich betragen. Beethoven wünschte, daß sich die Geber dieses Gehalts sodann als die Miturheber seiner neueren größeren Werke betrachteten, weil sie ihn in den Stand setzen, sich denselben zu widmen, und daß er daher nicht zu anderen Verrichtungen verwendet werde.

2. Beethoven müßte immer die Freiheit behalten, Kunstreisen zu machen, weil er sich nur auf solchen sehr bekannt machen und einiges Vermögen erwerben kann.

3. Sein größtes Verlangen und sein heißester Wunsch wäre es, einst in wirkliche kaiserliche Dienste zu kommen und durch den in dieser Stellung zu erwartenden Gehalt einst in den Stand zu kommen, auf den obigen ganz oder zum Teil Verzicht leisten zu können. Einstweilen würde schon der Titel eines Kaiserlichen Kapellmeisters ihn sehr glücklich machen; könnte ihm dieser erwirkt werden, so wäre ihm der hiesige Aufenthalt noch viel werter.

Sollte dieser Wunsch einst erfüllt werden und sollte er von Seiner Majestät einen Gehalt erhalten, so wird Beethoven von den obigen 4000 fl. jährlich so viel zurücklassen, als der kaiserliche Gehalt betragen wird; und sollte dieser auch 4000 fl. betragen, so würde er ganz auf die obigen 4000 fl. Verzicht tun.

4. Da Beethoven seine neuen größeren Werke auch von Zeit zu Zeit einem größeren Publikum vorzutragen wünscht, so möchte er von der Hoftheaterdirektion für sich und ihre Nachfolger die Versicherung haben, alljährlich den Palmsonntag im Theater an der Wien zur Aufführung einer Akademie zu seinem Vorteil zu erhalten. Dafür würde sich Beethoven verbinden, jährlich eine Armenakademie zu leiten und zu dirigieren, oder, wenn er dieses nicht tun könnte. zu einer solchen Akademie ein neues Werk von ihm zu liefern.

Lange Jahre hindurch band Beethoven ein freundschaftliches Verhältnis an die Gräfin Marie von Erdödy. Er nannte sie seinen »Beichtvater« und hatte in ihr eine ebenso geduldige wie für seine Launen zugängliche Freundin (vgl. Biographie, S. 99).

[März 1809.]

Meine liebe Gräfin,

ich habe gefehlt, das ist wahr; verzeihen Sie mir, es ist gewiß nicht vorsätzliche Bosheit von mir, wenn ich Ihnen weh getan habe. – Erst seit gestern abend weiß ich recht, wie alles ist, und es tut mir sehr leid, daß ich so handelte; – lesen Sie Ihr Billett kaltblütig und urteilen Sie selbst, ob ich das verdient habe, und ob Sie damit nicht alles sechsfach mir wiedergegeben haben, indem ich Sie beleidigte, ohne es zu wollen. Schicken Sie noch heute mir mein Billett zurück, und schreiben mir nur mit einem Worte, daß Sie wieder gut sind, ich leide unendlich dadurch, wenn Sie dieses nicht tun; ich kann nichts tun, wenn das so fortdauern soll. – Ich erwarte Ihre Verzeihung.

Der Umgang mit den Brüdern war für Beethoven immer wieder schwierig. Ursache von Streit und Mißstimmungen waren wiederholt »Geldgeschichten« – z.B. versäumte Rückzahlungen.

An Johann van Beethoven.

Wien, 28. März 1809.

Lieber Bruder – der Brief liegt schon lange bereit für Dich. – Gott gebe nur dem anderen Herrn Bruder einmal statt seiner Gefühllosigkeit – Gefühl. Ich leide unendlich durch ihn, mit meinem schlechten Gehör brauche ich doch immer jemanden, und wem soll ich mich vertrauen?

Am 4. Mai 1809 hatte die kaiserliche Familie vor den anrückenden Truppen Napoleons Wien verlassen. Am 10. Mai begann die Belagerung der Stadt. Die Briefe an den Verlag Breitkopf & Härtel in Leipzig lassen unschwer erkennen, wie bedrückend die damit verbundenen Umstände auf Beethoven wirkten (vgl. Biographie, S. 51f.). Das in dem Brief vom 8. August erwähnte Sextett in Es-Dur, erschienen als op. 71, entstand 1796. Bei der Violoncellosonate handelt es sich um die 1807 veröffentlichte in A-Dur op. 69. Im Brief vom November 1809 an den Leipziger Verlag ist die Rede von »Trios« und »Symphonien«. Es handelt sich um die beiden Klaviertrios D-Dur und Es-Dur op. 70 sowie um die 5. und 6. Sinfonie op. 67 und 68.

Wien, 26. Juli 1809.

Mein lieber Herr!

Sie irren sich wohl, wenn Sie mich so wohl glaubten, – wir haben in diesem Zeitraum ein recht zusammengedrängtes Elend erlebt, – wenn ich Ihnen sage, daß ich seit dem 4. Mai wenig Zusammenhängendes auf die Welt gebracht, beinahe nur hier oder da ein Bruchstück. Der ganze Hergang der Sachen hat bei mir auf Leib und Seele gewirkt; noch kann ich des Genusses des mir so unentbehrlichen Landlebens nicht teilhaftig werden. Meine kaum kurz geschaffene Existenz beruht auf einem lockern Grund; – selbst diese kurze Zeit habe ich noch nicht ganz die mir gemachten Zusagen in Wirklichkeit gehen sehen. Von Fürst Kinsky, einer meiner Interessenten, habe ich noch keinen Heller erhalten – und das jetzt zu der Zeit, wo man es am meisten bedürfte. Der Himmel weiß, wie es weiter gehen wird. – Veränderung des Aufenthalts dürfte doch auch mir jetzt bevorstehen. Die Kontributionen fangen mit heutigem Dato an. Welch zerstörendes, wüstes Leben um mich her, nichts als Trommeln, Kanonen, Menschenelend in aller Art. – Meine jetzige Lage macht, daß ich schon wieder knickern muß mit Ihnen; daher glaube ich, daß Sie mir wohl 250 fl. in Konventionsmünze für die drei größeren Werke schikken könnten. Ich glaube eben nicht, daß das auch nur im mindesten eine beträchtliche Summe ist, und jetzt bedarf ich's, – denn auf alles in meinem Dekret mir Zugesagte ist in diesem Augenblick nicht zu rechnen. – Schreiben Sie mir daher, wenn Sie diesen Antrag annehmen wollen; die Messe allein konnte ich schon mit 100 fl. in Konventionsmünze honoriert haben, – Sie wissen, daß ich immer offen mit Ihnen in d. g. bin.

Hier eine gute Portion Druckfehler, auf die ich, da ich mich mein Leben nicht mehr bekümmere um das, was ich schon geschrieben habe, durch einen guten Freund von mir aufmerksam gemacht wurde (nämlich in der Violoncellsonate). Ich lasse hier dieses Verzeichnis schreiben oder drucken und in der Zeitung ankündigen, daß alle diejenigen, welche sie schon gekauft, dieses holen können. Dieses bringt mich wieder auf die Bestätigung der von mir gemachten Erfahrung, daß nach meinen von meiner eigenen Handschrift geschriebenen Sachen am richtigsten gestochen wird. Vermutlich dürften sich auch in der Abschrift, die Sie haben, manche Fehler finden; aber bei dem Übersehen übersieht wirklich der Verfasser die Fehler. Nächstens erhalten Sie das Lied »Ich denke dein«, welches bestimmt war, in den verunglückten Prometheus aufgenommen zu werden und worauf ich gänzlich ohne Ihre Erinnerung vergessen hätte, – nehmen Sie es als ein kleines Geschenk. Ich danke Ihnen erst jetzt für die mir wirklich schön übersetzten Tragödien des Euripides; ich habe mir unter den für mich bestimmten Poesien auch aus Kallirrhoë einiges bezeichnet, daß ich in Noten oder Töne zu bringen gedenke; – nur möchte ich den Namen des Verfassers oder Übersetzers dieser Tragödie wissen. Ich habe bei Traeg den Messias für mich genommen, als ein Privilegium, welches Sie mir schon mit einiger Tätigkeit hier (bei Ihrem Dasein) zustellten; freilich habe ich's dadurch weiter ausgedehnt. Ich hatte einigemal angefangen, wöchentlich eine kleine Singmusik bei mir zu geben – allein der unselige Krieg stellte alles ein. Zu diesem Zwecke und überhaupt würde mir's lieb sein, wenn Sie mir die meisten Partituren, die Sie haben, wie zum Beispiel Mozarts Requiem usw., Haydns Messen, überhaupt alles von Partituren, wie von Haydn, Mozart, Bach, Johann Sebastian Bach, Emanuel usw. nach und nach schickten. Von Emanuel Bachs Klavierwerken habe ich nur einige Sachen, und doch müssen einige jedem wahren Künstler gewiß nicht allein zum hohen Genuß, sondern auch zum Studium dienen, und mein größtes Vergnügen ist es, Werke, die ich nie oder nur selten gesehen, bei einigen wahren Kunstfreunden zu spielen. Ich werde schon einige Entschädigung für Sie auf eine Art veranstalten, daß Sie zufrieden sein sollen. Ich höre, das erste Trio ist hier; ich habe kein Exemplar erhalten und bitte Sie darum, auch würde es mir lieb sein, wenn Sie die anderen noch herauszugebenden Werke mir doch noch zur Korrektur schickten. Alle Partituren erhalten Sie künftig von meiner eigenen Hand, es sei denn, daß ich Ihnen die ausgeschriebenen Stimmen schickte, aus denen man gespielt. – Sollte ich meinen Aufenthalt verändern, so werde ich es Ihnen gleich anzeigen. – Doch trifft auch, wenn Sie gleich schreiben, Ihre Antwort mich sicher hier. – Vielleicht wird der Himmel wollen, daß ich doch nicht ganz aufgeben muß, Wien als meinen beständigen Aufenthalt zu betrachten. Leben Sie wohl, ich wünsche Ihnen alles Gute und Schöne, so sehr es unser wüstes Zeitalter zuläßt; erinnern Sie sich

Ihres ergebensten Dieners und Freundes Beethoven

An Breitkopf & Härtel.

Wien, 8. Aug. 1809.

Ich habe bei Hr. Kunz und Kompanie ein Sextett für zwei Clarinetti, zwei Fagotti, zwei Hörner, zwei deutsche Lieder oder Gesänge abgegeben, damit man Ihnen diese baldmöglichst übermache. – Sie bleiben Ihnen als Gegengeschenke für alle diese Sachen, die ich mir als Geschenke von Ihnen ausgebeten, – die Musik-Zeitung hatte ich auch vergessen, ich erinnere Sie daher freundschaftlich daran. – Vielleicht könnten Sie mir eine Ausgabe von Goethes und Schillers vollständigen Werken zukommen lassen; – von Ihrem literarischen Reichtum geht so was bei Ihnen ein, und ich schicke Ihnen denn für mancherlei d. g. etwas, was ausgeht in alle Welt. – Die zwei Dichter sind meine Lieblingsdichter, sowie Ossian, Homer, welchen letzteren ich leider nur in Übersetzungen lesen kann; – da Sie dieselben – Goethe und Schiller – so bloß nur aus Ihrer literarischen Schatzkammer ausschütten brauchen, so machen Sie mir die größte Freude – NB. wenn Sie mir sie bald schicken – damit, um so mehr, da ich hoffe, den Rest des Sommers noch in irgendeinem glücklichen Landwinkel zubringen zu können. –

Das Sextett ist von meinen früheren Sachen und noch dazu in einer Nacht geschrieben; man kann wirklich nichts anderes dazu sagen, daß es von einem Autor geschrieben ist, der wenigstens einige bessere Werke hervorgebracht – doch für manche Menschen sind d. g. Werke die besten. –

Leben Sie wohl und lassen Sie mich recht bald etwas wissen von Ihnen

an Ihren ergebensten Beethoven.

Von der Violoncellsonate wünschte ich noch einige Exemplare zu haben, überhaupt bitte ich Sie, mir immer doch ein halb Dutzend Exemplare zu schicken – ich verkaufe nie welche; – es gibt unterdessen hier und da arme Musici, denen man so was nicht abschlagen kann.

An Breitkopf & Härtel.

Mittwoch, am 2. Wintermonat 1809.

Ich schreibe Ihnen endlich einmal; – nach der wilden Zerstörung einige Ruhe, nach allen unerdenklichen ausgestandenen Ungemach – arbeitete ich einige Wochen hintereinander, daß es schien mehr für den Tod als für die Unsterblichkeit, – und so erhielt ich Ihr Paket ohne Brief und sah es weiter nicht an. Erst vor einigen Tagen nahm ich es zur Hand, und ich mache Ihnen recht lebhafte Vorwürfe, warum die sehr schöne Auflage nicht ohne Inkorrektheit???? Warum nicht erst ein Exemplar zur Übersicht, wie ich schon oft verlangte? In jede Abschrift schleichen sich Fehler ein, die aber ein jeder geschickter Korrektor verbessern kann, obschon ich beinahe gewiß bin, daß es wenige oder gar keine in der Abschrift, die ich Ihnen geschickt, gebe. Es ist unmöglich immer seine Handschrift zu schicken, jedoch habe ich so genau die Trios, die Symphonien durchgesehen, daß bei genauerer Korrektur auch nur wenig unbedeutende Fehler sein könnten. Etwas sehr ärgerlich bin ich deswegen. Hier das Verzeichnis; lassen die Dichter und Schriftsteller in Bemängelung ihres Beiseins am Druckorte auch das Fehlerverzeichnis drucken, so machen Sie es auch so; hier will ich's schon besorgen. – Ich habe keine Nachricht, ob Sie meine drei Werke erhalten? Sie müssen doch wohl jetzt geraume Zeit bei Ihnen sein. Ich könnte Ihnen noch nichts wegen Dr. Apel schreiben, empfehlen Sie mich derweil als Schätzer von ihm. – Noch eins! Es gibt keine Abhandlung, die sobald zu gelehrt für mich wäre; ohne auch im mindesten Anspruch auf eigentliche Gelehrsamkeit zu machen, habe ich mich doch bestrebt von Kindheit an, den Sinn der Besseren und Weisen jedes Zeitalters zu fassen. Schande für einen Künstler, der es nicht für Schuldigkeit hält, es hierin wenigstens so weit zu bringen.

Was sagen Sie zu diesem toten Frieden? – Ich erwarte nichts Stetes mehr in diesem Zeitalter; nur in dem blinden Zufall hat man Gewißheit. Leben Sie wohl, mein geehrter Freund, und lassen Sie mich bald wissen, wie Sie leben und ob Sie die Werke erhalten.

Ihr ergebenster Freund Beethoven.

Dies eine Exemplar der Symphonie, C-Moll, ist nicht vollständig; ich bitte Sie mir daher sowohl von dieser als der Pastorale noch einige Exemplare zu schicken.

Beethoven um 1806
Gemälde von Isidor Neugaß

Ignaz von Gleichenstein, Hofkriegskonzipist und Cellist, war in den Jahren 1810 eng mit Beethoven befreundet. Ihm verdankte Beethoven auch die Beziehungen zum Hause Malfatti (vgl. Biographie, S. 97). Beethoven widmete ihm die Violoncello-Sonate in A-Dur op. 69. Gleichenstein war maßgeblich an der Abfassung des Vertrages beteiligt, der Beethoven veranlaßte, bei Absicherung seiner finanziellen Verhältnisse in Wien zu bleiben. Eine ähnlich gewichtige Rolle spielte er im Falle von Beethovens Beziehung zu Therese Malfatti und dessen Bemühungen, diese Frau zu heiraten. Von Gleichenstein, der Thereses Schwester Anna heiratete, mußte die Rolle eines Vermittlers spielen. Therese Malfatti lebte von 1793 bis 1851. Sie war die Tochter eines Gutsbesitzers und Cousine des berühmten Wiener Arztes Malfatti. Im Zusammenhang mit dem Heiratsplan dürfte Beethovens Bitte an Franz Wegeler zu lesen sein, ihm den Taufschein zuzusenden (Brief vom 2. Mai 1810). Therese Malfatti hat kaum ernsthaft daran gedacht, auf Beethovens Werbung einzugehen.

An Ignaz von Gleichenstein.

[April 1810.]

Deine Nachricht stürzte mich aus den Regionen des Glücks wieder tief herab. Wozu denn der Zusatz, Du wolltest mir es sagen lassen, wenn wieder Musik sei? Bin ich denn gar nichts als Dein Musikus oder der anderen? – so ist es wenigstens auszulegen. Ich kann also nur wieder in meinem eigenen Busen einen Anlehnungspunkt suchen, von außen gibt es also gar keinen für mich. – Nein, nichts als Wunden hat die Freundschaft und ihr ähnliche Gefühle für mich. So sei es denn, für Dich armer Beethoven gibt es kein Glück von außen, Du mußt Dir alles in Dir selbst erschaffen, nur in der idealen Welt findest Du Freunde. – Ich bitte Dich mich zu beruhigen, ob ich selbst den gestrigen Tag verschuldet, oder wenn Du das nicht kannst, so sage mir die Wahrheit, ich höre sie ebenso gerne als ich sie sage; – jetzt ist es noch Zeit, noch können mir Wahrheiten nützen. – Leb' wohl – laß Deinen einzigen Freund Dorner nichts von alledem wissen.

An Therese Malfatti.

[Mai 1810.]

Sie erhalten hier, verehrte Therese, das Versprochene, und wären nicht die triftigsten Hindernisse gewesen, so erhielten Sie noch mehr, um Ihnen zu zeigen, daß ich immer mehr meinen Freunden leiste, als ich verspreche. Ich hoffe und zweifle nicht daran, daß Sie sich ebenso schön beschäftigen als angenehm unterhalten, – letzteres doch nicht zu sehr, damit man auch noch unser gedenke.

Es wäre wohl zuviel gebaut auf Sie oder mein Wert zu hoch angesetzt, wenn ich Ihnen zuschriebe, »die Menschen sind nicht nur zusammen, wenn sie beisammen sind, auch der Entfernte, der Abgeschiedene lebt uns«. Wer wollte der flüchtigen, alles im Leben leicht behandelnden T. so etwas zuschreiben?

Vergessen Sie doch ja nicht in Ansehung Ihrer Beschäftigung das Klavier oder überhaupt die Musik im ganzen genommen. Sie haben so schönes Talent dazu, warum es nicht ganz kultivieren? Sie, die für alles Schöne und Gute so viel Gefühl haben, warum wollen Sie dieses nicht verwenden, um in einer so schönen Kunst auch das Vollkommenere zu erkennen, das selbst auf uns immer wieder zurückstrahlt?

Ich lebe sehr einsam und still. Obschon hier oder da mich Lichter aufwecken möchten, so ist doch eine unausfüllbare Lücke, seit sie alle von hier fort sind, in mir entstanden, worüber selbst meine Kunst, die mir sonst so getreu ist, noch keinen Triumph hat erhalten können. Ihr Klavier ist bestellt und Sie werden es bald haben. Welchen Unterschied werden Sie gefunden haben in der Behandlung des an einem Abend erfundenen Themas, und so wie ich es Ihnen letztlich niedergeschrieben habe! Erklären Sie sich das selbst, doch nehmen Sie ja den Punsch nicht zu Hilfe. Wie glücklich sind Sie, daß Sie schon so früh aufs Land konnten! Erst am achten kann ich diese Glückseligkeit genießen. Kindlich freue ich mich darauf; wie froh bin ich, einmal in Gebüschen, Wäldern, unter Bäumen, Kräutern, Felsen wandeln zu können, kein Mensch kann das Land so lieben wie ich. Geben doch Wälder, Bäume, Felsen den Widerhall, den der Mensch wünscht!

Bald erhalten Sie einige andere Kompositionen von mir, wobei Sie nicht zu sehr über Schwierigkeiten klagen sollen. Haben Sie Goethes Wilhelm Meister gelesen, den von Schlegel übersetzten Shakespeare? Auf dem Lande hat man so viele Muße, es wird Ihnen vielleicht angenehm sein, wenn ich Ihnen diese Werke schicke.

Der Zufall fügt es, daß ich einen Bekannten in Ihrer Gegend habe, vielleicht sehn Sie mich an einem frühen Morgen auf eine halbe Stunde bei Ihnen, und wieder fort. Sie sehen, daß ich Ihnen die kürzeste Langeweile bereiten will.

Empfehlen Sie mich dem Wohlwollen Ihres Vaters, Ihrer Mutter, obschon ich mit Recht noch keinen Anspruch darauf machen kann, ebenfalls dem der Base M. Leben Sie nun wohl, verehrte T., ich wünsche Ihnen alles was im Leben gut und schön ist, Erinnern Sie sich meiner und gern – vergessen Sie das Tolle – seyen Sie überzeugt, Niemand kann Ihr Leben froher, glücklicher wissen wollen als ich und selbst dann, wenn Sie gar keinen Antheil nehmen

an ihrem ergebensten Diener und Freund Beethoven.

An Therese Malfatti.

[1810.]

Sie würden vergeblich suchen, um nur auch eine entfernte Ursache in Ihnen zu finden, die mein Betragen dahin stimmen könnte, wie es jetzt der Fall ist. Nein in mir selbst ist es einmal so. Schon gestern wollte ich von Schönbrunn zu Ihnen, allein ich hätte wieder zurück müssen, und da ich selbst, wenn ich einmal bei Ihnen bin, nicht auch ohne mir selbst Gewalt anzutun, fortkann, so mußte das unterbleiben. Ich will es glauben, daß Ihnen vielleicht etwas an mir liegt. Daher nehme ich auch den Anlaß dazu, Ihnen zu sagen, daß Sie mir alle so lieb und wert sind, daß es schwerlich hierin noch einen höheren Grad geben kann. Sobald als möglich bin ich wieder bei Ihnen. Halten Sie lieb

Ihren wahren Freund Beethoven.

An Ignaz von Gleichenstein.

[1810.]

Hier sehe den Kaiserlichen Geschmack. – Die Musik hat sich der Poesie so herrlich angeschmiegt, daß wirklich man sagen kann, daß sie beide ein paar langweilige Schwestern sind. – Mach' mir zu wissen, ob Ihr zu Hause bleibt – aber beizeiten. – Kalter Freund, leb' wohl. – Was es auch mit Dir sein mag, Du bist's einmal nicht recht – auch nicht im entferntesten Grade, wie ich der Deine

Beethoven.

An Ignaz von Gleichenstein.

[1810.]

Ich bitte Dich mir heute sagen zu lassen, wenn die M. zu Hause abends bleiben. – Du wirst sicher einen angenehmen Schlaf gehabt haben; – ich habe zwar wenig geschlafen, aber ein solches Erwachen ziehe ich allem Schlaf vor. – Leb' wohl.

Dein treuer Beethoven.

An Ignaz von Gleichenstein.

[1810.]

Ich bin nicht wohl und kann daher nicht zu Dir kommen. – Nimm die paar Flaschen Wein, bei Dir werden sie doch eher angebracht. – Ich kann wohl denken, daß die Ankunft M. Dich ganz fordert, und kann Dich daher nicht einmal bitten, mich zu besuchen; kannst Du jedoch, so komm allein. – Leb' wohl. Hab' mich lieb.

Dein Beethoven.

An Ignaz von Gleichenstein.

[1810.]

Du lebst auf stiller ruhiger See oder schon im sicheren Hafen. Des Freundes Not, der sich im Sturm befindet, fühlst Du nicht – oder darfst Du nicht fühlen. – Was wird man im Stern der Venus Urania von mir denken, wie wird man mich beurteilen, ohne mich zu sehen! – Mein Stolz ist so gebeugt, auch unaufgefordert würde ich mit Dir reisen dahin; – laß mich Dich sehen morgen früh bei mir, ich erwarte Dich gegen 9 Uhr zum Frühstücken. – Dorner kann auch ein andermal mit Dir kommen. – Wenn Du nur aufrichtiger sein wolltest, Du verhehlst mir gewiß etwas, Du willst mich schonen, und erregst mir mehr Wehe in dieser Ungewißheit, als in der noch so fatalen Gewißheit. – Leb' wohl, kannst Du nicht kommen, so laß mich es vorher wissen. – Denk' und handle für mich. – Dem Papier läßt sich nichts weiter von dem, was in mir vorgeht, anvertrauen. –

An Wegeler.

Wien, am 2. Mai 1810.

Guter, alter Freund! – Beinahe, kann ich es denken, erwecken meine Zeilen Staunen bei Dir – und doch, obschon Du keine schriftliche Beweise hast, bist Du doch noch immer bei mir im lebhaftesten Andenken. – Unter meinen Manuskripten ist selbst schon lange eins, was Dir zugedacht ist und was Du gewiß noch diesen Sommer erhältst. Seit ein, zwei Jahren hörte ein stilleres, ruhigeres Leben bei mir auf und ich ward mit Gewalt in das Weltleben gezogen; noch habe ich kein Resultat dafür gefaßt und vielleicht eher dawider. – Doch auf wen mußten nicht auch die

Stürme von außen wirken? Doch ich wäre glücklich, vielleicht einer der glücklichsten Menschen, wenn nicht der Dämon in meinen Ohren seinen Aufenthalt aufgeschlagen. – Hätte ich nicht irgendwo gelesen, der Mensch dürfe nicht freiwillig scheiden von seinem Leben, solange er noch eine gute Tat verrichten kann, längst wär ich nicht mehr – und zwar durch mich selbst. – O, so schön ist das Leben, aber bei mir ist es für immer vergiftet. – Du wirst mir eine freundschaftliche Bitte nicht abschlagen, wenn ich Dich ersuche, mir meinen Taufschein zu besorgen. – Was nur immer für Unkosten dabei sind, da Steffen Breuning mit Dir in Verrechnung steht, so kannst Du Dich da gleich bezahlt machen, so wie ich hier an Steffen gleich alles ersetzen werde. – Solltest Du auch selbst es der Mühe wert halten, der Sache nachzuforschen, und es Dir gefallen, die Reise von Koblenz nach Bonn zu machen, so rechne mir nur alles an. – Etwas ist unterdessen in acht zu nehmen, nämlich daß noch ein Bruder früherer Geburt vor mir war, der ebenfalls Ludwig hieß, nur mit dem Zusatze Maria, aber gestorben ist. Um mein gewisses Alter zu bestimmen, muß man also diesen erst finden, da ich ohnedem schon weiß, daß durch andere hierin ein Irrtum entstanden, da man mich als älter angegeben, als ich war. – Leider habe ich eine Zeitlang gelebt, ohne selbst zu wissen, wie alt ich bin. – Ein Familienbuch hatte ich, aber es hat sich verloren, der Himmel weiß wie. – Also laß Dichs nicht verdrießen, wenn ich Dir diese Sache sehr warm empfehle, den Ludwig Maria und den jetzigen, nach ihm gekommenen Ludwig ausfindig zu machen. – Je bälder Du mir den Taufschein schickst, desto größer meine Verbindlichkeit. – Man sagt mir, daß Du in euren Freimaurerlogen ein Lied von mir singst, vermutlich in E-Dur und was ich selbst nicht habe; schick mirs, ich verspreche Dirs drei- und vierfältig auf eine andere Art zu ersetzen. – Denke mit einigem Wohlwollen an mich, so wenig ichs dem äußeren Scheine nach um Dich verdiene. – Umarme, küsse Deine verehrte Frau, Deine Kinder, alles, was Dir lieb ist – im Namen

Deines Freundes
Beethoven.

An Nikolaus von Zmeskall.

18. April 1810.

Lieber Zmeskall!

Schicken Sie mir doch Ihren Spiegel, der nächst Ihrem Fenster hängt, auf ein paar Stunden, der meinige ist gebrochen; wenn Sie zugleich die Güte haben wollten, mir noch heute einen solchen zu kaufen, so erzeigten Sie mir einen großen Gefallen; Ihre Auslage sollen Sie sogleich zurückerhalten, verzeihen Sie, lieber Zmeskall, meine Zudringlichkeit. Ich hoffe Sie bald zu sehen.

Ihr Beethoven.

Beethoven verkehrte seit längerem im Hause des Hofrats Melchior von Birkenstock, dessen Tochter Antonie mit Franz von Brentano aus Frankfurt am Main verheiratet war. 1810 verbrachte Antonies Schwester Bettina von Brentano längere Zeit in Wien. Sie lernte Beethoven kennen. Die Hochschätzung und Zuneigung war beiderseitig. Sie vermittelte dann auch die Begegnung zwischen Beethoven und Goethe im Sommer 1812 (vgl. Biographie, S. 112ff.). Die Briefe Beethovens an Bettina werden teilweise in ihrer Echtheit bezweifelt.

Wien, 11. Aug. 1810.

Teuerste Freundin!

Kein schönerer Frühling als der heurige, das sage ich und fühle es auch, weil ich Ihre Bekanntschaft gemacht habe. Sie haben wohl selbst gesehen, daß ich in der Gesellschaft bin wie ein Fisch auf dem Sand, der wälzt sich und wälzt sich und kann nicht fort, bis eine wohlwollende Galathee ihn wieder in das gewaltige Meer hineinschafft. Ja, ich war recht auf dem Trockenen, liebste Bettine, ich ward von Ihnen überrascht in einem Augenblick, wo der Mißmut ganz meiner Meister war. Aber wahrlich, er verschwand mit Ihrem Anblicke, ich hab's gleich weggehabt, daß Sie aus einer anderen Welt sind, als aus dieser absurden, der man mit dem besten Willen die Ohren nicht auftun kann. Ich bin ein elender Mensch, und beklage mich über die anderen!! – Das verzeihen Sie mir wohl, mit Ihrem guten Herzen, das aus Ihren Augen sieht, und mit Ihrem Verstand, der in Ihren Ohren liegt, – zum wenigsten verstehen Ihre Ohren zu schmeicheln, wenn Sie zuhören. Meine Ohren sind leider, leider eine Scheidewand, durch die ich keine freundliche Kommunikation mit Menschen leicht haben kann. Sonst! – vielleicht! – hätte ich mehr Zutrauen gefaßt zu Ihnen. So konnte ich nur den großen gescheiten Blick Ihrer Augen verstehen, und der hat mir zugesetzt, daß ich's nimmermehr vergessen werde. – Liebe Bettine, liebstes Mädchen! – Die Kunst! Wer versteht die? – Mit wem kann man sich bereden über diese große Göttin – – –! Wie lieb sind mir die wenigen Tage, wo wir zusammen schwatzten oder vielmehr korrespondierten, ich habe die kleinen Zettel alle aufbewahrt, auf denen Ihre geistreichen lieben, liebsten Antworten stehen. So habe ich meinen schlechten Ohren doch zu verdanken, daß der beste Teil dieser flüchtigen Gespräche aufgeschrieben ist. Seit Sie weg sind, habe ich verdrießliche Stunden gehabt, Schattenstunden, in denen man nichts tun kann, ich bin wohl an drei Stunden in der Schönbrunner Allee herumgelaufen, als Sie weg waren, und auf der Bastey, aber kein Engel ist mir da begegnet, der mich gebannt hätte, wie Du Engel. – Verzeihen Sie, liebste Freundin, diese Abweichung von der Tonart, solche Intervalle muß ich haben, um meinem Herzen Luft zu machen. Und an Goethe haben Sie von mir geschrieben, nicht wahr? Daß ich meinen Kopf möchte in einen Sack stecken, wo ich nichts höre und nichts sehe von allem, was in der Welt vorgeht, weil du, liebster Engel, mir doch nicht darin begegnen wirst. Aber einen Brief werde ich doch von Ihnen erhalten. Die Hoffnung nährt mich, sie nährt ja die halbe Welt, und ich habe sie mein Lebtag zur Nachbarin gehabt, was wäre sonst mit mir geworden! – Ich schicke hier mit eigener Hand geschrieben »Kennst du das Land« als eine Erinnerung an die Stunde, wo ich Sie kennen lernte, ich schicke auch das andere, was ich komponiert habe, seit ich Abschied von Dir genommen habe, liebes, liebstes Herz! –

> *Herz, mein Herz, was soll das geben,*
> *Was bedränget dich so sehr,*
> *Welch ein neues, fremdes Leben,*
> *Ich erkenne dich nicht mehr.*

Ja, liebste Bettine, antworten Sie mir hierauf, schreiben Sie mir, was es geben soll mit mir, seit mein Herz solch ein Rebeller geworden ist. Schreiben Sie Ihrem treuesten Freund

Beethoven.

Wien, 10. Febr. 1811.

Geliebte, liebe Bettine!

Ich habe schon zwei Briefe von Ihnen und sehe aus Ihrem Briefe an die Toni, daß Sie sich immer meiner, und zwar viel zu vorteilhaft, erinnern. – Ihren ersten Brief habe ich den ganzen Sommer mit mir herumgetragen, und er hat mich oft selig gemacht; wenn ich Ihnen auch nicht so oft schreibe und Sie gar nichts von mir sehen, so schreibe ich Ihnen doch tausendmal tausend Briefe in Gedanken. – Wie Sie sich in Berlin in Ansehung des Weltgeschmeißes finden, konnte ich mir denken, wenn ich's nicht von Ihnen gelesen hätte, vieles Schwatzen über Kunst ohne Taten!!! Die beste Zeichnung hierüber findet sich in Schillers Gedicht »Die Flüsse«, wo die Spree spricht. – Sie heiraten, liebe Freundin, oder es ist schon geschehen, und ich habe Sie nicht einmal zuvor noch sehen können; so ströme denn alles Glück Ihnen und Ihrem Gatten zu, womit die Ehe die Ehelichen segnet. – Was soll ich Ihnen von mir sagen? »Bedaure mein Geschick!« rufe ich mit der Johanna aus; rette ich mir noch einige Lebensjahre, so will ich auch dafür, wie für alles übrige Wohl und Wehe, dem alles in sich Fassenden, dem Höchsten danken. – An Goethe, wenn Sie ihm von mir schreiben, suchen Sie alle die Worte aus, die ihm meine innigste Verehrung und Bewunderung ausdrücken, ich bin eben im Begriff, ihm selbst zu schreiben wegen Egmont, wozu ich die Musik gesetzt, und zwar bloß aus Liebe zu seinen Dichtungen, die mich glücklich machen; – wer kann aber auch einem großen Dichter genug danken, dem kostbarsten Kleinod einer Nation! – Nun nichts mehr, liebe, gute Bettine, ich kam diesen Morgen um vier Uhr erst von einem Bacchanal, wo ich sogar viel lachen mußte, um heute beinahe ebensoviel zu weinen; rauschende Freude treibt mich oft gewalttätig in mich selbst zurück. – Wegen Clemens vielen Dank für sein Entgegenkommen; was die Kantate betrifft – so ist der Gegenstand für uns hier nicht wichtig genug, ein anderes ist's in Berlin; was die Zuneigung, so hat die Schwester davon eine so große Portion, daß dem Bruder nicht viel übrigbleiben wird; ist ihm damit auch gedient? – Nun lebe wohl, liebe, liebe Freundin, ich küsse Dich so mit Schmerzen auf Deine Stirne und drücke damit wie mit einem Siegel alle meine Gedanken für Dich auf. – Schreiben Sie bald, bald, oft Ihrem Freunde

Beethoven.

An Johann Wolfgang von Goethe.

Wien, 12. April 1811.

Euer Exzellenz!

Nur einen Augenblick Zeit gewährt mir die dringende Angelegenheit, indem sich ein Freund von mir, ein großer Verehrer von Ihnen (wie auch ich), von hier so schnell entfernt, Ihnen für die lange Zeit, daß ich Sie kenne (denn seit meiner Kindheit kenne ich Sie), zu danken. Das ist so wenig für soviel. – Bettine Brentano hat mich versichert, daß sie mich gütig ja sogar freundschaftlich aufnehmen würden. Wie könnte ich aber an eine solche Aufnahme denken, indem ich nur imstande bin, Ihnen mit der größten Ehrerbietung mit einem unaussprechlichen tiefen Gefühl für Ihre herrlichen Schöpfungen zu nahen. Sie werden nächstens die Musik zu Egmont von Leipzig durch Breitkopf und Härtel erhalten; diesen herrlichen Egmont, den ich, indem ich ihn ebenso warm, als ich ihn gelesen, wieder durch Sie gedacht, gefühlt und in Musik gegeben habe. Ich wünsche sehr Ihr Urteil darüber zu wissen; auch der Tadel wird mir für mich und meine Kunst ersprießlich sein und so gern wie das größte Lob aufgenommen werden.

Euer Exzellenz großer Verehrer Ludwig van Beethoven.

Im Spätsommer 1811 hatte Beethoven die Musik zu den Bühnenwerken *Ruinen von Athen* und *König Stephan* (op. 113 und 117) des Dichters August von Kotzebue geschrieben (vgl. Biographie, S. 118). Sie waren für die Eröffnung des kaiserlichen Theaters in Pest bestimmt. Aus dieser Arbeit erwuchs bei Beethoven das Bedürfnis nach einer gemeinsamen Oper.

Wien, 28. Januar 1812.

Hochverehrter, hochgeehrter Herr!

Indem ich für die Ungarn Ihr Vor- und Nachspiel mit Musik begleitete, konnte ich mich des lebhaften Wunsches nicht enthalten, eine Oper von Ihrem einzig dramatischen Genie zu besitzen, möge es romantisch, ganz ernsthaft, heroisch, komisch, sentimental sein, kurzum, wie es Ihnen gefalle, werde ich sie mit Vergnügen annehmen. Freilich würde mir am liebsten ein großer Gegenstand aus der Geschichte sein und besonders aus den dunkleren Zeiten, z. B. des Attila usw. Doch werde ich mit Dank annehmen, wie der Gegenstand auch immer sei, wenn etwas mir von Ihnen kommt, von Ihrem poetischen Geiste, daß ich in meinen musikalischen übertragen kann. Fürst Lobkowitz, der sich Ihnen hiermit empfiehlt und die Direktion jetzt über die Oper allein hat, wird Ihnen gewiß mit einem Ihren Verdiensten angemessenen Honorar entgegenkommen. Schlagen sie mir meine Bitte nicht ab. Sie werden mich jederzeit Ihnen aufs höchste dankbar dafür finden. In Erwartung einer günstigen und baldigen Antwort nenne ich mich Ihr Verehrer

Ludwig van Beethoven.

An Nikolaus von Zmeskall.

2. Febr. 1812.

Nicht außerordentlicher, aber sehr ordentlicher ordinärer Federnschneider, dero Virtuosität hat sicher in diesem Stück abgenommen, diese bedürfen einiger neuen Federnreparatur. – Wann werfen Sie denn einmal Ihre Fesseln weg? Mann? – Sie denken schön an mich, verflucht sei das Leben hier in der österreichischen Barbarei für mich, – ich werde jetzt meistens zum Schwanen gehen, da ich mich in anderen Gasthäusern der Zudringlichkeit nicht erwehren kann. –

Leben Sie wohl, so wohl als ich es Ihnen wünsche ohne mich,

Ihr Freund Beethoven.

Außerordentlichster, wir bitten, daß uns Ihr Bedienter jemanden besorgt, um die Zimmer auszuputzen; da er das Quartier kennt, kann er gleich den Preis auch bestimmen – jedoch bald – Faschingslump!!!!!!!!!!?
Beigeschlossenes Billett ist wenigstens acht Tage alt.

Dem Wunsch nach einem Operntext entsprang auch der Brief an Theodor Körner (vgl. Biographie, S. 118), einen Dichter des Freiheitskampfes gegen Napoleon. Körner wurde 1791 geboren und starb bereits 1813.

21. April 1812.

Beständig seit einiger Zeit kränklich, anhaltend beschäftigt, konnte ich mich nicht über Ihre Oper erklären. Mit Vergnügen ergreife ich daher die Veranlassung, Ihnen meinen Wunsch erken-

nen zu geben, Sie zu sprechen. Wollen Sie mir daher übermorgen vormittags das Vergnügen machen, mich zu besuchen, so soll es mich ungemein freuen, und wir werden uns zusammen über Ihre Oper bereden, und auch über eine andere, die ich wünschte, daß Sie für mich schrieben. – Mündlich werden Sie erfahren, daß nicht Geringschätzung Ihrer Talente die Ursache meines Stillschweigens war.

Ihr ergebenster Ludwig van Beethoven.

An ein unbekanntes junges Mädchen.

An Emilie M. in H.

Teplitz, 17. Juli 1812.

Meine liebe, gute Emilie, meine liebe Freundin!

Spät kommt die Antwort auf Dein Schreiben an mich; eine Menge Geschäfte, beständiges Kranksein mögen mich entschuldigen. Das Hiersein zur Herstellung meiner Gesundheit beweist die Wahrheit meiner Entschuldigung. Nicht entreiße Händel, Haydn, Mozart ihren Lorbeerkranz; ihnen gehört er zu, mir noch nicht.

Deine Brieftasche wird aufgehoben unter anderen Zeichen einer noch lange nicht verdienten Achtung von manchen Menschen.

Fahre fort, übe nicht allein die Kunst, sondern dringe auch in ihr Inneres; sie verdient es. Denn nur die Kunst und die Wissenschaft erhöhen den Menschen bis zur Gottheit. Solltest Du, meine liebe Emilie, einmal etwas wünschen, so schreibe mir zuversichtlich. Der wahre Künstler hat keinen Stolz; leider sieht er, daß die Kunst keine Grenzen hat, er fühlt dunkel, wie weit er vom Ziele entfernt ist und indes er vielleicht von anderen bewundert wird, trauert er, noch nicht dahin gekommen zu sein, wohin ihm der bessere Genius nur wie eine ferne Sonne vorleuchtet. Vielleicht würde ich lieber zu Dir, zu den Deinigen kommen, als zu manchem Reichen, bei dem sich die Armut des Inneren verrät. Sollte ich einst nach H. kommen, so komme ich zu Dir, zu den Deinen; ich kenne keine anderen Vorzüge des Menschen, als diejenigen, welche ihn zu den besseren Menschen zählen machen; wo ich diese finde, dort ist meine Heimat.

Willst Du mir, liebe Emilie, schreiben, so mache nur die Überschrift gerade hierher, wo ich noch vier Wochen zubringe, oder nach Wien, das ist alles dasselbe. Betrachte mich als Deinen und als Freund Deiner Familie.

Ludwig van Beethoven.

Der Brief an die »Unsterbliche Geliebte« (vgl. Biographie, S. 99 ff.):

Am 6ten Juli Morgends.

Mein Engel, mein alles, mein Ich. – nur einige Worte heute, und zwar mit Blejstift (mit deinem) – erst bis morgen ist meine Wohnung sicher bestim̄t, welcher Nichtswürdiger Zeitverderb in d. g. – warum dieser tiefe Gram, wo die Nothwendigkeit spricht – Kann unsre Liebe anders bestehn als durch Aufopferungen, durch nicht alles verlangen, Kannst du es ändern, daß du nicht ganz mein, ich nicht ganz dein bin – Ach Gott blick in die schöne Natur und beruhige dein Gemüth über das müßende – die Liebe fordert alles und ganz mit Recht, so ist es mir mit dir, dir mit mir – nur vergißt du so leicht, daß ich für mich und für dich leben muß, wären wir ganz vereinigt, du würdest dieses schmerzliche eben so wenig als ich empfinden – meine Reise war schrecklich ich kam erst Morgens 4 Uhr gestern hier an, da es an Pferde mangelte, wählte die Post eine andre Reiseroute, aber welch schrecklicher Weg, auf der vorletzten Station warnte man mich bej nacht zu fahren, machte mich einen Wald fürchten, aber das Reizte mich nur – und ich hatte Unrecht, der Wagen muste bej dem schrecklichen Wege brechen, Grundloß, bloßer Landweg, ohne solche Postillione, wie ich hatte, wäre ich liegen geblieben Unterwegs – Esterhazi hatte auf dem andern gewöhnlichen Wege hierher dasselbe schicksaal mit 8 Pferden, was ich mit vier. – Jedoch hatte ich zum theil wieder vergnügen, wie immer, wenn ich was glücklich überstehe. – nun geschwind zum innern vom aüßern, wir werden unß wohl bald sehn, auch heute kann ich dir meine Bemerkungen nicht mittheilen, welche ich während dieser einigen Tage über mein Leben machte – wären unsre Herzen im̄er dichtan einander, ich machte wohl keine d. g. die Brust ist voll dir viel zu sagen – Ach – Es gibt Momente, wo ich finde daß die sprache noch gar nichts ist – erheitre dich – bleibe mein treuer einziger schatz, mein alles, wie ich dir das übrige müßen die Götter schicken, was für unß sejn muß und sejn soll. –

dein treuer ludwig. –

Abends Montags am 6ten Juli –

Du leidest du mein theuerstes Wesen – eben jezt nehme ich wahr daß die Briefe in aller Frühe aufgegeben werden müßen. Montags – Donnerstags – die einzigen Täge wo die Post von hier nach K. geht – du leidest – Ach, wo ich bin, bist du mit mir, mit mir und dir rede ich mache daß ich mit dir leben kann, welches Leben!!!! so!!!! ohne dich – Verfolgt von der Güte der Menschen hier und da, die ich mejne – eben so wenig verdienen zu wollen, als sie zu verdienen – Demuth des Menschen gegen den Menschen – sie schmerzt mich – und wenn ich mich im Zusam̃enhang des Universums betrachte, was bin ich und was ist der – den man den größten nennt – und doch – ist wieder hierin das Göttliche des Menschen – ich weine wenn ich denke daß du erst wahrscheinlich Sonnabends die erste Nachricht von mir erhältst – wie du mich auch liebst – stärker liebe ich dich doch – doch nie verberge dich vor mir – Gute Nacht – als Badender muß ich schlafen gehn – Ach gott – so nah! so weit! ist es nicht ein wahres Him̃els-Gebaüde unsre Liebe – aber auch so fest, wie die Veste des Him̃els. –

Guten Morgen am 7ten Juli –

schon im Bette drängen sich die Ideen zu dir meine Unsterbliche Geliebte, hier und da freudig, dann wieder traurig, vom Schicksaale abwartend, ob es unß erhört – leben kann ich entweder nur ganz mit dir oder gar nicht, ja ich habe beschlossen in der Ferne so lange herum zu irren, bis ich in deine Arme fliegen kann, und mich ganz hejmathlich bej dir nennen kann, meine Seele von dir umgeben in's Reich der Geister schicken kann – ja leider muß es sejn – du wirst dich fassen um so mehr, da du meine Treue gegen dich kennst, nie eine andre kann mein Herz besizen, nie – nie – O Gott warum sich entfernen müßen, was man so liebt, und doch ist mein Leben in V. so wie jezt ein kümmerliches Leben – Deine Liebe macht mich zum glücklichsten und zum unglücklichsten zugleich – in meinen Jahren jezt bedürfte ich einiger Einförmigkeit Gleichheit des Lebens – kann diese bej unserm Verhältniße bestehn? – Engel, eben erfahre ich, daß die Post alle Tage abgeht – und ich muß daher schließen, damit du den B. gleich erhältst – sej ruhig, nur durch Ruhiges beschauen unsres Dasejns können wir unsern Zweck zusam̃en zu leben erreichen – sej ruhig – liebe mich – heute – gestern – Welche Sehnsucht mit Thränen nach dir – dir –

dir – mein Leben – mein alles – leb wohl – o liebe mich fort – verken nie das treuste Herz deines Geliebten

L.

ewig dein
ewig mein
ewig unß

An Bettina von Arnim. Die Echtheit des Briefes steht in Frage.

Teplitz, August 1812.

Liebste, gute Freundin!

Könige und Fürsten können wohl Professoren machen und Geheimräte und Titel und Ordensbänder umhängen, aber große Menschen können sie nicht machen, Geister, die über das Weltgeschmeiß hervorragen, das müssen sie wohl bleiben lassen zu machen, und damit muß man sie in Respekt haben, – wenn so zwei zusammenkommen wie ich und der Goethe, da müssen die großen Herren merken, was bei unsereinem als groß gelten kann. Wir begegneten gestern auf dem Heimweg der ganzen kaiserlichen Familie, wir sahen sie von weitem kommen, und der Goethe machte sich von meinem Arme los, um sich an die Seite zu stellen, ich mochte sagen, was ich wollte, ich konnte ihn keinen Schritt weiter bringen, ich drückte meinen Hut auf den Kopf und knöpfte meinen Überrock zu und ging mit untergeschlagenen Armen mitten durch den dicksten Haufen – Fürsten und Schranzen haben Spalier gemacht, der Erzherzog Rudolf hat den Hut abgezogen, die Frau Kaiserin hat gegrüßt zuerst. – Die Herrschaften kennen mich. – Ich sah zu meinem wahren Spaß die Prozession an Goethe vorbeidefilieren – er stand mit abgezogenem Hut, tief gebückt, an der Seite. – Dann habe ich ihm den Kopf gewaschen, ich gab kein Pardon und habe ihm all' seine Sünden vorgeworfen, am meisten die gegen Sie, liebste Freundin, wir hatten gerade von Ihnen gesprochen. Gott! hätte ich eine solche Zeit mit Ihnen haben können wie der, das glauben Sie mir, ich hätte noch viel, viel mehr Großes hervorgebracht. Ein Musiker ist auch ein Dichter, er kann sich auch durch ein Paar Augen plötzlich in eine schönere Welt versetzt fühlen, wo größere Geister sich mit ihm einen Spaß machen und ihm recht tüchtige Aufgaben machen. – Was kam mir nicht alles im Sinn, wie ich Sie kennen lernte, auf der kleinen Sternwarte, während dem herrlichen Mairegen, der war ganz fruchtbar auch für mich. Die schönsten Themas schlüpften damals aus Ihren Blicken in mein Herz, die einst die Welt noch entzücken sollen, wenn der Beethoven nicht mehr dirigiert. Schenkt mir Gott noch ein paar Jahre, dann muß ich Dich wiedersehen, liebste, liebe Freundin, so verlangt's die Stimme, die immer recht behält bei mir. Geister können einander auch lieben, ich werde immer um den Ihrigen werben. Ihr Beifall ist mir am liebsten in der ganzen Welt. Dem Goethe habe ich meine Meinung gesagt, wie der Beifall auf unsereinen wirkt, und daß man von seinesgleichen mit dem Verstand gehört sein will, Rührung paßt nur für Frauenzimmer (verzeih mir's), dem Manne muß Musik Feuer aus dem Geist schlagen. Ach, liebstes Kind, wie lange ist es schon her, daß wir einerlei Meinung sind über alles!!! Nichts ist gut, als eine schöne, gute Seele haben, die man in allem erkennt, vor der man sich nicht zu verstecken braucht. Man muß was sein, wenn man was scheinen will. Die Welt muß einen erkennen, sie ist nicht immer ungerecht, daran ist mir zwar nichts gelegen, weil ich ein höheres Ziel habe. – In Wien hoffe ich einen Brief von Ihnen, schreiben Sie bald, bald und recht viel, in acht Tagen bin ich dort. Der Hof geht morgen, heute spielen sie noch einmal. Er hat der Kaiserin die Rolle einstudiert, sein Herzog und er wollten, ich soll was von meiner Musik aufführen, ich hab's beiden abgeschlagen, sie sind beide verliebt in chinesisches Porzellan, da ist Nachsicht vonnöten, weil der Verstand die Oberhand verloren hat, aber ich spiele zu ihren Verkehrtheiten nicht auf, absurdes Zeug mache ich nicht auf gemeine Kosten mit Fürstlichkeiten, die nie aus derart Schulden kommen. Adieu, adieu Beste, Dein letzter Brief lag eine ganze Nacht auf meinem Herzen und erquickte mich da, Musikanten erlauben sich alles.

Gott, wie lieb' ich Sie! Dein treuester Freund und tauber Bruder

Beethoven.

An Amalie Sebald, die Beethoven im Jahre 1811 in Teplitz kennengelernt hatte und die ihm nach dem ereignisreichen Sommer des Jahres 1812 (»Unsterbliche Geliebte«) wohl in Anbetracht seines angegriffenen Gesundheitszustandes Mitgefühl und Trost vermitteln mußte.

Beethoven um 1808
Zeichnung von Ludwig Schnorr von Carolsfeld

16. Sept. 1812.

Tyrann ich?! Ihr Tyrann! Nur Mißdeutung kann sie dies sagen lassen, wie wenn eben dieses Ihr Urteil keine Übereinstimmung mit mir andeutete. Nicht Tadel deswegen; es wäre eher Glück für Sie. – Ich befand mich seit gestern schon nicht ganz wohl, seit diesem Morgen äußerte sich's stärker; etwas Unverdauliches ist für mich die Ursache davon, und die reizbare Natur in mir ergreift ebenso das Schlechte als das Gute, wie es scheint; wenden Sie dies jedoch nicht auf meine moralische Natur an. Die Leute sagen nichts, es sind nur Leute; sie sehen sich meistens in anderen nur selbst und das ist eben nichts; fort damit, das Gute, Schöne braucht keine Leute. Es ist ohne alle andere Beihilfe da, und das scheint denn doch der Grund unseres Zusammenhaltens zu sein. – Leben Sie wohl, liebe Amalie. Scheint mir der Mond heute abend heiterer als den Tag durch die Sonne, so sehen Sie den kleinsten, kleinsten aller Menschen bei sich.

Ihr Freund Beethoven.

Eine Tagebuchnotiz aus dem Jahre 1812.

Ergebenheit, innigste Ergebenheit in Dein Schicksal, nur diese kann dir die Opfer – – zu dem Dienstgeschäft geben. O harter Kampf! Alles anwenden, was noch zu tun ist, um das Nötige zu der weiten Reise zu entwerfen. Alles mußt du finden, was dein seligster Wunsch gewährt, so mußt du es doch abtrotzen. Absolut die stete Gesinnung beobachten.

Du darfst nicht Mensch sein, für dich nicht, nur für andere. Für dich gibt's kein Glück mehr als in dir selbst, in deiner Kunst. – O Gott! gib mir Kraft, mich zu besiegen; mich darf ja nichts an das Leben fesseln. Auf diese Art mit A. geht ja alles zugrunde.

Eine Tagebuchnotiz vom 13. Mai 1813.

Eine große Handlung, welche sein kann, zu unterlassen und so bleiben! – O welch ein Unterschied gegen ein unbeflissenes Leben, welches sich in mir so oft abbildete! O schreckliche Umstände, die mein Gefühl für Häuslichkeit nicht unterdrücken, aber deren Ausführung, o Gott, o Gott, sieh auf den unglücklichen B. herab, laß es nicht länger so dauern!

Dr. Johann Nepomuk Kanka (1772–1865), Advokat in Prag, den Beethoven 1796 auf seiner Reise nach Berlin kennengelernt hatte, vertrat Beethoven in dem Rechtsstreit mit den Erben des Fürsten Kinsky (vgl. Biographie, S. 131, 137). Sie wollten die vereinbarten Zahlungen einstellen. Im Sommer 1815 wurden die Auseinandersetzungen mit Erfolg für Beethoven beigelegt.

Tausend Dank, mein verehrter K.! Ich sehe endlich wieder einen Rechtsvertreter und Menschen, der schreiben und denken kann, ohne der armseligen Formeln zu gebrauchen. – Sie können sich kaum denken, wie ich nach dem Ende dieses Handels seufze, da ich dadurch in allem, was meine Ökonomie betrifft, unbestimmt leben muß, – ohne was es mir sonst schadet. Sie wissen selbst, der Geist, der wirkende, darf nicht an die elenden Bedürfnisse gefesselt werden, und mir wird dadurch noch manches mich Beglükkendes für das Leben entzogen. Selbst meinem Hange und meiner mir selbst gemachten Pflicht, vermittelst meiner Kunst für die bedürftige Menschheit zu handeln, habe ich müssen und muß ich noch Schranken setzen. – Von unseren Monarchen usw., der Monarchien usw. schreibe ich Ihnen nichts, die Zeitungen berichten Ihnen alles, – mir ist das geistige Reich das liebste und die oberste aller geistlichen und weltlichen Monarchien. – Schreiben Sie mir doch, was Sie wohl für sich selbst von mir wünschen, von meinen schwachen musikalischen Kräften, damit ich Ihnen, soweit ich damit reiche, etwas für Ihren eigenen musikalischen Sinn oder Gefühl erschaffe. – Brauchen Sie nicht alle Papiere, die zu der Kinskyschen Sache gehören? In diesem Falle würde ich sie Ihnen schicken, da dabei die wichtigsten Zeugnisse sind, die Sie auch, glaube ich, bei mir gelesen. – Denken Sie an mich, und denken Sie, daß Sie einen uneigennützigen Künstler gegen eine knickerische Familie vertreten. Wie gerne entziehen die Menschen wieder dem armen Künstler, was sie ihm auf sonstige Art zollen, und Zeus ist nicht mehr, wo man sich auf Ambrosia einladen konnte. – Beflügeln Sie, lieber Freund, die trägen Schritte der Gerechtigkeit. Wenn ich mich noch so hoch erhoben finde, wenn ich mich in glücklichen Augenblicken in meiner Kunstsphäre befinde, so ziehen mich die Ereignisse wieder herab, dazu gehören nun auch die zwei Prozesse. – Auch Sie haben Unannehmlichkeiten; obschon ich bei Ihren angewohnten Einsichten und Fähigkeiten und besonders in Ihrem Fache das nicht geglaubt hätte, so weise ich Sie doch auf mich selbst zurück. Einen Kelch des bitteren Leidens habe ich ausgeleert und mir schon das Martyrertum in der Kunst vermittelst der lieben Kunstjünger und Kunstgenossen erworben. – Ich bitte Sie, denken Sie alle Tage an mich und denken Sie, es sei eine ganze Welt, da natürlich es Ihnen viel zugemutet ist, an ein so kleines Individuum zu denken wie mich. – Ihr mit der innigsten Achtung und Freundschaft ergebener

Ludwig van Beethoven.

An Dr. Johann Kanka

Wien, 22. Aug. 1814.

Sie haben mir Gefühl für Harmonie gezeigt – und Sie können wohl eine große Disharmonie, welche mir manches Unbequeme verursacht, auflösen in mehr Wohllaut in mein Leben, wenn Sie – wollen. Ich erwarte ehestens etwas über das, was Sie vernommen, über das, was geschehen wird, da ich mit herzlicher Sehnsucht dieser unredlichen Sache von der Kinskyschen Familie entgegensehe. Die Fürstin schien mir hier dafür gestimmt zu sein, – allein ich weiß nichts, was endlich daraus werde. Derweil bin ich in allem beschränkt, denn mit vollkommenem Recht harre ich auf das, was mir Rechtens zukommt und vertragsmäßig zugestanden, und als Zeitereignisse hierin Veränderungen hervorbrachten, woran kein Mensch früher denken konnte, mir neuerdings die Zusage des verstorbenen Fürsten, durch zwei Zeugnisse bewiesen, der mir verschriebene Gehalt in B. Z. mir auch in Einlösungsscheine in derselbigen Summe zugesagt wurde, und mir selbst vom Fürsten 60 # in Gold a conto darauf gegeben wurden.

Fällt diese Geschichte durch das Verhalten der K.schen Familie schlecht aus, so lasse ich diese Geschichte in allen Zeitungen bekannt machen, wie sie ist, – zur Schande der Familie. Wäre ein Erbe, und ich hätt ihm die Geschichte so wahrhaft, wie sie ist und wie ich bin, vorgetragen, ich bin überzeugt, er hätte Wort und Tat seines Vorfahren auf sich übergehen lassen. Hat Sie Dr. Wolf mit den Schriften bekannt gemacht, soll ich Sie damit bekannt machen? Da ich nicht sicher weiß, ob Ihnen dieser Brief sicher zukommt, so habe ich mit dem Klavierauszuge von meiner Oper Fidelio noch gewartet, der bereit liegt, Ihnen geschickt zu werden. –

Ich hoffe gemäß Ihrer zuvorkommenden freundschaftlichen Begegnung etwas von Ihnen zu hören. – An Dr. Wolf, der gewiß niemanden wölfisch begegnet, schreibe ich auch eben, um ihn nicht aufzubringen, damit er mich nicht umbringe, um etwas bringe. Mit Hochachtung Ihr Verehrer und Freund

Ludwig van Beethoven.

In dem Augenblicke bitte ich Briefe an mich mit folgender Überschrift zu begleiten: abzugeben bei Herrn Johann Wolfmayer in Wien beim roten Turm Adlergasse Nr. 764.

Notizen auf Skizzenblättern aus dem Jahre 1814.

Vieles ist auf Erden zu tun, tue es bald!
Nicht mein jetziges Alltagsleben fortsetzen! – Die Kunst fordert auch dieses Opfer. In der Zerstreuung ruhen, um desto kräftiger in der Kunst zu wirken.

Den ausduldenden Mut verlieh den Menschen das Schicksal.

Ein gutes Wort findet gute Statt.

Der Haß dehnt sich selbst zurück auf diejenigen, die ihn hegen.

Keine Zeit vergeht geschwinder, rollt schneller um als die, wo wir unsern Geist oder ich mich mit meiner Muse beschäftige.

Gegen alle Menschen äußerlich nie die Verachtung merken lassen, die sie verdienen, denn man kann nicht wissen, wo man sie braucht.

Nie wird eine Partitur so richtig abgeschrieben, als sie der Autor selbst schreibt.

Jeden Tag jemanden zum Essen, wie Musici, wo man denn dieses und jenes abhandelt, von Instrumenten usw.

An Karl Amenda.

Wien, 12. April 1815.

Mein lieber, guter Amenda!

Der Überbringer dieses, Graf Keyserling, Dein Freund, besuchte mich, und erweckte das Andenken von Dir in mir, Du lebtest glücklich, du habest Kinder, beides trifft wohl bei mir nicht ein, zu weitläufig wäre es, darüber zu reden, ein andermal, wenn Du mir wieder schreibst, hierüber mehr. – Mit Deiner patriarchalischen Einfalt fällst Du mir tausendmal ein, und wie habe ich d. g. Menschen, wie Du, um mich gewünscht. – Allein zu meinem Besten oder zu anderer, will mir das Schicksal hierin meine Wünsche versagen; ich kann sagen, ich lebe beinahe allein in dieser größten Stadt Deutschlands, da ich von allen Menschen, welche ich liebe, lieben könnte, beinahe entfernt leben muß. – Auf was für einem Fuß ist die Tonkunst bei Euch? Hast Du schon von meinen großen Werken dort gehört? Groß sage ich – gegen die Werke des Allerhöchsten ist alles klein. – Lebe wohl, mein lieber guter A., denke zuweilen Deines Freundes

Ludwig van Beethoven.

Wenn Du mir wieder schreibst, brauchst Du gar keine weitere Überschrift als meines Namens.

An Dr. Johann Kanka.

Wien, 8. April 1815.

Es ist sicher nicht erlaubt – so freundschaftlich zu sein, wie ich glaubte mit Ihnen, und so feindschaftlich nebeneinander zu wohnen, ohne sich zu sehn!!!!!! Tout à vous schrieben Sie. Ei du Windbeutel, sagte ich. – Nein, nein, es ist zu arg, – ich möchte Ihnen immer gern neuntausendmal danken für Ihre Bemühungen um mich, und zwanzigtausendmal ausschimpfen, daß Sie so fort sind, so gekommen. Also alles ist Wahn, Freundschaft, Königreich, Kaisertum, alles nur Nebel, den jeder Windhauch vertreibt und anders gestaltet!! – Vielleicht gehe ich nach Teplitz, doch ist es nicht sicher; bei der Gelegenheit könnte ich den Pragern etwas hören lassen, – was meinen Sie, wenn Sie anders noch eine Meinung für mich haben? – Da nun die Geschichte mit Lobkowitz auch geendigt ist, so ist das Finis da, obschon sich dabei ein kleines fi, pfui findet. – Baron Pasqualati wird Sie wohl bald wieder besuchen; auch er hat viele Mühe um mich gehabt. – Ja, ja, das Rechte sagt sich leicht, ist aber von anderen schwer zu erhalten. – Womit soll ich Ihnen in meiner Kunst dienen? Sprechen Sie, wollen Sie das Selbstgespräch eines geflüchteten Königs oder den Meineid eines Usurpators besungen haben – oder das Nebeneinanderwohnen zweier Freunde, welche sich nie sehen? – In Hoffnung, bald etwas von Ihnen zu hören, da Sie jetzt soweit von mir entfernt, und es soviel leichter als näher sich zu finden, bin ich Ihr ewig ergebener, Sie achtender Freund

Ludwig van Beethoven.

An Dr. Johann Kanka, Prag.

1. Mai 1815.

B. ersucht, doch dafür Sorge zu tragen, daß ihm die rückständige Pension von Kinsky doch endlich und regelmäßiger ausgezahlt werden. Damit ich diesen Bettel wenigstens doch erhalte. Von allen wieder im Verlust durch die Zeitumstände, ist mein Gehalt kaum mehr für 3 Monate, viel weniger für 12 hinreichend. So sieht es denn aus in diesem monarchischen anarchischen Oestreich!!!!! – – Meine Lage ist in dessen ärmer geworden; ich habe das Kind meines Bruders gänzlich zu versorgen.

Der Ihrige Ludwig van Beethoven.

Nach dem Tod des Bruders Kaspar Anton Karl am 15. November 1815 begann zwischen Beethoven und seiner Schwägerin Johanna ein »Kampf« um den Neffen bzw. Sohn Karl (vgl. Biographie, S. 138ff.). Beethoven beanspruchte die ausschließliche Vormundschaft und wollte die Mutter von jedem Sorgerecht ausschließen. Am 9. Januar 1816 wurde zu seinen Gunsten entschieden. Der Junge kam daraufhin in das Erziehungsinstitut Cajetan Giannatasio del Rio. Beethoven verfolgte die Entwicklung seines Neffen mit Hoffnungen, Plänen, Versorgungen und Befürchtungen. In der Mutter sah er eine böse Frau, eine »Königin der Nacht«, die dem Jungen und ihm selbst Verderben zu bringen suchte. Die Jahre stehen insgesamt unter sehr schlechten Zeichen. Beethoven spürte, daß die Verantwortung, die er auf sich genommen hatte, moralisch höchst unzureichend begründet und in dem von ihm ersehnten Maße folglich auch gar nicht einlösbar war. Trost boten Freunde und treue Verehrer, von denen allerdings viele wie die Gräfin Erdödy oder Dorothea Ertmann (ab 1818) nicht mehr in Wien weilten. In Nanette Streicher fand er eine »mütterliche Fürsorgerin und Ratgeberin«, die ihm vor allem in den Haushaltsangelegenheiten hilfreich zur Seite stand.

Beethoven 1814
Punktierstich von Blasius Höfel
nach einer Zeichnung von Louis Letronne

An Johanna van Beethoven.

Fragment auf einem Skizzenblatt.

[1815.]

Indem Sie in großen Irrtümern lebten über sich selbst, halte ich es für nötig, hier meinen Standpunkt einzunehmen, da es schon öfters geschehen ist, daß Sie, nachdem Sie Ihre Tücke an mir ausgelassen, sie dann mit einiger Freundlichkeit wieder gutzumachen suchen. – Losgesprochen wurden Sie nicht von Ihrer Strafe – eine Ordnung geziemt zur Wichtigkeit in Ansehung Ihrer Manen – und meiner [. . .] *Wahrscheinlich glauben Sie, daß ich alles dies nicht bemerkte, allein um Sie nur aus diesem Irrtum zu ziehen, so will ich Ihnen nur bemerken, daß, wenn Ihnen vielleicht daran gelegen ist, einen besseren Eindruck auf mich zu machen, dieses gerade die entgegengesetzte Methode ist. Eben dadurch ich ungern wieder bedauern muß, daß mein Bruder Sie Ihrer verdienten Strafe entrissen hat, daß ich allein nicht so Ihre Handlungen* [...]

Auf Skizzenblättern.

[1815.]

Alles, was Leben heißt, sei der Erhabenen geopfert und ein Heiligtum der Kunst! Laß mich leben, sei es auch mit Hilfsmitteln; wenn sie sich nur finden.

Die Ohrenmaschinen womöglich zur Reife bringen, alsdann reisen. Dieses bist du dir, den Menschen und ihm, dem Allmächtigen, schuldig. Nur so kannst du noch einmal alles entwickeln, was in dir verschlossen bleiben muß. – Ein kleiner Hof – – eine kleine Kapelle – – von mir in ihr der Gesang geschrieben, angeführt zur Ehre des Allmächtigen, des Ewigen, Unendlichen. So mögen die letzten Tage verfließen – – – und der künftigen Menschheit. Händel, Bach, Gluck, Mozart, Haydns Porträte in meinem Zimmer – – sie können mir auf Duldung Anspruch machen helfen.

Mein Dekret: nur im Lande bleiben. Wie leicht ist in jedem Flecken dieses erfüllt! Mein unglückseliges Gehör plagt mich hier nicht. Ist es doch, als ob jeder Baum zu mir spräche auf dem Lande: heilig, heilig! Im Walde Entzücken! Wer kann alles ausdrücken? Schlägt alles fehl, so bleibt das Land selbst im Winter wie Gaden, untere Brühl usw. Leicht bei einem Bauern eine Wohnung gemietet, um die Zeit gewiß wohlfeil. Süße Stille des Waldes! Der Wind, der beim zweiten schönen Tag schon eintritt, kann mich nicht in Wien halten, da er mein Feind ist.

Allmächtiger im Walde! Ich bin selig, glücklich im Walde: jeder Baum spricht durch dich. O Gott! welche Herrlichkeit! In einer solchen Waldgegend, in den Höhen ist Ruhe, Ruhe, ihm zu dienen.

Ein Bauerngut, dann entfliehst du deinem Elend!

An Cajetan Giannatasio del Rio.

[17. Febr. 1816.]

Dieses, mein werter Freund, ist der Inhalt der vorgestrigen Unterredung mit Hr. V. Schmerling: Karl darf ohne Erlaubnis seines Vormundes unter keinerlei Vorwand aus dem Institut abgeholt werden, die Mutter kann ihn daselbst niemals besuchen. Hat sie Neigung ihn zu sehen, so muß sie sich an den Vormund wenden, der die Veranstaltung dazu treffen wird.

Auf diese Art wird die Schrift mir hierüber von den Landrechten ausgestellt werden. Vorderhand können Sie dieses zum sichern Maßstab Ihrer Behandlung der Frau nehmen; heute gegen 12 Uhr muß ich Ihnen mit meinem Freunde Bernard beschwerlich fallen, indem wir bei Ihnen sogleich die Schrift aufsetzen und auch das, was Sie wünschen, eingetragen werden soll; Ihren Brief will S. ebenfalls beigelegt wissen. Diese Nacht ist diese Königin der Nacht bis 3 Uhr auf dem Künstlerball gewesen, nicht allein mit ihrer Verstandesblöße, sondern auch mit ihrer körperlichen – für 20 fl., hat man sich in die Ohren gesagt, daß sie zu haben sei! o schrecklich! Ich umarme Sie von Herzen als meinen Freund und zugleich mit als Karls Vater.

Ihr Ludwig van Beethoven.

An Cajetan Giannatasio del Rio.

[März 1816.]

Verehrter Freund!

Die Königin der Nacht überraschte mich gestern und zwar noch obendrein mit einem ordentlichen Anathem gegen Sie. Ihre gewohnte Frechheit und Bosheit gegen mich beurkundeten sich auch diesmal und machten mich einen Augenblick stutzen und beinahe glauben, was sie behauptete, habe vielleicht seine Richtigkeit. Allein als ich später nach Hause kam, ergab sich folgendes Resultat aus dem Bescheid der Landrechte, welcher ganz nach Wunsch ausgefallen ist und wovon ich Ihnen das Nötigste sie betreffend mitteile, obschon Sie vielleicht noch gegen Abend die Abschrift davon erhalten.

– Ein mir eingehändigter Bescheid des Landrechts verordnet, daß in Ansehung der Besuche der Mutter meines Neffen oder der Abholung aus dem Hause durchaus nichts geschehen darf, was

ich nicht selbst angeordnet, genehmigt und bewilligt habe, und daß mir jederzeit die Einrichtung und Bestimmung hierüber vollkommen anheimgestellt ist. Die Mutter des Knaben hat sich daher nur an mich zu wenden, wenn sie ihn zu sehen verlangt, worauf ich nach Gutbefinden bestimmen werde, wann und wie und ob es geschehen könne. –

Beifolgendes zweckmäßige Büchlein erhielt Karl von seiner Mutter insgeheim gestern mit dem Verbot, mir etwas davon zu sagen. Sie sehn daher wohl, daß wir ihr dieses wieder zurückgeben müssen, auch wie wir uns zu hüten. Sollte es Ihnen recht sein, so hole ich mein kleines Kerlchen heute gegen ein Uhr zum Essen ab, damit er auch den Fasching etwas empfinde, der doch auch bei Ihnen gefeiert wird und besonders von seinen Kameraden (wie er sagt). Ich umarme Sie von Herzen als denjenigen, dem ich alles Gute, Große, was mein Karl hervorbringen wird, gerne zuschreiben werde.

In Eil' und Achtung Ihr Freund Beethoven.

(Lassen Sie mir gefälligst sagen, ob ich Karl zum Essen abholen darf).

Auf Skizzenblättern.

1816.

Zeige deine Gewalt, Schicksal! Wir sind nicht Herren über uns selbst. Was beschlossen ist, muß sein, und so sei es denn!

Ertragung – Ergebung – Ergebung! So gewinnen wir noch beim höchsten Elend und machen uns würdig, daß Gott unsere Fehler verzeiht.

Wie der Staat eine Konstitution haben muß, so der einzelne Mensch für sich selber eine!

Nur in deiner Kunst leben! So beschränkt du auch jetzt deiner Sinne halber bist, so ist dieses doch das einzige Dasein für dich.

Die große Auszeichnung eines vorzüglichen Mannes: Beharrlichkeit in widrigen, harten Zufällen.

Nur in den seltensten Fällen andrer Menschen Rat folgen. In einer Sache, die schon überdacht ist, wem können alle Umstände so gegenwärtig sein als jemandem selbst?

Zwei Kräfte, welche beide gleich groß, gleich einfach und zugleich ursprünglich im allgemeinen sind, nämlich die Anziehungs- und Zurückstoßungskraft.

O sieh herab, Bruder! Ja, ich habe dich beweint und beweine dich noch. O, warum warst du nicht aufrichtiger gegen mich! Du lebtest noch und wärst gewiß so elendiglich nicht umgekommen, hättest du dich früher ... entfernt und mir ganz genaht.

Der mit einem Übel behaftet wird, welches er nicht ändern kann, sondern welches nach und nach ihn dem Tode näher bringt und ohne welches sein Leben länger gedauert hätte, muß denken, daß er auch so durch Mord oder andere Ursacher hätte noch geschwinder umkommen können.

Wegen T. ist nichts anderes als Gott es anheimzustellen, nie dort hingehen, wo man Unrecht aus Schwachheit begehen könnte: nur ihm, ihm allein, dem alles wissenden Gott sei dieses überlassen!

Jedoch gegen T. so gut als möglich, ihre Anhänglichkeit verdient immer nie vergessen zu werden, wenn auch leider nie davon vorteilhafte Folgen für dich entstehen könnten.

Karl betrachtest du als dein eigenes Kind. Alle Schwätzereien, alle Kleinigkeiten achte nicht über diesen heiligen Zweck. Hart ist der Zustand jetzt für dich, doch der droben, der ist; ohne ihn ist nichts. – Das Kennzeichen ist ohnehin einmal angenommen.

Opern und Alles sein lassen, nur für deine Waise schreiben – und dann eine Hütte, wo du das unglückliche Leben beschließest!

Zum Leben und Aushalten ein Haus in der Vorstadt, auf dem Lande gehts nicht mit Karl.

An Baronin Dorothea Ertmann. Ihr hatte Beethoven die Sonate A-Dur op. 101 gewidmet. Sie bewahrte Beethoven als Künstlerin engagierte Treue.

Wien, 23. Febr. [1817.]

Meine liebe werte Dorothea Cäcilia!

Oft haben Sie mich verkennen müssen, indem ich Ihnen zuwider erscheinen mußte; vieles lag in den Umständen, besonders in den früheren Zeiten, wo meine Weise weniger als jetzt anerkannt wurde. Sie wissen die Deutungen der unberufenen Apostel, die sich mit ganz anderen Mitteln als mit dem Evangelium forthelfen;

hierunter habe ich nicht gerechnet sein wollen. – Empfangen Sie nun, was Ihnen öfters zugedacht war und was Ihnen einen Beweis meiner Anhänglichkeit an Ihr Kunsttalent wie an Ihre Person abgeben möge. Daß ich neulich Sie nicht bei Czerny spielen hören konnte, ist meiner Kränklichkeit zuzuschreiben, die endlich scheint vor meiner Gesundheit zurückfliehen zu wollen. – Ich hoffe, bald von Ihnen zu hören, wie es in St. Pölten mit den – steht und ob Sie etwas halten auf Ihren Verehrer und Freund

L. van Beethoven.

Alles Schöne Ihrem werten Mann und Gemahl von mir.

An Dr. Johann Kanka.

[April 1817.]

Mein lieber werter liebevoller K.!

Eben erhalte ich von dem Syndikus Baier in R. gute Nachrichten, welche Sie selber in betreff des J. H. mitgeteilt haben. Was das übrige anbelangt, so werden Sie vollkommen befriedigt werden. – Ich nehme mir die Freiheit, Sie wieder zu bitten, mir das Meinige vom fürstl. Kinskyschen Hause zu besorgen, und füge hierbei die dazu nötige Quittung. Vielleicht läßt sich noch ein anderer Weg ausfinden, der mir unterdessen jetzt zu spät einfällt, wie ich vermittels dessen Ihnen künftighin hierin nicht mehr beschwerlich fallen darf. – Schon seit 15. Oktober überfiel mich ein Entzündungskatarrh, an dessen Folgen ich noch leide, und auch meine Kunst; doch ist zu hoffen, daß es nach und nach besser wird, und ich wenigstens in meinem kleinen Reich der Töne mich wieder reich zeigen kann. Bin ich doch in allem übrigen arm – durch die Zeiten? durch die Armut des Geistes und wo????? – Leben Sie wohl. – Übrigens macht einen alles um uns nahe her ganz verstummen; dies soll aber zwischen unserem geknüpften Freundschafts- und Seelenbund nicht stattfinden.

Laut nenne ich mich wie immer Ihr Sie verehrender und liebender Freund

L. v. Beethoven.

Frage? Wie wird es denn gehen, wenn ich mich entferne und zwar aus den österreichischen Ländern, mit dem Lebenszeichen, wird das etwa von einem nicht österreichischen Ort unterzeichnete Lebenszeichen gelten?

Auf Skizzenblättern.

[1817.]

Die Mutter Karls suchte selbst den Vergleich, allein die Basis davon war, daß das Haus verkauft werden sollte, wo man rechnen konnte, daß alle Schulden bezahlt würden und nebst der Hälfte Witwengehalt, nebst dem übrigbleibenden Teil vom verkauften Hause, nebst der Mitgenießung als für Karls Wünsche sie nicht allein anständig sondern sehr wohl leben könnte. Da aber das Haus nicht verkauft wird, welches die Hauptbedingung war, worauf der Vergleich geschlossen wurde, da man vorgab, daß schon die Exekution hierauf lastete, so müssen meine Skrupel nun aufhören, und ich kann wohl denken, daß sich die Witwe nicht schlecht bedacht, welches ich ihr von Herzen wünsche. Das meinige, o Herr, hab' ich erfüllt.

Es sei möglich gewesen ohne Kränkung der Witwe, war aber nicht an dem. Nur Du, Allmächtiger, siehst in mein Herz, weißt, daß ich mein eigenes Beste um meines teuren Karl willen zurückgesetzt habe; segne mein Werk, segne die Witwe! Warum kann ich nicht ganz meinem Herzen folgen und sie, die Witwe fördern?

Gott, Gott, mein Hort, mein Fels, o mein Alles, Du siehst mein Inneres und weißt, wie wehe es mir tut, jemanden leiden machen müssen bei meinem guten Werke für meinen teuren Karl!!! O höre, stets Unaussprechlicher, höre mich, Deinen unglücklichen, unglücklichsten aller Sterblichen!

An Nanette Streicher.

Heiligenstadt, 16. Mai 1817.

Werte Freundin!

Ich mache Gebrauch von Ihrer Erlaubnis, Ihnen die Wäsche zur gütigsten Besorgung zu übermachen; bald sehe ich Sie und bin wie immer

Ihr Freund und Diener Beethoven.

Alles Schöne den Ihrigen.

An Nanette Streicher.

[16. Mai 1817.]

Für heute kann ich Ihnen, meine liebe Frau v. Streicher, nichts sagen, als daß ich hier bin; wie ich hier bin, wo ich hier bin, das werde ich Ihnen bald nachholen. Beigeschlossenes bitte ich der mir empfohlenen Waschfrau zukommen zu machen, noch zur Flickwäsche gehörig. Alles Schöne an die Ihrigen.

In Eil' Ihr Freund und Diener L. v. Beethoven.

Auf Skizzenblättern.

1817.

Etwas muß geschehen – entweder eine Reise und zu dieser die nötigen Werke schreiben oder eine Oper. Solltest du den künftigen Sommer noch hier bleiben, so wäre die Oper vorzuziehen im Falle nur leidlicher Bedingnisse. – Ist der Sommeraufenthalt hier, so muß jetzt schon beschlossen werden, wie? wo?

Gott helfe! Du siehst mich von der ganzen Menschheit verlassen, denn Unrechtes will ich nichts begehen. Erhöre mein Flehen, doch für die Zukunft nur mit meinem Karl zusammen zu sein, da nirgends sich jetzt eine Möglichkeit dahin zeigt. O hartes Geschick! O grausames Verhängnis! Nein, nein, mein unglücklicher Zustand endet nie!

Dich zu retten, ist kein anderes Mittel als von hier. Nur dadurch kannst du wieder so zu den Höhen deiner Kunst entschweben, wo du hier in Gemeinheit versinkst. Nur eine Sinfonie – und dann fort, fort, fort! Derweilen die Gehalte aufgenommen, welches selbst auf Jahre geschehen kann.

Über den Sommer arbeiten zum Reisen. Dadurch nur kannst du das große Werk für deinen armen Neffen vollführen. Später Italien, Sizilien durchwandern mit einigen Künstlern! – Mache Pläne und sei getrost für Karl.

Karl ist ein ganz andres Kind, wenn er einige Stunden bei dir ist, daher bleibe bei dem Plan, ihn zu dir zu nehmen. – Auch hast du weniger Sorgen für dein Gemüt. Welche Albernheiten sind dort in diesen?!

Abends und mittags in Gesellschaft sein! Es erhebt und ermüdet nicht so, daher ein andres Leben als dieses im Hause zu führen.

Sinnlicher Genuß ohne Vereinigung der Seelen ist und bleibt viehisch. Nach selbem hat man keine Spur einer edlen Empfindung, vielmehr Reue.

Ruhe und Freiheit sind die größten Güter.

Wahre Freundschaft kann nur beruhen auf der Verbindung ähnlicher Naturen.

Tausend schöne Augenblicke verschwinden, wenn Kinder in hölzernen Instituten sind, wo sie bei guten Eltern die seelenvollsten Eindrücke, welche bis ins späteste Alter fortdauern, empfangen könnten.

Alles Übel ist geheimnisvoll und für sich allein nur größer, ja populärer, je mehr man sich mit andern bespricht, viel erträglicher nur dadurch, daß das, was wir fürchten, völlig bekannt wird, ist es, als hätte man irgend ein großes Übel überwunden.

Das Alleinleben ist wie Gift für dich bei deinem gehörlosen Zustande: Argwohn muß bei einem niederen Menschen um dich stets gehegt werden.

Die Schwachheiten der Natur sind durch die Natur selbst gegeben, und die Herrscherin Vernunft soll sie durch ihre Stärke zu leiten und zu vermindern suchen.

An Nikolaus von Zmeskall.

21. Aug. 1817.

Lieber bester Z.!

Mit Bedauern vernehme ich Ihren kränklichen Zustand. Was mich angeht, so bin ich oft in Verzweiflung und möchte mein Leben endigen, denn es kommt nie zu Ende mit allem diesem Gebrauchen. Gott erbarme sich meiner, ich betrachte mich so gut wie verloren. – Nötig habe ich mit Ihnen auch sonst zu sprechen, dieser Bediente stiehlt, woran ich nicht zweifle, er muß fort, meine Gesundheit fordert Kost im Hause und mehr Gemächlichkeit; hierüber möchte ich Ihre Meinung wissen. – Wenn der Zustand nicht endigt, bin ich künftiges Jahr nicht in London, aber vielleicht im Grab. – Gott sei Dank, daß die Rolle bald ausgespielt ist. –

In Eil der Ihrige L. van Beethoven.

N. B. Ich bitte Sie, mir ein Viertel grünen Wichstaffent zu kaufen; selber muß auf beiden Seiten grün sein. Es ist unglaublich, daß mir [... Rest, 2 Zeilen unleserlich.]

An Nanette Streicher.

Montags, 25. Aug. [1817.]

Die Einlage ist Sonnabend geschrieben; allein ich hatte Freitags notwendig in der Stadt zu tun, erhitzte mich und darauf befand ich mich Sonntags, gestern und heute noch gar nicht wohl. – Was es für ein Gefühl ist ohne Pflege, ohne Freunde, ohne alles sich selbst überlassen leidend zubringen zu müssen, das kann man nur selbst erfahren; wahrscheinlich komme ich morgen selbst in die Stadt und sehe Sie dann, wo wir manches besprechen werden.

In Eil der Ihrige Beethoven.

N. B. Es wird gut sein, dem Überbringer dieses den Waschzettel nebst ein Paar freundlichen Worten von Ihnen an mich zugemacht mitzugeben. – Den Mann, welchen Sie wissen, nehmen Sie nur gleich an, bis wir es mit der Haushälterin überlegt haben.

An Marie Pachler. Beethoven schätzte diese Pianistin sehr.

[1817.]

Ich bin sehr erfreut, daß Sie noch einen Tag zugeben, wir wollen noch viel Musik machen. Die Sonate aus F-Dur und C-Moll spielen Sie mir doch? nicht wahr?

Ich habe noch niemand gefunden, der meine Kompositionen so gut vorträgt als Sie, die großen Pianisten nicht ausgenommen, sie haben nur Mechanik oder Affektation. Sie sind die wahre Pflegerin meiner Geisteskinder.

An Cajetan Giannatasio del Rio.

[1817.]

Es ist wenigstens das erstemal, daß ich mich an eine mir liebe Pflicht habe mahnen lassen müssen; sehr dringende Beschäftigungen sowohl mit meiner Kunst als noch manche andere Ursachen ließen mich auf die Rechnung gänzlich vergessen, es wird indessen nie mehr nötig sein. Wegen meinem Bedienten, Karl abends nach Hause zu bringen, ist die Veranstaltung schon getroffen; ich danke Ihnen unterdessen, daß Sie gestern die Gefälligkeit hatten, ihn durch Ihren Bedienten abholen zu lassen; da ich gar nichts davon wußte, so hätte es leicht geschehen können, daß Karl bei Czerny hätte bleiben müssen. Karls Stiefel sind zu enge, und er hat hierüber schon mehrere Male Klage geführt; ja es ist so arg damit, daß er kaum gehen konnte und wie lange brauchte, um die Stiefel zu richten. So etwas verdirbt die Füße, ich ersuche Sie, diese Stiefel ihn nicht mehr anziehen zu lassen, bis sie weiter gemacht sind.

Was seine Studien in dem Klavierüben betrifft, so bitte ich Sie, ihn selber immer anzuhalten, weil sonst der Klaviermeister zu nichts nutzt. Gestern hat Karl den ganzen Tag nicht spielen können, ich selbst habe es auch schon mehrere Male erfahren, indem ich mich darauf verließ, um mit ihm durchzugehen, daß ich unverrichteter Sache wieder abziehen mußte. – »La musica merita d'esser studiato.«

Die paar Stunden, die ihm jetzt zu seinen Musikstudien gestattet sind, klecken ohnedem nicht, und ich muß daher um so mehr darauf dringen, daß sie innegehalten werden. Es ist eben nichts Ungewöhnliches, daß darauf in einem Institut Rücksicht genommen werde; ein guter Freund von mir hat ebenfalls einen Knaben in einem Institut, welcher zur Musik bestimmt ist, und man leistet ihm hierin allen Vorschub, ja ich war nicht wenig überrascht, da ich den Knaben dort in einem entfernten Zimmer sich ganz allein üben fand und weder er gestört wurde noch andere störte.

Morgen bitte ich Sie, daß Sie erlauben, daß ich Karl kann gegen halb 11 Uhr abholen lassen, da ich mit ihm durchzugehen habe und auch mit ihm zu einigen Musikern gehe. –
Mit aller erdenklichen Hochachtung Ihr Freund

L. v. Beethoven.

Ignaz von Mosel (1772–1842) war Musiktheoretiker und später Theaterdirektor in Wien. Beethoven hat übrigens im folgenden Jahr, am 14. Februar 1818, in der Wiener Allgemeinen Musikalischen Zeitung gemeinsam mit Antonio Salieri eine öffentliche Erklärung für Mälzels Metronom veröffentlicht.

An Ignaz von Mosel.

[1817.]

Euer Wohlgeboren!

Herzlich freut mich dieselbe Ansicht, welche Sie mit mir teilen in Ansehung der noch aus der Barbarei der Musik herrührenden Bezeichnungen des Zeitmaßes; denn nur z. B. was kann widersinniger sein als Allegro, welches ein für allemal lustig heißt, und wie weit entfernt sind wir oft von diesem Begriffe des Zeitmaßes, so daß das Stück selbst das Gegenteil der Bezeichnung sagt. – Was diese vier Hauptbewegungen betrifft, die aber bei weitem die Wahrheit oder Richtigkeit der vier Hauptwinde nicht haben, so geben wir sie gern hintan; ein anderes ist es mit den den Charakter des Stückes bezeichnenden Wörtern, solche können wir nicht aufgeben, da der Takt eigentlich mehr der Körper ist, diese aber schon selbst Bezug auf den Geist des Stückes haben. – Was mich angeht, so habe ich schon lange darauf gedacht, diese wiedersinnigen Benennungen Allegro, Andante, Adagio, Presto aufzugeben; Maelzels Metronom gibt uns hierzu die beste Gelegenheit. Ich gebe Ihnen mein Wort hier, daß ich sie in allen meinen neuen Kompositionen nicht mehr gebrauchen werde. – Eine andere Frage ist es, ob wir hierdurch die so nötige Allgemeinheit des Metronomen bezwecken werden; ich glaube kaum! Daß man uns aber als Zwingherren ausschreien wird, daran zweifle ich nicht. Wäre nur der Sache selbst damit gedient, so wäre es noch immer besser, als uns des Feudalismus zu beschuldigen! – Daher glaube ich, das beste sei besonders für unsere Länder, wo einmal Musik Nationalbedürfnis geworden und jedem Dorfschulmeister der Gebrauch des Metr. gefördert werden muß, daß Maelzel eine gewisse Anzahl Metronome auf Pränumeration suche anzubringen zu den höheren Preisen, und sobald diese Zahl ihn deckt, so wird er imstande sein, die übrigen nötigen Metronome für das musikalische Nationalbedürfnis so wohlfeil zu geben, daß wir sicher die größte Allgemeinheit und Verbreitung davon erwarten können. – Es versteht sich von selbst, daß sich einige hierbei an die Spitze stellen müssen, um Aneiferung zu erwecken. Was an mir liegt, so können Sie auf mich rechnen, und mit Vergnügen erwarte ich den Posten, welchen Sie mir hierbei anweisen werden. –

Euer Wohlgeboren mit Hochachtung ergebenster

Ludwig van Beethoven.

Auf Skizzenblättern.

1818.

Ein kleines Haus allda, so klein, daß man allein nur ein wenig Raum hat! – Nur einige Tage in dieser göttlichen Brühl! – Sehnsucht oder Verlangen, Befreiung oder Erfüllung!

Um wahre Kirchenmusik zu schreiben, alle Kirchenchoräle der Mönche usw. durchgehen, herauszusuchen, wie die Absätze in richtigsten Übersetzungen nebst vollkommener Prosodie aller christkatholischen Psalmen und Gesänge überhaupt.

Auf Skizzenblatt.

Baden, 27. Juli 1818.

Nur Liebe – ja, nur sie vermag dir ein glücklicheres Leben zu geben. – O Gott, laß mich sie, jene endlich finden, die mich in Tugend bestärkt, die mir erlaubt mein ist.

(Baden den 27. Juli, als die M. vorbeifuhr und es schien, als blickte sie auf mich.)

Ende November 1818 entlief der Neffe Karl seinem Onkel Beethoven, der ihn inzwischen aus dem Erziehungsinstitut genommen hatte und Universitätsvorlesungen besuchen ließ. Karl suchte seine Mutter auf, wurde von der Polizei zurückgeholt und Anfang Dezember 1818 wieder dem Institut Giannatasio übergeben. Die Schwägerin Johanna ging jetzt ihrerseits gerichtlich gegen Beethoven vor. Beethoven sah sich starken und gewichtigen Auslassungen über seine Unfähigkeit zur Vormundschaft ausgesetzt und verfaßte mit Datum vom 1. Februar 1819 eine Denkschrift an den Magistrat der Stadt Wien (vgl. Biographie, S. 144).

Wohllöblicher Magistrat!

Da ich von der zukünftigen Erziehung reden soll, so scheint mir am zweckmäßigsten, von der schon jetzt bestehenden anzufangen, woraus erhellet, daß jede andere Veränderung nur zum Nachteile meines Neffen dienen kann. Daß er einen Hofmeister habe, ist schon angezeigt worden, welchen er auch fortwährend behält, damit aber sein Eifer noch mehr erweckt werde, so lasse ich ihn in Begleitung des Hofmeisters seine Studien bei Hr. v. Kudlich, dem Vorsteher eines Instituts in meiner Nähe auf der

Beethoven um 1815
Undatierte Bleistiftzeichnung
von Gustav Adolph Hippius

Landstraße, fortsetzen; er ist hier nur in Gesellschaft eines einzigen Knaben, dem Sohne eines Baron Lang, und unter beständiger Aufsicht, während der Zeit er sich dort befindet, hierbei kommt ihm noch besonders zugute, daß Hr. v. Kudlich (Inhaber eines Erziehungsinstituts) ganz nach der gründlichen Methode bei der Universität lehrt oder selbe ausübt, welche alle Kenner, wie auch ich, für die beste halten, und welche öfter nicht jeder Hofmeister besitzt, und daher für den Zögling einige Störungen bei den Prüfungen entstehen; hierzu kommt nun noch der besondere Unterricht im Französischen und im Zeichnen, in der Musik, und so ist er den ganzen Tag nicht allein nützlich und angenehm beschäftigt, sondern auch unter beständiger, so nötiger Aufsicht. Überdies habe ich einen Vater von Geistlichen gefunden, der ihn über seine Pflichten als Christ, als Mensch, noch besonders unterrichtet, denn nur auf diesem Grunde können echte Menschen gezogen werden; später, gegen den Sommer zu, wird er sich auch schon im Griechischen umsehen; man sieht wohl, daß keine Kosten von mir gescheut werden, um den schönen Zweck, einen nützlichen und gesitteten Staatsbürger dem Staate zu geben, zu erreichen; die jetzige Einrichtung läßt nichts zu wünschen übrig. Es braucht daher keiner Veränderung, sollte ich aber die Notwendigkeit davon einsehen, so werde ich das noch bessern, auf das gewissenhafteste vorschlagen und besorgen. – Jeder Mensch, der kein Handwerker wird, er mag werden, was er will, muß wenigstens 5–6 Schulen studiert haben; in dieser Zeit läßt sich dann bemerken, wozu Neigungen und Anlagen führen, wird er ein Staatsbeamter, wird er ein Gelehrter, so kann der Grund nie anders als auf diese Art gelegt werden, die außerordentliche Anlage und zum Teil wieder seine Eigenheiten erfordern auch außerordentliche Mittel, und nie handelte ich wohltätiger und größer, als eben wo ich meinen Neffen zu mir genommen und seine Erziehung besorgt; hat (nach Plutarch) ein Philippus seiner nicht unwert geachtet, die Erziehung seines Sohnes Alexander selbst zu leiten und ihm den großen Aristoteles zum Lehrer zu geben, weil er die gewöhnlichen Lehrer hierzu nicht geeignet fand, hat ein Laudon selbst die Erziehung seines Sohnes geleitet, warum sollten dgl. schöne erhabene Erscheinungen nicht auch aus anderen wieder hervorgehen? Mein Neffe war schon bei seines Vaters Lebzeiten an mich von ihm angewiesen, und ich gestehe, ich fühle mich mehr als irgend jemand dazu berufen, meinen Neffen schon durch mein eigenes Beispiel zur Tugend und Tätigkeit anzufeuern, Konvikte und Institute haben für ihn nicht genug Aufsicht, und alle Gelehrte, worunter sich ein Professor Stein, ein Professor (der Pädagogik) Simerdinger befindet, stimmen mit mir überein, daß es für ihn dort durchaus nicht geeignet sei, ja sie behaupten sogar, daß der meiste Teil der Jugend verdorben von dort herauskomme, ja sogar manche als gesittet ein- und als ungesittet wieder heraustreten; leider muß ich diesen Erfahrungen und Ansichten dieser Männer und mancher Eltern beitreten; – hätte die Mutter ihre Bösartigkeit unterdrücken können und meinen Anstalten ruhige Entwicklung zugelassen, so würde jetzt schon ein ganz günstiges Resultat aus meinen bisherigen Verfügungen hervorgegangen sein; wenn aber eine Mutter von dieser Art ihr Kind sucht, in die Heimlichkeiten ihrer gemeinen und selbst schlechten Umgebungen zu verwickeln, ihn zur

Verstellung in diesem zarten Alter (eine Pest für Kinder!!!), zur Bestechung meiner Dienstboten, zur Unwahrheit verführt, indem sie ihn verlacht, wenn er die Wahrheit sagt, ja ihm selbst Geld gibt, ihm Lüste und Begierden zu erwecken, welche ihm schädlich sind, was ihm bei mir und anderen als große Fehler angerechnet werden, so ist dies ohnehin schwere Geschäft noch schwerer und gefährlicher; man glaube aber nicht, daß als mein Neffe im Institut war, sie sich anders betragen habe. Doch auch hierfür ist ein neuer Damm angelegt worden; außer dem Hofmeister wird eine Frau von Stande in mein Haus eintreten, welche die Haushaltung besorgt und welche sich keineswegs bestechen von ihr lassen wird, heimliche Zusammenkünfte des Sohnes mit der Mutter bringen immer nachteilige Folgen hervor, allein dies nur will sie, weil sie unter wirklich gutgesitteten und gutgearteten Menschen sich gerade am schlechtesten zu befinden scheint. Es sind so viele mich entehrende Beschuldigungen vorgekommen, und von solchen Menschen, daß ich darüber gar nicht einmal sprechen sollte, indem mein moralischer Charakter nicht allein allgemein und öffentlich anerkannt, sondern selbst vorzügliche Schriftsteller, wie Weißenbach u. a., es der Mühe wert hielten, darüber zu schreiben, und daß nur Parteilichkeit mir etwas mich Erniedrigendes zumuten kann, ohnerachtet dessen halte ich für nötig, manches dahin Zielende zu erläutern. – Was meines Neffen Vermögen betrifft, so hat er 7000 fl. W. W. auf dem verkauften Hause seiner Mutter liegen, wovon die Mutter die Nutznießung hat, außerdem hat er 2200 fl. W. W. in Münzobligationen und die Hälfte der Pension der Mutter; was die 2200 fl. betrifft, so waren es nur 2000 fl. W. W. welche ich aber mit Kosten (wie dem L. R. angezeigt) in Münzen zu 2200 fl. umgesetzt habe; sowohl die Hälfte der Pension als auch die 2000 fl. sind nichts als eine Entschädigung für den vierten Teil an dem verkauften Hause und für den vierten Teil vom Hauszins, wovon er nie etwas erhalten, solange die Mutter das Haus hatte, welches sie von 1815 im November bis 1818 und wohl 7–8 Monate darüber ganz für sich besessen, ohnerachtet dem Sohne immer der vierte Teil des Hauszinses gebührte; man sieht hieraus, daß der Vergleich eben nicht der vorteilhafteste für ihn war, denn stirbt oder heiratet die Mutter, so verliert er den ganzen Teil der Pension. Es war aber mit Menschen, deren Unredlichkeit die L. W. schon bei der Inventur einsehen, nichts zu machen, und man mußte sich noch freuen, dieses dem Kinde gerettet zu haben. Ohnehin habe ich nur immer auf sein Seelenheil gedacht, d. i. ihn dem Einflusse der Mutter zu entziehen, Glücksgüter lassen sich erwerben, Moralität muß aber früh (besonders wenn ein Kind schon das Unglück hatte, diese Muttermilch einzusaugen, ja mehrere Jahre unter ihrer Obhut und unter selber gänzlich gemißbraucht wurde, selbst den Vater mit betrügen helfen mußte) eingeimpft werden, und ohnehin erbt er auch; selbst jetzt schon würde ich ihm soviel hinterlassen, daß er davon allein, ohne zu darben, seine Studien bis zur Zeit einer Anstellung fortsetzen könnte, nur Ruhe und keine weitere Einmischung der Mutter ist alles, was wir brauchen, und gewiß bald wird das schöne von mir vorgesteckte Ziel erreicht werden. – Da man auch über das, was auch schon erhalten, gesprochen, so ist dieses leicht zu berechnen; im Mai 1817 ward der Vergleich geschlossen, im Monat Oktober 1817 wurden die Rückstände der Pension der Mutter ausbezahlt, allein sie wollte nicht bezahlen, und ich mußte sie gerichtlich dazu zwingen, die Rechnung davon befindet ebenfalls unter den Papieren von dem L. R., und nur ein unbeträchtlicher Teil blieb noch übrig, 1818 am 19. Mai bezog ich das erste von der Pension, und ebenfalls 1818 im Februar das erste von den Interessen der Münzobligationen, und nun habe ich seit sechs vollen Monaten keinen Heller von der Pension erhalten, indem sie selbe nicht genommen, wie schon früher auch, und ich selbe nur nach ihr erheben kann; man sieht hieraus, daß ohnerachtet dieses mein Neffe in meinen Anstalten für die Erziehung nicht im mindesten leidet. Es ist auch zu ersehen, daß mancher Graf und Baron sich dieser Erziehungsanstalten nicht schämen dürfte, und es gibt Edelleute, welche diesen Aufwand weder machen noch auch machen können; ich rechne gar nicht auf diesen armseligen Beitrag, mein früherer Vorsatz war, ihr die ganze Pension aus meinem Sacke zu bezahlen, allein ihre Unmoralität, ihr schlechtes Benehmen gegen ihr eigenes Kind und mich hat mich belehrt, daß dies nur die Mittel zu ihren Ausartungen noch befördern würde. – Aus dem Testamente meines armen, unglücklich gewordenen Bruders (durch sie) geht hervor, wie sehr darin meine Wohltaten anerkannt, die ich ihm erwiesen, und wie sehr er mir dafür gedankt. – Nun, ich habe sie auf seinen Sohn übergehen lassen, gleich nach seinem Tode, welcher 1815 am 15. November erfolgte, sorgte ich schon für ihn noch während seines Aufenthaltes bei seiner Mutter schon nicht ohne beträchtliche Ausgaben, und sobald er aus dem Hause in das Institut kam, und alsdann zu mir, ward seine Erziehung ganz auf meine Kosten

– bis beinahe 1818 bestritten; was für einen Zweck könnte ich bei diesem elenden Beitrage, der hier beigelegt ist, haben, welcher Eigennutz ist mir zuzuschreiben, gewiß kein anderer, als den ich bei meinem Bruder hatte, wohlzutun, und das doppelte Bewußtsein, gut gehandelt und dem Staate einen würdigen Bürger erzogen zu haben! – Nach Anfechtung auch sogar der Vormundschaft ist ebenfalls aus dem Testament zu ersehen, daß mein Bruder mich als alleinigen Vormund darin eingesetzt, das Kodizill – es wurde ihm, in Todesschwäche schon begriffen, entrissen, und mein Eid und der Eid einer Frau können es bestätigen, daß er mich mehrmal in die Stadt geschickt, um selbes zurückzunehmen bei Dr. Schönauer; Dr. Adlersburg, welchen die L. R. zum Mitkurator, weil sie kein Vertrauen zu ersterem hatten, vorschlugen, nahm gar kein Bedenken, diesen Umständen, obschon nicht die erforderliche Zahl Zeugen war, gänzlichen gerichtlichen Glauben und Gültigkeit beizumessen und sie als Gegenstände in seiner Schrift wider das Kodizill anzuführen, obschon ohnehin die Gesetze überhaupt die Mutter von der Vormundschaft ausschließen und demzufolge sie auch von dem L. R. von allem Einflusse auf Erziehung und Umgang ausgeschlossen wurde; wollte man hieran ändern, so entstände wieder ganz große Gefahr für den Knaben, und – an der Mutter ist durchaus nichts mehr zu bessern, sie ist zu verdorben; wohl aber kann die zarte Pflanze, mein Neffe, in ihrem Aufblühen durch giftiges Anhauchen zerknickt werden, und keine kleine Verantwortung wäre es, ihn in diesen Zustand zu versetzen. Ich könnte leichtsinnig und endlich ermüdend mich finden lassen, bei so vielen Schikanen, Verleumdungen, jedoch nein, ich will beweisen, daß, welcher gut und edel handelt, auch dafür Mißhandlungen ertragen kann und nie sein edles vorgestecktes Ziel aus den Augen verlieren muß, geschworen habe ich, sein Bestes zu vertreten bis an das Ende meines Lebens, und wenn auch nicht, so läßt sich von meinem Charakter und meinen Gesinnungen nur dasjenige erwarten, was für meinen Neffen in allen Beziehungen das vorteilhafteste ist. Sollte ich nun noch von den Intrigen eines Herrn Hofkonzipisten Hotschever gegen mich sprechen, oder von einem Pfarrer von Mödling, welcher, verachtet von seiner Gemeinde, im Rufe steht, verbotenen Umgang zu haben, seine Schüler auf die Bank soldatenmäßig legen läßt, um abgeprügelt zu werden, und mir nicht verzeihen konnte, daß ich ihn übersah und durchaus meinen Neffen nicht mit Prügel viehisch behandelt haben wollte, sollte ich? Nein,

schon die Verbindung beider Männer mit der Frau van Beethoven ist Zeugnis genug wider sie beide und gerade nur solche konnten sich auch mit ihr wider mich verbinden. – Ich wiederhole hier, daß ich unerschütterlich das mir schöne vorgesteckte Ziel, die Wohlfahrt meines Neffen betreffend, in intellektueller, moralischer und physischer Hinsicht verfolgen werde; jedoch bedarf nichts so sehr eines ruhigen Ganges als Erziehung; hierzu gehört mit, daß die Frau van Beethoven einmal für allemal abgewiesen werde, welches der Zweck der letzten Kommission bei dem L. R. war, um welche ich selbst gebeten und selbe selbst mit veranstaltet habe; damit aber auch von meiner Seite geschehen, was diese erwünschte Ruhe befördert, so werde ich selbst einen Mitvormund vorschlagen, welchen ich heute schon genennet hätte, wäre ich nicht noch unschlüssig über die Wahl desselben. – Was das Appellieren betrifft, so steht dieses natürlich jedem frei, ich fürchte dieses gar nicht, werde aber, sobald das mit mir aufs engste zusammenhängende Wohl meines Neffen gefährdet werden sollte, ebenfalls sogleich die Appellation ergreifen; zwischen einem Gesetze überhaupt und seinen Folgen wird an keinem Orte ein Unterschied gemacht werden. Eine gänzliche Abweisung der Frau van Beethoven wird immer noch ein günstiges anderes Resultat herbeiführen; denn einsehend, daß ihre Kabalen das Gute nicht unterdrücken können, wird sie Großmut und Schonung, schon so oft an ihr von mir versucht, nicht ferner mehr verschmähen, und dieses unangenehme Dunkel würde soviel als es die Umstände zulassen, in einen heiteren Tag verwandelt werden können. Möge doch aus allem hervorgehen, daß, wie ich schon Wohltäter des Vaters meines Neffen war, ich noch ein viel größerer Wohltäter seines Sohnes verdiene genannt zu werden, ja mit Recht sein Vater; kein heimliches noch öffentliches Interesse kann mir daher wie für das Gute selbst zugeschrieben werden, ja die L. R. haben dieses selbst eingesehen und mir Dank abgestattet für meine Vatersorge.

Ludwig van Beethoven.
Vormund meines Neffen Karl van Beethoven.

Wahrscheinlich seit 1803 war der Erzherzog Rudolph (1788–1831) Kompositionsschüler Beethovens. Als der Erzherzog im Jahre 1819 zum Erzbischof von Olmütz ernannt wurde, versprach Beethoven, zur Inthronisation eine Messe zu komponieren. Die Entstehung der *Missa solemnis* zog sich bis 1823 hin. Der Erzherzog gehörte zu den bevorzugten Widmungsträgern in den späteren Jahren. U.a. dedizierte ihm Beethoven das Klaviertrio B-Dur op. 97, die Hammerklaviersonate op. 106, die letzte Klaviersonate op. 111.

An Erzherzog Rudolph.

Mödling, 29. Juli 1819.

Ihro Kaiserliche Hoheit!

Schon mit Leidwesen empfing ich die Nachricht von einer neuen Unpäßlichkeit J. K. H.; da ich aber weiter keine bestimmten Nachrichten habe, so beunruhige ich mich sehr. – Ich war in Wien, um aus der Bibliothek J. K. H. das mir Tauglichste auszusuchen. Die Hauptabsicht ist das geschwinde Treffen (und mit der bessern Kunstvereinigung, wobei aber praktische Absichten Ausnahmen machen können) wofür uns die Alten zwar doppelt dienen, indem meistens reeller Kunstwert (Genie hat doch nur unter ihnen der deutsche Händel und Seb. Bach gehabt). Allein Freiheit, Weitergehn ist in der Kunstwelt, wie in der ganzen großen Schöpfung, Zweck, und sind wir Neueren noch nicht ganz soweit, als unsere Altvordern in Festigkeit, so hat doch die Verfeinerung unserer Sitten auch manches erweitert. Meinem erhabenen Musikzögling, selbst nun schon Mitstreiter um die Lorbeeren des Ruhmes, darf Einseitigkeit nicht Vorwurf werden, et iterum venturus judicare vivos et mortuos. – Hier drei Gedichte, woraus J. K. H. vielleicht eines aussuchen könnten, in Musik zu setzen. Die Österreicher wissen es nun schon, daß Apollos Geist im Kaiserlichen Stamm neu aufgewacht; ich erhalte überall Bitten, etwas zu erhalten. Der Unternehmer der Modezeitung wird J. K. H. schriftlich ersuchen, ich hoffe, ich werde keiner Bestechung irgendwo beschuldigt werden – am Hofe und kein Höfling, was ist da alles möglich??!!! Ich fand einigen Widerstand bei der Aussuchung der Musik in Wien von Sr. Exzellenz dem Herrn Obersthofmeister. Es ist nicht der Mühe wert, J. K. H. damit schriftlich beschwerlich zu fallen, nur soviel muß ich sagen, daß durch dergleichen mancher talentvolle, gute und edle Mensch sich würde von J. K. H. zurückschrecken lassen, wer nicht das Glück hätte, Ihre vorzüglichen Eigenschaften des Geistes und Herzens in der Nähe kennen zu lernen. Baldige, baldige Wiederherstellung wünsche ich J. K. H. und mir einige Nachricht zu meiner Beruhigung. – Ihro Kaiserl. Hoheit gehorsamster treuster Diener

L. v. Beethoven.

Anfang 1820 wandte sich Beethoven an das k. k. Appellationsgericht von Niederösterreich, um eine Revision und Aufhebung des Magistratsbeschlusses vom 17. September 1819 zu erreichen, demzufolge ihm die Vormundschaft über seinen Neffen abgesprochen und statt dessen der Mutter und dem Beamten Leopold Nußböck zugesprochen worden war. Beethoven verfaßte eine Denkschrift, die er am 18. Februar 1820 abschloß. Das Dokument gibt einen umfassenden Einblick darein, wie Beethoven den »Fall« sah (vgl. Biographie, S. 145).

Mitteilungen über die Frau Beethoven.

Es ist schmerzhaft für einen meinesgleichen, sich nur im mindesten mit einer Person, wie die Fr. B., besudeln zu müssen; da aber dies der letzte Versuch, meinen Neffen zu retten, ist, so lasse ich mir um dessentwillen diese Demütigung gefallen. Lite abstine, nam vincens, multum amiseris. (Enthalte dich des Streites, denn auch wenn du siegst, wirst du viel verlieren.) Wieviel lieber würde ich mich hiernach richten, allein das Wohl eines Dritten läßt es mir nicht zu.

Die Fr. B. hatte gar keine Erziehung, ihre Eltern, bürgerliche Tapezierer ihrer Profession, überließen selbe meistens sich selbst, daher entwickelten sich schon in ihren frühen Jahren verderbliche Anlagen. Noch in ihrer Eltern Hause mußte sie bei der Polizeibehörde erscheinen, weil sie ihre Magd als Täterin von etwas angegeben hatte, wovon sie selbst das Werkzeug war, und die Magd gänzlich unschuldig befunden ward, jedoch entließ die Polizei sie aus Rücksichten, mit dem Versprechen auf Besserung.

1811, wo sie schon Gattin und Mutter, zwar als solche höchst leichtsinnig und locker, halsstarrig und boshaft, auch ihren guten Ruf schon zum Teil eingebüßt hatte, beging sie eine neue, schrekkensvollere Untat, die sie sogar bis zu dem Kriminalgerichte brachte; auch hier noch gab sie neuerdings ruhig zu, daß an ihrer Untat ganz unschuldige Menschen eingezogen wurden. Endlich mußte sie eingestehen, die alleinige Täterin zu sein. Nur durch die größten Anstrengungen ihres Gatten und meiner Freunde wurde sie zwar nicht ungestraft, aber doch von der schimpflichsten Strafe befreit und wieder entlassen.

Diese fürchterliche Begebenheit zog meinem verstorbenen Bruder eine schwere Krankheit zu, wodurch er immer ein siechendes Leben führen mußte. Nur meine wohltätigen Unterstützungen fristeten ihm sein Leben noch eine Zeitlang. Eine Weile noch vor seinem Tode nahm sie eine ziemliche Summe Geldes auf, ihm unbewußt. Dies bewog ihn, sich von ihr scheiden zu wollen, allein der Sensenmann kam und schied ihn vom – Leben 1815, am 15. November. – Den Tag vor seinem Tode ernannte er mich, indem er mir in seinem Testamente als seinem Wohltäter dankte, zum alleinigen Vormund über seinen Sohn. Kaum hatte ich am selben Tage ihn auf einige Stunden verlassen, so erzählte mir mein Bruder, als ich wieder zu ihm zurückkehrte, daß man während meinem Wegsein noch etwas nachgemacht, wozu man ihn verleitet es zu unterschreiben. (Es war das Kodizill, worin sie sich ebenfalls so gut wie ich zur Vormünderin erklären ließ.) Er bat mich, dieses sogleich von dem Advokaten zurückzunehmen, allein derselbe war am selben Tage nicht zu finden, obschon ich auf Bitten meines Bruders mich mehrmalen in seine Wohnung verfügte. Des anderen Tages früh um 5 Uhr war mein Bruder nicht mehr. – Trotzdem fehlte nur ein Zeuge, um zu beweisen, daß mein Bruder dieses Kodizill vernichtet haben wollte, wenn es auch nicht schon seine Kraft durch den § 191 des Bürgerl. Gesetzbuches verloren hätte, wonach denn auch die löblichen Landrechte ihm scheinen keine Rechtskräftigkeit zugesprochen zu haben, indem sie mich als ausschließlichen Vormund bestätigten.

Man sieht, daß sie 1815 noch eben keine Schritte zu ihrer moralischen Besserung gemacht hatte. Nach dem schon vorher Erzählten entdeckte sich ihre Unredlichkeit neuerdings gegen ihren Sohn in der Inventur. Ich schwieg, denn ich wollte ja nur die Seele meines Neffen retten. Gleich nach dem Tode meines Bruders war sie in vertraulichem Umgang mit einem Liebhaber, wodurch selbst die Schamhaftigkeit ihres unschuldigen Sohnes verletzt wurde, war sie auf allen Tanzböden und bei Lustbarkeiten zu finden, während ihr Sohn nicht einmal das Nötige hatte und einer elenden Magd von ihr allein überlassen war. Was wäre aus ihm geworden, wenn ich mich nicht seiner angenommen hätte?!

Daß sie sich von 1815–1820 ebenfalls immer als verdorbene, höchst verschlagene, die Verstellungskunst im höchsten Grade ausübende Person gezeigt habe, beweist folgendes: Wo sie nur konnte, mein Neffe mochte sein, wo er will, bei mir oder im Institute, suchte sie ihm irrige Vorstellungen beizubringen, nur immer heimliche Verbindungen mit ihm zu allem Abscheulichen, dergleichen Verstellung und Lügen sind, selbst anzuleiten. Selbst mit Geld suchte sie ihn zu verführen und gab ihm wieder Geld, um andere Menschen zu mißbrauchen, zu ihren bösen Zwecken. Ein paarmal, wo er sich am stärksten vergangen, wußte sie ihn zu sich zu locken, wo es dann hieß, daß so etwas gar nichts zu bedeuten habe. Mich, seinen Wohltäter, Ernährer, Erhalter, kurz, seinen Vater im wahren Sinne des Wortes, suchte sie durch die abscheulichsten Intrigen, Kabalen, Verleumdungen herabzusetzen, allem, dem Unschuldigsten selbst, ihr moralisches Gift anzudichten. Endlich erreichte ihre höllische und doch unverständige Betriebsamkeit einen neuen Glanzpunkt unter der würdigen Obervormundschaft des Magistrats, indem sie bei den bevorstehenden österlichen Prüfungen 1819 meinen Neffen antrieb, zu machen, daß er in die zweite oder in die dritte Klasse komme, weshalb man ihn von hier nicht entfernen könne. Bei mir hatte sie noch immer einen Damm gefunden, den sie vergeblich einzureißen versuchte. Allein als Vormund war Herr von Tuscher gar wenig gehört und beachtet von der magistratischen Obervormundschaft. Dieselbe hatte ein besonderes Vergnügen, mit dieser liebenswürdigen Frau einige Höllenspeisen zu genießen, und deswegen hat ihr mein Neffe allezeit Dank abzustatten, daß er ein ganzes Jahr seines wissenschaftlichen Lebens eingebüßt hat durch die Zuneigung, die diese geachtete Obervormundschaft gegen seine liebreiche Mutter gefaßt hatte. Man kann denken, daß diese löbliche Obervormundschaft ihre Lieblinge doch verdientermaßen befördert, daher sehen wir sie schon von 1819 im Oktober bis jetzt, 1820 im Februar, gar als Vormünderin ihres Sohnes, und den wahren und einzigen Vormund, Wohltäter, Ernährer, Erhalter seines verstorbenen Bruders und Vaters meines Neffen, wie meines Neffen selbst, auf die niedrigste, pöbelhafteste Weise erniedrigen. Doch wir sind an den Mitteilungen über die Obervormundschaft von dem Wiener Magistrat.

Kein widerwärtigerer, übler Folgen vollerer Zufall konnte meinem Neffen widerfahren, als leider aus Mangel des Adels an diese Obervormundschaft zu gelangen, und ich, der Vormund,

Erhalter, Ernährer, Beförderer alles Guten in ihm. Der Fr. B. ihr heuchlerisches Wesen, ihre Lügenhaftigkeit schienen dort einen guten Platz gefunden zu haben. Mendatio comites tenebrae. (Die Lüge ist die Begleiterin der Finsternis.) Man entfernte sich sogleich von den Grundsätzen der löblichen Landrechte, nach welchen ihr nicht allein kein Einfluß in die Erziehung gestattet wurde. Da es auch geschehen, daß, während der Magistrat die Obervormundschaft hatte, ich einmal im Eifer meinen Neffen vom Stuhl gerissen, indem er eben etwas sehr Arges begangen, und da er auch nach der schon zwei Jahre früher gemachten Operation des Bruches immer ein Bruchband tragen mußte, so verursachte ihm dieses beim geschwinden Umdrehen am empfindlichsten Orte einiges Weh. Ich ließ gleich Herrn v. Smettana kommen, und er bezeugte sogleich, daß es gar nichts auf sich habe, und nicht die mindeste Beschädigung vorhanden sei. Diesen Zufall hatte er auch schon einmal beim Spielen mit anderen Knaben, wo auch Herr v. Smettana gerufen ward; ich ließ aber mir sogleich von Smettana schriftlich geben, was es für eine Bewandtnis damit habe. Man kann denken, daß ein solcher Mann mir zu Gefallen nicht lügen werde, noch viel weniger ließ es seine Pflicht zu, ein wirklich vorhandenes Übel zu verschweigen. Er lachte, als ich ihn um ein Zeugnis bat, »es ist nicht der Mühe wert, davon zu reden«, sprach er, aber ich wußte wohl, warum ich dieses brauchte. Ich übergab es der Obervormundschaft. Daß diese Vorsicht nötig war, zeigte sich bei den, dem nachherigen, von mir gewählten Vormund Herrn v. Tuscher, von der Obervormundschaft eingehändigten Papieren. Unter diesen befand sich auch ein Brief von der Fr. B. an den damaligen Referenten, worin stand, daß ich ihrem Sohne einen Leibschaden zugefügt, weshalb er drei Monate das Bett hüten müsse. Man denke sich die erschrecklichen Lügen, indem der Knabe wie sonst immer ausgegangen, und das Zeugnis des Herrn v. Smettana gewiß echt war. Hieraus wird man schon sehen, wie auch diese Sache vielleicht von der Obervormundschaftsbehörde vorgestellt worden, und wie sehr es nötig, in allem mich selbst und meinen Neffen zu hören.

(Ich gestehe, man soll sich nie vom Zorn hinreißen lassen, denn ich bin auch ein Mensch, von allen Seiten gehetzt wie ein wildes Tier, verkannt, öfters auf die niedrigste Art von dieser pöbelhaften Behörde behandelt; bei so vielen Sorgen, dem beständigen Kampfe gegen dieses Ungeheuer von Mutter, die immer alles

erschaffene Gute zu ersticken suchte, wird der Menschenkenner mich entschuldigen; jedoch man lasse jetzt noch Herrn von Smettana kommen, und man wird hören, daß alles, was nur in mindesten von einer Beschädigung gesprochen wurde, durchaus unrichtig und falsch ist.)

Auch begab es sich, daß die Fr. B. mich beschuldigte bei der Obervormundschaft, einen Brief an meinen Neffen wider die Beichte geschrieben zu haben. Der Herr von Tuscher hat selben selbst gelesen und zeigte ihn daher diesen Herren, denen nach seiner Aussage selbst dabei über die wahrhaften religiösen, väterlichen Ermahnungen in Ansehung dieser feierlichen Handlung die Tränen in die Augen kamen. Man wird aber schon darauf kommen, daß deswegen diese Verleumdung der Fr. B. doch noch nicht getilgt war, ohnerachtet es erwiesen war, daß mein Neffe am selben Tage (indem er nicht mehr bei mir war), aus dem Institute statt zur Beichte, zu ihr selbst gegangen war, weswegen ich ihn selbst später zum Beichten zu dem würdigen geistvollen Abte von St. Michael führte. – – – Vielleicht wird diese falsche Behauptung wieder im Berichte erscheinen.

Ich glaube nun noch einige kurze, historische Darstellungen in Ansehung der Obervormundschaftsbehörde bis zum jetzigen Zeitpunkt machen zu müssen. Gleich bei der Ankunft von den Landrechten bei dieser Magistratsbehörde ward ich, der ich meinen Neffen gemäß den Landrechten soviel als möglich dem Einflusse und üblen Eindrücken der Fr. B. auf meinen Neffen bewahrte, als Ursache eines Familienzwistes angesehen. Es schien zwar, man faßte die Sache a priori nicht, unterdessen wurde das Getriebsel der Mutter immer ärger. Es ward unausstehlich. Sie wußte meinen Neffen zum zweitenmal zu sich zu locken. Ich wählte Herrn von Tuscher zum Vormund meines Neffen und wollte ebenfalls unter diesen Verhältnissen und überhaupt selben nicht mehr bei mir (haben), da bei diesen Umständen die Sorgen zu groß waren. Er kam also 1819 im Monat März in das Institut des H. Kudlichs. Ich war für dieses eben nicht sehr eingenommen und wünschte selben lieber bei Giannatasio, allein man wußte, wie entschieden dieser gegen die Mutter war, indem er die Entfernung derselben von ihrem Sohne als höchste Konsequenz in der Erziehung meines Neffen betrachtete, und wollte ihn lieber dort, wo die Mutter vielleicht eine günstigere Behandlung zu erfahren hatte. Obschon wie vorher ich der Kostentragende war, so mußte ich dieses geschehen lassen, da ich nicht mehr Vormund war.

Beethoven um 1815
Lithographie von A. Hatzfeld

Indessen war mir der Antrag von dem berühmten würdigen Gelehrten und Geistlichen, S. M. Sailer zugekommen, meinen Neffen zu sich nach Landshut zu nehmen und die Oberaufsicht über seine Erziehung zu führen. Der würdige Abt von St. Michael erklärte dieses für das größte Glück, was meinem Neffen begegnen könnte, sowie andere erleuchtete Männer dasselbe. Selbst Seine Kaiserliche Hoheit, der jetzige Erzbischof von Olmütz, erklärte und verwendete sich dafür. Auch der Herr von Tuscher stimmte dafür, denn dieser Plan gefiel ihm am besten, da durch meines Neffen Entfernung von hier würde gänzlich verhütet, daß nicht mehr gegen das Gebot »Du sollst Vater und Mutter ehren«, wozu er immer angeleitet worden war, könnte gefehlt werden, welches bei ihrer Gegenwart unmöglich. Obschon der Knabe seine Mutter vollkommen von Kindheit an kennt, so wäre doch

Vermeidung alles Anstößigen gewiß zweckmäßiger; auch würde er dadurch den Störungen seiner Mutter gänzlich entzogen; aber ohne die Einwilligung der Obervormundschaft ging dieses nicht. Man wendete sich also an selbe, und man denke sich – welche Logik, welche Grundsätze, welche Philosophie! Die Mutter ward nun miteingeladen, dagegen zu protestieren! Kurzum, der ganze Anschlag fiel durch. Der Herr von Tuscher ward nun schon als parteiisch betrachtet. Dem Referenten, der endlich die Fr. B. vollkommen hatte kennen lernen und auch die Entfernung ihres Sohnes für das Beste hielt, wurde ein anderer Referent zugegeben, indem man ihn ebenfalls der Parteilichkeit beschuldigte, daher er selbst das Referat niederlegte. Während diesem konnte mein Neffe sich aus dem Institut entfernen, wann immer, die Mutter hatte freien Zutritt, mein Neffe ward äußerlich und innerlich zugerichtet, daß er nicht mehr zu kennen war, und nun geschah es, daß ihm die Mutter den Rat gab, zu machen, daß er in die zweite oder dritte Klasse käme, wodurch man ihn nicht von hier entfernen könnte. Dieses tat er und muß nun noch ein ganzes Jahr hindurch auf derselben Klasse sitzen bleiben. Man kann denken, der Vormund konnte, eben schon im Verdacht der Parteilichkeit, nicht so energisch handeln als nötig. Ohnerachtet dessen, kam eine Anordnung in das Institut, gemäß welcher ihr der Umgang mit meinem Neffen verboten ward. Einige Wochen danach kam eine andere Anordnung, gemäß welcher mein Neffe an ihrem Namenstag ihr seine Verehrung bezeugen und selben Tag bei ihr zubringen sollte. Die Anordnung schien auf dem Erzieher zu beruhen, sie zu befolgen oder nicht. Der Mann war eben krank und traute sich nicht, zu widersprechen. Er selbst konnte nicht mitgehen, die Lehrer hatten keine Zeit, mein Neffe machte also die Wanderung allein von der Landstraße in den Tiefen Graben zu seiner Mutter, blieb da den ganzen Tag und die folgende Nacht über, überfüllte sich mit Speisen und starken Getränken, die ihm die ebenso unverständige als verdorbene Mutter reichte, und morgens, wo er kaum sich mehr rühren konnte, mußte er schon krank die Wanderung ins Institut wieder zurückmachen. Gerade selben Tag kam ich vom Lande, nach ihm zu sehen, und traf ihn im Bette liegend. Die Arzneien schienen mir seinem Zustande nicht entsprechend, denn sie hatte einen Stümper von Arzt hingeschickt. Ich nahm daher sogleich Dr. Hasenöhrl zu ihm, und es entdeckte sich, daß es ein Blutsturz war. Ich ließ alle Anstalten zur bestmöglichen Wartung für ihn machen. Trotzdem stürmte sie wie eine wütende Medea in das Institut. Sie hatte sich durch falsche Angebungen die Erlaubnis dazu wissen zu verschaffen, und mit Lebensgefahr, trotz dem Tadel des Herrn Dr. H., brachte sie ihren Sohn zu sich ins Haus. Ihr bangte vor der Entdeckung der wahren Ursache der Krankheit, und gern hätte sich ihr böser Genius damit geholfen, mir die Schuld davon aufzuschieben. Bei dem H. von Tuscher hatte sie es schon versucht, und wer weiß, was darüber in dem Bericht des Magistrats wieder erscheint. Allein solche Irrlichter sind bald verwischt bei rechtschaffenen Menschen. Drei Wochen brachte er nun im Bette zu. Währenddessen eröffnet mir Herr von Tuscher seinen Entschluß, die Vormundschaft niederzulegen. Ehre war hier nicht zu ernten. Schlecht unterstützt von der Vormundschaft, war die Fr. B. täglich übermütiger, belog und hinterging ihn auf alle Art, und drohte ihm sogar, wenn er ihr nicht zu Willen sein wollte. Alles Gute traf jeden Augenblick eine neue Niederlage. Ich sah selbst, daß es nicht möglich war, auf diesem Sumpfwasser fortzukommen für ihn, und daß ich doch schon dadurch, daß alles nur von meinem Beutel bestritten wurde, ein kräftigerer Steuermann sein könnte. Ich nahm also an und wir vereinten uns an einem und demselben Tage, wo Herr von Tuscher die Vormundschaft beim Magistrat niederlegte, und ich die Erklärung, sie wieder übernommen zu haben, ebenfalls an demselben Tage dem Magistrat zuschickte. Selbe Erklärung ward angenommen. Mein Neffe war nun nach drei Wochen genesen, und ich brachte ihn aus guten Gründen in das jetzige Institut des Herrn Blöchlinger am 22. Juni 1819. Sowohl der Erzieher als ich hatten das System angenommen, daß man meinem Neffen einen Vorhang für alles Vergangene vorziehe, damit er darauf vergesse. Und ohnedies nicht erfreulich waren für ihn die Erinnerungen dieser Katastrophen. Allein sogleich sollte mein Neffe von seinem Sitze wieder vor eine Kommission gestellt werden. Der Erzieher schrieb mir seine Verlegenheit hierüber. Ich schrieb ihm, daß er sich auf mich als Vormund berufen solle, daß ich dieses jetzt nicht zweckmäßig fände, indem mein Neffe teils jetzt noch als Rekonvaleszent zu betrachten sei, an Körper und an Seele, daß ich aber bereit sei, jeden Augenblick mich zur Obervormundschaft zu verfügen, um ihr über alles, was sie verlange, Auskunft zu geben. Man begnügte sich damit. Da ich mir aber denken konnte, daß wieder vielleicht eine neue Vorladung kommen könnte, so schrieb ich einem meiner Freunde, mich davon zu benachrichtigen, wie der Brief

Beilage A bezeugt. Es kam aber wieder eine neue Vorladung, daß mein Neffe vor eine Kommission kommen solle, und ich gab meinem Freunde den Auftrag, meine Gründe, warum sowohl ich vorderhand als der Erzieher es durchaus nicht gut fänden, daß mein Neffe zu einer Kommission komme, indem er ohnehin, wie man schon oben gesehen hatte, mißbraucht worden war, wodurch denn der Brief vom 20. August, Beilage B, an mich entstand. Man betrachte nur die unterstrichenen Stellen. Es war also wieder von dem Briefe die Rede wegen der Beichte, welchen ihnen Herr von Tuscher schon gezeigt. Keiner der Herren wollte sich aber dessen damals mehr erinnern. Ich konnte ihnen selben auch nicht zeigen, denn ich fand ihn nicht mehr vor. Übrigens erhellt aus der Beilage B, welchen Einfluß die Frau B. hier hatte, daß man beständig ihren Klatschereien Gehör gegen mich gab. Man sieht, wie der Referent selbst diese Person doch kennen wollte, und doch sollte auf der anderen Seite wieder alles gelten, was sie wider mich vorbrachte. Nach diesem empfangenen Briefe schickte ich meinen Neffen sogleich zu dem Herrn Referenten P. Mein Freund erzählte mir, daß selber meinem Neffen gesagt habe, »daß er mir in allem Gehorsam leisten solle, wieviel Dank er mir wissen müsse für alles, was ich für ihn getan und tue, daß er nur durch meine Unterstützung dieses alles lernen könne« usw. Auf die Aufforderung des Hr. Referenten, die Vormundschaft neuerdings jemandem anderen zu übertragen, antwortete ich, daß ich dieses nimmermehr tun würde, indem die Erfahrung gezeigt, daß dies nur zum Nachteil meines Neffen geschehen. Auch wollte ich nicht so beträchtliche Summen anwenden, damit ein Dritter mir alles wieder verpfusche. Dies sollte nicht im mindesten dem Herrn Tuscher zu nahe sein. Allein bei einer solchen Obervormundschaft wie diese, ist der Vormund nur eine Kreatur. Man hat gesehen, wie man, trotzdem daß Hr. von Tuscher für die Entfernung des Knaben von hier stimmte, die Obervormundschaft doch die Mutter zur Protestation dagegen auftreten ließ. Welches Benehmen dagegen bei den Landrechten, wo der Vormund, da er doch die Verantwortung hat, auch wider etwas ihm nicht gut Scheinendes sprechen kann und nicht allein gehört wird, sondern auch seine Meinung den Ausschlag gibt. Nun gar wie der Fall hier ist, ist gerade nur ein Vormund, der zugleich die Mittel hat wie ich, seinem Mündel zuträglich; nicht zu geschweigen, daß mir, dem nächsten Verwandten und von meinem Bruder im Testament selbst eingesetzten Vormund, dem Wohltäter vom Vater, Sohne, nimmermehr gerechterweise die Vormundschaft über meinen Neffen abzusprechen ist. Und welcher Fremde wird sich so sorgen um seinen Mündel, als der nächste Verwandte? Hunderttausend Menschen würden es für ein Glück rechnen, ihren Kindern einen solchen Onkel und Vormund geben zu können.

Ich bat nun noch einmal in meinem oben angegebenen Schreiben den Herrn Referenten P. um Ruhe für mich und meinen Neffen. Daß man mich schon als Vormund angenommen und auch sofort betrachtet hat, daran ist kein Zweifel. Die Intrigen der Fr. B. dauerten aber beständig fort, und schon im September schrieb sie an Herrn v. Blöchlinger, daß sie als meine Mitvormünderin ernannt sei. Man war stille und hielt das Ganze für einen ihrer gewöhnlichen Kniffe, dem Erzieher imponieren zu wollen. Endlich im Oktober erschien eine Schrift von der Fr. B. an Herrn v. Blöchlinger von ihrer eigenen Hand und vom Magistrat unterzeichnet, »worin sie sich als Vormünderin und Herrn Nußböck als Mitvormünder [sic!] *erklärte. Es hieß darin, daß ich physisch und moralisch zur Vormundschaft untauglich, daß man mir ihren Sohn nie aus dem Institut geben solle, weil ich ihn mit mir nach Olmütz, mit dem nunmehrigen Erzbischof Kaiserlicher Hoheit Erzherzog Rudolf daselbst mitnehmen wolle (ebenfalls eine abscheuliche Lüge) usw.« Zu dem Unsinn gesellte sich noch, daß sie im Institut vom Herrn Nußböck dem Erzieher Herrn v. Blöchlinger und meinem Neffen als Vormünderin vorgestellt wurde!!!*

Man vergleiche nun, wie sich im obigen Briefe, Beilage B, der Herr Referent P. selbst über die Fr. B. äußerte; man glaube aber nicht, daß ihm dieses so ganz ernst war, denn dieser Herr Referent sprach bei Herrn Blöchlinger, als er ganz allein mit ihm war, daß dieser Unfug nicht dauern würde, sobald ich einen Advokaten nehmen würde. Jedoch in Gegenwart der Fr. B. bei Herrn Blöchlinger spannte er wieder ganz andere Saiten auf, kurzum, er sprach gerade das Gegenteil von dem, was er ihm allein gesagt hatte. Überhaupt habe ich die Bemerkung gemacht, daß in dem Charakter der g. Magistratspersonen etwas liegt, welches ihnen nie feste Ansichten gewährt. Heute ist oben, was morgen unten, und so umgekehrt. Heute hatte dieser gesagt, dies sei so, morgen ward dieses wieder durch eine schnurstracks entgegenlaufende Autorität umgeworfen. Ich nahm daher auch nicht die mindeste Zeit, um mit einem der g. H. Referenten zu sprechen, weil ich ohnehin wußte, daß, wenn man mir auch heute Recht geben würde, dies morgen wieder für Unrecht gelten würde. Gott bewahre alle Menschen vor einer solchen Behörde.

Kaum kam ich vom Lande herein und hatte diese Angelegenheit dem Dr. Bach übergeben, so kam der Herr Mitvormund Nußböck in das Institut und erklärte, daß er in einigen Tagen meinen Neffen aus dem Institut abholen solle, um ihn irgendwo anders hinzubringen. »Man habe geglaubt, ich werde rekurrieren, er sei in großer Verlegenheit, er wisse nicht, wo er ihn hinbringen solle, er habe kein Geld, wisse auch keines zu erhalten. Übrigens, setzte er hinzu, tue er nur alles, was ihm Herr Referent Piuk sage.« Man betrachte die väterliche Sorge dieser Obervormundschaft für ihren Mündel. Welches Denkmal der Barbarei, diese Obervormundschaft; erstlich in Ansehung meiner Absetzung als Vormund, welches üble Beispiel hier von Undank einer eigentlich sein sollenden philanthropisch-pädagogischen Behörde; und nun wieder welcher Leichtsinn, meinen Neffen dem Ohngefähr überlassen zu wollen oder gar in die Hände seiner Mutter zu bringen. Wer weiß, ob dieses nicht der Zweck war. Man kann denken. Ich erklärte sogleich, daß ich dieses auf keinen Fall leiden werde, daß man meinen Neffen aus seinem jetzigen Institut wegnehmen sollte, und bezahlte wie vorher, so auch immerfort alles für ihn.

Dr. Bach trat nun beim Magistrat auf, und der Herr Referent P. trat schon wieder mit den oben abgedroschenen Beschwerden der Fr. B. gegen mich hervor, unter anderem gar, »daß ich verliebt in sie sein soll«, und derlei Gewäsche mehr. Da mir der Herr Dr. Bach mitteilte, daß es wegen meiner Schwerhörigkeit gesetzmäßig sei, einen Mitvormund zu wählen, so geschah auch dieses. Hierzu wurde nun die Fr. B. wieder eingeladen von dem Magistrat, ihre Einwilligung dazu zu geben. Was soll man hierzu sagen? Jedoch kam nun wieder eine Tagsatzung, wo ich selbst mit dem gewählten Herrn Mitvormund Peters erschien. Hier war schon die Rede wieder von zu schönen Kleidern, die ich meinem Neffen gebe usw., solches Gewäsch. – Dann kam wieder ein nichtssagender Bescheid. Dies sind die Mitteilungen über diese magistratische Obervormundschaft.

Mitteilungen über meinen Neffen und seine Studienzeugnisse. Einen bestimmten Charakter einem Knaben von dreizehn Jahren oder gar in noch jüngerem Alter zuzusprechen, ist jetzt noch nicht der Zeitpunkt. Es sind die Jahre, wo man noch nicht zusprechen, und noch viel weniger absprechen kann. Mein Neffe war bis zu seinem achten Jahre meistenteils um seine Mutter; sein Vater hatte Geschäfte, und zuletzt hinderte ihn seine beständige Kränklichkeit, eben sehr auf ihn zu achten. Hieraus ist schon zu sehen, daß sich unter seiner Mutter manches einschleichen mußte, welches nicht gleich, als er von ihr wegkam, sich verlieren konnte. Hatte sie ihn doch schon zu Lügen und Verstellungen angeführt und überhaupt mißbraucht. Schon bei H. Giannatasio entdeckte man dergleichen. Ich besprach mich mehrmalen deswegen mit H. v. G., er meinte, daß wohl mehrere Jahre dazu nötig sein würden, bis er alle vergangene Eindrücke gänzlich verlieren würde. Auch hier wurde manchmal über sein Betragen geklagt. Dies schrieb weder ich noch jemand anderer dem H. v. G. zu, aber ganz anders verhielt es sich, als ich meinen Neffen zu mir nahm, welches wirklich wegen seinem großen Talente für Tonkunst geschehen, und wer weiß, welch ein großer Tonkünstler er hätte werden können unter mir, ohne die bösen Umtriebe seiner verdorbenen Mutter; da wurde dasselbe Betragen, wie bei H. v. G., nur mir zugeschrieben. Man kann schon denken, wie alles bei dieser beständigen Gegenpartei verfälscht, vergrößert wurde. Wie sie ihn selbst verführt hat, ist schon in den Mitteilungen über sie gezeigt worden. Ja, sie vergrößerte offenbar alles, um nur mir die Schuld davon aufbürden zu können. Man lasse ihn heute kommen, und erkundige sich, wie er von mir zur Gottesfurcht, zur Religion angehalten worden sei. Ich habe allezeit auch im Institute Anteil an seiner Erziehung genommen; er war nie bei mir ohne Hofmeister oder Korrepetitor, und die Art seiner Studien ward immer seiner Natur angemessen. Ich kann jeden Augenblick die Gründe meines Verfahrens angeben. Übrigens dies konnte nur unter einer so wenig einsehenden und parteiischen Vormundschaft geschehen, und unter einem Vormunde, der sich bei solcher Vormundschaft nie als solcher wahrhaft ansehen konnte.

Was die Meinung des H. v. Giannatasio betrifft, daß mein Neffe mehrere Jahre nötig haben werde, bis sich die Eindrücke seiner Kindheit verlieren werden, scheint sich zu bestätigen. Selten macht auch die Natur Sprünge. H. von Blöchlinger ist jetzt sehr zufrieden sowohl mit seinem Fleiß als seinem Betragen. Geduld hat ja der Gärtner mit seinen Pflanzen, er wartet ihrer, läßt zu, bindet wieder, und der Mensch soll es nicht mit der jungen Menschenpflanze haben?! Auch hier zeigte sich der Obskurantismus dieses M. (agistrates), der ihn in die ungünstigsten Umstände mit seiner Rabenmutter versetzte; beurteilte ihn auch am schiefsten, nachteiligsten und lieblosesten. Man wollte schon gar einen bestimmten Charakter in diesen Jahren festsetzen. Dem Himmel sei Dank, ich kann nur Erfreuliches jetzt von ihm sagen und erzählen.

Mitteilungen über das, was ich für meinen Neffen getan. Schon fünf Jahre hatte ich größtenteils auf meine Kosten die Erziehung bestritten und wie wenige Väter für ihn Sorge getragen. In allen Verhältnissen habe ich nie den wahren Gesichtspunkt verloren, meinen Neffen zu einem tüchtigen, geschickten und gesitteten Staatsbürger zu bilden, sowohl wie ich Vormund war, als wie ich es nicht war, und selbst jetzt, wo ich darum streite, handle ich fort, und befestige nur meines Neffen Wohl.

Über zwei Jahre hindurch, von 1816–1818, war er ganz auf meine Kosten im Giannatasioschen Institut, wo er einen eigenen Klaviermeister noch besonders hatte, sein Bruch operiert wurde, wegen ihm ein eigener Sachverwalter hier und in Prag gehalten wurde. Ebenfalls reiste ich wegen seinem Vermögen nach Röz usw. usw. – Man kann diese zwei Jahre wohl auf 4000 fl. W. W. anschlagen. Die Rechnungen könnten erforderlichen Falls leicht vorgezeigt werden; dann kam erst einiger Betrag, wie man ausführlicher in den Mitteilungen über sein Vermögen sehen wird. Die Zeit, als er bei mir war, alsdann im März 1819 zu Kudlich ins Institut kam, und bis zu seinem Austritte von da, kostete er mich wenigstens 2000 fl. W. W. – Vom 22. Juni 1820 an, kam er in das Institut des Herrn Blöchlinger. Da dieses eben die kürzesten Rechnungen sind, so lege ich diese bei. – S. Beilage C. – Hierbei sind viele andere Bedürfnisse, wie Kleidung, kränkliche Zufälle usw. gar nicht gerechnet.

Es wird wenige Oheime und Vormünder in der Monarchie geben, die so reichlich für ihre Angehörigen sorgen, und so gänzlich ohne Eigennutz; – wenigstens habe ich keinen anderen als den, mich als Urheber von etwas Gutem zu betrachten, und eine bessere Menschennatur zu bilden.

Mitteilungen über das Vermögen meines Neffen. Dieses besteht aus 4000 fl. W. W., wovon die Mutter lebenslänglich den Fruchtgenuß hat; denn mein Neffe ist Universalerbe seiner Großmutter. Man sieht, daß selbe weiser war, wie der Magistrat, indem sie dieses Vermögen nicht in ihre Hände geben wollte, aber was noch mehr ist, der Magistrat gab gar die Seele meines Neffen ihr als Vormünderin in die Hände.

Wiederum aus 2000 fl. W. W., welche als Entschädigung für Abtretung seines Erbteils dienen, und zur Erziehung; worauf ich noch soviel zulegte, daß es jetzt 2200 fl. zweieinhalbprozentige Münzobligation macht. – Die Hälfte der Pension der Frau B., jährlich 66 fl. E. M., die ebenfalls als Entschädigung für sein gänzlich hingegebenes Erbteil dient – kann wohl nicht zu einem Vermögen, sondern bloß als Erziehungsbeitrag gerechnet werden, denn stirbt sie, so verliert er dieses.

Die Interessen von den Kupons von den 2200 fl. gaben einen Beitrag zur Erziehung und sind erst am 1. Februar 1818 flüssig geworden – sie betragen halbjährlich 27 ½ in Silber. Auch von der Pension wurde das erste am Ende Mai 1818 erst eingenommen.

Sowohl die Pensionshälfte als die Interessen geben nach dem Kurs von 250 ungefähr 450 fl. W. W. jährlich. Ich erhielt in allem davon bisher ohngefähr vier Vierteljahre, denn es sind nun schon 13 Monate, daß ich von dieser Pension nicht einen Heller empfangen habe. Welche mütterliche Sorgfalt und welche Unterstützung meines Mündels von dieser Obervormundschaft, welche niedrig genug ist, sich vielleicht mit ihr vereinigt zu haben, damit dieser Betrag mir nicht für ihn werden solle!

Da ich schon vor 1816 gleich nach dem Tode meines Bruders ganz auf meine Kosten für die Erziehung sorgte, so ist leicht zu berechnen, was ich erhalten habe. Erst seit 1818 kamen die Beiträge, wie oben angezeigt worden.

Auch für die Zukunft ist für meinen Neffen gedacht: 4000 fl. E. M. liegen von mir als Erbteil für ihn in der österr. Nationalbank. – Man nehme die Interessen der 400 fl. E. M. in der Bank und die Interessen der Münzobligation, welche wenigstens 1058 fl. W. W. betragen, und noch etwas daraufgelegt, so ist dies schon eine ansehnliche Unterstützung für jeden Fall. Man nehme (an), seine Mutter würde sterben, wo ihm der Fruchtgenuß von den 7000 fl. W. W. anheimfiele, so machen die Interessen seiner Kapitalien wenigstens 1408 fl. W. W.

Schluß. Ich habe geglaubt, daß bei dem erschrecklichen Gewäsche und Geklatsche bei diesem Magistrat und den immerwährenden Machinationen und Verleumdungen der Fr. B. in Ansehung meiner, eine Darstellung, welche beinahe alle Teile dieser Vormundschaftsgeschichte umfaßt, nicht unzweckmäßig sei. Bei den Berichten des Magistrates kann diese Darstellung als wie ein Handbuch bei den Vorlesungen eines – Professors!! – dienen.

Ich muß gestehen, ich bin ermüdet, und wenn man um des Guten willen leiden muß, so glaube ich, daß ich das meinige hierin geleistet. Es ist die höchste Zeit, daß die Fr. B. durch die hohe Appellation in ihre Schranken zurückgedrängt werde und wisse, daß keine Kabalen das, von den löblichen L. R. Festgesetzte und Festbestehende mehr umwerfen können, denn mit diesem Plan, ihren Sohn bei sich, und die Vormundschaft über ihn zu haben, ist sie schon wenigstens vier Jahre umgegangen; sie muß daher gänzlich außer Stand gesetzt werden, zu schaden. Alsdann können erst Menschlichkeit und Schonung ihre Rechte behaupten, obschon dies immer der Fall bei mir in Rücksicht ihrer war. Außer wo das Wohl meines Neffen es erforderte, ihren Starrsinn durch Gesetzlichkeit zu beugen, so hat sie doch nie weder Schonung noch Großmut, noch wahre Güte ertragen wollen.

Man glaube nur nicht, daß gemäß ihren Reden mich Privathaß oder Rache gegen sie leite. Mir ist es schmerzlich, von ihr sprechen zu müssen, und wäre mein Neffe nicht, so würde ich nie an sie denken, noch von ihr reden, noch gegen sie handeln.

Möge die hohe Appellation nun meine Bitte erhören und entscheiden, ob die Fr. B. und der Stadtsequester Nußböck die Vormundschaft über meinen Neffen erhalten sollen, oder ich, der im Testament angesetzte Vormund (mit meinem von mir gewählten, mir sehr gemäßen und meinem Neffen nützlichen Mitvormund H. v. Peters), der ich zugleich Wohltäter, Erhalter und Ernährer meines Neffen seit fünf Jahren bin.

Die Entscheidung bringt meinem Neffen Wohl oder Wehe; das letztere gewiß – fällt sie wider mich aus. – Denn mein Neffe braucht mich, ich nicht ihn. In pekuniärer Hinsicht würde ihm dieses nicht allein schaden, sondern auch seine ganze moralische Existenz leidet hierdurch eine nachteilige Veränderung.

Diese Angelegenheit ist ohnehin in so schlechte Hände geraten, daß, wenn es auf diesem Fuße bliebe, ich mich nicht mehr damit abgeben könnte, und meinen Neffen nur dem Schutz der Vorsehung anempfehlen müßte. – Wird mir im Gegenteil, wie ich hoffe, wieder ganz allein sein Wohl und Weh' anvertraut, so werde ich die Erziehungskosten fortwährend wie bisher bestreiten, welches ich ohnehin immer würde getan haben. Wie ich für seine Zukunft gesorgt, hat man schon gesehen, und es dürfte hierin noch mehr geschehen. – Sollte ich auch als Mensch einmal gefehlt haben, oder gar mein Gehör in Anschlag kommen, nimmt man doch einem Vater wegen beidem sein Kind nicht weg, – und der bin ich meinem Neffen allezeit gewesen, wie seinem Vater ein Wohltäter!

Gott segne mein Werk, ich lege das Wohl und Wehe einer Waise an das Herz und den waltenden Geist der hohen Appellation! – Sapienti honestas lex est, libido lex est malis! (Dem Weisen ist die Ehrenhaftigkeit Gesetz, den Bösen die Leidenschaft.)

Gehorsamster.

Nachtrag. Da, wie man bei den Mitteilungen über die Fr. B. gesehen, schon bei ihren Eltern sich der Trieb zeigte, ihre eigenen Vergehungen unschuldigen Menschen zuzuschreiben, wie 1811 sie unschuldige Menschen an ihrer Untat angegeben, oder doch wußte, daß selbe unschuldig eingezogen wurden, ohne an ihrer Untat teilzuhaben, und man bei den Mitteilungen über den Magistrat ebenfalls gesehen hat, welche falsche Fakta sie mir zugeschrieben, und wie sie mich immer verleumdet hat, so läßt sich von diesem Magistrat erwarten, daß er noch mehreres d. g. (dergleichen) in seinen Berichten gegen mich auftischen werde, wovon ich gar nichts weiß; wo man aber aus allem Vorhergegangenen ersehen wird, was man davon halten könne. Da vielleicht der Magistrat auch mit den vom Pfarrer von Mödling sein sollenden! Papieren, welche man schon bei der letzten Kommission der löblichen L. R. hatte, gegen mich angezogen wird kommen, so ist die Aufklärung über diesen Gegenstand nicht am unrechten Ort.

Es war 1818 im Mai, wo ich meinen Neffen, welchen ich im Februar 1818 von H. v. Giannatasio zu mir genommen, auch mit aufs Land nahm. Sein damaliger Hofmeister konnte uns als ein Studierender nicht aufs Land begleiten, ich glaubte auch hier in Mödling die nötige Zeit zu finden, meines Neffen musikalisches Talent auszubilden. Man rühmte mir den dortigen Pfarrer als guten Jugendlehrer, und so übergab ich ihm meinen Neffen.

Leider fand ich bald, daß ich mich in dem Herrn Pfarrer sehr geirrt hatte. Dieser geistliche Herr hatte Montags noch nicht seinen Sonntagsrausch ausgeschlafen, und war alsdenn wie ein wildes Tier. Ja, ich schämte mich für unsere Religion, daß dieser einen Mann des Evangeliums vorstellte.

Mein Neffe war nicht zu bewegen, ihm Achtung und Folgsamkeit zu beweisen. Natürlich, denn er behandelte ihn über jede Kleinigkeit auf die brutalste, roheste Art, ließ seine Schüler wie Soldaten auf die Bank legen, und der stärkste von ihnen mußte

Beethoven um 1820
Moritz von Schwind

den Korporal machen und die Fehlenden mit einem Stocke abprügeln. Diese Methode verbat ich mir nun gänzlich bei meinem Neffen anzuwenden, auch ließ ich nicht zu, daß mein Neffe morgens mit seinen Schülern in die Kirche ging, da ich das ungeziemende Betragen derer wahrgenommen und meinen Neffen nicht in diesem Schwarm wissen wollte. Man kann denken, daß dies schon zu einer Anklage diente, daß ich keine Religion habe oder meinen Neffen nicht religiös anführte.

Indem ich die Schiefheit dieses Mannes nur zu sehr einsah, ließ ich nach einigen Wochen meinen Neffen nicht mehr hingehen, und ließ einen Lehrer für ihn aus der Stadt kommen. Daß nichts versäumt wurde, zeigt das gute Zeugnis von 1818 vom 26. August, das letzte unter der Obervormundschaft der löbl.

L. R. und meiner Vormundschaft, welches sogar noch besser ist als das vorhergegangene.

Man kann denken, daß das Wegnehmen meines Neffen vom Pfarrer seine Eitelkeit beleidigte. Hierzu kamen noch die Intrigen der Fr. B., denn es war bekannt, daß Seine Hochwürden nicht gleichgültig gegen das schöne Geschlecht wären. Man erzählte in dieser Hinsicht Tatsachen von Sr. H. W. – welcher wir arme, jedoch gebildete Laien uns ebensowohl enthalten als schämen würden. Überhaupt war er weder geliebt noch geachtet von seiner Gemeinde, sowohl wie von anderen Geistlichen. Dieser Mann schämte sich nicht, ein neues Werkzeug in den Händen der Fr. B. gegen mich zu werden. Er hatte, ihr zu Gefallen, einen Aufsatz (nach ihrer Aussage) geschrieben, worin mehrere falsche Beschuldigungen gegen mich vorkamen, und welcher, wie es schien, bei den L. R. bei der letzten Kommission beachtet wurde, obschon die Protokolle zeigen müssen, daß nichts gegen mich erwiesen worden. Man kann denken, daß der Magistrat nicht ermangeln wird, dergleichen neuerdings in Anschlag zu bringen. Man sieht, daß 1819 vom März an, wo mein Neffe nicht bei mir war und ich auch nicht mehr Vormund war, wie es zugegangen, wie seine Sitten sich verschlimmert, wie die Mutter ihn immer mehr herausschleppte, er wieder aus dem Institut lief, wann er wollte, und schon hierdurch keine gute Prüfung zu erwarten war.

Nun kam noch der unselige Rat der Fr. B. hinzu, daß mein Neffe mit Fleiß suchen solle in die zweite oder dritte Klasse zu kommen; dies geschah auch, wie das Zeugnis von 1819 der österlichen Prüfungen beweist. Zu guter Letzt erhielt er noch gar einen Blutsturz durch sie.

Da ich mich seit Juni 1819 wieder als Vormund betrachtete und selbst handelte, so wird man den Unterschied schon wieder finden zwischen dem Besseren und Schlechteren; denn mit Kraft und Würde, wie es mir geziemt, habe ich mich allem ferneren Unfug des Magistrats widersetzt, und erklärt, »daß ich einmal das Geld, was ich gebe, durchaus dem Zwecke gemäß angewendet wissen will«. Diese Sprache, welche ich endlich gezwungen war, gegen eine Behörde zu führen, die sich allzeit allem beabsichtigten Guten von mir, entgegenstemmte, erregte ihre Rache gegen mich, und ihre Gemeinheit gesellte sich leicht mit dieser verdorbenen Fr. B., und wurde durch selbe das Werkzeug, das Wohl meines Neffen, wie schon immer, neuerdings zu untergraben, und mich auf alle Weise zu erniedrigen. Aber ich hoffe: convitia hominum turpium laudes puta! (Die Verleumdungen schimpflicher Menschen halte für Lob!)

Ich berufe mich auf den Allmächtigen als Zeugen, der mein Inneres sieht, daß ich anders nie als nach den besten und richtigsten Grundsätzen in Rücksicht meines Neffen mehr als fünf Jahre hindurch für ihn gehandelt und gesorgt habe. Übrigens habe ich es mir immer als Pflicht auferlegt, mich meines Neffen nie entäußern zu können; ich bin aber durch den Magistrat eines ganz anderen belehrt worden, hoffe aber, daß die hohe Appellation meiner Meinung hierin sein werde. Ich muß schließlich noch sagen, daß mir scheint, daß es noch gar nicht erwiesen, ob ich den Magistrat als eine kompetente vormundschaftliche Behörde anzuerkennen habe!

Notiz in einem Konversationsheft von 1820.

Das moralische Gesetz in uns und der gestirnte Himmel über uns! Kant!!!

Der Cellist Bernhard Romberg zählte zu Beethovens Freunden aus der Bonner Zeit. Als Romberg im Februar 1822 in Wien ein Konzert gab, schrieb Beethoven folgenden Entschuldigungsbrief. Er arbeitete zu dieser Zeit an der *Missa solemnis* und an der 9. Sinfonie.

12. Februar 1822.

Lieber Romberg!

Ich bin diese Nacht wieder von den bei mir in dieser Jahreszeit gewöhnlichen Ohrenschmerzen befallen worden, Deine Töne selbst würden für mich heute nur Schmerz sein; diesen nur schreibe es zu, wenn Du mich nicht selbst siehst. Vielleicht ist's in ein paar Tagen besser, wo ich Dir dann noch Lebewohl sagen werde. – Wenn Du mich übrigens nicht zum Besuch bei Dir gesehen hast, so bedaure die Entlegenheit meiner Wohnung, meine fortgesetzten Beschäftigungen, um so mehr, da ich ein ganzes Jahr hindurch krank war, wodurch ich in so manchen begonnenen Werken aufgehalten wurde; – und am Ende braucht es der nichtssagenden Komplimente zwischen uns ohnedem nicht. – Ich wünsche Dir zu dem vollen Tribut des Beifalls Deiner hohen Kunst auch die metallische Anerkennung, was jetzt selten der Fall ist; – wenn ich nur ein wenig kann, so sehe ich Dich samt Deiner Gattin und Kindern, welche ich hier von Herzen grüße, gewiß noch. – Lebe wohl, großer Künstler, wie immer der Deinige

Beethoven.

1823 entschloß sich Beethoven aufgrund seiner finanziellen Notlage und seiner Schwierigkeiten im Umgang mit den Verlegern, die *Missa solemnis* als Manuskript (von Kopistenhand) den europäischen Höfen sowie »ausgewählten« Persönlichkeiten wie Goethe oder Cherubini anzubieten und dafür 50 Dukaten zu verlangen (vgl. Biographie, S. 171). Freunde und Bekannte sprach er dabei auf ihre Vermittlerdienste an, so auch Karl Zelter, den Goethe-Freund, Begründer der preußischen staatlichen Musikpflege und Leiter der Berliner Singakademie.

Wien, 8. Febr. 1823.

Mein wackrer Kunstgenosse!

Eine Bitte an Sie läßt mich schreiben; da wir einmal so weit entfernt sind, nicht miteinander reden zu können, so kann aber auch leider das Schreiben nur selten sein. – Ich schrieb eine große Messe, welche auch als Oratorium könnte (für die Armen, eine jetzt schon gute eingeführte Gewohnheit) gegeben werden, wollte aber selbe nicht auf die gewöhnliche Art im Stich herausgeben, sondern an die ersten Höfe nur zu kommen machen; das Honorar beträgt 50 Duk. Außer den Exemplaren, worauf subskribiert ist, wird sonst keines ausgegeben, so daß die Messe nur eigentlich Manuskript ist; aber es muß doch schon eine ziemliche Anzahl sein, wenn etwas für den Autor herauskommen soll. Ich habe allhier der Königl. Preußischen Gesandtschaft ein Gesuch überreicht, daß Se. Majestät der König von Preußen geruhen möchten, ein Exemplar zu nehmen, habe auch an Fürst Radziwill geschrieben, daß selbe sich darum annehmen. – Was Sie hierbei selbst wirken können, erbitte ich mir von Ihnen. Ein dgl. Werk könnte auch der Singakademie dienen, denn es dürfte wenig fehlen, daß es nicht beinahe durch die Singstimmen allein ausgeführt werden könnte; je mehr verdoppelter und verfielfältigt selbe aber mit Vereinigung der Instrumente sind, desto geltender dürfte die Wirkung sein. – Auch als Oratorium, da die Vereine für die Armut dgl. nötig haben, dürfte es am Platze sein. – Schon mehrere Jahre immer kränkelnd und daher eben nicht in der glänzendsten Lage, nahm ich Zuflucht zu diesem Mittel. Zwar viel geschrieben – aber erschrieben – beinahe 0! – mehr gerichtet meinen Blick nach oben; – aber gezwungen wird der Mensch oft um sich und anderer willen, so muß er sich nach unten senken, jedoch auch dieses gehört zur Bestimmung des Menschen. – Mit wahrer Hochschätzung umarme ich Sie, mein lieber Kunstgenosse.

Ihr Freund Beethoven.

Durch die Familienverhältnisse seines Bruders Johann fühlte sich Beethoven immer wieder aufs tiefste verletzt. Der nachfolgende Brief enthält ein Versöhnungsangebot.

An Johann van Beethoven.

[1823.]

Ich hoffte, Dich gewiß zu sehen – aber vergebens. – Auf Staudenheims Verordnung muß ich noch immer Medizin nehmen, und darf mich eben nicht zuviel bewegen. – Ich bitte Dich, statt heute in Prater zu fahren, den Weg zu mir zu nehmen mit Deiner Frau und Tochter. – Ich wünsche nichts, als daß das Gute, welches unausbleiblich ist, wenn wir zusammen sind, ungehindert erreicht werde; wegen Wohnungen habe ich mich erkundigt, es sind ihrer passende genug zu haben, und Du hast eben nicht nötig, viel mehr zu bezahlen als bisher. Bloß ökonomisch betrachtet, wieviel läßt sich auf beiden Seiten ersparen, ohne deswegen nicht auch an einiges Vergnügen zu denken. – Gegen Deine Frau habe ich nichts, ich wünsche nur, daß sie einsehe, wieviel auch für Dein Dasein mit mir gewonnen kann werden, und laß alle armselige Kleinlichkeiten des Lebens keine Störungen veranlassen.

Nun leb' wohl, ich hoffe, Dich ganz gewiß zu sehn, heute nachmittag, wo wir dann nach Nußdorf fahren könnten, welches mir auch zuträglich wäre. –

Dein treuer Bruder Ludwig.

Nachschrift. Friede, Friede sei mit uns, Gott gebe nicht, daß das natürlichste Band zwischen Brüdern wieder unnatürlich zerrissen werde; ohnehin dürfte mein Leben nicht mehr von langer Dauer sein. Ich sage noch einmal, daß ich nichts gegen Deine Frau habe, obschon mir ihr Betragen gegen mich jetzt ein paarmal sehr aufgefallen ist, und ohnehin bin ich durch meine jetzt schon dreieinhalbmonatliche Kränklichkeit sehr, ja äußerst empfindlich und reizbar. Fort mit allen dem, was den Zweck nicht befördern kann, damit ich und mein guter Karl in ein mir besonders nötiges gemäßeres Leben kommen kann. – Sehe nur meine Wohnung allhier an, so siehst Du die Folgen, wie es geht, da ich, wenn ich besonders kränklich, mich fremden Menschen anvertrauen muß, geschweige von anderem noch zu reden, was wir ja ohnehin schon besprochen haben. –

Im Falle Du heute kommst, könntest Du Karl abholen, ich füge deswegen diesen offenen Brief an H. v. Blöchlinger bei, welchen Du gleich hinschicken kannst an selben.

Von der »Großen musikalischen Akademie« am 7. Mai 1824 (vgl. Biographie, S. 174f.), bei der erstmals die 9. Sinfonie aufgeführt wurde, erhoffte sich Beethoven einen beträchtlichen finanziellen Ertrag. Die Erwartungen erfüllten sich nicht. Beethoven glaubte sich durch den Veranstalter Duport und durch Anton Schindler, der sich maßgeblich an den Vorbereitungen beteiligt hatte, betrogen. Das führte in der Folge zu einer zeitweiligen Aufhebung des Kontaktes zwischen Beethoven und Schindler. Schindler scheint sich allerdings gegen die Vorwürfe zur Wehr gesetzt zu haben.

An Anton Schindler.

[1824.]

Ich beschuldige Sie nichts Schlechten bei der Akademie, aber Unklugheit und eigenmächtiges Handeln hat manches verdorben; überhaupt aber habe ich eine gewisse Furcht vor Ihnen, daß mir einmal ein großes Unglück durch Sie bevorsteht. – Verstopfte Schleusen öffnen sich öfter plötzlich, und den Tag im Prater glaubte ich mich in manchen Stücken sehr empfindlich angegriffen von Ihnen; überhaupt würde ich eher Ihre Dienste, die Sie mir erweisen, gern öfter mit einem kleinen Geschenke zu vergüten suchen, als mit dem Tische; denn ich gestehe es, es stört mich zu sehr in so vielem, sehn Sie kein heiteres Gesicht, so heißt es »heut war wieder übles Wetter«. Denn bei Ihrer Gewöhnlichkeit, wie wäre es Ihnen möglich, das Ungewöhnliche nicht zu verkennen?!!! Kurzum ich liebe meine Freiheit zu sehr; es wird nicht fehlen, Sie manchmal einzuladen. – Für beständig ist es aber unmöglich, da meine ganze Ordnung hierdurch gestört wird. –

Duport hat künftigen Dienstag zur Akademie zugesagt; denn in den landständischen Saal, den ich morgen abends hätte haben können, gibt er die Sänger wieder nicht, auf die Polizei hat er sich auch wieder berufen. Gehn Sie daher gefälligst mit dem Zettel und hören, ob man nichts gegen das zweitemal hat. Umsonst hätte ich nimmermehr diese mir erwiesenen Gefälligkeiten angenommen, und werde es auch nicht. Was Freundschaft betrifft, so ist dies eine schwierige Aufgabe mit Ihnen, mein Wohl möchte ich Ihnen auf keinen Fall anvertrauen, da es Ihnen an Überlegung fehlt und Sie eigenmächtig handeln und ich Sie selbst früher schon auf eine nachteilige Weise für Sie kennen lernte, sowie andere auch; – ich gestehe es, die Reinigkeit meines Charakters läßt es nicht zu, bloß Ihre Gefälligkeiten für mich durch Freundschaft zu vergelten, ob ich schon bereit bin, Ihnen gern zu dienen, was Ihr Wohl betrifft.

B.

Notiz auf einem Skizzenblatt von 1824.

Sanfter, menschlicher, mit der Welt ausgesöhnter wird die Fremde dich machen. Beständig alle Kräfte brauchen, anspannen; auch nicht so manches verloren, wie in Wien.

1825 arbeitete der Kopist Ferdinand Wolanek für Beethoven. Als Beethoven im Zusammenhang der Abschrift der *Missa solemnis* seinem Unmut freien Lauf ließ, kündigte ihm der Kopist mit folgendem Brief den Dienst. Der Ärger veranlaßte Beethoven zu recht kräftigen Bemerkungen, die er auf den erhaltenen Brief niederschrieb.

[1825.]

Da ich mit dem Einsetzen des Finale in Partitur zu Ostern erst fertig werden kann, und Sie selbes um diese Zeit nicht mehr benötigen können, so übersende ich nebst dem bereits angefangen die sämtlichen Stimmen zu Ihrer gefälligen Disposition. Dankbar bleibe ich für die erwiesene Ehre Ihrer mir zugekommenen Beschäftigung verpflichtet; was ferneres das sonstige mißhelle Betragen gegen mich betrifft, so kann ich belächelnd selbes nur als eine angenommene Gemütsaufwallung ansehen. In der Töne Ideenwelt herrschen so viele Dissonanzen; sollten sie es nicht auch in der wirklichen? Tröstend ist mir nur die feste Überzeugung, daß dem Mozart und Haydn, jenen gefeierten Künstlern, bei

Ihnen, in der Eigenschaft als Kopisten, ein mir gleiches Schicksal zugeteilt würde. Ich ersuche nur, mich mit jenen gemeinen Kopiatur-Subjekten nicht zu vermengen, die selbst bei sklavischer Behandlung sich glücklich preisen, ihre Existenz behaupten zu können. Übrigens nehmen Sie die Versicherung, daß, auch nur um eines Körnleins wert, ich nie Ursache habe, meines Betragens willen vor Ihnen erröten zu müssen. Mit Hochachtung ergebener Ferd. Wolanek.

[Quer über dieses Schreiben und auf dessen Rückseite schreibt Beethoven:]

Dummer eingebildeter eselhafter Kerl! Mit einem solchen Lumpenkerl, der einem das Geld abstiehlt, wird man noch Komplimente machen. Statt dessen zieht man ihn bei seinen eselhaften Ohren. – Schreibsudler! Dummer Kerl! Korrigieren Sie Ihre durch Unwissenheit, Übermut, Eigendünkel und Dummheit gemachten Fehler, dies schickt sich besser, als mich belehren zu wollen, denn das ist gerade, als wenn die Sau die Minerva lehren wollte.

Beethoven.

Mozart und Haydn erzeigen Sie die Ehre, ihrer nicht zu erwähnen! – Es war schon gestern und noch früher beschlossen, Sie nicht mehr für mich schreiben zu machen.

Die folgenden Briefe an den Neffen Karl geben einen Einblick in das Mißtrauen, das Beethoven hegte (vgl. Biographie, S. 182). Unablässig sorgte er sich um den moralischen Lebenswandel Karls. Doch nicht nur das Spannungsverhältnis zum Neffen wird aus diesen Briefen deutlich. Gleichsam allen Personen aus seiner täglichen Umgebung, darunter dem *Pseudobruder* Johann und seinem Sekretär Karl Holz – *Holz Christi* oder *Span* genannt – begegnete er mit Argwohn. An der Brieffolge läßt sich die Zuspitzung des Konflikts mit dem Neffen nachvollziehen. Im Herbst, Anfang Oktober, muß es von seiten Beethovens zu Maßnahmen gegen den Neffen gekommen sein, die diesen zu einer Handlung mit für beide Seiten schweren Folgen zu veranlassen drohten.

[1825.]

Lieber Sohn!

Hier die 90 fl., laß Dir darüber eine Quittung und ein paar Zeilen geben; es fällt hernach nicht so auf, von der Hausfrau, obschon es bei denjenigen, welche unter Vormundschaft stehen, überall gebräuchlich ist. – Meine Oblaten sind alle, – solltest Du nicht ein Kästchen hierher senden können auf irgendeine Art?! Schreib' gleich den Empfang. – Gott mit Dir, tu' was nur immer möglich, daß ich befreit werde von diesem alten Teufel. –

In Heimlichkeiten mit dem Herrn Bruder laß Dich nicht ein, – überhaupt sei nicht heimlich gegen mich, gegen Deinen

treuesten Vater.

Gute Nacht! Leb' wohl, leb' wohl! – Die alte Hexe und der Satanas und ich?!
Du brauchst nur die Summe in der Quittung und brauchst sonst auszurichten. H. erhält hiermit seine Instruktion.

Baden, 28. Juni [1825.]

Lieber Sohn!

Da Du vielleicht bei der Hitze zu baden liebst, so sende ich Dir noch 2 fl. Übrigens muß alles von denen, die etwas von Dir erhalten, schriftlich eingegeben werden; denn daß Unrichtigkeiten eintreffen, beweist das blaue Tuch, die 3 fl. für den Spiegel. Du gehörst einmal schon unter die Wiener; obschon ich nicht hoffe, daß Du ein Wiener Früchtel – werden wirst, so macht es in Deinen Jahren Dir noch keine Schande, genaue Rechenschaft von dem Gelde, was du erhältst, vollkommen Rechenschaft geben zu müssen, da man mit 24 Jahren erst als mündig gehalten wird, und Du, selbst wenn Du eigenes hättest, dem Vormund in diesen Jahren alles vorrechnen müßtest. – Laß mich nicht noch weiter zurückgehen, leicht ist dieses, aber nur schmerzhaft für mich; am Ende heißt es denn auch da: »Sie sind doch ein recht guter Vormund« usw. Wäre nur einige Tiefe in Dir, so müßtest Du überhaupt immer anders gehandelt haben. – Nun von diesem niederträchtigen Hausgesinde; gestern ist die Küchenmagd schon fort, ist gleich eingetreten; wie dieses zusammenhängt, ist bei einer alten Hexe sehr schwer, die jetzt wieder lächelt und durchaus nicht zugeben will, daß sie was bei den Rechnungen eingebüßt habe. Was sagst Du dazu? – [Rest zerrissen]

[1825.]

Hier kommt Satanas, – heute hat ihre kochende Wut und ihr Wahnsinn etwas nachgelassen, unterdessen – sollte sie sich an Dich wenden wollen, so verweist Du sie auf übermorgen bei mir. – Die ganze Woche mußte ich wie ein Heiliger leiden und dulden, – fort mit diesem Pöbelgeschmeiß! Welcher Vorwurf für unsere Kultur, dergleichen durchaus zu benötigen, was wir verachten, uns so nahe wissen zu müssen! – Morgen geh' mit ihr wegen dem Selterswasser beim Karolinentor, wie vormals; sollten die kleinen Krüge ebenso echt als die großen sein, so könnte man solche nehmen, ich glaube aber, daß es sicherer mit den großen sein muß. Ce dépend de votre esprit, votre distinction etc. – Jetzt lebe wohl, lieber Sohn, mach ja, daß wir das echte, nicht künstlich gemachte Selterswasser erhalten, geh' ja mit, sonst könnte ich, wer weiß was, erhalten. – Nun lebt wohl, bestes Lümperl, wir sind Euch so ziemlich zugetan; übermorgen um 8 Uhr erwarten wir Euch, das Frühstück wird nicht fehlen; wenn's nur nicht wie gewöhnlich das Spätstück würde. – Ah au diable avec ces grands coquins de neveux – allez-vous-en – soyez mon fils – mon fils bien aimé. – Adieu. Je vous baise, votre père sincère comme toujours.

[13. Juli 1825.]

Lieber Sohn!

Diesen Brief sogleich an den Pseudobruder; schreib' noch einiges dazu. Es ist unmöglich, es länger dauern zu lassen; heute keine Suppe, kein Rindfleisch, kein Ei; ein Rostbraten zuletzt aus dem Wirtshaus.

Neulich, als Holz dablieb, beinahe abends nichts zu essen; ihr keckes, unanständiges Betragen bei alledem, ich habe ihr heute gesagt, daß ich sie höchstens bis Ende dieses Monats dulde.

Für heute nicht mehr; beim Magistrat ist nichts, als daß ich einen Zettel schreibe, daß Du das Geld erheben kannst, übrigens ist es gut, daß Du auch alsdann anfrägst, was zu tun, daß diese Bankobligationen in Rothschildlose umgesetzt werden. – Für heute sage ich nichts mehr, als daß ich Dich immer für meinen mir teuren Sohn, der es verdient, halte. – So wenig ich der untern Nahrung gänzlich bedarf, wie Du weißt, so ist es doch gar zu arg hiermit, und noch jeden Augenblick in Gefahr, täglich vergiftet zu werden!

Beethoven 1821
Lithographie von A. Dietrich

Lebe wohl, nimm Dich in dieser Hitze Deiner Gesundheit wegen in acht, lieber Sohn, bleibe ja gesund; fliehe alles, was Deine Jugendkraft entnerven, vermindern kann, leb' wohl, ach Gott! Gespräch wäre besser. – Dein immer; Dein treuer Dich an sein Herz drückender

Vater.

Baden, 18. Juli 1825.

Lieber Sohn!

Du siehst hier aus diesem Briefe, was zu ersehen; bleibe nur bei Mäßigkeit, das Glück krönt meine Bemühungen, laß ja nicht Dein Unglück aus falschen Ansichten von Dir gründen, sei wahrhaftig und ja genau in Deinen Angaben Deiner Ausgaben, das Theater laß jetzt noch sein; – folge Deinem Führer und Vater, folge ihm, dessen Dichten und Trachten allzeit für Dein moralisches Wohl und auch nicht ganz für das gewöhnliche Dasein ist. – Dieser Hr. Thal wird zu Dir kommen, er wird mit Hönigstein auch sein, Du kannst ihm nach Ermessen auch die Ouvertüre geben, er bleibt drei Wochen hier. Du kannst ihm antragen, einmal hier zu speisen, – freilich den Sonntag, wo ein gewisses Lümperl mit zugegen ist, – freilich sehr früh mit einem Wagen, welchen ich schicken würde. Laß ja ein liebenswürdiges Betragen bei diesem Menschen vorleuchten, durch Kunst und Wissenschaft sind ja die besten edelsten Menschen verbunden und Dein künftiger Stand schließt Dich nicht davon aus. – Wenn Du einen Fiaker nähmest, zum Rampel zu fahren, wenn es Deine Zeit erlaubte, wegen dem Abschreiben des Quartetts. Du kannst ihm sagen, daß ich ganz anders jetzt schreibe, leserlicher, als während meiner Krankheit, und daß dies Quartett gleich zweimal geschrieben wird; ich schickte es alsdann herein. Hier hat sich auch einer angetragen, allein ich weiß nicht, was er kann. Dem Holz Christi oder dem Span des Holz Christi möchte ich im ersten Augenblick auch nicht zuviel anvertrauen. – Schreibe gleich, die alte Gans kommt vielleicht übermorgen nach Wien. – Leb' wohl, folge meinen Lehren.

Dein treuer Dich herzlich umarmender Vater.

Vielleicht gehst Du mit diesem Hr. Thal zu Hönigstein. Du mußt aber nicht zu sehr nach dem Geld fragen.

Baden, 11. August 1825.

Lieber Sohn!

Ich bin in Todesangst wegen dem Quartett, nämlich das dritte, vierte, fünfte und sechste Stück, hat Holz mitgenommen, die ersten Takte vom dritten Stück sind hier geblieben, nämlich die Anzahl dieser Blätter sind dreizehn. Von Holz höre ich nichts, gestern habe ich ihm geschrieben, sonst schreibt er gewöhnlich; welch schrecklicher Zufall, wenn er es verloren hätte. Er trinkt stark, unter uns gesagt: So geschwind als möglich beruhige mich. Bei Haslinger kannst Du Linkes Wohnung erfahren; Haslinger war heute hier, sehr freundschaftlich, hat die Hefte und andere d. g. gebracht, bat sehr um die neuen Quartetten; laß Dich nie in dgl. in kein Gewäsch ein, es führt zu Gemeinheiten. – Um Gottes willen nur Beruhigung wegen dem Quartett, schrecklicher Ver-

lust. – Auf nichts als kleinen Fetzen ist das Konzept geschrieben, und nie mehr werde ich imstande sein das Ganze so zu schreiben.

Dein treuer Vater.

Ich melde Dir noch, daß der kommende Sonntag und Montag zwei Feiertage sind, Du also Dich danach einrichten kanst. Bei dieser Gelegenheit könntest Du vielleicht Sonnabend abends hierher mit mir, wenn ich hereinkomme, da Du den ganzen Morgen des Sonntag gewinnst.

[1825.]

Bestes Lümperl!

Eben diesen Abend erhalte ich Dein Schreiben, sehe aber, wie muß ich lachen. Es ist nicht in der Ordnung, daß die Mainzer so etwas getan haben; da es aber einmal geschehen ist, so schadet es nicht. Unser Zeitalter bedarf kräftiger Geister, die diese kleinsüchtigen, heimtückischen, elenden Schufte von Menschenseelen geißeln, – so sehr sich auch mein Herz einem Menschen wehe zu tun dagegen sträubt. Auch war es bloß Scherz und gar nicht mein Gedanke, so etwas gedruckt zu wissen.

Beim Magistrat frägst Du gleich um die Form wegen Veränderung der Bankobligationen in Rothschildsche Lose, um darum beim Magistrat (nicht Obervormundhinterschaft) einzukommen. – – Sei brav, sei gut, hier hast du ein Beispiel, wie sich alles freut, wenn dgl. Menschen irgend gehörig gewürdigt werden. – Sei mein lieber einziger Sohn, ahme meine Tugenden ohne meine Fehler; jedoch nicht, da der Mensch fehlen muß, habe schlimmere Fehler als ich Dein

wahrhafter, Dich umarmender treuer Vater.

Wegen der Unterredung Sonntags schreibe mir auch, es ist vom Hof, höfisches Zeug, wo man in Reserve sein muß. Holz ist heute nicht gekommen. Wenn ihm auch nur zu trauen ist.

Baden, 4. Oktober [1825.]

Lieber Sohn!

Wie der weise Odysseus weiß ich mir auch zu helfen; kommst Du Samstag, so brauchst Du nicht zu fürchten, daß es zu kalt ist; ein Teil der alten Fensterläden ist hier, womit man sich ziemlich helfen kann. – Meinen Schnupfen und Katarrh hoffe ich auch noch hier loszuwerden. Doch ist's überhaupt jetzt gefährlich hier für meinen katarrhalischen Zustand, die Winde, oder vielmehr Orkane, sind noch immerfort herrschend. – Wegen Biedermann frage, ob S. ihm einen Auftrag gegeben; denn noch kann man an Peters gleich schreiben, im Falle, daß Biedermann von Schlesinger keinen Auftrag hat. – Für heute wäre es wohl kaum möglich, mir schon zu schreiben, ich hoffe aber morgen ein Schreiben und Sonnabend Dich gewiß zu sehen. – Ich wünsche, daß Du Dich Deiner Lieblosigkeit wegen gegen mich nie schämen dürfest; ich – leide nur, anders kann ich nichts sagen; ich wünsche und hoffe, daß alles, was Du angeführt hier, um nach Wien zu gehen, sich ebenso verhalte. –

Sei versichert, daß Du nur alles Gute von mir jederzeit erwarten kannst, aber sollt ich auch dieses von Dir wünschen? – Wenn Du mich auch stürmisch siehst, so schreib' es meiner großen Sorge für Dich zu, indem Dir leicht Gefahren drohen. – Ich hoffe wenigstens morgen ein Schreiben von Dir, setze mich nicht in Angst und bedenke meine Leiden. Von Rechts wegen müßte ich deswegen gar keine Besorgnisse haben, allein was habe ich schon erlebt?! –

Wie immer Dein treuer Vater.

Bedenke, daß ich hier sitze und leicht krank werden kann. – N'oubliez pas de demander des quittances et donnez-moi aussi vite que possible des nouvelles.

Baden, 5. [Oktober 1825.]

Mein teurer Sohn!

Nur nicht weiter – komm nur in meine Arme, kein hartes Wort wirst Du hören, o Gott, gehe nicht in Dein Elend. – Liebend wie immer wirst Du empfangen werden, – was zu überlegen, was zu tun für die Zukunft, dies werden wir liebevoll besprechen; – mein Ehrenwort, keine Vorwürfe, da sie jetzt ohnehin nicht mehr fruchten würden, nur die liebevollste Sorge und Hilfe darfst Du von mir erwarten. – Komm nur, – komm an das treue Herz Deines Vaters. –

Beethoven.

Komme gleich nach Empfang dieses nach Hause.
Si vous ne viendrez pas, vous me tuerez surement. Lisez la lettre et restez à la maison chez vous, venez m'embrasser, votre père vous vraiment adonné, soyez assuré, que tout cela restera entre nous.

Komme nur um Gottes willen heute wieder nach Hause, es könnte dir, weiß was, für Gefahr bringen. Eile – eile!

5. Oktober 1825.

Teurer, lieber Sohn!

Eben erhalte ich Deinen Brief, schon voll Angst und schon heute entschlossen, nach Wien zu eilen. – Gott sei Dank, es ist nicht nötig; folge mir nur, und Liebe wie Glück der Seele, mit menschlichem Glück gepaart, wird uns zur Seite sein, und Du wirst ein ethisches Dasein mit dem äußeren paaren. Doch besser, daß ersteres über letzteres obenan stehe. – Il fait trop froid – also Samstag sehe ich Dich, schreibe noch, ob Du früh oder abends kommst, wo ich Dir entgegeneile. –

Tausendmal umarme ich Dich und küsse Dich, nicht meinen verlorenen, sondern neugeborenen Sohn. – An Schlemmer schrieb ich; nimm's nicht übel, ich bin noch zu voll. [Ein Stück abgerissen]

Liebe und meine Sorgen für Dich Wiedergefundenen werden Dir nur Deinen liebevollen Vater zeigen.

Ayez la bonté de m'envoyer ein Zündfläschchen mit Zündhölzchen von Rospini, ou portez en avec vous puisque de celle de Kärntner Tor, on ne veut pas faire usage. –

Baden, 12. Oktober [1825.]

Lieber Sohn!

Ich erhielt Deinen Brief gestern ohne Datum und Tag. Die Hauptsache ist das Klavier, da eben die Witterung so schön und trocken, und das Steinsche später, sobald ich komme, es in Stand zu richten, da ich es ihm gern bezahlen will, weil es sonst ganz zugrunde geht. Der Tischler wird Dich wohl heute gefunden haben, um den Koffer hierher zu schaffen, da er die Läden machen will. Es wird wohl früher als Sonnabend nicht möglich sein, hereinzukommen, um alles in die neue Wohnung von des Bruders seiner bringen zu lassen. Die Alte allein dies tun lassen, geht nicht. Sollte ich aber nicht kommen, so komme Sonntags mit dem Wagen, wo Holz mit hierher gekommen ist.

Ich wünsche, daß Deine Selbstsucht gegen mich endlich nachlasse; ebensowenig tut sie mir wohl als sie dich auf den rechten und besten Weg bringt. Fahr' nur fort, Du wirst es bereuen! Nicht, daß ich vielleicht früher sterbe, da dies Dein Wunsch wäre, sondern

Beethoven Mai 1824
Kreidezeichnung von Stephan Decker

ich werde mich lebend gänzlich von Dir trennen, ohne Dich deswegen zu verlassen und nicht zu unterstützen. Suche den Narren, der sich so geopfert und so belohnt worden und täglich von Dir wird. Das schlimmste sind die Folgen, die für Dich sich durch Dein Betragen entstehen werden. Wer wird Dir glauben, trauen, der hört, was geschehen und wie Du tödlich mich verwundet hast und täglich verwundest. Mach', daß ich Dich zu finden weiß, ich komme, wann immer. Komme ich Sonntag, so kannst Du abends mit mir hierher. (Noch ist es außerhalb Baden besonders schön; ich mache große Spaziergänge, doch war ich gestern in Gefahr.) Allein! während mein Neffe hier sein könnte, hätte er seine Zeit nicht am Billard verspielt.

Werde ja nicht Rameaus Neffe.

Dein treuer Vater.

Alle Morgen bringe ich mit den Musen zu – und sie beglücken mich im Gehen auch.
Sowohl die Alte als Junge betragen sich fort niederträchtig. Gleich fort mit beiden in Wien.

Im August 1825 begegneten sich die »alten« Freunde Stephan von Breuning und Beethoven zufällig in Wien auf der Straße. Dieses Zufallstreffen wurde Ausgangspunkt für die Erneuerung der Freundschaft (vgl. Biographie, S. 188). Breuning war fortan bis zu Beethovens Tod der wichtigste Ratgeber. Im Herbst nach dieser Begegnung bezog Beethoven eine Wohnung im »Schwarzspanierhaus«. Es war die letzte seiner zahlreichen Wiener Wohnungen (im Jahr zuvor hatte er noch viermal sein Domizil gewechselt). Die guten Wohnverhältnisse und der freundschaftliche und gesellige Umgang mit den benachbarten Breunings schienen eine Entkrampfung der äußeren und inneren Situation zu ermöglichen. Bis ans Ende seines Lebens war der Sohn Gerhard von Breuning Beethovens besonderer Liebling. Auf seinen Klavierunterricht nimmt die Bemerkung über die Klavierschule von Carl Czerny Bezug.

[1825.]

Du bist, mein verehrter Freund, überhäuft, und ich auch. Dabei befinde ich mich noch immer nicht ganz wohl. – Ich würde Dich jetzt schon zum Speisen eingeladen haben, allein bis jetzt brauche ich mehrere Menschen, deren geistreichster Autor der Koch und deren geistreiche Werke sich zwar nicht in ihrem Keller befinden, die solchen jedoch in fremden Küchen und Kellern nachgehen, – mit deren Gesellschaft Dir wenig gedient sein würde. Es wird sich jedoch bald ändern.
Czernys Klavierschule nehme einstweilen nicht, ich erhalte dieser Tage nähere Auskunft über eine andere.

Hier das Deiner Gattin versprochene Modejournal und etwas für Deine Kinder. Das Journal kann Euch von mir immer wieder zugestellt werden, sowie Du über alles andere, was Du von mir wünschest, zu gebieten hast. – Mit Liebe und Verehrung

Dein Freund Beethoven.

Ich hoffe, uns bald zusammen zu sehen.

Die Haushaltsführung und die Schwierigkeiten mit den Haushälterinnen gaben ständig Anlaß zu Ärgernissen.

An [. . .?]

[1825.]

Euer Wohlgeboren!

Ihre Mutter ist unlängst durch die Dummheit meiner Haushälterin abgewiesen worden, ohne daß man mir ein Wort von ihrem Dasein gemeldet hat. Ich habe dieses unanständige Betragen, indem sie selbst noch dazu nicht in mein Zimmer geführt, gerügt; die Ungeschlachtheit und Roheit dieser Menschen, die ich so unglücklich bin, um mich zu haben, ist jedem bekannt. Ich bitte daher um Verzeihung.

Ihr ergebenster Diener L. v. Beethoven.

[1825.]

Bester!

Ich sagte Ihnen schon gestern, daß ich schon erfahren habe, daß sie nicht alles nach gutem Geschmack und der Gesundheit zuträglich koche. Es war wohl zu bemerken, daß sie gleich beim Zurechtweisen sich schnippisch betrug. Allein mit den besten Worten bedeutete ich ihr, daß sie mehr darauf acht geben sollte. Ich sah nicht mehr nach ihr gestern, ging abends noch spazieren, und bei meiner Zurückkunft fand ich sie nicht mehr und sie hinterließ diesen Brief. Da dies eine Flucht, so wird dies wohl am besten die Polizei wissen, daß sie zurückkomme. Ich bitte Sie um Ihren Beistand; könnten Sie einen Augenblick kommen, so wäre es recht schön.

Der Ihrige Beethoven.

Carl Holz lebte von 1798 bis 1858. Er war Kassenbeamter im niederösterreichischen Landschafts-Obereinnehmeramt, Mitglied der Gesellschaft der Musikfreunde und praktizierender Geiger. Im Schuppanzigh-Quartett spielte er die zweite Geige. 1825 wurde er mit Beethoven näher bekannt. Er war ihm in den letzten Jahren ein unentbehrlicher Gehilfe. Beethoven mochte Holz recht gerne. Der Umgang mit ihm war unkompliziert.

Wien, 30. August 1826.

Mit Vergnügen gebe ich meinem Freunde, Karl Holz, die gewünschte Erklärung, daß ich ihn zur dereinstigen Herausgabe meiner Biographie für berufen halte, wenn ich überhaupt annehmen kann, daß man sie wünschen solle, und ich schenke ihm das volle Vertrauen, daß er das, was ich ihm zu diesem Zwecke mitgeteilt habe, nicht entstellt der Nachwelt überliefern wird!

Ludwig van Beethoven.

[1826.]

Bestes lignum crucis! Wir brechen höchstens in einer Viertelstunde durch den Boden oben durch und Ihr werdet mich auffangen, ruht Euch indessen aus.

B.

[1826.]

Span vom Holz Christi hat noch die Fehler, welche kein Mensch macht zu korrigieren. Holz ist übrigens anzuschüren.

[1826.]

Eines besonderen Zufalls wegen bitte ich Sie, wenn Sie ausgehen, zu hinterlassen, wo ich Sie vormittags finde? Auf jeden Fall sehe ich Sie zu Mittag.

Der Ihrige Beethoven.

[1826?]

Ich grüße Sie! – Ich bitte Sie mir Ihre Auslagen zu schicken und mir zu verzeihen, wenn ich mich in allem als Ihr Schuldner ansehen muß.

Ihr Freund Beethoven.

Am 30. Juli 1826 versuchte der Neffe Karl, sich das Leben zu nehmen (vgl. Biographie, S. 196). Die anfänglich außerordentlich starke Betroffenheit bei Beethoven wich schließlich, nachdem er sich dazu bereitgefunden hatte, den Neffen die Militärlaufbahn einschlagen zu lassen, der Sorge um das Wohl des Jungen. Stephan von Breuning übernahm in der schwierigen Situation die Vormundschaft. An ihn ist der nachstehende Brief gerichtet.

Bei Karl sind, glaube ich, drei Punkte zu beobachten, erstlich, daß er nicht wie ein Sträfling behandelt werde, welches gerade nicht das wünschenswerte, sondern entgegengesetzte hervorbringen würde. – Zweitens um zu höheren Graden befördert zu werden, darf er doch nicht gar zu gering und unansehnlich leben. – Drittens dürfte eine gar zu große Einschränkung im Essen und Trinken ihm doch hart fallen. – Ich greife Dir nicht vor.

Im Herbst 1826 – anschließend an die »Katastrophe« des Selbstmordversuchs des Neffen und seine Genesung – weilte Beethoven in Gneixendorf auf dem Hof seines Bruders Johann (vgl. Biographie, S. 198, 200). Seine Gesundheit begann jetzt rasch zu zerfallen. An Franz Wegeler, dem er schon seit Jahresbeginn einen Brief schuldete, schrieb er:

Wien, 7. Oktober 1826.

Mein alter geliebter Freund!

Welches Vergnügen mir Dein und Deiner Lorchen Brief verursachte, vermag ich nicht auszudrücken. Freilich hätte pfeilschnell eine Antwort darauf erfolgen sollen, ich bin aber im Schreiben überhaupt etwas nachlässig, weil ich denke, daß die besseren Menschen mich ohnehin kennen. Im Kopf mache ich öfter die Antwort, doch wenn ich sie niederschreiben will, werfe ich die Feder meistens weg, weil ich nicht so zu schreiben imstande bin, wie ich fühle. Ich erinnere mich aller Liebe, die Du mir stets bewiesen hast, z. B. wie Du mein Zimmer weißen ließest und mich so angenehm überraschtest. Ebenso von der Familie Breuning. Kam man voneinander, so lag das im Kreislauf der Dinge; jeder mußte den Zweck seiner Bestimmung verfolgen und zu erreichen suchen; allein die ewig unerschütterlichen festen Grundsätze des Guten hielten uns dennoch immer fest zusammen verbunden. Leider kann ich heute Dir nicht soviel schreiben, als ich wünschte, da ich bettlägerig bin, und beschränke mich darauf, einige Punkte Deines Briefes zu beantworten.

Du schreibst, daß ich irgendwo als natürlicher Sohn des verstorbenen Königs von Preußen angeführt bin; man hat mir davon vor langer Zeit ebenfalls gesprochen. Ich habe mir aber zum Grundsatz gemacht, nie weder etwas über mich selbst zu schreiben, noch irgend etwas zu beantworten, was über mich geschrie-

ben worden. Ich überlasse Dir daher gerne, die Rechtschaffenheit meiner Eltern und meiner Mutter insbesondere der Welt bekanntzumachen. Du schreibst von Deinem Sohne. Es versteht sich wohl von selbst, daß, wenn er hierher kommt, er seinen Freund und Vater in mir finden wird, und wo ich imstande bin, ihm in irgend etwas zu dienen oder zu helfen, werde ich es mit Freude tun.

Von Deiner Lorchen habe ich noch die Silhouette, woraus zu ersehen, wie mir alles Gute und Liebe aus meiner Jugend noch teuer ist.

Von meinen Diplomen schreibe ich nur kürzlich, daß ich Ehrenmitglied der k. Gesellschaft der Wissenschaften in Schweden, ebenso in Amsterdam und auch Ehrenbürger von Wien bin. – Vor kurzem hat ein gewisser Dr. Spieker meine letzte große Symphonie mit Chören nach Berlin mitgenommen; sie ist dem Könige gewidmet, und ich mußte die Dedikation eigenhändig schreiben. Ich hatte schon früher bei der Gesandtschaft um die Erlaubnis, das Werk dem Könige zueignen zu dürfen, angesucht, welche mir auch von ihm gegeben wurde. Auf Dr. Spiekers Veranlassung mußte ich selbst das korrigierte Manuskript mit meinen eigenhändigen Verbesserungen demselben für den König übergeben, da es in die königl. Bibliothek kommen soll. Man hat mich da etwas von dem Roten Adlerorden 2. Klasse hören lassen; wie es ausgehen wird, weiß ich nicht. Denn nie habe ich derlei Ehrenbezeigungen gesucht, doch wäre sie mir in diesem Zeitalter wegen manches anderen nicht unlieb.

Es heißt übrigens bei mir immer: Nulla dies sine linea, und lasse ich die Muse schlafen, so geschieht es nur, damit sie desto kräftiger erwache. Ich hoffe, noch einige große Werke zur Welt zu bringen und dann wie ein altes Kind irgendwo unter guten Menschen meine irdische Laufbahn zu beschließen.

Du wirst bald durch die Gebrüder Schott in Mainz einige Musikalien erhalten. Das Porträt, welches Du beiliegend bekommst, ist zwar ein künstlerisches Meisterstück, doch ist es nicht das letzte, welches von mir verfertigt wurde. – Von den Ehrenbezeigungen, die Dir, ich weiß es, Freude machen, melde ich Dir noch, daß mir von dem verstorbenen König von Frankreich eine Medaille zugesandt wurde mit der Inschrift: Donné par le Roi à Monsieur Beethoven, welche von einem sehr verbindlichen Schreiben des premier gentilhomme du Roi, duc de Chârtres begleitet wurde.

Mein geliebter Freund! Nimm für heute vorlieb. Ohnehin ergreift mich die Erinnerung an die Vergangenheit und nicht ohne viele Tränen erhältst Du diesen Brief. Der Anfang ist nun gemacht, und bald erhältst Du wieder ein Schreiben; und je öfter Du mir schreiben wirst, desto mehr Vergnügen wirst Du mir machen. Wegen unserer Freundschaft bedarf es von keiner Seite einer Anfrage, und so lebe wohl. Ich bitte Dich, Dein liebes Lorchen und Deine Kinder in meinem Namen zu umarmen und zu küssen und dabei meiner zu gedenken. Gott mich Euch allen! – Wie immer Dein treuer, Dich ehrender, wahrer Freund

Beethoven.

Die *Missa solemnis* und die 9. Sinfonie wurden von dem Mainzer Verlag B. Schott's Söhne verlegt. Besonderen Wert legte Beethoven darauf, daß die Ausgaben mit seinen Metronomangaben erschienen.

An B. Schott's Söhne.

[1826.]

Ich beeile mich, Ihnen das Wappen Sr. Kais. Hoheit des Erzherzogs Rudolf zu übersenden. Sie können auch die Pränumerandenliste von den übrigen der Dedikation folgen lassen. Die Metronomisierung folgt nächstens. Warten Sie ja darauf. In unserem Jahrhundert ist dergleichen sicher nötig; auch habe ich Briefe von Berlin, daß die erste Aufführung der Symphonie mit enthusiastischem Beifall vor sich gegangen ist, welches ich großenteils der Metronomisierung zuschreibe. Wir können beinahe keine tempi ordinari mehr haben, indem man sich nach den Ideen des freien Genius richten muß. Eine große Gefälligkeit würden Sie mir erzeigen, wenn Sie die Güte hätten, an einen meiner wertesten Freunde, den königl. preußischen Regierungsrat Franz von Wegeler in Koblenz folgendes zu senden: das Opferlied, das Bundeslied, das Lied: Bei Chloen war ich ganz allein, und die Bagatellen für Klavier. Die drei erstern wollen Sie ihm gefälligst in Partitur senden. Den Betrag werde ich mit Freuden vergüten. Die Dedikation des Quartetts werden Sie in einigen Tagen ebenfalls erhalten. Ich liege nun schon ein paar Wochen, hoffe aber, daß Gott mir wieder aufhelfen wird. Mich Ihrem Andenken empfehlend bin ich

Ihr ergebenster Ludwig van Beethoven.

Der Gerichtsadvokat Dr. Johann Baptist Bach hatte 1819 Beethovens Rechtsvertretung in dem Vormundschaftsstreit übernommen. An ihn richtete er das Schreiben mit seinem testamentarischen Willen (vgl. Biographie, S. 201). Seit Anfang Dezember 1826 war Beethoven bettlägerig. Sein Gesundheitszustand verschlechterte sich so schnell, daß bald jede Aussicht auf Genesung schwand.

Wien, 3. Januar 1827.

Verehrter Freund!

Ich erkläre vor meinem Tode Karl van Beethoven, meinen geliebten Neffen, als meinen einzigen Universalerben von meinem Hab und Gut, worunter hauptsächlich sieben Bankaktien und was sich an Barem vorfinden wird. Sollten die Gesetze hier Modifikationen vorschreiben, so suchen Sie selbe so sehr als möglich zu seinem Vorteile zu verwenden. Sie ernenne ich zu seinem Kurator und bitte Sie, mit Hofrat Breuning, seinem Vormunde, Vaterstelle bei ihm zu vertreten. – Gott erhalte Sie. Tausend Dank für Ihre mir bewiesene Liebe und Freundschaft.

Ludwig van Beethoven.

An Dr. Franz Wegeler.

Wien, 17. Februar 1827.

Mein alter, würdiger Freund!

Ich erhielt wenigstens glücklicherweise Deinen zweiten Brief von Breuning; noch bin ich zu schwach, ihn zu beantworten; Du kannst aber denken, daß mir alles darin willkommen und erwünscht ist. Mit der Genesung, wenn ich es so nennen darf, geht es noch sehr langsam. Es läßt sich vermuten, daß noch eine vierte Operation zu erwarten sei, obwohl die Ärzte noch nichts davon sagen. Ich gedulde mich und denke: alles Üble führt manchmal etwas Gutes herbei. – Nun aber bin ich erstaunt, als ich in Deinem letzten Brief gelesen, daß Du noch nichts erhalten. Aus dem Briefe, den Du hier empfängst, siehst Du, daß ich Dir schon am 10. Dezember v. J. geschrieben. – Mit dem Porträt ist es der nämliche Fall, wie Du, wenn Du es erhältst, aus dem Datum darauf wahrnehmen wirst. – »Frau Steffen sprach«, – kurzum Steffen verlangte, Dir diese Sachen mit einer Gelegenheit zu schicken, allein sie blieben liegen, bis zum heutigen Datum, und wirklich hielt es noch schwer, sie bis heute zurückzuerlangen. Du erhältst nun das Porträt mit der Post durch die Herren Schott, welche Dir auch die Musikalien übermachten. – Wieviel möchte ich Dir heute noch sagen; allein ich bin zu schwach; ich kann daher nichts mehr, als Dich mit Deinem Lorchen im Geiste umarmen. Mit wahrer Freundschaft und Anhänglichkeit an Dich und an die Deinen Dein alter treuer Freund.

Beethoven.

Der Freund Nikolaus von Zmeskall lag zu diesem Zeitpunkt ebenfalls krank darnieder.

[18. Februar 1827.]

Mein sehr werter Freund!

Tausend Dank für Ihre Teilnahme; ich verzage nicht, nur ist alle Aufhebung meiner Tätigkeit das Schmerzhafteste. Kein Übel, welches nicht auch sein Gutes hat. Der Himmel verleihe nur Ihnen auch Erleicht[er]*ung Ihres schmerzhaften Daseins. Vielleicht kommt uns beiden unsere Gesundheit entgegen und wir begegnen und sehen uns wieder freundlich in der Nähe. – Herzlich Ihr alter teilnehmender Freund*

Beethoven.

Die finanziellen Sorgen empfand Beethoven bis zu seinen letzten Tagen als belastend (die sieben Bankaktien, die er besaß, wollte er nicht anrühren, da sie dem Neffen Karl als Erbschaft zugedacht waren). Im Februar 1827 richtete er an die Londoner Freunde George Smart, Andreas Stumpff und Ignaz Moscheles inhaltlich gleichlautende Briefe mit der Bitte, darauf hinzuwirken, daß die Philharmonische Gesellschaft in London zu seinem »Besten« ein Konzert gäbe. Man reagierte in London sofort und schickte 100 Pfund (vgl. Biographie, S. 203).

An Ignaz Moscheles.

Wien, 22. Februar 1827.

Mein lieber Moscheles!

Ich bin überzeugt, daß Sie es nicht übelnehmen, daß ich Sie ebenfalls, wie Sir G. Smart, an den hier ein Brief beiliegt, mit einer Bitte belästige. Die Sache ist in Kürze diese: Schon vor einigen

Jahren hat mir die philharmonische Gesellschaft in London die schöne Offerte gemacht, zu meinem Besten ein Konzert zu veranstalten. Damals war ich gottlob! nicht in der Lage, von diesem edlen Antrage Gebrauch machen zu müssen. Ganz anders aber ist es jetzt, wo ich schon bald volle drei Monate an einer langwierigen Krankheit daniederliege. Es ist die Wassersucht; Schindler wird Ihnen beiliegend mehr davon sagen. Sie kennen seit lange mein Leben, wissen auch, wie und von was ich lebe. Ans Schreiben ist jetzt lange nicht zu denken, und so könnte ich leider in die Lage versetzt werden, Mangel leiden zu müssen. Sie haben nicht nur ausgebreitete Bekanntschaften in London, sondern auch bedeutenden Einfluß bei der philharmonischen Gesellschaft; ich bitte Sie daher, dieses soviel als Ihnen möglich anzuwenden, damit die Gesellschaft jetzt von neuem diesen Entschluß fassen und bald in Ausführung bringen möge. Des Inhalts ist auch der beiliegende Brief an Sir Smart, sowie ich eines bereits an Herrn Stumpff abschickte. Ich bitte Sie, dem Sir Smart den Brief einzuhändigen und sich zur Beförderung dieses Zweckes mit ihm und allen meinen Freunden in London zu vereinigen.

Ihr Freund Beethoven.

Der frühere Hausherr Beethovens, Freiherr Johann von Pasqualati, zeigte sich auf seine Weise erkenntlich, als er von dessen Krankheit erfuhr. Er schickte Süßspeisen.

[6. März 1827.]

Verehrtester alter Freund!

Meinen herzlichen Dank für Ihr Gesundheitsgeschenk; sobald ich von den Weinen den passendsten für mich gefunden, zeige ich es Ihnen an, doch werde ich Ihre Güte so wenig als möglich mißbrauchen; auf die Kompotte freue ich mich und werde Sie deswegen öfter angehn. – Schon dieses kostet mich Anstrengung – Sapienti pauca.

Ihr dankbarer Freund Beethoven.

[1827.]

Verehrter Freund!

Wie soll ich Ihnen genug danken für den herrlichen Champagner, wie sehr hat er mich erquickt und wird mich noch erquicken! Für heute brauche ich nichts und danke für alles. – Was Sie sonst noch für ein Resultat in Ansehung der Seine ziehen möchten, bitte ich Sie zu bemerken, ich würde selbst nach meinen Kräften gerne vergüten. – Für heute kann ich nicht mehr schreiben, der Himmel segne Sie überhaupt, und für Ihre liebevolle Teilnahme an dem Sie hochachtenden leidenden

Beethoven.

[1827.]

Verehrter Freund!

Ich bitte heute wieder um ein Kirschenkompott, jedoch ohne Zitronen, ganz simpel. Auch eine leichte Mehlspeise, beinahe an Brei erinnernd, würde mich sehr freuen; meine brave Köchin ist bis jetzt zur Krankenspeise noch nicht geschickt. Champagner ist mir erlaubt, nur bitte ich für den ersten Tag mir ein Champagnerglas mitzuschicken. – Nun den Wein betreffend; Malfatti wollte gleich mir Moselwein; allein er behauptete, daß kein echter hier zu haben sei, er gab also selbst Gumpoldskirchner mehrere Flaschen und behauptete, daß dieser der beste sei für meine Gesundheit, da nun einmal kein echter Moselwein zu haben sei. – Verzeihen Sie mir mein beschwerlich fallen und schreiben Sie zum Teil meiner hilflosen Lage zu.

Hochachtungsvoll Ihr Freund Beethoven.

16. März 1827.

Verehrter Freund!

Meinen Dank für Ihre mir gestern übermachte Speise. Wie ein Kind begehrt ein Kranker nach so etwas, ich bitte daher heute um das Pfirsichkompott, andere Speisen betreffend muß ich erst den Rat der Ärzte einholen. Den Wein betreffend so finden sie den Grinzinger vorteilhaft für mich, allen anderen ziehen sie aber alten Gumpoldskirchner vor. Möge diese Erklärung nur kein Mißdeuten gegen mich bei Ihnen hervorbringen. – Mit herzlicher Hochachtung Ihr Freund

Beethoven.

An Anton Schindler.

[17. März 1827.]

Wunder, Wunder, Wunder!

Die hochgelahrten Herrn sind beide geschlagen, nur durch Malfattis Wissenschaft werde ich gerettet. Es ist nötig, daß Sie einen Augenblick doch diesen Vormittag zu mir kommen.

Der Ihrige Beethoven.

Aus Beethovens Gesprächen

Beethovens Konversationshefte gehören zu den originellsten und einmaligen Quellen, die uns die Geschichte hinterlassen hat. Ihre Einführung ist allein dem Umstand zu verdanken, daß Beethoven zunehmend ertaubte und deshalb die schriftliche Verständigung suchte. Um 1815 wurden für ihn die Hörschwierigkeiten so groß, daß er die Gesprächspartner dazu anhielt, ihre Äußerung auf einer Schreibtafel oder auf Papier zu notieren. Etwa 400 beschriebene Notizbücher hatten sich bis zu Beethovens Tod angesammelt. Daraus darf man freilich nicht schließen, daß diese 400 Hefte gleichsam lückenlos die Gespräche dokumentierten. Vieles wurde auf Schreibtafeln oder auch auf losen Zetteln notiert und nicht weiter aufbewahrt. Die etwa 400 Konversationshefte kamen nach Beethovens Tod in den Besitz seines Sekretärs Anton Schindler, der etwa fünf Achtel dieser wertvollen Dokumente vernichtet und den Restbestand 1846 an die Königliche Bibliothek in Berlin verkauft hat. Zahlreiche Forscher wie Thayer, Ludwig Nohl, Frimmel oder Romain Rolland haben dort die Dokumente eingesehen und auszugsweise in ihren Arbeiten zitiert. Erst nach dem Ersten Weltkrieg kam es durch Walter Nohl zu einem Versuch der systematischen Veröffentlichung. Seine Fortführung scheiterte an den ungünstigen wirtschaftlichen Verhältnissen. Von 1941–43 gab dann Georg Schünemann drei Bände mit 37 Heften heraus. Auch in diesem Fall standen die Zeitumstände einer Weiterführung des Projekts entgegen. Nach dem Zweiten Weltkrieg befanden sich die Hefte in der Deutschen Staatsbibliothek in Berlin (Ost), verschwanden aber 1950, fanden sich dann in der Bundesrepublik und

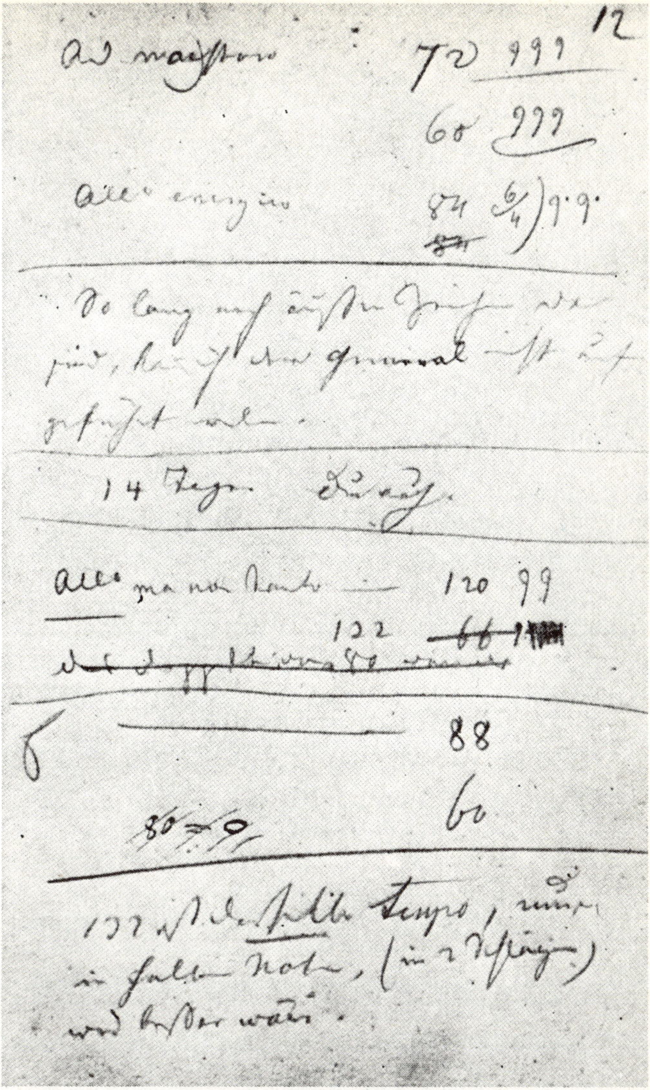

Aus den Konversationsheften von 1826
mit Eintragungen des Neffen Karl

Beethoven um 1826
Kreidezeichnung von Stephan Decker

wurden 1961 wieder an die Deutsche Staatsbibliothek, die rechtmäßige Eigentümerin, zurückgegeben. Seit 1963 werden die Konversationshefte nun in Form einer wissenschaftlichen Edition im Auftrag der Deutschen Staatsbibliothek Berlin von Karl-Heinz Köhler und Grita Herre herausgegeben.

Im allgemeinen weisen die Konversationshefte nur die Gesprächsanteile von Beethovens Besuchern auf. Beethoven selbst war ja in der Lage, seinen Teil mündlich zu äußern. Mitunter begegnet man allerdings auch Eintragungen von seiner Hand.

Dafür gibt es verschiedene Gründe. Manchmal ging sein Argwohn so weit, daß er sich von der Öffentlichkeit belauscht fühlte, so daß er dann auch seine Bemerkung notierte. Auch besonders deftige oder abfällige Bemerkungen über Personen finden sich als schriftliche Eintragungen. Darüber hinaus benutzte er diese Hefte auch, um sich Notizen aller Art zu machen; so findet sich in den Konversationsheften die berühmte Niederschrift des *Das moralische Gesetz in uns und der gestirnte Himmel über uns. Kant!!!* (s. S. 166, 322), ebenso wie sie zahlreiche Eintragungen enthalten, die die Haushaltsführung betreffen. Lebensmittel, die eingekauft werden müssen, werden samt Preisen notiert. In großer Fülle werden Annoncen aus Wiener Tageszeitungen herausgeschrieben. Sie betreffen Büchertitel, Wohnungen, Haushaltsartikel aller Art u. a.

Wie bedeutsam die Veröffentlichung der Konversationshefte ist, läßt sich daraus ermessen, daß sie in wichtigen Detailfragen zur Biographie Beethovens Klärung ermöglichen. So hat sich inzwischen mehrfach erwiesen, daß die Darstellungen Anton Schindlers, deren Glaubwürdigkeit lange Zeit außer Frage stand, doch nicht immer den Tatsachen entsprechen.

Das nachfolgend wiedergegebene Gespräch (Heft 39) fand nach dem 19. August 1823 zwischen Beethoven und Carl Czerny in Baden bei Wien statt. Czerny, ehemaliger Schüler Beethovens und zu dieser Zeit Lehrer von Franz Liszt, weilte zur Kur in Baden, wohin Beethoven einige Tage vorher umgezogen war. Das Gespräch geht über politische Ereignisse, über die Belagerung der spanischen Stadt Cádiz, in die sich die liberale Regierung vor den von der »Heiligen Allianz« geschickten französischen Truppen geflüchtet hatte. Schließlich wird das Thema Oper und Musik angesprochen.

CZERNY: *Ich hörte daß Sie ⟨für⟩ von / Bernard eine Cantate schon / halb fertig haben*

–

könnte ich einmal den / schönen Deutschen Text / zu Ihrer Messe kennen / lernen.

–

dadurch würde es auch / als Cantate fürs Protes- / tantische Deutschland / nützlich

[Unbeschrieben, mit Rötel durchgekreuzt]

[Unbeschrieben, mit Rötel durchgekreuzt]

Unter den wenigen / itzt lebenden Dichtern / wäre Kind wohl noch / der geeignetste

–

⟨Bis⟩

Es soll aber nur von / der Regierung / ausgehen

–

Die italienische Oper / wird auch wahrscheinlich / heuer zu letzt seyn / da die Einnahme bey / weitem nicht

–

Der Wild ist gestorben

–

Die Instrumentalmusik / trägt verhältnismäßig / doch mehr ein

–

Ziehen Sie auch die italienische / Sprache vor?

–

Die deutsche Declamation ist noch / keine abgeschloßene Kunst.

–

Seine letzten Opern / sind jām̄erlich / durchgefallen

–

Man klagt sehr über den / Eintrag den der Sauerhof / den übrigen Hausherrn thut

–

Aber der Vortheil das / Baad unterm Dach zu / haben.

–

Das ist mehr psychisch / als phisisch.

–

4ten September kömt / Streicher her

–

Er ist der größte Maul- / drescher von der Welt

–

⟨Ce⟩ ⟨Er ist Schwiegervater / des Streicher geworden⟩

–

Ich habe nur seine Instru- / mente gerne

–

Er ist nur ein geschikter / Nachdrucker

–

Studiert er auch fleißig / lebende Sprachen

–

Leider sind unsre Universitäten / doch gegen manche fremde sehr / zuruck

–

Junggesellenwirthschaft / hat auch ihr gutes
Ich gewinne genug um / mit meinen Eltern / anständig zu leben / aber eine Frau zu / ernähren brauch' ich / noch einige Jahre

–

Sch[l]*echte warme / Keller*

–

Im Winter 11 Stunden / täglich, ⟨darunter⟩ / die sich aber der Kunst / widmen, umsonst.

–

Wo sehr ausgezeichnete / Talente sind, wie z:[um] *Ex:* [empel] */ der kleine Liszt aus Ungarn*
aber im Som̄er hab ich / dafür um so mehr Zeit / fürs schreiben u spielen

–

Die Einnahme von Cadix / scheint sich nicht zu bestättigen / da gestern u heute der / Beobachter schweigt

–

Die alten Gebrechen werden /wohl alle wiederkehren

–

Haben diese Reutterschen / Sachen Verdienst? ich / kenne keine

–

Schreiben Sie einmal / ein Wohltemperirtes / Clavier

–

Aber als Kunstwerk / bleibt die Fuge unver- / gänglich und unterliegt / am Wenigsten der / Mode.

–

Ich glaube, es ist / ⟨nur eine Nebenart⟩ / aus den Canons / entstanden

–

Ich kenne nichts Schöners / für den Gesang als Ihren / Liederkreis an die ferne / Geliebte.

–

Der Stich ist aber in Wien / ⟨f⟩ viel schöner geworden

–

Hier sind zu viele Verleger / einer verdirbt dem Andern [. . .]

–

Moscheles wird sehr reich. / Ein Concert in London trug / ihm 20 000 f unsers Gelds ein / er köm̄t nächsten Winter / zum Besuch nach Wien.

–

Fast alle Compositionen die / jezt aus dem Auslande / Com̄en sind jäm̄erlich, höch- / stens mittelmässig

–

Hum̄el schreibt / deren auch

–

Clementi's Gradus / ad Parnaßum ist / noch das Beste der / Art

–

Wie glücklich möchte / England seyn wenn Sie / einmal hin gingen!

–

Nur auf eine Lustreise / und mit einer Sinfonie / oder etwas dergleichen

–

Hier zählt einem der / Neid jeden Kreuzer / von den man mühsam / und sauer erwirbt, / was ich selber recht wohl / erfahre

–

Ohne den Geist gäbe es / auch keine Welt

–

Sein Geist und Welt / ist nur das Geld

–

Auch macht jetzt die / Welt ⟨mit⟩ an den / Menschen Pretensionen / die mit seinen phisisch – / moralischen Kräften in / keinem Verhältniß sind

–

So viele Sprachen, Künste / Litteratur Kenntniße, / von denen unsre Vorfahren / nicht wusten, dazu eine / Lebensart, die der Gesundheit / wenig zuträglich ist, etc

–

ich meinte es nur / im Allgemeinen

–

Sie wirft Kunst / und Handwerk in / eine Klasse.

–

Der Größre Künstler / unterscheidet bey den / Behörden sich nur durch / mehr zahlen

–

Wir müßen so viel / ⟨Mill⟩ Militär und / Beamte ernähren

–

Güte ist so oft mit / Schwäche, aber Kraft / ⟨leid⟩ leider auch oft / mit Ungerechtigkeit / gepaart

–

⟨*Haben Sie Las Casas / Memoires de St Helène / gelesen?*⟩

–

Wenns zu spät ist

–

⟨*Er war zu wenig / Machiavell* [?]⟩
Viel Unruhe und / wenig Glück

–

Dieser Streit exis- / tirt schon seit / Jahrtausenden: / das Her-kom̄en gegen / die Neuerung

–

Es ist wohl nur der / Streit der Plebejer / gegen die Patricier

–

aber es giebt jetzt / noch so viel geistige / Sklaven

–

Aber die Welt gewin̄t / um so mehr durch ein / Me[i]*sterwerk.*

–

Auch der Kosmopolit / mus sich freun etwas / herrliches hervor-gebracht / zu haben

–

er entwürdigt die / Kirche zum Bierhaus

–

Ich sah ihn schon seit / einem Jahr nicht, er ist / von der Gicht sehr mit- / genom̄en und braucht / das Pischtschaner Baad / jeden Som̄er.

–

Seit die Kraft so / viel übles hervor- / brachte, weiß man / nicht was man / machen soll

–

Bonaparte

–

Die hat Nordamerik[a] */ vorbereitet*

–

⟨*Die Ehre und*⟩ */ Der phisische / Mensch ist aber / entartet und schwächlich*

–

Ich meinte hier / nur die Verderbniße / der Zeit; und ich / glaube daß die Welt / nur dann glücklich / seyn kann, wenn / Europa überall herrscht

–

Dann ists unsre / Schuld

–

Jede Macht ist / eroberd.

–

Sonst schreib ich / noch mehr Unsinn / als bis jetzt
⟨*das ist das beste / nach dem / Weintrinke*[n]⟩

–

ich kañte / ihn früher. / aber seit 2 Jahren / nicht mehr.

–

doch scheint mirs / das die neuen / Unternehmungen / das Vermögen der / H[er]*rn B: sehr geschmä- / lert*

–

dem ist leicht / zu viel Musik

–

Er ist schon sehr / herab, und man / fürchtet für ihn.

–

er ist schon gegen / 80 Jahr

–

Es ist sonderbar / das Gluck und Cherubini / in der schwersten Sprache / (:der Franzosischen:) ihre / Werke verfaßten

–

Und er hatte / mehr ⟨*recht*⟩ */ Recht als / der Poet*

–

Er ist sehr / nervensch[w]*ach*

–

deñ die Kirchen- / musick gelingt / ihm nicht.

–

Das franz:[ösische] *Kaiserreich / that für die Künste / überhaupt und auch für / die Musick besonders, viel / vide das Conservatoriu*[m]

–

Denn der König / ist als Kunstkenner / so bekañt wie wenige / Monarchen

–

Die Musik ist noch / zu sehr ⟨*Sklavinn de*⟩ */ Sklavin des Mater- / iellen, daher das / Pianoforte noch im̃er / das vollkom̃enste Instr:*[ument] */ bleibt.*

–

Ich setze die Harmo- / nie über die Melodie / weil sie der Mode nicht so / unterworfen

–

ich sagte es / vorzüglich in / bezug auf das / Clavier, was / beydes vereint

–

Nicht der Effekt, / der Gedanke giebt / den Werth, und / Ihre unsterblichen / Compositionen haben / uns das Clavier zu / werth gemacht

Das folgende Gespräch (Heft 40) wurde Anfang September zwischen Beethoven und seinem Neffen Karl geführt. Es bildet eine Auseinandersetzung, in der sich der Neffe gegen Beethovens Mißtrauen und Unterstellungen, hintergangen zu werden, zur Wehr setzt.

NEFFE: *Es ist kein andres Wirths-//Haus in der Kärnthner-/ strasse, ⟨wo vo⟩ wo man / besseren Wein bekom̄t; / wir haben viele Leute / gefragt.*

Ich bin da gewesen, wohin du / mir zu gehn aufgetragen hast. – Weil mir leid thut, daß ich / allein in die Stadt gegangen / bin, u. dir also wieder Geleg[en]*heit / zum Argwohn gegeben hab.*
–
Es ist von dem keine Rede, / aber ich habe nicht geglaubt, / als ich wünschte, recht bald / zu dir zu kom̄en, daß du / schon am 3ten Tag glauben / würdest, daß ich irgendwo anders hingehn werde, als wo / du es weißt.
–
Ich hab nicht Ursache, mich / deßwegen zu schämen; noch / weniger, mich vor Jemandem / zu scheuen; am allerwenigsten / glaubte ich das vor Dir / nöthig zu haben, da ich / nicht meinte, daß du darüber / erstaunen würdest, wenn / sich beym Verlassen eines / Hauses, wo ich doch vieles / Gute genossen, u dem ich / zu danken habe, was ich / bin u gelernt habe, (wen̄ / es auch nur durch dich / geschehn konnte), ein / wehmütiges Gefühl in mir / regte; und ich glaube, ich / wäre ein schlechter Mensch, / wenn ich im letzten Augen- / blicke lachend davon ge- /fahren wär.
–
Dann wundert es mich, daß / du mir nichts davon hast / merken lassen, gleich / heut früh, da du doch in / allem Aufrichtigkeit u. / Herzlichkeit von mir verlangst, / u. auch mit Recht; u doch / selbst gegen mich nicht / aufrichtig bist, sondern mich / durch stillen Argwohn /

kränkest, der doch nur zu / Mißverständnissen An- /laß gibt.
–
Ich habe nie daran ge- / zweifelt, u zweifle noch / nicht, daß wir glücklich / zusam̄en leben können; / ich wenigstens werde dir

nie / Ursache zur Unzufriedenheit / geben; nur glaube ich / nicht, daß es möglich ist, / wenn du nicht aufhörst, / mißtrauisch gegen mich zu / seyn; Ich kann dir zwar / keinen Beweis a priori / geben, daß ich nichts thun / werde, als was Pflicht ⟨E⟩ er- / fordert; wenn du aber nicht / schon früher an meine Aufrichtigkeit geglaubt hättest, / hättest du mich wohl nicht zu dir genom̄en; da dieß aber / nun zu meiner Freude geschehen ist, / weiß ich kein andres Mittel, als / mir entweder so viel Redlichkeit / zuzutrauen, daß ich dich nicht / täuschen werde, oder, jeden / meiner Schritte zu bewachen; / u weniger schmerzlich wird / mir dieß seyn, als Argwohn, / den ich nicht verdiene.

–

Zweydeutige Worte und / Anspielungen fallen / oft tiefer, als offen- /bare Beschuldigungen, ge- /gen die man sich ver- /theidigen kann.

–

Alte

–

Ich weiß es auch nicht.

–

Du weißt, was ich hierüber / denke.

–

Noch nie aber hast du / gleich gesprochen.

–

Es ist auch wohl möglich, / und muß beynahe so seyn, / daß du dich täuschest, und / irgendeinen Blick, oder eine / Geste, die aus ganz fremd- / artigen u unbedeutenden / Umständen herkom̄t, für / etwas ganz Andres nim̄st. Von / heute früh ⟨ist⟩ weiß ich aber nichts.

–

Ich weiß das Alles nur zu gut; / und eben weil du so viel für mich gethan hast, thut es mir / weh, daß du mich nicht der / Wohlthaten würdig hältst, / womit du mich noch immer / überhäufst.

Er hat sich auch, so viel ich / weiß, nicht dazu aufge- /worfen.

–

Ich weiß aber nicht, wie du / darauf kömmst. Vielleicht / weil du glaubst, ich wünsche / wieder hin? – Darin irrst / du sehr; denn es war mir ja / freygestellt, dort zu bleiben, / von Dir selbst, u doch / weißt du, daß ich nichts / so sehr gewünscht habe, als / zu dir zu kom̄en.

–

Ich kann mit Gewißheit / versprechen, daß ich / dir keinen Kummer machen / werde, wenn du ihn dir nicht / selbst schaffst.

–

Es ist mir leid genug, daß du es / noch möglich findest.

–

Du bist finster, wie es scheint; ich / darf nicht zweifeln, daß ich / Ursache daran bin, und eben, / weil mir daran liegt, es zu / wissen, frage ich Dich darum, ob ich / dir Ursache gegeben habe, böse / zu werden. Du magst vielleicht / denken, ich habe zu frey ge- /sprochen; aber ich glaube, es ist

–

⟨*D*[er] *H*[err] *Dr geht Samstag / in die Stadt, und am / nähmlichen Tag wieder / heraus.*⟩

–

besser, zu reden, als / zu schweigen, welches / nur höchstens einen / Beweis von Scheu und / Furcht, oder Unfähig- /keit, sich zu vertheidi- /gen, geben kann; / auch glaube ich, wenn / es dich ärgert, daß ich so viel / schreibe, daß man nie zu / weitläufig über einen Gegenstand / seyn kann, der Deine und meine / Ruhe befördern o / hintertreiben / kann.

–

⟨*Ich*⟩ *Es wird von Dir abhängen, / wie ich mich fühlen werde; noch / weniger werde ich den Ent-/schluß, bey dir zu seyn, ändern; / so lange du nichts dagegen / hast.* –

–

Das verstehe ich nicht.

–

⟨*Ich*⟩ ⟨*Eben, um Verdruß zu / verme*[iden]⟩

–

Hab' ich etwa davon an- /gefangen?

–

Ich bin froh, wen̄ von nichts / eine Rede ist. –

–

Ich glaube, daß du dich irrst, / wenn du glaubst, daß darin wahres Gefühl besteht, daß / ich gleichgültig bleibe, wenn / du sagst, ich thue etwas / gegen dich.

–

Oder wenigstens, mit einem / Worte: Zur Mutter gehst.

–

Ich glaube, wir verlieren uns / zu weit; es bleibt hier nur zu / entscheiden, ob du mir trauen / kannst, o / zu können glaubst, / oder nicht. –

–

Ich bin so.

–

Das versteh' ich wieder nicht. –

–

Nur nicht gleichgültig.

–

Ich hab mich nicht empört, aber / du kannst, u wirst nicht hindern, / daß es mich schmerzt, wenn du / mir Argwohn zeigst. ⟨*Davon war du*⟩
deßwegen bin ich doch nicht / in der Stadt herumgelaufen. –

–

Ich verlange auch keinen / Mittelweg, aber um so mehr / thut es mir leid, daß du mi[r] */ das doch zutraust.*

–

Ich streite nicht, und werde gleich / schweigen, sobald es dir miß- /fällt; ich glaubte aber den / rechten Weg zu gehn, wenn / ich nicht, wie sonst, im Stillen / schwieg, wenn du von so etwas / sprachst, u. was du für Trotz / gehalten hast. Wenn du / meine Freymüthigkeit auch für / Trotz hältst, so bleibt mir / nichts mehr übrig; denn ich bin nicht / im Stande, zugleich zu weinen, / u ein lachendes Gesicht dabey / zu machen; ⟨*u*⟩ *will auch nicht / im Stande seyn, mich so zu verstellen.*

–

Du hast mir Vorwürfe gemacht, / u das hat mir weh gethan; sonst / ist es nichts.

–

Das hat Dir so geschienen.

–

Ich werde mich so lang glücklich / fühlen, als du mir traust.

–

In diesem Falle ists mir leid, / daß ich so viel gesagt habe. / Es war das letzte Mahl.

–

Ich habe meinen Lehrer zwar / ⟨*zwar*⟩ *angetroffen, aber / er konnte heute den Pe-/tiscus nicht bekommen. / Überdieß rieth er mir, doch / den Pölitz zu kaufen, welches / ich auch that, weil er, so viel / als nöthig ist, enthält. / Hier sind die übrigen 10f*

–

So viel ich hierüber urtheilen / kann, kann dieß Mißtrauen, / so lange es gerecht seyn /

soll, sich nur auf Handlungen / erstrecken, welche die Jugend / unbesonnen thun könnte, nicht / aber auf Dinge, die, wenn sie ge-/schähen, offenbar niederträchtig / wären. –

–

Ich sehe, daß du reich an Vor- /stellungen bist von einem / Zwecke, den ich vor Augen / gehabt haben sollte, indem ich / dir dieß alles schrieb; das ist es / aber nicht. Ich antwortete nur / Jedesmahl so auf deine Worte, wie / mirs ums Herz war.

–

Ich werde dich so lange nicht / begreifen, bis du mir erklärst, / was du meinst, und wie du /
wünschest, daß ich denken, / und fühlen lernen soll.

–

Es ist hoffentlich noch nicht / so weit, daß du mich von Dir / weg zu haben wünschest; ich / wenigstens werde so lange zu / bleiben wünschen, als du mich / behalten willst.

–

Eine Antwort auf deine / Zumuthung:

–

Ich weiß nicht, wie ich Dir ant- /worten soll, um dir zu / gefallen; doch kann ich un- /möglich gleichgültig bleiben, / wenn du schon sagst, ich solle /
mir einen Andern Ort suchen.

–

⟨*Ich verlange das Zutrauen nicht*⟩
Jetzt sind wir nicht weiter, a[l]*s / wir am Anfange sind; wenn / du von Einflüst*[er]*ungen sprichst.*

–

Wenn das deine Absicht / ist, so sehe ich nicht ein, / warum du schon jetzt / anfängst, mir die Freyheit / vorzuwerfen, die du mir / erst heut zugestanden hast.

–

Ich glaubte bisher, daß Worte / Ausdrückungszeichen von / Gedanken sind, und als dieß /
habe ich auch deine Worte ge- /nommen. Von Beleidigt / seyn ist hier keine Rede. Ich / habe gleich anfangs ge- /schwiegen und nur auf deine / Aufford[er]*ung geredet.*

–

Sie will es aber nicht in / Butter backen, sondern / sagt, das müßte mit / Schmalz geschehn, u. / sie habe noch nie / mit Butter / gebacken.

–

Sie weiß immer alles besser als Andre Leute.

–

Das kann sie noch immer nicht.

–

Aus den Gesprächen zwischen Beethoven und seinem Neffen, die im September 1823 in Baden geführt wurden (Heft 42). Es geht hierbei um den Schulfreund Niemetz, den Karl nach Baden mitgebracht hatte und dessen Anwesenheit Beethoven nicht leiden mochte. Das Gespräch vermittelt sehr eindrucksvoll die Schwierigkeiten im Verhältnis zwischen Beethoven und seinem Neffen.

BEETHOVEN: *ich bin mit der / wahl dieses deines / Freundes sehr übel / zufrieden, Armuth / verdient freilich / Theilnahme, jedoch / nicht ohne ausnah- /men dabey, ich möch- /te ihm nicht gern / unrecht thun, aber / er ist mir ein / lästiger Gast / dem es gänzlich / an Wohlstand / u Anstand / fehlt, was doch / einigermaßen / für wohlgezogene / Jüngl.*[inge] *u. Männer / gehört – / übrigens habe / ich ihn im Ver- /dacht, daß er / es eher mit der / Haußh.*[älterin] *als / mir hält – / übrigens liebe ich die / Stille, auch der / Raum ist hier zu / beschränkt für / noch mehrere, da / ich ja beständig / beschäftigt bin, u / er für mich gar / kein Interesse / herbeyziehen / kann – – du / bist noch sehr / schwachen Karak- /ters.*

NEFFE: *Was die Wahl betrifft, so glaub' / ich, daß ein vierjähriger genauer / Umgang wohl genügt, einen / Menschen von allen Seiten / kennen zu lernen, besonders einen / Knaben, der sich unmöglich so lange / in einer Larve zeigen kann. / Es kann also von Mangel an / Überzeugung von meiner Seite / nicht die Rede seyn, blos von / den Ursachen, die mich dazu / bewogen; und die sind, mit ei- /nem Worte; die größte Ähn- /lichkeit des Characters u. der / Neigungen. Konnte er dir nicht / gefallen, so steht es dir / frey, ihn fortzuschicken, doch / hat er das nicht verdient, was / du von ihm sagst. – –*

BEETHOVEN: *ich finde ihn roh u. / gemein – Das sind / keine Freunde für dich –*

–

NEFFE: *Wenn du ihn roh findest, irrst du dich; / ich wüßte wenigstens nicht, daß er / Dir Gelegenheit gegeben hätte, / das zu glauben. Auch bin ich nicht / Willens, ihn mit einem Andern zu ver- /tauschen, welches gerade ein Zeichen / der Characterschwäche wäre, die du mir / gewiß mit Unrecht vorwirfst; den ich / habe von allen Zöglingen bey Bl.*[öchlinger] / *Keinen gefunden, der mir meinen / oft traurigen Aufenthalt daselbst / erleichtert hätte, als ihn, u. ich / glaube ihm also wenigstens Dank / schuldig zu seyn.*

BEETHOVEN: *du bist noch nicht im / Stande zu sichten*

–

NEFFE: *Es ist wohl unnütz, über / einen Gegenstand, zu- /mahl über einen Character / zu streiten, worüber ich meine / Überzeugung nie aufgeben / werde, so lange ich mich selbst / nicht für einen schlechten Men- /schen halten werde; denn / ist je etwas Gutes an mir, / so besitzt er es gewiß wenigstens / in eben so hohem Grade, als / ich, und es wäre ungerecht, ihm / zu zürnen, wenn du nicht auch /*
mich für eben so hältst. Für / meinen Theil werde ich nicht auf- / hören, ihn zu lieben, wie ich / meinen Bruder lieben könnte, / weñ ich einen hätte;

–

Soll sie aufdecken?

–

Das wird nicht mehr seyn

–

Ich glaube, das beste / Mittel, keine Verdrießlich- /keiten zu haben, ist, davon / zu schweigen.

–

Ich weiß sie genug.

–

Ich habe ihn dir nie aufgedrungen.

–

Ich habe nicht gehofft, daß ich mit / Vorwürfen würde empfangen werden / über etwas, worüber ich mich deutlich / genug erklärt habe. Wenn er dir / nicht gefallen hat, so hättest du / ihn gleich fortschicken können. Al- /mosen zu betteln, ist er zu stolz, / u. braucht es auch nicht; er wird / dir also nicht mehr zur Last fallen.

–

Du brauchst ja nicht zu streiten. / wen̄ du davon schweigst, so wird / davon keine Rede mehr seyn.

–

Ich habe nichts zu überlegen. Nur / müßte ich lügen, (u das will ich / nicht,) wen̄ ich gestehn wollte, daß / ich aufhören werde, den Niemetz zu / lieben. Ich ken̄e ihn 4 Jahre, u also / so gut wie mich selbst; u wen̄ er Fehler / hat, so sind sie gewiß von seinen übrigen / Eigenschaften verdunkelt.

–

Ich sehe nicht ein, wie ein Ver- /druß vorfallen könnte. Ich / werde ihn dir nicht mehr brin- /gen, u. wir können ja ganz / davon schweigen. Wenn du / glaubst, daß er so schlecht ist, / so wird ja die Zeit mich das- /selbe auch bemerken lassen;

–

in ein Gewebe werde ich dich / nicht bringen, den̄ du sollst / ihn nicht mehr sehn, und / ich werde kein Wort mehr von / ihm sagen. Übrigens müßte / ich doch gar zu sklavisch / seyn, wen̄ ich lügen wollte, / daß sein Character schlecht, / o/ seine Ken̄tnisse zu verachten / wären.

–

Die Badediener erkannten mich / augenblicklich für den Onkle / des H[er]*r*[n] *v Beethoven.*

–

Hat denn Salzmann Dir einige / Zeilen übergeben, als du ihm die / Actie dortließest?

–

Du hast mir nichts gesagt, u da auch / du nichts Schriftliches verlangtest, / so glaubte ich es auch nicht nöthig zu / haben

–

Wenn nur die Philosophie deutsch / tradirt würde.

Aus einem Gespräch zwischen Beethoven und dem Neffen Karl in der zweiten Septemberhälfte 1823 (Heft 43)

Mein liebster Vater! Du kan̄st / überzeugt seyn, daß mir der / dir zugefügte Schmerz weher / thut, als dir selbst. ⟨Ich bin⟩ / Die Angst hat mich ganz / nüchtern gemacht, u. nun / sehe ich erst ein, was ich ge- /than habe. Wenn ich aber / denken müßte, daß du glaubst, / ich hätte etwa gar / einen Gedanken gehabt, / so etwas zu thun, so würde ich untröstlich seyn. / Im Rausch ist es

ge-/schehen. – Wenn du / mir verzeihen kañst, / so verspreche ich dir, /
daß ich gewiß keinen Tropfen / Wein mehr trinke; um ja / nicht nochmahl in solch einen / Fall zu kommen. – Daß du / aber einen solchen Gedanken / fassen kañst, thut mir sehr / wehe. – Welch ein Mensch / müßte ich seyn, weñ ich nur / den entferntesten Gedanken / haben könnte, dir wehe zu / thun. – Verzeihe mir / nur dießmahl! Ich will / gewiß keinen Wein mehr / trinken – deñ dadurch /
ists gekom̄en, daß ich / mich selbst nicht zu / erhalten vermochte, u. / nicht wußte, wo ich / war – Noch mahl / bitte ich dich, verzeihe / mir! –

Aus einem Gespräch zwischen Beethoven und dem Neffen Karl in der zweiten Septemberhälfte 1823 (Heft 43).

Die Rede ist dabei auch von Beethovens *Entschlusse, eine Academie zu geben.* Erst im Mai des folgenden Jahres 1824 sollte es zu dieser Akademie kommen, bei der neben Teilen aus der *Missa solemnis* erstmals die Neunte Sinfonie aufgeführt wurde.

Heut zu Tage wird doch / Nichts so gut bezahlt, als musicalische / Werke. Schiller hat gewiß nicht / den 10ten Theil bekommen.

–

Wenn du so klug zu Werke gingst, wie / Göthe, hättest du das auch.

–

Es ist nur von Würdigung der Musik / überhaupt, u. von dem, was man / haben könnte, die Rede.

–

Wie hast du den Brief an mich so / schnell in die Stadt geschickt?

–

Sie wollen nur nicht scheinen, als ob sie / gar so gern etwas möchten.

–

Wirst du deinem Entschlusse, eine Aca- /demie zu geben, treu bleiben?

–

Im Winter, wo aller Adel hier ist; ich / bin überzeugt, es wird so voll seyn, / daß keine Maus Platz haben wird.

–

Aus dem allgemeinen Wunsch, den man / überall u überall hört.

Aus einem Gespräch zwischen Beethoven und seinem Neffen Ende Oktober oder Anfang November 1823 (Heft 44). Den Hintergrund und Ausgangspunkt des Gesprächs bildet die Oper *Euryanthe* von Carl Maria von Weber, die am 25. Oktober 1823 in Wien uraufgeführt worden war. Anläßlich seines damit verbundenen Wien-Aufenthalts besuchte Weber am 5. Oktober Beethoven. Leider haben sich von dieser Begegnung selbst keine Gesprächshefte als Dokumente erhalten.

Wenn ich Componist / wäre, ich würde am / liebsten Opern schreiben.

–

Ich habe mirs gleich / gedacht, als ich hörte, / daß die Oper v[on] *Weber, / ein ernsthaftes Sujet / habe, daß sie lange / nicht so ansprechen / wird, wie der Freyschütze.*

–

Er hält sich streng an seine / Regeln; so sprach er / in Baden.

–

Sie hat sie schon zu Mittag / zum heiß abgesotten[en] */ Karpfen gegeben; sie war / aber sehr klein*

–

Von Albrechtsberger.

–

Sehr ernsthaft[es] *Sujet, / die Musik aber vor- /trefflich. Er hat sich him̄- /li*[s]*ch drin unterhalten, u. / geht noch Jedes mahl, / wen̄ sie gegeben wird.*

–

Dazu rechnet er als Compo- /nisten sich auch.

–

Einem engern Kreise / von Kunstsin̄igen wohl, / aber dem allgemeinen / Publicum nicht.

–

Ich glaube aber fast, / daß eine schöne Musik / auf den ganz Unmu- /sicalischen mehr wir- /ken muß, als auf den / Ken̄er, der nur die / Kunst sucht.

–

Leben athme die bildende / Kunst, Geist fodr' ich vom / Dichter: Aber die Seele spricht nur / Polyhymnia aus.

–

Für Gefühl, und für Verstand / hauptsächlich ist doch eine / Oper wie Fidelio, ein un- /vergleichlicher Gegenstand / mit dem Teufelsmährchen / im Freyschützen. Den̄ / das Theater soll nicht bloß / flüchtig rühren, es soll / auch bilden, u. edle Ge- / siñ ungen wecken, – u das / ist doch bloß durch ein / wahres, o / wenigstens wahr / scheinendes Sujet möglich.

–

Wie ist die Musik?

–

Die ital.[ienische] *Musik ist wie eine / raffinierte Kocherey, die / zwar kitzelt, aber schadet*

Beethoven im Urteil von Zeitgenossen

Johann Schenk (1761–1836) war zu seinen Lebzeiten ein beliebter Komponist von komischen Opern und Singspielen. Er gab Beethoven kurze Zeit lang Unterricht in Kontrapunkt. Er hat eine (allerdings verlorengegangene) Selbstbiographie hinterlassen, die Erinnerungen an Beethoven enthält. Durch Otto Jahns Abschriften haben sich einige Mitteilungen Schenks erhalten.

1792 geruhten S. K. Hoheit Erzherzog Maximilian, Kurfürst von Köln, Seinen Schützling Louis van Beethoven nach Wien zu geben, um bei Josef Haydn die musikalische Komposition zu lernen. Gegen Ende Juli gab mir Abbé Gelinek Kenntnis, daß er mit einem jungen Mann in Bekanntschaft getreten sei, der auf dem P. F. eine seltene Virtuosität bewährt und [wie er sie]*seit Mozart nicht wieder gehört habe. Inmittest erkläre er sich, daß Beethoven schon vor mehr als 6 Monaten von Haydn die Lehre des Kontrapunktes hat angefangen und noch immer bei der ersten Übung sich verweile; und daß auch Se. Exzellenz Baron van Swieten ihm das Studium des Kontrapunktes ernstlich empfehle und öfter in Frage gestellt, wie weit er schon in seiner Lehre fortgeschritten sei? Zufolge dessen mehrmalenden Anregen und so auch noch immer auf der ersten Stufe seines Unterrichts zu sein, erzeugte in dem wißbegierigen Lehrling ein Mißbehagen, das er an seinen Freund oft laut werden ließ. Gelinek, dem diese leidige Gemütsstimmung nah zu Herzen ging, stellte mich in Frage: ob ich wohl geneigt wäre, seinem Freund im Studium des Kontrapunktes behülflich sein wolle. Nach besagter Erklärung verlangte mich, mit selbigem in nähere Bekanntschaft zu treten. Nun war ein Tag bestimmt, an welchem ich Beethoven in der Wohnung Gelineks sehen und auf dem P. F. hören werde.*

Nun habe ich diesen itzt so hoch berühmten Tonsetzer zum erstenmal gesehen – und auch gehört. Nachdem die gewöhnlichen Höflichkeitsbezeugungen vorüber waren, erbot er sich auf dem Pianoforte zu fantasieren. Er wollte, daß ich zunächst seiner sitzen sollte. Nach einigen Anklängen und gleichsam hingeworfenen Figuren, die er unbedeutsam so dahingleiten ließ: entschleierte der selbstschaffende Genius so nach und nach sein tiefempfundenes Seelengemälde. Von den Schönheiten der mannigfaltigen Motive, die er klar und mit überreicher Anmut so lieblich zu verweben wußte, war mein Ohr zur beständigen Aufmerksamkeit gereitzt, und mit Lust überließ sich mein Herz dem empfangenen Eindrucke; während er sich ganz seiner Einbildungskraft dahingegeben, verließ er allgemach den Zauber seiner Klänge und mit dem Feuer der Jugend trat er kühn (um heftige Leidenschaften auszudrücken) in weit entfernte Tonleitern. In diesen erschütternden Aufregungen wurde mein Empfindungsvermögen sehr getroffen. Nun begann er unter mancherlei Wendungen mittelst gefälliger Modulationen, bis zur himmlischen Melodie hinzugleiten, jenen hohen Idealen, die man in seinen Werken häufig vorfindet. Nachdem der Künstler seine Virtuosität so meisterhaft beurkundet: verändert er die süßen Klänge in traurig wehmütige, sodann in zärtlich rührende Affekte, dieselben wieder in freudige bis zur scherzenden Tändelei. Jeder dieser Figuren gab er einen bestimmten Charakter, und [sie] *trugen das Gepräge leidenschaftlicher Empfindung, in denen er das Eigene, Selbstempfundene rein aussprach. Weder matte Wiederholungen noch gehaltlose Zusammenraffung vielerlei Gedanken, welche gar nicht sich zusammenpassen, noch viel weniger kraftlose Zergliederungen durch fortwährendes arpeggieren (worüber das Gefühl des Hörers ein Schlummer überschleicht) konnte man gewahren. In der Ausführung dieser Fantasie herrschte die größte Richtigkeit; es war ein heller Tag, ein volles Licht. Mehr als eine halbe Stunde war verstrichen, als der Beherrscher seiner Töne die Klaviatur verließ. Diese unvergeßliche Fantasie, mit der er das Ohr und das Herz zu fesseln und den Geschmack zu reizen wußte, lebt noch frisch in meiner Seele. Den darauffolgenden Tag war es mein erstes, diesem noch unbekannten Künstler, der seine Meisterschaft so hoch bewährte, meinen ersten Besuch zu machen. Auf seinem Schreibpulte fand ich einige Sätze von der ersten Übung des Kontrapunktes vor mir liegen. Nach kurzer Übersicht gewahrte ich bei jeder Tonart (so kurzen Inhalts sie auch war) etwelche Fehler. In Rücksicht dessen haben sich die obenerwähnten Äußerungen Gelineks wahrhaft befunden. Da ich nun gewiß war, daß mein Lehrling mit den vorläufigen Regeln des Kontrapunktes unbekannt war, so gab ich ihm das allbekannte Lehrbuch von Joseph Fux Gradus ad Parnassum zur Übersicht der weiter folgenden Übungen. Jos. Haydn, der gegen Ende des vorhergehenden Jahres von London nach Wien zurückgekommen, war beflissen, seine Muße auf neue Kompositionen großer Meisterwerke zu verwenden. In diesem rühmlichen Bestreben ist zu erachten, daß sich Haydn mit der Lehre der Grammatik nicht so leicht befassen konnte. Nun war mir's ernstlich angelegen, des Wißbegierigen Mitgehilfe zu werden. Bevor ich aber meine Lehre angefangen, machte ich ihm bemerkbar, daß unser beiderseitiges Zusammenwirken stets geheim gehalten werde. In Beziehung dessen befahl ich ihm, jeden Satz, den ich durch meine Hand verbessert, wieder abzuschreiben, damit bei jeder Vorzeigung, Haydn keine fremde Hand gewahren könne. Nach einem Jahr kam Beethoven mit Gelinek in Unfrieden, dessen Ursache mir entfallen ist. Doch scheint mir, daß beide selbst Veranlassung gaben. Zufolge ihrer Uneinigkeit war Gelinek erbost, und offenbarte mein Geheimnis. Beethoven und seine Brüder machten selbst kein Geheimnis mehr daraus.*

1792 anfangs August habe ich bei meinem guten Louis das ehrenvolle Lehramt angetreten und bis zu Ende Mai 1793 ununterbrochen fortgesetzt, als er eben den doppelten Kontrapunkt in Oktav vollendet hatte und sich nach Eisenstadt begeben. Wenn Se. K. Hoheit seinen Schützling gleich zu Albrechtsbergers Leitung hingegeben hätte, so wäre sein Studium nie unterbrochen und ganz vollendet worden.

Aus einem 1845 veröffentlichten Erinnerungsbericht des Komponisten Wenzel Tomaschek (1774–1850) aus Prag.

Im Jahre 1798, in dem ich das juristische Studium fortsetzte, kam Beethoven, der Riese unter den Klavierspielern, nach

Prag. Er gab im Konviktssaale ein sehr besuchtes Konzert, in welchem er sein C dur-Konzert Op. 15, dann das Adagio und das graziöse Rondo aus A dur Op. 2 vortrug, dann mit einer freien Phantasie über das ihm von der Gräfin Sch... aus Mozarts Titus gegebene Thema »Ah tu fosti il primo ogetto« schloß. Durch Beethovens großartiges Spiel und vorzüglich durch die kühne Durchführung seiner Phantasie wurde mein Gemüt auf eine ganz fremdartige Weise erschüttert; ja, ich fühlte mich in meinem Innersten so tief gebeugt, daß ich mehrere Tage mein Klavier nicht berührte, und nur die unvertilgbare Liebe zur Kunst, dann ein vernunftgemäßes Überlegen es allein über mich vermochten, meine Wallfahrten zum Klavier, wie früher, und zwar mit gesteigertem Fleiße, fortzusetzen.

Ich hörte Beethoven in seinem zweiten Konzert, dessen Spiel und auch dessen Komposition nicht mehr den gewaltigen Eindruck auf mich machten. Er spielte diesmal das Konzert in B dur, das er in Prag erst komponierte. Dann hörte ich ihn zum drittenmal beim Grafen C..., wo er nebst dem graziösen Rondo der A dur-Sonate über das Thema: »Ah vous dirai-je, Maman« phantasierte. Ich verfolgte diesmal mit ruhigerem Geiste Beethovens Kunstleistung, ich bewunderte zwar sein kräftiges und glänzendes Spiel, doch entgingen mir nicht seine öfteren kühnen Absprünge von einem Motiv zum andern, wodurch dann die organische Verbindung, eine allmähliche Ideenentwicklung, aufgehoben wird. Solche Übelstände schwächen oft seine großartigsten Tonwerke, die er in seiner überglücklichen Konzeption schuf. Nicht selten wird der unbefangene Zuhörer durch sie gewaltsam aus seiner überseligen Stimmung herausgeworfen. Das Sonderbare und Originelle schien ihm bei der Komposition die Hauptsache zu sein, auch bestätigt es seine Antwort hinlänglich, die er einer Dame, als sie ihn frug, ob er Mozarts Opern öfters besuche, gab, er kenne sie nicht, und höre auch nicht gern fremde Musik, da er seine Originalität nicht einbüßen wolle.

Ich bin als Tondichter mündig genug, um mein Urteil über Beethovens künstlerisches Wirken hier ohne Scheu aussprechen zu können. Ich halte ihn für einen der begabtesten Tondichter, jedoch nur für die Instrumentalmusik, nicht aber für die Vokalmusik, worin er nicht sehr glücklich war. Die Harmonie, der Kontrapunkt, dann Eurhythmie und vorzüglich die

Beethoven
Zeichnung von Johann Peter Theodor Lyser

musikalische Ästhetik schienen ihm nicht allzusehr am Herzen zu liegen, daher seine großangelegten Werke durch manches Triviale entstellt sind.

Wenn verglichen sein soll, so denke ich mir Mozarts Geist als eine Sonne, die leuchtet und erwärmt, ohne ihre gesetzmäßige Bahn zu verlassen; Beethoven nenne ich einen Komet, der kühne Bahnen bezeichnet, ohne sich einem System zu unter-

ordnen, dessen Erscheinung zu allerlei abergläubischen Deutungen Anlaß gibt.

Beethoven schied von Prag, und ich fühlte die günstige Einwirkung, den Herrn des Klavierspiels in seinen Schöpfungen gehört zu haben.

1832 hat Ignaz Xaver von Seyfried (1776–1841), Klavierschüler von Mozart, Dirigent und Komponist, ein Buch mit *Beethoven-Studien* veröffentlicht, das allerdings einige Fälschungen aufweist. Darin sind auch persönliche Erinnerungen enthalten.

Schon hatte Beethoven durch mehrere Kompositionen Aufsehen erregt und galt auch in Wien für einen Klavierspieler ersten Ranges, als ihm in den letzten Jahren des verflossenen Jahrhunderts in Wölffl ein ebenbürtiger Rivale erwuchs. Da erneuerte sich gewissermaßen die alte Pariser Fehde der Gluckisten und Piccinisten, und die zahlreichen Kunstfreunde der Kaiserstadt zerfielen in zwei Parteien. An der Spitze von Beethovens Verehrern stand der liebenswürdige Fürst von Lichnowsky; zu Wölffls eifrigsten Protektoren gehörte der vielseitig gebildete Freiherr Raymund von Wetzlar, dessen freundliche Villa (am Grünberge nächst dem kaiserlichen Lustschlosse Schönbrunn) allen fremden und einheimischen Künstlern in den reizenden Sommermonaten mit echt britischer Loyalität eine gleich angenehme als wünschenswerte Freistätte gewährte. Dort verschaffte der höchst interessante Wettstreit beider Athleten nicht selten der zahlreichen, durchaus gewählten Versammlung einen unbeschreiblichen Kunstgenuß; jeder trug seine jüngsten Geistesprodukte vor; bald ließ der eine oder der andere den momentanen Eingebungen seiner glühenden Phantasie freien, ungezügelten Lauf; bald setzten sich beide an zwei Pianoforte, improvisierten wechselweise über gegenseitig sich angegebene Themas und schufen also gar manches vierhändige Kapriccio, welches, hätte es im Augenblicke der Geburt zu Papier gebracht werden können, sicherlich der Vergänglichkeit getrotzt haben würde.

An mechanischer Geschicklichkeit dürfte es schwer, vielleicht unmöglich gewesen sein, einem der Kämpfer vorzugsweise die Siegespalme zu verleihen: ja, Wölffl hatte die gütige Natur noch mütterlicher bedacht, indem sie ihn mit einer Riesenhand ausstattete, die ebenso leicht Dezimen als andere

Menschenkinder Oktaven spannte, und es ihm möglich machte, fortlaufende doppelgriffige Passagen in den genannten Intervallen mit Blitzesschnelligkeit auszuführen. – Im Phantasieren verleugnete Beethoven schon damals nicht seinen mehr zum unheimlich Düstern sich hinneigenden Charakter; schwelgte er einmal im unermeßlichen Tonreich, dann war er auch entrissen dem Irdischen; der Geist hatte zersprengt alle beengenden Fesseln, abgeschüttelt das Joch der Knechtschaft und flog siegreich jubelnd empor in lichte Ätherräume, jetzt brauste sein Spiel dahin gleich einem wild schäumenden Katarakte, und der Beschwörer zwang das Instrument mitunter zu einer Kraftäußerung, welcher kaum der stärkste Bau zu gehorchen imstande war, nun sank er zurück, abgespannt, leise Klagen aushauchend, in Wehmut zerfließend; – wieder erhob sich die Seele, triumphierend über vorübergehendes Erdenleiden, wendete sich nach oben in andachtsvollen Klängen und fand beruhigenden Trost am unschuldsvollen Busen der heiligen Natur. – Doch wer vermag zu ergründen des Meeres Tiefe? Es war die geheimnisreiche Sanskritsprache, deren Hieroglyphen nur der Eingeweihte zu lösen ermächtigt ist! – Wölffl hingegen, in Mozarts Schule gebildet, blieb immerdar sich gleich; nie flach, aber stets klar und eben deswegen der Mehrheit zugänglicher; die Kunst diente ihm bloß als Mittel zum Zwecke, in keinem Falle als Prunk- und Schaustück trockenen Gelehrttuns; stets wußte er Anteil zu erregen und diesen unwandelbar an den Reihengang seiner wohlgeordneten Ideen zu bannen. – Wer Hummel gehört hat, wird auch verstehen, was damit gesagt sein will.

Noch ein ganz eigentümliches Vergnügen erwuchs dabei dem vorurteilsfreien, unbefangenen Beobachter im stillen Reflektieren über beide Mäzenaten, wie sie in gespannter Aufmerksamkeit den Leistungen ihrer Schützlinge lauschend folgten, beifallspendende Blicke sich zusendeten und schließlich mit altritterlicher Courtoisie dem gegenseitigen Verdienste unbedingt volle Gerechtigkeit widerfahren ließen.

Die Protegierten selbst aber kümmerten sich darum blutwenig. Sie achteten sich, weil sie sich selbst am besten zu taxieren wußten, und als gerade, ehrliche Deutsche von dem lobwürdigen Grundsatz ausgingen: daß die Kunststraße für viele breit genug wäre, ohne sich wechselseitig auf der Wandelbahn zum Ziele des Ruhms neidisch zu beirren.

Bericht in der Leipziger *Allgemeinen Musikalischen Zeitung* Nr. 33 von 1799 über die Klavierrivalen Joseph Wölffl (1773–1812) und Beethoven. Wölffl ist übrigens der Widmungsträger von Beethovens Klaviersonate op. 7.

> *Die Meinungen über den Vorzug des einen vor dem andern sind hier geteilt: doch scheint es, als ob sich die größere Partei auf die Seite des letzteren (Wölffl) neigte. Ich will mich bemühen, Ihnen das Eigene beider anzugeben, ohne an jenem Vorrangstreite teilzunehmen. Beethovens Spiel ist äußerst brillant, doch weniger delikat, und schlägt zuweilen in das Undeutliche über. Er zeigt sich am allervorteilhaftesten in der freien Phantasie. Und hier ist es wirklich ganz außerordentlich, mit welcher Leichtigkeit und zugleich Festigkeit in der Ideenfolge Beethoven auf der Stelle jedes ihm gegebene Thema nicht etwa in den Figuren variiert (womit mancher Virtuos Glück und – Wind macht), sondern wirklich ausführt. Seit Mozarts Tode, der mir hier noch immer das non plus ultra bleibt, habe ich diese Art des Genusses nirgend in dem Maße gefunden, in welchem sie mir bei Beethoven zuteil ward. Hierin steht ihm Wölffl nach. Aber Vorzüge vor ihm hat Wölffl darin, daß er, bei gründlicher musikalischer Gelehrsamkeit und wahrer Würde in der Komposition, Sätze, welche geradehin unmöglich zu exekutieren scheinen, mit einer Leichtigkeit, Präzision und Deutlichkeit vorträgt, die in Erstaunen versetzt (freilich kommt ihm dabei die große Struktur seiner Hände sehr zustatten), und daß sein Vortrag überall so zweckmäßig und besonders auch im Adagio so gefällig und einschmeichelnd, gleichfern von Kahlheit und Überfüllung – ist, daß man nicht bloß bewundern, sondern genießen kann. Daß Wölffl durch sein anspruchsloses, gefälliges Betragen über Beethovens etwas hohen Ton noch ein besonderes Übergewicht erhält – ist sehr natürlich.*

Carl Czerny (1791–1857), Schüler Beethovens und Lehrer von Franz Liszt, war ein bedeutender Klavierpädagoge und wohl der entscheidende Protagonist des Beethovenschen Klavierwerks. 1842 schrieb er Lebenserinnerungen nieder. Die Beethoven gewidmeten Teile erschienen 1870 im *Jahresbericht der »Gesellschaft der Musikfreunde«* in Wien. Andere Mitteilungen wurden erstmals 1845 in der *Wiener Allgemeinen Musikalischen Zeitung* (Nr. 113) und 1847 als Anhang zu seiner großen Klavierschule *Kunst des Vortrags* veröffentlicht.

In den letzten Jahren des vorigen Jahrhunderts waren in Wien als die besten Klavieristen bekannt:

Wölffl, durch sein Bravourspiel ausgezeichnet.

Gelinek, durch sein brillantes und elegantes Spiel, sowie durch seine Variationen allgemein beliebt.

Lipawsky, ein großer Avistaspieler und durch den Vortrag der Bachschen Fugen berühmt.

Ich erinnere mich noch jetzt, als eines Tages Gelinek meinem Vater erzählte, er sei für den Abend in eine Gesellschaft geladen, wo er mit einem fremden Klavieristen eine Lanze brechen sollte. »Den wollen wir zusammenhauen«, fügte Gelinek hinzu.

Den folgenden Tag fragte mein Vater den Gelinek, wie der gestrige Kampf ausgefallen sei?

»Oh!« sagte Gelinek ganz niedergeschlagen, »an den gestrigen Tag werde ich denken! in dem jungen Menschen steckt der Satan. Nie hab' ich so spielen gehört! Er phantasierte auf ein von mir gegebenes Thema, wie ich selbst Mozart nie fantasieren gehört habe. Dann spielte er eigene Kompositionen, die im höchsten Grade wunderbar und großartig sind, und er bringt auf dem Klavier Schwierigkeiten und Effekte hervor, von denen wir uns nie etwas haben träumen lassen.«

»Ei,« sagte mein Vater verwundert, »wie heißt denn dieser Mensch?« »Er ist,« antwortete Gelinek, »ein kleiner, häßlicher, schwarz und störrisch aussehender junger Mann, den der Fürst Lichnowsky vor einigen Jahren von Deutschland hierher gebracht, um ihn bei Haydn, Albrechtsberger und Salieri die Komposition lernen zu lassen, und er heißt Beethoven.«

Dieses war das erstemal, daß ich diesen Namen hörte, und nun bestürmte ich meinen Vater, mir Beethovens Kompositionen zu verschaffen. Bald hatte ich alles, was von ihm erschienen war, die drei ersten Trios und Sonaten, einige Variationen, die Adelaide usw., und da ich bereits so vieles Gute andrer Meister kennen gelernt hatte, so lernte ich bald die Schönheit und Originalität der Beethovenschen Werke nach Verhältnis meines Alters würdigen, wozu aber ein besonderer Umstand beitrug.

Um jene Zeit besuchte uns fast täglich abends ein alter Mann, namens Krumpholz (Bruder des Erfinders der Pedalharfe). Er war Violinspieler und als solcher im Hoftheaterorchester angestellt, aber dabei der größte, bis zur höchsten Übertreibung exaltierte Enthusiast für die Musik. Die Natur hatte ihm einen hohen Grad von richtigem und feinem Gefühl für das Schöne der Tonkunst verliehen, und, ohne eben große technische Kenntnisse zu besitzen, wußte er jede Komposition mit großer Schärfe zu würdigen und dem Urteile der Kunstwelt gewissermaßen voranzueilen.

Gleich bei dem ersten Erscheinen des jungen Beethoven hing sich Krumpholz an ihn mit einer Hartnäckigkeit und Hingebung, daß er bald sein Hausfreund wurde, fast den ganzen Tag bei ihm zubrachte, und daß Beethoven, der sonst mit seinen musikalischen Entwürfen gegen jedermann sehr geheimnisvoll war, ihm jede Idee mitteilte, jede neue Komposition oft vorspielte und täglich vorfantasierte. Obwohl Beethoven sich über die ungeheuchelte Verzückung, in welche Krumpholz dabei stets geriet, oft lustig machte und ihn immer nur seinen Narren nannte, so war er doch über die Anhänglichkeit gerührt, mit welcher Krumpholz selbst die bittersten Feindschaften nicht scheute, um gegen die damals so zahlreichen Gegner seine Sache zu verfechten. Denn in jener Zeit wurden Beethovens Kompositionen vom größeren Publikum gänzlich verkannt und von allen Anhängern der ältern Mozart-Haydnschen Schule mit der größten Bitterkeit bekämpft.

Dieser Mann war es nun, dem ich täglich Beethovens Werke vorspielen mußte, und obwohl er vom Klavierspiel gar keine Kenntnis hatte, wußte er mir doch natürlicherweise über Tempo, Vortrag, Effekt, Charakter usw. derselben sehr viel zu sagen, da er dieselben so oft von Beethoven selber hatte vortragen hören und meistens auch bei deren Entstehung zugegen war. Seine Begeisterung steckte mich bald an, und ich wurde bald ein Anbeter Beethovens wie er selber, lernte alles von ihm auswendig und spielte es für mein Alter mit ebensoviel Gewandtheit und Enthusiasmus. Auch erzählte er mir stets, was Beethoven Neues unter der Feder hatte, und sang und spielte auf der Violine die Themas vor, welche er vormittags bei ihm gehört hatte. Auf diese Art erfuhr ich stets weit früher als jeder andere, was Beethoven unter der Feder hatte, und später erkannte ich hieraus, wie lang, oft durch mehrere Jahre,

Beethoven an seinen Werken feilte, ehe er sie der Öffentlichkeit übergab, und wie er zu neuen Werken Motive benutzte, die ihm viele Jahre früher eingefallen waren, denn unser freundschaftliches Verhältnis mit Krumpholz dauerte durch viele Jahre bis zu seinem [am 2. Mai 1817] *erfolgten Tode.*

Zehn Jahre war ich ungefähr alt, als ich durch Krumpholz zu Beethoven geführt wurde. Wie freute und fürchtete ich mich des Tages, wo ich den bewunderten Meister sehen sollte! Noch heute schwebt mir jener Augenblick lebhaft im Gedächtnis. An einem Wintertag wanderte mein Vater, Krumpholz und ich aus der Lepoldstadt (wo wir stets noch wohnten) in die Stadt, in den sogenannten tiefen Graben (eine Straße), stiegen turmhoch bis in den 5. oder 6. Stock, wo uns ein ziemlich unsauber aussehender Bedienter bei Beethoven meldete und dann einließ. Ein sehr wüst aussehendes Zimmer, überall Papier und Kleidungsstücke verstreut, einige Koffer, kahle Wände, kaum ein Stuhl, ausgenommen der wackelnde beim Walterschen Fortepiano (damals die besten), und in diesem Zimmer eine Gesellschaft von 6 bis 8 Personen, worunter die beiden Brüder Wranitzky [Orchester-Direktoren], *Süßmayer, Schuppanzigh und einer von Beethovens Brüdern.*

Beethoven selber war in eine Jacke von langhaarigem, dunkelgrauem Zeuge und gleiche Beinkleider gekleidet, so daß er mich gleich an die Abbildung des Campeschen Robinson Crusoe erinnerte, den ich damals eben las. Das pechschwarze Haar sträubte sich zottig (à la Titus geschnitten) um seinen Kopf. Der seit einigen Tagen nicht rasierte Bart schwärzte den untern Teil seines ohnehin brünetten Gesichts noch dunkler. Auch bemerkte ich sogleich mit dem bei Kindern gewöhnlichen Schnellblick, daß er in beiden Ohren Baumwolle hatte, welche in eine gelbe Flüssigkeit getaucht schien.

Doch war damals an ihm nicht die geringste Harthörigkeit bemerkbar. Ich mußte sogleich etwas spielen, und da ich mich zu sehr scheute, mit einer von seinen Kompositionen anzufangen, so spielte ich das Mozartsche große C-Dur-Konzert (das mit Akkorden anfängt). Beethoven wurde bald aufmerksam, näherte sich meinem Stuhle und spielte bei den Stellen, wo ich nur akkompagnierende Passagen hatte, mit der linken Hand die Orchestermelodie mit. Seine Hände waren sehr mit Haaren bewachsen und die Finger (besonders an den Spitzen) sehr breit. Die Zufriedenheit, die er äußerte, machte mir Mut, hierauf die eben erschienene Sonate pathétique [1799] *und endlich die Adelaide* [1797] *vorzutragen, welche mein Vater mit seiner recht guten Tenorstimme sang. Als ich vollendet hatte, wandte sich Beethoven zu meinem Vater und sagte: »Der Knabe hat Talent, ich selber will ihn unterrichten und nehme ihn als meinen Schüler an. Schicken Sie ihn wöchentlich einigemal zu mir. Vor allem aber verschaffen Sie ihm Emanuel Bachs Lehrbuch über die wahre Art das Klavier zu spielen, das er schon das nächste Mal mitbringen muß.«*

Nun gratulierten alle Anwesenden meinem Vater zu diesem günstigen Ausspruch, besonders Krumpholz war ganz entzückt, und mein Vater eilte sogleich, Bachs Werk aufzufinden.

In den ersten Lektionen beschäftigte mich Beethoven ausschließlich nur mit den Skalen in allen Tonarten, zeigte mir die (damals den meisten Spielern noch unbekannte) einzig richtige Haltung der Hände, der Finger und vorzüglich den Gebrauch des Daumens – Regeln, deren Nutzen ich erst in weit späterer Zeit in vollem Umfang einsehen lernte. Hierauf ging er mit mir die zu diesem Lehrbuch gehörigen Übungsstücke durch und machte mich vorzüglich auf das Legato aufmerksam, das er selber in einer so unübertrefflichen Art in seiner Macht hatte und das zu jener Zeit alle anderen Pianisten auf dem Fortepiano für unausführbar hielten, indem damals (noch von Mozarts Zeit) das gehackte und kurz abgestoßene Spiel Mode war. Auch hat mir in spätern Jahren Beethoven erzählt, daß er Mozart mehrmals spielen gehört, und daß dieser, da zu seiner Zeit die Erfindung der Fortepianos noch in ihrer Kindheit war, sich auf den damals mehr gebräuchlichen Flügeln ein Spiel angewöhnt hatte, welches keineswegs für die Fortepianos paßte. Auch hatte ich in der Folge die Bekanntschaft mehrerer Personen gemacht, welche bei Mozart Unterricht genommen, und fand in ihrer Spielweise diese Bemerkung bestätigt.

Da mein Vater mich nie allein den weiten Weg in die Stadt gehen lassen wollte und mich daher immer selber zu Beethoven führte, wobei er so viele Lektionen versäumte, – da es überdies oft geschah, daß Beethoven eben komponierte und sich daher entschuldigte –, so erlitt der Unterricht nach einiger Zeit eine längere Unterbrechung, und ich war wieder meinem eigenen Fleiß überlassen. – – –

Wenn sich Beethovens Spiel durch eine ungeheure Kraft, Charakteristik, unerhörte Bravour und Geläufigkeit auszeichnete, so war dagegen Hummels Vortrag das Muster der höchsten Reinheit und Deutlichkeit, der anmutigsten Eleganz und Zartheit, und die Schwierigkeiten waren stets auf den höchsten, Bewunderung erregenden Effekt berechnet, indem er die Mozartsche Manier mit der für das Instrument so weise berechneten Clementischen Schule vereinigte. Es war daher natürlich, daß er in der großen Welt den Vorrang als Spieler behauptete, und bald bildeten die zwei Meister Parteien, welche einander mit aller Macht anfeindeten. Hummels Anhänger warfen dem Beethoven vor, daß er das Fortepiano malträtiere, daß ihm alle Reinheit und Deutlichkeit mangle, daß er durch den Gebrauch des Pedals nur konfusen Lärm hervorbringe, und daß seine Kompositionen gesucht, unnatürlich, melodielos und überdem unregelmäßig seien. Dagegen behaupteten die Beethovenisten, Hummel ermangle aller echten Phantasie, sein Spiel sei monoton wie ein Leierkasten, die Haltung seiner Finger sei kreuzspinnenartig, und seine Kompositionen seien bloße Bearbeitungen Mozartscher und Haydnscher Motive. Auf mich hatte Hummels Spiel insofern Einfluß, als es mich zu einem höhern Grade von Reinheit und Deutlichkeit anspornte. – –

An einem solchen Morgen kam auch Beethoven (der mich in den letzten zwei Jahren nicht mehr gesehen hatte und auf meinen Vater böse war, daß dieser den Unterricht unterbrochen hatte) zum Fürsten und schien mit meinen Fortschritten recht zufrieden. »Ich hab' es ja gleich gesagt,« sprach er, »daß der Junge Talent habe, aber«, setzte er lächelnd hinzu, »sein Vater war gegen ihn nicht strenge genug.« »Ach, Herr von Beethoven,« versetzte mein Vater gutmütig – »es ist eben unser einziges Kind.«

Auch mit meinem Avistaspielen war er zufrieden, als er mir das Manuskript der C-dur Sonate Op. 53 zu spielen gab (erschienen 1805).

Von dieser Zeit blieb mir Beethoven gewogen und behandelte mich freundschaftlich bis an seine letzten Tage. Ich mußte alle Korrekturen seiner neu erschienenen Werke besorgen, und als im Jahre 1805 seine Oper »Leonore« aufgeführt wurde (am 20. November), ließ er mich dieselbe für das Fortepiano arrangieren. Seinen Bemerkungen bei dieser Arbeit verdanke ich die mir später so nützlich gewordene Geübtheit im Arrangieren. – – –

Mein freundschaftlicher Umgang mit Beethoven dauerte ununterbrochen fort, und als er im Jahre 1816 mir seinen von ihm adoptierten Neffen zum Unterricht anvertraute, sah ich ihn fast täglich bei mir und hörte ihn da oft, wenn er gut gelaunt war, auf eine mir unvergeßliche Art phantasieren.

Er hatte, wie er oft sagte, in seiner Jugend Tag und Nacht geübt, und zwar so angestrengt, daß sogar seine Gesundheit darunter litt; und die körperlichen Leiden, welche eine beständige Neigung zur Hypochondrie bei ihm hervorriefen, entstanden ohne Zweifel hieraus.

Es war erstaunlich, wie schnell er Kompositionen (selbst Manuskripte und große Partituren) überblickte und wie gut er sie spielte. In dieser Hinsicht konnte ihm keiner gleichkommen. Die Art seiner Wiedergabe war immer bestimmt, aber scharf und hart. Gleiches Lob verdiente seine Darstellung der Kompositionen der großen Meister; er spielte Händels Oratorien und Glucks Werke wundervoll und erwarb sich dadurch den größten Beifall; und ebenso die Fugen von Seb. Bach.

Er erzählte mir einst, daß er als Knabe nachlässig und nicht besonders angehalten gewesen, und daß seine musikalische Erziehung sehr schlecht gewesen sei. »Doch«, fuhrt er fort, »ich hatte Talent zur Musik.« Es war rührend, ihn diese Worte ernstlich aussprechen zu hören, als wenn das kein anderer vorher gewußt hätte. Bei einer andern Gelegenheit kam die Unterhaltung auf den Ruhm, den sein Name in der Welt erlangt hatte. »Ach, Unsinn,« sagte er, »ich habe niemals daran gedacht, für den Ruf und die Ehre zu schreiben. Was ich auf dem Herzen habe, muß heraus, und darum schreibe ich.« Abgesehen von den Zeiten trüber Stimmung, welche ihn mitunter überfiel und aus körperlichen Leiden hervorging, war er immer munter, mutwillig, voll von Witzen und Spott, und bekümmerte sich um keinen Menschen.

Als Beethoven ein junger Mann war, fand er bei Hof gute Freunde. Er hätte, wenn er Gefallen daran gehabt hätte, auf dem höchsten Fuße leben können. Sein Charakter war dem von Jean Jacques Rousseau sehr ähnlich, aber seine Gesinnung war edel, großherzig und rein.

Um das Jahr 1803, als Beethoven Op. 28 (Klaviersonate in D) komponiert hatte, sagte er zu seinem intimen Freunde

Krumpholz: »Ich bin nur wenig zufrieden mit meinen bisherigen Arbeiten. Von heute an will ich einen neuen Weg einschlagen.« Kurz nach diesem Ereignisse erschienen seine 3 Sonaten Op. 29 (31), in welchen man die teilweise Erfüllung seines Entschlusses verfolgen kann.

Noch weit schätzbarer (als seine brieflichen Auslassungen über methodische Dinge) waren Beethovens mündliche Bemerkungen über musikalische Gegenstände aller Art, über andere Tonsetzer usw., über die er sich stets mit größter Bestimmtheit, treffendem, oft kaustischem Witz und immer aus dem hohen Standpunkte äußerte, den ihm sein Genie anwies, und von dem er die Kunst übersah. Daher war sein Urteil, selbst über klassische Namen, meistens streng und wurde mit dem Gefühl seiner Ebenbürtigkeit ausgesprochen. Bei einer Lektion, die ich einst seinem Neffen gab, sagte er mir: »Sie müssen nicht glauben, daß Sie mir einen Gefallen erweisen, wenn Sie ihn Sachen von mir spielen lassen. Ich bin nicht so kindisch, dergleichen zu wünschen. Geben Sie ihm, was Sie für gut finden.«

Ich nannte Clementi. »Ja, ja«, sagte er. »Clementi ist recht gut.« Lachend fügte er hinzu: »Geben Sie Karl einstweilen das Regelmäßige, bis er später zu dem Unregelmäßigen kommen kann.«

Nach solchen Einfällen, die er beinahe jeder Rede einzuflechten wußte, pflegte er in schallendes Gelächter auszubrechen. Da ihm in früherer Zeit von der Kritik oft Unregelmäßigkeit vorgeworfen worden, so pflegte er oft mit lustigem Humor darauf anzuspielen. In jener Zeit (um 1816) begann ich in meiner Wohnung für meine sehr zahlreichen Schüler jeden Sonntag musikalische Unterhaltungen vor einem sehr gewählten Zirkel zu veranstalten, welche durch mehrere Jahre fortgesetzt wurden. Beethoven war fast immer zugegen und mehrmal fantasierte er in denselben mit freundlicher Bereitwilligkeit und mit all dem Ideenreichtume, der seine Improvisationen ebensosehr, ja oft noch mehr auszeichnete als seine geschriebenen Werke. Da in diesen Musiken vorzugsweise seine Werke aufgeführt wurden und er das Tempo angab, so glaube ich in diesem Punkte bei den meisten seiner Werke (selbst seinen Sinfonien, welche, auf zwei Klavieren arrangiert, oft vorgetragen wurden) mit seinem Willen genau bekannt geworden zu sein.

In Jahns Nachlaß finden wir noch die folgende mündliche Mitteilung von Czerny überliefert:

Noch in den Jahren 1818 bis 1820, wo ich in meiner Wohnung für meine Schüler und eine sehr gewählte Gesellschaft jeden Sonntag Musik veranstaltete und Beethoven meistens zugegen war, fantasierte er mehrmal, und jeder fühlte sich auf eine wunderbare Art ergriffen und gerührt. So auch einmal der Dichter Öhlenschläger, der französische Tonsetzer Persuis usw. [Schindler bezweifelt in einer Randbemerkung das *meistens* und betont, daß *Beethoven von 1818 an niemals mehr außerhalb seiner Wohnung fantasierte.*]

Man findet oft in Beethovens Werken, daß er auf einzelne, unbedeutend erscheinende Noten den Bau seines Tonstückes gründete, und indem man diese Noten heraushebt, wie er selber pflegte, gibt man dem Ganzen die eigentliche Färbung und Einheit. Beispiel: im Finale der Sonate Nr. 12, op. 26 die beiden Achtel im 6. Takt, linke Hand. – – Sonate Nr. 17, op. 29, Nr. 2, 3. Satz. Das Thema zu diesem Tonstück improvisierte Beethoven, als er einst (1803) einen Reiter an seinem Fenster vorbeigaloppieren sah. [Siehe darüber auch die frühere Bemerkung aus Jahns Nachlaß.] – –

Sonate Nr. 21, op. 57. Beethoven selbst hielt diese Sonate für seine größte, bis zu der Zeit, als er op. 106 komponiert hatte. Der dritte Satz, höchstwahrscheinlich eine Naturszene schildernd, vielleicht das Meer bei stürmischer Nacht, in der Ferne ein Hilferuf. Es ist gewiß, daß Beethoven sich zu vielen seiner schönsten Werke durch ähnliche, aus der Lektüre oder aus der eigenen regen Phantasie geschöpfte Visionen und Bilder begeisterte, und daß wir den wahren Schlüssel zu seinen Kompositionen und zu deren Vortrage nur durch die sichere Kenntnis dieser Umstände erhalten würden, wenn dieses noch überall möglich wäre. Er war hierüber nicht gern mitteilsam, aber doch bisweilen, bei vertraulicher Laune. So kam ihm z. B. die Idee des Adagio (in E-Dur im Violin-Quartett op. 59, Nr. 2), als er einmal nachts lange den gestirnten Himmel betrachtete und an die Harmonie der Sphären dachte. [Vgl. auch hier das Frühere aus Jahns Nachlaß.] – –

Fantasie op. 77. Diese sehr geistreiche Fantasie gibt ein getreues Bild von der Art, wie er zu improvisieren pflegte, wenn er kein bestimmtes Thema durchführen wollte und sich daher seinem Genie in Erfindung immer neuer Motive überließ. – –

33 Variationen auf einen Walzer von Diabelli, op. 120. Die 22. ist eine Parodie auf Leporellos »Keine Ruh bei Tag und Nacht«, und Beethoven schrieb sie einmal in drolligem Unmut schnell hin, als er zu oft wiederholtem Male vom Verleger um Beschleunigung des Werkes gedrängt wurde.

Klavierkonzert Nr. 3, op. 37. Beethoven, der dieses Konzert 1803 öffentlich spielte, ließ im zweiten Satz, Largo, das Pedal durch das ganze Thema fortdauern, was auf den damaligen schwach klingenden Klavieren sehr wohl anging, besonders wenn auch das Verschiebungspedal dazu genommen wurde. Aber jetzt, wo der Ton weit kräftiger geworden ist, ist das Pedal besser bei jedem bedeutenden Harmoniewechsel zu heben. – –

Klavierkonzert Nr. 6, op. 73. Als Beethoven das Adagio (2. Satz) schrieb, schwebten ihm die religiösen Gesänge frommer Wallfahrer vor.

Beethovens Improvisieren (wodurch er in den ersten Jahren nach seiner Ankunft in Wien das meiste Aufsehen erregte und selbst Mozarts Bewunderung gewann) war von verschiedener Art, ob er nun auf selbstgewählte oder auf gegebene Themen fantasierte.

1. In der Form des ersten Satzes oder des Finalrondos einer Sonate, wobei er den ersten Teil regelmäßig abschloß und in demselben auch in der verwandten Tonart eine Mittelmelodie usw. anbrachte, sich aber dann im zweiten Teile ganz frei, jedoch stets mit allen möglichen Benutzungen des Motivs seiner Begeisterung überließ. – Im Allegrotempo wurde das Ganze durch Bravourpassagen belebt, die meist noch schwieriger waren als jene, die man in seinen Werken findet.

2. In der freien Variationsform, ungefähr wie seine Chorfantasie, op. 80, oder das Chorfinale der neunten Sinfonie, welche beide ein treues Bild seiner Improvisation dieser Art geben.

3. In der gemischten Gattung, wo potpourriartig ein Gedanke dem anderen folgt, wie in seiner Solofantasie op. 77. Oft reichten ein paar einzelne unbedeutende Töne hin, um aus denselben ein ganzes Tonwerk zu improvisieren (wie z. B. das Finale der dritten Sonate, D-dur, von op. 10.) – –

In der Geschwindigkeit der Skalen, Doppeltriller, Sprünge usw. kam ihm keiner gleich – auch Hummel nicht. Seine

Haltung beim Spiel war musterhaft ruhig, edel und schön, ohne die geringste Grimasse (nur bei zunehmender Harthörigkeit gebückt), seine Finger waren sehr kräftig, nicht lang und an der Spitze vom vielen Spielen breit gedrückt, denn er sagte mir oft, daß er in seiner Jugend ungeheuer, meistens bis spät über Mitternacht exerziert hatte. – –

Er hielt auch beim Unterrichten sehr auf schöne Fingerhaltung (nach der Emanuel Bachschen Schule, nach der er mich unterrichtete); er selber spannte kaum eine Dezime. Der Gebrauch der Pedale war bei ihm sehr häufig, weit mehr als man in seinen Werken angezeigt findet. Einzig war sein Vortrag der Händelschen und Gluckschen Partituren und der Seb. Bachschen Fugen, indem er in die ersteren eine Vollstimmigkeit und einen Geist zu legen wußte, der diesen Werken eine neue Gestalt gab. – –

Auch war er der größte Avistaspieler seiner Zeit (selbst im Partiturlesen), und, wie durch Divination, übersah er beim schnellsten Durchblicken jede fremde Komposition, und sein Urteil war stets richtig, aber (besonders in seinen jüngeren Jahren) sehr scharf, beißend und rücksichtslos. Manches, was die Welt bewunderte und noch bewundert, sah er von dem hohen Standpunkte seines Genies in ganz anderem Lichte. – –

So außerordentlich sein Spiel im Improvisieren war, so war es oft weniger gelungen beim Vortrag seiner bereits gestochenen Kompositionen, denn da er sich nie die Geduld und Zeit nahm, etwas wieder zu exerzieren, so hing das Gelingen meistens von Zufall und Laune ab, und da sein Spiel so wie seine Kompositionen der Zeit vorausgeeilt waren, so hielten die damaligen noch äußerst schwachen und unvollkommenen Fortepianos (bis um 1810) seinen gigantischen Vortrag noch gar nicht aus. Daher kam es, daß Hummels perlendes, für seine Zeit wohlberechnetes, brillantes Spiel dem größeren Publikum weit verständlicher und ansprechender erscheinen mußte. Aber Beethovens Vortrag des Adagio und des Legato im gebundenen Stil übte auf jeden Zuhörer einen beinahe zauberhaften Eindruck und ist, soviel ich weiß, noch von niemand übertroffen worden. – –

Carl Czerny schrieb über Beethovens Improvisationen auch die folgenden Beobachtungen nieder und veröffentlichte sie in einem englischen Blatte, das C. Gerhard, dessen Broschüre *Beethoven in seinen Beziehungen* [...] (1892) das folgende Zitat entnommen ist, nicht nennt.

> *Seine Improvisation war höchst glänzend und überraschend; in was für Gesellschaft er auch sein mochte: er wußte immer eine Wirkung auf jeden Hörer hervorzubringen, daß häufig kein Auge trocken blieb und mancher in lautes Schluchzen ausbrach. Denn es war etwas Wundervolles in seinem Ausdruck in Verbindung mit der Schönheit und Originalität seiner Ideen und seinem geistreichen Stil in deren Wiedergabe. Wenn er eine solche Improvisation beendigt hatte, pflegte er in lautes Gelächter auszubrechen und seine Zuhörer wegen der Rührung, die er in ihnen erzeugt hatte, zu verspotten. »Ihr seid Narren!« pflegte er zu sagen. Oft fühlte er sich durch diese Sympathiebezeigungen sogar beleidigt. »Wer kann unter solch verzogenen Kindern leben«, rief er wohl, und nur deshalb vermied er, wie er mir erzählte, eine Einladung anzunehmen, die der preußische König nach einer solchen Improvisation ihm zuteil werden ließ.*

Mit Czernys Mitteilungen sind diejenigen Anton Schindlers zu vergleichen, die er in seiner Biographie (3. Aufl. 1860), Band II, Seite 232ff. gibt.

> *Czerny ist der einzige unter den Wiener Virtuosen gewesen, der sich bemüht hatte, Beethoven in seiner guten Zeit oft zu hören. Darum vedient er Beachtung bis zu dem Punkte, wo er beginnt, Beethovens Kompositionen mit Zutaten des modernen Virtuosen zu verbessern und damit sich daran zu versündigen. Diese Zutaten bestanden in maßlosem Gebrauche des Pedals, in Verlegung der Kantilene aus der ein- und zweigestrichenen Oktave in die drei- und viergestrichene – man kennt Czernys Vorliebe für die höchsten Oktaven aus allen seinen Kompositionen – in der Anwendung von Trillern und andern Verzierungen, endlich in der Metronomisierung. – –*
>
> *Es wird einiger Vorzüge im Spiele unsres Meisters zu erwähnen sein, die im besten Einklange mit Cramers und auch Clementis Aussagen stehen. Diese waren: ruhige Haltung der Hände wie des Oberkörpers, gebundener Stil und überaus merkwürdige Akzentuation. In bezug auf gebundenen Stil, wodurch sich der ehemalige Organist zu erkennen gegeben, soll der Meister in früherer Zeit sogar Hummel übertroffen*

haben, der hierin als großes Muster, gleich John Field, sich ausgezeichnet hat. – –

Der kurz angebundene Cherubini charakterisierte Beethovens Klavierspiel mit einem Worte: rauh. Der Gentleman Cramer wollte jedoch weniger Anstoß an dem Rauhen des Vortrags gefunden haben, als vielmehr an dem unzuverlässigen Wiedergeben einer und derselben Komposition, heute geistreich und voll charakteristischen Ausdrucks, morgen aber launenhaft und bis zur Unklarheit verworren. [Czerny bemerkt darüber, daß seine Spielweise in bezug auf Reinheit und Deutlichkeit nicht immer als Muster dienen konnte.] *Aus diesem Grunde hatten einige Freunde den Wunsch geäußert, mehrere Werke, einige noch im Manuskript, von Cramer öffentlich vortragen zu lassen, womit eine sehr empfindliche Seite Beethovens berührt worden: die Eifersucht ward geweckt, der, nach Cramers Worten, gegenseitige Spannung gefolgt ist. Überhaupt wollte es mir scheinen, daß der bereits mit europäischem Ruhm gekrönte Cherubini, im Alter auch um 10 volle Jahre voraus, unserm Beethoven gewaltig imponiert haben müsse, wofür Verschiedenes spricht. Cherubini äußerte bei unsern Zusammenkünften, er habe nicht unterlassen können, Beethovens Aufmerksamkeit auf die Clementische Schule, d. h. auf dessen Art, Klavier zu spielen, zu lenken, und habe dieser derlei Winke immer dankend hingenommen, mit dem Versprechen, beim nächsten Vortrag werde er ihn hoffentlich zufrieden sehen. – Clementis Urteil über Beethoven den Klavierspieler, dem Verfasser 1817 in Baden mitgeteilt, beschränkt sich auch nur auf wenige Worte; er sagte: »Das Spiel war nur wenig ausgebildet, nicht selten ungestüm, wie er selber, immer jedoch voll Geist.« Clementi hat noch im Jahre 1807 in Wien Beethoven verschiedene Werke vortragen gehört. – –*

Was Beethovens Eigenheit in der Akzentuation betrifft, so kann der Verfasser anführen, was sich teils aus den kritischen Anmerkungen über Czernys Vorträge, teils aus den unmittelbaren Belehrungen am Piano ergibt. Vorzugsweise war es der rhythmische Akzent, den er meist kräftig hervorhob und hervorgehoben wissen wollte; dagegen behandelte er den melodischen (gewöhnlich der grammatische genannt) meist nach Erfordernis, pflegte nur alle Vorhalte, den der kleinen Sekunde im Kantabile ganz besonders, immer mehr zu betonen, als man es von andern gehört. Dadurch erhielt sein Spiel ein Prägnant-

Charakteristisches, fern von dem Glatten, Flachen, das sich niemals zur Tonsprache erhebt. Bei der Kantilene verwies er auf die Methode gebildeter Sänger, die nicht zuviel und nicht zuwenig tun, riet ferner, bisweilen passende Worte einer streitigen Stelle unterzulegen und sie zu singen, oder auch solche Stellen von einem gebildeten Violinisten oder Bläser zu hören. Großes hielt er auf den Anschlag und dessen Doppelbedeutung: der physische oder materielle und der psychische, darauf Clementi die Aufmerksamkeit gelenkt. Unter letzterem verstand dieser die im Gefühle berechnete Tonfülle, bevor noch der Finger die Taste berührt. Wem dieses fremd ist, wird niemals ein Adagio seelenvoll vortragen. Überhaupt war unser Meister ein erklärter Gegner der Miniaturmalerei in aller musikalischer Darstellung und forderte demnach überall kräftigen Ausdruck. Auch die Vorträge des Schuppanzighschen Quartetts gaben davon Zeugnis. Die vier Männer brachten im Forte die Wirkung eines kleinen Orchesters hervor, im vollen Gegensatze zu dem Matten und Süßlichmanirierten hochberühmter Quartette unsrer Tage. – –

Ein noch wichtigerer Teil der Beethovenschen Redekunst am Pianoforte betrifft die von ihm oft gebrauchte Zäsur und die rhetorische Pause, beides von Clementi überkommen. Die Zäsur, ein plötzliches Abbrechen des Redeflusses, ist in der Tonkunst dem Begriffe nach mehr verwandt mit der rhetorischen Pause als in der Dichtkunst. Der Begriff der rhetorischen Pause hat nach Beethoven nur das Eigentümliche, als Verlängerung einer geschriebenen zu gelten ohne ausdrücklich angezeigten Ruhepunkt (Halt). Diese beiden Vortragsmittel, im Begriffe nicht gar zu weit geschieden, haben zum Zweck, dem Folgenden eine erhöhte Wirkung zu geben.

Gleichwie der Dichter seinen Monolog oder Dialog in einem bestimmt fortschreitenden Rhythmus hält, der Deklamator aber dennoch zu sicherem Verständnis des Sinnes Einschnitte und Ruhepunkte sogar an Stellen machen muß, wo der Dichter sie durch keine Interpunktion anzeigen durfte, ebenso ist diese Art zu deklamieren in der Musik anwendbar und modifiziert sich nur mit der Zahl der ein Werk Ausführenden. – –

Beethoven gab im Jahre 1816 seinen Neffen Karl in die Erziehungsanstalt von Cajetan Giannatasio del Rio. In der Folge war Beethoven häufig zu Gast in der Familie, und es entspann sich zeitweilig ein recht vertraulicher Verkehr. Die Tochter Fanny empfand gegenüber Beethoven große Zuneigung. Ihre Tagebuchaufzeichnungen über diese Zeit wurden erstmals 1854 in den *Grenzboten* veröffentlicht. Nohl in *Eine stille Liebe zu Beethoven* und Thayer brachten diese wertvollen Erinnerungen in großen Auszügen.

Es war im Jahre 1816, da kam er zum erstenmal in unser Haus, um seinen geliebten Karl in das Institut zu geben, welches mein Vater schon seit dem Jahre 1798 errichtet hatte. Dieses Begebnis war für die Töchter besonders erfreulich, und ich sehe noch, wie Beethoven mit Beweglichkeit sich hin und her drehte, und wie wir auf seine dolmetschende Begleitung, Herrn Bernard, später Redakteur der »Wiener Zeitung«, nicht achtend, uns gleich zu Beethovens Ohr wandten; denn schon damals mußte man ihm ganz nahe sein, um sich ihm verständlich machen zu können. Von dieser Zeit an hatten wir das Vergnügen, ihn oft zu sehen, und später, als mein Vater mit dem Institut in die Vorstadt zog, Landstraß-Glacis, nahm auch er sich eine Wohnung in der Nähe, und den nächsten Winter war er fast alle Abend in unserm häuslichen Kreise. –

Leider waren recht interessante Abende selten, denn häufig war er, ein Pegasus im Joche, durch die vormundschaftlichen Angelegenheiten verstimmt, oder wohl auch kränklich. Dann geschah es, daß er ganze Abende bei uns am runden Tisch, wie es schien, in Gedanken versunken saß, manchmal wohl auch lächelnd ein Wort hinwarf, dabei fortwährend ins Schnupftuch spuckend, oder nach Volksausdruck »spiazend«, dabei es jedesmal ansehend, so daß ich manchmal dachte, er fürchte, Blutspuren zu finden. Leider hatten wir selbst viel schuld an dieser Langweiligkeit; denn wie Beethoven sich öfters in kleinen Spöttereien gefiel, so hatte er auch über Eltern gelacht, welche sagten, »meine Töchter spielen auch von Ihnen –«. Das war uns genug, und die Musik war gerade damals bei uns fast verbannt, was mich später oft gereut hat. Denn einmal, als er mit Zeitungslesen im Zimmer beschäftigt war, und ich meine Scheu überwand und sein »Kennst du das Land« spielte, kam er allsogleich herbei, taktierte, und bei einer Stelle, wo vielleicht mancher nachlassen würde, wollte er eifrig gleich fortgespielt haben.

Einmal auch, als er uns »Die entfernte Geliebte«, Text von Jeitteles, gebracht hatte, und Vater wollte, ich solle meine Schwe-

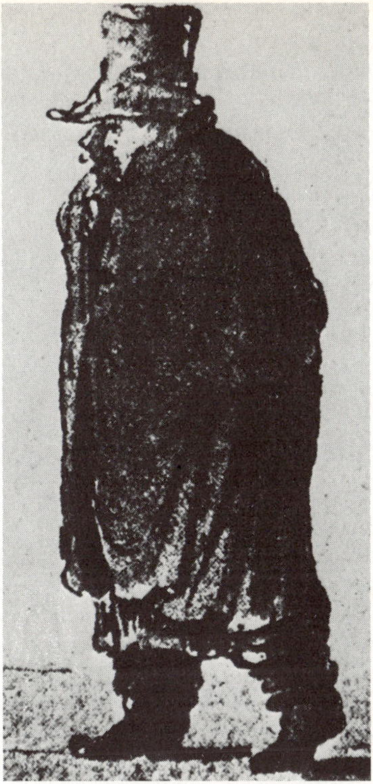

Beethoven im Regen
Federzeichnung von Johann Nepomuk Hoechle

ster begleiten, ließ er mich nur die Angst ausstehen und mit den Worten: »Gehen Sie weg« setzte er sich und begleitete selbst. Dabei muß bemerkt werden, daß er zu unserm großen Erstaunen häufig falsch griff und dennoch wieder, als meine Schwester fragte, ob sie nicht gefehlt oder so was, antwortete: »Es war gut, aber hier« – und da bezeichnete er eine Stelle, wo kein Verbindungsbogen angegeben war – »hier müssen Sie hinüberziehen«; – also das hatte er vermißt. – Es war derselbe Abend, an dem er, nachdem er recht heiter gewesen war, plötzlich still und verstimmt wurde. Wir erfuhren später, daß ihm der Name »Schönauer« zu Ohren gekommen, wie unser sehr harmloser guter Onkel hieß, er aber glaubte, es sei der Advokat der Mutter seines Neffen, der denselben Namen trug.

Einst war die Rede von dem von ihn in Musik gesetzten Lied: »Wenn ich ein Vöglein wär' und auch zwei Flüglein hätt', flög' ich zu dir!« – Da wollte er, meine Schwester sollte die Klavierbegleitung dazu machen, und als sie es endlich tat, so sagte er: es müsse ja die Begleitung mehr oben im Violin sein – vielleicht war es nur Scherz. – Einen kleinen Kanon schrieb er uns auch einmal auf, mit Bleistift nur, auf den Text »Wie Silber ist die Rede, doch zu rechter Zeit schweigen, ist lauteres Gold.« –

Und ich erinnere mich wieder an einen andern Abend, an dem er wie ein Kind mit uns herumtollte und vor den Angriffen sich mit Stühlen usw. verpalisadierte. – Übrigens säumte des Neffen Mutter nicht, meinem Vater und dem Onkel Verdruß zu machen, indem sie gegen die gerichtliche Übereinkunft ohne Erlaubnis den Knaben heimlich sehen wollte. Sie soll einmal als Mann verkleidet auf den großen Platz am Hause gekommen sein, wo die Knaben ihre Turn- und gymnastischen Übungen hielten, das kann ich aber nicht verbürgen. Dies jedoch, daß ihr Erscheinen und Dringen, den Sohn ihr mitzugeben, uns oft sehr lästig war, wenn es zuweilen geschah, wenn unser Vater nicht zu Hause war.

Einmal kam ich mit Beethoven in sehr unangenehme Konflikte, weil er geglaubt hatte, ich gäbe ihm in seiner Handlungsweise unrecht gegen seinen Neffen. Überhaupt verwunderte ich mich oft darüber, daß Beethoven so viel auf die Meinung der Menschen hielt und einmal bei Gelegenheit wegen des Neffen äußerte: »Was werden die Leute sagen, sie werden mich für einen Tyrannen halten.« Das konnte aber niemand glauben, wenn er ihn nur einmal mit seinem geliebten Neffen gesehen hatte; denn er duldete sogar, daß dieser ihn leiblich tyrannisierte, wenn er auf ihn hinaufkletterte und ihn fast vom Stuhl warf. – Zu meiner Schwester hatte Beethoven ein solches Vertrauen, daß er ihr einmal heimlich schrieb, sie solle ihm aufrichtig ihre Meinung sagen, ob sie glaube, daß Karl, welcher neun Jahre unter dem traurigen Einflusse der Mutter sich befunden habe, noch zurechtkommen würde. Die Schwester hat ihm nach unsrer hoffnungsvollen Ansicht mit »ja« geantwortet. – Mich hat er einmal sehr gekränkt, da er meinte, eine Nachlässigkeit meiner Schwester, welche auf dem Nicht-lesen-können seiner Schrift beruhte und wohl einigermaßen entschuldigt werden konnte, aber Ursache eines Verdrusses mit der Mutter wurde, sei mir zuzuschreiben.

Merkwürdig war mir, daß, nachdem er durch ein sehr aufrichtiges Schreiben von meiner Seite die Wahrheit erfuhr, und daß ich keine Schuld an dem von ihm erfahrenen Verdruß habe, er mir kein freundliches Wort gab, sondern nur meiner Schwester mit dem Finger drohte und sagte: »Nu warten Sie, Sie haben was Schönes angestellt.« (17. März). Einmal kam er im Frühling, brachte uns Veilchen mit den Worten: »Ich bringe Ihnen den Frühling«; er war einige Zeit sehr unwohl gewesen (er litt öfter an Kolik) und sagte: »Das wird einmal mein Ende sein!« Da rief ich ihm zu: »Das wollen wir noch lange hinausschieben!« Da erwiderte er: »Ein schlechter Mann, der nicht zu sterben weiß, ich wußte es schon als Knabe von fünfzehn Jahren, freilich für die Kunst habe ich noch wenig getan!« – »O, deswegen können Sie keck sterben!« sagte ich. Da antwortete er so vor sich hin: »Mir schweben ganz andere Dinge vor.« – Zu der Zeit brachte er uns auch seine herrliche Komposition »An die Hoffnung« aus Tiedges »Urania«, welchen er immer Tiedsche nannte, nicht scherzweise. – Beethoven war sehr leicht verstimmbar, und so geschah es auch, daß seine Freunde oft glaubten, er habe etwas gegen sie, wenn es nicht der Fall war; aber er war in seinem Benehmen so verschieden und schien zuweilen so unfreundlich und kalt, daß man es glauben mußte und sich scheu zurückzog; – oft aber kam es auch, daß er seinen besten Bekannten nicht traute und sie in der Tat kränkte. – Oft klagte Beethoven über seine ökonomischen Verhältnisse, das war aber ein Steckenpferd von ihm.

In heiterer gesprächiger Stimmung erzählte uns Beethoven einmal von der Zeit, welche er bei Fürst Lichnowsky zubrachte. Von der Fürstin sprach er mit viel Achtung. Er erzählte, wie einst der Fürst, bei dem während der Invasion der Franzosen mehrere Gäste sich befanden, ihn wiederholt nötigen wollte, ihnen auf dem Klavier etwas vorzuspielen, er sich aber fest geweigert habe, was eine Szene zwischen dem Fürsten und ihm veranlaßte, worauf Beethoven rücksichtslos und plötzlich das Haus verließ. – Er äußerte einmal, mit dem Adel sei gut umzugehen, aber man müsse etwas haben, worin man ihm imponiere.

Von Schauspielern äußerte er einmal: daß dies Leben, dies Rollenspielen im Leben, ihm nicht zusage oder gefalle.

Beethoven zeigte immer gegen uns ein sehr dankbares Gefühl und nannte die Leistungen und Pflege für seinen Neffen »unbezahlbar«. Einmal sagte er uns, er sei mit Sprichwörtern erzogen worden, dann, er habe einen Jesuiten zum Lehrer gehabt. – Von seinen Eltern sprach er mit vieler Liebe und Achtung, besonders nannte er seinen Großvater »einen Ehrenmann«. – Oft sprach er in großer Verstimmung und Entrüstung über manche Staatseinrichtung, er war auch drauf und dran, daß er eine große Reise machen wolle, vielleicht nach England. Er erzählte uns auch einmal, daß Engländer bei ihm waren; lachend sagte er uns: »Sie haben mir meine Feder weggenommen!« – Auf sein Leben, äußerte er, halte er nichts, nur wegen seines Neffen! – Bei seinem zarten Gefühl und bei seinem Mißtrauen, welches auf kurze Zeit wenigstens seine besten Freunde kränkte, gab es manchmal Verstimmungen von seiner Seite, welchen man nicht gleich auf die Spur kommen konnte; so, als er uns wieder besuchte, nachdem wir durch sein kühleres Benehmen glaubten, es sei derlei vorgefallen, wodurch er sich für beleidigt hielt, fragte ihn meine Schwester, »ob er noch bös wäre?« (ob er uns noch grolle); da antwortete er: »Ich lege viel zu wenig Wert auf mich, um es zu sein!« – Einst bei einer Geldangelegenheit klagte er gegen meinen Schwager, daß er nicht geglaubt hätte, daß in einem so angesehenen Handlungshause derlei Betrügerei vorfallen könnte; was war es aber? Nur die gewöhnliche Sensarie, [Vermittlungsgebühr des Börsenmaklers] *die ihm fremd war. – Einmal in einer lustigen Stimmung sagte ich, daß er uns necke, aber mit dem gewöhnlichen Ausdruck »seckiere«, da wiederholte er diesen Ausdruck öfter mit Gelächter, so daß ich mich schämte, ihn gebraucht zu haben. –*

Beethoven hatte einen Bruder, und wenn er denselben erwähnte, so nannte er ihn immer mit lautem Lachen: »Mein Bruder, der Apotheker!« Man sagte diesem nach, er habe viel Staat gemacht, wie sich für seinen Standpunkt nicht schickte. – Einmal, wie er über seine ökonomischen Verhältnisse klagte, sagte er, man habe nur für den Schuster, Schneider und Metzger zu arbeiten. – Die Begebenheit von Wienerneustadt, welche er uns einmal mit vielem Lachen erzählte, ist wohl sehr bekannt. Als er bei seinen künstlerischen Spaziergängen bis nach Wienerneustadt kam, machte seine auffallende Erscheinung, da er immer aufschaute und seine Noten ins Taschenbuch schrieb, die Leute glauben, er sei ein Spion; denn es war in Kriegszeit und die Stadt befestigt. Er ward deshalb genötigt, aufs Rathaus zu kommen, und kam erst los, als ein musikliebender anwesender Rat oder dergleichen in ihm Beethoven erkannte. Ich glaube, er hat auch dadurch die Bürgerkrone erlangt.

Einmal hatte in meiner Gegenwart meine Schwester mit Beethoven ein kurzes, aber interessantes Gespräch über Liebe und Ehe. Wie er in allem ein besonderer Mensch war, so auch in seinen Ideen und Meinungen hierüber! Jede Art gebundenes Verhältnis beim Menschen, so sagte er, sei ihm unangenehm. Ich glaubte ihn zu verstehen, er will die Freiheit des Menschen nicht beschränkt wissen; so ist es ihm weit interessanter, wenn ein weibliches Wesen ihm, ohne an ihn gebunden zu sein, ihre Liebe und mit ihr das Höchste schenkt. In dem Verhältnis des Mannes zum Weibe, so schien mir, glaubte er die Freiheit des Weibes beschränkt. Er fuhr dann fort, von einem Freunde zu erzählen, welcher ihm gesagt habe, »man müsse ganz ohne Liebe ehelichen, er sei recht glücklich und habe viele Kinder«. Wir Mädchen waren noch weniger dieser Meinung als Beethoven, welcher nur sagte, er wüßte es nicht. – Was ihn beträfe, so habe er noch keine Ehe gekannt, von welcher nach einiger Zeit nicht das eine oder das andere den Schritt bereut hätte; – und von einigen Mädchen, welche er in früheren Zeiten zu besitzen als das größte Glück erachtet hätte, habe er in der Folge eingesehen, daß er sehr glücklich sei, daß keine derselben seine Frau geworden sei, und wie gut es sei, daß die Wünsche oft nicht erfüllt werden. Meine Schwester machte auch die Bemerkung, daß er seine Kunst immer mehr lieben würde als seine Frau – das, erwiderte er, wäre auch in der Ordnung; auch daß er eine Frau nicht lieben könnte, welche seine Kunst nicht zu würdigen verstände.

Als sein Neffe noch bei uns war, lud uns Beethoven einmal zu sich nach Baden ein, wo er die Sommermonate zubrachte: meinen Vater und uns zwei Töchter mit Karl. Obwohl unser Gastgeber von unserm Kommen unterrichtet war, gewahrten wir bald, daß zu unserer Beherbergung keine Anstalt getroffen war. Beethoven ging abends mit uns in einen Gasthof, und da fiel uns sehr auf, daß er mit dem Kellner um jede Semmel rechnete, doch dies entsprang daher, daß er wegen seines schlechten Gehörs von Diensttuenden vielfach betrogen worden war; denn damals schon mußte man ganz nahe am Ohre sein, um sich ihm verständlich machen zu können, und ich erinnere mich, daß ich oft in großer Verlegenheit sogar durch die graulichen Haare dringen mußte, welche das Ohr verbargen; er sagte auch oft wohl selbst: »Ich muß mir die Haare schneiden lassen!« Wenn man ihn so sah, glaubte man, sie waren steif und struppig, doch waren sie sehr fein, und wie er hineinfuhr, blieben sie auch stehen, was oft komisch aussah. (Einst kam er; als er den Überrock auszog, bemerkten wir ein Loch am Ellbogen, er mußte sich dessen erinnert haben und wollte ihn wieder anziehen, sagte aber lachend, indem er ihn vollends auszog: »Jetzt haben Sie's schon gesehen!«)

Als wir nun nachmittags in seiner Behausung angekommen waren, wurde ein Spaziergang vorgeschlagen; doch unser Wirt wollte nicht mitgehen und entschuldigte sich, daß er so viel zu tun habe; jedoch versprach er, nachzukommen, was auch geschah. Als wir abends nach Hause kamen, war aber auch keine Spur von Beherbergung zu sehen. Beethoven murrte, ent- und beschuldigte die damit beauftragten Personen und half uns selbst einrichten; oh, wie interessant war es, mit seiner Hilfe ein leichtes Sofa weiterzuschaffen! Uns Mädchen wurde ein ziemlich großes Zimmer, in welchem sein Klavier stand, zum Schlafzimmer eingeräumt. Doch der Schlaf blieb in diesem musikalischen Heiligtum uns lange fern. Ja, und ich muß es zu meiner Beschämung bekennen, daß unsere Neu- und Wißbegierde einen großen runden Tisch, welcher sich darin befand, unserer Untersuchung aussetzte. Namentlich war es ein Notizbuch, über das wir uns hermachten. Da war aber ein solches Durcheinander von wirtschaftlichen Angelegenheiten, auch vieles für uns nicht Leserliche, daß es unser Staunen erregte; aber, siehe da! Einer Stelle erinnere ich mich – da stand: »Mein Herz strömt über beim Anblick der schönen Natur – obschon ohne sie!« – das gab uns vieles zu denken. Des Morgens brachte uns ein sehr prosaischer Lärm aus unserer poetischen Stimmung! Beethoven erschien auch bald mit zerkratztem Gesicht und klagte uns, daß er mit seinem Bedienten, welcher am Austreten war, einen Auftritt gehabt habe. »Sehen Sie,« sagte er, »so hat er mich zugerichtet!« Er beklagte sich auch, daß diese Menschen, obwohl sie wüßten, daß er nicht höre, dennoch nichts täten, um sich verständlich zu machen. – Es wurde dann ein Spaziergang ins schöne Helenental gemacht, wir Mädchen wanderten voran, dann Beethoven mit unserm Vater. Folgendes war es, was wir mit gespanntem Gehör erhaschen konnten:

Mein Vater meinte, Beethoven könne sich von diesem traurigen Übelstand seiner häuslichen Verhältnisse nur durch ein eheliches Band befreien, und ob er niemand kenne usw., da war denn unsere lang gehabte Ahnung bestätigt: Er liebe unglücklich! Vor fünf Jahren habe er eine Person kennen gelernt, mit welcher sich näher zu verbinden er für das höchste Glück seines Lebens gehalten hätte. Es sei nicht daran zu denken, fast Unmöglichkeit, eine Schimäre, dennoch ist es jetzt noch wie am ersten Tag. Diese Harmonie (setzte er noch hinzu) habe er noch nicht gefunden! Doch ist es zu keiner Erklärung gekommen, er habe es noch nicht aus dem Gemüt bringen können! Dann folgte ein Augenblick, welcher für uns manche Mißverständnisse von seiner Seite und kränkendes Betragen entschädigte; denn er kannte meines Vaters freundschaftliches Anerbieten, ihm in seinen häuslichen Bedrängnissen womöglich beizustehen, und ich glaube, er war überzeugt von unserer Freundschaft für ihn. – Er sprach noch von dem unglücklichen Verlust seines Gehörs, von dem elenden Leben, das er viele Zeit in physischer Rücksicht geführt. Er, Beethoven, war so fröhlich beim Mittagsmahl (im Freien in Helena), seine Muse umschwebte ihn! Er beugte sich öfter an die Seite und schrieb einige Takte mit der Bemerkung: »Mein Spaziergang mit Ihnen hat mir Noten genommen, doch auch wieder eingetragen.« Dies geschah alles im September des Jahres 1816.

Dr. Karl von Bursy, geboren 1791, war Arzt und lebte später in Salzburg. Empfohlen durch Beethovens Freund Karl Amenda, besuchte er den Komponisten im Jahre 1816. Die Erinnerungen an diesen Besuch hat Bursy in Tagebüchern festgehalten. Sie wurden 1854 in der *Petersburger Zeitung** und 1856 in den *Belletristischen Blättern aus Rußland* veröffentlicht.

Wien, am 1. Juni.

Wie sollte ich den Tag nicht bemerken und auszeichnen, an dem ich Beethoven kennen gelernt? Schon gestern suchte ich ihn und fand ihn nicht, denn sein Logis hatte mir H. Riedl falsch angegeben. Er wohnt auf der Seilerstadt Nr. 1056, und auch nicht, wie Madame Nannette Streicher mir aufgeschrieben, 1055. Ich hatte durchaus die Idee, Beethoven müsse in einem der fürstlichen Schlösser hausen und im Schutze eines Mäzenaten seiner hohen Kunst leben. Wie sehr befremdete es mich, als mich ein anwohnender Heringskrämer in das Haus neben sich wies mit den Worten: »Ich glaube, der Herr von Beethoven wohnt hier dicht

* Im folgenden Text steht in Klammern jener Wortlaut, der von der russischen Zensur gestrichen, jedoch von Bursys Schwiegersohn E. Meyer wiederhergestellt wurde.

bei, denn ich habe ihn öfters da hineingehen sehen.« Parterre fragte ich nach und hörte, Beethoven wohne im dritten Stock, drei Treppen hoch. Also ganz wider mein Erwarten! Ein elendes Haus, und nun noch drei Treppen hoch! Enge führten die steinernen Stiegen hinan in das Zimmer, worin ein Beethoven wirkt und schafft.

Ich kann gestehen, daß ich beengt im Herzen war, als stehe mir etwas Großes bevor. Freilich war es auch nichts Alltägliches, was ich sehen sollte, kein Mensch der Alltagswelt, mit dem ich zu sprechen hoffte; denn gewiß konnte ich's mir noch nicht versprechen. Eine kleine Tür, zu deren Eröffnung ich die Klingel zog, führte mich in ein kleines Vorhaus, das eins war mit der anstoßenden Küche und Kinderstube. Da empfing mich der Bediente, der mit seiner Familie zu Beethovens Hausgerät zu gehören scheint. Er wollte mich gleich hereinlassen, allein ich gab ihm meinen Brief von Amenda und wartete nun mit bangem Gemüt auf Antwort. »Treten Sie gütigst herein!« rief mir endlich der rückkehrende Diener zu, und hinter einer dichten wollenen Türgardine trat ich in das Arbeitszimmer (Heiligtum). Aus dem Nebenzimmer kam mir Beethoven entgegen. Es war mir schwer und unnatürlich, dem Meister meiner Kunst nur ein fernes und fremdes Kompliment zu machen. Seine Hand hätte ich fassen und darauf den Kuß der innigsten Verehrung drücken mögen.

Wenn Jean Paul meinem Gedankenbilde ganz widersprach, so stimmte Beethoven ziemlich gut damit. Klein, etwas stark, zurückgestrichenes Haar, worunter schon viel graues zu sehen ist, ein etwas rotes Gesicht, feurige Augen, die zwar klein, aber tiefliegend und voll ungeheuren Lebens sind. Beethoven hat, besonders wenn er lacht, sehr viel Ähnlichkeit mit Amenda. Nach diesem erkundigte er sich vor allem und äußerte Gefühle der wahren Freundschaft gegen ihn. »Er ist ein sehr guter Mensch«, sagte er. »Ich habe das Unglück, daß alle meine Freunde von mir fern sind und ich nun allein stehe in dem häßlichen Wien.« Er bat mich, laut mit ihm zu sprechen, weil er gerade jetzt wieder besonders schwer höre, daher er auch im Sommer nach Baden und aufs Land wolle. Überhaupt ist er seit lange her nicht gesund und hat nichts Neues komponiert. Ich fragte ihn nach dem Operntext von Berge, und er sagte, er sei recht gut und schicke sich mit einigen Abänderungen wohl zur Komposition. Bis jetzt habe seine Krankheit noch nicht eine solche Arbeit erlaubt, und er wolle selbst an Amenda deswegen schreiben. Ich schrie ihm ins

Ohr, man müsse zu solcher Arbeit wohl vollkommene Zeit und Muße haben. »Nein,« sagte er, »ich mache nichts so fort und fort ohne Unterbrechung. Immer arbeite ich an mehrerem zugleich, bald nehme ich dann dies, bald das vor.« Er mißverstand mich sehr oft und mußte, wenn ich sprach, die größte Aufmerksamkeit anwenden, mich zu verstehen. Das genierte und störte mich natürlich sehr. Auch er fühlt das Drückende und spricht selbst um so mehr, und zwar sehr laut.

Er erzählte mir viel von Wien und seinem Leben hier. Gift und Galle wütet in ihm. Allem trotzt er, mit allem ist er unzufrieden und flucht besonders über Österreich und namentlich über Wien. Er spricht schnell und mit großer Lebhaftigkeit. Oft schlug er mit der Faust auf sein Klavier so heftig, daß es laut im Zimmer widerhallte. Zurückhaltend ist er nicht; denn schnell führte er mich in seine persönlichen Verhältnisse ein und erzählte mir viel über sich und die Seinigen. Das ist gerade das Signum diagnosticum der Hypochondrie. Mir war diese Hypochondrie ganz erwünscht, denn nun erfuhr ich aus seinem eignen Munde so viel über sein Leben. Über die jetzigen Zeiten klagte er, und zwar aus mehreren Gründen. Die Kunst steht nicht mehr so hoch über dem Gemeinen, ist nicht mehr so geachtet und besonders nicht so geschätzt in bezug auf die Belohnung. Beethoven klagt über schlechte Zeiten auch in pekuniärer Hinsicht. Sollte man es glauben, daß ein Beethoven Veranlassung zu solcher Klage hat? – –

»Warum bleiben Sie in Wien, da jeder ausländische Herrscher Ihnen einen Platz bei seinem Hofe (neben seinem Throne) anweisen würde?« »Mich fesseln Verhältnisse hier,« sagte er, »aber es geht hier lumpig und schmutzig zu. Es kann nicht ärger sein. (Von oben bis unten ist alles Lump.) Niemandem kann man trauen. Was man nicht schwarz auf weiß hat, das tut und hält kein Mensch. Sie wollen, man soll arbeiten, und bezahlen wie die Lumpe, und nicht einmal das Verabredete. (Zudem hat man ja im Österreichischen nichts, da alles nichts, d. h. Papier ist.)« Beethoven hat zur Kongreßzeit eine Kasualkantate komponiert. (»Der Text war beschnitten und beschoren wie ein französischer Garten«, sagte er.) Und dennoch kam's nicht einmal zur bestimmten Aufführung. Nach vielen Kabalen gab er eine Akademie im Redoutensaal. (Der König von Preußen bezahlte ein Extrahonorar von 10 Dukaten. Sehr lumpig!) Nur der Kaiser von Rußland bezahlte sein Billett honett mit 200 Dukaten. Daß der General-

intendant der kaiserlichen Schauspiele, Graf Palffy, bei dieser Gelegenheit einen tüchtigen Wischer bekommen, freute ihn sehr. Diesem will er besonders nicht wohl.

Fürs Geld scheint Beethoven sehr importiert, und ich muß es gestehen, das macht ihn menschlicher, d. h. es bringt ihn uns näher. Es zeigt ihn nur als irdischen Staubbewohner und dadurch als einen Verwandten, da er als Künstler nicht der Erde angehört. Ich fühlte mich ihm näher, als er so von dem Haupterfordernis des Erdenlebens sprach. Traurig genug, aber wahr. Ich muß das frei gestehen; die weniger ideale Seite des idealen Künstlers brachte mich ihm näher. So gemein ist der gemeine Mensch! Von Musik sprach ich nicht viel mit dem, der so unendlich hoch über mir steht. Etwa aus Eitelkeit? – Nein! – Den vollendeten Künstler nicht in meine niedere Sphäre blicken zu lassen und seinem Auge die gemeine Aussicht zu ersparen, darum schwieg ich. Daß sein Fidelio so oft mit solchem Beifall in Berlin gegeben ist, das erfreute ihn. Den Verlust der Milder-Hauptmann bedauerte er. »Ihre Stelle ist uns unersetzt,« sagte er, »was sie singt, singt keine der hiesigen Sängerinnen ihr nach. Wir konnten sie nicht bezahlen, darum tat sie wohl, nach Berlin zu gehen. Die Musik ist hier sehr im Verfall. In Wien tut man nichts (Der Kaiser tut nichts) für die Kunst, und das (übrige) Publikum nimmt mit allem vorlieb.«

Beethovens Bruder ist kürzlich gestorben, und die Erziehung des hinterbliebenen Neffen hat er übernommen. Darüber sprach er viel; tadelte bei der Gelegenheit die hiesigen Schulen, in die er den Kleinen geschickt, aber aus denen er ihn auch wieder genommen. »Der Knabe muß Künstler werden oder Gelehrter, um ein höheres Leben zu leben (und nicht ganz im Gemeinen zu versinken. Nur der Künstler oder der freie Gelehrte tragen ihr Glück im Innern.)« Er sprach hier herrliche Ansichten aus über das Leben. Sobald er schwieg, so runzelte sich seine Stirn, und er hat ein düsteres Ansehen, daß man Scheu vor ihm haben könnte, wüßte man nicht, daß der Grund einer solchen erhabenen Künstlerseele schön sein muß. Vertrauen einflößend erlaubte er mir, ihn recht oft zu besuchen, da er nur ab und zu nach Baden reisen würde; ich möchte mich an ihn wenden, wenn er mir behilflich sein könnte. Meine Wohnung schrieb er sich auf und sagte mir beim Abschied die herzlichen Worte: »Ich werde Sie schon einmal holen lassen!«

So habe ich denn ihn gesehen, den ich so über alles schon seit Jahren geschätzt, geliebt, verehrt. Wäre Beethoven nicht so schwerhörig, ich würde mir gewiß seine Zuneigung und seinen vertrauteren Umgang erwerben. Ungeachtet seiner scheinbaren Härte und Kälte macht ihn doch ein Gemüt weich und warm, das sich ihm ganz hingibt, ohne seiner als einer Stütze zu bedürfen. (Den Unwert des Ranges in Wien lobt er. »Ich habe selbst«, sagte er, »in Prozessen mit Fürsten und Grafen erfahren, daß Rang und Stand vor Gericht nichts gilt; denn ich habe meine gerechte Sache, auf der ich bestanden, gegen mächtige Herren durchgeführt und gewonnen.«) Seine Wohnung ist freundlich, sieht nach der grünen Bastei und ist ziemlich ordentlich und sauber eingerichtet. Das Vorzimmer hat auf einer Seite sein Schlafkabinett, auf der andern sein Musikkabinett, worin ein verschlossener Flügel steht. Noten sah ich nur wenig, einige Flick Notenpapier lagen auf dem Schreibtisch. Zwei gute Ölporträts hängen an der Wand, ein männliches und ein weibliches.

Beethoven selbst war nicht, wie Jean Paul, in Lumpen gehüllt, sondern ganz in Gala. Das bestätigt mir, was ich schon von ihm gehört, daß er eitel sei, und deswegen auch seine Taubheit ihm besonders lästig wird. Daher vielleicht seine Entschuldigung gegen mich, daß er sonst besser höre, als gerade jetzt. Übrigens finde ich die Aussage, er sei zuweilen wahnsinnig, nicht bestätigt nach den Erkundigungen, die ich über ihn einziehe. Herr Riedl versichert mir, er sei es durchaus nicht und habe nur allein den sogenannten Künstlerspleen. Darunter denkt ein jeder was Besonderes. Riedl z. B., als Kunsthändler und Verleger mehrerer Beethovenschen Werke, hält wahrscheinlich den teuren Preis, den er auf seine Manuskripte setzt, für solchen Spleen, denn wirklich sagte er mir, daß Beethoven ungeheuer teuer mit seinen Arbeiten sei. Meine Begriffe von Künstlerspleen nähern sich diesen kaufmännischen. Wenn ein Mann wie Beethoven, der vollendet dasteht, sich selbst hochstellt und hochschätzt, seinen Wert hoch anschlägt (höher anschlägt, als der Fürst seinen ererbten Ahnenwert), wenn er im Menschen nur den Menschen liebt und achtet, nicht den Titel und das Kleid; wenn er daher stolz ist gegen die Stolzen, hochmütig gegen die Hochmütigen, die so tief unter ihm stehen, dann ist er im Falle, wo ich ihm einen Künstlerspleen zurechne, der ihn mir noch mehr achtungswert macht. Fühlte Beethoven nicht seinen Wert, er wäre nicht Beethoven, wäre nicht der große Künstler, den ich jetzt in ihm verehre. (Wie erbärmlich klein seid ihr sogenannten großen Herren gegen Beethoven!) – –

Karl Friedrich Zelter, Goethes Freund und Ratgeber in allen Fragen der Musik, hatte Beethoven bereits 1796 kennengelernt, als dieser kurze Zeit in Berlin weilte. 1819 reiste Zelter durch Österreich und nach Wien. An Goethe schrieb er aus Wien.

Wien, 29. Juli 1819.

Beethoven, den ich gern noch einmal in diesem Leben gesehen hätte, wohnt auf dem Lande, und niemand weiß mir zu sagen: wo? Ich war willens, ihm zu schreiben, man sagt mir aber, er sei fast unzugänglich, weil er fast ganz ohne Gehör sei. Vielleicht ist es besser, wir bleiben, wie wir waren, da es mich verdrießlich machen könnte, ihn verdrießlich zu finden. – –

Mit der Musik weiß man sich hier was, und das in Betracht gegen Italien, das sich für die allein seligmachende Kirche hält. Sie sind aber hier wirklich tief gebildet. Sie lassen sich zwar alles gefallen, doch nur das Beste bleibt sitzen. Sie hören gern eine mittelmäßige Oper, die gut besetzt ist, aber ein treffliches Werk, wenn es auch nicht zum besten besetzt ist, bleibt ihnen aufgehoben. Beethoven ist bis an den Himmel erhoben, weil er es sich wirklich sauer werden läßt, und weil er lebt; doch wer ihnen den nationalen Humor wie eine unvermischte Quelle, die keinen andern Strom aufnimmt, vorüberführt, das ist Haydn, der in ihnen wohnt, weil er aus ihnen kommt. Sie scheinen ihn alle Tage zu vergessen, und täglich lebt er ihnen wieder auf.

(16. August.) Beethoven ist aufs Land gezogen, und niemand weiß, wohin? An eine seiner Freundinnen hat er eben hier aus Baden geschrieben und er ist nicht in Baden. Er soll unausstehlich maussade sein. Einige sagen, er ist ein Narr. Das ist bald gesagt. Gott vergeb' uns allen unsere Schuld! Der arme Mensch soll völlig taub sein. Weiß ich doch, wie mir zu Mute ist, wenn ich hier das Fingerieren ansehe und mir armem Teufel ein Finger nach dem andern unbrauchbar wird. Letzthin ist Beethoven in ein Speisehaus gegangen; so setzt er sich an den Tisch, vertieft sich und nach einer Stunde ruft er den Kellner: Was bin ich schuldig? – Ew. Gnaden haben noch nichts gegessen, was soll ich denn bringen? – Bring', was du willst, und laß mich ungeschoren! – –

Der Erzherzog Rudolph soll sein Gönner sein und ihm 1500 Gulden Papier jährlich geben. Damit muß er sich denn freilich einrichten, wie hier alle Musenkinder. Diese sind hier wie Katzen gehalten; wer sich nicht aufs Mausen versteht, spart so leicht nichts. Dabei sind sie jedoch alle so rund und vergnügt wie die Wiesel.

Wien, den 14. September 1819.

Vorgestern habe ich Beethoven in Mödling besuchen wollen. Er wollte nach Wien, und so begegneten wir uns auf der Landstraße, stiegen aus, umarmten uns aufs herzlichste. Der Unglückliche ist so gut als taub, und ich habe kaum die Tränen verhalten können. Ich fuhr indessen fort nach Mödling, wie er nach Wien. Die Gegend ist unaussprechlich reizend; die Brühl und die noch ziemlich erhaltene Burgfeste des fürstlich Liechtensteinschen Hauses wurden näher besehen. Schöne Gobelins, gute alte Hausgerätschaften und wohlerhaltene Bilder der Familie sind betrachtenswürdig. Einen Spaß, der mich nicht wenig kitzelt, kann ich nicht unterdrücken.

Ich hatte auf dieser Fahrt den Musikverleger Steiner bei mir, und da sich auf der Landstraße mit einem Tauben nicht viel verkehren läßt, so wurde auf Nachmittag um vier Uhr eine ordentliche Zusammenkunft mit Beethoven in Steiners Musikladen verabredet. Nach dem Essen fuhren wir sogleich nach Wien zurück. Satt wie ein Dachs und müde wie ein Hund, lege ich mich nieder und verschlafe die Zeit dermaßen, daß mir auch gar nichts einfällt. So geh' ich ins Theater, und als ich von fern den Beethoven erblicke, fährt mir's wie ein Donnerschlag in die Glieder. Das nämliche nun geschieht ihm, indem er mich sieht, und hier war nicht der Ort, sich mit einem Gehörlosen zu verständigen. Die Pointe nun folgt:

Trotz des mannigfaltigen Tadels, dessen Beethoven sich schuldig macht oder nicht, genießt er eines Ansehens, das nur vorzüglichen Menschen zugeht. Steiner hatte sogleich bekannt gemacht, daß Beethoven in seinem engen Laden, der etwa sechs bis acht Personen faßt, um vier Uhr zum ersten Male in eigener Person erscheinen werde, und gleichsam Gäste gebeten, so daß in einem bis auf die Straße überfüllten Raume eine halbes Hundert geistreicher Menschen ganz und gar vergeblich warteten. Das Eigentliche erfuhr ich selbst erst andern Tages, indem ich ein Schreiben von Beethoven erhielt, worin er sich (für mich aufs beste) entschuldigte; denn er hatte, so wie ich, das Rendezvous glücklich verschlafen.

Friedrich Johann Rochlitz (1760–1842) war Redakteur der *Allgemeinen Musikalischen Zeitung* in Leipzig. Er gehört zu den bedeutendsten Köpfen der Musikkritik seiner Zeit. Im Sommer 1822 besuchte Rochlitz Beethoven. Über seine Begegnungen und Gespräche schrieb er 1830–32 in seinem Buch *Für Freunde der Tonkunst*.

Ich hatte Beethoven noch nie gesehen, um so mehr wünschte ich, daß es möglichst bald geschehe. Ich sprach schon am dritten Tage meiner Anwesenheit darüber mit N. N., seinem vertrauten Freunde. »Er wohnt auf dem Lande«, sagte dieser. »So fahren wir hinaus!« »Das wohl, aber seine unglückliche Taubheit hat ihn nach und nach ganz menschenscheu gemacht. Er weiß, daß Sie hierher haben kommen wollen; er wünscht Ihre persönliche Bekanntschaft: gleichwohl sind wir nicht sicher, daß er nicht, siehet er uns ankommen, davonläuft; denn, wie zuweilen die frischeste Fröhlichkeit, so überläuft ihn öfters die heftigste Verstimmung. Urplötzlich, ohne Grund, und ohne daß er widerstehen könnte. Aber er kommt in die Stadt, wöchentlich wenigstens einmal, und dann jederzeit zu uns, weil wir ihm seine Briefe und dergleichen besorgen. Dann ist er meist guter Dinge, und dann haben wir ihn fest. Wenn Sie daher der guten, gequälten Seele so weit nachgeben wollten, sich gefallen zu lassen, daß wir es Ihnen sogleich melden, und Sie – es sind ja nur wenige Schritte – dann wie von ungefähr kämen.« ... – Allerdings nahm ich das herzlich gern an. Den nächsten Sonnabend morgens kommt der Bote. Ich ging und traf Beethoven munter zu N. N. sprechend. Diesen ist er gewohnt und verstehet ihn ziemlich, indem er die Worte aus den Bewegungen des Gesichtes und der Lippen lieset, N. N. stellte uns einander vor. Beethoven schien sich zu freuen, doch war er gestört. Und wär' ich nicht vorbereitet gewesen: sein Anblick würde auch mich gestört haben. Nicht das vernachlässigte, fast verwilderte Äußere, nicht das dicke, schwarze Haar, das struppig um seinen Kopf hing, und dergl., sondern das Ganze seiner Erscheinung. Denke dir einen Mann von etwa fünfzig Jahren, mehr noch kleiner als mittlerer, aber sehr kräftiger, stämmiger Statur, gedrängt, besonders von starkem Knochenbau – ungefähr wie Fichtes, nur fleischiger und besonders von vollerm, runderm Gesicht; rote, gesunde Farbe; unruhige, leuchtende, ja bei fixiertem Blick fast stechende

Augen; keine oder hastige Bewegungen, im Ausdruck des Antlitzes, besonders des geist- und lebensvollen Auges eine Mischung oder ein zuweilen augenblicklicher Wechsel von herzlichster Gutmütigkeit und von Scheu; in der ganzen Haltung jene Spannung, jenes unruhige, besorgte Lauschen des Tauben, der sehr lebhaft empfindet; jetzt ein froh und frei hingeworfenes Wort: sogleich wieder ein Versinken in düsteres Schweigen; und zu alle dem, was der Betrachtende hinzubringt und was immerwährend mit hineinklingt: das ist der Mann, der Millionen nur Freude bringt – rein geistige Freude! – Er sagte mir in abgebrochenen Sätzen einiges Freundliche und Verbindliche; ich erhob die Stimme nach Möglichkeit, sprach langsam, akzentuierte scharf und bezeigte ihm so aus der Fülle des Herzens meinen Dank für seine Werke und was sie mir sind, auch lebenslang bleiben werden; führte einige meiner Lieblinge besonders an und verweilte dabei; erzählte, wie man in Leipzig seine Sinfonien musterhaft aufführt, wie man jedes Winterhalbjahr sie sämtlich und zum lauten Entzücken des Publikums zu Gehör bringt usw. Er stand hart an mir, bald mit Spannung mir ins Gesicht blickend, bald das Haupt senkend; dann lächelte er vor sich hin, nickte zuweilen freundlich mit dem Kopfe, sagte aber kein Wort. Hatte er mich verstanden? Hatte er's nicht? Endlich mußte ich ja wohl aufhören, da drückte er mir heftig die Hand und sagte kurzab zu N. N.: »Ich habe noch einige notwendige Gänge!« Und indem er ging, zu mir: »Wir sehen uns wohl noch!« Jetzt kam N. N. zurück. »Hat er mich verstanden?« fragte ich. N. N. begleitete ihn hinaus. Ich war innig bewegt und angegriffen. N. N. zuckte die Achseln: »Nicht ein Wort.« Wir schwiegen eine lange Weile, und ich will nicht sagen, wie bewegt ich war. Endlich fragte ich: »Warum wiederholten Sie ihm nicht wenigstens einiges, da er Sie ziemlich versteht?« – »Ich wollte Sie nicht unterbrechen, und er wird leicht empfindlich. Auch hoffte ich wirklich, er würde manches verstehen; aber das Geräusch auf der Straße, Ihre ihm ungewohnte Sprache und vielleicht selbst seine Hast, alles zu verstehen, weil er Ihnen wohl ansah, daß Sie ihm Angenehmes sagten ... Er war so traurig!« – Ich kann es nicht beschreiben, in welcher Stimmung ich wegging. Derselbe, der alle Welt mit seinen Tönen erquickt, hört keinen, und auch nicht dessen Ton, der ihm seinen Dank bringen will; ja, dieser wird ihm zur Qual! Ich war fest entschlossen, ihn nicht wieder zu sehen und Hrn. Härtels Auftrag schriftlich an ihn gelangen zu lassen.

Etwa vierzehn Tage darauf will ich eben zu Tische gehen: da begegnet mir der junge Kompositeur, Franz Schubert, ein enthusiastischer Verehrer Beethovens. Dieser hatte zu ihm von mir gesprochen. »Wenn Sie ihn unbefangener und fröhlich sehen wollen«, sagte Schubert, »so dürfen Sie nur eben jetzt in dem Gasthause speisen, wohin er alleweile in derselben Absicht gegangen ist.«

Er brachte mich hin. Die Plätze waren meist besetzt: Beethoven saß umgeben von mehreren seiner Bekannten, die mir fremd waren. Er schien wirklich froh zu sein. So erwiderte er meinen Gruß; aber absichtlich ging ich nicht zu ihm. Doch fand ich einen Platz, wo ich ihn sehen und, weil er laut genug sprach, auch größtenteils verstehen konnte.

Es war nicht eigentlich ein Gespräch, das er führte, sondern er sprach allein, und meistens ziemlich anhaltend, wie auf gut Glück ins Blaue hinaus. Die ihn Umgebenden setzten wenig hinzu, lachten bloß oder nickten ihm Beifall zu. Er – philosophierte, politisierte auch wohl in seiner Art. Er sprach von England und den Engländern, wie er nämlich beide in unvergleichlicher Herrlichkeit sich dachte – was zum Teil wunderlich genug herauskam. Dann brachte er mancherlei Geschichten von Franzosen aus der Zeit der zweimaligen Einnahme Wiens. Diesen war er gar nicht grün. Alles trug er vor in größter Sorglosigkeit und ohne den mindesten Rückhalt; alles auch gewürzt mit höchst originellen, naiven Urteilen oder possierlichen Einfällen.

Er kam mir dabei vor wie ein Mann von reichem, vordringendem Geist, unbeschränkter, nimmer rastender Phantasie, der als heranreifender, höchst fähiger Knabe mit dem, was er bis dahin erlebt und erlernt hätte oder was an Kenntnissen ihm sonst angeflogen wäre, auf eine wüste Insel wäre ausgesetzt worden und dort über jenen Stoff gesonnen und gebrütet hätte, bis ihm seine Fragmente zu Ganzen, seine Einbildungen zu Überzeugungen geworden, welche er nur getrost und zutraulich in die Welt hinausrief. – Jetzt hatte er seine Mahlzeit beendigt, stand auf und kam zu mir. »Na, geht's gut im alten Wien?« sagte er freundlich. Durch Zeichen bejahte ich, trank auf sein Wohl und forderte ihn auf, es zu erwidern. Er nahm's an, winkte mir aber nach einem kleinen Seitenzimmer. Das war mir eben recht. Ich nahm die Flasche und folgte. Hier waren wir nun allein, bis auf zuweilen einen Gucker, der aber bald wieder abtrollte. Er bot mir ein Täfelchen, worauf ich schreiben sollte, was er aus meinen Zeichen nicht verstand. Er begann mit dem Lobe Leipzigs und seiner Musik; nämlich dessen, was zur Aufführung in Kirche, Konzert und Theater gewählt wird; sonst kennt er Leipzig nicht und ist nur als Jüngling, als er nach Wien ging, durchgereist. »Und wenn darüber nichts gedruckt würde, als die dürren Register: ich lese es doch mit Vergnügen«, sagte er. »Man sieht doch: es ist Verstand darin, und guter Wille gegen alle. Hier hingegen ...« Nun ging's los, und zwar derb, auch ließ er sich gar nicht Einhalt tun. Er kam auf sich: »Von mir hören Sie hier gar nichts.« – »Jetzt im Sommer!« schrieb ich. »Nein«, rief er, »im Winter auch. Was sollten Sie hören? Fidelio? Den können sie nicht geben und wollen ihn auch nicht hören. Die Sinfonien? Dazu haben sie nicht Zeit. Die Konzerte? Da orgelt jeder nur ab, was er selber gemacht hat. Die Solosachen? Die sind hier längst aus der Mode, und die Mode tut alles. Höchstens sucht der Schuppanzigh manchmal ein Quartett hervor usw.« So viel Übertreibung darin ist – ohne Grund und Wahrheit ist es nicht. Endlich hatte er sich ausgeschüttet und kam auf Leipzig zurück. »Aber«, sagte er, »Sie leben ja wohl eigentlich in Weimar?« Er mochte nach meiner Adresse sich das gedacht haben. Ich schüttelte den Kopf. »Da kennen Sie wohl auch den großen Goethe nicht?« Ich nickte, und das tüchtig. »Ich kenn' ihn auch«, fuhr er fort, indem er sich in die Brust warf und helle Freude aus seinen Zügen sprach. »In Karlsbad hab' ich ihn kennen gelernt, vor – Gott weiß wie langer Zeit. Ich war damals noch nicht ganz so taub, wie jetzt, aber schwer hörte ich schon. Was hat der große Mann da für Geduld mit mir gehabt! Was hat er an mir getan!« Er erzählte vielerlei Geschichtchen und höchst erfreuliche Details. »Wie glücklich hat mich das damals gemacht! Totschlagen hätt' ich mich für ihn lassen; und zehnmal. Damals, als ich noch recht im Feuer saß, hab' ich mir auch meine Musik zu seinem Egmont ausgesonnen; und sie ist gelungen – nicht wahr?« Was ich nur von Bewegungen zum Ausdruck der Freude wußte, machte ich ihm vor. Dann schrieb ich auf, daß wir diese Musik nicht nur zu jeder Vorstellung des Egmont, sondern auch fast jedes Jahr einmal im Konzerte geben, mit einer Art Erläuterung, meistens aus jenen Szenen des Gedichts, worauf sich die Musik zunächst bezieht, zusammengerückt. »Ich weiß! Ich weiß!« rief er. »Seit dem Karlsbader Sommer lese ich im Goethe alle Tage – wenn ich nämlich überhaupt lese. Er hat den Klopstock bei mir totgemacht. Sie wundern sich? Nun lachen Sie? Aha, darüber, daß ich den Klopstock gelesen habe! Ich habe mich jahrelang mit ihm getragen; wenn ich spazieren ging, und sonst. Ei nun – verstanden hab' ich ihn freilich nicht überall. Er springt so herum; er fängt auch immer gar zu weit von oben herunter an! Immer maestoso! Des-Dur! Nicht? Aber er ist doch groß und hebt die Seele. Wo ich ihn nicht verstand, da riet ich doch – so ungefähr. Wenn er nur nicht immer sterben wollte! Das kommt so wohl zeitig genug. Nun, wenigstens klingt's immer gut usw. Aber der Goethe, der lebt, und wir alle sollen mitleben. Darum läßt er sich auch komponieren. Es läßt sich keiner so gut komponieren, wie er. Ich schreibe nicht gern Lieder . . .« Hier, lieber Härtel, hatte ich nun die schönste Gelegenheit, jene Idee und Ihren Auftrag anzubringen. Ich schrieb den Vorschlag und Ihre Zusage auf, indem ich ein möglichst ernstes Gesicht machte. Er las. »Ha!« rief er aus und warf die Hand hoch empor. »Das wär' ein Stück Arbeit! Da könnt' es was geben!« In dieser Art fuhr er eine Weile fort, malte den Gedanken sich sogleich und gar nicht übel aus und sah dabei, zurückgebeugten Hauptes, starr an die Decke. »Aber«, begann er hernach, »ich trage mich schon eine Zeit her mit drei andern großen Werken. Viel dazu ist schon ausgeheckt; im Kopfe nämlich. Diese muß ich erst vom Halse haben: zwei [die Neunte und die ›Zehnte‹, die nicht zur Ausführung kam] *große Sinfonien, und jede anders; jede auch anders als meine übrigen, und ein Oratorium. Und damit wird's lange dauern; denn sehen Sie, seit einiger Zeit bring' ich mich nicht mehr leicht zum Schreiben. Ich sitze und sinne und sinne; ich hab's lange; aber es will nicht aufs Papier. Es graut mir vorm Anfang so großer Werke. Bin ich drin, da geht's wohl . . .« Und so fuhr er noch lange fort. Da zweifle ich nun. Doch wollen wir hoffen, weil ihn der Gedanke reizt und er einmal über das andere versichert, ihn nicht außer acht lassen zu wollen.*

Unsere dritte Zusammenkunft war die heiterste von allen. Er kam hierher, nach Baden, und zwar diesmal ganz nett und sauber, ja elegant. Doch hinderte ihn dies nicht (es war ein heißer Tag), bei einem Spaziergange im Helenental – und das heißt, auf dem Wege, den alles, selbst der Kaiser und sein hohes Haus geht, und wo alle auf meist schmalem Pfade hart aneinander vorbei müssen – den feinen schwarzen Frack auszuziehen, ihm am Stocke auf den Rücken zu tragen und bloßarmig zu wandern. Er blieb von ungefähr vormittags zehn bis nachmittags sechs Uhr. Jener, sein Freund, und Gebauer waren mit ihm. Diese ganze Zeit über war er überaus fröhlich, mitunter höchst possierlich, und alles, was ihm in den Sinn kam, mußte heraus. (»Ich bin nun einmal heute aufgeknöpft«; so nannte er's und bezeichnend genug!) Sein ganzes Reden und Tun war eine Kette von Eigenheiten und zum Teil höchst wunderlichen. Aus allen leuchtete aber eine wahrhaft kindliche Gutmütigkeit, Sorglosigkeit, Zutraulichkeit gegen alle, die ihm nahe kamen, hervor. Selbst seine keifenden Tiraden – wie jene gegen die jetzigen Wiener, deren ich oben gedachte – sind nur Explosionen der Phantasie und augenblicklichen Aufgeregtheit. Sie werden ohne allen Hochmut, ohne alles Erbitterte und Gehässige der Gesinnung – sie werden mit leichtem Sinn, gutem Mute, in wirrig-humoristischer Laune herausgepoltert; und damit ist's aus. Auch beweist er im Leben – und für seine Subsistenz nur allzu oft und allzu entscheidend –, daß er demselben, der ihn schwer verletzt und gegen den er in der einen Stunde am heftigsten geeifert, in der zweiten den letzten Taler hingibt, wenn dieser ihn nötig hat. Da nun zu alledem noch das froheste Anerkenntnis fremder, wenn nur wahrhaft ausgezeichneter und zugleich wahrhaft selbständiger Verdienste kommt (wie spricht er von Händel, Bach, Mozart!), da er über die größern seiner Arbeiten sich zwar nicht meistern läßt (und wer hätte dazu auch das Recht?), aber wahrlich sie nicht überschätzt und die kleinern lachend mehr preisgibt, als vielleicht irgendein anderer; da überdies, ist er einmal in Bewegung gesetzt, derbschlagende Witzworte, possierliche Einfälle, überraschende, aufregende Kombinationen und Paradorien ihm immerfort zuströmen: so behaupte ich in vollem Ernst, er erscheint selbst liebenswürdig; oder erschrickst du hier vor diesem Worte, so sage ich, der dunkle, ungeleckte Bär hält sich so treumütig und zutraulich, brummt auch und schüttelt die Zottelchen so gefahrlos und kurios, daß man sich freuen und ihm gut sein müßte, sogar wenn er nichts wäre als solch ein Bär und nichts geleistet hätte, als was nun eben ein solcher kann. Die Geschichte dieses Tages aber, oder vielmehr die Summe seiner kleinen, originellen Geschichtchen, muß ich für mündliche Mitteilung aufheben; denn wann wollte ich Kurgast, der nicht schreiben soll, zu Ende kommen? Indessen – als ich den guten Beethoven in den Wagen geschoben hatte und allein in jenem reizenden Tale auf und ab ging; da wurde mir's doch wieder sehr ernst zu Mute. Diesmal lenkten sich meine Beobachtungen nicht bloß wie beim ersten Zusammentreffen mit ihm, auf das schwere Leiden, das sein Geschick ihm auferlegt. Sah ich doch nun: er hat auch sehr frohe, vollkommen glückliche Stunden; in andern, gleichfalls guten, lebt er in seiner Kunst oder in Plänen und Träumen über dieselbe; die schlimmen aber nimmt er mit in den Kauf, ergießt sich darüber und vergißt sie dann – wer hat's am Ende besser?

1819 war Beethoven mit der *Missa solemnis* beschäftigt. Obgleich zu dieser Zeit Beethoven kaum mit neuen Werken an die Öffentlichkeit trat, zog er weit über Wien hinaus immer mehr Interesse auf sich. Im November 1819 erschien im Stuttgarter *Morgenblatt für gebildete Stände* folgender Aufsatz über ihn.

Unser Beethoven, der ebensogut schlechthin der Musiker, wie Goethe vorzugsweise der Dichter genannt werden kann, hat für den hiesigen Musikverein die Komposition einer Kantate übernommen, deren Verfasser der geschmackvolle Herr Bernard ist, sein vieljähriger und vertrauter Freund, Redakteur der »Wiener Zeitung«, zugleich auch der »Wiener Zeitschrift«. Dem Vernehmen nach ist diese Arbeit für kurze Zeit durch eine andere unterbrochen worden, da der Erzherzog Rudolph eine neue Messe von unserm Künstler zu haben wünscht.

Noch immer genießt Beethoven das ermunternde Wohlwollen dieses edlen Pflegers der Tonkunst; eine so wahre, tiefempfundene Annäherung auf beiden Seiten kann die Zeit nicht aufheben, nur immer fester begründen, zum Ruhme des Fürsten wie des Künstlers. Seitdem der Erzherzog Fürsterzbischof von Olmütz ist, dürfen die Freunde der Kirchenmusik um so eher auch in dieser Gattung noch manchen neuen Genuß von dem hohen Meister erwarten.

Es ist unmöglich, das freie, einfache, fest abgeschlossene Leben desselben nach Verdienst zu schildern. Er gehört ganz seiner Kunst, die Gesellschaft besitzt ihn nur, insofern er sie durch seinen Genius entzückt. Er verschmäht deshalb keineswegs trauliche Unterhaltung in einem engen Kreise, und wußte diese, solange es ihm sein Gehör erlaubte, durch fröhliche Unbefangenheit, treffenden, oft beißenden Witz und ein freimütiges Urteil zu würzen. Mit väterlicher, unermüdeter Liebe hängt er an seinem Neffen, von dem er sich viel verspricht. Die Zukunft wird lehren, ob er sich darin nicht geirrt hat, auf jeden Fall bleibt dieses Vertrauen ein Zeichen seiner warmen Empfindung, die auch sonst aus manchen Äußerungen hindurchbricht, trotz der etwas anders versprechenden Außenseite. Neben der Musik beschäftigt ihn das Lesen klassischer Werke aus den verschiedenen Zeiten der Literatur, besonders soll er die alten Geschichtschreiber sehr lieben. So seltsam er auch dem flüchtigen, bloß neugierigen Beobachter, zumal dem oberflächlichen Volke der gewöhnlichen Reisenden vorkommen muß, die von jedem berühmten Manne nichts Höheres wollen als ein paar Zeilen für ihr Stammbuch, so hart er auch wegen seines unherkömmlichen Betragens oft von solchen Leuten ist getadelt worden und noch getadelt wird, die, ohne das Leben selbst zu kennen, allzuviel von der Lebensart reden, so verschwindet doch jeder Verdacht eines angenommenen Wesens, eines einstudierten Egoismus bei einer längeren Bekanntschaft. Beethoven ist durchaus Kind der Natur. Für die große Zahl seiner enthusiastischen Verehrer ist es jederzeit ein Fest, wenn er irgendwo in der Kraft und der Weihe des Orpheus auftritt. Leider geschah das selbst früher nur selten, zum großen Nachteile der Kunst, denn wäre er mehr mit dem Publikum in Berührung gekommen, so hätte sich das schlechte Prinzip in der Musik, zurückgedrängt von der Macht seiner gesetzgebenden Gegenwart, unmöglich so weit verbreiten können, als es jetzt sichtbar ist.

Friedrich Wieck (1785–1873), Robert Schumanns späterer Schwiegervater und bedeutender Klavierpädagoge, besuchte Beethoven im Jahre 1826 in Hietzing. Seine Erinnerungen von dieser Begegnung veröffentlichte er später in den *Dresdner Nachrichten.* 1873 wurden sie noch einmal in den *Signalen* veröffentlicht.

1826 im Mai war es, wo ich durch meinen und Beethovens genialen Freund, den berühmten Instrumentenmacher Andreas Stein, bei Beethoven als Tonkünstler und Schriftsteller, der sich viel mit Gehörverbesserungen und Gehörmaschinen abgäbe, eingeführt wurde und mehrere Stunden bei ihm verweilte. Sonst hätte er mich nach Steins Erfahrungen nicht angenommen. Das Gespräch drehte sich unter roten Weintrauben um Leipziger Musikzustände – Rochlitz – Schicht – Gewandhaus – seine Haushälterin – seine vielen Logis, wo keins recht für ihn paßte – seine Spaziergänge – Hietzing – Schönbrunn – seinen Bruder – verschiedene dumme Menschen in Wien – Aristokratie – Demokratie – Revolution – Napoleon – Mara, Catalani, Malibran, Fodor – und die genialen Sänger Lablache, Donzelli, Rubini u. a. – um die vollendete italienische Oper (deutsche Opern könnten nie so vollkommen sein wegen der Sprache, und weil die Deutschen nicht so schön singen könnten wie die Italiener) – und meine Ansichten über Klavierspiel – Erzherzog Rudolph – Fuchs in Wien, eine dazumal berühmte musikalische Persönlichkeit – um meine bessere Methode im Klavierlehren usw., alles unter fortwährendem schnellstem Schreiben von meiner Seite (denn er frägte viel und hastig) und unter stetem Absetzen; er begriff alles schon, wenn ich mit der Antwort erst zum Teil fertig war; aber alles mit einer gewissen Herzlichkeit, selbst in verzweifelten Äußerungen und bei tiefer innerlicher Bewegung seiner Augen und Greifen an Kopf und Haaren. Alles etwas derb, vielleicht bisweilen etwas roh, aber edel, klagend, gemütlich, gesinnungstüchtig, begeistert, politisch Unglück ahnend. Aber nun? Er fantasierte mir über eine Stunde lang, nachdem er seine Gehörmaschine angelegt und auf den Resonanzboden gestellt, auf dem von der Stadt London ihm geschenkten und bereits ziemlich zerschlagenen, großen Flügel von sehr starkem, puffigem Ton, in fließender genialer Weise, meist orchestral, noch ziemlich fertig im Überschlagen der rechten und linken Hand (griff einigemal daneben), mit eingeflochtenen reizendsten und klarsten Melodien, die ungesucht ihm zuströmten, mit meist nach oben gerichteten Augen und dichten Fingern. Nach drei Stunden höchster Spannung, mit pochendem Herzen, nach angestrengtem und schnellstem Schreiben und höchstem Bemühen, kurze und treffende Antworten zu geben, die er immer durch neue Fragen unterbrach, die ganzen Glieder voll höchstem Respekt, dabei voll inniger Freude, daß ich solch Glück gehabt – dazu das ungewohnte Weintrinken! – Nach herzlichem Abschied und der ihm gemachten Aussicht, daß er schon noch die rechte Gehörmaschine finden würde, weil die Wissenschaft jetzt große Entdeckungen darin mache – schlich

ich mich mit Andreas Stein ganz erschöpft und aufgelöst in wunderbaren Empfindungen, erregt von Unerhörtem, von dannen und fuhr geschwind von Hietzing nach Hause.

Ferdinand Hiller (1811–1885), Pianist und Komponist, besuchte Beethoven 1827 als 15jähriger mit seinem Lehrer Hummel. In seinem Buch *Aus dem Tonleben unserer Zeit* von 1867 gibt er folgenden Bericht.

Obschon man damals über die größten Männer weniger zu hören bekam, als man heutigestags allwöchentlich über die geringsten erfahren kann, war die Kunde von Beethovens Krankheit doch bis nach Weimar gelangt. Er litt an der Wassersucht. In Wien wurde uns von den Künstlern, die Hummel aufsuchten, das Schlimmste über seinen Zustand berichtet. Derselbe sei einesteils hoffnungslos, andernteils unendlich traurig. Gänzliche Gehörlosigkeit, stets wachsendes Mißtrauen aller Welt gegenüber, dazu jetzt körperliches Leiden – erfolglose Operationen – Unmut und Einsamkeit – ja fast schreckenerregendes Äußeres. So vorbereitet fuhren wir in die Vorstadt hinaus. Durch ein geräumiges Vorzimmer, in welchem hohe Schränke dicke, zusammengeschnürte Massen von Musikalien trugen, kamen wir (wie pochte mir das Herz!) in Beethovens Wohnzimmer und waren nicht wenig erstaunt, den Meister, dem Anscheine nach ganz behaglich am Fenster sitzend zu finden. Er trug einen langen, grauen, im Momente gänzlich geöffneten Schlafrock und hohe, bis an die Knie reichende Stiefel. Abgemagert von der bösen Krankheit, erschien er mir, als er aufstand, von hoher Statur, er war nicht rasiert, sein volles, halb graues Haar fiel ungeordnet über die Schläfen, der Ausdruck seiner Züge wurde sehr freundlich und hell, als er Hummels ansichtig wurde, und er schien sich außerordentlich mit ihm zu freuen. Die beiden Männer umarmten einander aufs herzlichste; Hummel stellte mich vor, Beethoven bezeigte sich durchaus gütig, und ich durfte mich ans Fenster ihm gegenüber setzen.

Es ist bekannt, daß die mündliche Unterhaltung mit Beethoven zum Teil schriftlich geführt wurde, er sprach, aber diejenigen, mit welchen er sprach, mußten ihre Fragen und Antworten aufschreiben. Zu diesem Ende lagen dicke Hefte gewöhnlichen Schreibpapiers in Quartformat und Bleistifte stets in seiner Nähe. Wie peinvoll mag es für den lebhaften, sogar leicht ungeduldigen Mann gewesen sein, jegliche Antwort abwarten zu müssen, in jeder Minute des Gespräches eine Pause eintreten zu lassen, während welcher seine Denktätigkeit gleichsam zum Stillstand verdammt war. Auch verfolgte er die Hand des Schreibenden mit gierigem Auge und übersah das Geschriebene mehr mit einem Blicke, als daß er es las. Der Lebhaftigkeit des Gespräches tat die fortwährende schriftliche Arbeit der Besuchenden natürlich großen Eintrag.

Ich darf es mir selbst kaum übelnehmen, wie sehr ich es auch beklage, alle Äußerungen Beethovens damals nicht ausführlicher niedergeschrieben zu haben, als es geschehen, ja, ich muß mich sogar freuen, daß der 15jährige Knabe, der zum erstenmal sich in einer großen Stadt befand, Ruhe genug behielt, um sich überhaupt Einzelheiten zu notieren. Für die vollkommenste Genauigkeit alles dessen jedoch, was ich wiederzugeben imstande bin, darf ich mit bestem Gewissen einstehen. Das Gespräch drehte sich zu Anfang, wie üblich, um Haus und Hof, Reise und Aufenthalt, mein Verhältnis zu Hummel und was dergleichen mehr. Nach Goethes Befinden erkundigte sich Beethoven mit außerordentlicher Teilnahme, und wir durften das Beste melden. Hatte mir doch noch vor wenigen Tagen der große Dichter einige freundliche, auf die Reise bezügliche Verse in mein Stammbuch geschrieben.

Über sein Befinden klagte der arme Beethoven gar sehr. »Da liege ich nun schon vier Monate«, rief er aus, »man verliert zuletzt die Geduld!« Auch sonst schien vieles in Wien nicht nach seinem Sinne, und er äußerte sich in der schärfsten Weise über den »jetzigen Kunstgeschmack« und über den »hier alles verderbenden Dilettantismus«. Auch die Regierung, bis in die höchsten Regionen hinauf, wurde nicht verschont. »Schreibe ein Heft Bußlieder und dediziere es der Kaiserin!« sagte er unmutig lachend zu Hummel, welcher aber von dem wohlgemeinten Rate keinen Gebrauch machte.

Hummel, der ein praktischer Mann war, benutzte den momentan günstigen Zustand Beethovens zu einer Mitteilung, welche aber längere Zeit erforderte. Der Nachdruck stand damals in der höchsten Blüte. Bei der Herausgabe eines Konzerts meines Lehrers (ich glaube, es war das in E-Dur) hatte es sich ereignet, daß das Stück, von welchem ein Exemplar aus der Offizin des rechtmäßigen Verlegers entwendet worden war, nicht allein nach-, sondern vorgestochen wurde – der Dieb veröffentlichte es nämlich früher, als es dem Eigentümer gestattet gewesen. An den hohen Bundestag wollte nun Hummel sich mit einer Bittschrift wenden, damit dem Unfuge gesetzlich gesteuert werde, und die Unterschrift Beethovens erschien ihm dabei von größter Wichtigkeit. Er setzte sich hin, den Gegenstand schriftlich zu erörtern, und mir wurde unterdes die Ehre zuteil, das Gespräch mit Beethoven fortsetzen zu dürfen. Ich tat mein Bestes, und der Meister ließ weiterhin seinen wehmütig-leidenschaftlichen Ergießungen in zutraulichster Weise ihren Lauf. Sie betrafen zum großen Teil seinen Neffen, den er sehr liebte, der ihm bekanntlich viel Ungemach bereitet und zu jener Zeit wegen einiger Lappalien – (so schien es Beethoven wenigstens anzusehen) – mit den Behörden in Verdrießlichkeiten geraten war. »Die kleinen Diebe hängt man, die großen läßt man laufen!« rief er verdrießlich aus. Nach meinen Studien sich erkundigend und mich ermunternd, sagte er: »Man muß die Kunst immer fortpflanzen«, und als ich von dem ausschließlichen Interesse sprach, welches damals die italienische Oper in Wien in Anspruch nahm, brach er in die denkwürdigen Worte aus: »Man sagt: vox populi, vox dei – ich habe nie daran geglaubt.« –

Am 13. März nahm mich Hummel zum zweitenmal mit zu Beethoven. Wir fanden seinen Zustand wesentlich verschlimmert. Er lag zu Bette, schien starke Schmerzen zu haben und stöhnte zuweilen tief auf, trotzdem sprach er viel und lebhaft. Nicht geheiratet zu haben, schien er sich jetzt zu Herzen zu nehmen. Schon bei unserm ersten Besuche scherzte er mit Hummel hierüber, dessen Gattin er als junges, schönes Mädchen gekannt hatte. »Du«, sagte er diesmal lächelnd zu ihm, »du bist ein glücklicher Mann; du hast eine Frau, die pflegt dich, die ist verliebt in dich, aber ich Armer!« – und er seufzte schwer. Auch bat er Hummel, ihm doch seine Frau zu bringen, die sich nicht hatte entschließen können, den Mann, den sie auf der Höhe seiner Kraft gekannt, so wiederzusehen. – Man hatte ihm kurz vorher ein Bild des Hauses geschenkt, in welchem Haydn geboren worden – er hatte es in der Nähe des Bettes und zeigte es uns. »Es hat mir eine kindische Freude gemacht«, sagte er – »Die Wiege eines so großen Mannes!«

Kurz nach unserem zweiten Besuch verbreitete sich in Wien die Nachricht, daß die Philharmonische Gesellschaft in London Beethoven hundert Pfund Sterling gesandt habe, um ihm sein Krankenlager zu erleichtern. Man fügte hinzu, daß die Überraschung auf den großen armen Mann einen solchen Eindruck gemacht, daß er sich auch körperlich überaus erleichtert fühle. Als wir am 20. wieder an seinem Bette standen, ging zwar aus seinen Äußerungen hervor, wie sehr jene Aufmerksamkeit ihn erfreut, aber er war überaus schwach und sprach nur leise und in abgebrochenen Sätzen. »Ich werde wohl bald nach oben machen«, flüsterte er nach unserer Begrüßung.

Ähnliche Ausrufungen kamen öfters wieder; – dazwischen aber sprach er von Entwürfen und Hoffnungen, die sich freilich leider nicht realisieren sollten. Von dem edlen Gebaren der Philharmonischen Gesellschaft redend und die Engländer preisend, meinte er, sobald es besser mit ihm stehe, die Reise nach London anzutreten. »Ich will ihnen eine große Ouvertüre komponieren und eine große Sinfonie.« Und dann wollte er Frau Hummel auch besuchen (sie war mitgekommen) und sich, ich weiß nicht mehr, wo überall, aufhalten. Ihm etwas aufzuschreiben, kam uns nicht in den Sinn. Sein Auge, welches das letztemal, als wir ihn gesehen, noch ziemlich lebendig gewesen, fiel heute zusammen, und es wurde ihm schwer, sich von Zeit zu Zeit aufzurichten. Man konnte sich keiner Täuschung mehr hingeben – das Schlimmste stand zu befürchten.

Trostlos aber war der Anblick des außerordentlichen Mannes, als wir ihn am 23. März wieder aufsuchten – es sollte das letztemal sein. Matt und elend lag er da, zuweilen leise seufzend. Kein Wort mehr entfiel seinen Lippen – der Schweiß stand ihm auf der Stirn. Als er zufällig sein Schnupftuch nicht gleich zur Hand hatte, nahm Hummels Gattin ihr feines Batistläppchen und trocknete ihm mehrmals das Antlitz damit. Nie werde ich den dankbaren Blick vergessen, mit welchem sein gebrochenes Auge dann zu ihr hinansah. Während wir am 26. März im kunstliebenden Hause des Herrn von Liebenberg (der früher Schüler von Hummel gewesen) in heiterer Gesellschaft weilten, wurden wir zwischen fünf und sechs Uhr durch ein starkes Gewitter überrascht. Ein dickes Schneegestöber wurde von heftigen Donnerschlägen und den Saal durchleuchtenden Blitzen begleitet.

Wenige Stunden später kamen Gäste an mit der Nachricht, Ludwig van Beethoven sei nicht mehr, er war um fünfdreiviertel Uhr verschieden.

Der Komponist und Musikschriftsteller Ignaz von Mosel (1772–1844) zählte zu den Freunden Beethovens. Gemeinsam mit Beethoven war er an einer Verdeutschung der konventionellerweise italienischen musikalischen Beziehungen interessiert. 1843 veröffentlichte Mosel in der *Allgemeinen Wiener Musikzeitung* einen Aufsatz über *Die Tonkunst in Wien während der letzten fünf Dezennien.* Darin enthalten sind auch Ausführungen, die auf Beethoven Bezug nehmen.

Für Klavier- und Violinspieler begann aber nun eine neue Epoche durch Louis van Beethoven. Seine ersten Sonaten, seine ersten Quartette wurden mit wohlbegründetem Jubel aufgenommen. Form und Stil, Einheit und Klarheit bei geistvoller Originalität ließen eine Fortsetzung des größten der Meister, Mozarts, erwarten. Ein Geschenk des Himmels, dessen Wiederkehr man kaum in einem Jahrhunderte zu hoffen wagte, sollte den Kunstfreunden so bald wieder zuteil werden! Man wußte sich vor Freude nicht zu fassen. – Schuppanzigh, der Haydns und Mozarts Ideen so trefflich wiederzugeben verstand, eignete sich fast in noch höherem Grade für den Vortrag Beethovenscher Kompositionen. Der geniale Tonsetzer erkannte dies bald und wählte ihn zu seinem Lieblingsdolmetscher. Kaum seiner Phantasie entquollen, kaum kopiert, übergab er ihm seine Werke zur Aufführung, anfangs im Hause des musikliebenden Fürsten Lichnowsky, später bei dem königl. ungarischen Hofsekretär von Zmeskall, einem allgemein geachteten Kunstkenner und Beethovens vertrauten Freunde, wo in höchst interessanten Morgenkonzerten, zu denen sich die Elite der Kunstfreunde drängte, neben Beethovens Quartetten auch seine Klavierwerke von einer geistreichen, noch lebenden Dame in einer Vollendung vorgetragen wurden, in welcher man sie seitdem nicht mehr gehört hat. Auch Mayseders damals erst aufblühendes Talent fand in jenen Kreisen die erste Anerkennung und bildete sich dort zu jener Vereinigung von Geschmack und Grazie aus, welche sein Spiel charakterisieren. Daß er sich in der Folge nicht minder ausgezeichnet hat, ist jedermann bekannt. –

Einem bekannten Dichter und Kunstfreunde aus Berlin, welcher sich vor ungefähr 15 Jahren gegen Beethoven beklagte, daß er während seines Hierseins so wenig von seinen Instrumental-Kompositionen und seinen »Fidelio« gar nicht zu hören bekam, antwortete der Meister: »Seit die Welschen sich hier eingenistet haben, sind die guten Sachen verschwunden. Aber mich bekümmert dies ganz und gar nicht. Ich möchte nur noch das schreiben können, was ich im Kopfe habe. Wäre ich nur gesund, so wäre mir alles übrige gleich.« – Man sieht hieraus, daß auch Beethoven der Meinung gewesen, die neuitalienische Oper trage die Schuld an dem Verfalle des Geschmacks, nicht bloß in der dramatischen, sondern in der Musik überhaupt. –

Indessen dürfte doch die Frage sein, ob nicht Beethoven selbst, wenigstens zum Teil, mit Ursache war, wenn die größere Zahl der Kunstfreunde sich allmählich von seinen Kompositionen abgewendet hat. Wer erinnert sich nicht des Enthusiasmus, welchen seine ersten Sinfonien, seine Sonaten, seine Quartette erregt haben. Alle Musikfreunde waren entzückt, so bald nach Mozarts Tode einen Mann sich erheben zu sehen, der jenen so schwer Vermißten zu ersetzen versprach. Obschon ein völlig eigener Geist und Geschmack in seinen Werken atmete, waren doch – wie schon früher erwähnt – Stil und Form denen des geliebten Verklärten ähnlich. Wären sie es geblieben, so hätten wir in der Tat Mozarten wiedererlangt; denn wenn auch dessen Zartgefühl nicht aus den Werken seines Nachfolgers sprach, so war in diesen vielleicht ein kühnerer Aufschwung, der das Gleichgewicht des Wertes wiederherstellte. Aber siehe da, zwar allmählich, aber immer mehr entfernte er sich von der anfänglich eingeschlagenen Bahn, wollte sich eine durchaus neue brechen und geriet endlich auf Abwege. Hatte sein Genius etwa in jenen, auf Ebenmaß und Symmetrie, auf Natur und Schönheitsgefühl, kurz auf die Gesetze einer richtigen Ästhetik begründeten Formen sich beengt gefühlt, welche Haydn und Mozart zur höchsten Vollkommenheit ausgebildet hatten? Hat dieser Genius in den dem Kaiser Alexander, dem Veteranen Salieri gewidmeten großartigen Sonaten, in der Sonate pathétique, in dem Klavierquintette mit den Blasinstrumenten, in dem himmlischen Septett und so vielen andern Werken, in welchen er sich innerhalb jener schönen Formen bewegte, sich etwa nicht in seiner vollen Glorie entfaltet? – Warum hat er sie verlassen? – Er fing damit an, die Länge der Tonstücke immer mehr auszudehnen. Niemand wird glauben, daß Haydn oder Mozart – diese beiden Vorbilder in der Kunst, Ideen auszuführen – jedes ihrer Tonstücke nicht hätten noch einmal so lang ausspinnen können, als sie getan haben; allein sie wußten ihren Reichtum zu beherrschen; ihr Schönheitssinn, ihr feiner Geschmack sagte ihnen, wo sie schließen sollten, und daß es dem Komponisten mehr zur Ehre gereiche, wenn man sich vor dem Ende seines Tonstückes fürchtet, als wenn man es herbeisehnt. – Die Überschreitung des rechten Längenmaßes hatte dann notwendigerweise auch die Zerstörung des Ebenmaßes, sowohl der Teile unter sich selbst, als derselben zu dem Ganzen, zur Folge; ein schönes Ebenmaß aber ist eine Grundbedingung der Schönheit jeglichen Kunstwerkes. – Und hat ihn die immer weitergetriebene Abweichung von den früher beobachteten Formen nicht endlich ins Formlose geführt? – Ich berufe mich auf sein Quartett. op. 127. Nur jene unbedingten Enthusiasten, die alles preisen, was seinen Namen trägt, haben auch diese Komposition, und zwar in gesteigertem Grade des berühmten Autors würdig gefunden. Im Streit darüber mit der bei weitem größeren Zahl von Freunden und Veteranen der Kunst, welche sie für eine Verirrung des Geistes hielten, veranlaßte im Frühjahr 1825 jene merkwürdige Aufführung derselben, bei welcher entschieden werden sollte, welche Partei richtig geurteilt habe. Wir jungen, lebensvollen, ausgezeichneten Künstler waren Verehrer des genialen Tonsetzers, übten dieses Werk mit unermüdlichem Fleiße ein; gegen zwanzig Proben wurden gehalten, damit dem Vortrage weder in ästhetischer noch in mechanischer Hinsicht das geringste ermangeln möge, und nach so gewissenhafter Vorbereitung wurde es vor einer Versammlung ausgeführt, die aus allem bestand, was Wien an Meistern, Kunstkennern und urteilsfähigen Musikfreunden einschließt. Das Quartett wurde in größter Vollkommenheit gegeben. Da man sich nach der ersten Aufführung über den Wert desselben nicht einigen konnte, wurde sogleich mit demselben Eifer eine zweite vorgenommen und mit gleicher Aufmerksamkeit angehört. – Vergebens! – Während die Enthusiasten ihres Entzückens kein Ende finden konnten, blieben alle übrigen Mitglieder des auserlesenen Auditoriums dabei, daß ihnen diese vagen, unzusammenhängenden, gedehnten Fantasien unverständlich seien und ein Chaos scheinen, aus welchem von Zeit zu Zeit Genieflammen hervorbrechen wie Blitze aus einer dunklen Gewitterwolke. – Jene, die, wahrscheinlich, nur um konsequent zu bleiben, an ihrer Bewunderung festhielten, suchten ihre Meinung vorzüglich mit dem

Satze zu begründen, daß dieses Werk der Zeit vorgreife und erst in späteren Jahren verstanden, dann aber auch desto höher geschätzt werden würde. Sie führten als Beispiel Mozarts sechs große Quartette an, die ja auch nicht gleich bei ihrem Erscheinen, sondern erst spät Eingang gefunden hätten. –

Ich bin übrigens weit entfernt, die Verirrungen Beethovens durch einen ungezämten Trieb zum Überschwenglichen, durch ein maßlos ehrgeiziges Streben, seine großen Vorgänger zu überfliegen, erklären zu wollen. Beobachtet man die Zeit, wann er begann, von seinem früher eingeschlagenen, ruhmvollen Pfade abzuweichen, so findet man, daß sie genau mit jener zusammenfällt, in welcher sein unglücklicher, körperlicher Zustand anfing, den Geist niederzudrücken. –

Doch nicht Taubheit allein war es, was den edlen Meister quälte; er war auch sonst leidend, wie sein Tod und lange vorher manche seltsame Äußerung beweist; denn der Wunsch, daß er alle seine früheren Werke, namentlich aber sein Septett – worin Melodie und Harmonie, durch das strahlendste Genie belebt, sich zu einer so hinreißenden Wirkung verbunden – nicht geschrieben haben möchte, konnte doch nur aus einem kranken Gemüt kommen. Beides zusammen, seine Taubheit und seine Krankheit mußten den Mann dergestalt verstimmen, daß er, bei seinem heftigen Charakter, gleichsam aus Trotz gegen sein trauriges Schicksal, am Ende aus Ironie absichtlich schrieb, wie keiner vor ihm noch geschrieben hatte, wie aber wohl auch keiner geschrieben zu haben wünschen dürfte. Als Beispiel hiervon dient unter anderem das groteske Rezitativ der Bässe in der Sinfonie D-Moll, op. 125. Es fällt demnach in die Augen, in welchem Irrtum diejenigen Komponisten befangen sind, die in der Meinung, auf diesem Wege unfehlbar lauter Beethovens zu werden, dort anfangen wollen, wo er aufgehört hat.

Sir John Russel veröffentlichte in seiner *Reise durch Deutschland usw. in den Jahren 1820–22* auch Mitteilungen über Beethoven. Sie beziehen sich auf die Zeit um 1820, da Beethoven an der *Missa solemnis* arbeitete und er gleichzeitig in der Öffentlichkeit, bedingt durch die besondere Form seiner Lebensführung, mehr und mehr zum Gegenstand der Legendenbildung wurde.

Beethoven ist der berühmteste unter den jetzt lebenden Komponisten Wiens und in gewissen Fächern auch der vorzüglichste

Beethoven
Zeichnung von Johann Peter Theodor Lyser

seiner Zeit. Ob er gleich noch nicht alt ist, so ist er doch wegen seiner außerordentlichen Taubheit, die ihn ganz ungesellig machte, für die Gesellschaft verloren. Die Vernachlässigung seiner Erscheinung gibt ihm ein etwas wildes Ansehen. Seine Gesichtszüge sind kräftig und ausgeprägt; sein Auge ist voll ungestümer Energie; sein Haar, welches seit Jahren weder von Kamm noch Schere heimgesucht zu sein schien, überschattet seine breite Stirn in einer Fülle und Unordnung, zu welcher nur die Schlangen um das Gorgonenhaupt eine Parallele bieten. Sein allgemeines Benehmen paßte nicht übel zu dem wenig versprechenden Äußern. Ausgenommen, wenn er unter seinen auserwählten Freunden ist, sind ihm Freundlichkeit und Leutseligkeit nicht eigentümlich. Der gänzliche Verlust seines

Gehörs hat ihn alles Vergnügens beraubt, welches die Geselligkeit bietet und wahrscheinlich sein Gemüt verbittert. Er pflegte einen besonderen Keller zu besuchen, wo er den Abend in einem Winkel eines außer dem Bereich von dem Geschwätz und den Streitereien öffentlichen Lokals zubrachte, Wein und Bier trank, Käse und Bücklinge aß und in den Zeitungen las. Eines Abends setzte sich jemand neben ihn, dessen Gesicht ihm gar nicht gefiel. Er sah den Fremden wütend an und spuckte sodann auf die Erde, als hätte er eine Kröte gesehen, hierauf blickte er bald aufs Zeitungsblatt, bald wieder auf den Eindringling und spuckte von neuem aus, wobei sich sein Haar allmählich noch wilder und zottiger sträubte, bis er endlich den Wechsel von Ausspucken und Anstarren mit dem schönen Ausruf beschloß: »Was für eine schurkische Fratze!« und aus dem Zimmer lief.

Selbst unter seinen ältesten Freunden muß ihm wie einem eigensinnigen Kinde immer willfahrt werden. Er führt beständig ein Schreibbüchelchen bei sich, und die ganze Unterhaltung geschieht mit ihm schriftlich. In dieses Büchelchen, obgleich es nicht liniiert ist, zeichnet er sogleich jede musikalische Idee auf, die ihm gerade einfällt. Diese Noten dürften an und für sich für einen anderen Virtuosen durchaus unverständlich sein, denn sie haben in dieser Form keinen besonderen Wert. Er allein nur hat in seinem eigenen Gedächtnis den Faden, durch den er aus diesem Labyrinth von Punkten und Kreisen die reichsten und erstaunlichsten Harmonien zustande bringt. In dem Augenblick, da er sich an das Pianoforte setzt, weiß er sicher nicht, daß irgend etwas in der Welt außer ihm und seinem Instrument existiert, und wenn man bedenkt, daß er taub ist, so scheint es unmöglich zu sein, daß er alles hören sollte, was er spielt. Wenn er folglich sehr leise spielt, so bringt er oft auch nicht eine Note heraus. Er hört es nur mit den Ohren des Geistes. Während sein Auge und die fast unmerkliche Bewegung seiner Finger zeigen, daß er den Satz in seiner Seele durch alle seine sterbenden Abstufungen verfolgt, ist das Instrument in der Tat ebenso stumm, als der Spieler taub.

Ich hörte ihn spielen, allein ihn so weit zu bringen, erfordert in der Tat einige Geschicklichkeit, so groß ist seine Abscheu gegen alles, was einer Aufforderung dazu ähnlich sieht. Hätte man ihn geradezu gebeten, der Gesellschaft diese Gefälligkeit zu erzeigen, so würde er sie rund abgeschlagen haben; man mußte ihn mit List dazu bringen. Jedermann verließ das Zimmer, ausgenommen Beethoven und der Herr des Hauses, einer seiner vertrautesten Bekannten. Beide führten vermittelst des erwähnten Schreibbüchleins ein Gespräch miteinander über Bankaktien. Der Herr berührte wie durch Zufall die Tasten auf dem offenstehenden Pianoforte, neben welchem sie saßen, fing allmählich an, eine von Beethovens eigenen Kompositionen zu durchlaufen, machte dabei tausend Fehler, verstümmelte in aller Geschwindigkeit eine Passage so arg, daß sich der Komponist herabließ, seine Hand auszustrecken und ihn zurechtzuweisen. Nun war es so weit; die Hand war auf dem Pianoforte, sein Freund verließ ihn sogleich unter irgendeinem Vorwande und begab sich zu der übrigen Gesellschaft, die in dem nächsten Zimmer, von wo aus sie alles hören und sehen konnten, geduldig den Ausgang dieser langwierigen Verschwörung erwarteten.

Beethoven, allein gelassen, setzte sich nun selbst an das Pianoforte. Anfangs schlug er nur dann und wann kurz und abgebrochen einige Noten an, gleichsam als befürchte er, bei einem Verbrechen ertappt zu werden; aber nach und nach vergaß er alles andere um sich her und verlor sich ungefähr eine halbe Stunde lang in eine Fantasie, deren Stil äußerst abwechselnd war und sich besonders durch die schroffsten Übergänge auszeichnete. Die Liebhaber waren entzückt, für den Uneingeweihten war es um so interessanter, zu bemerken, wie die Musik von des Mannes Seele sich auf sein Gesicht übertrug. Er schien mehr das Kühne, Gebietende und Stürmische zu fühlen, als das Sanfte und Stille. Seine Gesichtsmuskeln schwollen an, und seine Adern traten hervor; das doppelt wilde Auge rollte, der Mund bebte, und Beethoven sah aus wie ein Zauberer, der von den Geistern überwältigt wird, die er selbst gerufen hat.

Werk und Künstler im Spiegel der Leipziger *Allgemeinen Musikalischen Zeitung*

1. Jahrgang, März 1799

XII Variations sur le Thême: Ein Mädchen oder Weibchen, pour le Pianoforte, avec un Violoncelle obligé [. . .]
VIII Variations sur le Thême: Mich brennt ein heisses Fieber, pour le Pianoforte [. . .]

Dass Herr van Beethoven ein sehr fertiger Klavierspieler ist, ist bekannt, und wenn es nicht bekannt wäre, könnte man es aus diesen Veränderungen vermuthen. Ob er aber ein eben so glücklicher Tonsetzer sey, ist eine Frage, die, nach vorliegenden Proben zu urtheilen, schwerer bejahet werden dürfte. Rec. will damit nicht sagen, dass ihm nicht einige dieser Veränderungen gefallen haben sollten, und er gesteht es gern, dass die, über das Thema: Mich brennt' ein heisses Fieber, Hrn. B. besser gerathen sind, als Mozarten, der dasselbe Thema in seiner früheren Jugend gleichfalls bearbeitet hat. Aber weniger glücklich ist Herr B. in den Veränderungen über das erste Thema, wo er sich z. B. in der Modulation Rückungen und Härten erlaubt, die nichts weniger als schön sind. Man sehe besonders Var. XII, wo er in gebrochnen Accorden von F dur also nach D dur moduliert [. . .] *und wo er dann auf einmal, nachdem das Thema in dieser Tonart gehört worden ist, wieder in F, auf diese Weise zurückfällt* [. . .]. *Ich mag dergleichen Uebergänge ansehen und anhören, wie ich will, sie sind und bleiben platt, und sind und bleiben es nur desto mehr, je prätensionirter und ankündigender sie seyn sollen. Ueberhaupt – was ich jedoch dem Verfasser der obigen Stücke nicht allein und nicht zunächst gesagt haben will – werden jetzt eine so ungeheure Menge Variationen fabriciert und leider auch gedruckt, ohne dass wirklich gar viele Verfasser derselben zu wissen scheinen, was es mit dem guten Variieren eigentlich für eine Bewandtnis hat* [. . .] (Sp. 366).

1. Jahrgang, Mai 1799

Grand Trio pour le Pianoforte, avec une Clarinette ou Violon et Violoncelle [...] *Oeuv. XI.* [...]

Dieses Trio, das Stellenweise eben nicht leicht, aber doch fliessender als manche andere Sachen vom Verf., ist, macht auf dem Fortepiano mit der Klavierbegleitung, ein recht gutes Ensemble. Derselbe würde uns, bey seiner nicht gewöhnlichen harmonischen Kenntnis und Liebe zum erstern Satze, viel Gutes liefern, das unsere faden Leyersachen von öfters berühmten Männern weit hinter sich zurück liesse, wenn er immer mehr natürlich, als gesucht schreiben wollte (Sp. 541f.).

1. Jahrgang, Juni 1799

Tre Sonate per il Clav. o Fortepiano cou un Violino [...]. *Op. 12.* [...]

Rec., der bisher die Klaviersachen des Verfassers nicht kannte, muss, nachdem er sich mit vieler Mühe durch diese ganz eigene, mit seltsamen Schwierigkeiten überladene Sonaten durchgearbeitet hat, gestehen, dass ihm bey dem wirklich fleissigen und angestrengten Spiele derselben zu Muthe war, wie einem Menschen, der mit einem genialischen Freunde durch einen anlockenden Wald zu lustwandeln gedachte und durch feindliche Verhaue alle Augenblicke aufgehalten, endlich ermüdet und erschöpft ohne Freude herauskam. Es ist unleugbar, Herr van Beethoven geht einen eigenen Gang; aber was ist das für ein bisarrer mühseliger Gang! Gelehrt, gelehrt und immerfort gelehrt und keine Natur, kein Gesang! Ja, wenn man es genau nimmt, so ist auch nur gelehrte Masse da, ohne gute Methode; eine Sträubigkeit, für die man wenig Interesse fühlt; ein Suchen nach seltener Modulation, ein Ekelthun gegen gewöhnliche Verbindung, ein Anhäufen von Schwierigkeit auf Schwierigkeit, dass man alle Geduld und Freude dabey verliert. [...] *Wenn Hr. v. B. sich nur mehr selbst verleugnen, und den Gang der Natur einschlagen wollte, so könnte er bey seinem Talente und Fleisse uns sicher recht viel Gutes für ein Instrument liefern, dessen er so ausserordentlich mächtig zu seyn scheint* (Sp. 570f.).

Trois Sonates pour le Clavecin ou Pianoforte [...] *Oeuv. 10.* [...]

Es ist nicht zu leugnen, dass Hr. v. B. ein Mann von Genie ist, der Originalität hat und durchaus seinen eigenen Weg geht. Dazu sichert ihm seine nicht gewöhnliche Gründlichkeit in der höhern Schreibart und seine eigene ausserordentliche Gewalt auf dem Instrumente, für das er schreibt, unstreitig den Rang unter den besten Klavierkomponisten und Spielern unserer Zeit. Seine Fülle von Ideen, vor denen ein aufstrebendes Genie gewöhnlich sich nicht zu lassen weiss, sobald es einen der Darstellung fähigen Gegenstand erfasst, veranlasst ihn aber noch zu oft, Gedanken wild auf einander zu häufen und sie mitunter vermittelst einer etwas bizarren Manier dergestalt zu gruppiren, dass dadurch nicht selten eine dunkle Künstlichkeit oder eine künstliche Dunkelheit hervorgebracht wird, die dem Effekt des Ganzen eher Nachtheil als Vortheil bringt. Phantasie, wie sie Beethoven in nicht gemeinem Grade hat, zumal von so guter Kenntniss unterstützt, ist etwas sehr Schäzbares und eigentlich Unentbehrliches für einen Komponisten, der in sich die Weihe zu einem grössern Künstler fühlt und der es verschmäht, flach und überpopulär zu schreiben, vielmehr etwas aufstellen will, das inneres kräftiges Leben habe und auch die Kenner zur öftern Wiederholung seines Werkes einlade. Allein in allen Künsten giebt es ein Ueberladen, das von zu vielem und häufigem Wirkungsdrange und Gelehrthun herrührt, wie es eine Klarheit und Anmuth giebt, die bey aller Gründlichkeit und Mannigfaltigkeit der Komposition [...] *gar wohl bestehen kann. Rec., der Hrn. v. Beethoven, nachdem er sich an seine Manier nach und nach mehr zu gewöhnen versucht hat, mehr zu schätzen anfängt, als vorher, kann daher den Wunsch nicht unterdrücken –* [...] *– dass es diesem phantasiereichen Komponisten gefallen möge, sich durchweg bey seinen Arbeiten von einer gewissen Oekonomie leiten zu lassen, die allemal dankbarer als das Gegentheil ist* [...]

Diese zehnte Sammlung scheint denn also dem Rec., wie gesagt, vielen Lobes werth. Gute Erfindung, ernster männlicher Styl (der, was die Grundlage des Gemüths betrift, aus dem er zu entquellen pflegt, mit dem Charakter des Phil. Em. Bachischen Etwas Aehnliches hat, das Eigenthümliche der

Zeitmanier abgerechnet [. . .]*), wohl und ordentlich mit einander verbundene Gedanken, in jeder Partie gut gehaltener Charakter, nicht bis zum Uebermässigen hinauf getriebene Schwierigkeiten, eine unterhaltende Führung der Harmonie – heben diese Sonaten vor vielen sehr heraus. Nur muss Hr. v. B. sich etwas vor der zu freyen Schreibart, dem Eintreten unvorbereiteter Intervalle und der oftmaligen Härte der Durchgangsnoten* [. . .] *in Acht nehmen* [. . .] (Sp. 25ff.).

2. Jahrgang, Februar 1800

Grande Sonate pour le Clav. ou F. P. [. . .]. *Oeuv. 13.* [. . .]

Nicht mit Unrecht heisst diese wohlgeschriebene Sonate pathetisch, denn sie hat wirklich bestimmt leidenschaftlichen Charakter. Edle Schwermuth kündigt sich in dem effektvollen, wohl und fliessend modulirten Grave aus C moll an, das den feurigen Allegrosatz, der viel starke Bewegung des ernsten Gemüths ausdrückt, bisweilen unterbricht. In dem Adagio aus As-dur, das aber nicht schleppend genommen werden muss, und sowohl schöne fliessende Melodie als Modulation und gute Bewegung hat, wiegt das Gemüth sich ein in Ruhe und Trostgefühl, aus welchem es aber durch das Rondo in dem ersten Ton des Allegro, in beyderley Sinne des Worts, wieder geweckt wird, so dass also das der Sonate zum Grunde gelegte Hauptgefühl durchgeführt wird, wodurch sie selbst Einheit und inneres Leben, also wirklich ästhetischen Werth erhält [. . .]

Dem Wiener musikalischen Publikum, das bekanntlich überhaupt viel Enthusiasmus für die Musik äussert, und dieselbe mit ausgezeichneter Wärme unterstützt, muss es in der That ein angenehmes Bewusstseyn geben, so manchen vorzüglichen Künstler zu besitzen, zu welchen denn auch unstreitig Herr van Beethoven gehört, von dem wir hoffen wollen, dass er uns noch oft mit Produkten seines Genies und Fleisses beschenken werde (Sp. 373f.).

4. Jahrgang, Mai 1802

1) Sonate pour le Pianoforte avec un Violon [...]. *Oeuvr. 23.*
2) Sonate pour le Pianoforte – (wie oben). Oeuvr. 24. [...]

Es macht viel Freude, wenn man eine Menge neugedruckter Klaviersachen durchgegangen ist und bey den meisten immer und immer wieder dasselbe, höchstens zuweilen mit einem flüchtigen, neuen Einfall ein wenig gewürzt, gefunden hat, und nun endlich auch auf etwas Neuerfundenes, wie diese zwey Sonaten von B. sind, kömmt. Rec. zählt sie unter die besten, die B. geschrieben hat, und das heisst ja wirklich, unter die besten, die gerade jezt überhaupt geschrieben werden. Der originelle, feurige und kühne Geist dieses Komponisten, der schon in seinen frühern Werken dem Aufmerksamen nicht entgehen konnte, der aber wahrscheinlich darum nicht überall die freundlichste Aufnahme fand, weil er zuweilen selbst unfreundlich, wild, düster und trübe daherstürmte, wird sich jetzt immer mehr klar, fängt immer mehr an, alles Uebermaas zu verschmähen, und tritt, ohne von seinem Charakter zu verlieren, immer wohlgefälliger hervor. Und gewiss, je strenger gegen sich selbst ein Künstler, wie B., auf diesem Wege der eigenen Bildung fortgehet, je weniger er nur zu imponiren und sich selbst zu verherrlichen strebt, je sicherer wird er für das Wohlgefallen der Bessern und zugleich für seinen feststehenden Ruhm arbeiten. Diese beyden Sonaten zeichnen sich unter den andern, die dem Rec. von diesem Komponisten bekannt sind, ausser strenger Ordnung, Klarheit und sich selbst gleich und treu bleibender Ausführung, noch durch die heitern, aber keineswegs flachen Scherzo's aus, die, sehr zweckmässig, in der Mitte angebracht sind. Endlich so sind beyde, und ist besonders die erste (Oeuvr. 23. A moll) auch bey weitem nicht so schwer auszuführen, und also einem grössern Publikum zu empfehlen, als manche frühere Arbeiten Beethovens. Nur mit Charakter und Genauigkeit wollen sie vorgetragen, nicht flüchtig durchlaufen seyn (Sp. 569f.).

1) Grande Sonate pour le Clavecin ou Fortepiano [...] *Oeuvre 26.* [...]
2) Sonata quasi una Fantasia per il Clavicembalo o Pianoforte [...]. *Opera 27. No. 1.* [...]
3) Sonata quasi una Fantasia per il Clavicembalo o Pianoforte [...]. *Opera 27. No. 2.* [...]

Das sind die drey Kompositionen für das Pianoforte, womit Herr v. B. vor kurzem die auserlesenen Sammlungen gebildeter Musiker und geübter Klavierspieler bereichert hat. [...] *sie* [...] *gehören unter die wenigen Produkte des jetzigen Jahres, die schwerlich jemals veralten werden* [...]. *Rec. mag nicht wiederholen, was bey anderer Gelegenheit zum Ruhme der neuern B.ischen Komposition* [...] *gesagt worden ist,* [...] *und was der Klasse Musikfreunde, für welche B. schreibt, und die ihm zu folgen und zu geniessen im Stande sind, bekannt ist* [...]. *Es bleibt Rec. also nichts übrig, als einige kurze Bemerkungen herzusetzen. No. 1. möchte doch wohl stellenweise allzukünstlich gearbeitet seyn. Das soll aber keinesweges von dem wahrhaft grossen, düstern und prachtvollen Harmonie Stücke gesagt seyn, das der Verfasser, um den Spieler gleich auf den rechten Standpunkt zu heben, überschreibt: Marcia funebre sulla morte d'un Eroe: denn hier gehört alles Schwierige und Kunstreiche zum Ausdruck und folglich zur Hauptsache. Wer sich hier* [...] *über Schwierigkeit der Ideen oder auch der Ausführung beklagt, der gleicht den Popularphilosophen, die jede tiefgreifende Abhandlung in der Sprache einer artigen Konversation beym Thee vorgetragen haben wollen. In No. 2 haben dem Rec. ganz vorzüglich die ersten drey Sätze* [...] *gefallen; das kurze Presto am Ende des Ganzen hat auf ihn aber keinen guten, und ohngefähr denselben Effekt gemacht, wie der gewöhnliche rauschende Schluss bey in das Grosse gearbeiteten italienischen Opernarien. Aber von No. 3 lässt sich schlechterdings nichts besonders ausheben. Diese Phantasie ist von Anfang bis zu Ende Ein gediegenes Ganze, mit Einemmal aus dem ganzen, tiefen und innig aufgeregten Gemüth entsprungen, und nun gleichsam aus Einem Marmorblock gehauen. Es ist wohl nicht möglich, dass irgend ein Mensch, dem die Natur nicht die innere Musik versagt hat, nicht sollte durch das erste Adagio* [...] *ergriffen und allmählig immer höher geleitet, und dann durch das Presto agitato so innig bewegt und so hoch gehoben werden, als er durch freye Klaviermusik nur zu heben ist. Mit vollkommnen Grund sind diese beyden Hauptsätze in dem schauerlichen Cis moll geschrieben; überall hat auch der Verf., so weit so Etwas mit konventionellen Zeichen ausgesagt werden kann, den Vortrag* [. . .] *hinzugesezt* [. . .] (Sp. 650 ff.).

6. Jahrgang, Februar 1804

Variations pour le Pianoforte [. . .] *Oeuvre 35.* [. . .]

Unerschöpfliche Einbildungskraft, originelle Laune, tiefes inniges Gefühl bis zur Leidenschaftlichkeit, sind gleichsam die einzelnen Züge, aus denen die geniale Physiognomie entstehet, die fast alle Arbeiten des Hrn. v. B. auszeichnet, und ihm, da besonders in seinen spätern Arbeiten die Sorgfalt, den einmal gewählten Charakter festzuhalten, das Freyeste mit Reinheit im Satze, und ich möchte sagen, mit kontrapunktischer Eleganz zu verbinden, unverkennbar ist – unter den Instrumentalkomponisten des ersten Ranges einen der ersten Plätze bestimmt.

Alles das eben angeführte Eigenthümliche dieses Künstlers findet man nun in einem ganz besondern Grade an dem oben genannten Werke. Schon die Form des Ganzen, die so sehr vom Gewöhnlichen abweicht, zeugt von unverkennbarer Genialität [. . .] (Sp. 338).

13. Jahrgang, August 1811

1. Fantaisie p. le Pianoforte – Oeuvr. 77 [. . .] *und*
2. Sonate p. le Pianoforte – Oeuvr. 78 [. . .]

Beyde Werkchen sind vielleicht bey ihrem Entstehen verbunden, oder doch das zweyte als Folge des ersten angesehen gewesen; beyde schliessen sich wenigstens in den Ideen, in der Schreibart, im Grade der Schwierigkeit, und auch in der Tonart (H dur) an einander. Die Phantasie ist recht eigentlich eine freye, und hat – in Neuheit mehrerer Ideen, in Kühnheit und Ueberraschung der Modulationen, in gelehrter Führung der Stimmen; und auch im Abgebrochenen der Schreibart – am meisten Aehnlichkeit mit denen des herrlichen Ph. Eman. Bach; nur dass bey Beethoven weniger, wie bey Bach, auf Einfachheit der melodiösen Sätze gesehen worden, das Ganze aber mit mehr Feuer, und, wie sich das von selbst versteht, mit mehr Fülle, und reicherer Benutzung der Vortheile des jetzigen Pianoforte, gearbeitet ist. Die Sonate enthält, nach kurzer Einleitung, ein ernstes, an Phantasie reiches Allegro, und ein, mit vielen, ganz ungewöhnlichen Wendungen ausgestattetes Vivace, voll Feuer und Lebendigkeit. Beyde Werke machen, gut und in ihrem wahren Sinn vorgetragen, einen schönen Effect; aber sie so vorzutragen, ist keineswegs leicht, und schwerer, als es beym Durchlesen scheint (Sp. 548).

19. Jahrgang, November 1818

Deux Sonates pour Pianoforte et Violoncelle. [...] *Op. 102.* [...]

Diese beyden Sonaten gehören ganz gewiss zu dem Ungewöhnlichsten und Sonderbarsten, was seit langer Zeit, nicht nur in dieser Form, sondern überhaupt, für das Pianoforte geschrieben worden ist. Alles ist hier anders, ganz anders, als man es sonst, auch sogar von diesem Meister selbst, empfangen hat; möge er uns aber nicht übel deuten, wenn wir hinzusetzen: nicht Weniges scheint auch, wie es nun hier stehet, und wie es angeordnet, verlegt, vertheilt ist, also gestaltet zu seyn, damit es ganz ungewöhnlich, ganz sonderbar herauskomme. – Sollten wir von der Art und dem Geschmack, worin diese Sonaten erfunden, und, wenigstens ihre Hauptsätze, ausgearbeitet sind, denen, die sie noch nicht kennen, einen ungefähren Begriff geben: so würden wir sagen: Erinnert euch der sogenannten Klaviersymphonien u. ähnlicher Arbeiten des Sebast. Bach; denkt davon hinweg, was, in Hinsicht auf Instrumentalmusik überhaupt, bey diesen damaliger Zeitgeschmack war; denkt dabey hinzu, was, in jener Hinsicht, dermaliger Zeitgeschmack ist; (aber in beyden, Hochgeschmack;) und stattet, was euch übrig bleibt, anstatt des Einfachverständigen, bey aller innern Mannigfaltigkeit des alten, mit dem Mannigfachphantastischen, bey aller inneren Einheit, des neuen grossen Meisters aus: dann werdet ihr vielleicht solch einen Begriff haben. Wie wenig klar und wie unvollständig er auch ausfalle: es wird doch nicht übel seyn, sich ihn möglichst zu bilden, denn er wird näher zur richtigen Ansicht und zur verdienten Würdigung dieser Compositionen führen, denen sonst, als gänzlich u. in jedem Betracht abweichend von dem, was man jetzt vorzutra-

gen und zu geniessen gewöhnet ist, schwerlich ihr Recht wiederführe, ja, die sonst wol von den meisten Klavierspielern, wenigstens unter den Dilettanten, als abstossend und ungeniessbar zurückgelegt würden. So wie nun dieser Begriff aus den meisten Eigenthümlichkeiten des Werks sich bildet, so lassen sich allerdings wieder aus ihm diese Eigenthümlichkeiten erörtern; z. B., was die technische und artistische Structur derselben anlangt: dass die Stimme des Violoncells und jeder Hand des Pianoforte, nicht blos, was man jetzt obligat nennt, sondern was man sonst real nannte, ausgearbeitet ist; dass alles blos Glänzende, wie vielmehr alles blos Reizende, Rauschende und die Ohren Füllende, verschmähet; dass meistens erst nach und nach der Sinn, ja zum Theil sogar der technische Zusammenhang, dem Spieler oder Zuhörer einleuchtet; dass die Melodie nicht selten rauh, die Harmonie hin und wieder hart ist u. dgl. Ob das Letzte und Vorletzte zu des Meisters Zweck in diesem Grade; ob manche andere Eigenheit, z. B. die Beschäftigung des Klavierspielers in vielen Stellen zugleich und ausschliessend in den tiefsten und höchsten Tönen, u. dgl. m. – ob dies nöthig war, ob nicht ein Anderes besser, wenn auch nicht so auffallend gewesen wäre: das wollen wir, wie sichs bey ganz absichtlich so verfassten Arbeiten solch eines Künstlers geziemt, dahingestellt seyn lassen. Sein Urtheil stehet einem Jeden frey: aber es stehet nicht überall wohl, sein eigenes freyes Urtheil zu einem öffentlichen zu machen, zumal wo es bey Vielen den Schein eines individuellen verliert und eines allgemeinen erhält. –

Die erste dieser Sonaten fängt mit einem cantabeln Andante aus C dur an, das bald in ein Allegro vivace aus A moll übergeht. Ein kurzes Adagio, wieder aus C dur, folgt und kehrt zum ersten Tempo zurück, und ein Allegro vivace, das daran geknüpft ist, beschliesst. Die zweyte dieser Sonaten bestehet aus einem Allegro con brio aus D dur, einem Adagio aus D moll, (mit wie herrlicher Melodie und Harmonie im Hauptgedanken!) und einem, durchaus (zum Theil höchstwunderbar) fugirten Allegro aus D dur. Der Violoncellist muss ganz fest in Intonation, Takt etc. übrigens ein sehr guter Sänger auf seinem Instrumente seyn, soll ihm die Ausführung gelingen. Für den Klavierspieler ist nur der letzte Satz der zweyten Sonate sehr schwer auszuführen, wäre er auch an regelmässiges Fugenspiel gar sehr gewöhnt: alle übrigen, allenfalls noch das Finale der ersten Sonate abgerechnet, sind eben nicht schwer – was nämlich das Mechanische der Ausführung anlangt. Was aber den Sinn und Ausdruck, was besonders auch die durchaus nöthige, genaueste Uebereinstimmung beyder Spieler im Sinn und Ausdruck betrifft: so will alles hier Dargebotene so wenig gleich weggespielt, als gleich weggehört seyn. Viel schwerer würde aber die Ausführung für beyde Spieler seyn, hätte nicht der kunstverständige Verleger dem Pianoforte durchgehends die Violoncellstimme in kleinen Noten auf besonderer Zeile übersetzen lassen; wodurch das Verständnis und jene Uebereinstimmung gar sehr erleichtert wird. Ueberhaupt ist alles Aeussere des Werks sehr zu loben (Sp. 792ff.).

26. Jahrgang, April 1824

1. Sonate für das Pianoforte [...] *Op. 109.* [...]
2. Sonate pour le Pianoforte seul, [...] *Op. 110.* [...]
3. Sonate pour le Pianoforte [...] *Op. 111.* [...]

Es mögen ungefähr etwas über 50 Jahre seyn, als die herrliche Erscheinung des Beethoven'schen Genius in der musikalischen Kunstwelt zum ersten Male die Empfänglichen und Gebildeten entzückte. Dieser Genius schuf eine neue Epoche. Alle Bedingungen eines musikalischen Kunstwerkes: Erfindung, Geist und Gefühl in Melodie, Harmonie und Rhythmik wurden von Hrn. v. B. auf eine neue ihm eigenthümliche Weise erfüllt. Dass bald eine Opposition sich auch dieser Originalität entgegenstemmte, ist eben so bekannt, als unter ähnlichen Umständen gewöhnlich. Die Bestrebungen zu mäkeln hatten indessen nur einen geringen flüchtigen Erfolg. Der Heros B. siegte vollständig. Kaum waren noch einige seiner Kunstschöpfungen in die Welt getreten, so war auch dessen Ruhm für immer begründet.

So steht auch heute noch dieser originelle Geist unter seinen Zeitgenossen unerreicht da. Nur sehr selten ist er auf seiner langen Künstlerbahn für kurze Augenblicke abgewichen von der Richtung zu dem herrlichen Ziele, dem er stets entgegenstrebte. Es musste ja auch ihn, den Menschen, das Menschliche berühren. –

Ein so reiches Kunstleben darf man wohl einen herrlichen Landschaftsgarten mit trefflich geführten, oft gar wunderbar verschlungenen, durch Gehölze, Wiesen, Thäler und Felsen-

schluchten sich windenden Wegen vergleichen. So wie in dergl. Gärten, meist auf eine überraschende Weise, Punkte mit den entzückendsten Aussichten sich darbieten, die freylich oft nur das bewaffnete Auge vollständig geniesst: so heben sich auch in einem so herrlichen musikalischen Kunstgarten, wie in dem, den uns Hr. v. B. schuf, gewisse entzückende Partieen ganz ausgezeichnet hervor. Hier auch wie dort wenden bisweilen die Wege, und oft gerade an den bezauberndsten Ruhepunkten, sich so schnell nach einer entgegengesetzten Seite, dass man, in den ersten Augenblicken wenigstens, meynt, man schreite zurück oder doch, man weiche ab von der Richtung, auf welcher noch mancher schöne Kunstgenuss zu erwarten stand, dessen Entbehrung man nun besorgt. Indessen, dort wie hier, lasse man sich nur willig und hingebend leiten von dem Schöpfer des Kunstwerkes – wer könnte auch ein besserer Führer seyn als dieser selbst? – und man wird zu seiner Freude finden: nicht jeder Wendepunkt sey ein Culminationspunkt – Es möge uns vergönnt seyn, bevor wir die obigen Sonaten etwas näher in's Auge fassen, unter den Klaviercompositionen des Hrn. v. B., dieses musikalischen Jean Paul, ein paar solche scheinbare Culminationspunkte anzudeuten. Wir meynen: das Trio Op. 70, besonders wegen seines Adagio; die Sonaten Op. 90. und Op. 101., denen die beyden Sonaten Op. 96. und 97., da sie noch mehr von dem Bisherigen abweichen, als Op. 90., gleichsam zur Verbindung dienen. Ob Hr. v. B. nicht vielleicht selbst unserer Meynung jetzt seyn möchte: er habe sich, wollten wir in dieser Beziehung hier auch die beyden Sonaten für Pianoforte und Violoncello (Op. 102.) anführen, damals, als er dieses Werk schuf, in der That auf einer bedenklichen Spitze befunden, von welcher ein gefährlicher Sturz zu besorgen war – lassen wir dahin gestellt seyn. Wir wenigstens, so tief unsere Verehrung der Beethoven'schen Muse ist, so willig wir uns ihr überhaupt hingeben, und, vornehmlich bey dem zuletzt genannten Werke, der Erfahrung gefolgt sind, dass Beethovens Kunstwerke, um ganz begriffen und genossen zu werden, das beharrlichste Studium in den verschiedensten Gemüthslagen erfordern – wie denn ins besondere Schreiber dieses, gilt es das Urtheil über ein Werk Beethovens, jederzeit mit dem grössten Misstrauen in seine Kunsteinsicht zu Werke geht und geflissentlich, ja mit Parteilichkeit bemüht ist, überall an demselben nur Schönes zu finden – wir haben den beyden Sonaten Op. 102.

dennoch nie Geschmack abgewinnen können. – Indessen ist dieses Werk vielleicht ein nothwendiges Mittelglied in der langen reichen Kunstkette Beethoven'scher Schöpfungen, und war uns nicht zu ersparen, um dahin gelangen zu können, wohin uns nun die sichere Hand dieses grossen Geistes geführt hat. Die obigen drey Klaviersonaten haben unstreitig mit keinem der früheren Beethoven'schen Kunstgebilde für dieses Instrument eine so nahe Verwandtschaft als mit dem unter Op. 101. bewunderten. Wie bey dieser Sonate, sind auch hier Einbildungskraft und Scharfsinn besonders thätig gewesen, den gewählten, zum Theil hier weniger als dort frappanten melodischen Stoff auf eine höchst originelle Weise harmonisch und rhythmisch zu verarbeiten und an ihm (hier und da wohl auch etwas gesucht,) die grösste Meisterschaft in technischen Verflechtungen und Wendungen an den Tag zu legen. Mit sogenannten ungeheuern Schwierigkeiten für den Spieler sind diese Sonaten keinesweges angefüllt. Dem ungeachtet erfordern sie, mancher unbequemen Lage, und besonders (vornehmlich in Betreff der letzten Sonate) der Ausdauer wegen, eine nicht gewöhnliche physische Kraft: ganz vorzüglich aber tiefes Eindringen in den Geist des Ganzen, soll ihr Vortrag die volle Wirkung hervorbringen, durch die sie gebildete Hörer entzücken können.

Dem Zwecke dieses Blattes gemäss dürfen und wollen wir den Lesern einiges Detail dieser Sonaten zwar keinesweges vorenthalten, auch nicht unterlassen, wo etwa uns etwas Bedenkliches, ins besondere eine Härte in der Harmonie oder Modulation aufgestossen ist, solches so treulich als bescheiden anzudeuten. Nur eine ganz ausführliche dem Kunstschöpfer gleichsam Schritt für Schritt folgende Analyse halten wir hier für überflüssig, da Hrn. v. B.'s Styl ja allen Kunstverständigen bekannt, das, wodurch die obigen Sonaten von frühern Werken dieses Meisters abweichen, schon oben angedeutet ist, und überhaupt die detaillirteste Beurtheilung eines Kunstwerkes, besonders eines musikalischen (wir nehmen allenfalls Compositionen eines Textes aus), selbst durch eine Menge Beyspiele, zu denen hier der Raum fehlt, dem Leser derselben dennoch nur ein sehr dürftiges Bild von dem Werke selbst vor die Augen bringt. Das Positive allein reicht in den schönen Künsten nicht hin zum Schaffen eines Kunstwerkes. Anwendung der vollständigsten Kenntniss aller Muskeln und Körpertheile, der

Luftperspective, der Farbenmischung u. s. w. machen das Bild noch nicht zum Kunstwerk, und eben so wenig wird ein Tonstück ein solches, weil es vielleicht alle denkbaren contrapunktischen und technischen Seltenheiten in sich schliesst. Ueber das Positive allein kann aber nur positiv gesprochen werden. Alles Uebrige, und gerade das Wichtigste, kann man nur besprechen. – So wie selbst dem geübtesten Partiturenleser das blosse Lesen der Noten, und wären diese auch sein eigenes Werk, den vollständigen Genuss eines Tonstückes nicht gewähren, zu einem treffenden Finalurtheil über dasselbe nicht genügen kann, so reicht das schriftliche Citiren einzelner Stellen durch Notenbeyspiele, zur Ueberzeugung der Andern, denen das Werk fremd ist, auch gewiss nicht hin. Man muss schlechterdings das Ganze im Zusammenhang und geistvoll ausgeführt hören. – Ein gewisses unerklärbares Etwas reisst uns alsdann vielleicht hin, sogar schwere Sünden gegen die musikalischen Gesetze nicht zu beachten oder zu verzeihen; so wie hinwiederum die grösste Regelrichtigkeit und technische Kunst, die beym Lesen, höchlich erfreuten, beym Hören, bisweilen allen Werth einbüssen. Wir hoffen, das bey dieser Gelegenheit hier Gesagte werde wenigstens so viel dargethan haben: dass, bey Werken der Kunst, die zunächst durch den Gehörsinn auf unser Gefühl wirkt, also vornehmlich der so genannten reinen, nicht angewandten Musik, eine bis in das Kleinste eindringende Ausführlichkeit in deren Beurtheilung (die doch stets nur an den Verstand gerichtet seyn kann) ein grossentheils eitles Bemühen ist (Sp. 213ff.).

29. Jahrgang, März 1827

Nekrolog.

Beethoven ist nicht mehr unter uns. So eben gehet, von einem seiner treuesten Freunde in Wien, die Todtesnachricht bey mir ein. Am 26. März mit dem Untergange der Sonne rang B.s grosser, überaus kräftiger Geist sich los von der irdischen Hülle, die in mancher Hinsicht so lastend ihn umgab, deren Last jedoch er siegreich bezwang durch Energie seines ganzen Wesens und in der letzten Zeit durch stille Ergebung. Er erreichte das 55ste Lebensjahr. Das Bedauern seines Hintritts wird man hören, so weit, als Töne musikalischer Kunst; und lange, lange wird es nachhallen. Sein ist das Grösseste, Reich-

ste, Eigenthümlichste, was die neuere Instrumentalmusik besitzt; sein zunächst auch der freyere, kühnere, mächtigere Schwung, den sie überhaupt in unsern Tagen genommen hat. Er vor allen Zeitgenossen ist in ihr der Erfinder; er, der in seinen so zahlreichen bedeutungsvollen Werken sogar sich selbst zu gleichen verschmähete, sondern in jedem ein Neuer auftreten wollte, selbst auf die Gefahr hin, zuweilen kaum von Einzelnen verstanden zu werden oder auch einmal einen Missgriff zu thun. Wo seine kühnsten, mächtigsten und durchgreifendsten Werke noch nicht geehrt, genossen, geliebt werden, da fehlt es nur noch an einer namhaften Zahl, die sie zu fassen und ein Publikum zu bilden fähig ist. Diese Zahl wird wachsen und mit ihr sein Ruhm an Umfang. Wo sie gefasst und genossen werden, da wird man sich immer näher mit ihnen befreunden, und damit wird sein Ruhm wachsen an Vollgehalt. Schon seit geraumer Zeit steht er neben seinen Mitbewerbern allen so, dass, auf dem Grund und Boden, den er sich zum eigentlichen Lieblingssitz erobert hat, Keiner ihm die Oberherrschaft streitig zu machen nur versucht. Starke vermeiden ihn da: Schwächere unterwerfen sich ihm, indem sie ihn nachzuahmen sich abmühen. Die Wenigen, welche in früherer Zeit missurtheilend ihn geneckt, sind längst vergessen; und die von ihnen noch leben, begreifen jetzt nicht, wie sie ihn jemals haben necken können. Wie kaum irgend ein Anderer, hat er die reiche Summe der ihm gewordenen Kräfte, angeborner und errungener, einzig und allein der Kunst zugewendet, für welche er geschaffen war. Was sonst das Leben bietet, suchte er nie: und fand er's dennoch, so diente es ihm nur, seine Existenz leidlich zu sichern; sonst war es ihm fast gar nichts. Auch Weib und Kind war ihm seine Kunst. Die Menschen verstand er nicht – seit ungefähr funfzehn Jahren sogar nicht in ihren Worten; und wie er sie nicht verstand, so verstanden wieder sie ihn nicht, ausser in seinen Tönen. Geschieden von ihnen, und seit ihm jenes unglückliche Loos fiel fast gänzlich, erbauete er – wunderbar, von nicht gehörten, nur gedachten Tönen sich selbst seine Welt, belebte sie allein und füllete auch allein sie aus. Das heisst doch wahrlich, seyn, was durch Natur, Geschick und eigene Willenskraft man seyn kann! das heisst, den von höherer Macht abgesteckten Kreis seiner Erden-Wallfahrt männlich durchlaufen! Wem das in seiner Sphäre gelungen, wie ihm in der seinigen, und wem es, wie ihm, auch geglückt, auf allen

Stationen dieses Laufs so würdige Denkmale seiner Anwesenheit zurückzulassen: über den, hat er vollendet, kein Wehklagen, wohl aber ein lautes Bekenntniss grosser Hochachtung und lebendiger Dankbarkeit. Seinen wahrhaft unersetzlichen Verlust werden wir freylich Alle fühlen: aber was er geschaffen, das bleibt uns; es wird fortwirken, mittelbar oder unmittelbar, auf unabsehbare Zeit, und seiner auch ruhmvoll gedacht werden in jeder Geschichte der Tonkunst, selbst der spätesten und allgemeinsten, indem er ihr für die jetzige Periode ihren wesentlichsten Inhalt gab – sie, in seinem engeren Eigenthum, selbst machte, diese Periode und ihre Geschichte.

Rochlitz.

(Sp. 227 f.)

29. Jahrgang, März 1827

Etwas über Ludwig van Beethoven.

[...] *In Rücksicht seiner Sittlichkeit stand er wohl in jener luxuriösen Stadt hoch über dem grössten Theile seiner Kunst- und Lebensgenossen. Um nur ein Beyspiel seiner eigenthümlichen, strengmoralischen Denkweise anzuführen! Er jagte seine – sonst gute – Haushälterin aus dem Dienst, weil sie, ihn zu schonen, eine Unwahrheit gesagt hatte. Einer Freundin, welche ihm diese gute Person besorgt hatte und ihn dieser Härte wegen befragte, antwortete er: »Wer eine Lüge sagt, ist nicht reines Herzens, und eine solche Person kann auch keine reine Suppe kochen.«*

Dieses seltsam klingende Urtheil seiner moralischen Grundsätze entspricht seinen oft seltsam klingenden Accorden und Ausweichungen in der Musik, welche von manchen Zuhörern für unverständlich, gesucht oder bizarr gehalten werden. Manche solcher Stellen in seinen letzten Werken muss man auf Rechnung seiner Taubheit setzen. Denn auf dem Papier scheint Manches für die Einbildung wohlklingend, das aber sich noch nicht schön in lebendigen Tönen gestaltet, zumal wenn Schwierigkeiten und unvollkommene Spieler und Sänger die Darstellung verdunkeln. In seinen früheren Compositionen machen seltsame Combinationen, wenigstens für Kunstkenner, die sich an seine Dichtungen gewöhnt haben, neue Schönheiten.

Wie reich B.'s Musik an eigenthümlichen, unerschöpflichen, sich nie wiederholenden Schönheiten wirklich ist, kann man fast in allen seinen Werken entdecken. Wir dürfen nur an einige Stücke seiner Passion, Christus am Oelberge, in seiner Oper Fidelio, in seinen Messen, in Gellerts Liedern, Adelaide, Herz, mein Herz etc. an seine Pastoralsymphonie, an seine Musik zu Egmont, an seine ersten Klaviertrios, an seine ersten Quartetten, an sein Septett etc. erinnern.

Er drang überall in die tiefsten Geheimnisse der Tonwelt, lauschte die mächtigsten Naturbewegungen, wie die zartesten Töne, der Natur selbst ab; auf seinen Spaziergängen componierte er, und nahm mehrmals von Vögeln Themata auf; z. B. in der fünften Symphonie ggg es, fff d. – Bey seinem Lieblings-Sommeraufenthalte glaubten wir dieses Thema zu seiner Symphonie von einem Vogel pfeifen zu hören. Dort entsprach seiner Natur die Bergschlucht hinter dem Flecken; die steilen Felsen mit überhängenden Tannen; der murmelnde Bach; die niedliche, immergrüne Bergwiese zwischen schattigen Birkenwäldchen und oben auf dem Gipfel des Berges die unendliche Aussicht in die fruchtbare Ebene Ungarns und die rauhe schneegebirgige Steiermark.

Ausser der einzigen treuaufgefassten Stelle in der Pastoralsymphonie, wo er Nachtigall, Cuckuk und Wachtel scherzweise ertönen lässt, ist aber nirgends eine prosaische Nachahmung der Natur zu finden; überall ist poetische, veredelte Natur musikalisch dargestellt. Nicht bloss die äussere Natur wusste er künstlerisch aufzufassen, sondern als philosophischer Dichter berührte er alle Saiten der Seele. Man hat ihn den Jean Paul der Tonkünstler genannt. Wir möchten ihn lieber mit Shakespeare vergleichen in Rücksicht seiner originellen Erhabenheit, Tiefe, Kraft und Zartheit mit Humor, Witz und stetem neuen phantastischem Wechsel, auch zuweilen sich in Ausschweifungen verlierend, doch mehr geordnet und mannigfaltiger an Characteren, und jede Idee erschöpfend, die höchste Majestät, die tiefste Melancholie, die herzlichste Zärtlichkeit, den muthwilligsten Scherz, die kindlichste Einfalt, die tollste Lustigkeit.

Schwerlich kann die Kunst für Instrumente zu componieren, weiter getrieben werden. Wie könnte man ein Thema von drey Tönen mannigfaltiger durchführen? Wer dürfte ohne Ermüdung einen Satz länger ausspinnen? Mehr Schwierigkeiten, mehr Dissonanzen und Passagen, mehr Geräusch, längere Dauer eines Stückes – Alles würde unangenehm, langweilig, drückend, aberwitzig werden, und über die Kräfte der Darsteller hinausgehen. Er selbst hat schon in einigen Stücken, z. B. in seinen 57sten Variationen, im letzten Violinquartett, in der Symphonie mit Schillers Freudenlied, die ästhetische Grenze überschritten. Sein Genie überbieten wollen, führt zum abenteuerlichen Unsinn und zu Missgeburten. Daher behaupten wir in unserm Gedichte Pentaide, dass mit Beethoven die Tonkunst den höchsten Gipfel erreicht habe, und nicht höher steigen, wiewohl sich in unendliche Breite ausdehnen könne; dass aber dieser Meister selbst zugleich Motive zu ihrem Sinken gegeben habe. Unter seinen 130 grösseren numerirten Werken, zu welchen mehr als 100 Gesänge, Lieder, Variationen, Sonatinen, Ballette, Tänze nicht gezählt sind, finden wir bekanntlich Werke aller Art: zwey Messen von erhabenster Feierlichkeit, eine Passion, Jesus am Kreuze, die Oper Fidelio, welche in grossen Städten mit grosser Pracht gegeben worden, 12 bekannte und unbekannte Symphonieen, wovon jede ein characteristisches Tongemälde einer romantischen Geschichte enthält; 16 Violinquartetten und Quintetten, ungefähr 50 Werke für das Pianoforte mit und ohne Begleitung. Von seinen Theaterballetten ist nur Prometheus bekannt.

Diess mag genügen, um bey seinem Tode die Klagen der Musikfreunde mitzufühlen. Jeder gebildete Deutsche bedauert den Verlust Maria von Webers, und nun noch mehr L. van Beethovens; denn durch sie stehn wir noch über unseren musikalischen Nachbarvölkern. Aber dieser Glanz kann nach wenigen Jahren erlöschen, und die Tonkunst zur allgemeinen Mittelmässigkeit herabsinken.

Am tiefsten betrauern Beethovens Verlust seine näheren Freunde, besonders die ihn persönlich kannten, trotz seiner Eigenheiten ihn liebten, und nur beklagten, dass sie ihm nicht mehr Beweise wohlthätiger Liebe geben konnten. Jetzt werden ihm die Wiener Musikfreunde und Gönner ein prächtiges Monument auf seinem Grabe errichten, um Kästners Epigramm auf den englischen Dichter Buttler zu bewähren:

Der arme Dichter bat um Brot,
Man gab ihm einen Stein.

Armer Beethoven! Du musstest dich auch im Leben am Reichthum deiner Schöpfungen und an der Freude über ihre Verbreitung begnügen. Unsere Enkel werden aber erst deine Werke recht verstehen und geniessen, und den Meister als Fürsten der Tonwelt verehren.

So weit des Erdballs Länder reichen,
Beherrschte Haydn der Töne Reich;
Nur Mozart war ihm zu vergleichen:
Beethoven steht noch beyden gleich.
Sie übertrifft sein freyes Walten
Mit Schöpferkraft der Phantasie;
Mit geisterhaften Luftgestalten
Regiert sein Geist, wie durch Magie.
Ihm dient das Dunkle und das Helle,
Der tiefe Grund, die Sonnenhöh,
Das Donnermeer, die Rieselquelle,
Der Bach, die mondbeglänzte See.
Der Wald, das Lied der Nachtigallen,
Von zarten Liebenden belauscht;
Und tausendfache Stimmen schallen
Zum Sturm, der in den Blättern rauscht.
Erhabne Pracht und Reiz des Schönen
Enthüllt Quartett und Symphonie;
Empfindungen, Gedanken tönen
In Melodie und Harmonie.
Entzückte Lust und süsses Sehnen
Erweckt sein Lied, sein bunter Scherz;
Er schmilzt den weichen Sinn zu Thränen,
Und weckt zur Freude dann das Herz.
Wie Aeolsharfen Sphärenklänge,
Entströmen seiner Phantasie
Stets Zauberlieder, Weltgesänge;
Der Mensch vernimmt, vergisst sie nie.
Sein Flötenhauch, sein Strom der Saiten,
Belebt von seiner Zauberhand,
Soll Himmel in der Welt verbreiten –
Dazu hat Gott ihn uns gesandt.
Er hat sein höchstes Lied gesungen
In Kyrie, Sanctus, Gloria;

Das höchste Ziel der Kunst errungen
Und steht als Fürst der Tonwelt da.
Er konnte hier nicht länger leben;
Schon lebt' er Säcula voraus.
Umsonst war hier sein höh'res Streben;
Drum eilt' er aus der Welt hinaus.

Bremen, den 15. April.

Dr. W. C. Müller.

(Sp. 351 ff.)

29. Jahrgang, Mai 1827

Beethoven.

Gedicht von Herrn J. G. Seidl, gesprochen in dem zur Errichtung eines Grabmals in Wien veranstalteten Concerte am 3. May 1827.

Ihr habt ihn selbst gehört! kaum ausgeklungen
Hat noch die Red', in der er mit Euch sprach.
Ihr habt ihn selbst gehört! mit tausend Zungen
Rief er die Engel des Gefühls euch wach.

Ihr habt ihn selbst gehört! Gehört? – Gesehen:
Denn wer ihn hört, der sieht auch die Gestalt
Des edlen Meisters vor der Seele stehen!
Kein Maler malt ihn, wie er selbst sich malt.

Zu seinen Farben nimmt er sich die Klänge:
Zum Grund, auf den er malt, das Menschenherz;
Drein prägt er mit dem Pinsel der Gesänge
Sein ganzes Seyn, sein Bild, in Lust und Schmerz.

Hört seiner Kraft gewaltig ernste Ströme,
Und ihr erblickt den Mann voll Ernst und Kraft.
Ihr hört sein Lied, und fühlt es: es beschäme
Der Jünglingsseele süsse Leidenschaft.

Hört seines Schlachtendonners mächtig Dröhnen,
Und Ihr erblickt den kampfbereiten Geist;
Hört seines Opferchores Psalmen tönen,
Ihr seht ein Herz, das Gottes Thron umkreis't.

Bald wie die Unschuld hascht nach Schmetterlingen,
Hascht er nach Klängen, lässt sie wieder fliehn,
Verfolgt sich selbst in ewig andern Ringen,
Und schmilzt am End' in weicher Sehnsucht hin!

Bald greift er in des Lebens Weltmeer wieder,
Und spiegelt seinen Kampf und seine Ruh;
Bald neckt er sich, und uns, und sich dann wieder
Und hüpft durch Spiel dem ew'gen Ernste zu.

Taub für des äussern Lebens wüstes Toben,
Schliesst er das Ohr dem innren Leben auf;
Wir sehn ihn schwindelnd unserm Kreis enthoben,
Ein neuer Flug ist uns sein schwächster Lauf.

Das Fremde zwingt er, freundlich sich zu einen,
Er fühlt durch den Verstand, er denkt durch's Herz;
Er lehrt uns neuen Jubel, neues Weinen,
Ein neu Gebet und einen neuen Scherz.

Wir kamen her zu einer Todtenfeyer
Mit heil'ger Thränen fromm verspartem Rest;
Wir sah'n ihn, und es reisst der Grabesschleyer,
Die Todtenfeyer wird ein Lebensfest.

Er lebt! Es lügt, wer ihn gestorben nennet!
Der Sonne gleich, die kommt, entzückt, verklärt,
Und, wenn ihr Tagwerk um, sich von uns trennet:
So kam auch er – so ist er heimgekehrt!

Er lebt! Sein Leben sind ja seine Töne;
Das reisst kein Gott mehr aus der Brust der Welt!
Auf Enkel erbt sich's fort und Enkelssöhne,
Die's wohl noch tiefer, als den Ahn beseelt!

Er lebt! ihr saht ihn, hörtet ihn, und höret
Nun wieder ihn, mein matter Kranz verblüht:
Die einz'ge Feyer, die ihn würdig ehret,
Begeht er selber sich mit seinem Lied!

(Sp. 365f.)

Urtheil über Beethoven aus der Revue musicale, verbunden mit unsern Ansichten, von G. W. Fink.

Es kann uns von vielen Seiten her nicht anders als höchst wichtig seyn, Urtheile der gebildetsten Völker über unsere Musik überhaupt und insbesondere über solche Männer zu vernehmen, die wir mit Recht zu den ersten Chorführern und Genien unseres Vaterlandes zählen; und es würde nicht bloss eine leichte Unterhaltung, sondern mannigfache gegenseitige Vervollkommnung gewähren, wenn in ihrem Fache gebildete Männer aus allerley Volk auf eine humane Weise ihre abweichenden Meinungen zusammenstellen und einander zur Prüfung vorlegen wollten. Das wollen wir nun hier versuchen, hoffentlich zur Billigung sowohl unserer Landsleute, als auch der Auswärtigen; denn wir leben der guten Zuversicht, dass kein wahrhaft Gebildeter der verschiedenen Völker jetzt noch von dem übermüthigen Wahne befangen sey, als sey der Landstrich, den er bewohnt, nur allein weise. Wir können nur gegenseitig von einander lernen, und diejenigen werden stets die Besten seyn, die kindlich genug, trotz allem männlichen Wirken und individuellen Schaffen, geblieben sind, eben dieses Lernen stets für menschliche Ehre zu halten in der wohlbegründeten Ueberzeugung, dass Keiner hienieden jemals auslernen kann, am wenigsten auf dem Felde der Tonkunst, wo es bekanntlich noch so Manches giebt, das erst fest gestellt werden muss. Wir begreifen Alle sehr wohl, dass gerade im Urtheile über Musik mehr Verschiedenheit, als in vielen andern Dingen, herrschen muss, weil sie sich hauptsächlich auf Gefühl gründet und hier von einer Tonsprache die Rede ist, die ihrer Natur nach mit Worten sich nicht so allgemein verständlich bezeichnen lässt, wie etwa ein logischer Schluss. Daher freuen wir uns in Wahrheit, dass das Unternehmen des Hrn. Fetis, eines Mannes, der würdig an der Spitze eines musikalischen Journals zu stehen sich gezeigt hat, so glücklichen Fortgang in Frankreich und im Auslande gewann, wodurch die Kunst nur gefördert werden kann.

Und so stellen wir denn hier diejenigen Puncte, die ein Urtheil des Hrn. Fetis über unsern Beethoven enthalten, zuvörderst kurz zusammen und sezzen unsere Ansicht zur Prüfung daneben.

Hr. Fetis glaubt in seinem Abrisse der Lebensgeschichte unseres nun Verewigten, es sey für Beethoven, der bereits in seinem elften Jahre zu componiren anfing, trotz dem Unterrichte Albrechtsbergers, zu spät gewesen, eine grosse Reinheit des Styls zu erlangen und ein gelehrter Componist zu werden, weil seine Manier bereits festgestanden habe. Allein die Schönheit seines Genies, fährt er fort, macht, dass man seine Verirrungen und Abschweifungen vergisst. Capriziös und bizarr hatte er sich zurück gezogen und besass nur eine kleine Anzahl Freunde, die seine Rauheit entschuldigte. Er hatte nur eifrige Gegner und eben so eifrige Freunde; die Einen klagten ihn an, die Kunst zu verderben, die Andern wussten ihm für seine Fehler Dank und erhoben ihn über alle seine Vorgänger. Nach und nach wurde man ruhiger; man erkannte seine Originalität, aber man bemerkte auch Affectation und Gesuchtes. Mitten in dem Uncorrecten seiner Harmonie hat man die Eleganz seines Accompagnements, die Neuheit seiner Formen und den Reichthum seiner Modulation herausgefunden. Neben nicht zu duldenden Härten hört man Melodieen von grosser Zartheit; mitten unter unzusammenhängenden und seltsamen Phrasen hat man einen weise gefassten Plan und einfach natürliche Gedanken glänzen gesehen. Weniger Alles umfassend, als Mozart, weniger mit der Eigenschaft begabt, stets glücklich zu singen, ist er ihm doch zuweilen gleich gekommen und hat ihn in der Sonate, deren Form er vervollkommnete, übertroffen. Wenn er nicht Haydn's Reinheit besitzt, wenn er nicht, wie jener, grosse Effecte mit wenigen Mitteln hervorzubringen weiss: so hat er doch mehr Fortreissendes und sich Hingebendes (véhémence et abandon) und seine Manier ist mannigfaltiger. Seine Adagio und Andante sind fast alle vortrefflich, seine Clavier-Sonaten nahen sich oft der Vollkommenheit, seine Quartetten, Quintetten und Symphonieen sind voller Schönheiten des ersten Ranges und ihm angehörend. In der Instrumental-Musik hat er seine Stelle neben Haydn und Mozart so nahe, als es nur möglich ist. In den Werken seiner Jugendzeit trifft man den natürlichsten Gesang, eine am wenigsten affectirte Originalität und die angenehmsten Modulationen. Durch*

* *Nämlich nicht seiner allerfrühesten, sondern von den Trios an, die er vorzüglich für das Pianoforte schrieb und die in Wien herausgekommen sind, welche Beethoven selbst für sein erstes Werk erklärt.*

eine Verblendung, die nur zu natürlich ist, verachtet er diese und schätzt nur die späteren, von denen einige nichts weiter sind als lange Ungereimtheiten (extravagances). Er hat sich auch in der theatralischen Musik versucht: aber er zeigt sich hier unter sich selbst. Fidelio, welcher im November 1805 ohne Erfolg gegeben wurde, ermangelt beynahe gänzlich des Gesanges und des dramatischen Interesse. Der ernste Styl kam ihm mehr zu; daher war er auch glücklicher in seinem Oratorio Christus am Oelberge und in seinen Messen. Im Ganzen kann man bestätigen, dass Beethoven einer der grössten Musiker ist, deren sich Teutschland rühmt.*

Weniger ernst und der Sache angemessen bezeugt doch im Allgemeinen dasselbe eben ausgesprochene Urtheil in eben dieser Zeitschrift ein Mann, der sich Porro unterzeichnet. Das Hauptsächlichste seiner Meinungen ziehen wir auf Folgendes zusammen:

Beethoven ist reich von der Natur begabt, immer originell, enthusiastisch, stolz, ernst, beredt; Freude und Zufriedenheit waren nicht in seiner Seele; die Liebe, die das erste Element aller Künste zu seyn scheint, kannte er wenig. Eben so fruchtbar als unabhängig hat er sich neue Wege vorgezeichnet und bezaubernde Effecte gefunden, die nur ihm gehören. Durch tausenderley Blendwerke hat er ersetzt, was er nicht hatte. Seine zahlreichen Parteigänger haben ihn fast vergöttert. Welcher wirkliche Künstler wird es jemals wagen, eine so weise Thorheit zu tadeln? Ist ein so vernünftiger Wahnwitz nicht eine Bewunderung, die man dem Genie schuldig ist? Er besass im höchsten Grade die Macht, Alle mit sich fortzureissen, die ihn nur verstehen konnten. Er kennt alle Tiefen und Geheimnisse der Kunst: aber vielleicht ist er zu weit darüber hinausgegangen, was die eigentliche Kunst ausmacht. Da ich nur aus dem Herzen spreche, so muss meine schwache Stimme Allen verdächtig seyn, welche die Kunst nach Grundsätzen üben. Seine heilige Musik wird lange als musterhaft studirt werden.

Von diesen in vieler Hinsicht sehr zu beachtenden fremden Urtheilen ist nun nicht allein unsere subjective Ansicht, sondern zuversichtlich die Ueberzeugung der meisten Teutschen, in vielen wesentlichen Puncten so verschieden, dass wir auf

* *Das heisst in Wien; an andern Orten gefällt Fidelio nicht bloss, sondern bey Weitem das Meiste entzückt, wenn auch nicht Alle.*

einige Theilnahme rechnen dürfen, wenn wir unsere Meinung über Beethoven in gedrängter Kürze dem Publicum zur Vergleichung mit der eigenen Ansicht eines Jeden dem auswärtigen Urtheile nach bester Ueberzeugung an die Seite stellen.

Was den Character Beethoven's anbetrifft, so können wir nicht in Abrede seyn, dass einige wesentliche Puncte richtig bezeichnet worden sind; sehen auch die Schwierigkeit für einen fremden Beurtheiler, es wäre denn ein Engländer, der mit Beethoven's Wesen in Vielem zusammentreffen wird, was auch schon Beethoven's ideale Vorliebe für England gewissermaassen andeuten dürfte, sehr wohl ein, da wir selbst noch auf eine gute Darstellung des Lebens und Wirkens dieses Meisters hoffen: müssen aber doch bekennen, dass er lange noch nicht so vollständig aufgefasst worden ist, als wir es wünschen müssen, und als es nach den schon bekannten Nachrichten über ihn und hauptsächlich nach seinen Werken selbst hätte geschehen können. Man scheint ihm das Gutmüthige, Menschenfreundliche und Scherzliebende (wenn auch dieses letzte in seinen spätern Zeiten seines grossen Unglücks wegen, das er selbst in seinem in diesen Blättern mitgetheilten Testamente so schmerzlich beklagt, seltener der Fall seyn musste) völlig abzusprechen. Dem war aber nicht so, und wir haben uns desshalb nur auf die Schilderung Beethoven's von Fr. Rochlitz im ersten Stücke unserer Zeitung dieses Jahrganges zu beziehen. Sein Wesen ist durchaus grossartig, jovial, ausgezeichnet originell, eben so selbständig als menschenliebend und freundlich, zwar der Einsamkeit zugethan, aber doch auch mittheilend und gesellig; mitten im Gefühle seines eigenen Werthes bescheiden, nur im Aeusserlichen unbekümmert sorglos, weil sein Geist stets in der höhern Welt musikalischer Dichtung lebte und webte. Er wusste die Vortrefflichkeit anderer Meister nicht nur zu ehren, sondern sich auch an ihren Werken zu ergötzen, und sein Studium blieb bis an seinen Tod Händel, ein ihm in Vielem verwandter Geist. Wenn daher Hr. Fetis von ihm sagt, er habe es weder zu einer großen Reinheit des Styls, noch bis zur gelehrten Composition gebracht: so haben wir dagegen nur auf die unter seinen Papieren gefundenen Uebungen zu verweisen, die er unter des berühmten Albrechtsberger's Leitung ausarbeitete. Sie werden dem Versprechen nach, wie billig, den Freunden der Tonkunst öffentlich mitgetheilt werden. Noch schlagender dürfen wir uns auf seine Werke selbst berufen. Wer es versteht, so wie er, eine einzige Idee, als vorherrschend, durch eine ganze lange Symphonie in den mannigfaltigsten Wendungen, Erweiterungen, Engführungen, Umkehrungen und den reichsten Verschmelzungen mit neuen Gedanken so durchgreifend, oft so unerwartet und wirksam durchklingen zu lassen und dadurch den wechselndsten Reichthum, nach dem Vorbilde der Natur, zu einem abgeschlossenen Gesammtbilde zu gestalten, dem kann man unmöglich tiefe Kenntniss alles dessen, was zur Gelehrsamkeit der Composition gehört (ausgenommen etwa die Fuge, die er in ihrer durchgeführten Gesetzmässigkeit nicht liebte) absprechen. Wenn er indessen allerdings zuweilen, wie ein Gigant, in seinen Accord-Massen bey den vollstimmigsten Sätzen Töne auf Töne, wie Berge auf Berge häuft: so ist diess freylich nicht immer nach hergebrachter Regel, auch wohl zuweilen grotesk, jedoch immer (Einzelheiten, wie seinen letzten Satz in seiner letzten Symphonie, weggerechnet) grossartig und voll bis zum Klarsten aufgelöst, wie vom wilden Klippengestade nach dem anmuthigsten Thale hinabgeleitet. Selbst wenn er zuweilen, wie Neptun, mit vier Schritten ist, wo er seyn will, wäre das Ziel auch noch so fern: so ist zwar sein Riesengang verwunderlich und überraschend: aber das seltsame Wandeln im Sturme wird sogleich durch die grösste Anmuth seiner Melodieen und Verzweigungen der Stimmen auf das Lieblichste besänftigt und das nun gemüthlichste Ergehen in den Gefilden der Ruhe und des Friedens wird dadurch nur noch reizender. Was daher bey jedem Andern Uncorrectheit und Affectation wäre, ist es bey ihm nicht; jene wilden Massen sind so eigenthümlich in seine Natur gleichsam verwachsen, dass es ihm unnatürlich seyn würde, fände sich das, was dort Abirrung genannt wird, nicht in ihm. Sehr Wenige wird man nennen können, die so gross in Beherrschung und im wirksamsten Gebrauche aller Instrumente sind, als unser Beethoven. In Anwendung der Eigenheiten aller Tonwerkzeuge kenne ich nicht Einen, der meisterlicher wäre; in Instrumental-Musik ist er der Reichste. Wollte man sich bey ihm auf Aushebungen von Einzelnheiten, ohne Beachtung des meist herrlichen Ganzen, beschränken: so würde nichts leichter seyn, als jene Beschuldigungen scheinbar zu beweisen; aber man würde damit nur ihm, der Kunst und sich selbst unrecht thun. Allerdings hüpft mancher Frosch im Grase, manche Mücke umschwirrt das Ohr und allerley Wild durchrennt den grünen Wald, während das liebliche Heer der gefiederten Sänger im schönsten May von den Blüthenzweigen sein Loblied erschallen lässt und uns zur Freude und zum Danke begeistert. Wenn er uns zuweilen durch kleine Sümpfe führt, so geschieht es nur, um uns bald desto reizendere Haine zu zeigen. Um uns nun von dem tiefen Eindrucke irgend eines Theiles der schönen Welt wieder los und frey zu machen, damit wir uns nicht in einem einseitigen Gefühle ermattend verlieren, in Dumpfheit und Abspannung versinken, damit wir vielmehr von Neuem empfänglich werden für einen neuen, vom vorigen verschiedenen und doch mit jenem im Zusammenhange stehenden und ihn noch mehr erhebenden und reizvolleren Genuss, reisst er uns plötzlich mit wunderbarer Gewalt über Dorn und Gestripp rasch mit sich fort in ein neues Gefild hoher Schönheit.

Seine Natur ist vorherrschend romantisch, etwas, von dem man immer gemeint hat, dass es sich der sonst so gebildete Franzos am wenigsten anzueignen fähig sey. Dennoch haben sie im Leben selbst, wenn auch bis jetzt weit weniger in der Kunst, von Zeit zu Zeit leuchtende Beweise gegeben, dass sie es wohl zu seyn vermögen. Man hat Beethoven öfter mit mancherley Schriftstellern verglichen, aber mit einem französischen niemals. Wer erinnert sich nicht, ihn mit unserm Jean Paul, Fr. Richter in Parallele gestellt gelesen zu haben? Der Vergleich war nicht übel; wirklich besitzt Beethoven das Humoristische, wodurch sich der genannte Schriftsteller wesentlich auszeichnet; auch darin sind sie sich gleich, dass sie beyde ihren Nachahmern völlig einerley Loos, nicht zu deren Gewinn, bereiten. So viel Aehnliches nun der Vergleich auch bietet: so ist doch auch wieder die Verschiedenheit beyder so gross, dass es seltsam genannt werden müsste, wenn die Vorliebe zu Vergleichungen nicht auf andere ausgezeichnete Männer verfallen wäre. Einer unserer neuesten Schriftsteller über Musik (Carl Christian Fr. Krause in seinen Darstellungen aus der Geschichte der Musik u.s.w. – siehe die Reccension im zweyten Stücke dieses Jahrganges unserer Zeitung) vergleicht ihn unter den Malern mit Michel Angelo und unter den Dichtern mit Lord Byron. Beyde Vergleiche enthalten viel Treffendes; grossartig sind sie beyde. Der Maler, der das jüngste Gericht zum Anschauen brachte, der selbst seinem Amor den Arm abhieb; um ihn zur vermeintlichen Antike für eine Zeit lang zu stempeln, und der herrliche Baumeister berühmter Brücken und einer Vorderseite der Peterskirche zu Rom, hat sehr viel Gleiches mit unserm Beethoven. Byron stimmt mit ihm wohl in seinen infernalischen Ideen und seinem bis zum Schauderhaften revolutionären Wesen, besonders in dem Letzten; denn dass auch Beethoven's feste Selbstständigkeit den Geist des mächtigen Kampfes gegen das Herkömmliche ausgeprägt genug in sich trug, lässt sich kaum verkennen. Daher zuweilen seine Anfänge mit der Quinte, wozu darauf der Grundton sich unbestimmt ohne die vermittelnde Terz hören lässt, die erst später das ungewisse Harren der erstaunten Hörer besänftigt; so manche gegen die hergebrachte Ordnung laufende Phrase, die Hr. Fetis unter die Ungereimtheiten zählt und dergleichen mehr, beurkunden diess unbezweifelt: aber auch dieses ist nur ein Theil seines Wesens, wenn auch, wie natürlich, der hervorstechendste, lange aber noch nicht das herrliche, hohe Ganze seiner Natur. Wir müssen daher auch diesen Vergleich noch unbefriedigend finden. In Beethoven ist keine festgefrorne Manier; wie hätte er sonst neben dem Gewaltigsten so äusserst Liebliches, sogar im Liede, wie so Vollendetes und Ergötzendes, als in der Sonate, wie so anziehend, bald in tiefer Schwermuth, bald in wehmüthiger Lust, Ergreifendes, wie im Adagio und Andante, leisten können? Hier vor Allem spricht sich die Liebe seines menschenfreundlichen Gemüthes höchst innig aus. Wie sollte der, der so etwas liefern konnte, ohne Liebe gewesen seyn, wenn man sie nicht im Sinne Ludwigs XIV und XV nehmen will? Kurz, seine Werke und sein Leben geben die sprechendsten Beweise von jenem Wohlwollen und jener tiefen Gemüthlichkeit, die den bessern Menschen ehrt. Wir möchten ihn daher nicht mit Byron, sondern am liebsten mit Shakespeare und mit unserm Göthe vergleichen, von welchem erstern Jöcher in seinem Gelehrten-Lexicon sagt: »Er hatte ein scherzhaftes Gemüthe, kunnte aber doch auch sehr ernsthaft seyn.« Freylich halten die französischen Beurtheiler von dem unter uns und seinen Landsleuten so hoch gepriesenen Tragiker nichts besonderes. Es ist nur zu bekannt, welche Urtheile über ihn in Frankreich Statt gefunden haben und grösstentheils noch Statt finden. Ob das engländische Theater, das sich seit einiger Zeit in Paris eines grössern Publicums erfreut, als man hätte denken sollen, zur Veränderung der Meinung über den grossen Dramatiker etwas zu Gunsten desselben beytragen werde, müssen wir erwarten. Wer aber einen Lear kennt und einen Sommernachts-Traum, wird doch wohl ganz anders urtheilen müssen, gehörte er auch, wie nicht Wenige unter uns, namentlich auch unser Göthe, zu denen, die nicht gerade jedes Schimpfwort für bewunderungswürdig und allgemein gültig halten können. So auch mit unserm Beethoven. Sein Wesen steht allerdings mit dem noch jetzt im Allgemeinen vorwaltenden Geiste französischer Kunst in einem so auffallenden Gegensatze, dass wir uns über die Vorwürfe, die ihm gemacht werden, keinesweges wundern, hingegen die Gerechtigkeit, die das Ergreifende seiner Romantik willig anerkennt, gebührend zu ehren wissen. Dennoch wird sich der Teutsche am besten mit einem Teutschen, und daher nach unserm Dafürhalten viel passender mit Göthe, als mit jedem Andern vergleichen lassen. Wir müssen aber, und wir können das auch, die Durchführung des Vergleichs einem Jeden selbst überlassen, damit wir nicht zu lang werden und unter uns allgemein Bekanntes nur wiederholen.

Was nun namentlich das Urtheil des Hrn. Fetis über Beethoven's Fidelio angeht: so sehen wir uns verpflichtet, eine ganz entgegengesetzte Meinung auszusprechen. Eben diese Oper beweist uns, wie überaus erhaben der Meister die verschiedensten Dinge zu behandeln, das hoch Characteristische bis zur Gluth aufzufassen und wiederzugeben vermochte, was am allermeisten die unübertrefflichen Scenen im Kerker beweisen. Dagegen setzen wir sein Oratorium: Christus am Oelberge gar nicht so hoch, wie es dort geschieht; vielmehr finden wir darin etwas weit Weltlicheres, als es dieser Musikgattung, soll das Gebotene meisterlich seyn, zukommt. Auch hat Beethoven in mehren anderen geistlichen Werken seine Grösse und Tiefe viel herrlicher bewiesen, als gerade in diesem, z. B. in seinem elegischen Gesange »Sanft, wie du lebtest, hast du vollendet«, in mehren Hymnen und Messen.

Mit Haydn und Mozart darf Beethoven eben so wenig verglichen werden, als z. B. Klopstock und Schiller mit Göthe, und irgend grosse Männer mit anderen ihres Faches, soll nicht einem und dem anderen auf irgend eine Art ein Unrecht zugefügt werden. Geschieht es, um die Eigenthümlichkeit des Einen und des Andern desto sichtbarer zu machen: ist es wohlgethan; geschieht es aber, um den Höhegrad der Verglichenen abzumessen, wird immer die Vorliebe des Vergleichen-

den für diese oder jene Gattung den Werth des Einen vor dem Andern zu einseitig angeben. Das ist nur zu menschlich, als dass wir es von irgend Jemanden anders erwarten dürften. Das Grosse wird in jeder Gestalt gross bleiben.

Wenn aber davon die Rede ist, welche Meister unter den neueren man sich zuvörderst zu seinem Studium wählen solle, werden wir allerdings Haydn und Mozart den Vorzug vor Beethoven unbedingt einräumen, denn in keiner Fertigkeit, die sich der Mensch durch Fleiss aneignen kann, stehen diese Meister unserm Beethoven nach; und sollte sich ja eine und die andere finden, so würden die beyden ersten doch auch, jeder für sich, wiederum Vorzüge aufzuweisen haben, deren Gegeneinanderhalten Alles auszugleichen fähig wäre. Da aber die Originalität beyder sich weit mehr in einem leichter zu übersehenden Ordnungsgange hält und doch die Mittel der Darstellung ihnen gleich meisterlich, und in manchen künstlich hergebrachten Formen wohl auch noch mehr zu Gebote stehen: so wird, wenn diese Annahme, wie wir glauben, unwiderlegbar gefunden werden dürfte, unsere Meinung sich dadurch ohne Weiteres bestätigt sehen. Von Nachahmereyen kann nicht die Rede seyn, diese sind in keinem Falle wünschenswerth. Man wird also auch nicht sagen können: Richte dich nach dem Einen oder dem Andern! Vielmehr hat Jeder nur die Eigenthümlichkeit der Meister kennen zu lernen, damit sein eigenes Wesen sich an dem schon vorhandenen Meisterlichen erstärke, damit er hernach desto freyer und mannigfaltiger sein Inneres völlig klar und unabhängig, seinem erlangten Ideale gemäss, darzustellen im Stande sey. Je grösser ein gegebenes Muster ist, desto misslicher ist die Nachahmung. Nach solchen Voraussetzungen wird hoffentlich Jeder auch das Studium der Beethoven'schen Werke, nachdem er sich mit Haydn und Mozart vertraut machte, für höchst einflussreich und nothwendig ansehen, nicht damit er in die Fusstapfen irgend eines dieser Männer trete, sondern damit er zu seiner eigenen Erhebung die verschiedenen Wege kennen lerne, die zu dem Tempel des Ruhmes führen. Wir würden uns aber in einen von unserm jetzigen Vorhaben zu weit entfernten Gegenstand verlieren, wenn wir nicht abbrechen und das Uebrige dem Nachdenken eines Jeden überlassen wollten.

Es bleibt uns daher nichts weiter übrig, als unsere unmaasgebliche Meinung über unsern Beethoven kurz zusammen zu ziehen: In ihm hat eine gewaltige Kraft, eine fast ungebundene Hoheit des Eigenthümlichen in Gedankenmassen und einzelnen Gruppirungen derselben in den verschiedensten Stimmen, die alle ihm gehorchen müssen, wie Völker-Individuen einem folgerecht heldenmässigen Herrscher, sich wunderbar vereinigt mit der innigsten Zartheit und Liebe eines menschenfreundlichen Herzens. Mitten durch diese beyden Extreme, die das wahrhaft Grosse mehr oder minder stets festzuhalten weiss, klagt eine tiefe Sehnsucht im schmerzlichsten Weh, wie eine Braut über dem frühen Grabe des Geliebten; und wiederum ringt ein männlicher Muth, im Festhalten der Schönheit des Irdischen die Liebe zur bessern Heimath auf kurze Zeit in Frieden zu wiegen, oder zu seiner Ruhe im brausenden Sturme des Lebens tändelnd und beschwichtigend zu spielen, bis ihm ein schönerer Morgen tagt, der ihm nun selig aufgegangen ist (Sp. 165ff. und 181ff.).

30. Jahrgang, Mai 1828

Ein Londoner Urtheil über Beethoven's letzte Symphonie.

Im Märzhefte des Harmonicon (No. 3) liest man darüber Folgendes: In der philharmonischen Gesellschaft hatte man vor Kurzem Beethoven's letzte Symphonie an einem Abende zwey Mal gespielt. Es ist eine bizarre Composition und die heissesten Bewunderer dieses grossen Meisters, wenn sie nur etwas Vernunft besitzen, müssen bedauern, dass sie zur Oeffentlichkeit gebracht worden ist. Welches Musikstück, das eine Stunde und zwanzig Minuten dauert, könnte man wohl ohne Ermüdung hören, selbst wenn es voller Schönheiten des ersten Ranges wäre? Wie aber, wenn es anders damit ist? – Es ist allerdings unmöglich, dass ein so grosser Componist, wie Beethoven, hunderte von Seiten schreiben könnte, ohne einen Funken von Genie durchblicken zu lassen: aber sie sind in so geringer Anzahl in diesem Werke, dass man nicht den Muth hat, sie aufzusuchen. »Beschützt mich gegen meine Freunde: ich werde Sorge tragen, mich gegen meine Feinde zu schützen« – sagte einst ein Mann, der die Welt kannte. Beethoven rechtfertigt die Wahrheit dieses Ausspruches. Die Freunde, welche ihm gerathen haben, dieses absurde Stück herauszugeben, sind gewiss die grausamsten Feinde seines Rufes.

Wir müssen gestehen, dass uns dieses Urtheil seiner zu scharfen Härte wegen missfällt; auch ist darin, wie in manchem Engländischen, die schneidende Uebertreibung nicht zu verkennen. Wenn der brittische Beurtheiler so wenig Geistesfunken darin findet, dass er das Werk dem Rufe eines solchen Mannes für gefährlich annehmen kann: so wird er uns dagegen den Verdacht nicht nehmen können, als habe er die künstliche Zusammenfügung des Ganzen nicht aufzufassen verstanden. Dem Rufe seiner Kunst wird das Werk nicht den geringsten Schaden thun: vielmehr haben wir zu bedauern, dass es überkünstlich ist, über einander gebaueten Palästen gleich; eine Masse erdrückt die andere; und wo der hellste Geist vorwaltet, wie im Scherzo, da ist die Länge des Ausgedehnten schuld, dass wir in der reinen Freude daran nicht verharren können. Man sieht leicht, dass wir keinesweges unter die vom Werke Entzückten gehören; wir haben auch bereits unumwunden unser Urtheil über dasselbe schon zweymal Jahrg. 28. S. 855, Jhrg. 30. S. 245 dieser Blätter ausgesprochen. Wenn aber auch dieses Werk einem reinen musikalischen Genusse wenig zu bieten vermag: so hätte doch der Verfasser jenes Urtheils das Unglück eines Mannes mehr und menschlicher ehren sollen, dem wir Alle so hohe Genüsse der Kunst durch sehr viele seiner anderweitigen Arbeiten zu verdanken haben (Sp. 329f.).

30. Jahrgang, Juli 1828

Auf Veranlassung von:

1. Grand Quatuor – pour deux Violons, Alto et Violoncelle [. . .] *Oeuvre. 131.* [. . .]
2. Grand Quatuor – – en partition – –
von Friedr. Rochlitz.

Es ist schwierig und bedenklich, jetzt über die letzten grossen Werke Beethoven's zu schreiben. Diess Schwierige und Bedenkliche liegt theils in den Umständen, theils in den Werken selbst. Wir erklären uns darüber, obgleich diess keine Recension jenes Quartettes (eher eine, des Recensenten) abgibt. Es scheint uns nämlich überhaupt der Erklärung nicht unwerth, mehren Lesern zur Erwägung, wo nicht nöthig, wenigstens nützlich, und selbst um gewisser neuester Ereignisse willen, die wir nicht weiter bezeichnen wollen, rathsam und wohlgethan.

Das Schwierige und Bedenkliche, jetzt über die letzten grossen Werke Beethovens zu schreiben, liegt, sagten wir, theils in den Umständen. B. ist entschieden der Held der musikalischen Welt in deren jetziger Periode; er ist dafür, und mit vollem Rechte, anerkannt und proclamiert von allen rechtmässigen Wählern und selbst von denen, welche selbst in die Wahl kommen könnten; er ist es sogar (nach dem, was verlautet) einstimmig, wenn nicht in allen Richtungen seiner Kunstthätigkeit, doch gewiss in der, zur Instrumentalcomposition. Für den anerkannten Helden irgend einer Zeit, und worin er's sey, entzündet sich der Enthusiasmus; durch diesen wird sogar er selbst erst vollendet, nicht nur äusserlich, in seinen Wirkungen, sondern selbst innerlich, in seinen Vorzügen. Das soll auch so seyn. Durch jeden Helden der Zeit soll ja Etwas werden in dieser Zeit, und zwar etwas, innerhalb seiner Sphäre Grosses und Weitausgreifendes: was wird denn aber Grosses und Weitausgreifendes in der Welt überhaupt, ganz ohne Enthusiasmus? Auch etwas Neues, ganz Ungewohntes soll werden; das findet unvermeidlich Hindernisse, die nun weggeräumt, Schwierigkeiten, die besiegt seyn wollen – Hindernisse, Schwierigkeiten, nicht nur in der bisherigen Lage der Dinge im Allgemeinen, sondern auch in jedes Einzelnen eigenem Innern, in seinen bisherigen Gewöhnungen, Vorneigungen, oft auch in seinen Fassungsfähigkeiten: wie gelänge diess aber, ganz ohne Enthusiasmus? Für unsern Beethoven wird nun eben jetzt dieser Enthusiasmus noch gesteigert (allerdings zunächst durch das endliche Durchdringen seiner vortrefflichsten Werke selbst; wovon wir aber hier nicht sprechen, sondern von den Umständen) durch seinen Tod und das lebendige Gefühl für die Lücke, die dieser geschlagen hat und die auszufüllen Keiner vorhanden ist; durch den, auf diese Veranlassung von neuem und lebhafter erregten Antheil an dem grossen Leiden, das unnachlassend eine Reihe von Jahren überschwer auf ihm gelegen, unter dessen Last er dennoch sich so mächtig hervor in's Freye gearbeitet und so Treffliches, auch so Vieles, und zum Theil selbst so Heiteres hervorgebracht hat; durch den, auf dieselbe Veranlassung von neuem und lebhafter erregten Antheil an der betrübten Lage, in die er zumeist durch jenes Leiden versetzt wurde, ohne auch nur im Mitgenusse seiner eigenen Werke entschädigt und erfrischt werden zu können, u. dgl. m. Wenn nun, wer über B.s neueste Werke jetzt schriebe, neben dem, was zu preisen, was aber als fast erschöpft, in der Darstellung nicht mehr sonderlich wirken könnte, auch Manches auszusetzen, (der Held blieb ja doch, wie jeder, ein Mensch!) wenn er wohl gar, obschon nicht den Geist im Allgemeinen, doch die Verwendung desselben im Einzelnen und für gewisse bestimmte Zwecke, geradehin zu tadeln, oder wenn er etwa fände, der geniale Held habe (wie ja schon mancher, selbst der allergrössten, wenn auch gar nicht musikalischen!) in letzter Zeit sich übersprungen, sich verstiegen: wie würde... »das aufgenommen werden?« nein, so fragen wir nicht; sondern: wie würde dadurch der, an sich schon schöne, und hier, auf einen so würdigen Gegenstand gerichtet, um so schönere Enthusiasmus verletzt werden, und je nachdem er mit diesen oder jenen andern Geistes- und Gemüthseigenschaften verbunden wäre, in Misstrauen und Kühle gegen den Meister und seine Werke überhaupt verkehrt, oder zur Erbitterung aufgereizt, oder endlich zu blinder Schwärmerey angeblasen werden; wovon Eins immer übler als das Andere wäre, nicht nur für die Personen und ihre besseren Interessen, sondern selbst für die allgemeine gute Sache der Tonkunst unserer Tage? »Was da! wer sich für einen Recensenten gibt, der hat um alle das gar nicht sich zu bekümmern, sondern einzig um's Werk. Zeigt das jene Missstände oder Missgriffe: so hat er's rund herauszusagen, möglichst zu beweisen, wenigstens zu belegen; und damit Punctum. Helfe sich durch, was kann; und was nicht kann, das geh' unter!« Diess führt uns auf das Zweyte, wovon wir sprechen wollten, und was zu einiger Antwort dienen mag, obschon wir uns eben hier für keinen Recensenten gegeben, auch keinesweges erklärt haben, ob wir in dem obengenannten Werke und den anderen aus B.s letzten Jahren jene Mängel oder Verirrungen finden oder nicht.

Wir begannen: Es ist schwierig und bedenklich, jetzt über diese Werke zu schreiben, auch um ihrer selbst willen. Erst das Allgemeine! Der geniale Held irgend einer Zeit und worin er's sey: wodurch ist er's, und wodurch beherrscht er diese, als dadurch, dass er höher steht, wie sie; höher, nach der grössern Summe, Stärke und Erregbarkeit der Naturkräfte für seinen Zweck, nach der vollkommnern, höhern Ausbildung, dem engern Zusammenhalten, der mächtigern Energie und der unverrückbarern Beharrlichkeit in der Anwendung derselben für diesen seinen Zweck; nach dem, sey es nun instinctmässig *oder aus Einsicht, fernen Erkennen und scharfen Treffen eben dieses Zweckes selbst, als des dringendsten mitten unter den vielfältigen Bedürfnissen des Moments bey der Mehrzahl; und endlich – was freylich hier, wie überall, mit hinzukommen muss – nach dem Glücken der Versuche, der »Gunst des Augenblicks«, jener Allen imponirenden Götterbestätigung? Stehet er aber höher, als seine Zeit, so kann diese zwar ihn selbst misshandeln, gegen seine Werke sich verstocken und erbittern: will sie aber mit diesen sich befassen, so muß sie sie durchschauen, sich klar und geläufig machen, sich im Geiste aneignen, und nun urtheilend sie zu würdigen – erst lernen; an ihnen, aus ihnen es lernen. Je fremdartiger sie nun sind, je weiter sie von dem bisher Gewohnten sich entfernen: desto weniger schnell geht das von statten, kann das von statten gehn. Mit B.s neuesten Werken ist aber jenes offenbar der Fall: so wird es auch mit diesem der Fall seyn müssen; und – sie sind noch nicht ein Jahr in's Publicum, auch ist nur das eine oder das andere da oder dort einmal zu Gehör gebracht! Zwar steht jegliches Menschenwerk, mithin auch eines Zeithelden, unter den allgemeinen, unwandelbaren Gesetzen der Natur und seiner Gattung; und nach diesen muss es auch, recht erkannt und genau geprüft, schon bald beurtheilt werden können: aber dass in der Kunst man damit so wenig ausreicht, als sich zu begnügen pflegt, weiss Jeder oder erfährt es täglich*; und dass*

* *Es sey wenigstens in einer Anmerkung erlaubt, einen nahe bezüglichen Rückblick zu thun. Als Beethoven seine ersten drey Trios für Pianoforte, Violin und Violoncell herausgegeben hatte, und nicht lange darauf seine erste Symphonie aus C dur: da fand ein Recensent für recht und gut, jene ersten fast nur scherzhaft zu behandeln, als ziemlich confuse Explosionen dreisten Uebermuthes eines jungen Menschen von Talent; die zweyte ernsthaft und warnend zu bezeichnen, als einen aus Bizarrerie fast bis zur Karikatur hinaufgetriebenen Haydn: und der Mann war wirklich ein tüchtiger Musiker, wohlbewandert und mauerfest sitzend in seiner Zeit und ihrer Theorie; auch hatte er selbst manches mit Recht geschätzte Werk geliefert und der B. war sogar gewissermaassen ihm lieb! Hätte der Mann sich genannt, oder wäre man nicht auch den Todten Discretion schuldig: jeder Leser würde diess, und mehr, zugeben, wenn wir ihn nennten. Als dann B. seine zweyte Symphonie, aus D dur, vollendet hatte, und Fürst Lichnowsky sie uns im Manuscripte nach Leipzig brachte, schrieb nach der Aufführung Spazier in seiner kürzlich entstandenen Zeitung für die elegante Welt über sie, (er nannte sich) als über ein crasses Ungeheuer, einen angestochenen, unbändig sich windenden Lindwurm, der nicht ersterben wolle, und selbst verblutend (im Finale) noch mit aufgerecktem Schweife vergeblich wüthend um sich schlage u. s. w. Und Spazier war ein guter*

B., nach jenen Gesetzen beurtheilt, in seiner Instrumentalmusik bewundernswürdig ist, weiss gleichfalls Jeder, sollte er auch z. B. sein: »Freude, schöner Götterfunken« nach jenen Gesetzen für einen unstatthaften Missgriff erklären müssen, und finden, was ein Mann von Geist (Hr. Marx in Berlin) zu dessen Rechtfertigung gesagt, möge wohl mit B.s Meinung zusammen stimmen und erkläre die Sache gut, rechtfertige aber ihn nicht, den Griff, sondern stelle vielmehr sein Unstatthaftes erst in das rechte Licht. – Was nun aus diesen Betrachtungen über das Allgemeine unseres Gegenstandes für derzeitige Recensenten folgt: das liegt zu nahe, als dass wir erst mit Worten darauf hinweisen dürften.

Kopf, ein mannigfach gebildeter, nicht unerfahrner, gewandter Mann; als Musiker kannte er Alles, was in seiner Zeit vorzüglich galt; als Kritiker über Musik war er, ein Schüler und treuer Gehülfe Reichardt's, nicht wenig geschätzt und selbst gefürchtet! Seitdem sind etwa fünf und zwanzig Jahre verflossen: und wie werden jetzt jene Werke von der ganzen Welt befunden? Sollen denn dergleichen Erfahrungen, die sich nicht etwa nur, ja nicht zumeist an Musik, sondern fast an Allem, was, durch Geister den Geistern geboten, aus dem Geleise des zu jeder Zeit Gewöhnlichen und zu gewisser Zeit Gewohnten heraustritt, von neuem wiederholt haben: sollen sie sich immer von neuem wiederholen? soll's damit immer wieder von vorn angehen? Dem Schreiber dieses will doch bedünken, es sey besser, jedem Werke, worin man Geist wenigstens im Allgemeinen ahnet, oder worin man Geist auch nur vorauszusetzen, schon um dessen willen, was der Mann sonst gemacht, nicht wohl unterlassen kann – was aber um jener besonderen Eigenschaften willen nicht sogleich munden und zusagen, wohl auch nach einiger Bemühung damit noch nicht recht dem Kopfe einleuchten, dem Herzen sich aneignen, den gesammten innern Menschen nicht recht in die freye, harmonische, wohlthuende Verfassung des eigentlichen Kunstgenusses versetzen will–; es sey besser, jedem solchen Werke nur erst Zeit und Raum zu gönnen. – und sich selber gleichfalls; das Werk sich an Anderen und Andere sich an ihm wiederholt versuchen zu lassen – an sich auch, und sich an ihm – ehe man hervorbricht mit schroffem, erkältendem, wo nicht wegwerfendem Tadel; oder auch mit unbedingtem, vergötterndem Jubel im entgegengesetzten Falle, dass nämlich ein Werk sogleich ganz anspricht, einleuchtet, lebhaft erregt, überall oder auch gerade uns, uns gerade jetzt, also afficirt. Endlich, um zum ersten Falle zurück zu kehren – endlich sollte man doch zum allerwenigsten dem Gedanken Raum und Folge geben: Wenn das Werk dir nicht zusagt, so ist mindestens es möglich, dass dies nicht an ihm, sondern an dir liege; oder wie Lichtenberg es unhöflicher ausdrückt: Wenn ein Buch und ein Kopf zusammenstossen und es klingt hohl: muss denn das allemal im Buche seyn?

Der Verf.

Nun das Besondere! von diesem aber, aus Vielem, nur Weniges! Beethoven schonte nicht; er schonte ganz und gar nicht, und in keiner Hinsicht: in seinen spätesten Werken aber – was aus dem Entwickelungsgange menschlicher Eigenthümlichkeit, aus der bekannten, ganz besondern Lage, in die er versetzt war, und aus dem unvermeidlichen Einflusse derselben auf seine Stimmung oder auch Verstimmung, leicht erklärlich ist – in seinen spätesten Werken, da schonte er am Allerwenigsten, und verfuhr mitunter auch so, dass er den Leuten zu fühlen geben wollte: Ihr müsst mit! So findet sichs bekanntlich schon, was die Ausführbarkeit dieser seiner Werke anlangt. Indessen, da zwar der Menschengesang (in den Organen für dessen Ausführung selbst) seine Gränze hat, die Instrumentalmusik aber keine, und da diese, grossentheils durch B. selbst, für die Ausführung zu einer Höhe und Vollendung gehoben worden ist, welche zu erlangen man nur noch vor funfzig Jahren für rein unmöglich erklärt hätte: so wäre das von nicht viel Bedeutung an sich, ist es aber in Hinsicht auf uns in dieser Zeit und auf das Schicksal (darunter auch, auf die Beurtheilung) der Werke selbst in derselbigen. So hoch, nicht nur an Geschicklichkeit, sondern auch an Sinn für das Vorzutragende, mithin an Ausdruck, die jetzigen Orchester im Vergleich mit den vormaligen stehen: wie viele gibt es, die z. B. B.s letzte Symphonie so, wie es seyn soll, ausführen können? oder könnten sie's, es mit allen den hierzu durchaus nothwendigen Vorübungen möchten? Ganz dasselbe ist zu sagen von unseren Quartettgesellschaften, was das hier angeführte Quartett betrifft; und von eben diesem eigentlich noch mehr. Nun will aber – sage man, was man wolle – Musik, vor allem Musik einer Art, die von jedem bisher Ueblichen ganz abweicht, nicht bloss gelesen oder selbst studirt, sondern auch gehört seyn; und von je mehr Tiefe des Geistes und Reichthum der Kunst sie ist, desto vollkommener an sich und in ihrer Art will sie gehört seyn: so dass selbst der grösste und erfahrenste Kenner, dass sogar der Künstler, der vielleicht Aehnliches, nur in andrer Art zu schreiben vermöchte, bey gar Manchem darin, und nicht selten eben bey dem Entscheidendsten, niemals ganz sicher in seinem Urtheile seyn kann nach blosser Ansicht oder versuchsmässigem Anschlagen auf den Tasten! Das scheint offen da zu liegen und sich von selbst zu verstehen: es muss aber doch nicht, da man so oft das Gegentheil behaupten und Versuche hört, diese

Behauptung mit Scharfsinn zu erweisen. Den Gegenstand zu erörtern, müsste weit zurück- und langsam fortgegangen werden: da das hier nicht geschehen kann, möge vorläufig einigen Beyspielen der Raum gegönnet seyn. (Man will ja auch Geschichten lieber, als Erörterungen!) Als Adam Hiller vor etwa vierzig Jahren damit umging, Händel's Oratorien, zunächst den Messias, in Deutschland zu Gehör zu bringen – in Deutschland, wo diess noch nie und nirgends versucht war, wo nur einzelne, vorzügliche Meister diese Werke aus den gestochenen Partituren kannten – widerriethen fast Alle das Unternehmen gänzlich, theils wegen mancher, damals allerdings bedenklichen Schwierigkeiten, vornämlich aber um der Beschaffenheit der Werke selbst willen. Gross, herrlich, zuweilen erschütternd, aber in einem Style, der jetzt nicht mehr ansprechen, nicht mehr wirken kann, ausser in England, wo man sich in ihm, und in ihm allein (damals) erhalten hat: darauf liefen die Urtheile hinaus, und auch das, des verdienstvollen, vielgeehrten Naumann's. Hiller liess sich nicht stören, und veranstaltete die grosse, feyerliche Aufführung in der Leipziger Universitätskirche. Aus weitem Umkreise eileten Kenner und Meister herbey: auch Naumann. Die Ausführung gelang: wie wendeten ihre drey Stunden das Jahre lang gehegte Urtheil Aller! Den Abend in Hillers Hause sahe man Naumann, wahrhaft verklärt von edelster, innigster Begeisterung, eintreten, und Vater Hillern eine feine Weile in fester Umarmung halten, ohne Worte finden zu können. Die ersten aber waren: O wie wahr hattest du mir geschrieben: Höre! und siehe nicht bloss! – Reichardt – wie man auch über seine Compositionen urtheile: (wir meinen: was er einmal gut machte, das machte er auch trefflich –) als einen Mann von Geist, Talent, vielseitiger Kenntniss und Bildung wird ihn Jeder anerkennen. Er, bis zum letzten, kurzen Abschnitte seines Lebens, kannte Mozart's Opern fast nur aus den Partituren. Bloss einige hatte er, und nichts weniger als gut, aufführen hören – hören mögen; denn er hielt sie – allenfalls die früheste in Deutschland, Idomeneo, abgerechnet – für Documente durchaus verkehrter und wahrhaft verderblicher Anwendung grosser Talente, grosser Kunst; und weil er ihr gewaltiges Eingreifen überall, ihr Zurückdrängen dessen, was gleichfalls gut, aber nach entgegengesetzten Ansichten gebildet war, nicht hindern konnte: so hasste er sie. Endlich (in Cassel, am damaligen französisch-

westphälischen Hofe) hörte er sie gut, ja trefflich. Wie sie auf ihn wirkten; wie er, zunächst durch sie, die Dinge anders zu fassen begann: das offen heraus zu sagen, wie Naumann, ging ihm wider die Natur; auch hatte er vorher gar zu laut und gar zu entscheidend, mit oder ohne seinen Namen, Opposition gehalten; es verrieth sich aber von selber: er wurde verworren, unsicher, in all' seinem Urtheilen; er wurde irre an sich selbst, und konnte nichts von nur einiger Bedeutung mehr hervorbringen. – Endlich, unser Mann selber! Als Weber's Freyschütz in Deutschland Alles in Bewegung zu setzen anfing, studirte Beethoven ihn fleissig durch und nahm dann, wie es ihm gebührte, ein derb entscheidendes Wort darüber. Er priess mit grosser Lebhaftigkeit erst Weber'n im Allgemeinen: »Das sonst weiche Männel – ich hätt's ihm nimmermehr zugetraut« u. s. w. »Nun muss der Weber Opern schreiben; gerade Opern; eine über die andere, frischweg, ohne viel daran zu knaupeln« etc. Dann die Oper im Besondern: »Der Kaspar, das Unthier, steht da, wie ein Haus.« »Ueberall, wo der Teufel die Tatze 'reinstreckt, da fühlt man sie auch« u. s. w. Es erinnerte ihn Einer an das zweyte Finale. Ja, sagte er; da ist's freylich auch so: aber – mir geht es dumm damit. Ich sehe freylich, was Weber will: aber er hat auch verteufelt Zeug hineingemacht. Wenn ich's lese – wie da, bey der wilden Jagd – so muss ich lachen; und es wird doch das Rechte seyn. So 'was muss man hören – bloss hören: aber da – ich . . .

Wir kommen zurück! Es muss sich, war die Meinung, Mehres vereinigen, was sich höchstselten vereinigt, um ein gesichertes, mit Recht entscheidendes Urtheil über Werke, die gänzlich aus der gewohnten Bahn heraus schreiten – mithin auch über jene Beethovenschen – möglich zu machen; es muss sich vereinigen selbst vor denen und in denen, die des Urtheils sonst fähig wären, auch für solch ein Werk; solcher Urtheilsfähigen können in erster Zeit nur Wenige seyn, und doch eben um diese Wenigen muss es sich vereinigen!

Beethoven schont auch nicht, hinsichtlich seiner Ideen. Man hat ihn den Erfinder seiner Zeit in Hinsicht auf Musik genannt, und er ist es. Kaum aus dem Jünglingsalter geschritten, gab er nur Neues, ihm allein Zugehöriges, ihm Eigenthümliches. Diess war gar nicht zu verkennen und ward von Niemand verkannt: es ward aber auch unaufhörlich und von nicht Wenigen vergötternd und ausschliessend gepriesen, indess andere Vorzüge seiner Werke bey weitem nicht so vielen Beyfall und nicht selten scharfen Tadel fanden. So wollte er nun auch vor Allem neu, überall neu, auch möglichst auffallend neu seyn. Da er aber gegen anderthalbhundert, grossentheils weitläufige Werke schrieb: wie wäre es nur gedenkbar, dass er immer den nahen Seitenpfad von Neuheit zur Sonderbarkeit, von Sonderbarkeit zur Wunderlichkeit vermieden hätte, und dass nicht auch zuweilen das Absichtliche jenes seines Bemühens hindurch blickte? Hierzu kam, was von noch mehr Belang, wenigstens für Wirkung und Urtheil gleichsam auf der Stelle, seyn musste: dass er, grösstentheils durch sein bekanntes, grosses Unglück, eine lange Reihe von Jahren gewissermaassen ausserhalb der Welt, auch der musikalischen, lebte. Keiner, der in und mit der Welt lebt, wird ohne alle Hinsicht auf sie leben; protestirte er auch dagegen, wie J. J. Rousseau. Selbst solch eine Protestation ist eine solche Hinsicht, nur absonderlicher Art. Ist er nun von Haus aus Erfinder, wie B., und zugleich ein fester, selbstständiger Charakter, wie B. gleichfalls: so wird er in Hinsicht auf die Welt sein Ursprüngliches, Neues und Eigenthümliches nicht verleugnen, vielleicht auch nicht umbilden; aber er wird es, sey es auch nur in Zufälligem, an das anknüpfen, was sie zu seiner Zeit Gutes hat, was Gutes in ihr zu seiner Zeit vorzüglich gilt. So, was Musik betrifft, Durante im 17ten, so Joseph Haydn im 18ten Jahrhundert, und Beyde vortrefflich, ohne Nachtheil für die Werke, zu grossem Vortheil der Urtheilenden und Geniessenden; so auch Beethoven selbst, bis er des äussern Sinnes beraubt ward, der uns am nothwendigsten ist, um in und mit der Welt zu leben. Von da an flohe er sie immer mehr – und das heisst: schon bald nach der Zeit der Entstehung der Sinfonia eroica; und in mehren seiner letzten Jahre flohe er sie, so weit das irgend zu erreichen war, gänzlich. Ja vielleicht trieb ihn zuletzt die (wenigstens örtliche) Abgötterey mit einem Manne, dessen Standpunct bey seinen Arbeiten dem, B.s bey den seinigen, schroffer entgegengesetzt, wohl kaum ersonnen werden kann; mit einem Manne, der gar nichts wollte, an gar nichts dachte, als an die Welt, den Augenblick, die Welt in diesem Augenblicke: die Abgötterey mit Rossini – vielleicht, sag' ich, trieb ihn diese, seine scharfe, würdige Opposition um so entschiedener, in kräftigem Trotz und rauher Hartnäckigkeit zu halten; wohl auch in ihr noch weiter zu gehen, als sonst geschehen seyn würde. So stehen die letzten seiner Werke, die grossen nämlich – die Messe, die Symphonien, die Quartette – auch der Idee nach, unter Allem, was diese Zeit uns sonst gebracht, ganz abgetrennt, fremd und isolirt da. Was hieraus folgt für die Beurtheilung und den Genuss derselben noch in dieser Zeit: das liegt wieder so nahe, dass es nicht erst angeführt zu werden braucht.

Endlich, so schonte B. auch nicht, was die Ausarbeitung seiner spätesten Werke anlangt. Wir wollen nur einige Momente kurz andeuten. Der Reichthum seiner Harmonie, wie er hier erscheint, will sich von uns, die wir daran nicht gewöhnt sind, kaum noch übersehen, viel weniger überhören lassen; das Wunderbare seiner Combinationen wird oft grüblerisch, so dass es dem jetzigen Hörer als unklar, wo nicht als unzusammenhängend vorkömmt; das Ueberbauen seiner durchgeführten Melodien mit immer mehr variirenden Instrumenten, und immer anders hinzutretenden Figuren lässt sie, diese Melodieen, kaum noch, auch mit Anstrengung, heraushören und ungestört neben der Fülle der Zuthat fest halten, wie viel weniger geniessen – alles diess, jetzt, wo man hieran noch nicht gewöhnt ist. Dieses nun, und noch Vieles, was wir übergehen, was, soll es gefasst und zugleich im Ganzen und im Einzelnen nach Würden aufgenommen, nach Gehalt genossen werden, des Geübtesten und Eifrigsten gesammte Kräfte in vollen Anspruch nimmt, finden wir überdiess noch meistentheils mit einer Ausdauer, wohl auch mit einer Hartnäckigkeit, zu einer Länge ausgesponnen, die beträchtlich über Alles geht, was wir an Musik gewohnt sind, und die, bis wir uns anders gewöhnt haben, bey jener Beschaffenheit dieser Musik, den weniger Fähigen ermüden und zu einem blossen Dulden, aber auch den Fähigsten, der nicht nachlassen will, zuweilen fast zu einer Art Verzweiflung oder unwilliger Aufwallung treiben muss.

Nach diesem Allem: was ist jetzt, eben jetzt, mit diesen Werken zu thun? Wir erlauben uns, unsere Meinung, bescheidentlich, wie sich's gehört, auszusprechen, so dass wir uns damit an das Publicum, an die Directionen, an die ausführenden Künstler oder Liebhaber, und an die Recensenten richten, aber dabey uns nur an das Allgemeinste halten, jede Nebenhinsicht übergehen – z. B. wie diese Werke eigentlich zu studiren, wie ihre Ausführung anzuordnen, wie auf das Anhören derselben vorzubereiten seyn möchte, u. dgl. m.

Das Publikum müssen wir, in Hinsicht auf Musik – ungefähr, wie in Hinsicht auf Lectüre, und gar manches Andere auch – unter zwey, dem Sinne und den Neigungen, wie der Zahl nach, höchst verschiedenen Classen betrachten: die eine will, hörend oder ausübend, durch Musik sich nur amüsiren – einen Zeitvertreib schaffen; die zweyte will ihren gesammten innern Menschen, nach allen seinen Kräften und diese möglichst gleichmässig, erregen, beschäftigen, neu beleben, heben, stärken, fördern; wozu selbst gehört, wenn sich Gelegenheit bietet, ihn erweitern durch Neues, das man hinzu lernt. Die erste Classe, meinen wir, wird wohlthun, auf jene neuesten Werke B.s zu verzichten; sie wird aber hoffentlich auch der Ehren seyn, keine Ansprüche an sie zu machen, sondern sie, mit dem vollkommen begründeten Worte, wozu sie vollständiges Recht hat: sie sind nicht für mich; ich bin nicht für sie – auf sich beruhen zu lassen. Werden sie wo aufgeführt und sie will Wunders halben doch beywohnen: desto besser, wenn es nur bey jener Voraussetzung bleibt. Vielleicht gefällt ihr doch in ihnen das und jenes, oder der und jene der Ausführenden; und sie hilft durch ihr Eintrittsgeld die Mittel zu öffentlicher Production herbey schaffen – was sogar Dank verdient. – Die zweyte Classe komme mit Sammlung und gutem Willen, möglichst ohne Vorurtheil für oder wider, mit bedeutenden, aber nicht falschen, und auch nicht allzusehr in's Allgemeine und Unbestimmte (in's Blaue, sagt man) hinaus laufenden Erwartungen. (Um Letztes an unserm Theile, wenn nicht zu hindern, doch zu mindern, ist das Meiste des Vorstehenden geschrieben worden.) Sie wird eben hier diess Alles brauchen. Dass sie sich während der Ausführung in allen ihren Kräften möglichst zusammen halte, ist bey ihr eben so vorauszusetzen, als dass sie sich dem, was sie ergreift und in jener Weise beschäftigt, gänzlich hingebe. Aber es wird, es kann sie nicht Alles ergreifen und eben so beschäftigen; am wenigsten, beym ersten Anhören, wenn auch unter noch so gesteigertem Aufmerken. Dann lasse sie sich gefallen, dass bald fast nur ihr Denken, bald fast nur ihr Empfinden, bald nur zu unbestimmtem Spiele ihre Phantasie in Bewegung gesetzt wird; sie lasse sich's gefallen, vorläufig, bis sie mit dem Werke näher bekannt worden ist. Auf Jeden, der – worin es sey – nach Verhältniss zu dem, was er zu empfangen gewohnt ist, gar zu Vieles und zugleich sehr Befremdliches empfängt, kann unmöglich Alles sogleich die rechte Wirkung machen: je nachdem er selbst ist, wird er, wie das Kind bey allzureicher Christbescherung, erst nur, entweder vom Ganzen berauscht werden, oder sich an einiges Einzelne halten. Hernach, da findet sich's wohl. Fände sich's aber auch hernach nicht: dann mag er den Spender in Anspruch nehmen. Zwar bleibt immer noch eine andere Möglichkeit: aber man darf es wenigstens Keinem verübeln, wenn er dann diesen in Anspruch nimmt.

An die Directionen und ausführenden Künstler dürfen wir nur ein kurzes Wort richten: die ersten führen es lieber selbst, die zweyten lassen nicht gern sich von ihm führen. Unser kurzes Wort an Beyde heisst: Gebt die Werke uns und euch zu hören; gebt sie, wenn es irgend die Umstände zulassen, wiederholt, aus angeführten Ursachen; und, was noch nöthiger ist: gebt sie in möglichster Vollendung – wozu freylich, auch wenn ihr noch so geschickt und noch so geübt seyd, gar manche Proben unumgänglich nöthig werden. Ohne jene Vollendung verstehen ganz gewiss die Zuhörer, ohne diese Proben verstehet ganz gewiss ihr selbst diese Werke nicht: und ohne Verständniss – wie könntet ihr sie nur angemessen vortragen? wie könnten wir und ihr wahren Genuss von ihnen haben? Die Noten gäbet und hättet ihr: aber die Noten sind nur die Sylben des Gedichtes.

Den Recensenten endlich dürfen wir nur bittweise uns nahen, da sie bekanntlich Alles wissen, und besser; auch haben wir uns höflichst dabey zu benehmen, indem sie unsere Bitte wieder recensiren werden, und uns, die Bittsteller, dazu, und das Blatt, das sie und uns aufnimmt; und so weiter. Unsere Bitte läuft aber auf folgende Puncte hinaus. Beliebet bey diesen (und anderen) offenbar bedeutenden, aber auch für das Urtheil schwierigen und sonst bedenklichen Werken, deren Wirkung und Aufnahme noch zweifelhaft ist – beliebet die auf solche Geisteserzeugnisse nicht eben ungewöhnlich angewendete Methode zu verwerfen: die Methode, gar nichts von ihnen zu sagen; denn – alles Andern hier nicht zu gedenken – gute, oder doch nicht üble Werke in jetzt gebräuchlichen, wohl auch beliebten Weisen, helfen sich leicht selber durch: jene aber schwer, und wenigstens erst spät; diess aber um so viel mehr, da ein sehr grosser Theil des Publicums, der auf euer Urtheil zu lauern pflegt, ehe er selbst zu sehen und zu hören sich entschließen kann, von dem, worüber bey euch die Rede nicht wird, kaum Kunde, oder auch Misstrauen dagegen fasst. Redet also, verehrte Herren, bitten wir; und mit dem, was ihr redet, übereilet euch nicht: diess ist die zweyte Bitte. Ihr würdet aber, scheint uns, euch übereilen, eben so wohl mit blossem Jubel, als mit blossem Tadel; denn ausserdem, dass, der Sache nach, Beydes ungefähr so viel als nichts ist, würdet ihr auch, der Wirkung nach, mehr schaden als nützen, und zwar den Werken selbst und euren Lesern. Blosser Jubel und blosser Tadel – beyde reizen jederzeit zur Opposition; und – wie die Welt ist – die Opposition fällt immer zahlreicher aus, und derber ein, gegen den Jubel, als gegen den Tadel. Dabey ist noch das Schlimmste, dass eben an diesen Werken, (und allen von der eben beliebten Weise sehr abweichenden) nach ihrer eigenen Beschaffenheit, die Menge vor der Hand fast gar keinen, und auch von denen, die höher stehen, doch nur Wenige einen lebendigen, liebevollen Antheil nehmen können. Darum: nichts so Allgemeines nach dem einen oder dem andern Aeussersten hinaus, sondern – das ist die dritte Bitte – etwas, das in den Geist und Sinn, auch in die Darstellungsweise des Autors, selbst in seine Wahl und Anwendung der Mittel, in seine Technik, in die besondere Bestimmung des Werks, hat es eine solche – kurz, in das, was es eigentlich zum Kunstwerke, und eben zu einem solchen mache, möglichst eingehet! So etwas erregt zuerst und zu unterst eine gewisse ernste und respectuöse Aufmerksamkeit auf die Werke; (auf euch auch;) und so wenig das an sich ist: für die Werke und ihren Eingang, sind sie nämlich von ächtem Gehalt, ist es viel (für euch auch.). Es bringt sodann hervor den Wunsch, die Werke selbst kennen zu lernen, und dass man die Gelegenheiten benutzt, wo dieser Wunsch erfüllt werden kann – womit zugleich diese Gelegenheiten selbst vermehrt werden. Wäre, was dann dahin triebe, auch nur Neugierde, zu erfahren, ob wirklich was an der Sache sey, oder der Versuch, an sich selbst zu erproben, ob Ihr Recht oder Unrecht hättet – wäre es auch nur diess: steht es mit den Werken selbst, wie es soll, und mit der Ausführung desgleichen: so wird, bey jener von euch erregten Aufmerksamkeit und Stimmung, fast unfehlbar Jeder das Ganze, nach seinem Wesen und Zwecke, wenn auch nur dunkel, ahnen, und an Einzelnem, das eben ihm nicht allzufern steht, Wohlgefallen finden. Diess Beydes ist aber, bey Geisteserzeugnissen überall das Erste; und das Erste überall das Nothwendigste, wenn

Etwas damit werden soll. Das Uebrige stellt sich dann allmählig ein; und selbst, wenn es sich nicht einstellte, so wäre man doch nicht leer ausgegangen. Es wird sich aber, dürfen wir hoffen, allmählig einstellen; und das um so sicherer, wohl auch bey um so Mehreren, je gefasster, gemässigter, ruhiger ihr euch selbst haltet, und, in dessen Folge, je bestimmter, fasslicher, überzeugender – auch, kann es seyn, je heiterer und ansprechender, ihr eure Vorträge gestaltet. Sehet da unsere vierte Bitte! Dass ihr Inhalt nicht zu tadeln, ist wohl offenbar; darum setzen wir auch nichts hinzu – nicht einmal: dass ihr nicht schmälen, viel weniger schmähen sollt, wenn sich das Publicum nicht sogleich in solchen Werken zurecht finden, sie erst sich nicht weiter, als eben gesagt, aneignen kann; denn das werdet ihr bey jener Fassung ohnehin euch nicht erlauben. Mit alle dem Erbetenen helft ihr hinwegräumen, was solchen Werken fast überall entgegen steht; und wo man ihnen Eingang zu bereiten sucht, da helft ihr diesen ebenen: das aber ist ein wahres Verdienst und kein geringes; es ist auch allenfalls genug, und mag dann gelten, was oben euer modisch-incroyabler College ausrief: Helfe sich durch, was kann, und was nicht kann, das gehe unter! Beethoven aber, meynen wir, wird sich wohl durchhelfen. Ob ihr mehr thun wollt, und was ? das muss so gänzlich euch anheimgestellt bleiben, dass es unbescheiden seyn würde, darauf zu dringen. Desshalb schliessen wir mit einer fünften Bitte anderer Art, mit der kleinsten von allen, und der allein eigennützigen: Verzeihet, dass wir so gemeine Dinge auf Veranlassung eines so nicht gemeinen Werkes zur Sprache gebracht, ja sogar diese zum Theil an euch gerichtet haben. Glaubet nur: es ist ein Hauptgrund des unverkennbaren, höchst geringen Einflusses bey weitem des Meisten eben von dem Allerbesten der deutschen Literatur auf die Nation – man dürfte vielleicht sagen: von der Unfruchtbarkeit derselben für diese – dass ihre begabtesten, fähigsten Heroen, nur mit einigen Ausnahmen, über bedeutende Gegenstände bloss das und also schreiben, oder doch schrieben, was und wie es nur für ihres Gleichen passt. ––

Ungeachtet wir uns nun gleich Anfangs und schon durch die Ueberschrift verwahret haben, dass man diesen Aufsatz nicht für eine Recension des genannten Werkes ansehen solle: so halten wir uns doch für verpflichtet, wenigstens Einiges, was dasselbe etwas näher bezeichnen kann, hinzuzusetzen. Wir glauben diess, und nebenbey noch einiges Andere, was, nach dem Vorhergesagten, Jeder selbst abnehmen mag, schon dadurch zu erreichen, dass wir einfältiglich, doch treulich schildern, wie es einem gewissen, uns sehr wohlbekannten Freunde mit diesem wunderbaren Quartett ergangen ist.

Er hatte dasselbe erst, wie es oben unter No. 1. angezeigt worden, in Stimmen gestochen erhalten. Nicht ungewohnt, sich mit Musik dieser Gattung, allenfalls auch und vorläufig so in Stücken, zu beschäftigen, breitete er die Stimmen neben einander aus, verhoffend, so zwar nicht das Werk eigentlich kennen zu lernen – es zu durchdringen – aber doch über sein Wesen, seinen Zweck, seine Construction und seine Art sich zu unterrichten und daraus eine angenehme Vorkost zu geniessen. Ungewöhnliches, wohl auch Sonderbares, hatte er erwartet: aber was er nun fand, sah so bunt und kraus, zum Theil so höchst wunderlich und willkürlich aus, dass er oft gar nicht wusste, wohin damit. Die Melodieen – was sich als solche, so vereinzelt, kund gab – meist ganz befremdlich, aber tief eingreifend, auch wohl einschneidend; eine Fortführung, Ausarbeitung derselben grossentheils nicht zu erkennen, viel weniger zu verfolgen, und doch schien sie überall dunkel vorhanden, brach auch zuweilen bewundernswürdig hervor; die Modulationen nicht selten geschärft bis zum Bizarren, ja Kreischenden: und so durch alle Momente hindurch, bis auf äussern Zuschnitt, (wie eine übergrosse, immer wechselnde und von neuem sich umsetzende Phantasie,) die Tonart (Cis moll, als herrschend: aber im Verlauf ziemlich alle Tonarten der gesammten chromatischen Leiter mehr oder weniger berührend) und die Taktarten (im wunderlichsten, stets einander unterbrechenden Wechsel, von den einfachsten bis zu den künstlichsten, z. B. Neun-Viertel-Takt,) fast Alles, wie gesagt, erschien ihm bunt und kraus, Vieles höchst wunderlich, Manches ganz willkürlich. Dessen, was vom Ganzen ihm wirklich deutlich ward, und dessen, was ihm an's Herz sprach, war so wenig, dass er davon keine Worte machen wollte: nur das glaubte er, mehr noch zu ahnen, als einzusehen, dass der tiefe, beschwerlich zu durchfahrende Schacht so reich an Goldadern sey, als irgend einer, den Beethoven entdeckt und ausgegraben. Er lud nun, durch das Ohr Hülfe zu bekommen, eine ihm befreundete Quartettgesellschaft zu sich: durchaus tüchtige Musiker, auch mit einander trefflich eingespielt und sämmtlich eifrige Vereh-

rer Beethoven's. Sie kannten das erst seit einigen Tagen angekommene Werk noch gar nicht, und waren begierig, es kennen zu lernen. Der Freund theilte ihnen mit, was ihnen zur Vorbereitung nöthig oder doch nützlich schien; diess machte sie nur begieriger, wie das seine Absicht gewesen war, und sie begannen in grösster Spannung, mit grösster Genauigkeit. Der erste, nicht kurze Satz (Adagio molto espressivo), mit seiner vielversprechenden, spannenden Melodie – wie diese anfangs von der ersten Violin allein vorgetragen, und dann, bey dem Anscheine von Einfalt, höchst kunstreich-thematisch, in lauter Bindungen und fast bloss in Viertelnoten vorgetragen wird, gelang; er griff auch in die Seele, obschon es unmöglich war, ihm in allen seinen Windungen und vielfältigen Umgestaltungen zu folgen; er steigerte sogar die Begeisterung bis zu einzelnen Ausrufen der Spieler, besonders bey gewissen Eintritten des Basses, die nicht näher angegeben zu werden brauchen, da sie Jedem, der das Werk hört, von selbst, und fast grauerlich auffallen müssen. So kam man zum Allegro, das sich anschliesst. Es ward heiterer im Werke und durch dasselbe: aber die Heiterkeit in ihm ward oftmals wie durch zackige, blendende Blitze durchschossen; die Schwierigkeiten vollkommener Ausführung mehreten sich; man wusste nicht mehr überall bestimmt, was man hörte: aber man liess nicht ab und hoffte, es werde sich finden. Es fand sich auch, besonders als, nach den zwey kurzen Zwischensätzen, Allegro moderato und Adagio, (sie, so wie alle Sätze, gehen in einander über,) das einfache, liebliche Andante cantabile eintrat; und man schöpfte erquickt Athem. Aber dazu wird nicht lange Zeit und Gelegenheit gelassen; bald tritt Unruhe, sich mehrende, zuweilen wahrhaft ängstende Unruhe ein; der Wechsel der Figuren, der Harmonieen, der Tempo's, der Taktarten wird häufiger, Alles leidenschaftlicher, Alles für die genaueste Ausführung, ohne welche ein Chaos entsteht, schwieriger: es ging nicht mehr zusammen und man musste abbrechen. Man erholete, man besprach sich; man begann nochmals von vorn. Was vorher deutlich gewesen war, ward nun auch wohlgefällig; was das Herz ergriffen hatte, bewegte es nun gleichmässiger; Manches, bey dem man sich weder des Einen, noch des Andern hatte rühmen können, that sich nun auf, obgleich noch nicht Alles; man drang auch weiter vorwärts, und genoss besonders jenes wunderbar ansprechende Adagio im Neun-Viertel-Takt, und was sich unmittel-

bar daran schliesst: aber dann, schon in dem ersten Presto, ward's wieder dunkel, im Innern, und hernach auch vor den Augen. Man beschloss, für heute abzulassen, und ein Jeder wollte vor einer Wiederholung seine Stimme zu Hause einüben, um dann durch die übergrossen mechanischen Schwierigkeiten nicht mehr gehindert, oder doch für Sinn und Ausdruck befangen zu seyn. Diess geschahe, und man sparte dabey nicht Mühe, noch Fleiss. Die Spieler kamen sogar zusammen, um sich über die häufig wechselnden Tempo's und Taktarten, so wie über die ziemlich zahlreichen, theils willkürlich, theils in zwar vorgeschriebener, aber ganz besonderer Art vorzutragenden Stellen, zu vereinigen. Man liess auch da nicht ab; selbst der Aerger half: endlich brachte man das Ganze richtig, rein, sicher heraus; man hatte es ein-gelernt, und nun wurde ein Ein-Studiren erst möglich. Der Freund erfuhr jenes, lud zu diesem in seinem Hause ein, und da nun eben auch die oben unter Nr. 2 angezeigte Partitur angekommen war, wodurch diess Einstudiren ungemein erleichtert werden konnte: so theilte er diese zur Vorbereitung hierauf den geehrten Gästen mit; auch unterliess er nicht, sie in ihr auf das Dritte aufmerksam zu machen, was, nach Besiegung der mechanischen Schwierigkeiten, als zwischen diesen und dem eigentlich Geistigen mitteninnen liegend, den vollkommenen Vortrag so sehr erschwere. Das Erste und Zweyte ist nämlich eben das, worüber man sich, wie gesagt, schon vereinigt hatte; diess Dritte ist: der Meister hat die melodischen Grundideen, die ohnehin, als sämmtlich ihm eigen und zum Theil sehr fremdartig, nicht leicht zu behalten sind, durch die jedoch und deren Hervorhebung im Vortrage das Ganze erst Folge, Zusammenhang, Deutlichkeit erhält – diese, sag' ich, hat B., bald durch sehr künstliche Verarbeitung, bald durch launiges Zerstücken oder Versteckens-Spielen, bald durch vielerley für sich wieder anziehende, pikante, nur allzusehr beschäftigende, mithin auch ablenkende Gegen-, Zwischen-, Zu-Sätze – dem Spieler, sie genugsam geltend zu machen, dem Zuhörer, sie herauszufinden und ihnen neben jenem zu folgen, nicht selten sehr erschwert. Man ging darauf ein, man gab dem Freunde Recht, man versprach, darauf besonders Bedacht zu nehmen. Nun freuete er sich erst recht auf die Ausführung, und man versprach, sie baldigst zu veranstalten. Aber man hatte bey sich selbst seine Virtuosenehre gerettet, indem man nun wusste, man könne das höchst

– schwierige Werk – herausbringen; man sahe auch ein, dass in öffentlichem Vortrage vor einem gemischten Quartett-Publicum das Werk und um seinetwillen die Spieler fast unmöglich lauten Beyfall finden würden; überdiess war zugleich mit der Partitur auch der Frühling angekommen: da hat nun der Mann, ungeachtet aller Erinnerungen, die gewünschte Wiederholung noch heute nicht erreichen können. Nun rechnet er aber diese, so wie die andere neueste, wunderbare und zum Theil auch wunderliche Musik Beethovens ganz besonders mit zu denen, die man nicht bloss gelesen, sondern auch – und gut, und mehrmals, gehört haben muss, ehe man ein entscheidendes Urtheil über sie zu fällen sich erlauben dürfe. (Und darin gebe ich ihm Recht.) Gleichwohl müsse auf diese Werke, meynt er, die Aufmerksamkeit oftmals gelenkt, desshalb von ihnen wiederholt gesprochen werden, was es auch sey, nur mit Bedacht, mit gutem Willen, und so, dass man hoffen dürfe, die Leute würden es lesen mögen. (Und darin gebe ich ihm wieder Recht.) So ist demnach unser Aufsatz entstanden; nach dem Ausdrucke S. Augustin's: Non ut aliquid dicatur, sed ne taceatur (Sp. 485 ff. und 501 ff.).

31. Jahrgang, Juni 1829

Beethoven.

Wer schreitet im mayigen Scheine
Durch prangender Wiesen Grün?
Wem plätschert die Well' in dem Haine
Am Ufer, wo Blumen erblühn?
Wer singet dem sehnenden Frieden
Die Liebe der Seligen wach?
Still lauschen vor Adelaiden
Die Geister der Erlen am Bach.

Wer wandelt durch Blüthen und Schimmer
Von wogenden Wipfeln umrauscht?
Wer wallet auf rollendem Glimmer
Von buntem Geflügel umlauscht?
Wer steht an des Epheus Gewinden
Von Harfen der Barden umtönt?
Er weiss in den Trümmern zu finden,
Was spielend die Klage versöhnt.

Was brauset von Bergen zu Bergen
In schäumend gigantischer Lust?
Was wirbelt mit steigenden Lerchen
Begeist'rung in trauernde Brust?
Was scherzt mit dem düsteren Leide,
Wie Kraft, die Unendliches preist?
So braust durch die blühende Haide
Dein glänzend symphonischer Geist!

Mild thränet am Sarkophage
In Wehmuth des Freundes Gesang;
Hellleuchtend verkläret die Klage
Des Glaubens erlabender Klang;
Der wendet die Blicke nach oben
Zur Tröstung der Frommen empor,
Wo selig zu Sel'gen erhoben,
Du jubelst im ewigen Chor.

Wo stürmische Töne sich schwingen,
Spielt scherzend dein weinendes Herz;
Wo Treu' sich und Freundschaft umschlingen,
Da lächelt verborgener Schmerz.
Die Tön' in den Augen empfunden,
Baut Trübsinn auf Tempel sein Haus,
Und trotzend bey blutenden Wunden
Spricht Sehnen im Schrecken sich aus.

So bist du der Erde geschieden,
Und hast nun, so lange gesucht,
Der Liebe beglückenden Frieden,
Des Himmels geheiligte Frucht!
Die Kränze, die du dir gewoben,
Sie prangen in stralender Zier;
Wir schaun sie und seufzen nach oben,
Und jauchzen dem Leben mit dir!

G. W. Fink.

(Sp. 383f.)

34. Jahrgang, Januar 1832

Mittheilungen aus den nachgelassenen Papieren des Studenten Anselmus, von Dr. K. Stein.
Die C dur-Sonate von Beethoven. [...]

Den sehr strengen Winter des Jahres 18.. verlebte ich in Berlin. In einer ziemlich hellen, etwas stürmischen Nacht spazierte ich dort, nachdem ich mit meinem Freunde, dem bekannten Dichter R. b. viel Beethoven'sche Klavier-Musik durchgespielt und noch mehr darüber gesprochen, auch nebenbey was Weniges an verschiedenem edeln Gewächs genossen hatte, um mich vom Doppelrausche der Musik und des Weins zu kühlen, in den Gängen des Thiergartens umher. Durch das wenige vergelbte Laub, welches noch an den Bäumen hing, zitterten die Strahlen des Vollmondes; bunten Nachtschmetterlingen gleich sanken einzelne welke Blätter herab und tanzten und flüsterten geheimnisvoll, von der Nachtluft bewegt, auf dem schillernden Schnee. – Mir hallten im aufgeregten Hirn die wunderlich fremdartigen Klänge der grossen C dur-Sonate von Beethoven nach, welche mir R. b. zuletzt vorgespielt hatte und welche ich mir singend und pfeifend recapitulirte. – Da unterbricht mich plötzlich eine etwas unheimlich klingende Stimme, welche hinter mir herruft: »Warten Sie doch ein wenig, Hr. Anselmus, und laufen Sie nicht so teufelmässig!« – und während ich mich, etwas alterirt, umdrehe, fährt der mir völlig unbekannte Herr, welcher mich angeredet, weiter fort: »Gut, Freundchen, dass ich Sie hier noch finde! Ich bin der bekannte Kapellmeister Kreisler. Man gibt mich zwar seit einigen Jahren für todt aus, aber Sie sehen, dass ich noch ziemlich lebendig bin. – Und dass Sie sich ja nicht einbilden, die C dur-Sonate verstanden zu haben, welche Sie so eben mit Ihrem schnöden Brummen und Pfeifen so lästerlich maltraitirten. Wissen Sie Herr!« bey diesen Worten wurde der Fremde über die Gebühr heftig und riss mir den Rockknopf ab, dessen er sich gleich Anfangs, vermuthlich um mich festzuhalten, bemächtigt hatte – »wissen Sie, Herr! das mein Freund Beethoven darin keinesweges ein nächtliches Donnerwetter, nebst etwas Sonnenaufgang und Lerchengesang abgebildet hat, wie Sie es heute Abend dem dicken R. b. einreden wollten.« – Der Himmel weiss es, wo und wie der Fremde unser Gespräch belauscht hatte. – »Doch ich verzeihe Ihnen, Freundchen,« fuhr jener in einem etwas mildern Tone weiter fort, »denn Sie haben ja die Sonate noch gar nicht von mir gehört. Aber kommen Sie, ich will sie Ihnen sogleich vorspielen.« –

Der geneigte Leser kann es sich wohl denken, dass mich diese wunderliche, grobe Anrede des fremden Herrn nicht wenig frappirte, und weil seine ganze Erscheinung etwas Unheimliches hatte, so trug ich Anfangs Bedenken, mich mit ihm einzulassen. Allein da ich mich eines Theils erinnerte, dass Kapellmeister und Directoren gewöhnlich etwas hitzige Leute sind, welche das Orchester oft gar grimmig anfahren; und da ich andern Theils bey näherer Betrachtung bemerkte, dass der Fremde einen sehr honetten schwarzen Frack trug und auch sonst nichts Verdächtiges an sich hatte, so schrieb ich sein auffallendes Betragen einem kleinen Rausche zu, den er sich irgendwo angetrunken, und sah nichts Arges darin, mit ihm zu gehen. Er reichte mir den Arm und führte mich geraden Weges an's Brandenburger Thor. Hier klopfte er ein paarmal mit dem Stahlhämmerchen an seinem Spazierstocke an eine der herrlichen Säulen, in welcher sich sogleich ein von mir noch niemals bemerktes Pförtchen öffnete und bat mich höflichst einzutreten. Mir kam die Sache etwas bedenklich vor; da aber Kreisler, meine Hand ergreifend, voranschritt, so fasste ich Muth und stieg mit ihm eine himmelhohe Wendeltreppe hinan, welche uns zu einem kleinen, aber splendid eingerichteten und durch eine an der Decke hängende Lichtkugel überaus hell erleuchteten Zimmer führte. – »Nun setzen Sie sich zu mir, Freundchen, wir sind hier in meinem chambre garnie, welches ich zu Zeiten bewohne.« Mit diesen Worten liess sich der Fremde, welchen ich nun immer Kreisler oder Kapellmeister nennen will, auf einen bequemen Doppelsessel nieder, welcher vor einem langen, schmalen Wandtischchen stand und zog mich neben sich; und als er darauf eine unter dem Tischchen verborgene Feder berührte, wurde auf einmal eine sehr schön gearbeitete Klaviatur von ungewöhnlichem Umfange sichtbar. »Hier, Freundchen,« sagte Kreisler, »sehen Sie ein excellentes Patent-Pianoforte, wie sie gegenwärtig der selige Silbermann anfertigt. Aber wie? Sie werden ja blass und zittern!« (Mir wurde nämlich wirklich etwas flau). »Hat Ihnen der dicke R. b. vielleicht Grüneberger vorgesetzt? Aber warten Sie, Bester, wir wollen Ihnen bald helfen!« Dabey trat Kreisler auf einen Tritt des Pedals und an beyden Seiten der Klaviatur sprang augenblick-

lich ein wahrscheinlich massiv goldener Präsentirteller mit gefüllten Krystallrömern hervor. »Da, Freundchen,« sagte Kreisler, »langen Sie zu und stossen sie an! Es lebe Beethoven! – He! was sagen Sie zu meinem Patentpiano?« – Der Wein war in der That köstlich, er ging durch die Adern, wie flüssiges Feuer, und ich glaube fast, dass gewisse Componisten an einem solchen Instrumente viel geistreicher setzen und phantasiren würden, als es bis jetzt der Fall ist. – Nun hob der treffliche Kreisler an zu spielen. Allein er spielte nicht, was man eigentlich so nennt, sondern er bliess, so zu sagen, die Tasten an und zog damit aus ihnen (denn etwas Weiteres als Tasten war gar nicht zu bemerken) ganz unvergleichliche Töne. Denn sie waren ein wundersames Gemisch von Klang, Wort und Farbe, welches auf eine ganz ausserordentliche Weise in die Seele drang, und es kam mir vor, als breitete sich die C dur-Sonate, welche Kreisler auswendig mit unerhörter Präcision und Genialität vortrug, vor meinen Sinnen zu einem grossen, zaubervoll anklingenden Gedicht oder Gemälde aus und als wüchsen aus den Tönen schaurige Thalgründe voll Feenspuk und allerley gespenstischen Gestalten hervor. Als aber der Kapellmeister, nachdem er auf mein Ersuchen einige erklärende Winke fallen lassen, das Ganze noch einmal wiederholte, da wurde mir Alles klar. Ich merkte nun wohl, dass ich mit Kreislern nicht im Brandenburger Thore zu Berlin, sondern oben auf dem Rosstrapp sässe und mit ihm hinunter sähe ins' schauerliche Thal.

Dort steigt (man lese in der Sonate gefälligst das Allegro con Brio nach) der junge Erlprinz, bis an's Kinn in einen langen, im Winde flatternden Carbonari gehüllt, mit leisen Schritten aus dem schäumenden Kessel des Budenfalls herauf und bittet mit kurzem, keck verstohlnem Geflüster die Prinzessin Mondenschein, ihm in seinem krystallenen Winter-Schlosse ein Rendezvous zu geben. Diese geht nämlich oben auf den alten zerfallenen Granitthürmen spazieren und er erkennt sie an ihrem langen Schleppenkleide von luftigem Silberzindel, welches hinter ihr her weht. Sie winkt mit ihren klaren Lichtaugen dem Prinzen schelmische Grüsse zu und stiege wohl gern zu ihm hinab, allein sie hält es für gut, ihn, vermuthlich um sein Liebesfeuer zu erproben, erst ein wenig zu foppen und tändelt, leichten Schrittes an den Klippenrändern hintanzend, mit den schillernden Schneesternlein, welche der Nachtwind von den alten bereiften Buchen und Eichen herabschüttelt. Da möchte der Prinz im süssen Liebesweh schier vergehen – und weil er die Geliebte auf ihren luftigen Höhen nicht erreichen kann, schüttet er ihr sein Herz in schmachtenden Klagetönen aus, so wunderlich bizarr-wehmüthig, wie sie nur ein verliebter Erlprinz zu singen vermag. Sie aber höhnt ihn neckisch, indem sie seine Klagetöne und Liebesseufzer mit leichtfertigem, schillerndem Tongeflitter umspinnt und bald sich auf den Silberwölkchen schaukelnd, welche der pfeifende Nord über dem Thale umher jagt, bald wieder ruhend auf unersteiglichen Felsenspitzen funkelnde Lichtblumensträuschen hinabwirft, bald auch wieder, wenn der Prinz gar zu zornig und verzweifelt auf den Flügeln des Wirbelwindes zwischen den alten dunkeln Granitwänden umherwogt – wobey er sich leicht beträchtlich verwunden könnte – ihn durch freundliche Worte der Gunst zu beruhigen sucht. Jenem aber währt das schmachtende Liebeswerben und das wiederholte Necken und Foppen endlich doch zu lange; ungeduldig schwingt er sich auf einen kräftigen Windstoss und spornt ihn nach oben hin, um die Geliebte mit Gewalt zu entführen. Schon schlägt er seinen Mantel um ihren zarten, ätherischen Leib und glaubt sie mit sich hinabzuziehen zum schäumenden Strudel, welcher unter seinem Winter-Palais hervorquillt – allein in zuckende Lichtstreifen sich auflösend, entweicht sie blitzschnell der Umarmung des kühnen Frevlers und flüchtet mit leisem, schneidendem Wehelaut an die Brust ihrer hohen, herrlichen Mutter Selene, welcher vergebens der ohnmächtige Räuber die liebliche Tochter zu entreissen sucht. Nur durch mildes, bescheidenes Werben soll er sie gewinnen und nur wenn sie in freyer Liebe sich ihm zu eigen gibt. Solche thut sie ihm kund, indem sie mit sanftschwellenden, zärtlichen Melodieen auf sein früheres, milderes Minnen hindeutet, und da er der Deutung im leise hinsterbenden Echo, das aus tiefstem Innern in ihm wiedertönt, sanft sich fügt, da sinkt ihm die Holde freudig in die Arme.

Adagio molto.

Das Thal ruht in tiefer Stille. Kaum ein Lüftchen regt sich noch. Selene blickt von ihrem azurnen Throne hell und freundlich in die Felsengründe herab. – Dort erwacht der Erlprinz aus der ersten Wonne seines Liebesglückes, wie aus einem seligen

Traume. – Ist es Wahrheit oder ist es Täuschung, daß die ätherische Tochter des Himmels sich ihm zu eigen gab? Ein schöner Trug dünkt ihm die Wirklichkeit; aber da er das klare, ätherische Wesen der holden Geliebten sich in das seine verschmelzen fühlt, wie Lichtstrahlen sich hinschmiegen in die Wolkenschäflein, welche auf blauer Himmelswiese weiden, da wird er seines Glücks gewiss und das selige Paar kostet in harmlos reiner Verbindung Augenblicke des süssesten Entzükkens. –

Aber wird die Himmlische stets sein eigen seyn? Muss sie nicht nach wenigen Stunden schon wieder von ihm scheiden? Wird sie auch hold und treu ihm wiederkehren? – Zweifel und Bangen durchbebt bey diesen Fragen sein Inneres. Doch die Geliebte wirft helle Lichtblicke der Liebe und Hoffnung in sein unruhig aufwogendes Zagen und Fürchten und tritt mit ihm, zaudernd in jungfräulicher Scheu in die weiten Vorhallen seines Krystall-Palastes.

Rondo allegretto moderato.

Dort preiset das bräutliche Paar im zauberischen Wettgesange die Seligkeit seiner Liebe, und um der Jungfrau lichtholde Melodieen schlingen sich gaukelnd und scherzend des Geliebten froh-gemüthliche Weisen; wie wenn um Mitternacht im heimlichen Thale aufschwebende Nebelgestalten, von leisen Lüften beflügelt, mit dem bald sanft ruhenden, bald schillernd gebrochenen Mondlichte kosen. – Der süsse Wettgesang lockt die Nymphen aus dem Becken des Budenfalls und die Gnomen aus den Ritzen und Schlünden des gräulichen Granitgesteins alle hervor, und diese, tactmässig schreitend mit polterndem Schritte und jene auf dem Saume plätschernder Wellen sich wiegend, umringen das selige Paar, welches im lichthellen Unisono das nahe Fest der Vermählung verkündigt und bald auf's Neue in die trauten Lieder frischer, freudiger Jugendliebe zurückfällt. –

Da bricht plötzlich auf schnaubendem Sturmrosse der alte wilde Erlkönig herein und verbreitet Schrecken und Bestürzung. Grausig wühlt er in den Gewässern des Budenkessels, dass sie schäumend emporschlagen, bald reisst er von den Gipfeln der Berge dichte, dunkle Wolken wirbelnden Schneestaubs herab. Der Wehruf des Erlprinzen um die holde Braut dringt aus dem wüsten Getümmel schneidend hervor, dem sich jene, in zitternde Schmerzeslaute ausbrechend, mit Mühe entrafft. Doch der alte tolle Erlkönig, sobald er merkt, was er für Unheil anrichtet, kommt zur Besinnung und steht still. Das Paar sucht durch sanftes, zagendes Flehen seinen Zorn zu beschwichtigen, und wie er nun ruhiger und milder wird, da naht sich ihm die bräutliche Tochter in ihrer ganzen Schöne und bezaubert ihn durch holde Harmonieen, welche sanft wie Aeolsharfengetön auf- und niederschweben und ihn umspielen, wie die Farben des Regenbogens die dunkle Gewitterwolke. Nun wird der grämliche Alte ganz sanft und still und das Brautpaar findet sich allmählich in die vorige hochzeitliche Stimmung zurück. Da taucht auch wieder das scheue Heer der Nymphen und Gnomen hervor und neue Schaaren strömen aus den Quellen und Grotten des Harzgebirges zum frohen Feste herbey und stürzen sich im bunten Gewühle durch einander. Der alte, mächtige Erlkönig aber ruft sie zur Ordnung. – Da wird Alles still und die Schaaren ziehen im sanften Schritte, der aus dem krystallenen Fussboden harmonische Accorde lockt, durch die weit geöffneten Pforten in die hell leuchtenden, diamantenen Hallen des prinzlichen Winterschlosses. –

Prestissimo.

Dort schwebt an der Seite des Bräutigams die holde Feentochter einher, er im weiten, faltigen Mantel von Nebelduft gewebt und mit unzähligen, schön geschliffenen Eisblumen und Schneesternlein besetzt; sie, umwallt von feinem Spinnwebgewande voll Millionen flimmernder Lichtfünklein, welche lustig mit ihren schillernden Genossen in den Eisblumen und Schneesternlein sich küssen und mit zarten, flüsternden Stimmchen, gleich als wären sie der Prinz und die Prinzessin selbst, sich zurufen: Ei, wie froh, wie selig sind wir! Heisa, ihr Nymphen und Elfen, lustig getanzt! – Auch der alte Erlkönig hat sein Gallakleid angelegt. Er treibt sich mit seinem langen, bereiften Barte, der mit dem Haupthaar sich mischend ihm schneeweiss die riesigen Glieder umhüllt, gar wohlgemuth in den weiten Hallen herum und gebehrdet sich, hin und her schaukelnd, als wollte er mit den lieblichen Nymphen, welche ein schönes Hochzeitlied anstimmen, den Grossvatertanz beginnen. Aber sie halten dem alten, steifen Herrn nicht Stich, sondern schwe-

ben in kühnen Ballettouren, wozu der alte Erlkönig den Tact tritt, pfeilschnell auf und nieder und jagen sich mit den Lichtstrahlen, welche bald in langen Streifen an den ungeheuren Spiegelwänden des Saals hingleiten, bald zitternd in lang gezogenen Lichttrillern still stehen, während die Mondkönigin, die erhabene Selene, von ihrem azurnen Himmelsthrone huldvoll herabwinkend, mit milder, harmonisch einklingender Zaubermelodie in des Festes Freude und in die Wonnegefühle der Liebenden einstimmt und zum Bunde derselben ihre mütterliche Weihe spricht. – Immer lauter und stürmischer schallt der Jubel, immer ausgelassener flattert das lustige Volk leichtfüssiger Nymphen und Elfen durch einander. Da erhebt sich auf einmal die hellstrahlende Himmelstochter aus dem festlichen Getümmel und entschwebt mit dem verklärten Geliebten, kurze Abschiedsgrüsse herabwinkend, in die seligen Reiche der Mutter. –

Als Kreisler die C dur-Sonate beendigt hatte, befanden wir uns plötzlich wieder in seinem chambre garnie, wo er mich, der ich vor Entzücken ganz ausser mir war, zärtlichst umarmte und einmal über das andere sein Freundchen nannte. – Ich hatte nämlich, während er spielte, sehr aufmerksam zugehört und an passenden Stellen einige O und Ach laut werden lassen, woraus er vermuthlich mit Wohlgefallen vermerkt, dass ich mit Leib und Seele bey der Sache gewesen sey. Dann sprach er noch ein Langes und Breites über Musik im Allgemeinen und besonders über Beethoven, über dessen tiefe, musikalisch-poetische Naturanschauung er höchst interessante und geistreiche Bemerkungen fallen liess. Dabey setzte er ziemlich oft mit dem besten Erfolge das bereits erwähnte Pedal in Bewegung. Letzteres bewirkte, dass ich endlich gar nicht mehr hörte, was er sprach, sondern einschlief. – Ich konnte noch nicht lange geschlafen haben, als ich durch ein ziemlich unsanftes Rütteln erweckt wurde – und wie ich erschrocken mich aufraffe und mir schlaftrunken die Augen reibe, steht ein alter, riesig hoher Gardist vor mir, der mich am Mantelkragen festhält und mich schrecklich schüttelt und auf meine Frage: was er von mir wolle? mich mit den Worten anfährt: »Plagt Sie denn der Teufel, Herr! dass sie hier im Thiergarten mitten im Winter noch um Mitternacht umher spazieren und endlich gar hier auf der Bank sich ausstrecken und einschlafen? Marsch! packen Sie sich nach Hause!« – Ich konnte natürlich nichts Besseres thun, als dem alten Grobian Folge leisten. –

Man wird nun zwar glauben, dass ich gar nicht aus dem Thiergarten weggekommen und beym Kapellmeister im Brandenburger Thore gewesen sey, sondern Alles blos geträumt habe; allein glücklicher Weise sehe ich mich in den Stand gesetzt, solchen Zweifeln durch unleugbare Thatsachen zu begegnen. Für's Erste brauche ich den geneigten Leser nur auf die grosse Ruhe und Genauigkeit hinzuweisen, mit welcher ich alle Begebenheiten jener merkwürdigen Nacht zu berichten vermochte – und für's Andere fand ich beym Auskleiden in meiner Rocktasche mehre Kreisler'sche, noch ganz unbekannte, auf Musik Bezug habende Manuscripte vor, welche mir der Kapellmeister wahrscheinlich zugesteckt hatte. – Wie er mich aus seinem Zimmer wieder in den Thiergarten heruntergebracht, das weiss ich freylich nicht, aber nach musikalischen Symposien ist es ja wohl schon so manchem andern ehrenfesten Freunde der Tonkunst passirt, dass er sich, ohne zu wissen wie? an einem dritten Orte wiederfand. –

Nachschrift des Herausgebers.

Ich kann in dem Allen, was der Anselmus über die C dur-Sonate faselt, nichts finden, als handgreifliche Irrthümer. – Meines Wissens hat Beethoven niemals, und am wenigsten im Winter, eine Harzreise gemacht, und schon dieses wirft, wie ich glaube, auf des Anselmi Deuteleyen ein zweydeutiges Licht. – Dann spricht er auch oft ganz verkehrte Dinge und scheint wenigstens verblümt anzunehmen, dass Lichtstrahlen singen, Passagen ausführen und Trillo's schlagen können, welches doch, wie es Hr. Professor Dzondi und G. Nauenburg in Halle und hundert weltberühmte Sänger und Virtuosen bezeugen können, nur ein menschlicher Kehlkopf nebst Zubehör oder ein gutes musikalisches Instrument zu prästiren vermag. –

Und – das ist die Hauptsache – gesetzt auch den Fall, dass die C dur-Sonate wirklich eine Winterscene in einer Bergschlucht vorstellen solle, welches mir nicht ganz unwahrscheinlich vorkommt; denn der Beethoven war auf die liebe Natur ganz versessen und starrte oft, vermuthlich weil er keine besondern pecuniären Aussichten hatte, Stunden lang in ganz gemeine, natürliche hinaus: – so begreift doch kein Mensch, warum der

Anselmus in der Sonate so durchaus fabelhafte Personen auftreten lässt?! – Ich möchte fast darauf wetten, dass Beethoven die ganze Sonate geschrieben, nachdem er sich etwa auf einer Winterreise bey abwechselndem Mondenschein und Schneegestöber in einer Gebirgsgegend ein wenig verirrt hatte – was sich gewiss sehr leicht denken lässt. Vermuthlich gab es nun in dem Thale, wohin er gerathen war, einigen Nebel, der aus einem halb zugefrornen, mit Eiszacken umringten Wasserfalle emporstieg – und zu dem Nebel einige Windstösse – er fiel ein paarmal tüchtig in den Schnee und kam glücklicher Weise wieder heraus – und da er sich Alles genau angesehen und wohl eingeprägt, machte er die C dur-Sonate. – Die höchst unwahrscheinliche Geschichte von dem Erlprinzen und der Prinzessin Mondenschein u. s. w. hat der Anselmus ganz offenbar erdichtet. –

Diese meine Muthmaassung gewinnt dadurch an Gewissheit, dass der Anselmus als bemoosstes Haupt kürzlich verstorben – und gar nichts geworden ist. – Kein einziges Brodstudium hat er ordentlich ergriffen und die wenigen Klavierstunden, welche er gab, brachten ihm nicht viel ein. – Kann man ihm demnach wohl einigen Glauben beymessen? –

Indess glaubte ich doch seine Scripta, welche ich nebst einem Paquete fremder, mit der Ueberschrift: »Neue Kreisleriana« auctionsmässig aus seiner geringen Verlassenschaft erstanden habe, nicht ganz unterdrücken zu müssen. Denn schon dieses erste Bruchstück, welches ich oben mitgeteilt habe – und zwar nicht ohne grosse Mühe, denn der Anselmus schrieb eine sehr unleserliche Hand – wird Jedermann leicht überzeugen, dass es eine gar missliche Sache sey, zu genial und phantasiereich zu componiren. Es werden nämlich dadurch leicht Missverständnisse und falsche Interpretationen veranlasst und kein Mensch, der solche Compositionen spielt oder hört, wird recht daraus klug. – Man habe ein Einsehen und setze hübsch plan! –

Dr. K. Stein.

(Sp. 33ff. und 49ff.)

Les adieux, l'absence et le retour, Sonate von Ludwig van Beethoven, seinem erhabenen Freunde, dem verewigten Erzherzoge Rudolph gewidmet.

Wehmüthig dringt aus Hütten und Palästen
Dies »Lebewohl« bey'm Ruf der Scheidestunde;
Horch! abertausend Stimmen sind im Bunde,
Dem Fürsten gilt's, dem Allgeliebten, Besten!
Von Bergen winkt's Ihm nach und Wipfelästen;
Waldhörner rufen's aus der Thäler Grunde,
Und Echo lallt's in lenzgeschmückter Runde,
Dem Fernen angeweht von sanften Westen. –
Dem Blick entschwand Er – nicht dem inn'ren Sehnen;
Es stöhnt, der Schmeichelhoffnung unzugänglich. –
Nun kehrt Er heim und – Jubel überschwenglich!
Die Lust, womit Ihn Lieb' und Treu' umstricken,
Verklärt sich still in zärtlichstes Entzücken:
Das fühlt – der traute F r e u n d, *im Auge Thränen!*

S. v. W.

(Sp. 47)

Stichproben

Einige Aspekte zum Werk Beethovens

Vom »weiter gehn . . .«
Phantasie und Arbeit bei Beethoven

Ohne das Pianoforte hätte er seinen Werdegang nicht machen können – so schrieb Adolf Bernhard Marx in seinem großen Beethovenwerk von 1859. Der Feststellung liegt der Gedanke zugrunde, daß die wesentlichen Impulse, die den Entwicklungsgang Beethovens begründen, an die Auseinandersetzung mit dem Klavier gebunden sind. In der Komposition für das Klavier hat Beethoven gewissermaßen den immer wieder neuen Funken gezündet, der dann auf andere Werkkonzeptionen übergreift und letztendlich seinem Gesamtschaffen den zweifellos progressiven Zug verleiht. Daß die Klavierkomposition diese Funktion erfüllt, ist daran ablesbar, daß tatsächlich in Beethovens Gesamtschaffen das Klavierwerk den umfangreichsten und zugleich einen in sich vielfältigen Bereich bildet; aber nicht nur das: die Komposition für Klavier ist auch in allen Phasen seines Werdegangs vertreten, und zwar so bedeutend, daß an ihr die Entwicklung des Beethovenschen Komponierens geradezu lückenlos zu verfolgen ist.

Die Klavierkomposition war gleichsam das Experimentierfeld Beethovens, war der Bereich, in dem er seine musikalischen Ideen auf ihre Tragfähigkeit hin prüfen konnte und die sich damit immer wieder neu stellenden Probleme ihrer Darstellung und Vermittlung zunächst zu bewältigen suchte.

Das heißt nun allerdings nicht, daß die Klavierwerke Vorübungen zu größeren Kompositionen darstellen oder gar im Blick auf solche entworfen worden wären. Die Klavierkomposition behauptet vielmehr ihre Eigenständigkeit und Gleichwertigkeit neben den Sinfonien, Konzerten, den Bühnenwerken und den Streichquartetten. Ihre spezifischen Ansprüche sind für Beethoven nicht deshalb, weil sie nur einem Instrument und einem Spieler gelten, weniger wichtig als die Ansprüche, die er an seine »großen« Werke knüpft. Sie sind von »anderer« Art und offenbaren gerade unter dem Aspekt des komplementären Verhältnisses, in dem sie zu den Sinfonien, zur Oper *Fidelio* oder zur *Missa solemnis* stehen, die dialektische Spannung, die Beethovens kompositorische Intentionen durchzieht. Das Klavierwerk ist Ausdruck des Rückzugs und des Besinnens des kompositorischen Subjekts auf sich selbst; und es ist Experiment in dem Sinne, daß im »Bei-sich-selbst-Sein« des kompositorischen Subjekts die Probe darauf gemacht wird, ob und inwieweit die geforderte und zu behaupten gesuchte Befreiung von den Vorgaben ästhetischer Normen tatsächlich geleistet und damit auch die autonome Macht des künstlerischen Subjekts unter Beweis gestellt werden kann. Die Idee der Freiheit des menschlichen Individuums, der Wille zur Selbstbehauptung spielen im Beethovenschen Welt- und Menschenbild seit den Bonner Jugendjahren die fundamentale Rolle; und das Beethoven von Kindheitstagen an vertraute Klavier mag für ihn jenes Instrument gewesen sein, das es ihm als Musiker ermöglichte, ungeachtet der Ansprüche eines Publikums Musik hervorzubringen, die ganz und gleichsam uneingeschränkt dem eigenen Freiheitsbedürfnis folgte. Erst da aber, wo es gelungen ist, durch das komponierte Werk hindurch in den Selbstbehauptungswillen und die Autonomie des künstlerischen Ich Vertrauen zu fassen, ist auch die Voraussetzung gegeben zu »großen« Werken für ein großes Publikum, die sich nun nicht dessen Bedürfnissen und den entsprechend konventionellen ästhetischen Normen anbequemen, dessen Erwartungen also erfüllen, sondern die im Gegenteil darauf angelegt sind, im Sinne der Intentionen des Autors ihr Publikum erst zu erzeugen (Pierre Bourelieu: *Zur Soziologie der symbolischen Formen,* 1976).

Ein Exkurs: Vom Zusammenhang musikalischer Gedanken

Betrachten wir einmal unter diesem Gesichtspunkt Beethovens 1. Sinfonie aus dem Jahre 1800 und fragen nach dem Grund, weshalb er so lange Zeit benötigte, um endlich den Wienern zu zeigen, daß auch in dieser Gattung mit ihm zu rechnen wäre. Es ließe sich zunächst sagen: es waren da die Sinfonien Haydns und Mozarts, deren anerkannt hoher Rang der unausweichliche Maßstab war, den Beethoven zu bewältigen hatte; vor allem aber mußte er auch erst einmal die Prinzipien für Werkkonzeptionen entwickeln, die auf ein Publikum und dessen ästhetische Normen zugeschnitten waren und die doch zugleich sicherstellten, daß das Werk nicht durch die Vorstellung der Publikumserwartungen determiniert und beherrscht, sondern vielmehr im Lichte einer

»immanenten Notwendigkeit« erschien, kraft derer es sich die Anerkennung des Publikums – dessen ästhetische Normen gleichsam durchbrechend – erzwingt. Wie gewichtig dieser Aspekt für den 30jährigen Beethoven war, bezeugt demonstrativ der Beginn dieser 1. Sinfonie:

Der akzentuierte Septakkord, mehrfach wiederholt, gibt der Musik eine Gespanntheit und dynamische Perspektive, die den Hörerwartungen der Zeitgenossen konträr entgegenstand. Dieser provokative Zug bleibt jedoch nicht auf das harmonische Detail beschränkt. Durch die Konsequenz, die in der Wiederholung des akzentuierten Septakkords und der Leittonspannung liegt, erfährt die gesamte »langsame Einleitung« eine neuartige und der Tradition zuwiderlaufende Funktion. Geschaffen wird in der Einleitung eine Ausgangssituation, in deren dynamischer Gespanntheit, psychologisch gesehen, der Hinweis auf die zielstrebige Aktion im *Allegro* bereits enthalten ist. Damit das Werk aber in diesem Sinne Wirkung auf den Zuhörer ausüben kann, damit begreifbar zu werden vermag, daß hinter der zielstrebigen Aktion die engagierte Absicht steht, den Hörer als Menschen anzusprechen und ihm mit der Loslösung von den ästhetischen Normen der Konvention die Befreiung von sozialen Normen zu signalisieren und zu vermitteln, ist etwas Entscheidendes gefordert. Verlangt ist eine kompositorische Gestaltung, die das Werk autonom macht; das meint: die Wahrheit seiner Ansprüche auf die immanente Logik des Werkkonzepts stützt und sie somit befreit von den überlieferten und vorgegebenen ästhetischen Normen, die in der höfisch-feudalen Gesellschaft *den Gehalt des Einzelwerks mit den sozialen Normen* vermittelten und *dessen relative Kontinuität* sicherten (P. Bürger, *Vermittlung – Rezeption – Funktion,* 1979). Die Gestaltung, die für Beethoven dies leistet und es ihm erlaubt, die charakteristischen Züge seines Weltbildes und seine daraus abgezogenen Intentionen ins musikalische Werk umzusetzen, beruht auf dem Prinzip der thematisch-motivischen Arbeit. Dieses Prinzip besagt, daß der Formverlauf eines Satzes in seinen Substanzen geprägt ist durch das thematische Material bzw. die motivischen Bestandteile der Themen. So benutzt Beethoven beispielsweise im I. Satz das bereits aus dem Themakopf

abgeleitete Bewegungselement

des Hauptthemas als Material für den Überleitungsteil zum 2. Thema:

Auch die in diesem Überleitungsteil stattfindende Sequenzierung dieses Bewegungselements ist thematischen Ursprungs. Wir finden sie vorgegeben in der Wiederholung des 4taktigen Hauptthemas auf der II. Stufe der Grundtonart.

Ist in diesem Fall die Substanzgemeinschaft zwischen dem Element aus dem Hauptthema und dem die Überleitung prägenden Bewegungselement unmittelbar einsichtig, weil sie substantiell eben identisch sind, so gibt es darüber hinaus auch Formen der Beziehung zwischen musikalischen Gestalten, deren Verwandtschaft nicht so eng ist, bei denen man von Ableitungen sprechen kann. Im Takt 101 des I. Satzes taucht in der I. Violine folgende Melodieformel auf:

Sie steht für die Schlußgruppe der Exposition und markiert in Verbindung mit dem gelichteten Orchestersatz einen Kontrast zum vorangehenden Abschnitt, der auf dem Material des Hauptthemas beruht. In diesem Kontrast scheint noch einmal die Spannung zwischen Haupt- und Seitenthema aktualisiert; und tatsächlich bezieht sich die Melodieformel der Schlußgruppe im Sinne des Kontrastes auch auf das Seitenthema zurück. Ihre Verlaufsgestalt entspricht nämlich in dem abwärts geführten Quartgang dem Seitenthema; außerdem ist sie wie jenes durch den Auftakt ausgezeichnet, wobei der aufsteigende Quartsprung allerdings zur Leittonbewegung verändert ist.

Takt 100/101

Takt 52/53

Was jedoch die Melodiegestalten unterscheidet, ist ihre rhythmische Form, sieht man davon ab, daß beide die Auftaktigkeit aufweisen. Durch andersartige rhythmische Gestaltung gewinnt Beethoven also ein melodisches Gebilde, das etwas »Neues« darstellt und doch dadurch, daß es sich in seiner melodischen Form an »Altes« anlehnt, »nur« als eine Ableitung anzusprechen ist.

Das Beispiel dieser Ableitung aber weist noch eine zweite Seite auf; es zeigt nämlich, welche Dichte in den Verknüpfungen von musikalischen Einfällen und in den dadurch konstituierten formalen Zusammenhängen bei Beethoven waltet.

Wir haben festgestellt, daß Beethoven in der Melodieformel der Schlußgruppe das auftaktige Intervall der Quarte aus dem Seitensatz zur Leittonbewegung verändert hat. Damit bringt er vor dem Ende der Exposition noch einmal jenes Spannungselement zur Geltung, das er in der Introduktion gleichsam als Grundmotiv eingeführt hat und das dann auch das Hauptthema als ein entscheidendes Grundmotiv prägt.

Wie wichtig Beethoven dieses Grundmotiv der Leittonspannung ist, gibt er dadurch zu erkennen, daß er in der Schlußgruppe die Melodieformel zunächst von diesem Leittonmotiv beantworten läßt und dabei die Dissonanz des Dominantseptakkords, die auf unbetonter Zählzeit steht, durch *sf* akzentuiert und schließlich den Auftakt der Melodieformel mit der Antwort auf sie verschränkt (T. 103ff.).

Bildet einerseits die rhythmische Form des abwärtsgerichteten Quartgangs ♩. ♫ ♩ eine Variante der rhythmischen Form des Seitensatzthemas 𝅗𝅥 ♩♩♩♩, so weist sie doch andererseits auch eine verwandtschaftliche Beziehung zum Hauptthema auf. Kennzeichnend für das Kopfmotiv des Hauptthemas ist die Punktierung, die Verlängerung des Haupttones und die Auftaktfigur auf der vierten Zählzeit: 𝅗𝅥. ♫ |. Diese Form der rhythmischen Gliederung des Taktes gehört mit zu den signifikanten Momenten des I. Satzes. Sie begegnet in dem Zwischensatzthema Takt 33ff. 𝅗𝅥. ♩ | 𝅗𝅥. ♬♬ |, verändert im Seitensatzthema 𝅗𝅥 ♩♩♩♩ und schließlich auch in der Melodieformel der Schlußgruppe: ♩. ♫ .

Hier im letzten Fall sind die Zeitverhältnisse, verglichen mit dem Kopfmotiv des Hauptthemas, um die Hälfte verkürzt. In allen Teilmomenten erweist sich somit die Melodieformel als ein aus den vorangegangenen Themen abgeleitetes Gebilde.

Was besagt nun diese gleichsam doppelte verwandtschaftliche Beziehung zu den vorangegangenen Themen, durch die sich die Melodieformel der Schlußgruppe auszeichnet? Sie begründet einen inneren Zusammenhang der thematischen Gedanken, und sie bildet zusammen mit den anderen Formen der Knüpfung von Zusammenhängen die Bedingung dafür, daß der Formverlauf als in sich »logischer«, als innerlich zusammengehaltener Vorgang wirkt und auch empfunden wird. So deutlich die einzelnen Formabschnitte wie Hauptthema, Überleitungssatz, Seitenthema usw. durch die Hervorhebung jeweils charakteristischer Details und vor allem auch durch Abgrenzungen im Bereich der harmonischen Gestaltung voneinander abgehoben erscheinen, so zwingend ist doch ihr innerer Zusammenhalt ausgeprägt; und zwar nicht nur durch die übergreifend verbindliche syntaktische Struktur regelmäßiger Taktordnungen, deren prinzipielle Bedeutung und Wirksamkeit durch Unregelmäßigkeiten gerade nicht in Frage gestellt, sondern umgekehrt noch unterstrichen und hervorgehoben wird; auch eben der motivische Zusammenhang unter den Themen und Gedanken stiftet diesen inneren Zusammenhalt und die Einheit des Satzverlaufs.

Die besondere und neue Qualität der Beethovenschen Gestaltung liegt nun aber nicht allein darin, daß der Formverlauf als ein thematischer Prozeß erscheint, dessen Ausgangspunkt eine festumrissene thematische Gestalt, also das Hauptthema darstellt. Beethovens Idee des »Thematischen« ist noch umfassender. Sie kann vielleicht so beschrieben werden, daß der Komponist von gleichsam abstrakten Grundmotiven ausgeht, die zunächst unabhängig von den thematischen Erfindungen, von den fest umrissenen Themengestalten existieren und dann diese Themengebilde wie die gesamte Satzstruktur durchdringen. Als solche abstrakten Grundmotive lassen sich die im 1. Takt exponierte Leittonspannung (a) und die diatonische abwärtsgerichtete Bewegungsfigur (b) unmittelbar vor Eintritt des Hauptthemas (T. 12) ansehen.

a) 

b) 

Diese beiden Grundmotive bilden gewissermaßen eine Art Ausgangsmaterial, das dann für die Gestaltung der Themen benutzt wird; und in seiner Abstraktheit und Allgemeinheit bildet dieses Material auch die Voraussetzung dafür, daß Themen möglich sind, die einerseits so viel eigene Prägnanz aufweisen, daß sie kontrastieren bzw. sich charakterlich voneinander abheben, die aber doch andererseits, wie wir ja an den Beispielen der Ableitung und Verwandtschaft gezeigt haben, auch eine innere Beziehung untereinander aufweisen. Die Abstraktheit dieser Grundmotive, die es erlaubt, sie in den verschiedensten und dabei unterschiedlichsten Zusammenhängen zur konkreten Erscheinung zu bringen, ist aber auch die Bedingung dafür, daß die gleichsam ständige Präsenz der Motive nicht zur Abnutzung und letztlich zur Langeweile führt.

In welchem Maße die beiden Grundmotive die Themengestaltungen und darüber hinaus die Satzbildung prägen und durchdringen, mag eine kleine Zusammenstellung zeigen.

Hauptthema T. 13–19

T. 34

T. 46

Seitenthema T. 52/53ff.

T. 65–67

T. 77

T. 162–164

Die beiden Grundmotive stehen zueinander im Kontrastverhältnis und entsprechen dem, was Beethoven selbst der Überlieferung durch Anton Schindler nach die »zwei Prinzipe« genannt hat. Der gemeinsame Nenner ist die harmonische Dominant-Tonika-Beziehung, die sich einerseits in der Leittonfigur, andererseits in der vom Quintton abwärtsgeführten ausschnitthaften Tonleiter manifestiert (Jürgen Mainka in: *Beiträge zur Musikwissenschaft 1970).*

Nicht zufällig erscheint der Kontrast zwischen dem Hauptthema und dem Seitensatz dadurch ausgeprägt, daß im ersteren Fall das Leittonmotiv entscheidend dominiert, während im zweiten Fall die abwärtsgeführte Fünftonfigur die gestaltbildende Rolle übernimmt. Der Kontrast aber beschränkt sich gerade nicht nur auf die Gegenüberstellung zweier Themen auf der Grundlage kontrastierender Grundmotive. Diese beherrschen vielmehr von Anfang an in wechselnden Kombinationen die Gestalten (wie ja auch das Element der Dreiklangsbrechung aus dem Hauptthema als kontrapunktartige Begleitfigur des Seitensatzes auftritt); d. h., die in dem Kontrast enthaltene Spannung ist von Anfang an wirksam und liefert die Grundlage zur Entfaltung eines Formverlaufs, dessen dynamische Kurve und entschiedene Aktivität aus dem Gegeneinander der Grundmotive hervorgetrieben erscheint.

Am schlagendsten erhellt die Bedeutung der Grundmotive im Sinne ihrer Funktion als die »zwei Prinzipe« und folglich als Mittel zu einer prozeßhaften Formgestaltung aus dem Überleitungsteil zwischen dem Hauptthema und Seitensatz in der Reprise.

In demonstrativer Offenheit werden hier die beiden Grundelemente, nachdem sie im vorangegangenen Verlauf des Satzes ihre Funktionsfähigkeit erwiesen haben, ausgespielt – vermittelt und eingebunden in den Verlauf der harmonischen Sequenz: Dominantseptakkord–Tonika. Die Stelle bildet gleichsam den Höhepunkt des I. Satzes. Was von ihr an äußerer Wirkung ausgeht, ist dabei nichts anderes als die Folge der »endlichen« Freisetzung der abstrakten Grundelemente in konkreter Erscheinung. Sie sind sozusagen befreit von der Einbindung in thematische Gebilde und tragen die Spannung des Kontrastverhältnisses, in dem sie zueinander stehen, durch ihre unmittelbare Entgegensetzung und durch die in ihnen gleichermaßen manifeste und sie somit wiederum verbindende chromatisch harmonische Progression aus.

Der Einblick in einen Teilbereich der musikalischen Organisation des I. Satzes der 1. Sinfonie sollte zeigen, was charakteristisch für diese Sinfonie ist: ihre innere, sich gleichsam selbsttragende Ordnung und der in ihr herrschende aktive und gleichzeitig die ästhetischen Normen der Zeit bereits übersteigende »Ton«.

Öffnungen – neue Formprogramme

Beethoven hat seine 1. Sinfonie relativ spät komponiert Wir wollen dies vor allem unter dem Aspekt sehen, daß es zunächst für ihn galt, jene musikalischen Sprachmittel voll zu entwickeln, die es ihm auch ermöglichten, selbstbewußt vor das Publikum zu treten und diesem die »neuen« Ansprüche, die er mit seiner Musik verband, zu vermitteln. Dabei ging es Beethoven – und gerade die Fundierung des musikalischen Werkes als sich selbsttragender Ordnung sollte dies deutlich machen – wesentlich darum, seinen Zuhörern zu demonstrieren, daß nicht ihre ästhetischen Normen, ihre Erwartungen, Bedürfnisse und Forderungen es sind, denen er als Komponist sich anpaßt und beugt, sondern im Gegenteil: er als kompositorisches Subjekt beansprucht und behauptet die »erste« Rolle. Nicht die »Allgemeinheit« diktiert dem Subjekt die Norm, sondern das Subjekt setzt das Maß und schreibt vor, welche Norm und welcher Weg zu gelten haben.

Es gibt hinreichend Zeugnisse, die auch für den Bereich des Verhaltens diesen Anspruch belegen. So wird ja mehrfach berichtet, wie abweisend Beethoven reagierte, wenn man ihn im Sinne der von den »alten« feudalen Verhältnissen her tradierten Dienstleistung zum Klavierspielen aufforderte. Höchst gefährlich war es, seinen Improvisationen oder musikalischen Vorträgen nicht mit unbedingtem Schweigen und Konzentration zu folgen. Kamen Störungen vor, so soll er sein Spiel abgebrochen haben. Beziehen wir solche Vorfälle darauf, daß das Publikum, vor dem Beethoven spielte und improvisierte, im wesentlichen aus Adeligen bestand, noch dazu aus solchen, auf deren Wohlwollen er angewiesen war, so kann man vielleicht sagen, daß Beethoven im Interesse seines Anspruchs sich in einer ständigen »Kraftprobe« sah und immer mit dem Problem der Bewährung und Selbstbehauptung konfrontiert war. Diese Kraftprobe war aber auch notwendig, denn nur durch sie war Zuwachs an »Größe«, an Selbstgefühl und Überlegenheit zu gewinnen. Es ist deshalb wohl auch gar nicht so zufällig, daß sich Beethoven in den 90er Jahren gerne auf die Wettbewerbe im Klavierspielen einließ. Der Sieg über den Kontrahenten und der Beifall des Publikums vermittelten einen besonderen Genuß der Kraft und die Befriedigung darüber, Widerstände gebrochen zu haben und den Willensanstrengungen anderer überlegen zu sein.

Beethovens Drang nach Selbstbehauptung und Überlegenheit über seine Mitmenschen, der zwangsläufig immer wieder Konflikte selbst mit den engsten Freunden heraufbeschwor, steht in der Nähe zu den jugendlichen Willensmenschen in den Dramen des jungen Schiller – und man sollte deshalb auch einmal danach fragen und darüber nachdenken, ob die Verwandtschaft, die Beethoven zu Schiller empfand, auf noch weit mehr als auf dem gemeinsamen Ideal von Freiheit und Freundschaft gründete. Was Schillers jugendliche Helden auszeichnet, nämlich das Interesse an der Kraftprobe, das leidenschaftliche Ungestüm, die Kühnheit der Idee im Sinne der Außerkraftsetzung der Normen und Konventionen, das kann auch für den Beethoven der 90er Jahre gelten: *Hol Sie der Teufel,* schrieb er an Nikolaus von Zmeskall, *ich mag nichts von Ihrer ganzen Moral wissen. Kraft ist die Moral der Menschen, die sich von anderen auszeichnen, und sie ist auch die meinige, und wenn Sie mir heute wieder anfangen, so plage ich Sie so sehr, bis Sie alles gut und löblich finden, was ich tue.*

Von »Kraftprobe« im Falle Beethovens zu sprechen bedeutet allerdings nicht, daß sie – gleichsam oberflächlich – nur die Beziehung Beethovens zu seinem Publikum bestimmt hätte. Sie war vor allem und immer zuerst in der Kunst selbst, in der Auseinandersetzung mit den ästhetischen Normen, den Gattungsnormen und den formalen Konventionen auszutragen. Hier verändernd einzugreifen war Bedingung und schuf erst die Voraussetzung dafür, den Anspruch auf eine »freie Entfaltung« des Künstlers und des Menschen durchzusetzen und geltend zu machen. Das barg allerdings ein Problem in sich: wo die Zielsetzung nämlich dahin ging, die Musik im Interesse eines individuellen Freiheitsanspruchs von den Fesseln der Konventionen zu befreien, da sah sich der Komponist unversehens mit der Forderung konfrontiert, stetig »Neues« zu sagen; würde doch die Wiederholung die Neuauflage des schon Gesagten bedeuten und den Keim dazu enthalten, wieder zu stiften, was dem Verständnis vom Menschen als freiem Individuum entgegenstand: die Konvention.

Beethoven selbst hat diesen Zusammenhang, ohne auf ihn in dezidierter Form aufmerksam zu machen, angesprochen; in einem Brief an den Erzherzog Rudolph, geschrieben am 29. Juli 1819, heißt es: [...]*allein Freiheit, weiter gehn ist in der Kunstwelt, wie in der gantzen großen Schöpfung Zweck* [...]

Fortschreiten und Freiheit werden hier in einem bedingungshaften Zusammenhang gesehen. Wo der Anspruch auf Freiheit gilt, da gründet er im Fortschreiten, im Sich-stetig-Wiederablösen vom jeweils Erreichten. Andererseits ist »weiter gehn« nicht für sich allein genommen ein Wert. Das Fortschreiten gewinnt vielmehr erst vor dem Horizont der Vorstellung, welche die frei entfaltete Subjektivität zur bestimmenden sittlichen Leitidee erhebt, seinen haltbaren Wert.

Die musikalische Gattung, in der Beethoven diese innere Beziehung zwischen Freiheitsideal und -anspruch einerseits und Weitergehn, Fortschreiten andererseits auf die sichtbarste und am besten nachvollziehbare Weise ausgetragen hat, ist vielleicht die Gattung der Klaviersonate. Die 32 Klaviersonaten, die Beethoven, mit Opuszahlen versehen, hinterlassen hat, bilden gleichsam den roten Faden seiner Künstlerexistenz und dokumentieren auf geradezu einzigartige Weise, wie sehr er, stimuliert durch die Idee der Freiheit und die Perspektive auf freie Entfaltung der Subjektivität, von der Notwendigkeit des Fortschreitens durchdrungen war. Die Sonaten stellen gleichsam die Einlösung seiner Forderung dar: *Die Kunst verlangt von uns, daß wir nicht stehenbleiben.* Doch begriff er diese Forderung nicht als eine Zielsetzung, die isoliert und exklusiv eine Sache der Kunst wäre. Er bezog den Fortschritt in der Kunst und die These, daß *keine Regel sei, die nicht durch eine andere um des Schönen willen verstoßen werden dürfte*, immer auf den Grundgedanken und wesentlichen Impuls seines Schaffens, nämlich mittels Musik moralisch zu wirken. Der Fortschritt in der Kunst war in Beethovens Weltbild unlösbar mit »moralischem Fortschritt« verbunden.

Betrachtet man die Reihe der 32 Klaviersonaten, so stellt man fest, daß sich Beethoven eigentlich in keinem Fall wiederholt hat. In keinem Stadium wird so etwas wie ein fester formaler Standard geschaffen, der für die Zukunft Verbindlichkeit beanspruchen würde. Jede Sonate setzt sich von der ihr vorausgehenden ab, jede Sonate behauptet in ihrer inneren und äußeren Gestalt eine sehr eigene, »originelle« Physiognomie und läßt eine jeweils spezifische Aufgabenstellung durchschauen. Das aber heißt nun wieder nicht, daß es für Beethoven hinsichtlich der Klaviersonate schlichtweg keine Verbindlichkeiten gegeben hätte. Die gab es sehr wohl. Und so nimmt auch jede Sonate auf solche Verbindlichkeiten Bezug, rekurriert auf ein Gefüge von Gesetzmäßigkeiten und bezieht gerade von daher ihren »Sinn« als Sonatenkomposition. Beethovens Klaviersonaten entfalten demnach also ihre Originalität nicht als gleichsam »abstrakte« musikalische Gestalten, sondern dadurch, daß sie ein allgemein anerkanntes und auch für Beethoven gültiges Normgefüge von musikalisch-kompositorischen Kategorien voraussetzen, von dem sich das »konkrete« Werk dann durch die Momente seiner Besonderheit abhebt.

Hierzu einige Beispiele: Die Entwicklung der Klaviersonate in ihrer für die zweite Hälfte des 18. Jahrhunderts »moderneren« Form war im wesentlichen eine Leistung von Carl Philipp Emanuel und Johann Christian Bach, Joseph Haydn, Muzio Clementi und Wolfgang Amadeus Mozart. In der Regel war die Sonate dreisätzig: schnell – langsam – schnell. Beethoven übernahm dieses Modell zunächst in seinen drei Sonaten Es-Dur, f-Moll und D-Dur (WoO 47), die er 1783 dem Kurfürsten Maximilian Friedrich widmete. Schon hier zeigen »gewichtige« Abweichungen wie etwa in der f-Moll-Sonate die Vorschaltung einer *Larghetto maestoso*-Einleitung, daß Beethoven von Anfang an nicht daran gelegen war, nur die Regel einzulösen.

Im Jahre 1795 erschienen dann Beethovens drei Klaviersonaten f-Moll, A-Dur und C-Dur unter der Opusnummer 2. Sie waren Joseph Haydn gewidmet und weisen alle drei die viersätzige Form auf. Die Viersätzigkeit im Falle der Klaviersonate war in dieser Zeit keineswegs weit verbreitet. Für Beethoven scheint sie mit ein Mittel gewesen zu sein, das aus seiner Sicht bedeutende und besondere Programm seiner Werke zu bekunden. Das wird auch dadurch belegt, daß mit Ausnahme der Sonate op. 13 (»Pathétique«) alle als Einzelwerke und folglich dem Brauch der Zeit zufolge als »Grande Sonate« veröffentlichten Sonaten viersätzig sind. Von den frühen – einschließlich der drei Sonaten op. 31 – achtzehn Klaviersonaten sind acht viersätzig. Das läßt erkennen, daß vielleicht zunächst der Beethovensche Trend dahin ging, die Klaviersonate als »große« Form durchzusetzen und zu etablieren, um damit zugleich seinem Rang und seiner Bedeutung als Klaviervirtuose die entsprechende kompositorische Basis und Auszeichnung zu geben. Doch es scheint, als seien durch das Modell der Viersätzigkeit auch Grenzen errichtet worden gegenüber der Erprobung neuer Wege, vor allem solcher Wege, die entschieden jene Spur ausbauen konnten, die Beethoven als berühmter Klavierspieler jener Jahre ständig vorzeichnete: was ihn berühmt machte, waren seine Phantasien am Klavier, war sein Improvisationsstil. Zur Improvisation gehört wesentlich der Sinn für die Überraschung, für das Unvorhergesehene; und wo sie ihren Anspruch durchsetzt, muß folglich die Geltung formaler Stabilität und Ordnung weichen. Solange Beethoven sich gedrängt fühlte, an seinen Einfällen und deren Verarbeitung im Interesse der Einheit und des inneren Zusammenhalts seiner Kompositionen zu feilen, und die Realisierung der »großen« Form noch an die Klaviersonate gebunden war, mußte er versuchen, seiner Neigung zur Improvisation und damit zur Offenheit im Formprozeß Fesseln anzulegen. Doch in dem Augenblick, in dem für ihn dank der »Vorarbeiten« auf dem Sektor der Klaviersonate die »große« Form auch im Bereich der Gattungen der Sinfonie und des Streichquartetts möglich geworden war, mußte sich die »sinfonische« Viersätzigkeit in der Klaviersonate als überflüssig herausstellen. So ist es vielleicht gar nicht so zufällig, daß in unmittelbarem Anschluß an die Arbeit der sechs Streichquartette op. 18 und der 1. Sinfonie op. 21, die wohl schon Mitte der neunziger Jahre in Angriff genommen, aber erst im Jahre 1800 fertiggestellt worden war, drei Klaviersonaten entstehen, mit denen Beethoven einen völlig neuen Weg einzuschlagen beginnt. Es handelt sich um die Sonaten As-Dur op. 26 und die beiden Fantasie-Sonaten (*Sonata quasi una Fantasia*) Es-Dur und cis-Moll op. 27 Nr. 1 und 2. In allen drei Sonaten versucht Beethoven auf jeweils eigene Art, einen mehrsätzigen Werkkomplex auf konstruktiven und formalen Prinzipien aufzubauen, die ganz neu für ihn sind. Mit diesen Sonaten scheint unzweifelhaft das Bemühen verbunden, neue Gestaltungsmöglichkeiten zu finden, nachdem Beethoven in der groß angelegten, aber eher regelmäßig komponierten Sonate B-Dur op. 22 noch einmal zusammenfassend klargelegt hatte, daß für ihn der Umgang mit dem »alten Stil« zur Selbstverständlichkeit geworden war und jeden Herausforderungscharakter verloren hatte.

Die Sonate As-Dur op. 26 beginnt mit einem Variationensatz im langsamen Tempo. Damit beginnt die Abwendung vom traditionellen Satzfolgemodell, bei dem die erste Stelle von einem Satz in der Sonatensatzform eingenommen wurde. Vielleicht aber liegt der Tatsache, daß Beethoven diese Sonate mit einem Variationensatz beginnen läßt, der den Aufbruch zu neuen Satzkonstruktionen und Werkkonzeptionen signalisiert, aber auch ein publikumstaktisches Moment zugrunde. Äußerlich gesehen verweist die Konzeption nämlich auf Mozarts Sonate A-Dur KV 331, die gleichfalls von Variationen eingeleitet wird. Die Loslösung vom traditionellen Satzzyklus der Sonate wird also gleichsam durch Rückbezug auf das »Vorbild« Mozart gemildert. Doch in der »Charakter«-Prägung jeder einzelnen Variation und in der gesteigerten Dichte des Ausdrucksgehalts geht Beethoven beträchtlich über Mozart hinaus. Daß diese Sonate kaum mehr als Versuch verstanden werden soll, die Sonatenkonvention von einer anderen Seite her zu befolgen und zu bestätigen, belegt schließlich, daß der langsame Satz durch einen Trauermarsch ersetzt ist. Dazu soll Beethoven durch einen Trauermarsch in der in Wien erfolgreich aufgeführten Oper *Achille* von Paër angeregt worden sein. Mit dem Trauermarsch anstelle des langsamen Satzes beabsichtigte Beethoven eine Präzisierung seiner musikalisch-poetischen Programmatik. Welche Progressivität in dieser neuen Konzeption begründet lag, wird durch die 3. Sinfonie, die *Eroica*-Sinfonie, mit ihrem Trauermarsch belegt. Immerhin auffällig aber ist, daß Beethoven die Irregularität der Satzfolge, die dadurch gekrönt erscheint, daß die Sonate überhaupt keinen Satz in der Sonatensatzform enthält, noch in einen viersätzigen Zyklus einzuspannen versuchte. Das bedeutete infolge der Nähe zwischen dem einleitenden *Andante* und dem *Marcia funebre sulla morte d'un Eroe* eine zwangsläufige Verlagerung des Scherzo von der dritten auf die zweite Position (zum ersten Mal in Beethovens Werk) und verwies zugleich auf das Problem der Finalgestaltung. Das Rondofinale in herkömmlicher Form und Charakteristik erwies sich als Finalsatz doch als zu unzulänglich, um dem gesamten Satzzyklus die Gewichtigkeit verleihen zu können, die zu der gesteigerten Gewichtung und

Bedeutung, welche der Variationensatz und der Trauermarsch aufwiesen, in einem adäquaten Verhältnis stand. Die zyklische Gestaltung der gesamten Satzfolge erforderte angesichts der abweichenden und neuartigen Prägung einzelner Satzcharaktere gleichfalls neue Konzeptionen.

Die beiden folgenden Sonaten op. 27 Nr. 1 und 2 unterstreichen die Problematik, in die Beethoven geraten war; und sie sind zugleich »radikale« Versuche, das Prinzip der improvisatorischen Phantasie in vollem Umfang in die Komposition einzubringen und die daran geknüpfte Frage der formalen Konzeption des gesamten Satzzyklus von Grund auf neu zu beantworten.

Sonata quasi una Fantasia hat Beethoven jede der Sonaten bezeichnet. In dieser Bezeichnung steckt ein paradoxes Moment, insofern zwei eigentlich einander ausschließende Formen und Prinzipien gleichsam ineinander verschränkt gedacht werden. Galt die Sonate als Inbegriff einer Form, in der alles auf Einheit und inneren Zusammenhalt durch konstruktive Durchgestaltung angelegt war, so war die Fantasie durch ein weiteres Ausschweifen der Gedanken und Beiläufigkeiten gekennzeichnet, wodurch dem Eindruck von einer geschlossenen und in sich durchgestalteten Form entgegengewirkt wurde. Vielleicht läßt sich der Widerspruch in der Bezugssetzung der beiden Begriffe dahingehend auflösen, daß Beethoven nach der Verabschiedung vom herkömmlichen Zyklusschema auf die bedingungshafte Verknüpfung zwischen Fantasie und einer »neuen« Form der Sonate und Zyklusgestaltung hinweisen wollte. Die Möglichkeit einer »neuen« Form der Sonatensatzgestaltung war für ihn aber an den radikalen Einsatz seiner improvisatorischen Kräfte und Phantasiefähigkeit gebunden. Das bedeutete letztlich, daß sich die Formbildung als Konsequenz und Ergebnis der Nutzbarmachung, der Wirksamkeit der Phantasie erwies. Der Gewinn, der sich damit abzeichnete, sollte ein doppelter sein: einmal eröffneten sich neue und zukunftsfähige Perspektiven der Form- und Werkgestaltung; zum anderen aber wäre dadurch auch das Moment der Improvisation und Phantasie als letztlich struktur- und formbildendes Prinzip in der kompositorischen Ästhetik eingebracht und darin fest verankert.

Betrachten wir nun daraufhin die beiden Sonaten, so läßt sich feststellen: in der Sonate Es-Dur op. 27 Nr. 1 reiht Beethoven vier Sätze nahtlos (durch *attaca*-Vorschriften) aneinander. Ihre Folge suggeriert aufgrund des durchgehenden Zusammenhangs, der allerdings in Tempo und Ausdruckscharakteren und auch innerhalb der einzelnen Sätze reich differenziert ist, den Eindruck einer freien Fantasie. Und trotzdem läßt Beethoven durch diese Aufeinanderfolge die zyklische Form einer viersätzigen Sonate durchscheinen. Der zweite Teil, das *Allegro molto e vivace* in c-Moll, hat einen unverwechselbaren Scherzocharakter; daran schließt sich ein *Adagio con espressione* in As-Dur an. Doch dieses Moment einer latenten viersätzigen Sonatenzyklus-Gestaltung ist nicht so wichtig. Entscheidender erscheint vor dem Hintergrund der Norm, daß die einzelnen Sätze deutlich voneinander abgehoben und gegenseitig abgegrenzt sind, der durchgehende und ununterbrochene Zusammenhang der Teile. Seine formale Profilierung aber bezieht dieser Zusammenhang nicht nur aus der »charakterlichen« Modifizierung der einzelnen Teile, sondern vor allem aus einer neuartigen Gewichtung des Schlusses. Mehrere Gestaltungsaspekte bilden dafür entscheidende Bedingungen: Allein seinem Umfang nach übertrifft der finale Abschnitt bei weitem die vorangegangenen Teile; und um die Dimension der Ausdehnung in der Zeit als Ausdruck der Gewichtung und Akzentuierung auch in vollem Maße zur Geltung zu bringen und zu demonstrieren, wird der davor geschaltete *Adagio*-Satz kurz und dabei in seiner Formbildung zunehmend offen und gleichsam instabil gehalten. Den Abschluß dieses *Adagios* bildet eine durch Laufwerk und Triller ausgeschmückte Kadenz, deren Funktion aber nicht ist, den Satz abzuschließen, sondern in den Beginn des Schlußteiles überzuleiten. Gab sich der *Adagio-Satz* zunächst als »eigenständiger« Formteil bzw. Abschnitt in der Entwicklung der Fantasie zu erkennen, so erscheint er nun nach dem Beginn des Schlußteiles eher als dessen Introduktion, als Einleitung, deren »hinführender« Charakter schließlich den Beginn des Schlußteiles besonders hervorhebt. Daß wir tatsächlich das *Adagio con espressione* als Einleitung und somit in enger Verbundenheit mit dem finalen Formteil sehen dürfen, bestätigt der Schluß des Finalteils. Bevor Beethoven mit einer *Presto*-Coda das Werk abschließt, schaltet er noch einmal das *Adagio* in verkürzter Fassung ein. Noch einmal also wird durch die Spannung langsam–schnell und die damit verknüpfte harmonische Bewegung der Aspekt der dynamischen Progression hervorgehoben. Umgekehrt aber läßt sich sagen, daß gerade diese dynamische Progression als Impuls deutbar ist, der die beiden Formteile in eine innere Beziehung zueinander bringt und den Sätzen an dieser Stelle des Finales eine neuartige Bedeutung verleiht. Das Gewicht und die Betonung, die Beethoven auf den Schluß des Werkes legt und die er im Entwicklungsgang der Fantasie durch Hinführung so erarbeitet, daß das ganze Werk schließlich als ein Entwicklungsprozeß zum Ende hin erscheint – dieses Gewicht des Schlußabschnittes wird noch besonders dadurch deutlich, daß dieser Schlußteil in der Sonatensatzform komponiert ist. Was nach herkömmlicher Art den Anfang eines Werkes markierte und auch dessen Mitte darstellt, *um die sich die anderen Teile des Werkes versammeln und auf die sie bezogen werden müssen, um in ihrer Funktion und ihrem Charakter verstanden zu werden* (Carl Dahlhaus in: *Jahrbuch des Staatlichen Instituts für Musikforschung Preußischer Kulturbesitz 1972*), das ist jetzt ans Ende des Werkes gerückt. War vorher der Sonatensatz Ausgangspunkt, so wird er jetzt zum Ziel, auf das hin alles Vorherige im Sinne der Hinführung bezogen erscheint.

Die Sonate cis-Moll op. 27 Nr. 2 zeigt in ihrer Großform im Vergleich zur Es-Dur-Sonate »einfachere« Verhältnisse. Sie ist dreisätzig. Dem einleitenden *Adagio sostenuto,* dem die Sonate ihre später erfolgte Etikettierung als »Mondscheinsonate« verdankt, folgt ohne Unterbrechung ein menuettartiges *Allegretto.* Daran schließt sich das Finale, ein *Presto agitato* in Sonatensatzform. Diese Satzfolge ist also, betrachtet man die Satzvorschriften, eingebunden in eine deutliche Entwicklung vom Langsamen zum Schnellen. Und um die Gradlinigkeit dieses dynamischen Bewegungszuges zum Schlußsatz hin auch nicht zu gefährden, vermeidet Beethoven im mittleren Satz auch den harmonischen Exkurs. Das *Allegretto* steht in Des-Dur und zeigt vergleichsweise wenig harmonisch-chromatische Spannungen. Des-Dur aber ist in enharmonischer Verwechslung nichts weiter als die Dur-Variante von cis-Moll, der Tonart der beiden Rahmensätze. Die »Einfachheit« der Tonartbeziehungen zwischen den Sätzen und die in zwei Schritten sich zum Finale hin vollziehende Bewegungssteigerung deuten auf ein Konzept, das auf prägnant hervortretende Profilierung der Formidee – der Entwicklung und Gerichtetheit auf den Schlußsatz hin – bedacht ist. Die dynamischen Verhältnisse unterstreichen das: der erste Satz spielt sich ausschließlich im *pp-p*-Bereich ab, der an keiner Stelle, trotz gelegentlicher *crescendi* überschritten wird. Der *Allegretto*-Satz ist im *p*-Bereich angesiedelt. Zweimal gesetzte *sforzati* im Hauptteil und mehrfache *sf*-Akzente, verbunden mit Synkopierungen im Trio, stehen wie Signale. Erst im Finale wird dann der Schritt zum *forte* vollzogen, aber auch nicht unmittelbar, sondern vermittelt durch den Beginn im piano und die jetzt entschiedener und pointiert gesetzten *sf*-Akzente auf den unbetonten vierten Zählzeiten der Takte.

Die Aufeinanderfolge der drei Sätze erscheint also, wie diese Befunde zeigen, in einen übergreifenden Zusammenhang gebracht, der sich in analytischer Sicht eigentlich wie eine konsequente Ausarbeitung eines klaren Formkonzepts darstellt. Um diesen Aspekt noch deutlicher hervorzukehren, sei zusätzlich auf die Eigenarten der Phrasierung in dieser Komposition verwiesen. Der erste Satz verlangt ausschließlich ein Legato-Spiel. Im mittleren Satz tritt das *staccato* hinzu, wird eingesetzt, um die korrespondierenden 2-Takt-Phrasen im Thema gegenseitig abzugrenzen und zugleich das Moment des Korrespondierens in der Aufeinanderfolge der zweitaktigen Phrasen auch hervorzuheben.

Die kurzen Detailerörterungen wollten zeigen, daß Beethoven in zunehmendem Maße immer mehr Spezifizierungsmittel der Tongebung in Dienst nahm, um sie damit zu formbildenden Funktionen zu machen. Lautstärkengrade, Phrasierungsarten und artikulatorische Charakteristika sind demnach nicht nur für sich stehende Ausdrucksmittel; sie fungieren darüberhinaus im Rahmen des Gesamtkontextes des musikalischen Satzes und der Formbildung als entscheidende Momente des Formgedankens.

Wollten wir nun den Formgedanken der cis-Moll-Sonate aufgrund der Beobachtungen näher umreißen, so ließe sich sagen: Die Idee des zyklischen Zusammenhangs, die in den früheren Kompositionen vor allem durch motivische Beziehungen, durch die sogenannte thematisch-motorische Arbeit und zum anderen durch eine »ausgewogene« Konstellation der Sätze verwirklicht worden war, wird in der cis-Moll-Sonate entschieden durch einen Entwicklungszusammenhang unter den drei Sätzen zur Erscheinung gebracht. Was die drei Sätze in einen Zusammenhang bringt, ist der vom *Adagio* über das *Allegretto* zum *Presto* und parallel dazu von der *piano-* zur *forte*-Region gesteigerte dynamische Zug. In ihm erscheinen die drei Sätze als individuelle Satzgebilde zusammengehalten und zugleich auch vermittelt. Mit einbezogen in diesen Vermittlungs-Prozeß ist auch der Kontrast, der im gesamten Schaffen Beethovens zu den wichtigsten Formmerkmalen zählt. Zur Erscheinungsform der frühen Sonaten Beethovens gehört die »charakterliche« Gegensätzlichkeit zwischen dem Haupt- und dem Seitenthema. Durch »kontrastierende Ableitung«, durch einen latenten motivischen Zusammenhang zwischen den Themen, erscheint der »Gegensatz« vermittelt; und damit war auch im wesentlichen der ästhetischen Vorstellung der Zeit Rechnung getragen, daß nämlich die Einheit eines Sonatensatzes auf der Einheit des Themas beruhe, was nichts anderes meint, als daß die Nebengedanken lediglich Ableitungen des Hauptthemas sind. Beethoven blieb dabei natürlich nicht stehen. Er versuchte auf immer wieder andere und »neue« Weise, den Kontrast als Formgedanken zu exponieren und dabei doch unter den Gesichtspunkt der Einheit und des inneren Zusammenhangs zu stellen. Auch das *Presto*-Finale von op. 27 Nr. 2, als Sonatensatz angelegt, weist eine Gestaltung nach dem Kontrastprinzip auf. Unüberhörbar dabei ist aber, daß die verschiedenen thematischen Gedanken von jener fieberhaften Rasanz durchzogen werden, die dem Satz seinen »einheitlichen« Charakter verleiht. Die Kontrastwirkung in der Beziehung zwischen den thematischen Gedanken erscheint also im Unterschied zu früheren Sonaten gemildert.

Den legitimen Grund dafür dürfen wir darin sehen, daß der Kontrast der Teile und die Vermittlung der kontrastierenden

Elemente in der Sonate op. 27 Nr. 2 ganz wesentlich auf die Ebene der Großform, des Zusammenhangs zwischen den drei Sätzen verlagert sind.

Der gewichtige Kontrast in der cis-Moll-Sonate liegt in der Beziehung zwischen dem I. und dem III. Satz. Vermittelt aber im Sinne der »kontrastierenden Ableitung«, also im Interesse der auf gemeinsamer thematisch-motivischer Substanz beruhenden Einheit, sind auch diese beiden Sätze noch: beidemale nämlich charakteristisch ist der »gebrochene« Akkord, die Auseinanderlegung der Akkordtöne in die zeitliche Aufeinanderfolge. An der Verschiedenartigkeit der Verwendung dieses Mittels ist freilich auch ablesbar, was »kontrastierende Ableitung« hier meint. Im I. Satz erfolgt die Akkordbrechung in Triolenbewegung in gleichbleibender mittlerer Lage, und wenn diese Bewegung im Mittelteil für wenige Takte »ausschert«, dann nur, um sogleich wieder in die Ausgangslage zurückzufallen. Im Finale vollzieht sich die Akkordbrechung als Aufwärtsbewegung. Sie bildet das Grundelement der nach oben gerichteten, in *sf*-Schlägen kulminierenden Bewegungszüge.

In der doppelten Form der Vermittlung – durch »kontrastierende Ableitung« einerseits und durch den dynamischen Entwicklungsstrang andererseits – wird eine besondere Intention erkennbar: Beethoven will sich von der Tradition absetzen und zugleich einen Raum erschließen, in dem das kompositorische Subjekt sich auf neue Weisen zu entfalten vermag. Was gerade die Fantasie-Sonate op. 27 Nr. 2 so deutlich hervortreten läßt, ist Beethovens Bestreben, die einzelnen Sätze des Sonatenzyklus zu einem formal geschlossenen Ganzen zusammenzuschließen. Mehr noch als dies bei Haydn und Mozart der Fall ist, scheint Beethoven dabei von einer Konzeption auszugehen, die von Anfang an die Aufeinanderbezogenheit der Sätze und die Einheit des Satzverbundes im Blick hat.

In dem Maße aber, in dem es Beethoven gelingt, Zusammenhänge zwischen den Sätzen eines Werkes durch eine Vielzahl von Mitteln der Verknüpfung herzustellen, macht er sich frei von der Konvention der Form des Sonatenzyklus, löst er sich von dem Prinzip der Balance zwischen den Sätzen, auf dem gewissermaßen vor Beethoven die »Einheit« mehrsätziger Werke gegründet war. Wo diese Konvention als haltgebende und -versprechende Instanz aber gefallen ist, da werden Form- und Werkgestaltungen möglich, die ganz anders aussehen als die traditionellen Vorläufer. Wichtig und entscheidend aber ist, daß sie als verbindliche Gestaltungen möglich werden; gilt doch alle Auseinandersetzung im Bereich der kompositorischen Technik (und hierzu gehört auch die expansive Entwicklung der Differenzierungen in der Tongebung), dem Ziel der Einheit des Ganzen, und damit der Verbindlichkeit des im jeweiligen Werk sich zur Sprache bringenden kompositorischen Subjekts.

Was Beethoven also an kompositorischer Anstrengung aufwandte – und in welch ausnehmend hohem Maße er sich dieser Anstrengung unterzog, davon zeugen seine Skizzenbücher –, das hat nichts anderes zum Ziel als eine musikalische Gestaltung, die aufgrund ihrer konstruktiven Dimension verbindlichen Charakter aufweist und in der sich somit auch der subjektive Ausdruck verbindlich offenbaren kann. Die Forderung aber, die hinter diesen Anstrengungen und Bemühungen erkennbar wird, geht aus dem Anspruch hervor, die Kraft und Eigenständigkeit des Subjekts, sein Recht auf Freiheit und Selbstverantwortung unter Beweis zu stellen. In dieser Sicht freilich erweisen sich jene beiden Momente an der Sonate op. 27 Nr. 2, die zueinander im Widerspruch zu stehen scheinen, nämlich ihr Fantasie- und Improvisationscharakter einerseits und die sehr wohl streng durchkalkulierte formale Disposition andererseits, als durchaus zusammengehörig. So wie nämlich ersteres die Tendenz repräsentiert, die Formen der Konvention bzw. die latenten Neigungen zu Verfestigen und formelhaften Werkzuschnitten infragezustellen und aufzusprengen, so steht die strenge Konstruktivität musikalischer Gestaltung für die Erfüllung des Autonomieanspruchs und für den Beweis, daß das (kompositorische) Subjekt sich als autonome Instanz in der kompositorischen Struktur »verbindlich« zum Ausdruck zu bringen vermag. Beide Aspekte hängen unabdingbar miteinander zusammen: Denn ebenso wie die Aufbrechung traditioneller Gestaltungsformen notwendige Voraussetzung ist, damit Konstruktivität als Funktion der Subjektivität überhaupt erst zur Geltung zu bringen ist, so ist letzteres ganz unabdingbar gefordert, soll die Infragestellung der konventionellen Formen nicht zur blinden Rebellion verkommen, in der das Subjekt nur gänzlich verliert, was es zu gewinnen trachtet: seine Verbindlichkeit und legitime Rolle als maßgebende und bestimmende Instanz.

Versuche menschlicher Selbstbestimmung
Anmerkungen zu Beethovens *Fidelio*

Fidelio ist die einzige Oper, die Beethoven hinterlassen hat. Weshalb es die einzige Oper geblieben ist, darüber kann man Vermutungen aller Art anstellen. Zu den geläufigsten Argumenten gehört, daß Beethovens Ausdrucksbedürfnis das ihm angemessenste Medium in der »reinen« Instrumentalmusik gefunden habe. Sicher aber ist, daß Beethoven immer wieder Opernpläne hatte, allerdings im Hinblick auf die Frage nach einem geeigneten Libretto regelmäßig auf Schwierigkeiten stieß. Was in allen künstlerischen Fragen für ihn charakteristisch ist, nämlich eine sehr eigenständige Haltung und Zielvorgabe, das zeigt sich auch an seinen wiederholten Versuchen, ein Opernprojekt in Angriff zu nehmen. Über Skizzen kam die Arbeit nie hinaus.

Eine besondere Anziehungskraft übten Stoffe aus der griechischen und römischen Antike auf Beethoven aus. So wissen wir, daß er in den Jahren 1814–16 sich mit *Romulus und Remus,* mit einem Opernplan *Brutus* und mit einem *Bacchus*-Projekt befaßt hat. Besonderes Interesse zieht die Oper dann noch einmal in den 20er Jahren auf sich. Auch kam es nach der sehr erfolgreichen Wiederaufnahme des *Fidelio* am 3. November 1822 zu einer Art Opernauftrag von seiten der Direktion des Kärntnertortheaters, auf den Beethoven auch einging. Er wünschte wieder antike Stoffe, was die Freunde allerdings mit Rücksichtnahme auf den Zeitgeschmack als ungeeignet ansahen. In diesen Jahren kam es auch zu einem engen Kontakt mit Franz Grillparzer, dessen *Märchen von der schönen Melusine* Beethoven lange Zeit zu komponieren erwog. Wahrscheinlich war es der romantische Charakter des Stücks, dem Beethoven nicht gerecht zu werden vermochte und der ihn von der Ausführung des Planes abhielt.

Daß die Opernfrage für Beethoven eine Frage des Librettos und damit eine des Inhalts und des Themas war, enthüllt eine Äußerung dem Dichter Ludwig Rellstab gegenüber, der 1825 mit Beethoven zusammenkam und im übrigen verschiedene antike Texte wie *Attila, Antigone, Belisar, Orestes* zur Vertonung vorschlug: *Es ist schwer, ein gutes Gedicht zu finden – Auf die Gattung käme es mir wenig an, wenn der Stoff mich anzieht. Doch ich muß mit Liebe und Innigkeit daran gehen. Opern wie »Don Juan« und »Figaro« könnte ich nicht komponieren. Dagegen habe ich einen Widerwillen. Ich hätte solche Stoffe nicht wählen können. Sie sind mir zu leichtfertig.*

Beethoven war nicht der einzige, der den *Fidelio*-Stoff vertont hat. Das könnte eigentlich als Argument gegen seine gleichsam exklusiven Vorstellungen dienen. Es gibt zusammen mit der Beethovens insgesamt vier Vertonungen des Buches *Leonore, ou l'amour conjugal* des Franzosen Jean-Nicolas Bouilly. Dem Buch liegt eine wahre Begebenheit zugrunde, die Bouilly als Administrateur zu Tours erlebt hatte. Gleichsam unter seinen Augen hatte die Dame de Touraine als Mann verkleidet ihren Gatten aus dem Gefängnis zu befreien versucht. Bouilly soll dabei die Rolle des Ministers gespielt haben. In seinem überaus erfolgreichen Textbuch verlegte der Dichter dann die Handlung nach Spanien, um Schwierigkeiten mit der Zensur zu vermeiden.

Vertont wurde das Buch zunächst von Pierre Gaveaux. Die Oper wurde am 19. Februar 1798 im Theater Faydeau in Paris uraufgeführt. Unter dem Titel *Leonora ossia L'Amor Conjugale* brachte am 3. Oktober 1804 Ferdinand Paër seine Opernversion in italienischer Sprache in Dresden heraus. Diese Oper wurde dann am 8. Februar 1809 in Wien aufgeführt und mehrmals wiederholt. Beethoven kannte das Werk und besaß eine Abschrift der Partitur. Im Jahre 1805 entstand noch eine zweite italienischsprachige *Leonora*. Sie stammt aus der Feder von Johann Simon Mayr und wurde in Padua aufgeführt.

Die Entstehung des *Fidelio* von Beethoven fällt in die Jahre 1804 und 1805. Die Übersetzung des Textbuches und die Librettoeinrichtung hatte Joseph Sonnleithner übernommen. Die Uraufführung des *Fidelio* fand am 20. November 1805 im Theater an der Wien statt und war bekanntlich ein Mißerfolg. Das führte zu mehreren Überarbeitungen. Seine endgültige Fassung erhielt das Werk dann 1814. Dabei übernahm Friedrich Treitschke die Neueinrichtung des Librettos. Diese Fassung nahm eine so eigenständige Qualität im Vergleich zu der ursprünglichen Oper an, daß man eigentlich von zwei *Leonore*-Opern Beethovens sprechen müßte. Im übrigen legte Beethoven Wert darauf, die Oper *Leonore* betitelt zu wissen. Er gab allerdings der Theaterleitung dann nach, die das Werk, wohl um Verwechslungen mit der Oper von Paër zu vermeiden, mit dem Titel *Fidelio* belegte. Der Name

Fidelio stammt aus Shakespeares Märchenspiel *Cymbeline,* wo er der Königstochter Imogen, die in Männerkleidung ihren Mann sucht, um sich seiner durch Intriganten in Frage gestellten Treue zu versichern, als Deckname dient.

Das Buch von Bouilly hatte zweifellos Sensationscharakter und dürfte nicht zuletzt deshalb dazu verlockt haben, es auf die Opernbühne zu bringen. Seit etwa 1890 gehörte die Rettungs- und Schreckensoper zu den Vorlieben des Publikums. Ihre große Bedeutung und von Frankreich ausgehende Verbreitung muß im Zusammenhang mit den Schreckenserfahrungen der Nachfolgeereignisse der Französischen Revolution gesehen werden. Zu den Komponisten, die der Rettungsoper besonderen Tribut zollten und ihr zu großer Popularität verhalfen, gehören Dalayran, Catel, Méhul und schließlich Cherubini, dessen *Lodoiska* 1802 mit großem Erfolg in Wien aufgeführt wurde und der sich der besonderen Wertschätzung Beethovens erfreute.

Was Beethoven an dem Stoff über seine aktuelle Popularität hinaus besonders angezogen haben dürfte, war wohl, daß sich in seinen Vorstellungen das Rettungsdrama zum Befreiungsdrama erhöhen und sich damit zum Sprachmittel seiner republikanischen Freiheits- und Lebensideale machen ließ. Gewiß nicht ohne Bedeutung für Beethoven dürfte aber auch gewesen sein, daß der Held der Oper eine Frau ist. Wie wichtig gerade dieses Thema der »heldenhaften«, als Mann verkleideten Frau war, belegt im übrigen auch die Vorliebe für Schillers *Jungfrau von Orleans,* beweist aber vor allem dann die Tatsache, daß Beethoven sich noch in zwei weiteren Bühnenstücken mit diesem Thema auseinandergesetzt hat: in *Leonore Prohaska* WoO 96 und in Goethes *Egmont* op. 84.

Das Libretto der *Leonore* ist keineswegs ein Meisterstück. In der Verquickung von Singspielcharakter und heroischem Gehalt, in der Fülle der psychologischen Aspekte bietet es eigentlich eher Probleme als die Voraussetzung zur musikalisch klar zu formenden Prägnanz des Dramas und Herausarbeitung seiner Idee. Allerdings ist es gut möglich, daß gerade die gattungsstilistische Buntheit des Librettos und die verqueren Handlungsmomente für Beethoven eine sogar besonders geeignete Bedingung dafür darstellten, das Thema und die Idee, von der er sich angesprochen fühlte, nämlich die Befreiung und Erlösung des Mannes durch die treue Gattin in Verknüpfung mit der Anklage allen tyrannischen Unrechts, besonders wirkungsvoll und gültig aus dem dramatischen Handlungskontext herauszuschälen und auszustellen.

Beethovens *Fidelio* weist zwei Szenen von unvergleichlicher Größe auf: Leonores Rezitativ und Arie *Abscheulicher! wo eilst du hin!* im I. Akt und die Kerkerarie des Florestan mit vorangehender Introduktion zu Beginn des II. Akts: *Gott! welch' Dunkel hier*. Es sind dramaturgisch gesehen die Zentralpunkte des Dramas. Ihre inhaltlichen Perspektiven werden schließlich durch das Ertönen des Trompetensignals von draußen und durch das anschließende Duett *O namenlose Freude* zusammengeführt und im Sinne der Konflikt- und Spannungslösung zur Erfüllung gebracht. In beiden Arien wird die Ebene der äußeren Handlung verlassen. Leonore und Florestan sind jeweils mit sich allein – und dies im wahren Sinne des Wortes. Die Musik, die Beethoven diesen beiden Szenen gegeben hat, stößt in einen Bereich subjektiver Ausdruckskunst vor und reißt Welten auf, deren Erleben bis dahin etwas Ungehörtes darstellte.

Was ist charakteristisch für die beiden Szenen Leonores und Florestans? – Es sind Monologe – und zwar in einem tiefen Sinn. Der Mensch ist auf sich selbst zurückgeworfen. Er sieht sich in völliger Kommunikationslosigkeit und kann sich in keinem sinnvollen Seinszusammenhang mehr begreifen. Gleichwohl ist in beiden Arien ein Bezug des Menschen zur Welt ausgesprochen. Doch diese Welt wird als bedrohlich und unheilvoll empfunden. Das geht nicht zuletzt aus der musiksprachlichen Fassung der beiden Einleitungsteile hervor: die aufgebrochene Syntax der musikalischen Sprache, die harten Kontraste, die expressive Spannung geben unmißverständlich zu erkennen, daß Beethoven seine Menschenfiguren in eine im höchsten Maße beklemmende Weltstruktur hineingestellt sieht.

Was angesichts dieser als »heillos« erfahrenen Welt bleibt, ist der Rückzug auf das eigene Ich, ist die Anstrengung des Bewußtseins, diese heillose, von »Tigersinn« gezeichnete bzw. in öder Leere bestehende Welt aufzulösen und in eine eschatologisch interpretierte Zukunft der Fülle zu überführen.

Beide Arien belegen diesen Prozeß, und beide Arien zeigen entsprechend diesem Prozeß und im Sinne ihres korrespondierenden Verhältnisses einen ähnlichen formalen Aufbau: den Rezitativteilen folgt jeweils ein *Adagio* – eine Art Gebet –, worauf sich ein schneller Schlußteil anschließt. Der Rezitativteil der Leonore-Arie im I. Akt ist im 1. Abschnitt ganz beherrscht von dem Eindruck des »Bösen«, den die verkleidete Leonore durch den Auftritt Pizarros und seine Abmachung mit dem Kerkermeister

Rocco empfangen hat. Im 2. Abschnitt des Rezitativs lenkt Leonore den Blick weg von der beklemmenden Wirklichkeit, in der sie lebt. Ihr Auge sucht den Himmel, den Stern und damit jenes Licht, das neben Hoffnung auch die Gewißheit über das zu erreichende, sei es noch so ferne »Ziel« gibt. Über dieses »Ziel« gibt schließlich der 3. Teil der Szene, das *Allegro con brio* Auskunft. Es wird begriffen als die Identifizierung mit dem »inneren Triebe« und mit der »Pflicht der treuen Gattenliebe«.

Die zweifache Bestimmung ist von großer Bedeutung: Leonore folgt eben nicht nur der Stimme der Moral und damit der Stimme der Vernunft; sie folgt auch der Stimme des Herzens. Was Leonore sich selbst als Aufgabe vorgibt, ist eine Bestimmung des Menschlichen, in dem Geist und Herz, Gefühl und Verstand zusammenfallen.

Aus dieser aus sich und für sich selbst in der einsamen Konfrontation zur »heillosen« Welt gewonnenen Bestimmung menschlicher Fülle und Ganzheit bezieht Leonore schließlich ihre Kraft, sich dem »Bösen« um sie her entgegenzustellen. Leonores Arie ist in diesem Sinne des Monologs, in dem sich das Ich als der Welt entgegenstehendes Subjekt erfährt und die Bestimmung seines Menschseins vollzieht, die Voraussetzung für die Praxis ihres Handelns. Damit entspricht dieser Monolog in seiner dramaturgischen Schlüsselposition jenem Postulat, das für die klassische Aufklärungsphilosophie so entscheidend wichtig war, nämlich daß die Revolution des Menschen vom Bewußtsein seines Wesens und damit von der Bestimmung des »Menschlichen« ausgehen müsse. Leonores Arie wäre in diesem Sinne, eben als Monolog, in dem sich das Ich über die verpflichtenden Maßgaben seines Handelns klarzuwerden versucht, in Parallele zu sehen zu jenem Postulat der Aufklärer, daß die Revolution im Menschen vom Bewußtsein seines Wesens ausgehen müsse: der Mensch muß, um mit Schelling zu sprechen, theoretisch gut sein, um es praktisch werden und sein zu können.

Liegt Leonores »Zukunft der Fülle« immerhin noch im diesseitigen Bereich, wobei ihr diese Welt nichtsdestoweniger als Fremde erscheint, so ist die Erwartung Florestans auf eine Welt von gänzlich anderer als irdischer Art gerichtet. Die Welt, in die sich Leonore hineingestellt sieht, ist immerhin mit konkreten Figuren, wenn kaum aus ihrer Sicht mit Menschen gefüllt. Es sind allenthalben »fremdbestimmte« Menschen, denen sich Leonore gegenübersieht. Das gilt für Pizarro, der das Opfer politischen Machthungers ist und so zwangsläufig dem Haß und dem Verbrechen verfallen muß. Das trifft aber auch für Rocco zu, der sein Handeln immer an dem mißt, was der ihm auferlegte Befehls- und Pflichtenkodex sagt. Wie gespalten er dabei in seiner Persönlichkeitsstruktur ist, verrät er im II. Akt, im Terzett der Kerkerszene: *Mich rührte oft dein Leiden hier, doch Hilfe war mir streng verboten.* Mit dem Herzen folgt Rocco gleichsam der Stimme des Menschlichen, indem ihn das Leiden rührt. Doch in der Praxis, im Verhalten Florestan gegenüber kann er nicht dieser Stimme des Herzens, sondern muß dem folgen, was ihm die Befehle auferlegen. Fremdbestimmt ist schließlich auch Marzelline, wenngleich wieder in einem anderen Sinne. Bei ihrer Lebenspraxis scheinen die Probleme um sie her kaum existent. Ihre Lebensperspektive ist gewissermaßen naiv und von Konventionen bestimmt, ohne daß dadurch die Aufrichtigkeit ihrer Gefühle für Fidelio in Frage gestellt werden müßte.

Höchstens in Teilmomenten, wie in der emotionellen Betroffenheit, vermögen diese Personen dem Anspruche des Menschlichen zu folgen. Gerade diese Gebrochenheit in den Persönlichkeitsstrukturen aber fordert Leonore dazu heraus, sich dessen, was ein ganzes Menschsein ausmacht, bewußt zu werden und damit eine auf Hoffnung beruhende Perspektive eines »ganzen« Lebens zu gewinnen – eines Lebens, in dem die subjektive Freiheit mit der Forderung nach Befreiung und Freiheit der anderen Menschen aufs innigste verbunden ist.

Anders gelagert ist der Fall Florestans: *Öd' ist es um mich her, nichts lebt außer mir, o schwere Prüfung.* Florestan sieht sich in gänzlicher Einsamkeit und Verlorenheit. Die Beziehung zur Weltwirklichkeit ist ihm vollkommen abgeschnitten. Nur mehr in der Erinnerung existiert für ihn die Weltwirklichkeit und seine Beziehung zu ihr. *Wahrheit wagt ich kühn zu sagen* – in dieser Formel, verknüpft mit der Gewißheit, *meine Pflicht hab' ich getan,* bestimmt sich für ihn der konkrete Inhalt dieser Beziehung. Die Folge seines Wahrheitsanspruches ist seine gegenwärtige Leidenssituation, aus der kein Ausweg möglich scheint und die in ihrer schmählichen Aussichtslosigkeit nur noch ertragbar ist durch die Vergewisserung der Wahrheit, die er zu vertreten wagte. Doch in dem, was Florestan unter »Wahrheit« verstand und versteht, steckt eine Zukunftsperspektive, nämlich der Anspruch auf die Realisierung eines freiheitlichen, von Tyrannenherrschaft entbundenen, menschenwürdigen Lebens. Diesen Anspruch noch auf die irdische Wirklichkeit zu beziehen, muß Florestan angesichts der Gefangenschaft in öder Weltlosigkeit unmöglich erscheinen. Als Perspektive bleibt ihm einzig die Vorstellung einer Erlösung und Freiheit in einem himmlischen Reich. Als dessen Botin erscheint ihm Leonore im Bilde eines Engels. Aus dem aufwühlenden Erlebnis des Ich als einzig verbliebener Einheit in einer total dunklen Welt schält sich als Inhalt der Heilssehnsucht ein Reich heraus, das jenseitiger Natur ist und in dem die Entfremdung der Menschen untereinander und von Gott aufgehoben erscheint.

In der Urfassung von 1805 weist die Florestan-Arie den Schlußteil mit der Aussicht auf ein jenseitiges Freiheitsreich noch nicht auf. Ohne Frage wirft die endgültige Fassung mit dem abschließenden *Allegro con brio* in F-Dur eine entschieden dynamischere Verlaufsform auf. Entscheidend aber ist, daß erst hier die Vision von einem Freiheitsreich in die Arie eingebracht wird und diese dadurch eine neue Dimension erhält. Die neue Dimension betrifft allerdings nicht nur die Arie selbst, sondern greift auch auf die folgende Szene über: Das Traumbild Florestans vom Engel Leonore in der Arie wird in der folgenden Szene in Realität verwandelt: Leonore erscheint Florestan in dieser Vision als Anwältin der im himmlischen Reich herrschenden Liebes- und Vernunftreligion als Botin Gottes. Von hierher gesehen enthält der reale Auftritt Leonores mit ihrer Brot- und Weinreichung an Florestan eine religiöse Symbolik. Leonore erscheint Florestan in der Wirklichkeit als Todbringerin und zugleich damit als Erlöserin seines Elends. Im Hinblick auf das Sich-wieder-Finden in einer anderen, himmlischen Welt, auf die Florestan in seinem Wahn hin gerichtet ist, hat die Szene den Charakter eines Requiems.

Was nun aber besagt Beethovens »Erweiterung« der Florestan-Arie unter dem Aspekt dieser inhaltlichen Bestimmung? Welche Gründe könnten ihn 1814 dazu veranlaßt haben, Florestans Fesselung im Gefängnis durch das gleichsam wahnhafte Bild seiner Erlösung zu beantworten? Es gibt verschiedene Möglichkeiten, Florestans Wahnbild zu deuten. So legt die Formel *o Engel Leonore* durchaus (auch) einen Zusammenhang mit dem Brief an die »Unsterbliche Geliebte« vom Sommer 1812 nahe, was die starke Identifizierung Beethovens mit Florestan voraussetzt, der in der Kerkerstille seiner Zelle ebenso gefangen liegt, wie Beethoven zunehmend im Gefängnis seiner Taubheit eingeschlossen wurde.

Mit dem Abschluß der Briefe an die Unsterbliche Geliebte versagt sich Beethoven jede weitere Aussicht und Hoffnung auf eine zu verwirklichende Liebesbeziehung zur Frau, die seine Existenz mitträgt und sie zugleich als eine – nach dem Verständnis des Bürgertums, das er teilt – soziale Existenz legitimiert. Freilich ist dieser Verzicht auf Liebe nicht so umfassend, daß er jedes Liebesbedürfnis ausschließt und der Sehnsucht nach der liebenden Frau keinen Raum mehr geben würde. Der Brief endet ja mit dem flehentlichen Wunsch: *Bleibe mein treuer einziger Schatz – Liebe mich ... o liebe mich fort.* Beethovens Bedürfnis bleibt – und gerade bedingt durch die Angst vor der Einsamkeit, vor der leeren Öde um ihn – weiter auf die Liebesbeziehung gerichtet. Doch der Ort, wo sie sich zu erfüllen vermag, kann nicht mehr die irdische Existenz sein. Ihre »Erfüllung« liegt im Jenseits, im himmlischen Reich, in jenem durch die Grenze des Todes vom realen Dasein getrennten zukünftigen Leben, dessen Erscheinungsform in der Allegorie des Engelbildes sinnfällig gemacht wird. Florestans Gefängnisexistenz erlaubt keine Hoffnung mehr auf ein irdisches Glück; gleichwohl gibt er die Sehnsucht nach Erfüllung des Lebens durch die Liebe nicht preis; sie lebt für ihn fort im Traum, dessen wahnhafter, orgiastischer Vollzug sowohl die Intensität des Anspruchs wie zugleich den unüberbrückbaren Abstand zur Wirklichkeit zum Ausdruck bringt.

Florestans Ausbruch in die Vision eines befreiten Lebens kann jedoch auch noch in einem anderen, in einem gesellschaftskritischen Zusammenhang gesehen werden. Kennzeichnend für Florestans Zustand ist seine »Gegenwartslosigkeit« im Sinne des Realitätsbezugs. Die Wirklichkeit um ihn her ist öde und leer. Die damit verbundene Einsamkeit vermag er nur zu bewältigen durch die Erinnerung an die Vergangenheit und die Projektion einer erfüllten Zukunft, die utopischen Charakter aufweist. Das Leid, das die Gegenwart seines Gefängnisdaseins bedeutet, zerreißt seine Lebenskontinuität. Die innere Zerrissenheit Florestans reflektiert zugleich aber auch einen Teil der äußeren Wirklichkeit, nämlich deren Öde und Leere, deren »vernunftlosen« und gleichsam »menschlosen« Zustand. Dahinter stehen konkrete Erfahrungen der gesellschaftspolitischen Entwicklung in Deutschland, die darauf hinauslaufen, daß die Folgen der Französischen Revolution die Vorstellung von einer vernunftgemäßen, vernünftigen und menschlichen, gesellschaftlichen und staatlichen Wirklichkeit als reale Möglichkeit verschlungen haben. Es ist bekannt, welche Hoffnungen man in Deutschland zunächst an die Übernahme der Französischen Revolution knüpfte. Doch einerseits fehlte, obwohl es zwischen 1796 und 1800 zu einer Reihe von Umsturz- und Revolutionsversuchen in Südwestdeutschland und Bayern kam, die politisch denkende Klasse zu einer solchen Übernahme. Zum anderen aber führte der blutige Verlauf der Französischen Revolution die intellektuellen Wortführer in Deutschland zur Skepsis und Ablehnung solcher gewaltsamer gesellschaftlicher Veränderungen, ganz abgesehen davon, daß die politisch Denkenden aufgrund des außenpolitischen Anspruchs der Französischen Revolution und schließlich durch die Machtansprüche Napoleons in ein Bündnis mit der antirevolutionären Allianz der europäischen Monarchen getrieben wurden.

Was schließlich in Deutschland unter und nach dem Druck der Napoleonischen Okkupation herauskam, war eine »Revolution von oben«, war eine *Revolution im guten Sinne, gerade hinführend zu dem großen Zwecke der Veredelung der Menschheit, durch Weisheit der Regierung und nicht durch gewaltsame Impulsionen von innen oder außen* (K.A. von Hardenberg im Jahre 1807). In der gesellschaftlichen Wirklichkeit lief dies auf eine politische Herrschaft im Sinne einer mehr und mehr durchstrukturierten Verwaltung unter der Kontrolle eines normativen Gesetzes hinaus. Zugleich zerfiel die Gesellschaft in eine endgültig entpolitisierte freie Wirtschaftsgesellschaft, in der die alte ständische Ordnung in eine Gliederung von Ober- und Mittelschicht überführt war.

Gemessen an den von der Französischen Revolution übernommenen Forderungen eines in Freiheit und Gleichheit geeinten, von feudalen Privilegien und religiöser Bevormundung entbundenen Deutschland trieb die reale deutsche Gegenwart in den ersten Jahrzehnten des 19. Jahrhunderts mehr und mehr in die »Finsternis« (Heinrich Heine). Bezieht man Beethovens *Fidelio* auf den politisch-gesellschaftlichen Zeithintergrund – eine Forderung, der man sich bei der Interpretation dieses Werkes überhaupt nicht entziehen kann –, dann muß die Florestan-Arie als eindrucksvolles Zeugnis der Klage über diese »Finsternis«, über den Riß zwischen dem Anspruch auf eine vernunftregierte Welt und der faktischen Wirklichkeit erscheinen.

Zerrissen ist das Ich Florestans, wenn es den Widerspruch reflektiert zwischen der existentiellen Gefangenschaft und der »Wahrheit«, die er einst zu sagen wagte. In der Urfassung des *Fidelio* bleibt es, wie gesagt, bei dieser Situation. Heißt das, daß Beethoven die Zerrissenheit, die Verlorenheit des Ich in einer unheilvollen Welt als unabänderlich resignierend akzeptiert? Aus der Sicht des Finales der Urfassung kann man dies verneinen. Entgegen der *Fidelio*-Fassung von 1814 findet in der Urfassung noch keine Bildveränderung, keine »Verwandlung« statt. Die Befreiung vollzieht sich im Kerker selbst. Der »Befreier« Don Fernando kommt von draußen herunter, um Licht dem verloren geglaubten Leben zu bringen. Der Ablauf erscheint in der Sicht des Gefangenen als Parallelfall zum »Sturm auf die Bastille«. Man darf sagen: die Lösungen in der Urfassung sind noch von dem Glauben an eine gesellschaftliche Wirklichkeit getragen, die dem Prinzip der Vernunft unterstellt ist und die folglich ein sinnerfülltes Leben realisierbar erscheinen läßt.

Anders liegen die Verhältnisse im *Fidelio* von 1814. Hier spielt das Finale nach einer Verwandlung auf dem Paradeplatz des Schlosses unter freiem Himmel. Florestan und Leonore gehen den Weg nach »oben«, ihre Befreiung vollzieht sich »draußen«. Diesen örtlichen Unterschied kann man gar nicht wichtig genug nehmen, vor allem im Hinblick auf seine dramaturgische Korrespondenz zu Florestans Kerkerarie mit ihrer finalen Vision. In beiden Fällen stellen wir – eben im Unterschied zur Urfassung – eine Bewegung nach »draußen« fest.

Was liegt dieser Bewegung zugrunde? Berücksichtigt man, daß auch die Pizarro-Figur eine bedeutsame Aufwertung im Gesamtkontext erfuhr, daß sie in der engen Bezugsetzung zu Leonore die Welt der Unterdrückung, der Depression, des antiindividuellen Zwangs verkörpert, die durch den Bürokraten und Funktionärstyp Rocco gestützt wird, so wird man sagen müssen: die Beweggründe für diese entscheidenden Änderungen, die Beethoven vornahm, liegen letztlich in der Einsicht, daß die Forderungen der durch die Französische Revolution gewonnenen Menschenrechte gesellschaftlich und politisch überhaupt nicht verwirklicht wurden und daß damit die Aussichten auf eine Übersetzung der Ideale in die Lebenspraxis geschwunden waren. Was dieser Zeit der »fürchterlichen Zeichen«, wie es Goethe ausdrückte, der Gefährdetheit menschlicher Existenz entgegenzusetzen war, war ein radikaler Subjektivismus, war das Ich im Sinne seiner Selbstbestimmung gegenüber der als zerrissen und heillos erfahrenen Welt. Kants *Bestimme dich aus dir selbst,* von Schiller als das größte jemals gesprochene Wort apostrophiert, lieferte dazu die theoretische Basis. Leonores Arie wie die Florestans sind Beispiele solcher Selbstbestimmung aus sich selbst, wobei Leonore den eigenen

Willen durch die Liebe und Hoffnung bestimmt sein läßt, durch Kategorien also, die, wie auch Marzellines Sehnsucht beweist, aus dieser Welt getilgt scheinen. Folglich muß auch Leonore diese Welt der Entmenschlichung wie eine böse Traumwelt erscheinen. Die Vergewisserung des Menschlichen vollzieht sich in ihr als Wille zur Tat, zur Befreiung, zuvor als mitleidende Einfühlung.

Florestans Selbstbestimmung, Versuch der Selbstbestimmung hingegen führt zur Vision, zu einem radikalen Gegenentwurf zur Welt. Er versucht, der Zerrissenheit seines Ich Herr zu werden, indem er ihr den Traum von einem Freiheitsreich entgegensetzt, in dem alle Widersprüche zur Harmonie gebracht sind. Nichtsdestoweniger unterstreicht gerade die Flucht in den Traum den tatsächlichen heillosen und für unheilbar gehaltenen Zustand. Im Traum nur mehr vermag Florestan an seiner Forderung festzuhalten; den Traum braucht er, um nicht an der Vernunftlosigkeit der Welt und an seinem dagegenstehenden Begriff von »Wahrheit« zu verzweifeln und daran zugrunde zu gehen. Den Traum braucht Florestan, um mit sich selbst noch einig sein zu können. Mit sich selbst übereinstimmen kann er nur, wenn auch, um mit Fichte zu sprechen, alle anderen Dinge mit ihm übereinstimmen, oder genauer, wenn sie übereinstimmen mit dem, was ihn selbst in seinem Wesen bestimmt, mit der Vernunft.

Eine solche Übereinstimmung mit anderen Menschen ist nur dann möglich, wie Fichte in seinen *Vorlesungen über die Bestimmung des Gelehrten* ausführte, wenn das Ich ihnen als freies, vernünftiges Wesen begegnen und sich mit ihnen zur völligen Einigkeit und Einmütigkeit vereinigen kann. Dazu ist erforderlich, daß alle Individuen alle ihre Anlagen gleichförmig entwickeln und alle ihre Fähigkeiten zur höchstmöglichen Vollkommenheit ausbilden können und ausbilden. Dann erst ist die Übereinstimmung des einzelnen mit den anderen und daher auch mit sich selbst vollendet, dann erst, durch die Freiheit der anderen, hat ein jeder auch die Freiheit für sich. Bis dahin aber ist das Ich nur insofern frei, als es wenigstens will, daß alles um es herum frei sei.

Gerade von diesem Schlußsatz her gesehen ist Florestans Traum nichts anderes als Ausdruck eben dieses Willens, frei zu sein und alles um sich herum frei zu sehen. Freilich zum Traum sieht er sich gezwungen, da Aussichten auf eine solche Wirklichkeit nicht bestehen.

Nimmt man nun Florestans Arie als Ausgangspunkt einer *Fidelio*-Interpretation und verlängert man den historischen Erfahrungszuwachs Beethovens in die Entwicklung von der Urfassung zur Endfassung weiter bis heute, so wird man sagen können: was da am Ende der Oper als Befreiung ausgewiesen wird, das ist angesichts der gesellschaftlichen Entwicklung tatsächlich nur der Traum davon, was sein sollte. Oder ist es nicht doch mehr als Traum? Ist es nicht doch Demonstration verwirklichter demokratischer Vernunft anstelle feudaler Unterdrückung?

Man würde sich die *Fidelio*-Interpretation tatsächlich zu leicht machen, wollte man den Inhalt der Oper auf den historischen Schnittpunkt 1789 festlegen. Die Umarbeitungen des *Fidelio* zeigen gerade, daß Beethoven sich mit der gesellschaftlichen Entwicklung und deren Problemen nach 1800 sehr intensiv auseinandergesetzt hat. Andererseits wäre vielleicht einzuwenden, daß die Entwicklung zur liberalen Gesellschaft seit dem 19. Jahrhundert eine »vernünftige Freiheit« gebracht hat. Dem ist zuzustimmen – unter der Bedingung allerdings, daß man den Vernunftbegriff ökonomisch definiert. Tatsächlich hat diese liberale Gesellschaft *ihre Mitglieder in Freiheit gesetzt, und jedem Bürger wird zugestanden, frei über sich selbst zu bestimmen, allerdings nun nicht nach der für alle gleichen Vernunft, sondern gemäß dem für alle gleichen Recht, das einem jeden erlaubt, soviel zu kaufen, wie er zu verkaufen hat; und wer nichts besitzt außer sich selbst, dem ist, wenn er Glück hat, noch die Gelegenheit gegeben, sich selbst zu verkaufen – oder vielmehr den einzig verwertbaren Teil seiner selbst, seine Arbeitskraft; und er bekommt dafür ..., was diese seine eigene Arbeitskraft und die seiner Mitlebenden durch die Kosten ihrer Reproduktion ihm wert geworden ist* (Friedrich Tomberg, *Politische Ästhetik,* 1973).

Der umfassende Anspruch, den man um 1800 an die Idee der Freiheit und der Selbstbestimmung des Menschen knüpfte, wurde, so dürfen wir sagen, nicht eingelöst. Am eindringlichsten wird dies nicht zuletzt durch die Kunstentwicklung im 19. Jahrhundert belegt, vor allem auch durch die Entwicklung der Musik. Hier überlebt, überdauert dieser Anspruch, wird er aufrecht gehalten, wenngleich er durch die zunehmende Autonomisierung des Kunstwerks schließlich vollkommen losgetrennt wird von den Belangen der Wirklichkeit. Im Erleben des Kunstwerks vermag das Individuum humanitäre Ansprüche nachzuvollziehen, werden Freiheit und Schönheit schließlich als seelische Qualitäten empfunden. Sehen wir es umgekehrt von der Autonomie des Kunstwerks her, so belegt gerade sie, daß die kritisch-revolutionäre Kraft des Ideals von einstmals, gefesselt in die Schönheit ästhetischer Ordnung, eingefroren bzw. in ästhetischen Fortschritt umgemünzt wurde und in der Funktion als seelischer und ideeller Wert mehr und mehr aufging. Kunst wird, und eben Musik seit Beethoven in besonderem Maße, zum Gegenbild dessen, was in der gesellschaftlichen Wirklichkeit geschieht, wobei oft gerade bei Beethoven, denken wir an die 5. oder 9. Symphonie, dieses Gegenbild als Konsequenz der Gefährdetheit menschlicher Existenz in dieser konkreten Welt herausgefordert wird. In diesem Sinne entspricht Kunst, eben als Gegenentwurf zur gesellschaftlichen Praxis, der Vision Florestans. Hier wie dort werden Gegenwelten entworfen, um an der Zerrissenheit und Entfremdung des Ich in der Wirklichkeit nicht zugrunde zu gehen. Und wie das Finale des *Fidelio* aus der Sicht Leonores und Florestans, denen in der Finsternis des Lebens realiter nichts bleibt als die private Liebe, als Traum erlebt wird, als Heraufdämmern einer Welt, in der Entfremdung und die private Liebesbeziehung in ein umfassendes Zueinanderfinden der Menschen aufgehoben sind, so darf man zahlreiche Werke Beethovens eben als Zeichen der Hoffnung und der Sehnsucht ansehen, daß die materielle Welt entsprechend der Forderung nach allgemeiner Befreiung des Individuums verändert und verbessert werde. Beethovens künstlerischer Werdegang, dabei auch die Tatsache, daß es trotz vieler Bemühungen bei einer einzigen Oper blieb, legt die Annahme nahe, daß er selbst sich bewußt war, welche große Aufgabe der Kunst auferlegt war, nämlich diese Hoffnung und diesen Anspruch auf eine vernunftbestimmte Welt lebendig zu halten.

Wir haben festgehalten, daß die Endfassung des *Fidelio* an mehreren Momenten deutlich macht, daß das Ich aus der Gefährdetheit menschlicher Existenz heraus nach der Möglichkeit sucht, sich selbst nicht zu verlieren. Als eine solche Möglichkeit der Selbstbestimmung, als ein Weg der Rettung erschien Florestan die Vision vom Engel Leonore und von einem himmlischen Reich. In der Sicht Florestans ist die Gattin Leonore gleichsam der letzte Bürge für die Möglichkeit von Kommunikation. Ihr Bild ist in Florestans Vorstellung unlöslich mit dem Freiheitsreich verknüpft. Aus Leonores Sicht sehen die Verhältnisse jedoch anders aus. Ihr Auftreten hat gar nichts Engelsgleiches, sondern dadurch, daß sie sich als Mann verkleiden muß, um ans Ziel zu gelangen, sogar etwas Perverses. Ihre emanzipatorische Entfaltung vollzieht sich in diesem Sinne unter einem Anwurf von Prüfungen, die sie mehr und mehr ihrer Identität zu berauben drohen. In ihrer Arie entwickelt Leonore schließlich aus der Konfrontation zu Pizarro ihre Selbstbestimmung, wobei diese neben der Liebe durchaus jener Vernunft unterstellt ist, die nach Kant besagt, daß es im Menschenleben auf den Menschen ankommt, und zwar auf den einen wie auf den anderen gleichermaßen, daß wir also keinen Menschen zum bloßen Mittel für unsere eigenen besonderen Zwecke herabwürdigen dürfen, sondern daß die Menschheit selbst Zweck unseres Handelns sein muß. *Fidelio* weist die hier ausgesprochene Problematik exemplarisch aus: Im Mit- und Nacherleben dessen, was Gefangenschaft bedeutet, gewinnt Leonore einen umfassenden Begriff von Menschsein. Vom Finale des I. Aktes her, von ihrer Identifizierung mit dem Leiden der Gefangenen her, wird verständlich, daß in der Kerkerszene im II. Akt die private Beziehung vorübergehend unwichtig wird, daß sie in Florestan die Menschheit schlechthin sieht, der sie sich verpflichtet fühlt. Andererseits kommt auch Leonore im Zuge ihrer Bemühungen nicht darum herum, Wahrheit zu verschweigen und damit einen dritten Menschen, nämlich Marzelline, letztlich zum »bloßen Mittel« für ihren besonderen Zweck zu degradieren.

Beethovens *Fidelio* in der ersten Fassung von 1805 weist eine Szene auf, die im Sinne der Problematik von Leonores emanzipatorischer Entfaltung von großer Bedeutung ist. Gemeint ist das Rezitativ zwischen Florestan und Leonore vor dem Duett *o namenlose Freude*. Leonore fällt nach dem Abgang von Pizarro und Rocco gemäß Regieanweisung in Ohnmacht. Es ist, als markierte dieser Ohnmachtsanfall die Grenze dessen, was für Leonore möglich ist, und zwar in mehrerlei Hinsicht. Er bildet den Grenzstein zwischen einem Sein als Heroin und als liebende Frau. Die Ohnmacht und das Erwachen daraus wird zum Ausgangspunkt eines Neubeginns ganz persönlicher menschlicher Beziehung. Leonore und Florestan – vormals jeder für sich geistig einsam, überall fremd und überall in der Fremde – entdecken sich neu. In der Privatheit ihrer Bindung, die erst wieder neu sich fügen muß, erfüllt sich somit Menschsein, nicht in der Abstraktheit eines Begriffes von Humanität. Wie diese Bindung, wie die Gewißheit des Ich durch die Entdeckung des liebenden Du neu gewonnen wird, das hat Beethoven in diesem Rezitativ großartig formuliert, indem sowohl die sprachliche wie die musikalische Gestaltung von gleichsam rudimentären Formeln ausgeht, als wäre Sprache als Medium der Kommunikation erst wieder neu zu entwickeln. Die Oboe fixiert dabei jenen Bereich des »Unglaublichen«, des Visionären, in den sich Florestan vorher in seiner Arie geflüchtet hatte. Jetzt, angesichts der Wiedergewinnung wird der Oboenklang, der im Finale zu den Worten *o Gott, welch ein Augenblick* noch einmal das Klangbild charakterisiert, zum Symbol der Liebe, die als bewegende Kraft das Unmögliche doch möglich zu machen vermag.

Leonores Ohnmachtsanfall aber weist noch einen weiteren sehr wichtigen Aspekt auf. Er bedeutet letztlich doch auch so etwas wie die Kapitulation vor einem Tabu. Besagt er zunächst aus physiologischer Sicht, daß Leonore gleichsam »übermenschliche« Anstrengungen auf sich genommen hat, so legt er schließlich doch klar, daß Leonore durch ihr männliches Rollenspiel weit über die Grenzen ihres weiblichen Selbstverständnisses gegangen ist. Der Ohnmachtsanfall bildet jene Markierung, jenseits derer sie wieder ihr Selbstverständnis als Frau, d. h. als auf den Mann bezogene Gattin gewinnt; notgedrungen gewinnen muß, denn die Welt, in der sie lebt, akzeptiert dieses Rollenspiel nur unter dem Aspekt der Gattentreue, wie das Finale dann deutlich macht, nicht unter dem Gesichtspunkt einer zur Gattenliebe alternativen Selbstverwirklichung. Hier wie auch in der Frage nach dem Schicksal Marzellines liegen Punkte vor, die den *Fidelio* aus heutiger Perspektive in ein kritisches Licht rücken. Selbst im Traum von einer anderen und harmonischen Welt bleiben Schatten.

»Wahre Kunst ist eigensinnig«*
Zur Idee der Variation bei Beethoven

Wahre Kunst ist eigensinnig [. . .] *läßt sich nicht in schmeichelnde Formen zwängen.* So notierte Beethoven 1820 in ein Konversationsheft. In diesem Satz ist festgehalten, was er als sein kompositorisches Programm begriff und wovon seine Werke – als einzelne ebenso wie als Ganzes – exemplarisch Zeugnis ablegen. Was aber besagt das? – Doch dies, daß nach Beethovens Bekenntnis Komposition im Sinne ihres wahren Kunstcharakters Ansprüche zur Geltung bringt, die die als Selbstverständlichkeiten angesehenen, durch Tradition und Konvention bedingten, feststehenden Gattungsnormen und Formen übersteigen und zugleich dadurch in Frage stellen.

Tatsächlich gewinnt bei Beethoven das musikalische Werk als »Komposition« eine jeweils so »eigensinnige« Qualität, daß es zugleich den Charakter des »Einzigartigen« annimmt. Überschaut man die wichtigsten Werkreihen, die neun Sinfonien, die sechzehn Streichquartette, die zweiunddreißig Klaviersonaten, so wird man unschwer feststellen, daß kein Werk und kein Satz jemals derart wiederholt wird, daß man von einer Kopie oder auch nur von einer Variante sprechen könnte. Niemals findet sich in Beethovens Entwicklung so etwas wie die Ausprägung eines Formmodells, das dann für die nachfolgenden Arbeiten Verbindlichkeit im Sinne eines kopierbaren Musters gewänne. Wohl ist die Aufgabenstellung bei vielen Werken durchaus gleich, wohl bleibt Beethoven auch dem treu, was man seine Idee der Form nennen könnte – doch die kompositorischen Lösungen fallen immer wieder anders aus. Um ein Beispiel zu geben: eine zentrale Formidee Beethovens ist es, einen musikalischen Satz sowie den Zusammenhang der Sätze als einen Prozeß zu gestalten. Doch wie verschieden ist diese Idee der Prozessualität der musikalischen Form in Werken wie der 3., 5. oder der 6. Sinfonie verwirklicht! Auch die drei letzten Klaviersonaten op. 109, 110 und 111 sind der Idee prozeßhafter Formgestaltung verpflichtet. Und wieder: wie sehr unterscheiden sie sich

* Erstmals veröffentlicht im Programmheft des Beethovenfestes Bonn 1980

voneinander und wie groß ist der Abstand zu den mittleren Sonaten, der »Waldstein-Sonate« beispielsweise.

Ganz abgesehen von den Unterschieden zwischen den einzelnen Sonaten hat in diesen Spätwerken insgesamt die Idee der Prozessualität eine inhaltliche Verwandlung erfahren. Von den Finalapotheosen, wie sie charakteristisch für zahlreiche Werke der mittleren Schaffensperiode sind, ist da nichts mehr zu spüren; und musikalische Entwicklungsform ist hier in den Sonaten nicht nur kompositionstechnisch auf eine neue und andere Art eingelöst; sie ist auch aus einer Sicht entworfen, deren künstlerische, ethische und auch biographische Voraussetzungen sich inzwischen verändert haben. Dies zu betonen erscheint deshalb wichtig, weil gerade bei Beethoven künstlerische Entwicklung, Welt- und Menschenbild sowie Lebensgeschichte in einem engen Wechselverhältnis stehen.

Änderung in Beethovens Schreibweise, in seiner »Manier« zu komponieren bedeutet also keineswegs nur Änderung auf gleichsam von der eigenen Lebenswirklichkeit abgehobener und losgetrennter Ebene. Der Drang dazu, »eigensinnige« Kunst zu machen und somit die künstlerische Arbeit auch dem damit verbundenen Druck auszuliefern, nämlich nach dem unwiederholbar eigensinnigen Werk das neue, wiederum unwiederholbar eigensinnige Werk schaffen zu müssen, liegt gewiß in der Dynamik der Beethovenschen Persönlichkeit begründet. Allerdings ist diese Dynamik im Falle Beethovens nicht nur Ausfluß einer individuellen Persönlichkeitsstruktur. Sie ist nicht nur Charaktermoment, sondern darüber hinaus und vor allem Funktion einer wesentlich sozial geprägten Persönlichkeitsstruktur. Der ungewöhnlich aktive, dynamische Zug an Beethovens Persönlichkeit und in seinem Werk ist motiviert durch Antriebe, die solche des gesellschaftlichen Ganzen seiner Zeit sind. Er selbst hat in diesem Sinne argumentiert; 1801 bereits bemerkte er einmal: *Der Einzelne repräsentiert ebenso das Gesamtleben der Gesellschaft, wie die Gesellschaft nur ein etwas größeres Individuum vorstellt.*

Der Zusammenhang, in dem Beethoven Individuum und Gesellschaft sieht, wirft ein helles Licht auf sein Kunstverständnis und auf seinen anfangs zitierten Anspruch von der »wahren Kunst« als »eigensinniger« Kunst. In der »Eigensinnigkeit« wie auch in dem bekannten Votum *allein Freiheit, weiter gehn ist in der Kunstwelt, wie in der gantzen großen Schöpfung Zweck* artikuliert sich der Emanzipationswille der bürgerlichen Gesellschaft, ihr Anspruch auf Überwindung und Abstreifung der »alten« feudalistischen Ordnung. Unterwarf diese alte Ordnung den einzelnen einem aus der Hierarchie des gesellschaftlichen Gesamtgefüges abgeleiteten Regelzwang, der die Macht des Allgemeinen über das Individuum unter Beweis stellte, so stützte sich geradezu im Gegenzug die bürgerliche Emanzipationsbewegung auf das Recht des Individuums gegenüber dem Allgemeinen.

Beethoven hat dieses Recht und diesen Anspruch des Menschen auf seine subjektive Individualität im Bereich der Musik – übrigens auch in seiner eigenen Lebensgeschichte – auf eine exemplarische Weise zur Geltung gebracht. Das mag mit ein Grund für die fortgesetzte Faszination sein, die Beethovens Musik bis heute ausübt; ausübt in Gesellschaften, die in ihren Mechanismen der Lebenspraxis immer mehr dazu tendieren, die Rechte des Menschen auf »Eigensinnigkeit« des Lebens zu kürzen. Andererseits aber bleibt zu bedenken, daß sich bei Beethoven, d.h. in seinen Werken, der Anspruch auf »Eigensinnigkeit« und »Freiheit« der Kunst nie verselbständigt, in dem Sinne, daß das in der Komposition wirksame Subjekt sich als vollkommen freie, nur durch sich selbst bestimmte und nur sich allein verantwortliche Instanz bestimme und begreife.

Gerade dies gilt für Beethoven nicht; und das unterscheidet ihn auch von so manchen künstlerisch-subjektiven Allmachtskonzepten, die in seiner Nachfolge im 19. und 20. Jahrhundert dann geboren wurden. Auch für das Spätwerk trifft nicht zu, daß hier in der Durchbrechung und Überschreitung traditioneller Formgestaltung Subjektivität absolut gesetzt sei, auch wenn die entsprechende Anschauung weit verbreitet ist und mit Vorliebe dann vertreten wird, wenn es gilt, die Abhebung von der Tradition und die radikale Auflösung und das In-Frage-Stellen des überkommenen Musik-Begriffs in der Neuen Musik durch den Rückbezug auf das Beethovensche Spätwerk zu legitimieren. Unverkennbar ist, daß es Beethoven auch in seinem Spätwerk *um die werkhafte Legitimierung eines in der Tradition des klassischen Komponierens gegebenen Allgemeinen, um die Herstellung allgemeiner Verbindlichkeit* ging (Stefan Kunze in: *Beethoven-Jahrbuch 1973/1977*).

Wie aber realisiert sich für Beethoven »wahre«, »eigensinnige« Kunst dann, wenn nicht in der fortschreitenden Durchdringung und schließlichen Aufhebung tradierter Formen durch die Kraft und Gültigkeit subjektiver kompositorischer Setzung und Arbeit? Die Frage, in diesem Sinne einer Auflösung und damit Negation der Tradition bejaht, führt im übrigen zu dem kaum haltbaren Schluß, daß sich erst im schwer faßlichen Spätwerk Beethovens Kunstanspruch erfülle, die Werke der früheren Phasen hingegen nur Vorformen und Entwicklungsstufen darstellten. Dagegen ist einzuwenden, daß Schwerfaßlichkeit keineswegs ein Charakteristikum war, durch das sich im Urteil der Zeitgenossen erst und nur das Spätwerk Beethovens auszeichnete.

Der Einwand, »nicht allgemein faßlich« und schwierig zu sein, traf auch frühe und mittlere Werke. Ungewohnt komponierte Beethoven immer – gemessen an dem, was sich in den zeitgenössischen Hörern an gewohnten Formen und an Tradition festgesetzt hatte. Doch die gewohnten Formen bilden dabei die Folie, den Hintergrund, von dem sich das »Neue« abhebt und als ungewohnt zu artikulieren vermag. Gerade in dieser auskomponierten und gleichsam immer wieder zum Thema gemachten Spannung von Gewohntem und Ungewohntem, von Traditionsbindung und Auflösung dieser Traditionen gewinnen Beethovens Werke aber das, was ihre »eigensinnige« Qualität ausmacht. »Eigensinnigkeit« der Form bedeutet also nicht einfach Negation tradierter »schmeichelnder Formen« – in dem Sinne, daß sich Beethoven auf die entsprechende Tradition gar nicht einließe. Er läßt sich im Gegenteil immer auf sie ein. Doch er behandelt sie auch nicht als etwas schlechthin Vorgegebenes und darin Verbindliches, sondern als Gegenstand, der in seinen Material- und Formaspekten aufgelöst und den Ansprüchen des subjektiven Bedürfnisses unterworfen wird. Gleichwohl bewegen sich diese Ansprüche immer in einem Rahmen von »allgemeinen« Verbindlichkeiten, wie Beethoven etwa im Falle der Sinfonie nie die Viersätzigkeit preisgibt. Darin zeigt sich, daß der Anspruch auf »Eigensinnigkeit« eben nicht blind egoistischer Natur ist. Er ist vielmehr Ausdruck des von der Aufklärungsphilosophie her bestimmten Menschen- und Gesellschaftsbildes, nach dem das menschliche Subjekt als intelligibles Gattungssubjekt gedacht ist: Selbstbestimmung und Selbstverwirklichung des Subjekts werden begriffen als Maxime potentiell aller Menschen, die diese Selbstverwirklichung eben als Gattungssubjekte betreiben, d. h., sie aufeinander beziehen und diese Aufeinanderbeziehung im gegenseitigen Interesse durch das »moralische Gesetz« steuern.

Zu jenen Formen, an deren Behandlung durch Beethoven vielleicht am deutlichsten hervorgeht, was Komponieren unter dem Aspekt der Behauptung der »Eigensinnigkeit« der Kunst als eines schöpferischen Werkes und damit im Zusammenhang des Selbstbewußtseins des künstlerischen Subjekts bedeutete, gehört die »Variation«.

Im späten 18. und beginnenden 19. Jahrhundert war es ausgesprochen Mode, Variationen zu komponieren, so daß manch einem Rezensenten, wie es 1799 in der *Leipziger Allgemeinen Musikalischen Zeitung* heißt, *das Variationengeleyer nachgerade zum Ekel geworden ist.* Gleichwohl liebte man es, bekannte Melodien mit nachfolgenden Veränderungen zu hören, und es ist nicht übertrieben, wenn man feststellt, daß die Variationenreihe um 1800 eine Gattung war, deren Adressat man als »Massenpublikum« bezeichnen könnte. Sie verkörperte das, was Beethoven, der im übrigen auf diesem Gebiet durchaus auch seine Beiträge leistete, »schmeichelnde Form« nennt.

1802 komponierte Beethoven zwei Variationenzyklen über eigene Themen (op. 34 und op. 35), von denen er in einem Brief vom Oktober desselben Jahres sagt, sie seien *auf eine wirklich ganz neue Manier bearbeitet.* Diese »neue Manier« – auf die Variationen op. 35, die sogenannten »Eroica«-Variationen, bezogen – besteht im wesentlichen in zwei miteinander zusammenhängenden Unternehmungen. Zum einen wird das Thema nicht als eine fertige und vorgegebene Gestalteinheit exponiert, es wird vielmehr stufenweise von Grund an aufgebaut, wobei die einzelnen Elemente und Strukturmomente, die das »eigentliche« Thema ausmachen bzw. konstituieren, zunächst getrennt voneinander vorgestellt und sukzessiv in einen Zusammenhang gebracht werden. Beethoven macht hier etwas wirklich Erstaunliches. Er denkt durchaus in der Kategorie des »Themas« wie seine Zeitgenossen. Aber er baut das Thema auf aus einem gleichsam voraussetzungslosen Beginnen. Der Komponist stellt sich damit selbst als Baumeister des Themas vor; er »exponiert« nicht ein Fertiges, sondern er führt den Aufbau eines Themas vor und unterwirft somit vom Anfang her das Thema der Verfügungsgewalt des kompositorischen Subjekts. Er macht auf diesem Wege aber nicht nur das eigentliche Thema, das schließlich fertige Themengebilde zum Gegenstand der folgenden Variationen. Vielmehr wird der Aufbau des Themas, seine sukzessive Zusammenfügung in ihrer auskomponierten Entwicklung selbst zum Thema des dann folgenden Variationsverfahrens.

Das andere neue Moment an diesem Werk: Beethoven ersetzt die traditionelle Technik der von Variation zu Variation wechselnden Figurierung des Themas durch »thematische Arbeit«. Die

Variationen werden auf der Verarbeitung der verschiedenen Teilmomente des Themas aufgebaut.

Die einzelne Variation gewinnt dadurch im Vergleich zur Tradition eine völlig neue Bedeutung: ihr wächst ein Eigengewicht und damit Selbständigkeit zu, wobei diese Selbständigkeit durchaus abgesichert ist und vor Isolierung dadurch geschützt bleibt, daß es ja immer Teilmomente der »thematischen Konfiguration« (Carl Dahlhaus) sind, auf die zurückgegriffen wird.

Der prozessuale Zusammenschluß dieser Teilmomente im Thema aber zeichnet vor, was für den Variationenzyklus insgesamt als das entscheidend Neue festzuhalten ist: durch die Befreiung der Variation von der Forderung, etwas fertig Vorgegebenes zu paraphrasieren und dadurch immer aufs neue als verbindlich Gegebenes unter Beweis zu stellen, sowie durch die dadurch sowohl ermöglichte wie erforderliche Gewichtung und Verselbständigung der einzelnen Variationen erhält die Folge, die Reihe der Variationen eine vom Ausgangspunkt wegführende Tendenz. Die für die Tradition typische Reihungsform des Variationensatzes wird von Beethoven in op. 35 in eine Entwicklungsform umgewandelt. Deren entscheidendes Kriterium ist die Akzentuierung des Abschlusses durch die Einführung eines Fugenfinales; dadurch wird die vom Anfang der Komposition wegführende Tendenz der Verläufe und die Umwandlung der Reihungsform in eine final gewichtete Entwicklungsform unterstrichen und zusammengefaßt.

Mit dem neuen Variationsverfahren in op. 35 hat Beethoven die Gattung Variation auf ein gegenüber der Tradition ungeahnt hohes Niveau gehoben. Indem er in die Variation die thematische Arbeit als jene Technik einführte, die »hohe Kunst« konstituierte, verlieh er der Gattung der Variation die Würde eben dieser »hohen Kunst«. Dank seines »eigensinnigen« Umgangs mit dem überlieferten Schema bewahrte Beethoven aber auch diese Gattung und damit verbunden das Prinzip des Variierens vor dem rücksichtslosen, kommerziell begründeten endgültigen Verschleiß.

Die Umformung und Verwandlung der Variation und des Variationsverfahrens bedeuten für Beethoven aber auch neue Verwendungsmöglichkeiten. Die Variation läßt sich jetzt auch in jene Werkkonzepte einbringen, in denen sich bis dahin Variationen als Fremdkörper ausgenommen hatten. Es ist klar, daß dadurch solche Werkkonzepte aber auch ganz neue Perspektiven gewinnen. Es ist sicher kein Zufall, daß Beethoven das »Thema« der Klaviervariationen op. 35, in denen es ihm gelungen ist, das Variationsverfahren auf der Grundlage thematischer Arbeit für die Idee der Entwicklungsform nutzbar zu machen, dem letzten Satz der »Eroica«-Sinfonie zugrunde legt, um darauf einen finalen Variationensatz aufzubauen. Auch hierin bestätigt sich wieder die Umwandlung der alten Variationsform. Deren angestammter Ort waren daneben, daß sie als separate Form vor allem dem Klavier oder kleineren Ensembles zugedacht war, das Streichquartett und konzertante Werke gewesen. Die Veränderungen, die Beethoven an der Variationsform vorgenommen hatte, ermöglichten die Integration der Variation in die Sinfonie. Mit dieser Übertragung aber verknüpft Beethoven zugleich auch den der Variationsform anhaftenden sozialen Aspekt, nämlich eine Form für das »Massenpublikum« zu sein, mit der Idee und dem Anspruch der Sinfonie, nämlich zu einem Publikum zu reden, das gleichsam die Menschheit repräsentiert. Daß Beethoven dabei eben das, was im Begriff der »Variation« enthalten ist: Vielfalt, Veränderung usw., kompositorisch realisiert, läßt deutlich werden, wie sehr sein kompositorisches Denken durch soziales und gesellschaftspolitisches Bewußtsein geprägt ist.

Eine besonders wichtige Rolle spielt die Variationenform schließlich im Spätwerk, was darauf hinweisen dürfte, daß das Verfahren der Variation dem alternden Beethoven besonders geeignet erschien, noch einmal seinen Anspruch auf die »Eigensinnigkeit« seiner Kunst mit aller Deutlichkeit unter Beweis zu stellen. Das bedeutet aber zugleich, daß am Variationsverfahren – sowohl für sich allein als auch im Satzverbund des Werkganzen, als auch in Verbindung mit der Fuge, die gleichfalls im Spätwerk zentrale Wichtigkeit erlangt – für Beethoven wiederum ein wesentlicher Aspekt seiner künstlerischen Idee sinnfällig gemacht werden konnte.

Variationensätze stellen der 3. Satz und das Finale der 9. Sinfonie dar. Die Klaviersonaten op. 109 (dreisätzig) und op. 111 (zweisätzig) schließen mit Variationen. Die Streichquartette op. 127, 131, 132 und 135 enthalten Variationen. Dabei fällt auf, daß nicht alle diese Variationensätze auch als solche bezeichnet sind. Der Grund mag darin liegen, daß solche Variationensätze in sich noch andere Formaspekte aufnehmen. So kann beispielsweise im Falle des Finales der 9. Sinfonie von einer mehrfachen Formbedeutung gesprochen werden, insofern hier Kantate, Variation und Rondo miteinander verschränkt sind. Ganz anders hingegen ist wiederum der *Adagio*-Satz des Quartetts op. 127 gestaltet. Hier sind verschiedene formale Aspekte wie Zwei- und Dreiteiligkeit sowie Variationenreihe auf so komplizierte Weise ineinander verschlungen, daß man im Hörvollzug überhaupt nicht mehr wahrnehmen kann, was für einen Form-Eindruck entscheidend ist: nämlich Gliederung, klare Abgrenzungen. Wo charakteristische Eigenprägungen in den einzelnen Variationen wahrnehmbar werden, da sind sie doch eingebettet in einen kontinuierlichen Entwicklungsfluß, der von Anfang an einsetzt, so daß man eigentlich von einem Thema und von anschließenden Variationen nicht mehr sprechen kann. Als Thema dieses Satzes erscheint vielmehr ein stetiges Werden und Fließen, das am Ende dann gerade dadurch pointiert und noch verstärkt bewußt gemacht wird, daß dieses Fließen in Löcher abzustürzen scheint. Diese »Löcher« kadenzieren gleichsam den potentiell »unendlichen« und offenen Verlauf; sie holen die Musik wieder in die Dimension des zeitlich begrenzten Maßes zurück.

Was Beethoven hier mittels Variationsverfahren sinnfällig macht, ist die Möglichkeit der »Grenzüberschreitung«, des Transzendierens fester Bindungen und Beziehungsgefüge, ohne allerdings, wie auch die Einbindungen solcher Sätze in die Werkganzheit zeigen, einem Sich-Verlieren ins Grenzenlose zu verfallen.

Von wiederum ganz anderer Gestaltungsart ist jenes Werk, das als selbständige Variationenkomposition die Bedeutung des Variationsprinzips für Beethoven nachdrücklich unterstreicht: die *Dreiunddreißig Veränderungen über einen Walzer von Anton Diabelli für Klavier* in C-Dur op. 120. Dieses Werk entstand in den Jahren 1819 bis 1823 und zeigt auf eine exemplarische und höchst »eigensinnige« Weise, daß die Variation bzw. die Veränderung als kompositorische Technik für Beethoven ihren zentralen Stellenwert letztlich deshalb hat, da durch sie die Möglichkeit der Grenzüberschreitung im Bezugsrahmen der nie preisgegebenen und als »klassisch« geltenden Dialektik von Einheit und Vielfalt, von festgefügter Konstruktion und freier Phantasie überzeugend zu ermitteln und zu vermitteln war.

Den Diabelli-Variationen ist ein Thema von fremder Hand vorgegeben. Der Ausgangspunkt der Komposition entspricht damit dem des traditionellen Variationsverfahrens. Doch was Beethoven aus dem simplen Thema macht, das geht weit über die Tradition hinaus. Nicht darum ist es ihm zu tun, das Vorgegebene als unveränderlich zu bestätigen. Teilmomente des Themas wie das Auftaktmotiv über die Repetition des gleichbleibenden Klanges usw. werden vielmehr zum Anlaß einer Freisetzung der Phantasie genommen, die sich in einer potentiell unbegrenzten Fülle von höchst individuellen Gebilden, von Charaktervariationen niederschlägt. Wie bestimmend das Prinzip der Individualisierung der einzelnen Variationen ist, geht schon daraus hervor, daß Beethoven jeder Variation eine eigene Tempo- und Charakterbezeichnung gegeben hat; und wie konzessionslos dieses Prinzip verfolgt und von Beginn an gegenüber dem Thema als einer vorgegebenen Gestalteinheit und Bezugsgestalt vertreten wird, zeigt gleich die erste Variation: der Walzercharakter ist zu einem Marschcharakter, der Dreivierteltakt zu einem Viervierteltakt »verändert«.

Der Prozeß, der damit sofort zu Beginn eingeleitet wird, realisiert sich somit als Folge von ständig neuen und »eigensinnigen« Formungen der im Thema exponierten Strukturelemente, ohne daß die ganzheitliche Bezugsgestalt des vorangestellten Diabelli-Walzers noch einmal als substanzielles Gebilde eine Geltung vorzeigen dürfte. Es liegt nahe, daß bei einer solchen Freisetzung der Phantasie, bei solcher Individualisierung der einzelnen Variation der formale Zusammenhang, der Ganzheitscharakter der Komposition aufs stärkste gefährdet wird, zumal dann, wenn sich die Phantasie- und Assoziationsfähigkeit sogar die Einbringung des *Notte e giorno faticar* aus Mozarts *Don Giovanni* gestatten darf. Die Tatsache freilich, daß dieses Thema aufgrund seiner Quartsprünge, die den assoziativen Zusammenhang mit dem Diabelli-Thema konstituieren, eine Variation bestreiten darf, es aber keineswegs als Thema stehenbleibt, sondern der verarbeitenden Verfügungsgewalt unterworfen wird, pointiert gleichsam das, was den gesamten Zyklus durchzieht und als ein entscheidendes Charakteristikum auch wahrgenommen wird: das durch den Bezug auf die im Walzerthema exponierten Material- und Strukturelemente ständig sich-selbst-bewußte Spiel mit Möglichkeiten des musikalisch Sagbaren.

Beethoven beläßt es allerdings nicht dabei, die in den Variationen in gleichsam unendlicher Fülle von Möglichkeiten sich entfaltende Subjektivität offen und unbegrenzt stehenzulassen. Er unterwirft sie letztlich dem Anspruch auf geschlossene Einheit des Werkes, indem er die sich vielfältig ausbreitende Fülle von Variationen schließlich auffängt und kulminieren läßt in dem ausdrucksintensiven, sich in seiner Ornamentik gleichsam verhakenden Largo und in der nachfolgenden Fuge. Diese Fuge erscheint im Sinne der kontrapunktischen Aufeinanderbeziehung und Vermittlung der verschiedenen Strukturelemente des Themas als »Erfüllung« und gibt gewissermaßen rückwirkend der Variationenfolge eine Zielgerichtetheit.

Beethoven aber macht dann etwas Überraschendes. Er überführt den Fugenverlauf in einen phantasieartigen Abschnitt, in eine Art Improvisation und läßt darauf einen Satz folgen, den er *Tempo di Menuetto, moderato* überschrieben hat. Dieser Schlußvorgang ist von faszinierender Ambivalenz: zum einen ist es, als würde nun doch wieder das Abschließen der Komposition in Frage gestellt und als sollte im Blick auf den Fortgang gesagt werden: selbstverständlich und die einzig zwingende Lösung sind dieser Schluß und das Abschließen der Form nicht. Andererseits aber ist, obgleich in dem Anschlagen des *Tempo di Menuetto* die Phantasie aufs neue sich durchzusetzen, zu behaupten und ins Offene hinauszuweisen scheint, unverkennbar, daß die 33. Variation Codafunktion und Codacharakter hat. In ihr wird reminisziert und zusammengefaßt, was das Variationsverfahren in Beethovens »eigensinniger« Erprobung beinhaltet: In der spielerischen Gelassenheit des Menuett-Themas zeigt sich der ganze, ungeheuer weite Abstand vom Ausgangspunkt der Komposition, zeigt sich, daß durch stetige geistige Arbeit und durch die Anstrengung der Phantasie aus einer vorgegebenen Themagestalt eine andere Themagestalt »entwikkelt« werden kann, in der dann zugleich der allgemeine und unpersönliche Ton des vorgegebenen Themas zum subjektiven Ausdruck umgewandelt ist.

Daß Beethoven sich dazu der Form und des Charakters des Menuetts bedient, zeugt einerseits von einer souveränen Verfügungsgewalt, die er über die traditionellen »Schemata« gewonnen hat. Andererseits aber weist die Reminiszenz an das Menuett auch darauf hin, wovon sich Beethoven, wovon sich seine bürgerlichen Zeitgenossen befreit haben. Das Menuett repräsentiert als Tanzform die »alte« feudal-aristokratische Gesellschaftsordnung. In ihr war Beethoven noch groß geworden, und von ihr hatte er sich losgesagt und fortentwickelt.

Die Rückbeziehung darauf ist voller Gebrochenheit und weit davon entfernt, jene entrückte Zeit, die durch Entwicklung und Veränderung in Distanz gebracht wurde, zu verklären oder im Lichte glücklicher Kindheitstage zu sehen. In der figurativen Auflösung des *Tempo di Menuetto* wird schließlich die Wendung zurück, die als Zeichen eines restaurativen Erinnerns mißverstanden werden könnte, korrigiert. Wieder greift »Entwicklung« ein und zieht in ihren Sog, was im Banne der Spannung von Vergangenheit und Gegenwart für einen Augenblick als festes Gebilde sich zu artikulieren vermochte. Am Ende des *Tempo di Menuetto* ist von seinem Anfang nichts mehr sichtbar und hörbar.

Werkverzeichnis
Übersicht nach Gattungen

Das Werkverzeichnis Beethovens umfaßt sämtliche zu seiner Zeit üblichen Gattungen und ist außerordentlich reichhaltig. In die hier gegebene Übersicht wurden die geläufigen und wichtigen Beethovenschen Werke aufgenommen. Nicht enthalten sind die zahlreichen Gelegenheitskompositionen wie etwa die Kanons oder kleineren Stücke für Klavier.

Bühnenwerke

Leonore / Fidelio op. 72 (1804/05; 1814)*
Ouvertüre I zur Oper *Leonore* op. 138 (1805)
Ouvertüre II zur Oper *Leonore* (1805)
Ouvertüre III zur Oper *Leonore* (1806)
Ouvertüre zur Oper *Fidelio* (1814)
Musik zu Goethes *Egmont* op. 84 (1809)
Musik zum Festspiel *Die Ruinen von Athen* op. 114 (1811)
Musik zum Festspiel *König Stephan* op. 117 (1811)
Musik zu *Leonore Prohaska* WoO 96 (1815)
Die Geschöpfe des Prometheus (Ballett) op. 43 (1800/01)
Musik zu einem Ritterballett WoO 1 (1790/91)

Kantaten und Oratorien

Kantate auf den Tod Kaiser Josephs II., WoO 87 (1790)
Kantate auf die Erhebung Leopolds II. zur Kaiserwürde WoO 88 (1790)
Kantate *Der glorreiche Augenblick* op. 136 (1814)
Christus am Ölberg (Oratorium) op. 85 (1803)
Fantasie für Klavier, Chor und Orchester op. 80 (1808)
Meeresstille und Glückliche Fahrt op. 112 (1814/15)

* Die in Klammern beigefügten Jahreszahlen geben die Entstehungszeit an.

Elegischer Gesang für 4 Singstimmen mit Begleitung des Streichquartetts op. 118 (1814)
Germania. Schlußgesang aus *Die gute Nachricht* für Baß mit Chor und Orchester WoO 94 (1814)
Ihr weisen Gründer. Chor auf die verbündeten Fürsten, mit Orchester WoO 95 (1814)

Messen

Messe in C-Dur op. 86 (1807)
Missa solemnis op. 123 (1819–1823)

Orchesterwerke

Sinfonie Nr. 1 C-Dur op. 21 (1799/1800)
Sinfonie Nr. 2 D-Dur op. 36 (1801/02)
Sinfonie Nr. 3 (»Sinfonia eroica«) Es-Dur op. 55 (1803/04)
Sinfonie Nr. 4 B-Dur op. 60 (1806)
Sinfonie Nr. 5 c-Moll op. 67 (1804–1808)
Sinfonie Nr. 6 (»Sinfonia pastorale«) F-Dur op. 68 (1807/08)
Sinfonie Nr. 7 A-Dur op. 92 (1811/12)
Sinfonie Nr. 8 F-Dur op. 93 (1811/12)
Sinfonie Nr. 9 d-Moll op. 125 (1822–1824)
Wellingtons Sieg oder die Schlacht bei Vittoria op. 91 (1813)

Ouvertüre zu Collins *Coriolan* op. 62 (1807)
Ouvertüre zu Goethes *Egmont* op. 84 (1809)
Ouvertüre zu *Die Geschöpfe des Prometheus* op. 43 (1800/01)
Ouvertüre zu *Die Ruinen von Athen* op. 113 (1811)
Ouvertüre *Zur Namensfeier* op. 115 (1814/15)
Ouvertüre *König Stephan* op. 117 (1811)
Ouvertüre *Die Weihe des Hauses* op. 124 (1822)

Zwölf Menuette WoO 7 (1795)
Zwölf Deutsche Tänze WoO 8 (1795)
Zwölf Contretänze WoO 14 (1800/01)
Marsch für die böhmische Landwehr F-Dur WoO 18 (1809)
Zapfenstreiche 1–3 (für Harmoniemusik) WoO 18–20

Polonaise für Militärmusik D-Dur WoO 21 (1810)
Ecossaise für Militärmusik D-Dur WoO 22 (1810)

Konzerte

Klavierkonzert Es-Dur WoO 4 (1784)
Klavierkonzert Nr. 1 C-Dur op. 15 (um 1795/96)
Klavierkonzert Nr. 2 B-Dur op. 19 (1794/95)
Klavierkonzert Nr. 3 c-Moll op. 37 (1800)
Klavierkonzert Nr. 4 G-Dur op. 58 (1805/06)
Klavierkonzert Nr. 5 Es-Dur op. 73 (1809)
Violinkonzert (Fragment) WoO 5 C-Dur (1790–92)
Violinkonzert D-Dur op. 61 (1806)
Tripelkonzert für Klavier, Violine und Violoncello mit Orchester C-Dur op. 56 (1803/04)

Kammermusik – verschiedene Besetzungen

Streichquintett Es-Dur op. 4 (nach dem Bläseroktett op. 103) (1795/96)
Streichquintett C-Dur op. 29 (1800/01)
Septett Es-Dur op. 20 (1799/1800)
Drei Quartette für Klavier, Violine, Viola und Violoncello Es-Dur, D-Dur, C-Dur WoO 36 (1785)
Rondo (Rondino) für acht Bläser WoO 25 (1792)
Oktett für Blasinstrumente Es-Dur op. 103 (1792)

Streichquartette

Streichquartette op. 18 Nr. 1–6: F-Dur, G-Dur, D-Dur, c-Moll, A-Dur, B-Dur (1798–1800)
Streichquartette op. 59 Nr. 1–3 (Rasumowsky-Quartette): F-Dur, e-Moll, C-Dur (1805/06)
Streichquartett Es-Dur op. 74 (1809)
Streichquartett f-Moll op. 95 (1810)
Streichquartett Es-Dur op. 127 (1822–1825)
Streichquartett B-Dur op. 130 (1825/26)
Streichquartett cis-Moll op. 131 (1826)

Streichquartett a-Moll op. 132 (1825)
Quartettfuge B-Dur op. 133 (1825); Übertragung für Klavier zu vier Händen (1826)
Streichquartett F-Dur op. 135 (1826)

Trios

Drei Trios für Klavier, Violine und Violoncello op. 1 Nr. 1–3: Es-Dur, G-Dur, c-Moll (1793/94)
Zwei Trios für Klavier, Violine und Violoncello op. 70 Nr. 1 und 2: D-Dur, Es-Dur (1808)
Trio für Klavier, Violine und Violoncello B-Dur op. 97 (1811)
Trio für Klavier, Violine und Violoncello Es-Dur WoO 38 (1791/92)
Trio (in einem Satz) für Klavier, Violine und Violoncello B-Dur WoO 39 (1812)
Trio für Violine, Viola und Violoncello D-Dur op. 8 (um 1796/97)
Drei Trios für Violine, Viola und Violoncello G-Dur, D-Dur, c-Moll op. 9 (um 1796)
Serenade für Flöte, Violine und Viola D-Dur op. 25 (1795/96)

Duo-Sonaten

Drei Sonaten für Klavier und Violine D-Dur, A-Dur, Es-Dur op. 12 (1797/98)
Sonate für Klavier und Violine a-Moll op. 23 (1800)
Sonate für Klavier und Violine F-Dur op. 24 (1800/01)
Drei Sonaten für Klavier und Violine A-Dur, c-Moll, G-Dur op. 30 (1802)
Sonate für Klavier und Violine A-Dur op. 47 (Kreutzersonate) (1802/03)
Sonate für Klavier und Violine G-Dur op. 96 (1812)
Zwei Sonaten für Klavier und Violoncello F-Dur, g-Moll op. 5 (1796)
Sonate für Violoncello und Klavier A-Dur op. 69 (1807)
Zwei Sonaten für Violoncello und Klavier C-Dur, D-Dur op. 102 (1815)
Sonate für Klavier und Horn F-Dur op. 17 (1800)

Klaviersonaten

Drei Sonaten Es-Dur, f-Moll, D-Dur WoO 47 (1782/83)
Drei Sonaten f-Moll, A-Dur, C-Dur op. 2 (1795)
Sonate Es-Dur op. 7 (1796/97)
Drei Sonaten c-Moll, F-Dur, D-Dur op. 10 (1796–98)
Sonate pathétique c-Moll op. 13 (1798/99)
Zwei Sonaten E-Dur, G-Dur op. 14 (1798/99)
Sonate B-Dur op. 22 (1799/1800)
Sonate As-Dur op. 26 (1800/01)
Zwei Sonaten *(Sonata quasi una Fantasia)* Es-Dur, cis-Moll op. 27 (1800/01)
Sonate D-Dur op. 28 (1801)
Drei Sonaten G-Dur, d-Moll, Es-Dur op. 31 (1801/02)
Zwei Sonaten g-Moll, G-Dur op. 49 (1795/96)
Sonate C-Dur op. 53 (1803/04)
Sonate F-Dur op. 54 (1804)
Sonate f-Moll op. 57 (1804/05)
Sonate Fis-Dur op. 78 (1809)
Sonatine G-Dur op. 79 (1809)
Sonate Es-Dur op. 81 a (1809/10)
Sonate e-Moll op. 90 (1814)
Sonate A-Dur op. 101 (1813–1816)
Sonate B-Dur op. 106 (1817/18)
Sonate E-Dur op. 109 (1820)
Sonate As-Dur op. 110 (1820–1822)
Sonate c-Moll op. 111 (1821/22)

Klaviervariationen

über einen Marsch von Dressler c-Moll WoO 63 (1782)
über ein Schweizer Lied F-Dur WoO 64 (1790)
über *Venni Amore* von Righini D-Dur WoO 65 (1791)
über *Es war einmal ein alter Mann* von Dittersdorf A-Dur WoO 66 (1792)
zu vier Händen über ein Thema des Grafen von Waldstein C-Dur WoO 67 (1791/92)
über das *Menuett à la Viganò* von Haibel C-Dur WoO 68 (1795)
über *Quant' è più bello* von Paisiello G-Dur WoO 69 (1795)
über *Nel cor più non mi sento* von Paisiello G-Dur WoO 70 (1795)

über den russischen Tanz aus dem Ballett *Das Waldmädchen* von Wranitzky A-Dur WoO 71 (1796)
über *Mich brennt ein heißes Fieber* von Grétry C-Dur WoO 72 (1796)
über *La stessa, la stessissima* von Salieri B-Dur WoO 73 (1799)
zu vier Händen über das Lied *Ich denke dein* D-Dur WoO 74 (1799/1804)
über *Kind, willst du ruhig schlafen* von Winter F-Dur WoO 75 (1799)
über *Tändeln und scherzen* von Süßmayr F-Dur WoO 76 (1799)
über ein Originalthema G-Dur WoO 77 (1800)
über *God save the King* C-Dur WoO 78 (1803)
über *Rule Britannia* D-Dur WoO 79 (1803)
über ein eigenes Thema c-Moll WoO 80 (1806)
Sechs Variationen F-Dur op. 34 (1802)
Fünfzehn Variationen Es-Dur op. 35 (1802)
Dreiunddreißig Veränderungen über einen Walzer von A. Diabelli C-Dur op. 120 (1819–1823)

Andere Klavierwerke

Rondo C-Dur WoO 48 (1783)
Rondo A-Dur WoO 49 (1783)
Rondo a capriccio G-Dur *(Die Wut über den verlorenen Groschen)* op. 129 (1795–1798)
Sieben Bagatellen op. 33 (1802)
Bagatelle a-Moll »für Elise« WoO 59 (1810)
Elf Bagatellen op. 119 (1820–22)
Sechs Bagatellen op. 126 (1823/24)

Gesänge mit Orchester

Szene und Arie *Ah perfido!* für Sopran und Orchester op. 65 (1796)
Bundeslied für zwei Solo- und drei Chorstimmen mit Begleitung von je zwei Klarinetten, Fagotten und Hörnern (Goethe) op. 122 (1797/1822)
Chor auf die verbündeten Fürsten WoO 95 (1814)

Lieder und Gesänge mit Klavierbegleitung

Beethoven hat zahlreiche Lieder komponiert, von denen hier nur ein kleiner Teil verzeichnet werden kann.

Adelaide (Matthison) op. 46 (1795/96)
Zärtliche Liebe (Herrosee) WoO 123 (1797)
Sechs Lieder nach Texten von Chr. F. Gellert op. 48 (1803)
Acht Lieder op. 52 (vor 1793)
Sechs Gesänge op. 75 (vor 1800 und 1809)
Drei Gesänge nach Gedichten von Goethe op. 83 (1810)
An die Hoffnung (Chr. Aug. Tiedge)
  Erste Komposition op. 32 (1805)
  Zweite Komposition op. 94 (1813/15)
An die ferne Geliebte. Ein Liederkreis von Alois Jeitteles op. 98 (1816)
Volksliedbearbeitungen für eine und mehrere Singstimmen mit Begleitung von Violine, Violoncello und Klavier:
25 Schottische Lieder op. 108 (um 1815/16)
12 Schottische Lieder WoO 156 (um 1817/18)
25 Irische Lieder WoO 152 (1810–1813)
20 Irische Lieder WoO 153 (1814/16)
12 Irische Lieder WoO 154 (1810–13/1816)
26 Walisische Lieder WoO 155 (1810/1812/1814)
12 Lieder verschiedener Nationen WoO 157 (um 1814/15)

Literaturhinweise

Briefe

Beethovens sämtliche Briefe (5 Bde.), hg. von Alfred Christlieb Kalischer, Berlin–Leipzig ²1909

Beethovens sämtliche Briefe, Berlin 1910, hg. von Emerich Kastner. Neuausgabe von Julius Kapp, Leipzig 1923

Konversationshefte

Ludwig van Beethovens Konversationshefte, hg. von Karl-Heinz Köhler und Grita Herre. Vollständige Ausgabe in zehn Bänden. Erschienen sind (bis 1982) die Bände 1 (1972), 2 (1976), 4 (1968), 5 (1970), 6 (1974), 7 (1978)

Selbstzeugnisse, Berichte von Zeitgenossen

Kerst, Friedrich: *Die Erinnerungen an Beethoven* (2 Bde.), Stuttgart 1913 (2. Auflage 1923)

Leitzmann, Albert: *Ludwig van Beethoven. Berichte der Zeitgenossen, Briefe und persönliche Aufzeichnungen* (2 Bde.), Leipzig 1921 (Neuausgabe 1952)

Ley, Stephan: *Beethoven. Sein Leben in Selbstzeugnissen, Briefen und Berichten,* Berlin 1939 (Neuausgabe: Berlin/Stuttgart 1970)

Bildbände

Landon, H. C. Robbins: *Beethoven, sein Leben und seine Welt in zeitgenössischen Bildern und Texten,* Zürich 1970

Petzoldt, Richard: *Ludwig van Beethoven,* Leipzig [1967]

Faksimile-Ausgaben (Auswahl)

Klaviersonate cis-Moll op. 27 Nr. 2 (hg. von Heinrich Schenker) Wien 1921; Neue Ausgabe (hg. von Keisei Sakka, Joseph Schmidt-Görg), Tokyo 1970

Klaviersonate f-Moll op. 57, Paris 1927 (Neue Ausgabe Leipzig 1970)

5. Symphonie c-Moll op. 67 (hg. von Georg Schünemann), Berlin 1941, Neuausgabe 1967

Klaviersonate As-Dur op. 110 (hg. von Karl Michael Komma), Suttgart 1967

9. Symphonie d-Moll op. 125, Leipzig 1924. Reprint: Leipzig 1975

Zahlreiche Faksimiles einzelner Manuskriptseiten enthält der wichtige Bildband von Landon.

Verzeichnisse der Handschriften und Werke

Kinsky, Georg: *Das Werk Beethovens. Thematisch-bibliographisches Verzeichnis seiner sämtlichen vollendeten Kompositionen.* Nach dem Tod des Verfassers abgeschlossen und hg. von Hans Halm, München 1955

Beiträge zur Beethoven-Bibliographie, Studien und Materialien zum Werkverzeichnis von Kinsky-Halm, hg. von Kurt Dorfmüller, München 1978

Schmidt, Hans: *Verzeichnis der Skizzen Beethovens,* Bonn 1969 (*Beethoven-Jahrbuch* 1965/68)

Periodica

Beethovenjahrbuch, hg. von Theodor Frimmel (2 Bde.), München (Leipzig) 1908 und 1909

Neues Beethoven-Jahrbuch, begründet und hg. von Adolf Sandberger (10 Bde.: 1924, 1925, 1927, 1930, 1933, 1935, 1937, 1938, 1939 und 1942)

Beethoven-Jahrbuch, hg. von Paul Mies und Joseph Schmidt-Görg, Hans Schmidt und Martin Staehelin, Beethovenhaus Bonn (9 Bde.: 1953/54, 1957/58, 1959/60, 1961/64, 1965/68, 1969/70, 1971/72, 1973/77)

Biographien und Gesamtdarstellungen

Thayer, Alexander Wheelock: *Ludwig van Beethovens Leben* (3 Bde.), Berlin 1866, 1872, 1879; 2. Auflage hg. und erweitert von Hermann Deiters/Hugo Riemann (5 Bde.), Leipzig 1901 bis 1911. Reprint: Hildesheim 1970–1972

Marx, Adolph Bernhard: *Ludwig van Beethoven. Leben und Schaffen* (2 Bde.), Berlin 1859

Bekker, Paul: *Beethoven,* München 1911

Halm, August: *Beethoven,* Berlin 1927

Riezler, Walter: *Beethoven,* Berlin 1936 (zahlreiche weitere Auflagen)

Hess, Willy: *Beethoven,* Zürich 1956 (Neuausgabe Zürich 1976)

Zobeley, Fritz: *Ludwig van Beethoven in Selbstzeugnissen und Bilddokumenten,* Hamburg 1965 *(Rowohlts Monographien)*

Solomon, Maynard: *Beethoven* (engl. original 1977), München 1979

Kongreßberichte und Sammelveröffentlichungen mit Beiträgen zu Beethoven

Bericht über den Internationalen Musikwissenschaftlichen Kongreß Bonn 1970, hg. von Carl Dahlhaus, Hans Joachim Marx, Magda Marx-Weber, Günther Massenkeil, Kassel o. J.

Bericht über den Internationalen Beethoven-Kongreß 10.–12. Dezember 1970 in Berlin, hg. von Heinz Alfred Brockhaus und Konrad Niemann, Berlin 1971

Bericht über den Internationalen Beethoven-Kongreß Berlin 1977, hg. von Harry Goldschmidt, Karl-Heinz Köhler und Konrad Neumann, Leipzig 1978

Beethoven '77. Beiträge der Beethoven-Woche 1977 veranstaltet von der Musik-Akademie Basel, hg. von Friedhelm Döhl, Zürich 1979

Beiträge '76–78. Beethoven-Kolloquium 1977, hg. von der Österreichischen Gesellschaft für Musik, Basel 1978

Ludwig van Beethoven 1770–1970. Sonderheft der Beiträge zur Musikwissenschaft, hg. vom Verband deutscher Komponisten und Musikwissenschaftler, Berlin 1970 (Heft 3/4)

Beethoven-Studien. Festgabe der österreichischen Akademie der Wissenschaften zum 200. Geburtstag von Ludwig van Beethoven, Wien, Köln, Graz 1970
Goldschmidt, Harry: *Die Erscheinung Beethoven* (*Beethoven-Studien I*), Leipzig 1974
ds.: *Beethoven.* Werkeinführungen, Leipzig 1975
Beiträge zur Musikwissenschaft, 18. Jg. 1976 (Heft 1: ausschließlich Beethoven-Aufsätze)
Beethoven. Mensch seiner Zeit, hg. im Auftrag der Stadt Bonn von Siegfried Kross, Bonn 1980

Arbeiten mit besonderer Thematik

Schmidt-Görg, Joseph: *Beethoven. Die Geschichte seiner Familie,* Bonn 1964
Schiedermair, Ludwig: *Der junge Beethoven,* Leipzig 1925
Goldschmidt, Harry: *Um die Unsterbliche Geliebte,* Leipzig 1977 (München 1980)
Sterba, Editha und Richard: *Beethoven und sein Neffe,* München 1964
Klein, Rudolf: *Beethoven-Stätten in Österreich,* Wien 1970
Schmitz, Arnold: *Das romantische Beethovenbild,* Berlin/Bonn 1927
Schering, Arnold: *Beethoven und die Dichtung,* Berlin 1936; Reprint: Hildesheim 1973
Eggebrecht, Hans Heinrich: *Zur Geschichte der Beethoven-Rezeption. Beethoven 1970* (*Abhandlungen der Geistes- und Sozialwissenschaftlichen Klasse der Akademie der Wissenschaften und der Literatur,* Jg. 1972, Nr. 3)

Stil-, Werk- und Gattungsdarstellungen sowie wichtige Arbeiten über Einzelwerke

Grove, George: *Beethoven and His Nine Symphonies,* London 1896; deutsch: Leipzig 1906
Nef, Karl: *Die neun Sinfonien Beethovens,* Leipzig 1928, Wiesbaden 1970
Helm, Theodor: *Beethoven's Streichquartette,* Leipzig 1921
Kerman, Joseph: *The Beethoven Quartets,* New York 1967

Prod'homme, Jacques-Gabriel: *Die Klaviersonaten Beethovens,* Wiesbaden 1948 (franz. Originalausgabe Paris 1937)
Badura-Skoda, Paul und Demus, Jörg: *Die Klaviersonaten von Ludwig van Beethoven,* Wiesbaden 1970
Fischer, Edwin: *Ludwig van Beethovens Klaviersonaten,* Wiesbaden 1956 (Neuausgabe 1966)
Kaiser, Joachim: *Die Klaviersonaten von Ludwig van Beethoven,* Frankfurt 1975
Hess, Willy: *Beethovens Oper »Fidelio« und ihre drei Fassungen,* Zürich 1953
Boettcher, Hans: *Beethoven als Liederkomponist,* Augsburg 1928
Schmitz, Arnold: *Beethovens »zwei Prinzipe«,* Berlin/Bonn 1923
Mersmann, Hans: *Beethoven. Die Synthese der Stile,* Berlin o. J.

Adorno, Theodor W.: *Spätstil Beethovens,* in: *Moments musicaux,* Frankfurt/Main 1964
Budde, Elmar: *Probleme und Fragen der Interpretation – dargestellt an Beispielen aus Beethovens Klaviersonaten,* in: *Aspekte der musikalischen Interpretation. Sava Savoff zum 70. Geburtstag,* hg. von Hermann Danuser und Christoph Keller, Hamburg 1980
Dahlhaus, Carl: *Musikalische Form als Transformation. Bemerkungen zur Beethoven-Interpretation,* in: *Beethoven-Jahrbuch* Jg. 1973/77, hg. von Hans Schmidt und Martin Staehelin, Bonn 1977
ds.: *Beethovens »Neuer Weg«,* in: *Jahrbuch des Staatlichen Instituts für Musikforschung Preußischer Kulturbesitz* 1974, hg. von Dagmar Droysen, Berlin 1975
Finscher, Ludwig: *Beethovens Klaviersonate opus 31, 3. Versuch einer Interpretation,* in: *Festschrift für Walter Wiora zum 30. Dezember 1966,* hg. von Ludwig Finscher und Christoph-Hellmut Mahling, Kassel 1967
ds.: *Beethovens Streichquartett Opus 59, 3. Versuch einer Interpretation,* in: *Zur musikalischen Analyse,* hg. von Gerhard Schumacher (= *Wege der Forschung* Bd. 257), Darmstadt 1974
Kunze, Stefan: *Die »wirklich gantz neue Manier« in Beethovens Eroica-Variationen op. 35,* in: *Archiv für Musikwissenschaft,* Jahrgang 29/1972
ds.: *Fragen zu Beethovens Spätwerk,* in: *Beethoven-Jahrbuch* Jg. 1973/77, hg. von Hans Schmidt und Martin Staehelin, Bonn 1977

Mies, Paul: *Die Bedeutung der Skizzen Beethovens zur Erkenntnis seines Stils,* Leipzig 1925
Stephan, Rudolph: *Zu Beethovens letzten Streichquartetten,* in: *Die Musikforschung,* Jg. 23/1970 (Heft 3)
ds.: *Zur Kammermusik des jungen Beethoven,* in: *Melos/Neue Zeitschrift für Musik* Jg. 1977 (Heft 1)
Voss, Egon: *Zu Beethovens Klaviersonate As-Dur op. 110,* in: *Die Musikforschung,* Jg. 23/1970 (Heft 3)

Register

Personen, Orte, Länder, Werke

C

D

E

F

I

J

K

M

N

O

P

Q

R

S

Z

GOLDMANN SCHOTT

TASCHENPARTITUREN

Diese Ausgaben enthalten neben dem Notenteil eine umfassende Werkeinführung mit einem Anhang, Abbildungen, Erläuterungen zur Werkentstehung und über die Stellung des Werkes in der Öffentlichkeit mit analytischen und die Interpretation betreffenden Betrachtungen sowie werkbezogenen Literaturhinweisen.

L. v. Beethoven

Sinfonie Nr. 5, c-Moll, op. 67
Hrsg.: Wulf Konold
(33006)

Sinfonie Nr. 6, F-Dur, op. 68 »Pastorale«
Hrsg.: Hubert Unverricht
(33026)

Sinfonie Nr. 9, d-Moll, op. 125
Hrsg.: Dieter Rexroth
(33010)

W. A. Mozart

Serenade G-Dur »Eine kleine Nachtmusik«, KV 525
Hrsg.: Dieter Rexroth
(33033)

Sinfonie g-Moll, KV 550
Hrsg.: Manfred Wagner
(33035)

Sinfonie C-Dur, »Jupiter-Sinfonie«, KV 551
Hrsg.: Manfred Wagner
(33016)

J. Brahms

Sinfonie Nr. 1, c-Moll, op. 68
Hrsg.: Giselher Schubert
(33031)

Sinfonie Nr. 3, F-Dur, op. 90
Hrsg.: Christian Martin Schmidt
(33032)

Sinfonie Nr. 4, e-Moll, op. 98
Hrsg.: Christian Martin Schmidt
(33025)

R. Schumann

Konzert für Klavier und Orchester, a-Moll, op. 54
Hrsg.: Egon Voss
(33018)

Sinfonie Nr. 3, Es-Dur, op. 97 »Rheinische«
Hrsg.: Reinhard Kapp
(33048)

Sinfonie Nr. 4, d-Moll, op. 120
Hrsg.: Egon Voss
(33034)